Springer-Verlag Berlin Heidelberg GmbH

Joachim Böhringer (Jahrgang 1949): Studium der Druck- und Medientechnik in Stuttgart und Darmstadt, anschließend Referendariat in Limburg/Lahn. Nach dem Examen Lehrer für Drucktechnik an der Berufsfachschule Druck und Medientechnik in Reutlingen. Mitbegründer und Leiter der Fachschule für Informationsdesign FIND in Reutlingen. Mitarbeit u.a. in der Lehrplankommission für Mediengestalter und Drucker, langjährige Tätigkeit in der Projektgruppe Multimedia am Landesinstitut für Erziehung und Unterricht in Baden-Württemberg, Mitglied in IHK-Prüfungsausschüssen und im Zentral-Fachausschuss für die Druck- und Medienindustrie mit Sitz in Kassel.

Peter Bühler (Jahrgang 1954) Lehre als Chemigraf, Studium der Druck- und Reproduktionstechnik an der FH für Druck, Stuttgart. Gewerbelehrerstudium für Drucktechnik und Geschichte an der TH Darmstadt. Seit 1984 Lehrer an der Johannes-Gutenberg-Schule, Stuttgart, im Bereich Druckvorstufe und Computertechnik, Fachberater für Druck- und Medientechnik am Oberschulamt sowie am Seminar für Schulpädagogik, Stuttgart. Mitgliedschaft und Mitarbeit u.a. in den Lehrplankommissionen Mediengestalter für Digital- und Printmedien sowie Bild und Ton, in IHK-Prüfungsausschüssen, längjährige Mitgliedschaft in der Zentralen Projektgruppe Multimedia am Landesinstitut für Erziehung und Unterricht Baden-Württemberg und Mitglied im Zentralen Fachausschuss für die Druck- und Medienindustrie.

Patrick Schlaich (Jahrgang 1966): Studium der Elektrotechnik an der Universität Karlsruhe; Abschluss 1992 als Diplom-Ingenieur, danach Referendariat an den Gewerblichen Schulen Lahr, zweites Staatsexamen 1995. Seither Tätigkeit als Lehrer im Bereich Informationstechnik und Digitale Medien, Mitarbeit u.a. in den Lehrplankommissionen Mediengestalter und Medienfachwirt, langjährige Mitgliedschaft in der Zentralen Projektgruppe Multimedia am Landesinstitut für Erziehung und Unterricht in Baden-Württemberg und Mitglied im Zentral-Fachausschuss für die Druck- und Medienindustrie.

J. Böhringer • P. Bühler • P. Schlaich

Projekte zur
Mediengestaltung

Briefing
Projektmanagement
Making of …

Mit DVD-ROM

Springer

Dipl.-Wirt.-Ing.
Joachim Böhringer
Wackersteinstraße 44/5
72793 Pfullingen

Dipl.-Ing.
Peter Bühler
Im Näheren Grund 9
71563 Affalterbach

Dipl.-Ing.
Patrick Schlaich
Fuchsacker 11
77960 Seelbach

ISSN 1439-3107

ISBN 978-3-642-62307-3   ISBN 978-3-642-18821-3 (eBook)
DOI 10.1007/978-3-642-18821-3

Bibliografische Information Der Deutschen Bibliothek
Die Deutsche Bibliothek verzeichnet diese Publikation in der Deutschen Nationalbibliografie;
detaillierte bibliografische Daten sind im Internet über <http://dnb.ddb.de> abrufbar.

http://www.springer.de

© Springer-Verlag Berlin Heidelberg 2004
Originally published by Springer-Verlag Berlin Heidelberg New York in 2004
Softcover reprint of the hardcover 1st edition 2004

Umschlaggestaltung: KünkelLopka Werbeagentur, Heidelberg
Texterfassung und Layout durch die Autoren
Gedruckt auf säurefreiem Papier
33/3142 ud   5 4 3 2 1 0

Wie gestalte ich eine professionelle Visitenkarte? Wie realisiere ich ein Flash-Intro für einen Internetauftritt? Welche Regeln müssen bei einer Bildschirmpräsentation beachtet werden? Wie sind Bilder für einen Katalog aufzubereiten? Nach welchen Kriterien wird ein Logo entwickelt? In diesem Buch finden Sie die Antworten auf diese und auf viele weitere Fragen.

In Fachbüchern über Software wird in der Regel ein einzelnes Programm oft bis ins Detail besprochen. Viele der beschriebenen Funktionen werden in der Praxis nicht oder nur selten benötigt. Notwendige Querverbindungen zu anderen Programmen, beispielsweise von Quark zu Illustrator und Photoshop, kommen nicht zur Sprache.

Im vorliegenden Werk beschreiten die Autoren des „Kompendiums der Mediengestaltung" den umgekehrten Weg: In Projekten lernen Sie die zur Planung und Realisation von Medienprodukten benötigten Softwaretools gezielt und anwendungsbezogen kennen. Dabei kommen Datenhandling und technische Features ebenso zur Sprache wie die kreative und gestalterische Umsetzung des Produktes. Da ein professionell produziertes Medienprodukt nicht mit einer einzigen Software erstellt werden kann, lernen Sie in diesem Buch die zur Herstellung des Produktes benötigten Programme *parallel* kennen. Zur Einarbeitung in das jeweilige Programm stehen Ihnen separate Tutorials zur Verfügung – den erfolgreichen Abschluss Ihres Projektes können Sie selbst mit Hilfe einer „Checkliste" kontrollieren.

Ebenso neu wie die Projektorientierung ist der Aufbau des Buches: Wie eine Website besitzt das Buch eine „nichtlineare" Struktur, die mit Hilfe von „Buttons" das Hin- und Herspringen im Buch ermöglicht. Eine durchgängige Farb- und Buchstabencodierung dient Ihnen hierbei als Hilfe, so dass Sie den neuartigen Aufbau des Buches schnell erlernen und schätzen werden.

Inhaltlich gliedert sich das Buch in drei Hauptteile: Im *ersten Teil* erhalten Sie eine grundlegende Einführung über Arbeits- und Kreativitätstechniken, über die Struktur von Projekten und über Projektmanagement. Außerdem sind auf wenigen Seiten wichtige medientechnische und gestalterische Grundlagen zusammengefasst.

Der *zweite Teil* behandelt insgesamt vierzehn Projekte, wobei es sich bei der ersten Hälfte um Printprodukte und bei der zweiten Hälfte um Nonprintprodukte (Websites, Bildschirmpräsentation, Multimedia-CD) handelt. Wer bereits über die notwendigen Softwarekenntnisse verfügt, kann direkt in diesen Teil des Buches „einsteigen".

Der *dritte Teil* des Buches besteht aus dreizehn Tutorials für alle in den Projekten benötigten Programme des Printbereichs (z.B. Photoshop, Illustrator und QuarkXPress) und Nonprintbereichs (z.B. Director, Flash und HTML). Neben den „Basics" eines jeden Programms enthalten die Tutorials Übungen zu den wichtigsten Funktionen der jeweiligen Software. Zur Einarbeitung in ein bestimmtes Programm empfiehlt sich der Einstieg in diesen Teil des Buches. Natürlich kann nicht der Anspruch erhoben werden, die Software bis ins letzte Detail zu erlernen.

Das Buch enthält eine DVD mit allen Dateien, die zur Realisation der Projekte oder zur Durchführung der Tutorials benötigt werden. Hierzu gehören auch Lösungsvorschläge. Weiterhin wird Ihnen auf der DVD zu fast allen Programmen eine Demoversion für PC und Mac zur Verfügung gestellt, die Sie zum Kennenlernen des Programms auf Ihrem Rechner installieren können.

Das Buch „Projekte zur Mediengestaltung" wendet sich an alle, die sich beruflich oder privat mit der Konzeption und Realisation (multi-)medialer Projekte beschäftigen, insbesondere an Auszubildende, Fachschüler, Studenten, Ausbilder und Lehrkräfte der einschlägigen Medienberufe. Durch seinen modularen Aufbau und die Vielfalt der angebotenen Inhalte eignet es sich sowohl für Einsteiger als auch für „alte Hasen" der Branche, die sich infolge der zunehmenden „Crossmedialität" mit neuen Technologien auseinander setzen müssen.

Joachim Böhringer   Heidelberg, im August 2003
Peter Bühler
Patrick Schlaich

Z Literaturverzeichnis Extro 609

X Index Extro 617

Tutorials – Projekte
Tutorial-/Projektname
    Kennung @ Seitenzahl
    Kennung @ Seitenzahl

Lernziele
- Sie verstehen den nichtlinearen Aufbau dieses Buches, um gezielt und schnell zum Lernerfolg zu gelangen.

Aufgaben – Zeitrahmen
Machen Sie sich mit der Struktur, der Farb- und Buchstabenkennung dieses Buches vertraut.

Übungsdateien auf DVD
> TUTORIAL > NAME > ORDNER
bzw.
> PROJEKT > PRINT > ORDNER
bzw.
> PROJEKT > NONPRINT > ORDNER

Tutorials – Projekte
Wenn Sie ein Tutorial bearbeiten, finden Sie in diesem Feld einen oder mehrere Verweise auf Projekte, die dieses Tutorial benötigen. Umgekehrt finden Sie im Projekte-Teil einen Hinweis auf die zu diesem Projekt gehörenden Tutorials.

Lernziele
Die Lernziele fassen in kurzen und prägnanten Sätzen die Ergebnisse zusammen, die Sie bei der Bearbeitung eines Tutorials bzw. eines Projektes erzielen.

Aufgaben – Zeitrahmen
Im tutoriellen Teil finden Sie hier ein kurze Aufgabenbeschreibung. Zusammen mit den Lernzielen können Sie sich sehr schnell einen Überblick über das aktuelle Thema verschaffen. Im Projekte-Teil ist an dieser Stelle der ungefähre Zeitrahmen angegeben, den Sie zur Bearbeitung des Projektes benötigen.

Übungs- und Lösungsdateien auf DVD
Hier finden Sie die Pfadangaben für die zur Bearbeitung der Tutorials bzw. Projekte benötigten Dateien sowie Lösungsvorschläge. Fehlt der Hinweis auf Übungsdateien, dann werden für dieses Tutorial auch keine Dateien benötigt. Die Namensgebung der Dateien und Ordner erfolgt durchgängig nach dem Schema:

> TUTORIAL > NAME > ORDNER
bzw.
> PROJEKT > PRINT/NONPRINT > ORDNER

Beispiele:
> TUTORIAL > B_BILD > B01
Tutorialordner zum Tutorial B 01 (Bildverarbeitung)
> TUTORIAL > S_SOUND > S05
Tutorialordner zum Tutorial S 05 (Soundbearbeitung)
> PROJEKT > PRINT > P02
Projektordner zum Print-Projekt 02
> PROJEKT > NONPRINT > N07
Projektordner zum Nonprint-Projekt 07

Farb- und Buchstabenkennung
Im gesamten Buch wurde eine Kennung der Kapitel in Form einer Farbe und eines Buchstabens eingeführt. Soweit möglich stellen die Buchstaben einen Bezug zur Kapitelüberschrift her z.B. K – **K**reativitätstechniken, B – **B**ildverarbeitung, X – Index. Wegen der beschränkten Anzahl an Buchstaben im Alphabet konnte diese inhaltliche Zuordnung nicht konsequent eingehalten werden.

Thema der Doppelseite

Das Thema der aufgeschlagenen Doppelseite wurde bewusst in einem großen Schriftgrad gesetzt. Zusammen mit der Angabe der Seitenzahl sowie der Farb- und Buchstabenkennung werden Sie sich schnell im Buch zurechtfinden.

„Register"

Die in den Anschnitt gesetzten farbigen „Reiter" dienen als optische Hilfe, um auch bei zugeschlagenem Buch zügig in das gewünschte Kapitel zu gelangen.

„Hyperlinks"

Sowohl in den Tutorials als auch in den Projekten finden Sie farbige Verweise auf andere Stellen des Buches. Jeder „Button" enthält einen Kennbuchstaben und die zugehörige Seitenzahl. Außerdem ist der Button in der Farbe des Tutorials hinterlegt. Aufgabe der Hyperlinks ist es, ein rasches Nachschlagen eines Themas an einer anderen Stelle des Buches zu ermöglichen. Beispiele:

Kapitel 01 des Tutorials B (Bildverarbeitung) auf Seite 202. **B 01 @ S.202**

Einführendes Kapitel Ba (Basics) des Tutorials D (Autorensystem) auf Seite 400. **D Ba @ S.400**

Kapitel 07 des Tutorials H (HTML-Programmierung) auf Seite 494. **H 07 @ S.494**

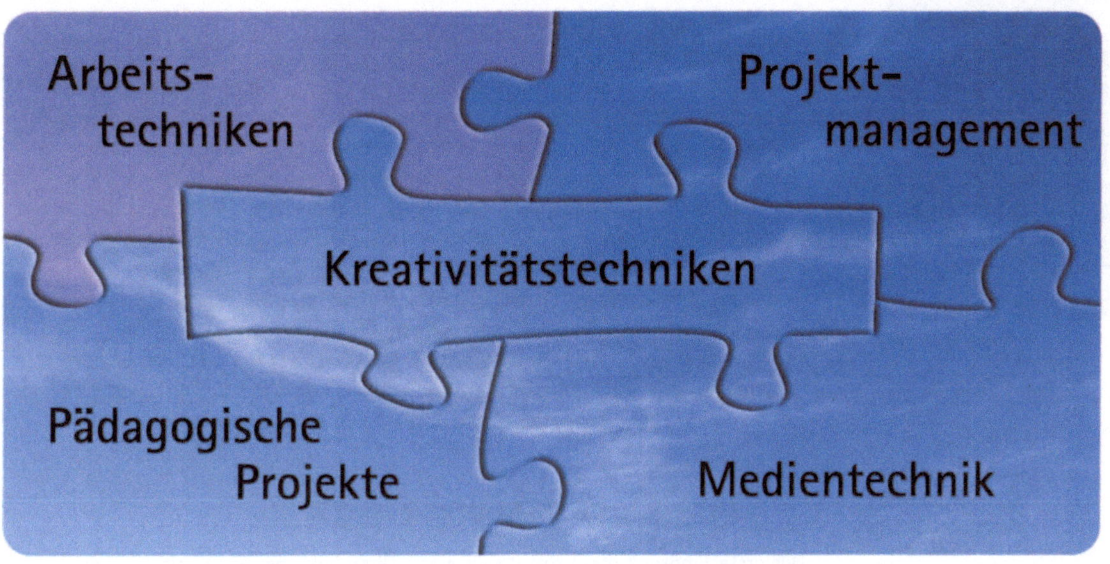
Arbeits-
techniken
Projekt-
management
Kreativitätstechniken
Pädagogische
Projekte
Medientechnik

Vorschlag für eine Lernstrategie

Um erfolgreich mit Lehrbüchern zu lernen, muss man sich bestimmter Strategien bedienen. Die Grundlage jedes Lernens ist die schrittweise Erarbeitung der notwendigen Informationen. Schrittweises Erarbeiten prägt die Information in den „Langzeitspeicher" des Gedächtnisses ein. Dies ist für Sie wichtig, da das Gedächtnis Ihnen alle Informationen abrufbereit zur Verfügung stellen soll. Das funktioniert meistens gut, aber nicht immer – Sie kennen das Phänomen, dass Ihnen z.B. ein Name auf der Zunge liegt, aber er fällt Ihnen einfach nicht ein. Der Zugang zu dieser Information ist verloren gegangen.

Das menschliche Gedächtnis ist groß und behält vieles, aber es füllt sich nur langsam und ist schwer zugänglich. Daher ist der Vorgang des Lernens letztlich eine wirklich mühsame Tätigkeit. Um Ihnen diese Tätigkeit mit dem Projekte-Buch zu erleichtern, schlagen wir Ihnen sechs Lernschritte vor:

Schritt 1: Vorausschau/Überblick (Preview)

Der erste Eindruck dient dazu, sich einen Überblick über ein Kapitel zu verschaffen und festzustellen, welche Themen abgehandelt werden.

Überfliegen Sie dazu den Text und die Abbildungen. Sie sollten sich dabei auch von der Optik leiten lassen. Die Textdarstellungen jeder Seite sind so aufbereitet, dass der Inhalt durch die Darstellung der Headlines, der Tutorials, der Lernziele und der verfügbaren Übungsdateien sofort hervortritt. Diese Angaben im linken Menü jeder Seite bilden den Lernrahmen. Sie sollten weiterhin beim Preview auffallend gedruckte Textstellen, Abbildungen und Zwischenüberschriften beachten. Sinnvoll ist es, bei der Bearbeitung der einzelnen Kapitel immer die ersten Seiten mit den Grundlagen anzulesen.

Mit diesem Preview –

- verschaffen Sie sich einen groben Informationshintergrund. Sie erhalten durch den Preview ein Vorwissen, in das Sie dann weitere Informationen entsprechend Ihrer persönlichen Vorinformation leichter einbauen können. Sie erkennen übergreifende Zusammenhänge und verbessern so Ihr erstes Textverständnis.
- Sie gewinnen Ordnungskategorien. Kategorien helfen Ihnen, Einzelheiten, Fakten und ausführende Gedanken strukturiert zu bearbeiten und im Gedächtnis zu behalten.
- Sie bereiten sich damit auf das nachfolgende Arbeiten vor.
- Sie überwinden leichter die Einstiegsschwierigkeiten. Mit dem Lernen, also dem Arbeiten, anzufangen, fällt meistens schwer. Ein erstes Überfliegen

des Textes regt Sie zum gründlicheren Lesen und Vorbereiten Ihrer Arbeit an. Sie müssen sich für die Arbeit mit diesem Buch vorbereiten: Die Software muss installiert werden, Dateien kopiert usw. Wenn Sie dieses durchgeführt haben, werden Sie sich fast von selbst für die Details interessieren, da die Produktion von Medien eine spannende Sache ist.

Schritt 2: Fragen (Questions)

Nach dem ersten Überblick stellen sich in der Regel eine Reihe von Fragen: Habe ich die in den Lernzielen aufgeführten Begriffe verstanden? Muss ich die aufgeführten Lernziele wissen und erscheint der Inhalt für meine Anforderungen plausibel? Welche Zusammenhänge bestehen zwischen dem gerade gelesenen Text und bereits bekannten Fakten und Arbeitstechniken? Welche ist die wesentliche Aussage in dem behandelten Kapitel?

Werden die Fragestellungen, die Sie für sich stellen, positiv beantwortet, bedeutet dies in der Regel, dass Sie das Kapitel weiter bearbeiten.

Schritt 3: Lesen und Arbeiten (Read and work)

Lesen Sie nun das gewählte Kapitel Abschnitt für Abschnitt und versuchen Sie dabei, zumindest einen Teil der vorher formulierten Fragen zu beantworten. Wenn Sie beim Lesen auf Textstellen stoßen, die nicht verständlich oder unklar sind, markieren Sie sich diese, um später darauf zurückzukommen. Sinnvoll ist es, die Schlüsselwörter und -sätze im Text farbig zu markieren. Bei erneutem Lesen können Sie sich dann auf diese gekennzeichneten Schlüsselinformationen konzentrieren.

Zu Schritt 3 gehört die Arbeit am digitalen Objekt. Dies sind die einzelnen Programme, die Tutorials und die gewählten Projekte. Durch Anschauung und eigenes Tun bei Arbeitstechniken und -abläufen erkennen Sie vorhandene Parallelitäten zu anderen Produktions- und Designabläufen. Sie benötigen diese Transfers für die Einschätzung Ihrer Arbeitsfähigkeit (-fertigkeit) und für die Beurteilung der Arbeitsergebnisse.

Schrittt 4: Nachdenken (Reflect)

Wenn Sie eine Aufgabe abgeschlossen haben, machen Sie eine Pause, bevor Sie das Erarbeitete reflektieren. Das ist bei der Arbeit am Computermonitor wichtig. Beim erneuten Lesen der bearbeiteten Tutorials oder Projekte denken Sie über das Erarbeitete nach. Überpüfen Sie dabei, ob Sie alles verstanden haben. Wenn nicht – schlagen Sie z.B. in den zum Teil sehr guten Hilfedateien der Programme nach und versuchen Sie, einen Bezug herzustellen zu dem, was Ihnen bereits bekannt war. Hier gibt es sicher einiges aus besuchten Praktika über Computeranwendungen, Lernfeldunterrichten, Vorlesungen oder betrieblichen Erfahrungen. Versuchen Sie, für sich oder Ihr Lernteam erneut Fragen und Aufgabenstellungen auszudenken, diese zu beantworten bzw. zu bearbeiten. Sie verschaffen sich dadurch zusätzliche Informationen und eine verbesserte Produktionskompetenz. Verwenden Sie zur Reflektion die den Projekten beigegebenen Checklisten.

Schritt 5: Wiedergabe (Recite)

Auch wenn dieser Schritt schwer fällt: Legen Sie das Projekte-Buch beiseite und versuchen Sie, die Informationen des bearbeiteten Kapitels mit eigenen Worten wiederzugeben. Machen Sie sich schriftliche Notizen über die notwendigen Arbeitsabläufe z.B. beim digitalen Videoschnitt oder der Herstellung einer Belichtungsdatei. Sie müssen dadurch Ihre gesamte Arbeit strukturiert darstellen.

Dieser Vortrag zwingt Sie zum Nachdenken, zum Verarbeiten des Textes und der Programmanwendungen. Ein Vortrag wirkt dem Vergessensprozess entgegen, er fördert die Konzentration und eröffnet die Möglichkeit zur Selbstkontrolle und auch ein wenig zur Selbstdarstellung.

Ausgesprochen wichtig ist, wie Sie Ihren Text vortragen: Reden Sie laut, deutlich und in vollständigen, klar strukturierten Sätzen! Sie werden erkennen, wie wenig Probleme Ihnen später mündliche, schriftliche und praktische Prüfungen bereiten werden.

Schritt 6: Rückblick (Review)

Wenn Sie ein Kapitel oder ein Projekt abgeschlossen haben, gehen Sie es rückblickend nochmals durch. Verbinden Sie in Gedanken Lernziele, Fragestellungen, Projektaufgaben und deren Lösung und versuchen Sie, das Erarbeitete in einen Gesamtzusammenhang zu stellen. Rufen Sie sich die wesentlichen Punkte des Erarbeiteten ins Gedächtnis. Können Sie sich Ihre Fragen z.B. zu Arbeitstechniken, Datenhandling und Softwareanwendung beantworten, die Sie sich anfangs gestellt haben?

Die Lerntechnik nach dieser 6-Schritt-Methode ist erfolgreich. Ihre Wirksamkeit beruht auf den folgenden Punkten:

- Der Lernende wird sich der Gliederung des Stoffes bewusst.
- Das Erlernen des Stoffes wird durch mehrmaliges Lesen und praktisches Anwenden auf einen größeren Zeitraum verteilt. Wichtig sind in diesem Zusammenhang auch Lernpausen – vor allem bei der Bildschirmarbeit.
- Ein wesentliches Charakteristikum des Lernens ist das Formulieren, Beantworten und Reflektieren von Aufgaben und Fragen, verknüpft mit praktischer Softwareanwendung. Dadurch wird eine tiefere Verarbeitung des Buchinhalts angeregt.
- Ein weiteres wichtiges Element besteht darin, dass man mit Hilfe der Fragen, die man noch im Kopf hat, den Text gedanklich ein weiteres Mal durchgeht, also wiederholt. Erweitern Sie Ihre Kompetenz auch dadurch, dass Sie weitere Literatur, Handbücher und auch das Internet nutzen, um eine breitere Basis für Ihr berufliches Handeln zu erwerben.
- Erstellen Sie eigene Projekte nach den Vorgaben des Buches oder mit gegebenen Auftragsdaten. Versuchen Sie das Gelernte auf die neuen Anforderungen zu projizieren. Sie werden erleben, dass Sie vieles leicht übertragen und auf andere Projekte bzw. Produkte anwenden können.

Ein größerer Teil unserer Gedächtniskapazität wird von der Kenntnis, wo man eine Information suchen kann, besetzt. Unser Gedächtnis findet also durch Bücher, z.B. Lehrbücher und Handbücher von Wissensgebieten, eine wichtige externe Erweiterung.

Auch dieses Buch steht Ihnen als externaler Speicher, insbesondere nach seiner Bearbeitung, langfristig zur Verfügung. Es ist so aufgebaut, dass Sie es jederzeit zum Nachschlagen und zum Wiederholen benutzen können. Im Anhang sind zusätzlich weitere Werke genannt, die als Quelle dienen können. Die Auswahl dieser Werke erfolgte ganz nach unseren eigenen Erfahrungen mit diesen Büchern. Die Auswahl ist bewusst kurz gehalten, aber wir denken, dass sie qualitätsvoll ist.

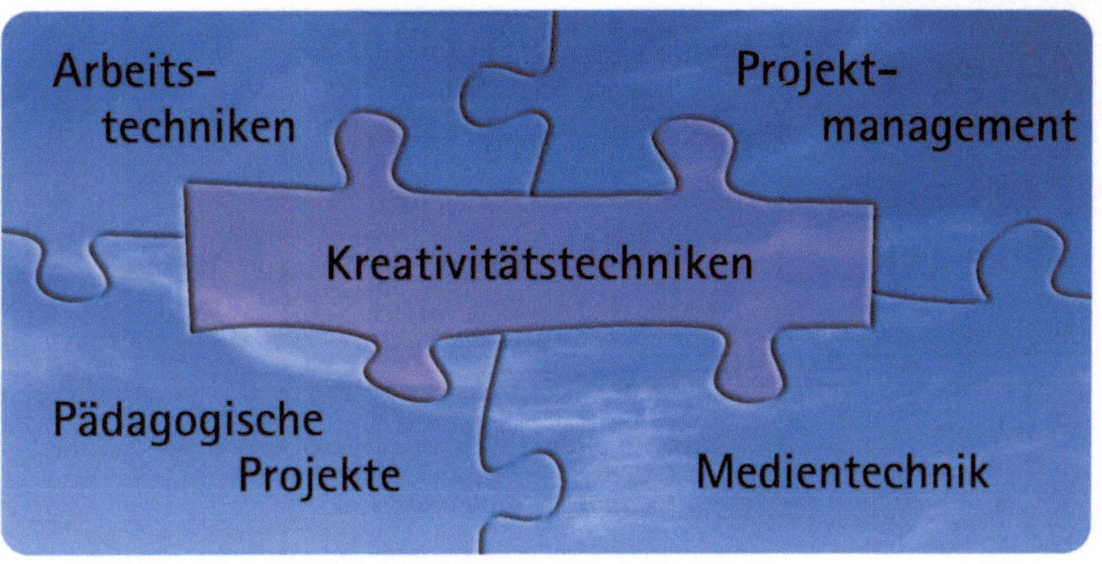
Arbeits-
techniken
Projekt-
management
Kreativitätstechniken
Pädagogische
Projekte
Medientechnik

Kreativität

Kreativität? Klar sind wir kreativ! Aber was ist kreativ? Sie werden viele Definitionen für Kreativität finden, auch hier waren die einzelnen Autoren kreativ!

Wir möchten keine neue Begriffsbestimmung hinzufügen, sondern das „dtv Wörterbuch zur Psychologie" zitieren, das die Kreativität, gerade für das Gebiet der Projektarbeit, treffend definiert: „Kreativität, auch schöpferisches Denken, Bezeichnung für die Möglichkeit eines Individuums, bei Problemlösevorgängen neue Beziehungen zu finden, relativ flüssig und flexibel neuartige Einfälle und originelle Lösungen zu produzieren."

Denken

Das menschliche Denken wird in unterschiedlichen methodischen Ansätzen verschieden beschrieben. Das hier vorgestellte Modell orientiert sich an dem Intelligenzstrukturmodell von J.P. Guilford, 1967.

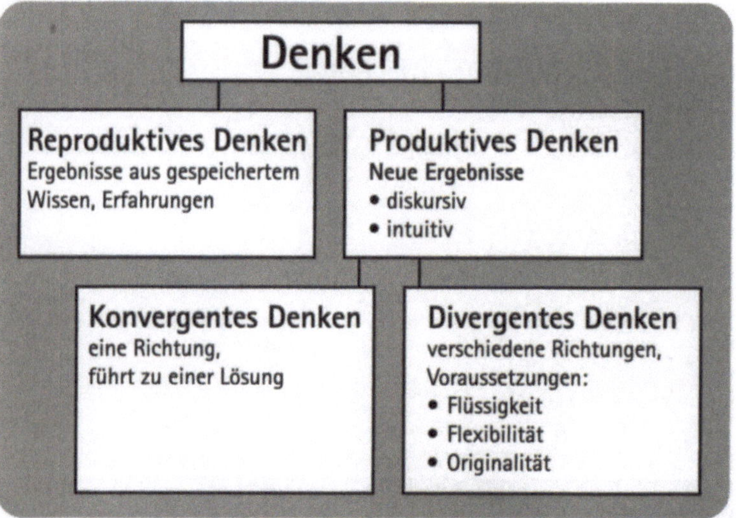

Kreativität setzt divergentes Denken voraus. Die auf den folgenden Seiten vorgestellten Kreativitätstechniken geben Ihnen das notwendige Handwerkszeug alleine oder in der Projektgruppe kreativ zu optimalen Lösungen zu kommen.

Kreativitätstraining

Kreativität macht Spaß – sie ist erlernbar und muss trainiert werden!

<table>
<tr><td>

Verbinden Sie die Punkte durch vier gerade, zusammenhängende Linien.

</td><td>

Kombinieren Sie vier M so, dass sich mindestens zwei Buchstaben berühren.

M M M M

</td><td colspan="2">

1	2	3	4
5	6	7	8
9	10	11	12
13	14	15	16

Die Summe der Diagonalen, die Summe der vier Eckzahlen und die der vier inneren Zahlen ergeben jeweils 34.
Finden Sie neue magische Quadrate.

</td></tr>
<tr><td>

Kann man eine Zeitungsdoppelseite 10-mal jeweils in der Mitte falzen?

</td><td>

MMM
MMMM

</td><td colspan="2">

Nehmen Sie das mittlere Streichholz aus der Mitte, ohne es zu berühren.

</td></tr>
<tr><td></td><td colspan="3">

Zeichnen Sie das Spiegelbild

</td></tr>
<tr><td colspan="2">

Durch Umlegen von zwei Streichhölzern können Sie das Wort Tuch senkrecht lesen.

TUCH

</td><td></td><td>

Welche Zahlen liegen jeweils gegenüber?

</td></tr>
</table>

Kärtchen-Methode

Die Kärtchen-Methode wird auch als Moderations- oder Metaplan-Methode bezeichnet.

Die Metaplan GmbH ist ein internationales Moderations- und Beratungsinstitut. Die Firma mit Sitz in Quickborn, Chatou bei Paris und Princton wurde 1972 in Deutschland gegründet; www.metaplan.de.

Anwendung
- Ideensammlung
- Strukturierung
- Visualisierung

Ausrüstung
- Transportable Pinnwände
- Packpapier zum Bespannen der Wände (1250×1500 mm)
- Moderationskoffer mit Karten in verschiedenen Größen, Formen und Farben, Filzstifte, Nadeln und Klebestifte
- Evtl. Digitalkamera für die Erstellung eines Fotoprotokolls

Durchführung
Es gibt verschiedene Formen, eine Metaplansitzung durchzuführen. Allen Formen ist gemeinsam, dass der Ablauf moderiert ist. Im Folgenden sind die Phasen einer Standardsitzung dargestellt.

- Begrüßung, Kennenlernen, Aufwärmen
  Oft kombiniert mit einem Blitzlicht, einem kurzen Stimmungsbild jedes Teilnehmers
- Einstieg ins Thema
  Problem und Themen einführen, Materialien zum Thema, z.B. über eine Kartenabfrage sammeln
- Themenbearbeitung
  Evtl. in Kleingruppen, Kartenabfage, Visualisierung
- Ergebnisorientierung
  „Was ist von wem bis wann zu tun?"
- Abschluss
  Feedback, Reflektion des Gruppenprozesses
- Protokoll
  Fixieren der Karten durch Aufkleben, Fotoprotokoll

Da die einzelnen Module frei kombinierbar sind, wird oft auch nur die Ausrüstung für andere Kreativitätstechniken wie z.B. Brainstorming eingesetzt.

Mindmapping

Mindmapping wurde in den 70er Jahren vom Engländer Tony Buzan entwickelt. Im Mindmapping werden die beiden unterschiedlichen Denkweisen der beiden Gehirnhälften verbunden.

Anwendung
- Neue Denkansätze
- Strukturierung
- Ideenfindung
- Problemlösung

Ausrüstung
- Unliniertes Papier
- Stifte in verschiedenen Farben

Durchführung
Nehmen Sie unliniertes Papier, verwenden Sie es im Querformat, der erste Schritt zum Querdenken. Schreiben Sie das Thema als Wort in die Mitte des Blattes. Vom Zentrum aus ziehen Sie jetzt Linien als Hauptäste der Assoziationen. Die Begriffe werden in Druckbuchstaben auf die Linien geschrieben. Von den Hauptästen verzweigt sich das Mindmap assoziativ weiter.

Mindmapping kann in der Gruppe oder auch individuell eingesetzt werden.

Mit der Software „MindManager" von mindjet, www.mindjet.de, können professionelle Mindmaps am PC erstellt werden.

Brainstorming

Brainstorming wurde von Alex F. Osborn, einem Werbefachmann, 1953 in den USA entwickelt.

Anwendung
- Ideenfindung
- Problemlösung

Ausrüstung
- Medium zum Protokollieren und Visualisieren der Ideen

Durchführung
Der Initiator des Brainstormings formuliert das Thema als aktive Frage. Sie kann weit oder eng formuliert werden. Die Gruppe assoziiert frei. Alle Beiträge werden protokolliert. Dabei sind einige Regeln einzuhalten:

- Alle Ideen sind erlaubt
- Kritik, Wertung oder Kommentare sind verboten
- Jede Idee ist eine Leistung der Gruppe

Bei der anschließenden Auswertung ist erstmals Kritik erlaubt. Die gesammelten Ideen werden in der Gruppe nach drei Kriterien gegliedert:

- Realisierbare Ideen
- Ideen, die nach einer Bearbeitung realisiert werden können
- Nicht oder nur schwer realisierbare Ideen

Die Osborn-Checkliste
Mit der Osborn-Checkliste ist es möglich, die Ergebnisse sehr detailliert und produktiv auszuwerten. Der Aufwand ist allerdings nicht unerheblich. Die Ergebnisse werden nach den folgenden neun Punkten überprüft:

- Anders verwenden
- Anpassungen
- Änderungen
- Vergrößerungen
- Verkleinerungen
- Ersetzungen
- Umstellungen
- Umkehrungen
- Zusammenfassungen

Methode 635 – Brainwriting

Die Methode 635, auch Brainwriting genannt, ist ein schriftliches Brainstorming. Sie wurde von Bernd Rohrbach 1969 entwickelt.

Anwendung
- Ideenfindung
- Problemlösung

Ausrüstung
- Formblätter
- Stifte

635	Fragestellung		
	1. Idee	2. Idee	3. Idee
TN1			
TN2			
TN3			
TN4			
TN5			
TN6			

Durchführung

Der Leiter des Brainwritings bereitet Formblätter mit der Fragestellung vor. 6 Teilnehmer schreiben 3 Lösungsvorschläge in 5 Minuten auf ein Formblatt. Danach gibt jeder sein Formular an seinen Nachbarn weiter. Dieser entwickelt die Idee weiter oder schreibt eine völlig neue Idee auf.

Nachdem jeder jedes Formular bearbeitet hat, ergeben sich bei 6 Teilnehmern 108 Vorschläge.

Natürlich kann die Teilnehmerzahl, die Bearbeitungszeit und die Zahl der geforderten Lösungen pro Runde auch variiert werden.

Gegenüber dem klassischen Brainstorming entfällt die Funktion des Gesprächsleiters und Protokollführers. Die Spontanität und Originalität ist durch die Schriftform geringer als beim Brainstorming. Der Vorteil liegt in der Fülle der Ideen in kurzer Zeit.

Kopfstand-Methode

Wie der Name schon sagt, werden hier die Probleme auf den Kopf gestellt. Statt sich Gedanken zu machen, wie Ihr Projekt gelingt, denken Sie darüber nach, wie Sie Ihr Projekt zum Scheitern bringen.

Anwendung
- Neue Denkansätze
- Ideenfindung
- Problemlösung

Durchführung
Der Gesprächsleiter formuliert das Thema als aktive Frage. Dabei wird die Problemstellung in ihr Gegenteil verkehrt, also auf den Kopf gestellt. Die Ideenfindung kann nach den Regeln des Brainstormings erfolgen.

Sechs-Hüte-Methode

Die Sechs-Hüte-Methode ist im Gegensatz zu den vorhergehenden assoziativen Kreativitätstechniken vor allem eine Methode, um eine Distanz zum Thema zu schaffen und neue Denkansätze zu entwickeln. Sie wurde von Edward de Bono entwickelt, www.edwdebono.com.

Anwendung
- Neue Denkansätze
- Ideenfindung
- Problemlösung

Ausrüstung
- Farbige Hüte, real oder symbolisch
- Protokollant

Durchführung
Jedes Gruppenmitglied wählt eine der sechs Hutfarben. Damit übernimmt der Teilnehmer für die Dauer der Sitzung eine durch den Hut symbolisierte Grundhaltung:

Weißer Hut
Objektivität und Neutralität, Informationen sammeln, ohne sie zu werten

Roter Hut
Emotionale Haltung, positive und negative Gefühle, ohne Rechtfertigung

Schwarzer Hut
Negatives Denken, objektiv negative Aspekte, keine negativen Gefühle

Gelber Hut
Positives Denken, objektiv positive Aspekte, keine positiven Gefühle

Grüner Hut
Kreativität und neue Ideen

Blauer Hut
Kontrolle und Organisation, Metaebene, Moderator

Als Variante ist es möglich, dass die Hüte nach einer bestimmten Zeit wechseln. Damit kommen neue Aspekte und Sichtweisen in die Diskussion. Oft ist es sinnvoll, den blauen Hut nicht zu wechseln, um eine durchgängige Moderation zu ermöglichen.

Lösungen des Kreativitätstrainings auf S.9

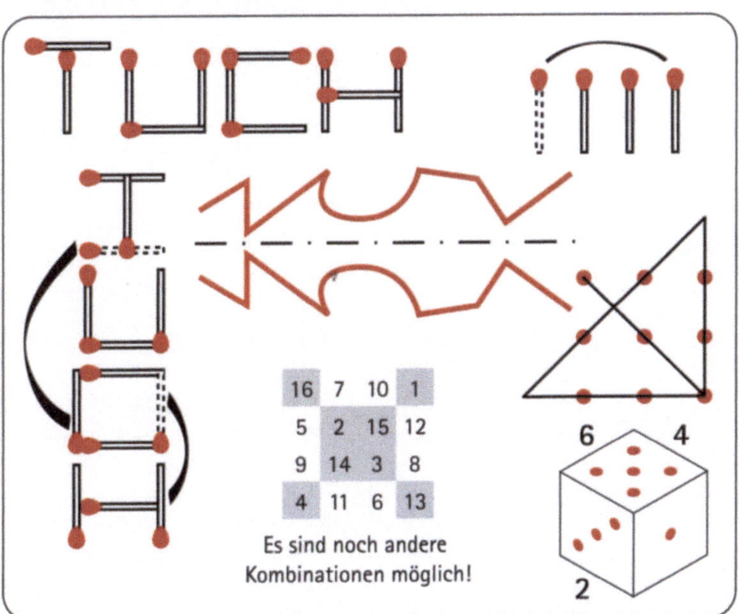

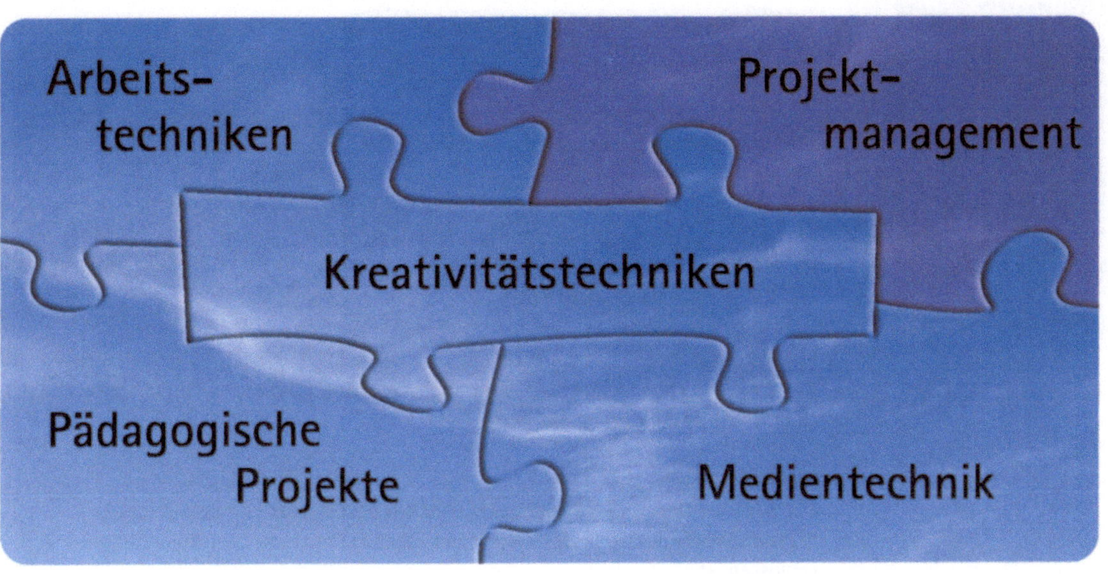
Arbeits-
techniken
Projekt-
management
Kreativitätstechniken
Pädagogische
Projekte
Medientechnik
J

Projektdefinition nach DIN 69 901

In DIN 69901 wird ein Projekt definiert als
„Vorhaben, das im wesentlichen durch Einmaligkeit der Bedingungen in ihrer Gesamtheit gekennzeichnet ist, wie z.B.

- Zielvorgabe,
- zeitliche, finanzielle, personelle oder andere Begrenzungen,
- Abgrenzung gegenüber anderen Vorhaben,
- projektspezifische Organisation."

Einmaligkeit
Ein Projekt unterscheidet sich vom Tagesgeschäft. Inhalt und Organisation sind für die Beteiligten damit neu.

Zielorientierung
Mit der Durchführung jedes Projekts wird ein bestimmtes klar definiertes Ziel verfolgt. Am Ende des Projekts steht ein Ergebnis, mit dem das Projekt abgeschlossen ist.

Ressourcenbeschränkung
Die dem Projekt zur Verfügung stehenden Ressourcen sind immer beschränkt. Der Zeitrahmen, d.h. Projektstart und -ende, ist bei echten Projekten immer klar definiert. Ebenso sind das Budget, die personellen und Sachmittel nie unendlich.

Projektabgrenzung
Aus der klaren Zielorientierung und Bestimmung der Projektressourcen ergibt sich die notwendige Abgrenzung zu anderen Vorhaben oder Projekten.

Organisation
Die meisten Projekte sind durch eine komplexe Struktur gekennzeichnet. Die Erledigung der Einzelaufgaben ist z.B. zeitlich voneinander abhängig. Mitarbeiter aus unterschiedlichen Abteilungen sind entsprechend der notwendigen Qualifikation in das Projektteam eingebunden. Dies setzt eine spezielle Projektstruktur und -organisation voraus.

Projektzielgrößen

Bei aller Verschiedenheit haben Projekte die allgemein gültigen Projektzielgrößen:

Qualität
Spezifikation des Projektergebnisses

Kosten
Monetäre, materielle und personelle Ressourcen

Zeit
Zeitrahmen und Zeitaufwand

Die Modifikation einer Zielgröße beeinflusst direkt die beiden anderen.
Gutes Projektmanagement sorgt für das optimale Gleichgewicht der drei Faktoren.

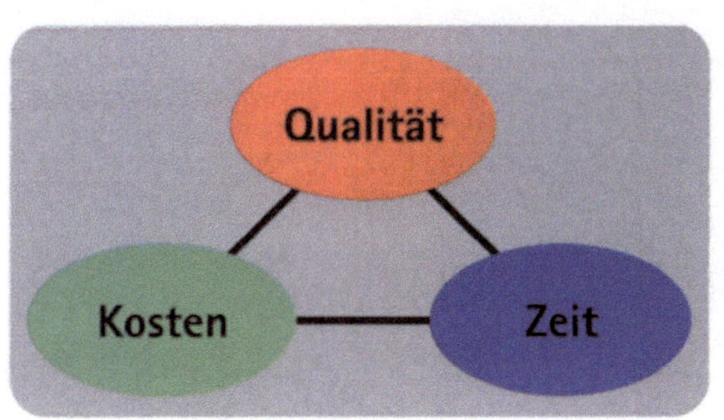

J 01

Phasen des Projektmanagements

Initiative	Definition	Planung	Controlling	Abschluss
Jedes Projekt beginnt mit einer Idee	Zielbestimmung mit klaren Aussagen über die Notwendigkeit, Erreichbarkeit, Möglichkeiten und das angestrebte Projektergebnis	• Projektstruktur- plan • Projektablaufplan	Überwachung und Steuerung des Projektprozesses	Präsentation und Abgabe des Projektergebnisses, Erfolgsbeurteilung

Projekte sind meist sehr komplex. Um diese Komplexität handhabbar zu machen, hat es sich bewährt, das Projektmanagement in einzelne Phasen zu untergliedern. Die Länge und Ausprägung der Phasen ist von verschiedenen Faktoren wie Umfang und Aufgabe abhängig. Der Bau eines Hauses und die Entwicklung einer Website bedürfen sicherlich einer unterschiedlichen Detailplanung. So ist z.B. das Prototyping im Hausbau wohl kein Thema.

Projekt ist der Gegensatz zu Routine. Jedes Projekt ist einzigartig und bedarf deshalb sorgfältiger Planung. Der Projektplan beschreibt den Weg zum Ziel.

Während der Planung werden so lange verschiedene Möglichkeiten durchgespielt, bis Sie überzeugt sind, die beste Lösung gefunden zu haben, um die Differenz zwischen Ist-Zustand (vor dem Projekt) und Soll-Zustand (Projekterfolg) zu überbrücken.

Vier Grundfragen der Projektplanung

Die vier Grundfragen sollen Ihnen die strukturierte Planung erleichtern. Ihre Antworten bilden die Basis des Projektplans.

1. Was muss gemacht werden?	Aufgaben, Vorgänge
2. Wie viel Zeit steht zur Verfügung?	Dauer
3. Was kommt vor/nach was?	Vorgänger/Nachfolger
4. Wer und was ist dazu notwendig?	Ressourcen

Projektstrukturplan PSP

Im Projektstrukturplan wird die Gesamtheit des Projekts in Haupt- und Teilaufgaben gegliedert. Die Teilaufgaben wiederum werden in Arbeitspakete als kleinste Einheiten unterteilt. Dabei geht es nur darum, was gemacht werden muss, nicht wie es gemacht werden soll. Die Visualisierung zeigt die Zusammenhänge und Abhängigkeiten der einzelnen Teilaufgaben.

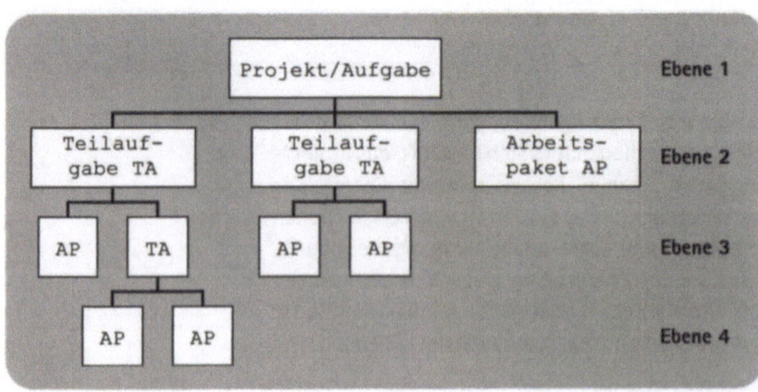

Projektablaufplan PAP

Analyse und Strukturierung

Der Projektablaufplan bringt die Arbeitspakete des Projektstrukturplans in eine zeitliche und inhaltliche Ausführungsreihenfolge.

Die Abhängigkeiten/Beziehungen und die Abfolge ergeben sich aus der Beantwortung der folgenden Fragen:

- Welche Arbeitspakete sind voneinander unabhängig?
- Die Erledigung welcher Arbeitspakete ist unmittelbare Voraussetzung für Folgeaktivitäten?
- Welche Arbeitspakete müssen nacheinander bearbeitet werden?
- In welcher Reihenfolge muss die Bearbeitung erfolgen?
- Welche Vorgänge lassen sich parallel bearbeiten?

Planerstellung und Visualisierung

Zur Erstellung des Projektablaufplans bieten sich verschiedene Methoden an.

Es gibt spezielle *Software zur Projektplanung* wie z.B. „Microsoft Project". Mit ihrer Hilfe kann das gesamte Projekt einschließlich Terminen, Ressourcen und Mitarbeiter usw. geplant sowie im Projektverlauf gesteuert werden.

Aktivitätenliste (Hilfsliste zum Ablaufplan)			
PSP-Code	AP	Vorgänger	Nachfolger
E3	AP1	–	AP3, AP6
E3	AP5	AP4	AP2, AP6

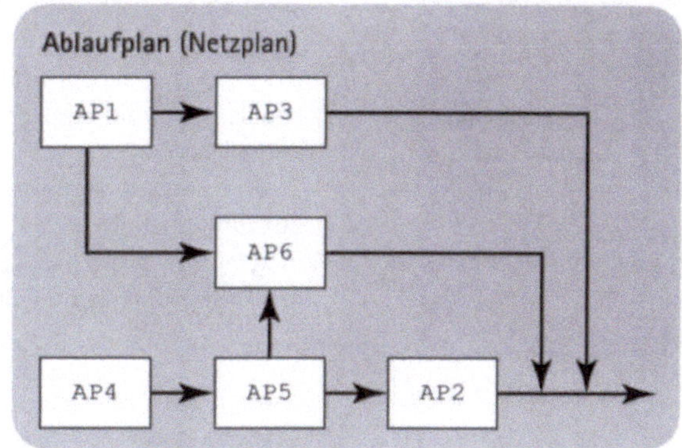

Zur *manuellen Projektplanung* hat sich die Arbeit mit Karten, z.B. Metaplan, auf denen die einzelnen Vorgänge benannt sind, bewährt:

Schritt 1: Schreiben Sie jeweils ein Arbeitspaket auf eine Karte.

Schritt 2: Bringen Sie die Karten in eine logische Abfolge. Beachten Sie dabei die Abhängigkeiten und Beziehungen der einzelnen Vorgänge.

Schritt 3: Verbinden Sie die Arbeitspakete mit Pfeilen.

Schritt 4: Überprüfen Sie die Abfolge vom Anfang bis zum Ende:

- Was muss als Erstes gemacht werden?
- Was folgt?

Schritt 5: Überprüfen Sie die Abfolge vom Ende bis zum Anfang:

- Was muss als Letztes gemacht werden?
- Was muss davor bearbeitet werden?

Aufwandsschätzung

Die möglichst genaue Erfassung der Ressourcen und des zu erwartenden Aufwands ist für die erfolgreiche Planung und Durchführung eines Projektes unerlässlich.

Eine auch noch so sorgfältige Schätzung ist aber trotzdem immer nur eine Zukunftsprognose. Rechnen Sie deshalb immer mit Abweichungen. Planen Sie möglichst mit Luft. Eine konsequente Projektfortschrittskontrolle lässt Störungen frühzeitig erkennen und Sie können entsprechend reagieren.

Ablauf- und Terminplan

Nachdem Sie alle Ressourcen einschließlich des zu erwartenden Zeitaufwands erfasst haben, können Sie jetzt den PAP durch die Zeitplanung ergänzen. Gehen Sie in der ersten Version von optimaler zeitlicher Verfügbarkeit der Ressourcen aus.

Falls die errechnete Projektzeit nicht mit der zur Verfügung stehenden Zeit in Einklang zu bringen ist, müssen Sie die Projektplanung überarbeiten. Vielleicht ist es z.B. möglich, bestimmte jetzt nacheinander liegende Vorgänge ganz oder teilweise parallel zu bearbeiten. Kürzen Sie nicht einfach Ihre Zeitvorgaben. Sie haben sie schließlich wohl begründet festgelegt.

Vorwärtsplanung

Die Vorwärtsplanung oder -rechnung beginnt mit dem ersten Vorgang am frühestmöglichen Starttermin. Im Weiteren wird aus den frühestmöglichen Start- und Endterminen aller Aktivitäten der frühestmögliche Termin des Projektabschlusses errechnet.

Rückwärtsplanung

Die Rückwärtsplanung bzw. -rechnung beginnt mit dem spätest möglichen Abschlusstermin. Aus den geschätzten Zeiten für die einzelnen Vorgänge ergibt sich der spätest mögliche Starttermin.

Puffer

Zur Überprüfung Ihrer Rechnung vergleichen Sie die Differenz der beiden Starttermine mit der der beiden Endtermine. Wenn Sie sich nicht verrechnet haben, dann müssen beide gleich groß sein. Diese Differenz ist gleichzeitig die Summe der Pufferzeit. Planen Sie zwischen heiklen Vorgängen Pufferzeiten ein und behalten Sie Zeit in Reserve.

Balkenplan

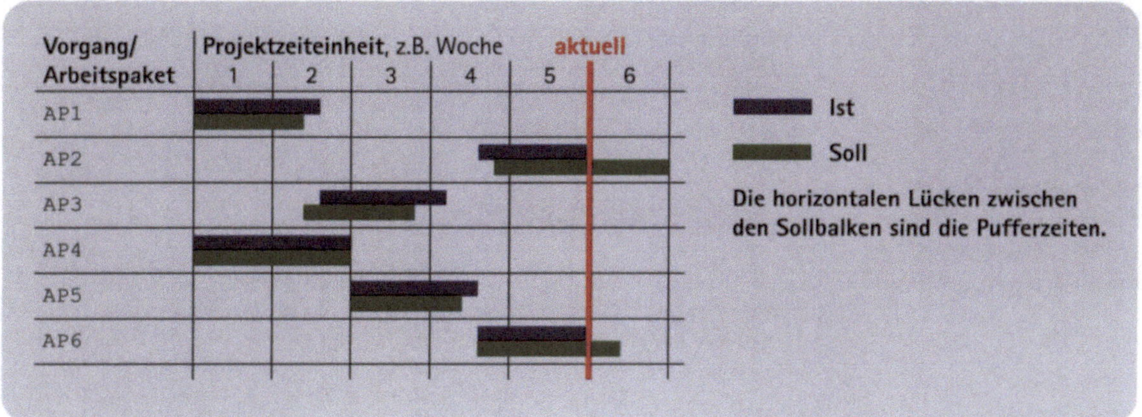

Im Balkendiagramm wird die Dauer der Arbeitspakete durch die Balkenlänge visualisiert. Die Abhängigkeiten sind einfach aus der vertikalen Anordnung abzulesen. Aktualisieren Sie den Projektverlauf (Ist) ständig.

In den PAP können neben den Vorgängen noch weitere Daten, z.B. Termine für Projektzwischenberichte oder Meetings, aufgenommen werden.

Netzplan

Für sehr umfangreiche und komplexe Projekte ist die Netzplantechnik als Planungs- und Steuerungselement besser geeignet als das einfache Balkendiagramm. Die gebräuchlichste Form ist die Vorgangsknotennetzwerktechnik. Darin werden die einzelnen Vorgänge als Rechtecke (Vorgangsknoten) dargestellt, die mit Pfeilen im Fortgang verbunden sind.

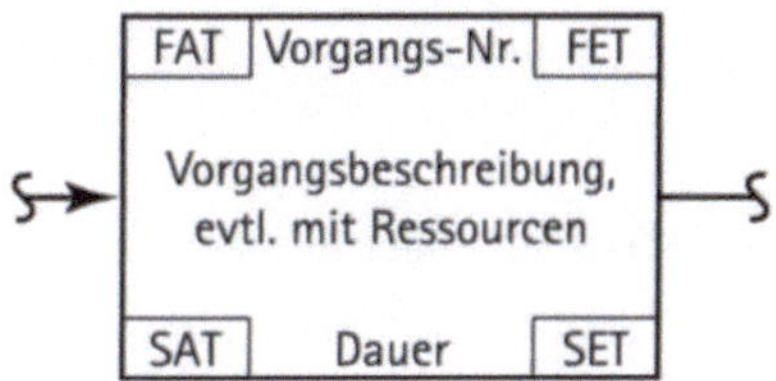

FAT/FET Frühester Anfangstermin/Endtermin
SAT/SET Spätester Anfangstermin/Endtermin

Eine weitere Einführung in die Netzwerktechnik würde weit über den Rahmen dieses Buches hinausgehen. Es sei deshalb auf DIN 69900 und die umfangreiche Spezialliteratur verwiesen.

Kritischer Pfad

Der kritische Pfad ist die Verbindung zwischen Projektstart und Projektabschluss, bei dem Verzögerungen einzelner Vorgänge automatisch zum Verzug des Projektendes führen. Er enthält die geringsten Pufferzeiten. Somit müssen Sie ihm Ihre größte Aufmerksamkeit als Projektmanager schenken.

Meilensteine

Meilensteine sind Kontrollpunkte im Projektablauf. Sie sind oft mit Schlüsselvorgängen bzw. Schlüsselereignissen verbunden und untergliedern ein Projekt in einzelne Phasen. Setzen Sie in regelmäßigen Abständen Meilensteine und weisen Sie diese im Projektplan und/oder in einer Tabelle aus. Meilensteine dienen der Fortschrittskontrolle. An ihr Erreichen ist oft die Entscheidung über den weiteren Projektverlauf geknüpft.

Aufgabenverteilung

Die Aufgabenverteilung, d.h., wer ist für was zuständig und verantwortlich, ist in der Projektarbeit von zentraler Bedeutung. Jedes Mitglied des Projektteams muss genau wissen, welche Rechte und Pflichten er in seinem Aufgabengebiet hat.

Pflichtenheft

Das Pflichtenheft umfasst die vom „Auftragnehmer erarbeiteten Realisierungsvorgaben" (DIN 69905). Es ist also die Umsetzung des vom Auftraggeber vorgegebenen Lastenheftes. Beide sollten Bestandteil des Projektvertrags sein.

Für die Projektdurchführung kann es sinnvoll sein, das Pflichtenheft in verschiedene Teile zu gliedern. So z.B. in einen organisatorischen Teil mit Kalkulation und Zeiterfassung sowie einen technischen Teil mit den Spezifikationen der Produktion.

Das Pflichtenheft regelt die Pflichten der am Projekt beteiligten Personen.

Projektcontrolling

Das Projektcontrolling umfasst alle Regeln und Maßnahmen, um das Erreichen des Projektziels zu gewährleisten. Basis sind der Projektstruktur- und der Projektablaufplan als Soll für den Projektablauf. Während der Projektabwicklung ist es notwendig, einen ständigen Soll-Ist-Abgleich zu erhalten, um bei Störungen sofort reagieren zu können. Voraussetzung hierfür ist ein funktionierendes Informationssystem. Funktionierend heißt, dass die von den Projektmitgliedern gemachten Angaben auch korrekt sind. Subjektive Manipulationen und objektive Fehleinschätzungen sollten möglichst ausgeschlossen werden.

Fortschrittsbericht

Der Projektfortschrittsbericht ist ergebnisorientiert und muss regelmäßig in festgelegten Abständen, z.B. täglich, erfolgen. Ein Fortschrittsbericht enthält neben der Angaben des Autors:

- Arbeitspakete, die gerade in Bearbeitung sind oder eben abgeschlossen wurden
- Neu auftretende Risiken
- Terminsituation mit Begründungen für Abweichungen vom PAP
- Prognosen über den weiteren Projektverlauf

Projektstatusbericht

Im Projektstatusbericht wird der aktuelle Stand der Projektabwicklung dokumentiert. Er ist umfangreicher als der Fortschrittsbericht und sollte z.B. an Meilensteine gebunden werden. Oft wird der Projektstatus mit den drei Ampelfarben Grün, Gelb und Rot gekennzeichnet. Der Bericht beinhaltet:

- Abarbeitung der Arbeitspakete
- Ressourcenverbrauch
- Terminsituation

Projekttagebuch

Im Projekttagebuch werden nach Art eines Logbuchs alle relevanten Informationen und Vorkommnisse im Projektablauf festgehalten. Somit kann in der Nachbereitung oder bei Störungen im Projekt die Projektabwicklung exakt nachvollzogen werden.

Schlussbewertung

Zum Abschluss eines Projektes muss eine Schlussbewertung erfolgen. Hier wird überprüft, ob das Projektziel erreicht wurde. Die Schlussbewertung dient neben der wirtschaftlichen Auswertung des Projekts vor allem auch der Erfahrungssicherung.

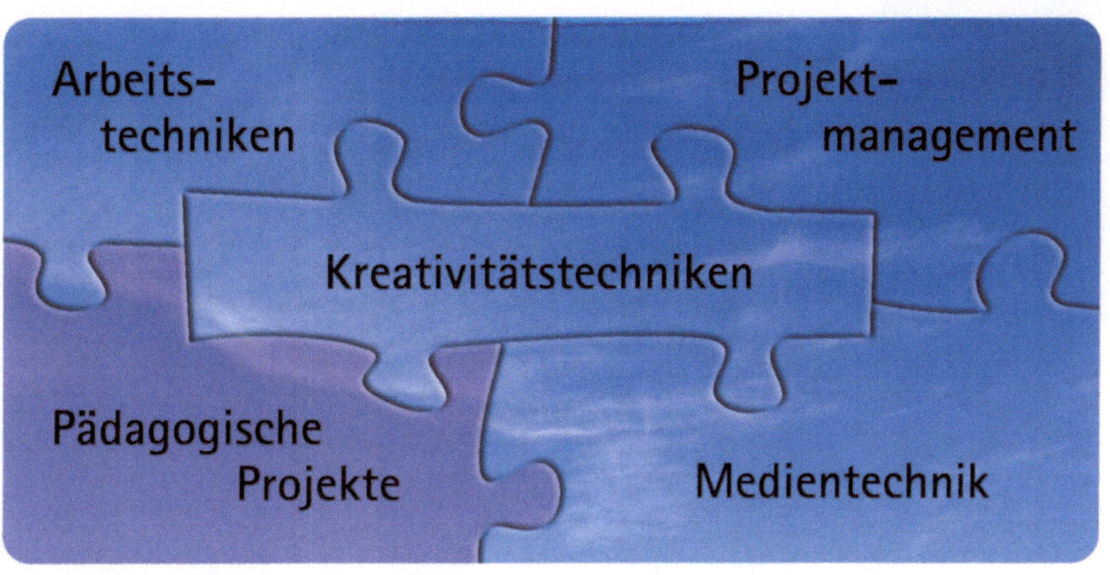
Arbeits-
techniken
Projekt-
management
Kreativitätstechniken
Pädagogische
Projekte
Medientechnik

Pädagogische Projekte

Der Begriff pädagogisches Projekt geht über den institutionellen Projektunterricht hinaus. Er beschreibt die lernende Tätigkeit in einem Projekt. Pädagogische Projekte werden u.a. in der Schule, im Studium, in der Erwachsenenbildung oder in der beruflichen Weiterbildung durchgeführt.

Im Gegensatz zum wirtschaftlichen Projekt ist beim pädagogischen Projekt nicht nur das Projektergebnis, sondern gerade der Projektprozess von zentraler Bedeutung. Die Projektteilnehmer erwerben neben den fachlichen Kompetenzen, die zur Herstellung des Projektergebnisses bzw. -produktes notwendig sind, auch überfachliche Kompetenzen.

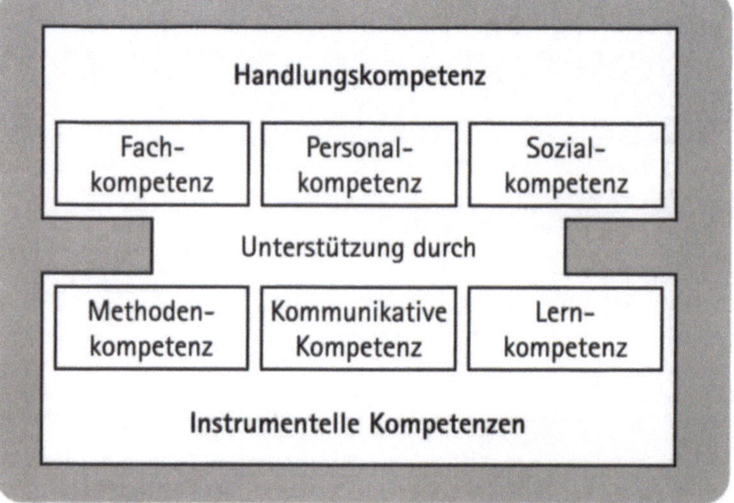

Das obige Schema zeigt das Zusammenwirken der einzelnen Kompetenzbereiche (nach Bader/KMK).

Lehren und Lernen in Projekten

Lehren und Lernen in pädagogischen Projekten basiert im Wesentlichen auf der Theorie des Konstruktivismus. Nach Thissen ist dabei Lernen die aktive Wissenskonstruktion in Verbindung mit bereits bestehendem Vorwissen.

Lernen ist individuell – der jeweilige Lernweg ist nicht vorhersehbar. Wissen kann durch Lehrende prinzipiell nicht vermittelt werden. Die Lehrenden begleiten die Lernenden nur durch Hilfestellung, Hinweise, Rückmeldungen usw., um selbstständig Wissen zu konstruieren (coaching).

Lernen in Projekten bedeutet demnach Wahrnehmen, Erfahren und Erleben, Handeln und Kommunizieren in Interaktion mit der Umwelt und den Mitgliedern der Projektgruppe. Dabei geht viel Verantwortung vom Lehrenden auf den Lernenden über. Dies setzt Kompetenz und Motivation zum selbst gesteuerten Lernen voraus.

Externe Voraussetzungen

Projektzeit

- Wie viel Zeit steht dem Projekt zur Verfügung?
- Wie ist die Zeit verteilt? Projektwoche oder zwei Wochenstunden übers Jahr?

Jedes Projekt hat ein bestimmtes Zeitbudget. Dieses steht meist nicht zur freien Disposition der Projektgruppe, sondern wird durch äußere Vorgaben, wie z.B. die Schulorganisation oder den Lehrplan, bestimmt.

Der Zeitrahmen bestimmt wesentlich den Umfang und die Struktur eines Projektes mit.

Projektumfeld

Zum Projektumfeld gehört vor allem die räumliche und sächliche Ausstattung. Die richtige Lernumgebung ist eine wichtige Voraussetzung für das Gelingen eines Projektes.

In der Vorbereitungsphase des Projektes müssen u.a. folgende Fragen geklärt werden:

- Stehen genügend Räume zur Verfügung?
- Ist die Ausstattung der Räume der Arbeit förderlich?
- Sind die technischen Voraussetzungen, z.B. Hard- und Software, gegeben?
- Kann die Lernumgebung den Bedürfnissen des Projektes angepasst werden?

Außenstehende

Kein Projekt findet im leeren Raum statt. Immer sind Personen im Umfeld des Projektes direkt oder indirekt betroffen.

Die Vorabklärung folgender Fragen hilft, das Projekt erfolgreich durchzuführen:

- Wer ist durch das Projekt in seiner Arbeit direkt oder indirekt betroffen?
- Wen interessiert das Projekt außerhalb der Projektgruppe?
- Wer kann das Projekt als Außenstehender fördern oder behindern?
- Wer muss über das Projekt informiert sein?
- Wann und wie können Personen von außen in das Projekt einbezogen werden?
- Wer wird zur Projektpräsentation eingeladen?
- Wer ist in der Projektgruppe für Außenkontakte zuständig?

Projektmethode

Erste Ansätze des Lernens in Projekten finden sich bereits im 16. Jahrhundert in Italien. Die heutigen Konzepte schließen allerdings an die Reformpädagogik vom Beginn des 20. Jahrhunderts an. Als Vertreter der Reformpädagogik sind beispielhaft die beiden Amerikaner Dewey und Kilpatrick sowie der Deutsche Kerschensteiner zu nennen. Ein wichtiger gegenwärtiger Vertreter der Projektmethode ist Karl Frey, Professor an der ETH Zürich. Sein Buch „Die Projektmethode – Der Weg zum bildenden Tun" ist 1998 in der 8. überarbeiteten Auflage bei Beltz erschienen.

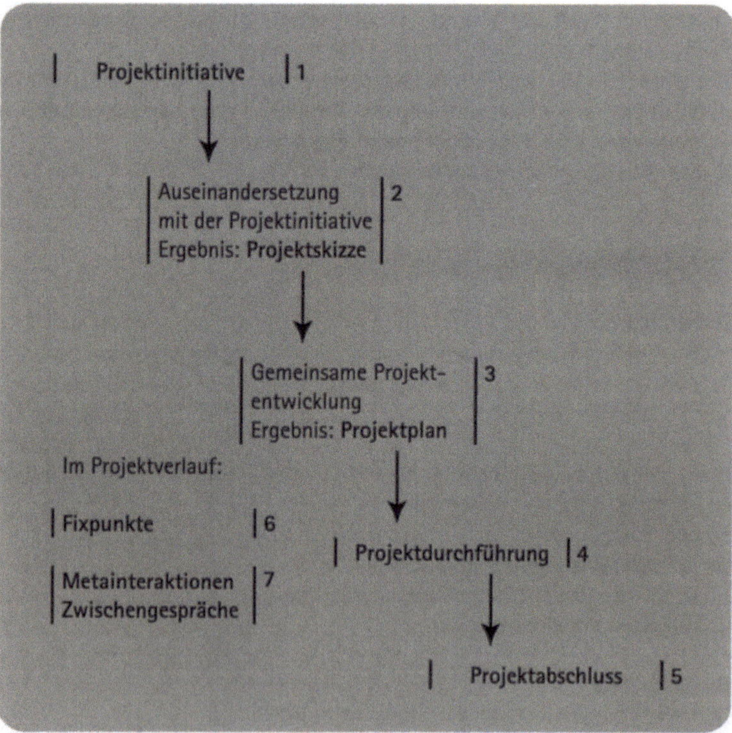

Grundmuster der Projektmethode, dargestellt anhand eines idealisierten Projektablaufes (nach Frey).

1. Die Initiative zur Durchführung eines Projektes kann aus der Gruppe der Lernenden, vom Lehrenden, von beiden gemeinsam oder von Außenstehenden kommen.

2. In der Auseinandersetzung mit der Projektinitiative befassen sich die Teilnehmer mit dem Projektthema und seiner Realisierung. Die Projektinitiative muss von allen Beteiligten akzeptiert werden, sonst endet sie hier. Im positiven Fall steht am Ende der Auseinandersetzung die Projektskizze bzw. die Projektdefinition.

3. Die Projektplanung folgt den Richtlinien des Projektmanagements. In der Planungsphase werden sowohl der inhaltliche und formale Verlauf als auch die pädagogischen Ziele des Projektes konkretisiert. Oft müssen unrealistische Wünsche und überzogene Einschätzungen aus der Initiativphase auf das Machbare reduziert werden. Dabei ist der Zielkonflikt der Projektzielgrößen zu beachten.
Die Verifikation des Projekterfolgs muss ebenfalls in die Projektplanung mit einbezogen werden.

4. Aus Diskutieren und Planen wird jetzt Handeln. Die Projektplanung wird als Projektsteuerung mittels Fixpunkten und Metainteraktion fortgeführt.

5. Jedes Projekt muss einen Abschluss haben. Dies kann durch das Fertigstellen des Projektgegenstandes oder auch z.B. durch eine Präsentation erfolgen.
Zum Abschluss gehören immer auch die Evaluierung und Verifizierung der Projektziele.

6. Fixpunkte sind Unterbrechungen im Produktionsablauf zur Information und Besprechung in der Projektgruppe. Sie können auf zweierlei Art im Projekt gesetzt werden:

- Fest eingeplant, z.B. am Ende bestimmter Projektphasen.
- Bei Bedarf während des Projektes auf Initiative eines oder mehrerer Projektgruppenmitglieder.

7. Die Metainteraktion spielt eine zentrale Rolle in der Projektarbeit. Durch diese Zwischengespräche löst sich die Projektgruppe von den fachlich-inhaltlichen Fragen und thematisiert das Geschehen in der Gruppe. Im Mittelpunkt der Metainteraktion stehen die überfachlichen Kompetenzen.
Der Zeitpunkt zur Metainteraktion ist, wie die Fixpunkte, entweder fest eingeplant oder wird bei Bedarf bestimmt.

Leistungsbewertung

Beurteilung

Unter Beurteilung versteht man laut Duden die „Äußerung einer Ansicht über etwas". Dies bedeutet, dass eine Beurteilung immer subjektiv ist, weil sie auf der Wahrnehmung der beurteilenden Person basiert. Professionelle Beurteilung muss sich deshalb an verschiedenen Kriterien orientieren, z.B.:

- Zielorientierung
- Kohärenz
- Transparenz
- Entflechtung

Beobachtung

Unter Beobachtung wird allgemein die bewusste und gezielte Wahrnehmung verstanden.

Durch eindeutige Beobachungskriterien wird versucht, die beobachteten Sachverhalte und Prozesse zu objektivieren. Diese Art der systematischen Beobachtung birgt eine geringere Gefahr von Fehlern als die freie Beobachtung. Der Beobachtende muss sich aber trotzdem ständig möglicher Vorurteile und Wahrnehmungsverzerrungen bewusst sein. Ursachen für Beobachtungs- und daraus resultierende Beurteilungsfehler sind verschiedene psychologische Effekte, z.B.:

- Haloeffekt: Der Gesamteindruck bestimmt die Einzelwahrnehmung.
- Reihungeffekt: Vorangegangene Beobachtungen erzeugen bestimmte Erwartungen.
- Pygmalioneffekt: Die Erwartungen des Beobachtenden beeinflussen die Leistung des Beobachteten.

Kompetenzbewertung

Die überfachlichen Kompetenzen spielen gerade beim Lernen im Projekt eine wichtige Rolle. Ihre Beurteilung darf nie die Persönlichkeit des Beurteilten bewerten, vielmehr geht es darum, aus dem beobachtbaren Verhalten auf die Qualität der erworbenen Kompetenzen zu schließen. Vorher festgelegte Verhaltensmerkmale ermöglichen eine systematische Beobachtung.

Selbstbeurteilung

Mit der Selbstbeurteilung reflektieren und beurteilen die Lernenden ihr eigenes Fühlen, Denken und Handeln im Projekt. Die Selbsteinschätzung und -beurteilung ist gerade in der Projektarbeit ein wichtiger Faktor zur Steigerung der Selbstständigkeit und Eigenverantwortung, aber auch der Motivation.

Die Selbstbeurteilung kann als Ergänzung zusammen mit der Fremdbeurteilung zur Gesamtbewertung der Projektarbeit und -kompetenz dienen.

Projekte bewerten

Das Lernen in Projekten ist eine offene Lernform. Sie ist immer abhängig von der jeweiligen materiellen, zeitlichen und personellen Situation. Es ist deshalb nur schwer möglich, konkrete Vorgaben und Richtlinien zu geben. Trotzdem ist eine Projektbewertung als Feedback für die Projektgruppenmitglieder notwendig.

Schulische Projekte verlangen darüber hinaus meist noch eine Zensur. In Baden-Württemberg ist seit dem Schuljahr 2002/03 im Rahmen der Einführung des Unterrichts in Lernfeldern, das Bewertungssystem an beruflichen Schulen um die Note „Projektkompetenz" ergänzt worden.

Mit der Projektkompetenznote werden vor allem die beobachtbaren überfachlichen Kompetenzen wie Personal-, Sozial-, Methoden-, kommunikative und Lernkompetenz bewertet.

Die berufsfachliche Kompetenznote bewertet die Befähigung, berufliche Handlungssituationen und Probleme zielorientiert, sachgerecht, methodengeleitet und selbstständig zu lösen.

Die Differenzierung zwischen berufsfachlicher Kompetenz und Projektkompetenz ist nicht allgemein gültig möglich. Sie muss jeweils im Einzelfall vorgenommen werden.

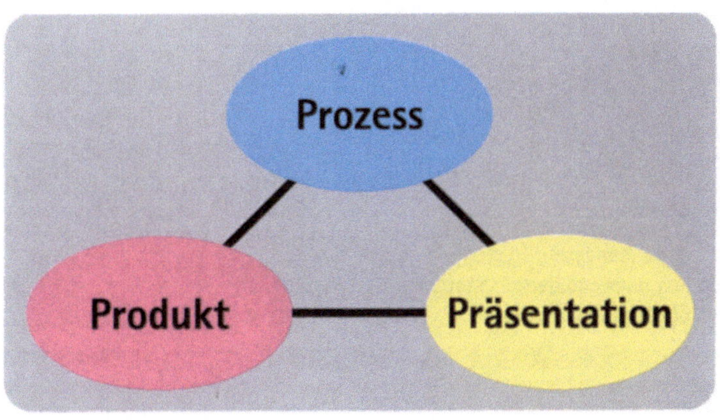

Die verschiedenen Beurteilungsbereiche der Projektkompetenz stehen ebenfalls in einem Spannungsfeld. Je nach Schwerpunkt und Intention des Projektes ist eine Gewichtung vorzunehmen.

Beobachtungsindikatoren

Kompetenzen sind grundsätzlich nicht beobachtbar, nur Verhaltensweisen sind beobachtbar. Zur qualifizierten Beobachtung müssen die Kriterien der Verhaltensbeobachtung zur Kompetenzbewertung mit schüler- und projektgerechten Indikatoren konkretisiert, d.h. operationalisiert werden. Die folgende Übersicht dient als Beispiel und zur Anregung, im Projektteam eigene angemessene Indikatoren zu definieren.

aktiv

- zeigt Interesse und arbeitet aus eigenem Antrieb
- bringt Ideen und Vorschläge ein
- übernimmt freiwillig Aufgaben

zielgerichtet

- plant den Arbeitsablauf
- beschafft sich Informationen und Materialien zur Lösung der Aufgabe
- spricht sich mit anderen Gruppenmitgliedern ab

integrativ

- kann die Perspektive anderer einnehmen
- spricht Spannungen und Konflikte an und versucht sie fair zu lösen
- unterstützt andere

kommunikativ

- geht aktiv auf andere Gruppenmitglieder zu
- spricht mit anderen
- übt konstruktive Kritik und macht Vorschläge

strukturiert

- strukturiert seine Aufgaben sinnvoll
- übernimmt organisatorische Aufgaben
- arbeitet planmäßig

selbstständig

- arbeitet ohne ständige Hilfestellung oder Kontrolle
- besorgt sich notwendige Informationen und Materialien
- probiert aus und improvisiert

kooperativ

- arbeitet von sich aus mit anderen Gruppenmitgliedern zusammen
- übernimmt Aufgaben für die Gemeinschaft
- ist am Erfolg der Gruppe interessiert

kreativ

- bringt eigene Ideen ein
- verlässt eingefahrene Wege
- wendet Kreativitätstechniken in der Gruppe an

konfliktfähig

- benennt und diskutiert Probleme
- akzeptiert in der Gruppe gefundene Lösungen
- verzichtet auf verbale oder gar körperliche Gewalt

sorgfältig

- geht mit Geräten, Materialien und Werkzeugen achtsam um
- achtet auf exakte Darstellung und Dokumentation
- überprüft und verbessert ggf. seine Arbeitsergebnisse

fachkompetent (Inhalt)

- erfasst das Thema und setzt es inhaltlich um
- nutzt Quellen
- kommt zu eigenen Ergebnissen

fachkompetent (Produktion)

- löst Aufgaben fachgerecht
- arbeitet effektiv
- setzt die Aufgabe mediengerecht um

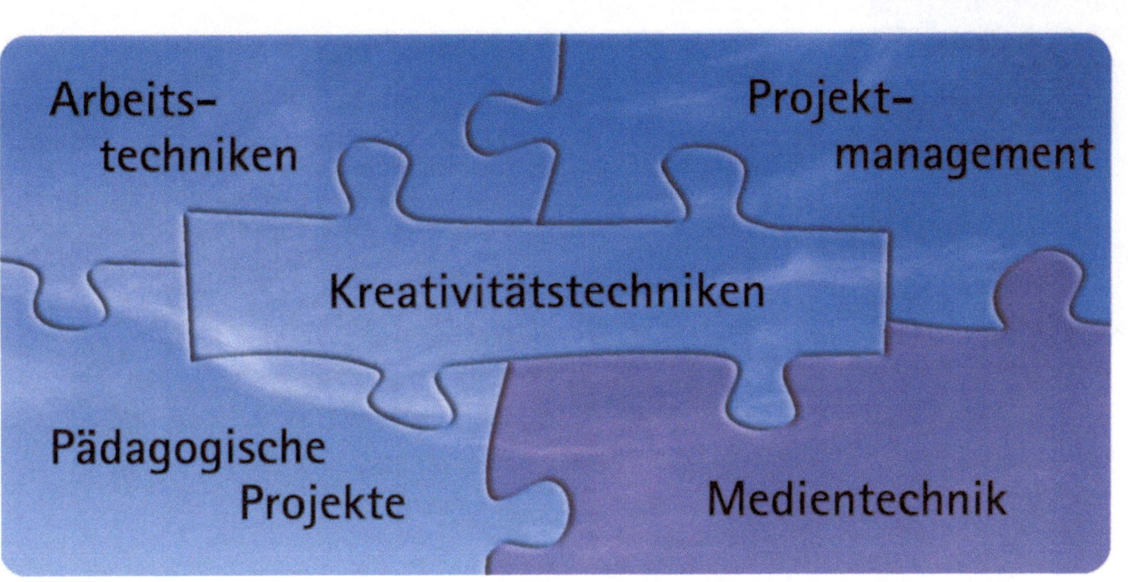

M Medientechnik

Farbiges Licht

Licht ist Farbe, aber nur wenn es jemand sieht. Das für den Menschen sichtbare Licht ist nur ein kleiner Ausschnitt des Spektrums der elektromagnetischen Strahlung. Es spannt sich von den sehr kurzwelligen und somit sehr energiereichen Kernstrahlen, den Röntgenstrahlen und den UV-Strahlen über das sichtbare Licht hin zu den Infrarotstrahlen und den Radiowellen.

Der Versuch, weißes Licht durch ein Prisma zu schicken, zeigt uns das Spektrum des sichtbaren Lichts.

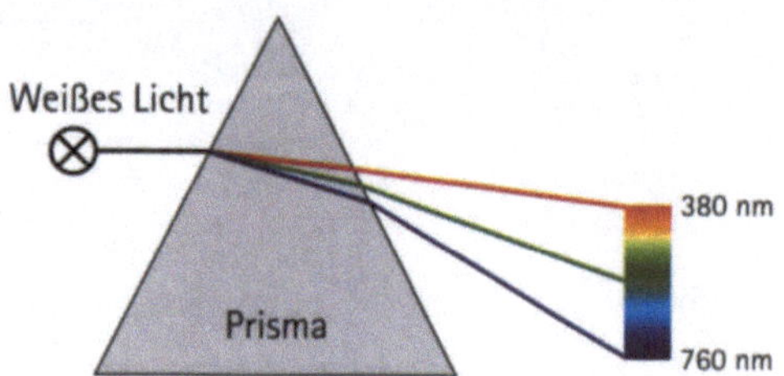

Farbensehen

Auf der Netzhaut, der Retina, des menschlichen Auges gibt es zwei Arten von Fotorezeptoren, die Stäbchen und die Zapfen. Die Stäbchen reagieren allgemein auf Licht im Bereich des Spektrums von 380 nm bis 760 nm. Sie sind für das Hell-Dunkel-Sehen zuständig. Ihre Empfindlichkeit ist höher als die der Zapfen, deshalb sind in der Dämmerung und bei Nacht alle Katzen grau. Von den Zapfen wiederum gibt es drei verschiedene Typen. Sie reagieren jeweils bevorzugt auf rotes, grünes und blaues Licht. Alle Farben, die wir sehen, sind demnach eine Mischung aus diesen drei Grundfarben.

Farbwahrnehmung

Wir sehen nicht, was unser Auge sieht. Die Farbreize der drei Zapfentypen werden über den Sehnerv an unser Gehirn weitergeleitet und führen dort, zusammen mit der Meldung anderer Sinnesorgane, Erfahrungen usw., zu einer Farbempfindung.

Das menschliche Auge kann eine zusammengesetzte Farbe nicht von einer Mischfarbe, die die gleichen Farbreize auslöst, unterscheiden.

Farbwirkung

Neben der physikalischen und der physiologischen Seite der Farbe ist ihre psychologische Wirkung für die Mediengestaltung von zentraler Bedeutung.

Anmutung

Bestimmte Farben rufen durch ihre Anmutung bestimmte Stimmungen und Assoziationen hervor.

- Welche Assoziationen haben Sie bei der Betrachtung der Farbfelder?
- Decken Sie einzelne Felder ab – ändert sich die Wirkung?

Farbkontraste

Keine Farbe wirkt unabhängig von ihrer Umgebung. Die Wechselwirkung benachbarter Farben heißt Farbkontrast.

Hell-Dunkel-Kontrast
Kombination zweier Farben mit stark unterschiedlicher Helligkeit in Farb- und/oder Tonwert

Komplementär-Kontrast
Kombination zweier Farben, die sich in der Mischung zu Unbunt ergänzen

Simultan-Kontrast
Kombination einer bunten Farbe mit einer unbunten Farbe, das Auge erzeugt das Komplement

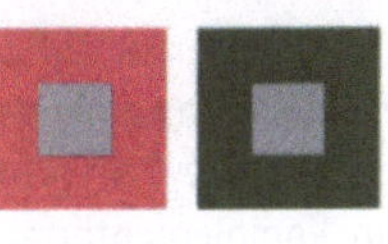

Kalt-Warm-Kontrast
Kombination von kalt und warm wirkenden Farben, meist Rot- und Blautöne

Farbton-Kontrast
Kombination reiner Farben

Quantitäts-Kontrast
Kombination verschieden großer Farbflächen

Qualitäts-Kontrast
Kombination von Farben mit verschiedenen Tonwerten oder unterschiedlicher Sättigung

Additive Farbmischung

Die additive Farbmischung, auch physiologische Farbmischung genannt, beruht auf den drei Grundfarben des menschlichen Farbensehens: Rot, Grün und
Blau (RGB). Alle Farben des additiven
Farbenraums ergeben sich aus der Addition unterschiedlicher Anteile dieser
drei Lichtgrundfarben. Anwendungsbeispiele sind der Monitor oder die Digitalkamera.

Subtraktive Farbmischung

Die subtraktive Farbmischung beruht auf der farbabsorbierenden Wirkung von
Körperfarben. Bunte Körperfarben absorbieren einen Teil des aufgestrahlten
Lichts und remittieren den übrigen
Anteil. Die Kombination der Farbreize des von den unterschiedlichen Körperfarben zurückgestrahl-
ten Lichtes ergibt die Farbwirkung
der subtraktiven Farbmischung.

Die Grundfarben der subtraktiven Farbmischung sind die Komplementärfarben der additiven Farbmischung: Cyan, Magenta und Gelb
(CMY). Alle Farben des subtraktiven

Farbenraums ergeben sich aus der Addition unterschiedlicher Anteile dieser
drei Grundfarben. Anwendungsbeispiele sind der Farbdruck und die Grafik.

Sechsteiliger Farbkreis

Die Grundfarben der additiven und der subtraktiven
Farbmischung werden im sechsteiligen Farbkreis zusammengefasst. Zwei Farben, die sich im Farbkreis
gegenüberliegen, nennt man Komplementärfarben.
Sie ergänzen sich in der Mischung zu Unbunt, addi-
tiv zu Weiß und subtraktiv zu Schwarz.

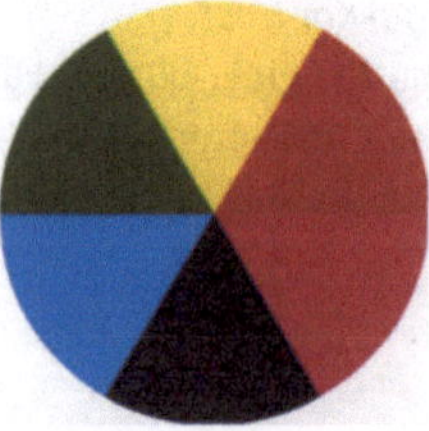

Indizierte Farben

Indizierte Farben sind in Farbpaletten von maximal 256 Farben geordnet. Sie finden vor allem bei Web-Grafiken ihre Anwendung. Die Auswahl der Farben können Sie nach unterschiedlichen Kriterien vornehmen, entweder optimiert auf die Farbverteilung Ihres Bildes oder systembezogen.

Eine Besonderheit bildet die so genannte Web-Palette mit 216 Farben, die plattformübergreifend eine konsistente Farbdarstellung gewährleistet. Die Schrittweite der Farbeinstellung beträgt für RGB jeweils dezimal 0, 51, 102, 153, 204 und 255 und hexadezimal 00, 33, 66, 99, CC und FF.

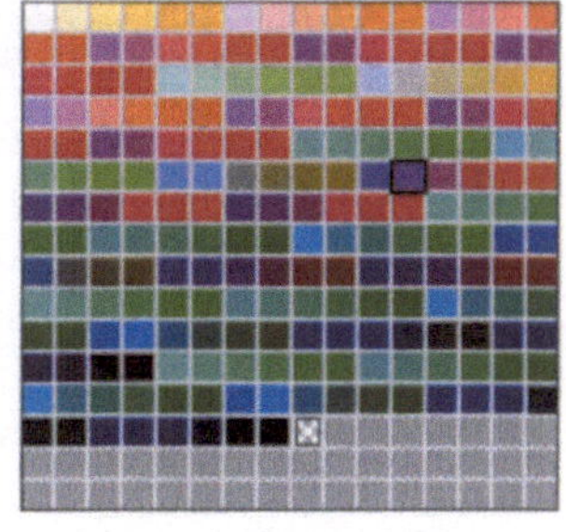

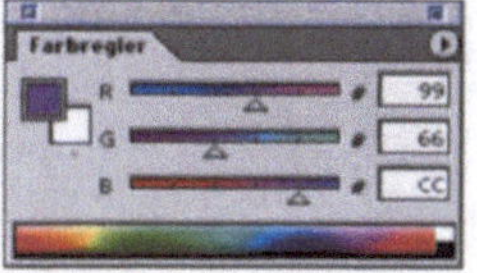

Prozessunabhängige Farbräume

CIE-Normvalenzsystem

Bereits 1931 wurde von der CIE, Commission International de l'Eclairage, der Internationalen Beleuchtungskommission, das CIE-Normvalenzsystem als prozessunabhängiger Farbraum definiert. Er umfasst alle für den Menschen sichtbaren Farben.

Mit dem CIE-Normvalenzsystem ist es möglich, die absolute Farbigkeit von Lichtquellen und Ausgabemedien wie Monitore oder Farbdrucke objektiv festzustellen und ihre Farbräume zu vergleichen.

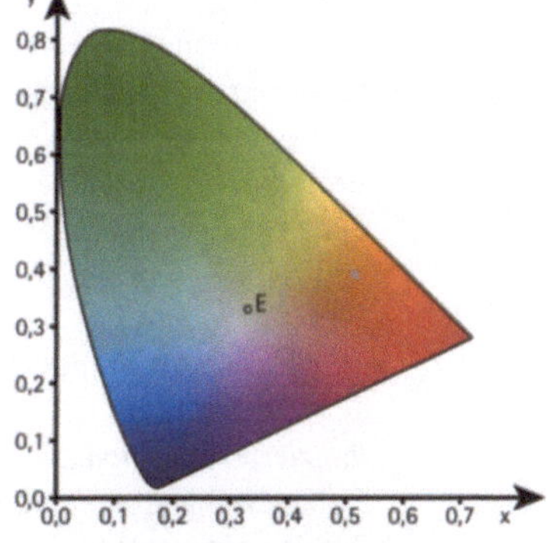

CIELAB-System

Das Normvalenzsystem beschreibt sehr gut Farbräume. Es hat aber Mängel in der Darstellung von Farbabständen. Die geometrischen Farbabstände im Farbraum entsprechen nicht dem empfindungsgemäßen Farbunterschied. Deshalb wurde 1976 das CIELAB-System von der CIE als neuer aus dem Normvalenzsystem abgeleiteter Farbraum vorgestellt.

- +a*/-a*-Achse: Rot/Grün
- +b*/-b*-Achse: Gelb/Blau
- L* = 100: Weiß, L* = 0: Schwarz

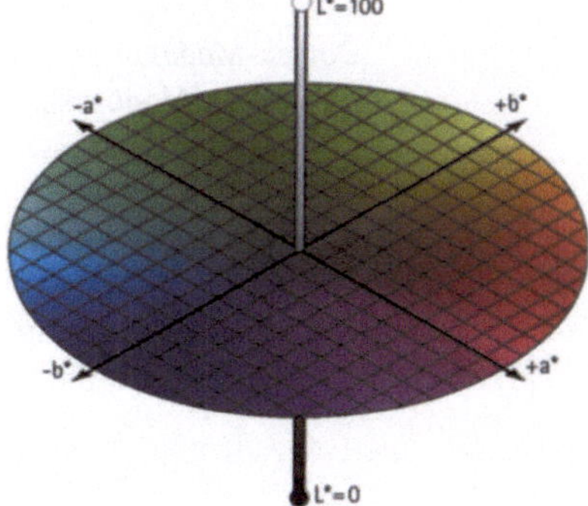

Farbmodus

Die Farbinformation einer Datei kann in unterschiedlichen Farbsystemen, Farbmodi, gespeichert sein. Der Dateifarbmodus kann sich vom Farbsystem des Ausgabemediums unterscheiden. So wird eine Datei im CMYK-Modus auf dem Monitor im RGB-System dargestellt.

Die gebräuchlichsten Farbmodi

RGB-Modus

Der RGB-Modus basiert auf den Grundfarben der additiven Farbmischung und ist gebräuchlich in der Digitalfotografie, beim Scannen, in der Bildverarbeitung und bei allen Multimedia-Anwendungen.

CMYK-Modus

Die subtraktiven Grundfarben CMYK sind die Prozessfarben einer CMYK-Datei. Der Wandel in den CMYK-Modus bewirkt immer auch eine Separation der Datei.

LAB-Modus

Der LAB-Modus beschreibt den Farbraum des CIELAB-Systems und ist optimal für prozessunabhängige Datenverarbeitung.

Graustufen-Modus

Bilder im Graustufen-Modus enthalten bis zu 256 Tonwerte.

Bitmap-Modus

Modus für Strichbilder mit zwei Tonwerten.

Indizierter Farbmodus

Farbauswahlsystem mit maximal 256 Farben, wird hauptsächlich für GIF-Dateien eingesetzt.

Duplex-Modus

Im Duplex-Modus können Sie den Tonwertumfang von Graustufenbildern durch bis zu drei zusätzliche Farben mit jeweils 256 Abstufungen erheblich erweitern.

Mehrkanal-Modus

Für spezielle Anforderungen mit bis zu 256 Tonwerten pro Kanal.

Moduswandel – ICC-Profile

Jeder Moduswandel führt zu einer Umrechnung der Farbinformation von einem Farbraum in einen anderen. Der englische Fachbegriff für diesen Vorgang ist „Gamut Mapping". Führen Sie nur notwendige Moduswandel durch, da jede Umrechnung Informationsverluste bedingt. Legen Sie vor der Umrechnung eine Kopie der Datei an.

Für die Profilkonvertierung gilt das Gleiche wie für den Moduswandel. Sie haben hier allerdings die Möglichkeit, die Datei nicht zu konvertieren, sondern das Profil lediglich einzubetten.

Separation

Separation ist die Aufteilung der Farben einer Datei in die Farbauszüge der Prozessfarben des Mehrfarbendrucks. Sie erfolgt meist erst bei der Berechnung der Dateiausgabe im RIP (Raster Image Processor).

CMYK-Separationseinstellungen

Die Grundfarben der subtraktiven Farbmischung Cyan, Magenta und Gelb werden im Farbdruck durch Schwarz ergänzt, um ein kontrastreicheres Druckbild zu erzielen. Damit werden die Tertiärfarben nicht nur durch die jeweilige Komplementärfarbe, sondern zusätzlich mit Schwarz gebrochen. In den Separationseinstellungen regeln Sie das Verhältnis zwischen der Komplementärfarbe und Schwarz.

Wir unterscheiden zwei Separationsarten:

Buntaufbau – UCR, Under Color Removal
Im Buntaufbau werden grundsätzlich alle Farbtöne bunt aufgebaut. Nur in den neutralen Bildtiefen werden die Buntfarben nach den Regeln der Graubalance im jeweiligen Farbauszug reduziert und durch Schwarz im Schwarzauszug ersetzt.

Unbuntaufbau – GCR, Grey Component Replacement
Im Unbuntaufbau wird der jeweilige Komplementärfarbenanteil grundsätzlich in allen Buntfarben entfernt und durch Schwarz im Schwarzauszug ersetzt.

Im Colormanagement-Workflow sind die Separationseinstellungen im ICC-Profil enthalten. Sie werden bei der Profilerstellung eingerechnet.

CMYK-Separationseinstellungen mit Sonderfarben

Falls die Datei zusätzlich zu den Grundfarben noch Sonderfarben enthält, dann müssen Sie bei der Separation einen zusätzlicher Farbauszug für diese Farbe erstellen.

Alternativ besteht die Möglichkeit, die Sonderfarbe in die entsprechenden CMYK-Anteile umzurechnen und in diesen Farbauszügen auszugeben.

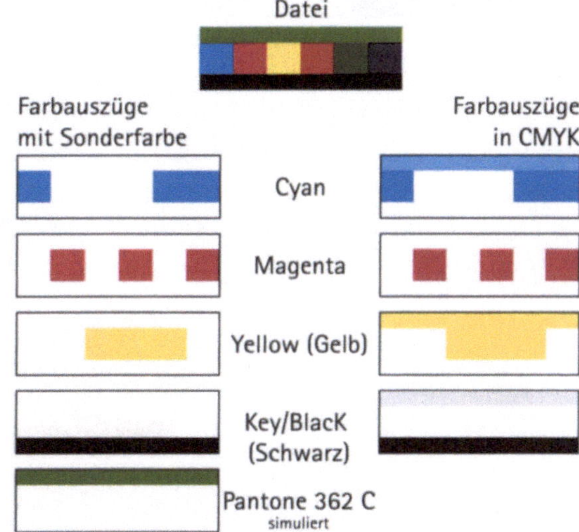

Druck von RGB-Dateien

Wenn Sie RGB-Dateien auf Ihren Tintenstrahldrucker schicken, dann wird diese Datei natürlich auch separiert. Druckfarben sind immer Körperfarben und unterliegen damit den Gesetzen der subtraktiven Farbmischung. Der Druckertreiber des Druckers ist aber auf den Farbraum des Druckers optimiert und führt deshalb zum bestmöglichen Ergebnis. Dies gilt insbesondere für Drucker, die mit sechs Farben, z.B. Cyan light und Magenta light, arbeiten.

Überfüllen

Im Mehrfarbendruck wird jede Farbe von einer eigenen Druckform nacheinander auf den Bedruckstoff übertragen. Durch prozessbedingte Passerschwankungen bzw. Registerungenauigkeiten können so genannte Blitzer an der Trennungslinie zwischen verschiedenfarbigen Flächen entstehen. Dieses unschöne Aufblitzen des Bedruckstoffs zwischen zwei Farbflächen wird durch das Überfüllen vermieden. Dabei wird die Fläche mit der hellen Farbe minimal vergrößert und überlappt dadurch im Druck die nebenstehende dunklere Fläche.

Die Überfüllenoption finden Sie in allen Layout-, Grafik- und Bildverarbeitungsprogrammen. Häufig werden aber nicht die Einzeldateien einer Medienproduktion, sondern die gesamte zu belichtende Form im RIP (Raster Image Processor) bei der Ausgabeberechnung mit spezieller Software überfüllt. Klären sie deshalb mit Ihrer Druckerei, wo und wie in Ihrem Workflow überfüllt wird.

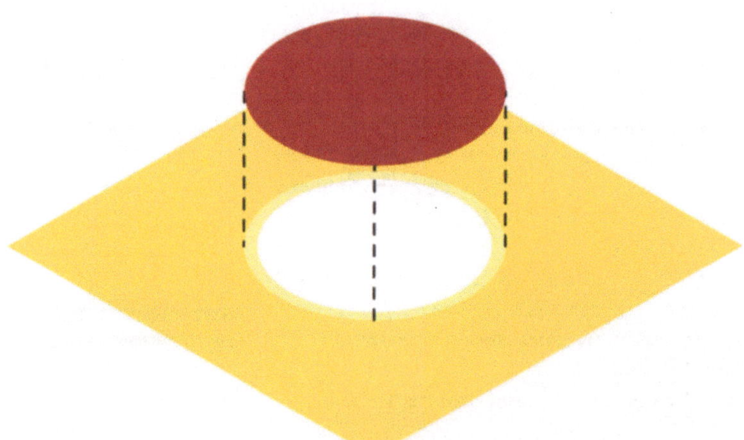

Überfüllung am Beispiel einer Illustratorgrafik
Die Überfüllung in der Abbildung auf der rechten Seite ist mit 2 pt extrabreit angelegt, um das Prinzip besser darzustellen.

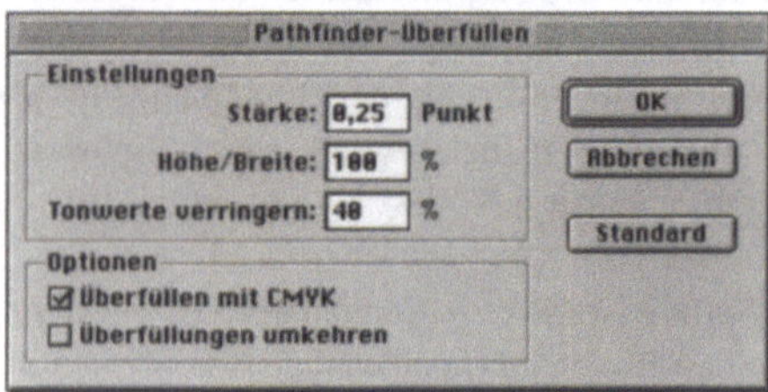

Überdrucken

Bei der Separation Ihrer Datei werden die jeweiligen Farbanteile einer Bildstelle dem Farbauszug zugerechnet. Wenn Sie z.B. einen magentafarbenen Punkt auf eine gelbe Fläche legen, dann sehen Sie auf dem Monitor den magentafarbenen Punkt auf gelber Fläche. Im Compositedruck auf einem Tintenstrahldrucker sehen Sie ebenfalls den magentafarbenen Punkt auf gelber Fläche. Im Mehrfarbendruck erscheint dagegen, abhängig von Ihrer Überdruckeneinstellung, entweder ein magentafarbener Punkt auf gelber Fläche oder ein roter Punkt auf gelber Fläche. Bei ausgewählter „Überdrucken"-Option wird der Magentaanteil dem Magentafarbauszug, der Gelbanteil dem Gelbauszug zugeordnet. Im Zusammendruck entsteht ein roter Punkt auf gelbem Hintergrund. Wenn Sie „Überdrucken" ausschalten, dann wird an der Stelle des Punktes der Gelbauszug ausgespart, d.h., an dieser Stelle druckt nur Magenta. Natürlich müssen Sie dann überfüllen.

Bei schwarzem Text auf farbigem Hintergrund ist es oft sinnvoll, zu überdrucken, um Blitzer zu vermeiden. Die übrigen Bereiche werden nicht überdruckt, sondern überfüllt.

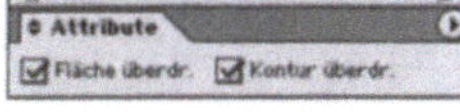

Fortdruck

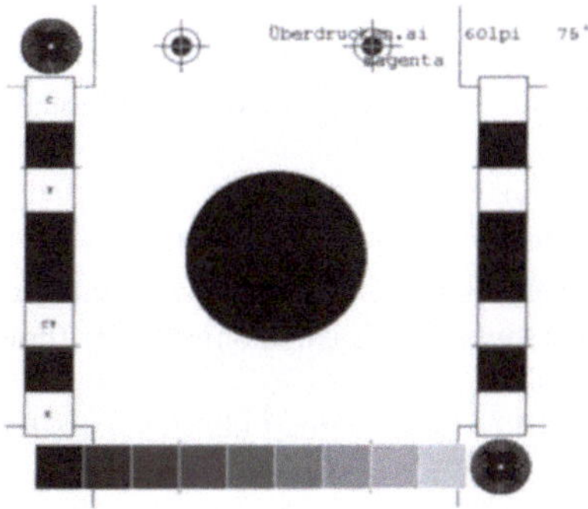

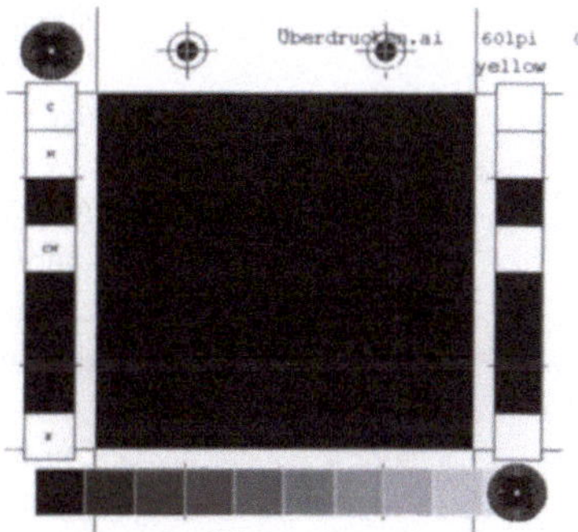

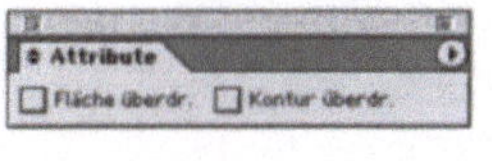

Fortdruck

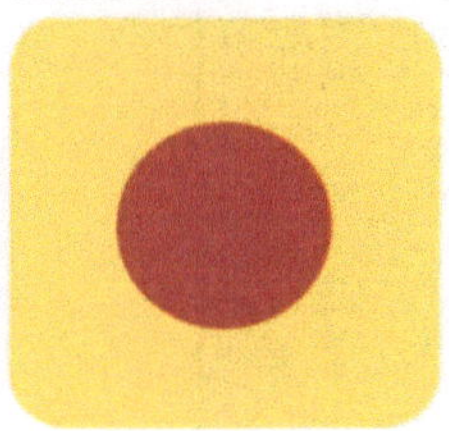

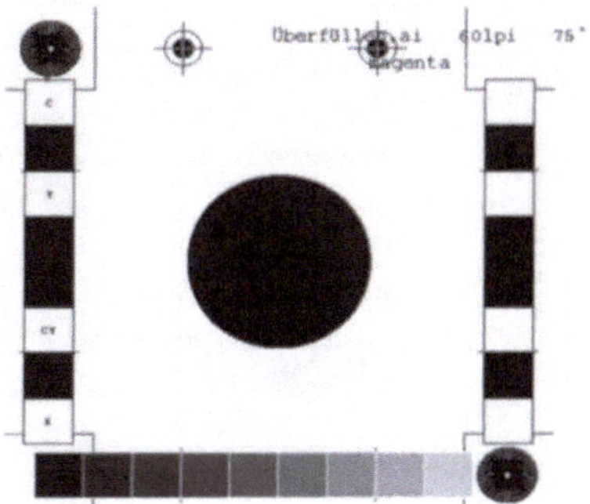

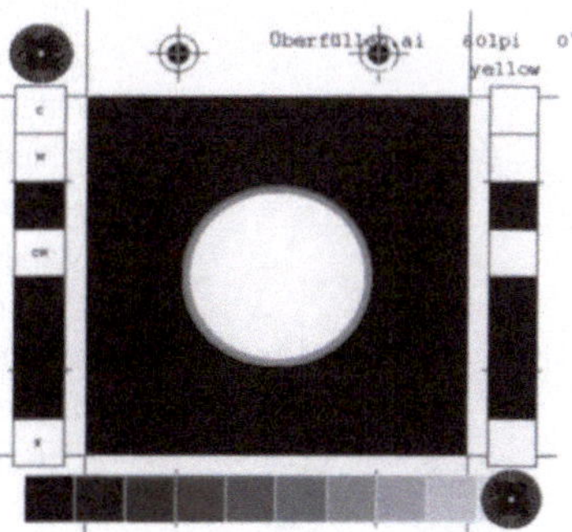

Hilfszeichen für den Druck

Bei der Ausgabe von Seiten, Bildern oder Grafiken kann in der Druckeinstellung die Ausgabe von Hilfszeichen ausgewählt werden. Hilfszeichen sind notwendig, um bei der Montage, beim Druck und bei der späteren Weiterverarbeitung der Seiten Hilfsinstrumente zur Kontrolle der Produktionsschritte zu haben:

Beschnittmarken
Geben die Größe des Papierformates an. Dient der Formatkontrolle.

Passkreuze
Ermöglichen die passgenaue Montage eines Vierfarbsatzes. Mit Hilfe der Passkreuze wird die genaue Lage der einzelnen Farbauszüge überprüft.

Farbkontrollelemente
Dienen der Kontrolle der Farbführung beim Druck. Hilfsmittel zur Kontrolle der Farbführung durch den Drucker ist ein Densitometer.

Graubalance
Dient der Kontrolle der Graubalance, der Tonwertkontrolle und des Tonwertzuwachses. Hilfsmittel zur Kontrolle der Graubalance durch den Drucker ist ein Densitometer sowie die visuelle Kontrolle der Tonwerte.

Die Auswahl der Hilfszeichen erfolgt üblicherweise im Druckmenü der jeweiligen Programme. Dabei müssen entsprechende Checkboxen aktiviert werden. Dadurch wird die Ausgabe der Hilfszeichen ermöglicht und oftmals in einer Vorschau entsprechend angezeigt. Unten sehen Sie das Druckmenü eines Grafikprogramms mit den Auswahlmöglichkeiten für verschiedene Etiketten sowie Markierungen. In der Vorschau werden die gewählten Elemente dargestellt. Dadurch ist eine sofortige Kontrolle möglich.

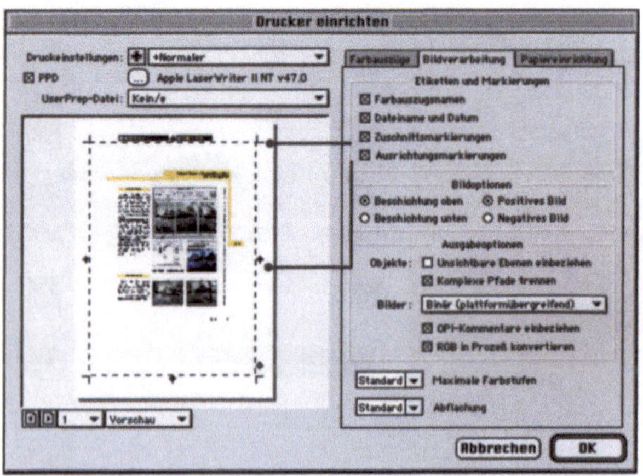

Die Abbildung rechts zeigt die typischen Hilfszeichen auf einem Druckbogen, die bei einem Layout- oder Grafikprogramm ausgewählt werden können.

- Beschnittmarken ❶
- Passkreuze ❷
- Farbbalance-Element ❸
- Graubalance-Element ❹

Die Bezeichnungen für die Hilfszeichen wechseln oftmals von Programm zu Programm. So wird für die Bezeichnung der „Beschnittmarken" im links gezeigten Druckmenü der Begriff „Zuschnittsmarkierungen" verwendet – begrifflich ist damit die gleiche Funktionalität zu verknüpfen.

In der Abbildung ist das Endformat einer Seite dieses Buches weiß dargestellt. Das Bogenformat mit den darauf befindlichen Hilfszeichen und Kontrollelementen ist grau unterlegt. Diese grau unterlegten Bogenelemente werden in der Buchbinderei durch den Beschnitt entfernt, so dass nur das Endformat erhalten bleibt.

Die Kontrollelemente außerhalb des Endformates werden nach dem erfolgten Druck während der Weiterverarbeitung in der Buchbinderei abgeschnitten. Dadurch sind normalerweise die Hilfs- und Kontrollzeichen beim fertig gefalzten und beschnittenen Druckprodukt nicht mehr zu erkennen.

Oftmals werden die Standardhilfszeichen für die Kontrolle der Farbführung und der Graubalance durch Kontrollelemente z.B. der Druckmaschinenhersteller oder anderer Anbieter wie der FOGRA ersetzt. Diese Hilfs- bzw. Kontrollelemente sind aussagefähiger als die der Softwarehersteller wie z.B. QuarkXPress oder

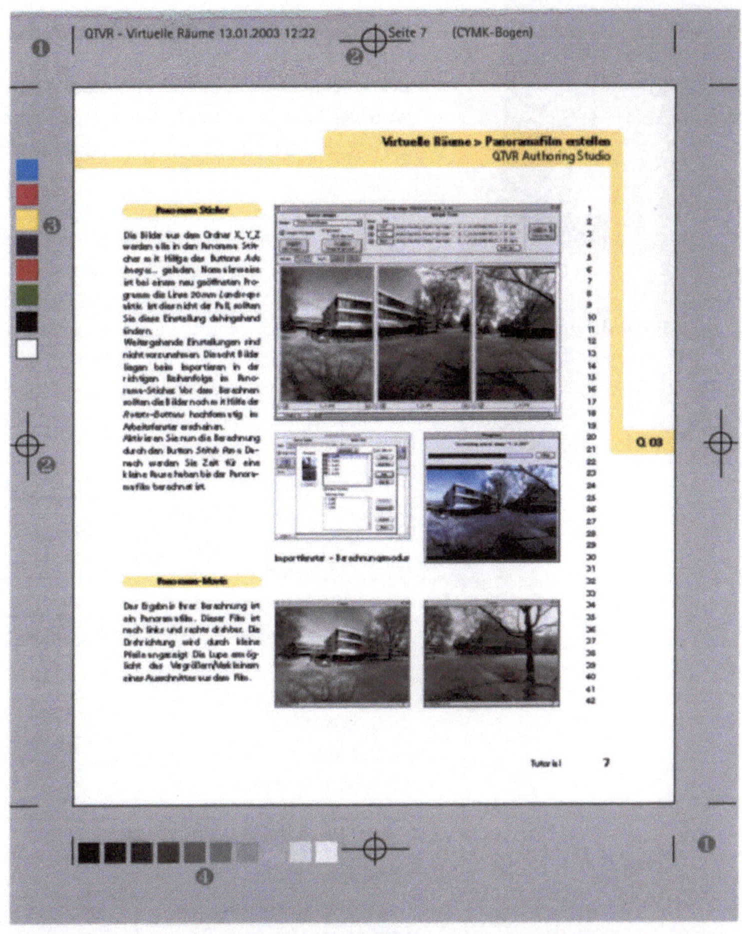

Macromedia. Insgesamt kann eine größere Anzahl drucktechnischer Parameter abgefragt und kontrolliert werden. In dem oben abgebildeten FOGRA-Kontrollstreifen sind dies die Belichtungskontrolle, die Kopiekontrolle für die Qualität der Druckform sowie Detailelemente zur Kontrolle der Farbführung und für die Kontrolle von Schieben/Dublieren im Druck.

Bilddigitalisierung

Bei der Erfassung analoger Bildinformation im Scanner oder der Digitalkamera wird das Bild in quadratische Flächenelemente (Pixel, engl. picture element) zerlegt und die jeweilige Bildinformation digitalisiert.

Auflösung

Die Bildauflösung wird als Anzahl der Pixel pro Streckeneinheit angegeben: ppi, pixel per inch, oder Pixel/cm, Pixel pro Zentimeter. Häufig wird die Bildauflösung auch mit dpi, dots per inch, bezeichnet. Ein „dot" ist ein Bildpunkt des Monitors, des Druckers oder der Rastermatrix im RIP (Raster Image Processor). Korrekterweise sollten Sie deshalb die Einheit „dpi" nur für die Ausgabeauflösung verwenden. Welche Auflösung Ihre Bilddatei braucht, ist vom Ausgabeprozess abhängig. Für die Monitorausgabe wird allgemein 72 ppi angegeben. Dies stammt noch aus der Zeit, als Monitore feste Auflösungen hatten. Durch die variable Monitorauflösung verändert sich natürlich auch die dargestellte Bildgröße. Definieren Sie deshalb die Bildgröße nicht über die Auflösung, sondern über die absolute Pixelzahl in Breite und Höhe.

Ausgabe		Eingabe
Anwendung	Bildauflösung Ausgabe (Bsp.)	Bildauflösung Scan/Bild- verarbeitung
Offsetdruck	48 L/cm, 120 lpi	240 ppi
	60 L/cm, 150 lpi	300 ppi
	70 L/cm, 175 lpi	350 ppi
Tintenstrahl	720 dpi	150 ppi
Farblaser	600 dpi	150 ppi
Monitor	72 dpi (Mac)	72 ppi
	96 dpi (PC)	96 ppi

Farbtiefe

Die Anzahl der Ton- und Farbwertstufen pro Pixel nennt man Datentiefe oder Farbtiefe. In der Bildverarbeitung wird allgemein mit einer Datentiefe von acht Bit pro Farbkanal gearbeitet.

Farbmodus	Kanäle	Farbtiefe pro Pixel	Ton- und farbwerte
RGB	3	3 x 8 = 24	16,7 Millionen
CMYK	4	4 x 8 = 32	16,7 Millionen
Graustufen	1	8	256
Bitmap	1	1	2
Indiziert	1	8	256

Rasterung

Damit die digitalen Halbtöne der Pixel gedruckt werden können, müssen sie in druckfähige Flächenelemente, Rasterpunkte, umgewandelt werden. Die Berechnung erfolgt im RIP, Raster Image Processor. Der RIP ist entweder ein für diese komplexe Berechnung konfigurierter Computer (Hardware-RIP) oder eine spezielle Software (Software-RIP) auf einem leistungsfähigen Standardrechner.

Autotypische Rasterung

Das am weitesten verbreitete Rasterungsverfahren ist die autotypische Rasterung. Bei dieser Rasterung entstehen aus den Halbtönen, je nach Tonwert, größere oder kleinere Rasterpunkte. Die Rastertonwerte werden als Anteil der gedruckten Fläche in Prozent angegeben. Neben der Rasterpunktgröße können noch die Rasterpunktform und die Rasterweite variieren. Mit Rasterweite wird die Anzahl der Rasterpunkte pro Streckeneinheit bezeichnet. Man spricht dabei vom 60er oder 54er Raster, d.h. 60 oder 54 Rasterpunkte pro Zentimeter. Als Einheit gilt allgemein L/cm, Linien pro Zentimeter, oder lpi, lines per inch. Die Wahl der Rasterweite ist vor allem von der Oberfläche des Bedruckstoffs abhängig. Rauere Bedruckstoffe bedingen größere Rasterweiten und damit eine schlechtere Detailwiedergabe.

Das Verhältnis Bildauflösung zu Rasterweite beträgt üblicherweise 2:1. Ein Bild, das mit 60 L/cm bzw. 150 lpi gedruckt wird, braucht also eine Bildauflösung von 300 ppi.

Rasterung im Farbdruck

Im Mehrfarbendruck müssen die Raster der Farbauszüge in unterschiedlichen Winkeln zur Bildachse liegen. Die falsche Rasterwinkelung bewirkt im Druck ein störendes Moiré.

Nach DIN/ISO 12 647 werden folgende Winkelungen empfohlen:

- Rasterpunkte ohne Hauptachse: 30° Abstand zwischen C, M und K, 15° Abstand für Y, dominierende Farbe auf 45°

- Rasterpunkte mit Hauptachse (Kettenpunkt): 60° Abstand zwischen C, M und K, 15° Abstand für Y, dominierende Farbe auf 45° oder 135°

Papiertyp	Raster-weite (L/cm)	Raster-punkte/cm²	Rastertonwert (%) Licht	Tiefe
Naturpapier	40	1600	5	95
	48	2304	5	95
	54	2916	5	95
	60	3600	5	95
Bilderdruck	54	2916	3	97
	60	3600	3	97
	70	4900	3	97
Kunstdruck	60	3600	3	97
	70	4900	3	97
	80	6400	5	95
	120	14400	5	95

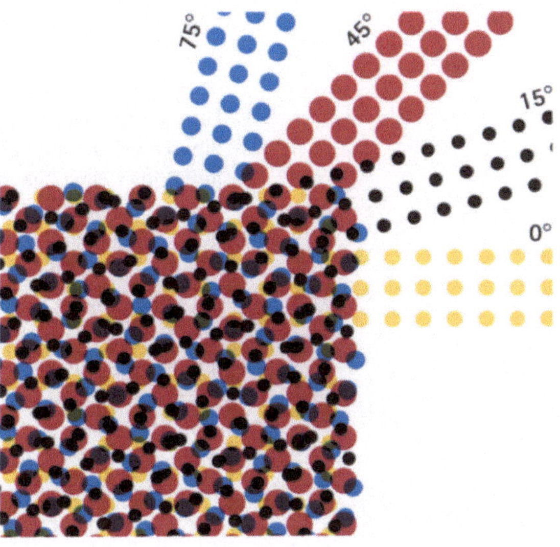

Visualisieren von Ideen

Kreative Arbeit benötigt Entspannung – eine bequeme und lockere Arbeitsumgebung ist Voraussetzung für kreatives Wirken. Kreativer Gedanken- und Ideenfluss funktioniert nicht auf Knopfdruck, setzen Sie sich daher beim Beginn einer Kreativleistung nicht unter unnötigen Erwartungsdruck.

Sorgen Sie aber vor dem Beginn Ihres kreativen Schaffens dafür, dass Ihre Arbeitsorganisation stimmt. Das bedeutet:

• Zeichenmaterialien wie Bleistifte, Stichwortkarten, Zeichenblätter, AV-Bögen, Pinnkarten u.Ä. sollte in ausreichender Menge vorhanden sein. Es gibt nichts Schlimmeres, als wenn Sie ein paar gute Ideen haben und diese umsetzen wollen und Ihr Zeichenmaterial geht aus. Das Besorgen und Zuschneiden von Material stört und unterbricht jeden Kreativprozess!

• Arbeiten Sie mit kleinen Zeichenformaten – je kleiner Sie scribbeln, umso schneller und besser werden Ihre Ideen auf Papier gebracht. Die spätere Umsetzung von Scribbles kann sorgfältig und in größerem Format geschehen – zuerst sammeln Sie Ideen, mehr nicht.

• Scribblen Sie nicht mit Kugelschreibern, Faserstiften, Markern und sonstigem so genanntem Kreativwerkzeug – verwenden Sie Bleistifte. BleistiftScribbles lassen sich leicht korrigieren, ergänzen und verbessern. Verwenden Sie unterschiedliche Bleistiftstärken und -härten, damit Strukturen bei Bedarf deutlich herausgearbeitet werden können.

• Formulieren Sie Schlagworte, die Ihren Auftrag verdeutlichen. Schreiben Sie sich Ihr Ziel auf und pinnen Sie Ihre Zielvorgaben gut sichtbar an einen auffälligen Platz. Sie müssen immer vor Augen haben, was Ihr Auftrag ist, nur dann werden Sie das Ziel erreichen.

• Ihre Scribbles sind durch das Bild aussagefähig – für den Moment der Entstehung, wenn Bild und Idee eine visualisierte Einheit darstellen. Aber wissen Sie dies noch einen Tag später? Daher setzen Sie auf irgendeine Stelle Ihrer Scribblekarte ein paar schriftliche Gedanken zum Entwurf. Halten Sie Ihre Idee mit einigen wenigen Stichworten fest. Beim späteren Nachbearbeiten werden Sie selbst und Ihr beteiligtes Team froh über diese Hinweise sein. Stichworte genügen in dieser Scribblephase, um die Ideen und Vorstellungen festzuhalten.

• Wenn Sie eine Anzahl von Ideen entwickelt haben, wählen Sie die besten Darstellungen anhand der Zielfestlegung für Ihren Auftrag aus. Treffen Sie diese Auswahl im Arbeitsteam und legen Sie das weitere Vorgehen fest.

- Das Scribbeln von Seiten, Screens oder Animationen kann im Team erfolgen – ein Gedanke ergänzt den anderen. Im Team entwickeln sich kreative Prozesse, die mit Hilfe verschiedener Kreativitätstechniken wie z.B. Mindmap oder Brainwriting festgehalten und mit Scribblehilfe auch visualisiert werden sollten.
- Wurden mit Hilfe von Scribbles Formen, Bilder, Screens oder Animationen entwickelt, sollte vor der Realisierung auch der technische Blick auf einen Entwurf nicht fehlen. Ist die Idee realisierbar? Welche Ressourcen personeller und technischer Art werden für die Umsetzung benötigt? Ist ein Entwurf in der zur Verfügung stehenden Zeit machbar? Diese Fragen müssen gestellt und beantwortet werden – am besten durch einen erfahrenen Produktioner im Team.
- Die Umsetzung mit technischen Mitteln erfordert jetzt den Einsatz des PCs. In der Entwicklungsphase stört diese Maschine nur den Kreativprozess. Ein Rechner fordert die gesamte Konzentration bei der Umsetzung und Realisierung eines Entwurfs. Beim eigentlichen Kreativprozess lenkt er ab und stört – verbannen Sie daher diese Maschine, aber auch Telefon und Handy aus Ihrer Kreativumgebung!
- Grafische Skizzen wie Scribble, Typoscribble oder Layoutskizze bilden immer Vorstufen zur Ausführung eines Layouts für Print- und Nonprintmedien. Ein Scribble soll dem Gestalter als Grundlage für seine Formfindung dienen, es ist Vorlage und Anweisung für die technische Umsetzung. Es ist nicht als Mittel der Veranschaulichung gegenüber dem Kunden zu sehen. Der Kunde kann als Visualisierung einen Präsentationsentwurf erwarten, der am Rechner erstellt und qualitativ hochwertig ausgegeben wurde.

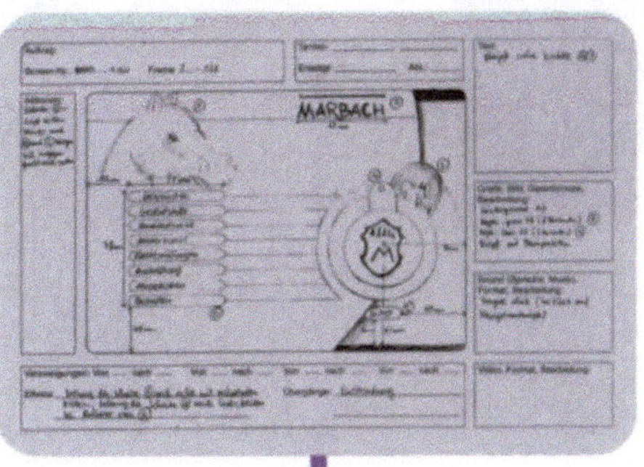

Der obige Entwurf eines Hauptmenüs zeigt die ausgearbeitete Umsetzung eines Scribbles mit Hilfe einer Planungskarte. Die Ausarbeitung erfolgt ausschließlich durch traditionelle Scribbletechnik mit Bleistift.

Die Umsetzung des gefundenen Screens wird mit Hilfe eines Bildbearbeitungsprogramms vollzogen. Da die Form der Seite beim Scribbeln bis in Details hinein gefunden wurde, muss bei der technischen Umsetzung kein hoher kreativer Anspruch gefordert werden. Dies ist eine im Prinzip technische Aufgabe, die ein gutes Gespür für Schrift, Form, Farbe, Proportion und Bildwirkung vom Medienoperator verlangt.

Storyboarding

Scribbles sind Ideenskizzen – sie halten Gedanken fest, die Sie sich spontan zum gestellten Thema und zu den Zielvorstellungen machen. Halten Sie alle diese Gedanken, Ideen und Geistesblitze in kleinen Scribblebildern fest. Bewerten Sie diese Scribbles vorerst nicht. Es ist gleichgültig, ob Ihnen die eine oder andere Idee gefällt oder nicht. Lassen Sie Ihren Gedanken freien Lauf und versuchen Sie, Ihren Kreativfluss nicht zu stören und nur zu scribbeln.

Legen Sie Ihre Scribbles auf die Seite, wenn Sie das Gefühl haben, es geht nichts mehr. Kaffeepause, frische Luft oder ein Gespräch mit Kollegen sind dann angesagt. Nach dieser ersten Phase ist es sinnvoll, im Team eine Vorauswahl durchzuführen. Welche Scribbles treffen auf die gestellte Aufgabe am besten zu, welche müssen aussortiert werden. Gibt es Möglichkeiten der Vernetzung von verschiedenen Ideen. Filtern Sie in dieser Prozessphase brauchbare Scribbles heraus und verfolgen Sie die gefundenen Entwürfe weiter.

Für die weitere Entwicklung Ihrer ausgewählten Scribbles verwenden Sie Planungskarten, Storyboardkarten oder Layoutbogen. Mit diesen Hilfsmitteln können Sie eine realtiv schnelle Umsetzung und Vernetzung Ihrer Ideen durchführen. In dieser Phase müssen Sie darauf achten, dass die bis jetzt unstrukturierten Bilder in eine gemeinsame Form und Funktion umgesetzt werden. Aus vielen Einzelscribbeln muss nun ein ganzheitliches Medienprodukt entstehen, das eine klare gestalterische Linie erhält.

Es ist in dieser Entwurfsphase angebracht, dass Ihr Team die Entstehung des Produktes gemeinsam bespricht und entwickelt. Dabei werden Ideen diskutiert, aufgenommen, ausgetauscht, wieder verworfen und ganz nebenbei wird dabei das Produkt weiterentwickelt.

Wurde die endgültige Form gefunden, werden alle Entwürfe nebeneinander gelegt oder an die Wand gepinnt. Damit kann die Gesamtheit der Entwürfe wie bei einem Comic in der richtigen Reihenfolge gelesen und betrachtet werden. Optische und inhaltliche Brüche in der Gestaltung werden hierbei deutlich und sind ohne Aufwand zu beseitigen. In dieser Phase ist noch kreative Bewegung im Spiel. Es können noch Veränderungen skizziert und eingebracht, aber auch Designbestandteile abgewandelt oder herausgenommen werden.

Irgendwann kommt der Punkt, an dem das Medienprodukt als Entwurf steht und umgesetzt werden muss. Bei der Umsetzung ist Form, Farbgefühl und typografisches Wissen ebenso gefragt wie der Sinn für Proportionen und Kenntnisse über Bildwirkungen. Ein kreativer Designer benötigt einen guten Operator für die technische Realisierung seiner Entwürfe – oftmals muss die Umsetzung der Designer selbst durchführen.

Die technische Realisierung der Entwürfe zum präsentationsfähigen Medienprodukt berücksichtigt bereits die späteren Produktionsabläufe.

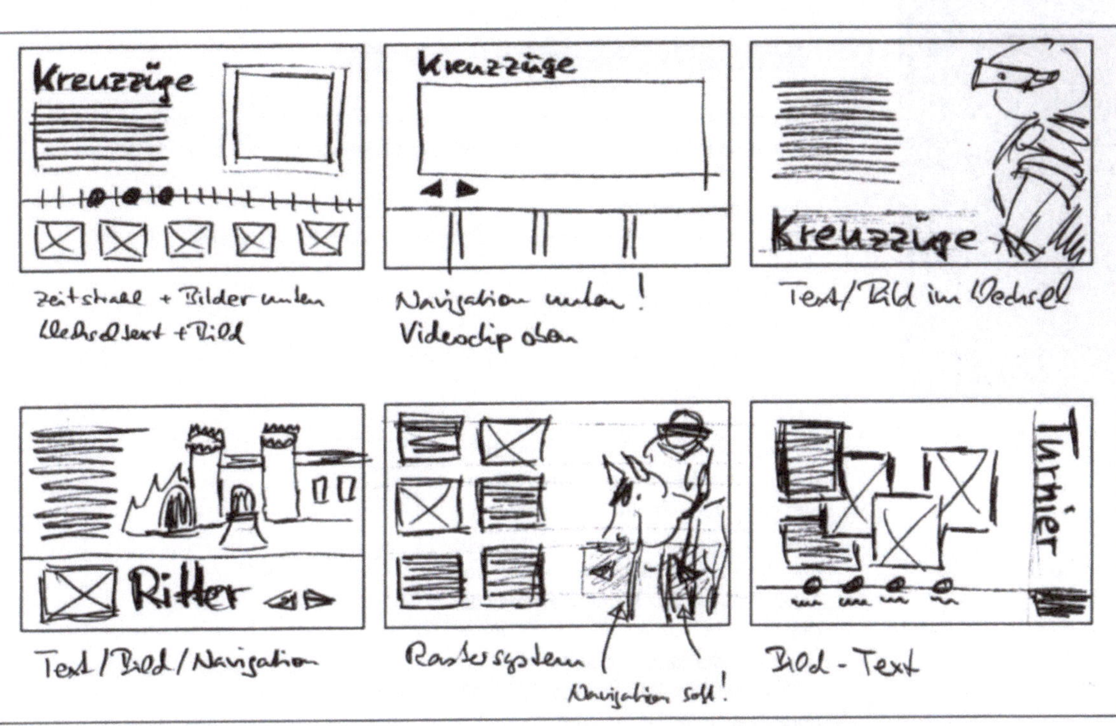

Scribblebogen mit verschiedenen Ideen und Gedanken zu einem Thema. Die kleinen Scribblebilder ermöglichen einen schnellen Kreativeinstieg.

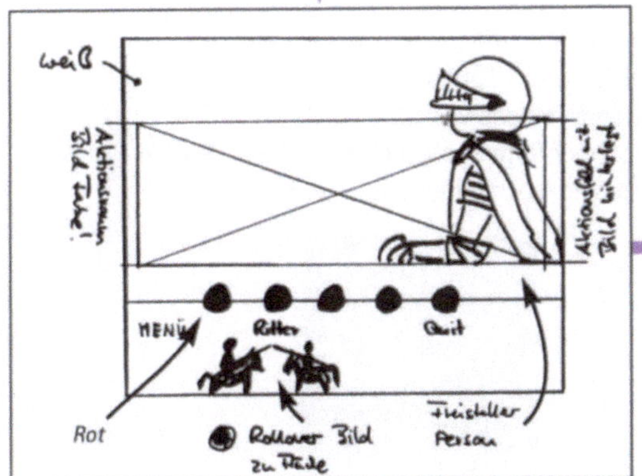

Verbesserter Entwurf mit ersten technischen Angaben zum Thema und leichter Arbeitsvorbereitung

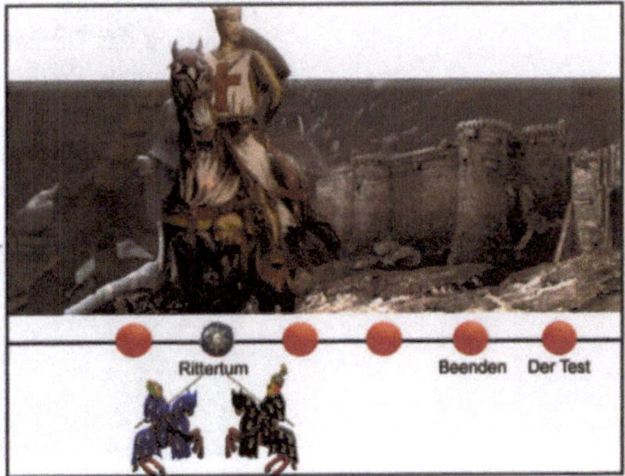

Technische Umsetzung der Idee mit Bild und Text in einem Bildbearbeitungsprogramm

Das Format bestimmt das Seitenverhältnis Breite × Höhe (B × H) eines Medienproduktes. Formatangaben beziehen sich immer auf eine Einzelseite.

Genormte Formate

Die Verwendung eines *genormten* Formats ergibt folgende Vorteile:

- Passende Umschläge, Ordner, Verpackungen
- Geringere Versand- und Portokosten
- Einfache maschinelle Verarbeitung durch Scanner, Belichter, Druck- und Papiermaschinen

Die hierzulande wichtigste Normreihe für Drucksachen ist die DIN-A-Reihe. Sie geht von einem Ausgangsformat DIN A0 $(841 \times 1189\,\mathrm{mm}^2 = 1\,\mathrm{m}^2)$ aus und besitzt ein Seitenverhältnis von $1:\sqrt{2}$. Das nächst kleinere Format der DIN-A-Reihe ergibt sich stets durch Halbieren der längeren Seite.

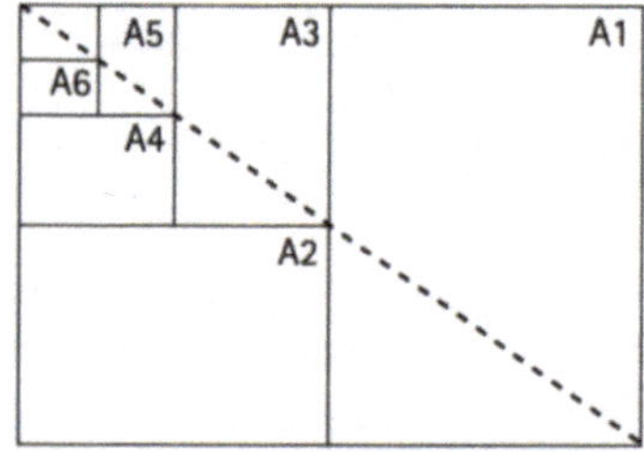

Weitere DIN-Reihen sind DIN B für unbeschnittene DIN-A-Formate und DIN C für Umschläge, Mappen, Hüllen.

Ein frei gewähltes Format verteuert unter Umständen die Produktion, verleiht aber der Drucksache einen individuellen und damit exklusiven Charakter.

Monitorformat

Während das Format im Bereich der Printmedien relativ frei wählbar ist, sind multimediale Produkte grundsätzlich an das Format des Bildschirms gebunden. Dieses besitzt bei fast allen Monitoren das Verhältnis 4:3.

Printprodukte werden meistens hochformatig gestaltet – beim Screen- oder Web-Design ist dagegen von einem Querformat auszugehen.

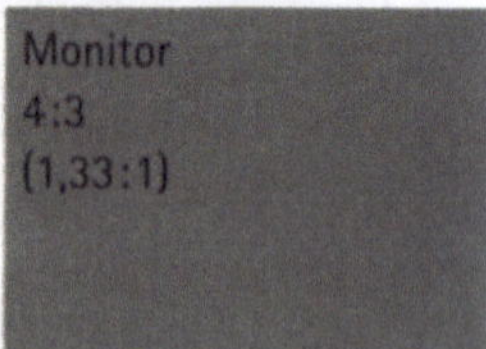

Format für Web-Design

Für die Gestaltung von Webseiten ist zurzeit von einem 17"-Monitorstandard mit 800 × 600 Pixel auszugehen. Beachten Sie, dass durch die Menü- und Adressleiste sowie die Ränder des Browsers die tatsächlich nutzbare Fläche deutlich kleiner wird.

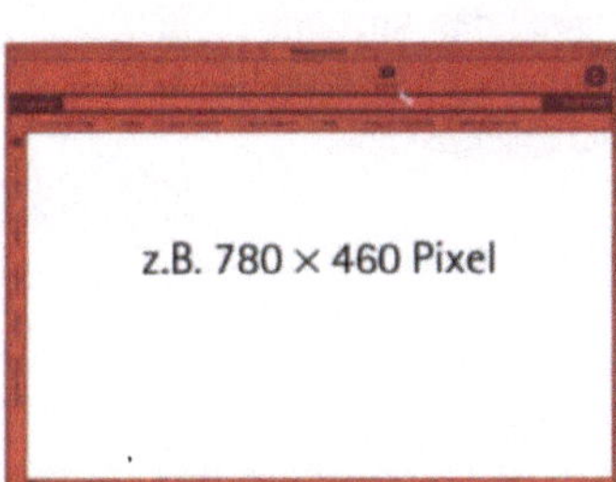

Als Satzspiegel wird die für Text und Bilder genutzte Fläche des gewählten Papierformats bezeichnet. Der Satzspiegel wird durch vier Seitenränder umgeben:

- Kopf: oberer Rand
- Fuß: unterer Rand
- Bund: innerer Rand
  (nur bei Doppelseiten)
- Seite: äußerer Rand

Die Abbildung zeigt eine rechte Seite.

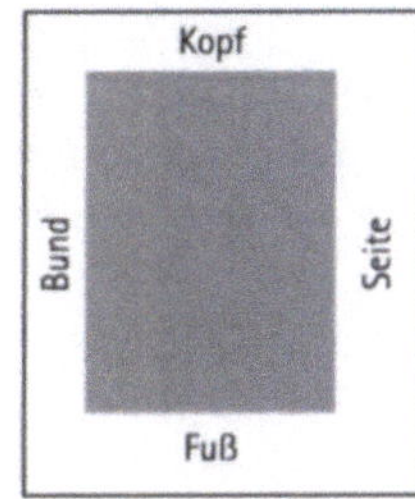

Festlegung des Satzspiegels

Die Festlegung des Satzspiegels erfolgt nach verschiedenen Kriterien:

- Der ästhetische Gesamteindruck einer Seite ergibt sich aus dem harmonischen Zusammenspiel von bedruckter und unbedruckter Fläche. Aus diesem Grund werden die Ränder oft nach einem harmonischen Verhältnis z.B. nach dem „goldenen Schnitt" 3:5:8:13 gewählt.
- Alle Seiten eines Druckproduktes müssen ein einheitliches Layout erhalten. Nur so ist optimale Benutzer- und Lesefreundlichkeit gewährleistet.

- Der Seitenrand dient zum Halten der Seite und zum Umblättern.
- Der Bund dient zum Lochen, Binden oder Heften eines mehrseitigen Produktes.
- Im Fuß steht in der Regel die Seitenzahl (Paginierung).

Durch die Wahl des Zeilenabstands (ZAB) ergibt sich ein *horizontales* Grundlinienraster. *Vertikal* gliedert sich der Satzspiegel in eine oder mehrere Spalten.

Randhilfslinien, Grundlinienraster und Spaltenhilfslinien ergeben ein Gestaltungsraster. Werden die Text- und Bildelemente eines Medienproduktes innerhalb dieses Rasters platziert, ist eine einheitliche und konsequente Gestaltung gewährleistet. Für eine optimale Benutzerfreundlichkeit sollten 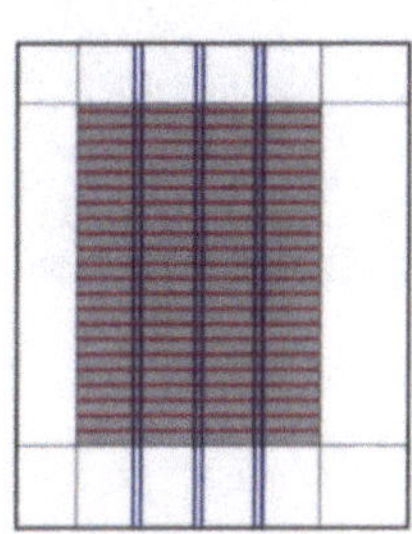 gleichartige Elemente wie z.B. Seitenzahlen, Navigationselemente oder Überschriften immer an der gleichen Stelle zu finden sein.

Bilder im Anschnitt

Sowohl bei Print- als auch bei Multimedia-Produkten werden Bilder aus gestalterischen Gründen immer wieder über den Satzspiegel hinaus bis an den Seitenrand platziert. In diesem Fall wird von einem „randabfallenden" Bild oder Bild „im Anschnitt" gesprochen. 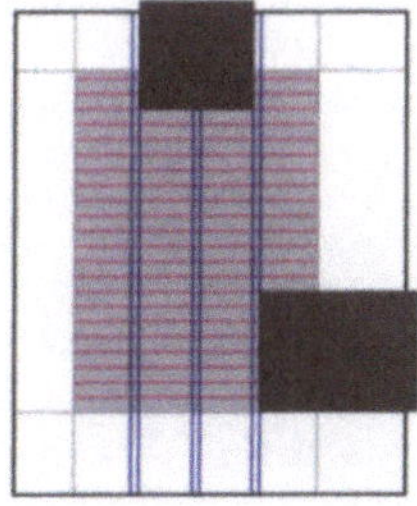

Aus produktionstechnischen Gründen müssen randabfallende Bilder bei Printprodukten 2 bis 3mm über den Seitenrand hinaus platziert werden. Hierdurch wird verhindert, dass beim Beschneiden der Seite auf ihr Endformat feine weiße Linien („Blitzer") zwischen Bild und Seitenrand sichtbar werden können.

Zeilenabstand

Der Zeilenabstand (ZAB) bezeichnet den Abstand der Schriftgrundlinien. Er errechnet sich aus der Summe von Schriftgrad und Durchschuss:

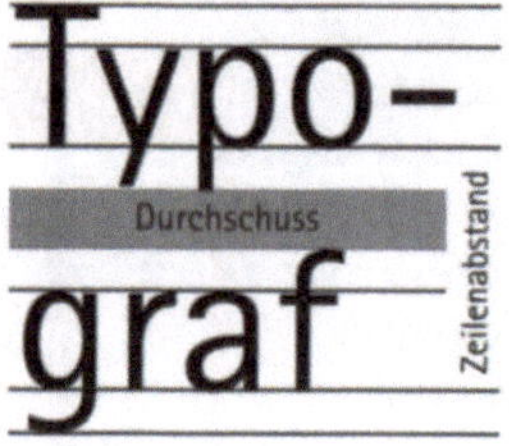

Zeilenabstand = Schriftgrad + Durchschuss

Der Zeilenabstand muss so gewählt werden, dass die Zeilen des Textes optisch nicht auseinander fallen. Ein zu geringer Zeilenabstand hingegen verschlechtert die Lesbarkeit.

Faustregel: Zeilenabstand = 120 % × Schriftgrad

Aufgrund der schlechten Lesbarkeit von Texten auf dem Monitor sollte der Zeilenabstand hier eher etwas größer gewählt werden.

Zeilenlänge

Die Zeilenlänge wird durch die Anzahl an Zeichen einschließlich Wortzwischenräume bestimmt.

Zu kurze Zeilen unter 30 Zeichen erfordern viele Trennungen und ergeben kein schönes Satzbild. Bei sehr langen Zeilen über 80 Zeichen besteht die Gefahr, dass das Auge beim Lesen in der Zeile verrutscht. In diesem Fall ist ein mehrspaltiger Satz vorzuziehen.

Die geeignete Zeilenlänge muss in Abhängigkeit von der gewählten Schrift und dem Schriftgrad ermittelt werden.

Spalten dienen zur vertikalen Gliederung des Satzspiegels. Zur optischen Trennung kann eine feine Linie ergänzt werden. Die Funktion der Spalten ist die Begrenzung der Zeichenanzahl pro Zeile auf 30 bis 80 Zeichen.

Die Spaltenanzahl hängt einerseits vom Satzspiegel und andererseits von der Schriftgröße ab. Während Zeitungen häufig ein fünf- oder sechsspaltiges Layout besitzen, werden Webseiten in der Regel ein- oder zweispaltig gesetzt.

Auch die Wahl des Spaltenabstands (Zwischenschlag) ist maßgeblich von der gewählten Schriftgröße abhängig. Bei Mengentexten, die in Schriftgraden zwischen 9 bis 12 pt gesetzt sind, beträgt der Zwischenschlag üblicherweise 4 bis 6 mm. Der Abstand muss in jedem Fall größer sein als der Wortabstand.

Satzarten

Die Satzart bestimmt die Ausrichtung des Textes in Bezug auf den Rand des Satzspiegels bzw. einer Spalte.

Beim Blocksatz werden die Wortabstände derart verändert, dass die Satzkante des Textes links und rechts bündig zum Rand steht.

Beim linksbündigen Flattersatz steht die linke Satzkante bündig zum Rand. Der Text am gegenüberliegenden Rand endet innerhalb einer Flatterzone.

Beim rechtsbündigen Flattersatz liegt die Flatterzone auf der linken Seite. Die rechte Satzkante steht bündig zum rechten Rand.

Beim Mittelachsensatz werden die Textzeilen symmetrisch zu einer fiktiven Mittelachse ausgerichtet.

Typische Satzfehler beim Flattersatz sind die Bildung von „Treppen" oder „Bäuche" innerhalb der Flatterzone. Diese müssen durch „weiche" Trennungen korrigiert werden.

Beim Blocksatz besteht die Gefahr der Bildung von „weißen Löchern" durch das Austreiben der Wortabstände bis zum Spaltenrand. Auch hier kann mit weichen Trennungen eingegriffen werden.

Laufweite

Die Laufweite bezeichnet den Buchstabenabstand einer Schrift. Satzprogramme ermöglichen ein Ausgleichen der Buchstabenabstände, so dass sich ein einheitliches, ästhetisches Satzbild ergibt.

Das Verringern der Laufweite wird als Unterschneiden (Kerning) bezeichnet und ist vor allem bei großen Schriftgraden z.B. für Überschriften erforderlich. Bestimmte

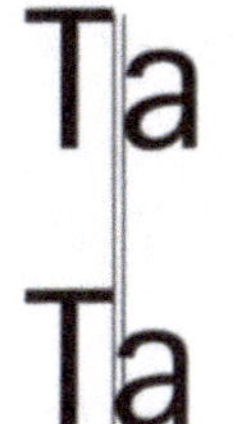

Buchstabenkombinationen werden durch die Layoutsoftware automatisch unterschnitten.

Selten benötigt wird die als Sperren (Spationieren) bezeichnete Vergrößerung der Laufweite. Durch geringes Sperren kann die Lesbarkeit einer Schrift auf dem Monitor eventuell verbessert werden.

Kolumnentitel

Kolumnentitel sind Zusatzinformationen über die Seite. Es wird zwischen zwei Formen unterschieden:

Die Seitenzahl oder Paginierung wird als toter Kolumnentitel bezeichnet. Tote Kolumnentitel stehen außerhalb des Satzspiegels. Auf linken Seiten befinden sich immer gerade, auf rechten Seiten immer ungerade Seitenzahlen.

Lebende Kolumnentitel verändern sich mit dem Seiteninhalt. Es handelt sich dabei zum Beispiel um eine stichwortartige Zusammenfassung des Seiteninhalts oder um die aktuelle Kapitelüberschrift. Lebende Kolumnentitel stehen innerhalb des Satzspiegels.

Absätze

Absätze dienen zur gedanklichen Gliederung des Textes. Zur Kennzeichnung von Absätzen eignet sich – wie in diesem Buch verwendet – ein Einzug von einigen Millimetern.

Bei einem negativen oder hängenden Einzug sind alle Zeilen mit Ausnahme der ersten Zeile um einige Millimeter eingerückt. Er wird vor allem bei Aufzählungen eingesetzt.

Leerzeilen beeinträchtigen das Schriftbild stark. Sie dürfen nur verwendet werden, wenn ein komplett anderer inhaltlicher Textabschnitt beginnt.

Zwei typische Satzfehler sind:

- „Hurenkind": Letzte Zeile eines Absatzes steht in neuer Spalte.
- „Schusterjunge": Neuer Absatz beginnt in der letzten Zeile einer Spalte.

Typografie ist die Lehre (Kunst) des Schriftsatzes. Ihr primäres Ziel ist die optimale Lesbarkeit und ästhetisch ansprechende Darstellung eines Textes.

Bezeichnung von Buchstaben

Die Höhe eines Buchstabens wird durch seine Ober-, Mittel- und Unterlänge beschrieben. Der Schriftgrad (Schriftgröße) ist die Summe dieser drei Längen. Großbuchstaben werden als Versalien, Kleinbuchstaben als Gemeine bezeichnet.

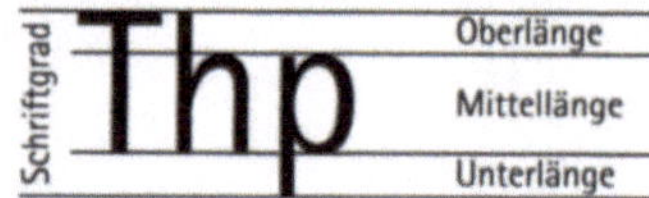

Schriftgrad

Der Schriftgrad (Schriftgröße) beeinflusst maßgeblich die Lesbarkeit eines Textes. Er sollte nach Norm in Millimetern angegeben werden. Die Angabe in DTP-Punkt (pt) ist aber weiterhin üblich: 1 pt = 0,35278 mm. Im Nonprintbereich ist die Angabe in Pixel sinnvoll.

Die Wahl des Schriftgrades der Grundschrift hängt vom Format, von der Schrift und vom Anwendungszweck ab. Als Anhaltspunkt gilt:

- DIN A5: 8–11 pt
- DIN A4: 9–13 pt
- Webseite: 10–12 px

Für Überschriften werden größere, für Bildunterschriften, Marginalien (Randbemerkungen) und Fußnoten kleinere Schriftgrade gewählt.

Schriftfamilie

Eine Schriftfamilie besteht aus mehreren Schriftschnitten, z.B. die in diesem Buch verwendete Familie „Rotis Sans Serif":

- Rotis Sans Serif
- *Rotis Sans Serif Italic*
- Rotis Sans Serif Light
- *Rotis Sans Serif Light Italic*
- **Rotis Sans Serif Bold**
- **Rotis Sans Serif Extra Bold**

Für alle verwendeten Schriftschnitte müssen Fontdateien vorhanden sein. Die elektronische Veränderung von Schrift ist nicht zulässig.

Auszeichnung

Auszeichnen heißt Hervorheben einzelner oder mehrerer Wörter. Hierfür gibt es mehrere Möglichkeiten, die unterschiedliche Wirkungen auf das Schriftbild haben:

- *Kursiv*
- **Halbfett/fett**
- Sperren
- VERSALIEN
- Größerer Schriftgrad
- Andere Schriftart
- Andere Farbe
- Unterstreichen

Weit verbreitet ist die *kursive* Auszeichnung, da sich diese besonders gut ins Schriftbild einpasst. Da kursive Schriften am Bildschirm ein unschönes Schriftbild ergeben, ist am Monitor die **fette** oder farbige Auszeichnung zu bevorzugen. Unterstrichener Text sollte vermieden werden.

Schriftwahl

Die Auswahl einer Schrift erfolgt einerseits nach ästhetischen und gestalterischen Aspekten, andererseits muss die optimale Lesbarkeit des Textes stets gewährleistet bleiben.

Für Fließ- oder Mengentexte folgt daraus, dass hier keine Schmuck- oder Schreibschriften gewählt werden können. Auch gebrochene Schriften sind für längere Texte nicht geeignet.

Überschriften, Auszeichnungen oder dekorative Textelemente unterliegen den obigen Einschränkungen nicht, da nur geringe Textmengen gelesen werden müssen. Bei der Auswahl einer Schrift sollte aber ein Bezug des Schriftcharakters zur inhaltlichen Aussage des Textes hergestellt werden.

Müller Stahlbeton
Kinderspielplatz
Architekturbüro
Ehrenurkunde
Blumenecke
DESIGNSTUDIO

Schriftmischung

Beachten Sie folgende Grundregeln für das Kombinieren von Schriften:

Regel 1: Die Schnitte einer Schriftfamilie dürfen beliebig miteinander kombiniert werden.

Regel 2: Beim Kombinieren zweier Schriftarten sollten sich diese möglichst stark im Schriftcharakter unterscheiden. Ähnliche Schriften dürfen nicht gemischt werden.

Regel 3: Nicht zu viele Schriften verwenden. Ein Druckprodukt kommt ebenso wie eine Webseite mit zwei oder maximal drei Schriften aus.

Bildschirmschriften

Wegen der groben Monitorauflösung von 72–96 ppi besitzen die meisten Druckschriften eine unzureichende Bildschirmdarstellung. Dies gilt für Schreibschriften, filigrane, kursive, Serifen- sowie gebrochene Schriften.

Bei bildschirmtauglichen Schriften sind die Buchstaben an das grobe Raster des Monitors angepasst. Auf filigrane Details wird zugunsten der Lesbarkeit verzichtet. Die Laufweite der Schrift ist größer als bei vergleichbaren Druckschriften. Durch diese Maßnahmen sind auch geringe Schriftgrade von 9 bis 11 Punkt noch gut lesbar.

Für die Erstellung von Webseiten ist zu beachten, dass die verwendete Schrift eine Systemschrift sein muss. Ist dies nicht der Fall, ersetzt der Browser die verwendete Schrift durch eine Systemschrift wie z.B. Arial, Verdana, Tahoma.

Antialiasing bezeichnet eine Kantenglättung durch Hinzufügen von Halbtönen an den Schriftkanten. Die „pixelige" Darstellung der Schrift wird hierdurch geglättet – allerdings erscheint die Schrift unschärfer.

Bei HTML-Seiten ist ein Antialiasing bei Schriften nicht möglich. Wer geglättete Schriften im Internet verwenden möchte, muss auf Flash zurückgreifen oder den Text als Grafik einbetten.

Druckverfahren

Mit dem Begriff Druckverfahren werden alle Verfahren zur Vervielfältigung von Informationen bezeichnet, bei denen Farbe von entsprechend behandelten Druckformen auf Informationsträger wie z.B. Papier übermittelt werden. Wir kennen folgende Hauptdruckverfahren:

- Hochdruck (aus historischen Gründen oft auch als Buchdruck bezeichnet)
- Tiefdruck
- Flachdruck mit dem Hauptdruckverfahren Offsetdruck
- Durchdruck mit dem Hauptverfahren Siebdruck
- Digitale Druckverfahren (Elektrofotografisches Prinzip, Inkjet oder Thermografiesysteme)

In den letzten Jahren hat der Offsetdruck im Vergleich zu den anderen Druckverfahren eindeutig die Oberhand gewonnen und ist das am häufigsten angewendete Druckverfahren. Durch das rotative Prinzip mit seinem indirekten Übertragungsweg hat sich dieses Verfahren als schnell und sicher für die Drucksachenherstellung am Markt positioniert.

Offsetdruckverfahren

„To set off" = absetzen – dieser Begriff gab dem Offsetdruck seinen Namen. Die einschichtige metallene Druckform wird auf den Plattenzylinder gespannt. Ein Walzensystem feuchtet und färbt die Druckplatte in dieser Reihenfolge ein. Dabei erfolgt eine Trennung der Druckform in druckende und nicht-druckende Elemente. Von den druckenden Elementen wird die Farbe auf das Gummituch, welches auf dem Gummizylinder aufgespannt ist, abgesetzt. Von diesem Gummituch wird die Druckfarbe auf den Bedruckstoff über-

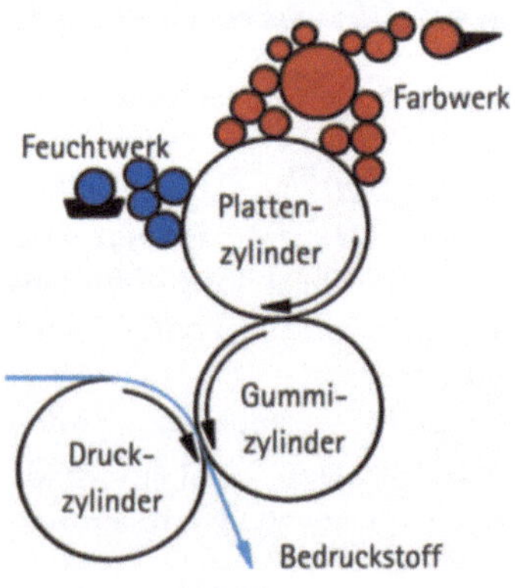

tragen, der zwischen dem Gummizylinder und dem Druckzylinder hindurchgeführt wird. Üblicherweise ist dieser Bedruckstoff Papier. Mit entsprechend ausgerüsteten Maschinen ist es möglich, andere Materialien zu bedrucken.

Das rechts stehende Bild verdeutlicht den prinzipiellen Aufbau des Offsetdruckwerkes: Oben liegt der Form- oder Plattenzylinder mit Feucht- und Farbwerk, darunter der Gummizylinder sowie der Gegendruckzylinder. In der Abbildung ist der Weg des Bedruckstoffes zwischen Gummizylinder und Gegendruckzylinder blau dargestellt.

Derartige Druckwerke werden in Einfarbenmaschinen ebenso eingesetzt wie in Vier- oder Fünffarbmaschinen zur Herstellung z.B. hochwertiger Prospekte, Plakate, Verpackungen oder Zeitschriften. Die wirtschaftlich günstige Auflagenhöhe für diese Maschinen liegt zwischen 1 000 bis 50 000.

Digitale Druckverfahren

Digitale Druckverfahren sind mit Schnittstellen ausgestattet, die es ermöglichen, dass grafisch aufbereitete Daten übernommen und auf den Bedruckstoff übertragen werden. Wichtigstes Merkmal der digitalen Drucksysteme ist die Übernahme, Verarbeitung und Ausgabe digitaler Daten auf einen Informationsträger. Entscheidend ist also, dass Daten ohne Zwischenschritte direkt auf den Bedruckstoff gedruckt werden.

Die Möglichkeiten der digitalen Druckverfahren reichen dabei vom allseits bekannten Laserdrucker über Kopiersysteme in S/W oder Farbe bis zu digitalen Hochleistungsdrucksystemen wie die von Indigo, Xeikon oder Nexpress von Heidelberger Druckmaschinen.

Ein wesentliches Merkmal digitaler Druckverfahren ist der dynamische Druckzylinder. Darunter versteht man die Eigenschaft digitaler Drucksysteme, bei jeder Zylinderumdrehung ein neues Druckbild aufzubauen. Dieses neue Druckbild kann im Vergleich zum vorherigen Druckbild verändert sein, es kann also seinen Inhalt ganz oder partiell geändert haben. Dadurch ergeben sich eine Reihe von neuen Anwendungsbereichen durch den Digitaldruck.

Der zwischenzeitlich bekannteste Anwendungsbereich digitaler Drucksysteme ist das so genannte personalisierte Drucken. Dabei kann jeder Druck des digitalen Systems einen anderen Text- oder Bildinhalt aufweisen. Voraussetzung für dieses personalisierte Drucken ist die Nutzung von Datenbanken und das zugehörige Datenbankmanagement.

Die Nutzung des Digitaldrucks ist die konsequente Fortsetzung des Electronic-Publishing-Prozesses z.B. mit QuarkXPress oder dem PDF-Format. Die Ausgabe digitaler Daten des Vorstufenprozesses über ein digitales Drucksystem muss als schnelle, qualitätsvolle und logische Druckmöglichkeit neben der Ausgabe für den traditionellen Offsetdruck betrachtet werden.

Eine weitere Änderung in der Produktion ist im Bereich der Druckweiterverarbeitung zu nennen. Den meisten Digitaldrucksystemen ist eine Inline-Verarbeitung direkt nach der Druckeinheit zugeordnet. Das bedeutet, dass Schneiden, Falzen und Binden eines Druckproduktes sofort erfolgen kann. Dadurch sind kurze Produktionszyklen möglich, da der Digitaldruck fertige Produkte bis zu einer Auflage von etwa 600–700 Stück schneller als der Offsetdruck erstellen kann.

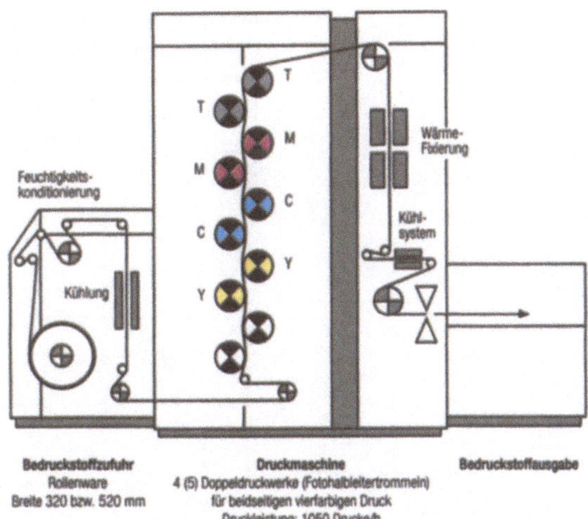

Die Druckbogen werden nach dem Druck gefalzt. Damit die Seitenreihenfolge nach dem Falzen auch stimmt, werden die einzelnen Seiten bei der Bogenmontage auf dem Bogen nach einem so genannten Ausschießschema angeordnet. Dabei ist neben der Falzart und Falzfolge auch die Papierart zu berücksichtigen. So können dicke Papiere weniger oft gefalzt werden als dünne Papiere.

Falzarten

Parallelfalz

Alle Falze (Brüche) sind gleichlaufend. Wir unterscheiden den gewöhnlichen Parallelfalz, den Zickzack- oder Leporellofalz, den Wickelfalz und den so genannten Fenster- oder Altarfalz.

Kreuzfalz

Beim Kreuzfalz bzw. Kreuzbruch wird immer die längere Seite des Bogens gefalzt. Die aufeinander folgenden Brüche stehen senkrecht zueinander.

Kombinationsfalz

Der Falzbogen wird sowohl parallel als auch kreuzweise gefalzt.

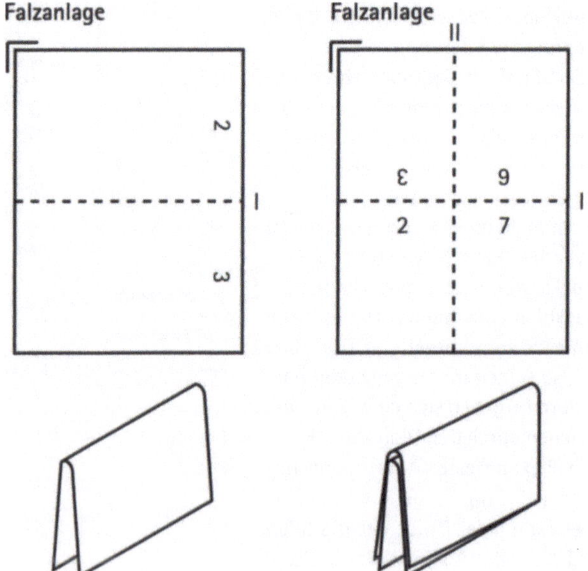

Zusammentragen/Sammeln
Nach dem Falzen werden die einzelnen Blätter oder Lagen zum Buchblock übereinander gelegt. Zur Sicherstel-
lung der richtigen Reihenfolge dienen verschiedene Kontrollelemente:

Flattermarken
Die Flattermarken ergeben bei richtiger Reihenfolge auf
dem Rücken des Buchblocks ein Treppenmuster.

Bogensignatur
Nummer des Bogens

Bogennorm
Titel, Kurzbezeichnung des Werkes

Korrekte Lagen

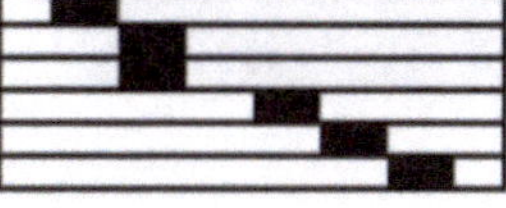
Doppelbogen

Bindearten
Klebebindung
Die Klebebindung ist die häufigste Bindeart für Bücher
und Broschuren. Dabei kommen Hotmelt, Dispersions-
und PUR-Kleber zum Einsatz. Vor der Klebebindung muss
der Rücken des Buchblocks abgefräst werden, damit der
Kleber alle Seiten erfasst und nicht nur den Rücken des
äußersten Bogens der Lage. D.h., Sie müssen schon in der
Druckvorstufe beim Aufbau der Seiten, z.B. bei Bildern,
die in den Bund laufen, die Bindeart berücksichtigen.

Fadenheftung
Beim Fadenheften werden die einzelnen Lagen (gefalzte
Bogen) mit Faden verbunden. Der geheftete Buchblock
wird zusätzlich mit Kleber fixiert und in den Umschlag
eingehängt.

Drahtheftung
Die Drahtheftung wird, wie der Name schon sagt, mittels
Draht durchgeführt. Bei der Drahtbuchheftung erfolgt
die Heftung im Falz, die Querheftung erfolgt seitlich.

Papier ist der Bedruckstoff Nummer 1. Als Träger der Information hat das Papier entscheidenden Einfluss auf die visuelle sowie die haptische Wirkung und somit den Erfolg Ihres Produktes. Die Einteilung der Druckpapiere erfolgt nach verschiedenen Kriterien.

Papierauswahl
DAS richtige Papier gibt es nicht. Die Auswahl des Papiers erfolgt unter verschiedenen gestalterischen und technischen Aspekten.

- Passen Papier und Drucksacheninhalt zusammen?
- In welchem Druckverfahren wird gedruckt?
- Wie hoch ist die Auflage?
- Welches Format und welchen Umfang hat das Druckprodukt?
- Enthält die Drucksache Text und Bilder?
- Wie wird das bedruckte Papier weiterverarbeitet?
- Welchen mechanischen Beanspruchungen muss das Druckprodukt genügen?

Papierzusammensetzung
Nach DIN 6730 ist Papier „ein flächiger, im wesentlichen aus Fasern meist pflanzlicher Herkunft bestehender Werkstoff, der durch Entwässerung einer Faserstoffaufschwemmung auf einem Sieb gebildet wird."

Fasern
- Holzschliff, holzhaltige Papiere – mechanisch aufgeschlossen, enthält alle Bestandteile des Holzes, Vergilbungsneigung
- Zellstoff, holzfreie Papiere – chemisch aufgeschlossenes Holz, kein Vergilben
- Sekundärfasern – durch Deinking, Entfärben, aus Altpapier gewonnen

Füllstoffe
Füllstoffe, z.B. Kaolin, werden der Faserstoffaufschwemmung vor dem Sieb beigesetzt. Sie beeinflussen vor allem die Opazität und Geschmeidigkeit des Papiers.

Leim
Mit der Leimzugabe steuert der Papiermacher u.a. die Saugfähigkeit des Papiers.

Farbstoffe und optische Aufheller

M 13

Papieroberfläche

Naturpapiere
Alle ungestrichenen Papiere, unabhängig von der Faserzusammensetzung, heißen Naturpapiere.

* maschinenglatt
  Die Papieroberfläche wird nach dem Verlassen der Papiermaschine nicht mehr bearbeitet.
* satiniert
  Die Papierbahn wir nach der Papiermaschine in einem Kalander satiniert. Dabei wird das Papier durch Reibung, Druck und Hitze zwischen den Walzen geglättet und die Faserstruktur verdichtet.

Gestrichene Papiere
Nach der Papiermaschine wird die Papieroberfläche in einer speziellen Streichmaschine noch mit einer Streichmasse aus Füllstoffen und Bindemittel bestrichen. Abhängig von der weiteren Oberflächenbehandlung, z.B. Satinage, erhalten wir mattgestrichene, halbmatte oder glänzende Papiere.

Laufrichtung

Durch die Strömungsgeschwindigkeit auf dem Sieb der Papiermaschine richten sich die Fasern in Laufrichtung aus. Papiere haben in Lauf- und Querrichtung (Dehnrichtung) unterschiedliche mechanische Eigenschaften. Bei der Formatangabe wird immer die Dehnrichtung unterstrichen.

Schmalbahn, SB
Laufrichtung parallel zur langen Formatseite

Breitbahn, BB
Laufrichtung parallel zur kurzen Formatseite

Papiergewicht, –dicke und –volumen

Papiergewicht/-masse
Das Papiergewicht bezeichnet die flächenbezogene Masse von Papier (g/m²).

Einige Papiersorten geordnet nach ihrer Flächenmasse:

* Dünndruckpapiere — 40 g/m²
* Zeitungspapiere — 50 g/m²
* Scheibmaschinen-/Laserpapiere — 70– 90 g/m²
* Plakatpapiere, Schreibpapiere — 60– 90 g/m²
* Maschinengestrichene Papiere — 80–100 g/m²
* Kunstdruckpapiere — 90–150 g/m²
* Postkarten-/Karteikartenkarton — 170–190 g/m²
* Visitenkartenkarton — 200–300 g/m²

Papierdicke
Die Papierdicke wird in mm angegeben.

Papiervolumen
Das Papiervolumen beschreibt das Verhältnis von Papiergewicht zur Papierdicke. Die unterschiedliche Dicke von Papieren mit gleicher flächenbezogener Masse wird als Faktor des Volumens angegeben.

Papiervolumen = Papierdicke × 1000/Papiermasse

* 1faches Volumen — 100 g/m² = 0,1 mm dick
* 1,5faches Volumen — 100 g/m² = 0,15 mm dick

ISO 9660

Das Dateisystem einer CD-ROM wird als ISO 9660/High Sierra bezeichnet. Der Namenszusatz High Sierra bezeichnet den Ort, an dem diese „Norm" 1985 beschlossen und im so genannten Yellow Book beschrieben wurde. Beim ISO-9660-Standard handelt es sich um ein plattformübergreifendes Dateisystem für CDs. Da dieser Standard mit allen üblichen Betriebssystemen zusammenarbeiten soll, muss er alle Einschränkungen der einzelnen Systeme enthalten. ISO 9660 ist somit der kleinste gemeinsame Nenner, der es ermöglicht, dass die Daten verschiedener Betriebssysteme untereinander austauschbar bzw. lesbar sind.

Für das Windows-Betriebssystem ist ISO 9660 das wichtigste CD-Format geworden. Dateinamen müssen im Format 8.3 aufgebaut sein. Sie dürfen nur aus den Großbuchstaben A bis Z und den Ziffern 0 bis 9 bestehen. Das einzig zulässige Sonderzeichen ist der Unterstrich _. Dem Dateinamen muss ein Punkt folgen, danach sind drei Zeichen als Suffix erlaubt. Dieses Suffix ermöglicht dem Windows-PC unter anderem eine Programmzuordnung.

Verzeichnisnamen dürfen nur acht Zeichen lang sein und keine Erweiterungen enthalten. Die Verschachtelung ist auf acht Ebenen begrenzt. All diese Einschränkungen orientieren sich am alten DOS-Betriebssystem, nicht an Windows. Für moderne Windows-Betriebssysteme wurde das Format Joliet entwickelt, das mehr Zeichen und Verschachtelungen zulässt. Wenn Daten aber auf unterschiedlichen Plattformen genutzt werden sollen, sind die Vorgaben von ISO 9660 zu beachten und anzuwenden.

Joliet

Joliet ist eine Erweiterung des ISO-9660-Standards für die Betriebssysteme Windows 98/00/NT und für das Macintosh OS. Die ISO-9660-Norm schränkt die Nutzungsmöglichkeiten und die Dateinamensvergabe doch erheblich ein. Daher haben beide, Windows- und Mac-OS, eigene Erweiterungen für die jeweiligen Systeme entwickelt. Nachteil ist dabei, dass Daten im Joliet-Format **nur** auf den jeweiligen Betriebssystemen lesbar sind. Das Joliet-Format erlaubt Dateinamen bis zu 64 Zeichen im Unicode, nach der neuesten Romeo-Konvention sind sogar (theoretische) 256 Zeichen für Verzeichnisse erlaubt.

Systemübergreifende Datennutzung

Um eine systemübergreifende Nutzung von Daten zu gewährleisten, muss der Anwender auf den „alten" ISO-9660-Level zurückgreifen. Dies ist notwendig, damit ältere und neuere Betriebssysteme alle zur Verfügung gestellten Daten problemlos und ohne Veränderungen nutzen können. Dabei ist bei der Vergabe von Dateinamen auf folgende Festlegungen zu achten:

- Jeder Dateiname darf maximal acht Zeichen aufweisen.
- Das Suffix (Extension) besteht aus drei Zeichen, getrennt vom Dateinamen durch einen Punkt.
- Keine Suffixe für Verzeichnisse
- Nur Großbuchstaben und Zahlen
- Nur Unterstriche als Sonderzeichen
- Maximal acht Verzeichnisebenen

Beispiele für korrekte Dateinamen nach ISO 9660

- **KAPITEL1.QXD** = QuarkXPress-Datei
- **TEIL_007.TXT** = Textdatei
- **GRUNDLAG.MOV** = Videoclip

Um die Dateizuordnung auf dem PC zu ermöglichen, sollten für die erstellten Daten aus den verschiedenen Programmen die korrekten Endungen (Suffix) verwendet werden.

Wenn z.B. eine QuarkXPress-Datei das Suffix .QXD aufweist, wird auf dem PC bei einem Doppelklick auf die Datei das dazugehörende Programm korrekt geöffnet.

Endung bzw. Suffix	Zuordnungen	Formatart
AI9	Adobe Illustrator Version 9 File Format	Programmformat
AIF	Audio Interchange File Format	Austausch-/Audioformat
BMP	Windows Bitmap Format	Bildformat
EPS	Encapsulated Post Script Format	Bild-/Austauschformat
FHx	Freehand-Datei (x = Versionsnummer)	Programmformat
GIF	Graphics Interchange Format	Bild-/Austauschformat
JPG	Joint Photographers Expert Group JPEG Kompressionsformat	Bild-/Austauschformat
MOV	QuickTime-Format	Austausch-/Mediaformat
MP3	Moving Picture Expert Group Audio Layer III - MP3	Austausch-/Audioformat
PDF	Portable Document Format	Austauschformat
PIC	Macintosh Picture	Bildformat
PNG	Portable network Graphics	Bild-/Austauschformat
PPJ	Adobe Premiere Projekt Format	Programmformat
PSD	Photoshop-Datei	Programmformat
QT	QuickTime-Datei	Programmformat
QTVR	QuickTime VR	Programmformat
QXD	QuarkXPress-Format	Programmformat
RTF	Rich Text Format	Austauschformat
TIF(F)	Tagged Image File Format	Bild-/Austauschformat
WAV(E)	Windows Audio Format	Austausch-/Audioformat
WMF	Windows Meta File	Programmformat

- Sie lernen die Grundlagen der Datenorganisation Print kennen und die Daten für die Ausgabe auf Film, Platte oder Druck korrekt anzulegen.
- Sie lernen die Grundlagen der Datenorganisation für Multimedia-Anwendungen kennen und sind in der Lage, diese anzuwenden.

Datenorganisation Print

Ziel der Tätigkeit in der Herstellung von Daten für die Printproduktion ist die Ausgabe der Daten auf Film (CtF), Druckplatte (CtP) oder Druckzylinder (CtP). Um dieser Aufgabe gerecht zu werden, ist neben der Datenherstellung für Bilder, Grafiken und Layouts die Organisation der Daten wahrzunehmen. Um eine Ausgabe zu ermöglichen, benötigen Ausgabesysteme immer einen vollständigen Datensatz. Dieser Datensatz besteht bei einer geplanten Printausgabe mit Hilfe eines Layoutprogramms immer aus den folgenden Dateien:

- Vollständige Layoutdaten (siehe Lay_Quark5.qxd – Abbildung unten).
- Alle Bilddateien, die in das Layoutprogramm importiert wurden, als hochaufgelöste Dateien (siehe Ordner Bilder).
- Alle Grafikdateien, die in das Layoutprogramm importiert wurden, als hochaufgelöste Dateien (siehe Ordner Bilder).
- Alle in der Layoutdatei verwendeten Bildschirm- und Druckerschriften müssen als Datei vorhanden sein, ebenso die Schriften, welche z.B. in EPS-Grafiken eingebunden sind (siehe Ordner Schriften).

Das Zusammenstellen einer Belichtungsdatei sei an dieser Stelle beispielhaft dargestellt am Menü *Für Ausgabe sammeln* des Programms QuarkXPress. Das Programm legt einen eigenen Ordner an, in den alle für die Ausgabe benötigten Dateien jeweils in seperaten Ordnern gesammelt werden. Vor dem Sichern und dem Sammeln wird vom Anwender durch Auswahl mit Hilfe von Checkboxen festgelegt, welche Dateien zu sammeln sind. Nur derartig vollständig zusammengestellte Datensätze können zur Ausgabe Verwendung finden und ermöglichen ein problemloses Ausgeben der Daten zum Druck.

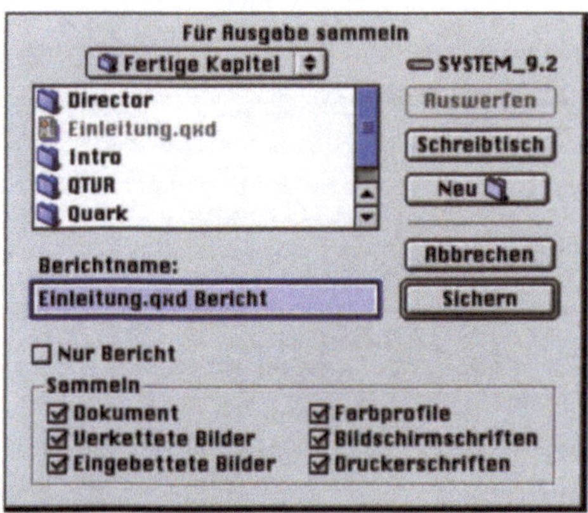

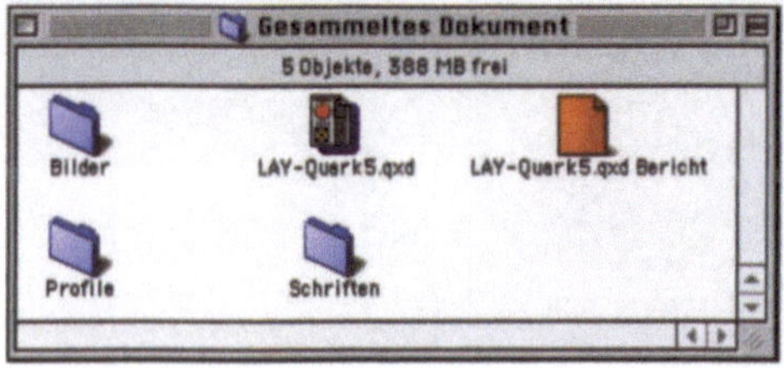

Grundsätzliches

Grundsätzlich gilt es, für die Herstellung von Nonprintmedien die gleiche organisatorische Sorgfalt walten zu lassen wie für die Printproduktion. Regelmäßiges Sichern und die Kontrolle der Ablage von erstellten Dateien gehört zu den grundlegenden Arbeitstechniken eines Mediengestalters. Ebenso müssen Sie regelmäßig Backups, also Sicherungskopien von den erstellten Daten und Projekten, erstellen. Dazu sind CD-ROMs, DVDs oder Backup-Systeme bestens geeignet. Letzteres gilt sicherlich nur für die betriebliche oder schulische Datensicherung, während CDs oder DVDs auch für die private Sicherungskopie geeignet sind.

Datenorganisation Nonprint

Die Dateianlage für ein Multimediaprojekt wird üblicherweise nach den Regeln der Norm ISO 9660 angelegt. Das bedeutet, dass alle Daten in entsprechende Ordner mit Namen wie Filme, Video, Sound oder Bilder abgelegt werden können. Die Startdateien (START.EXE, START oder INDEX.HTM) greifen auf die entsprechenden nachgeordneten Dateien zu und öffnen diese für den Nutzer als Film oder Website.

Entscheidend für das Funktionieren einer Multimedia-Applikation ist, dass die Dateien wie Bild, Video, Sound u.Ä. bereits während der Produktion von den angelegten Ordnern z.B. in Dreamweaver oder Director importiert werden. Der Produktionspfad und der spätere Abspielpfad sollten von Anfang an übereinstimmen. Ist dies der Fall, steht einer Wiedergabe von einem Webserver oder von CD/DVD nichts im Wege.

In der Bilddarstellung dieser Seite können Sie die Dateianlage erkennen. Oben ist die CD-ROM „ADLER" mit den verschiedenen Ordnern dieser Applikation erkennbar. Die Ordner Filme, QTVR und Sound sind geöffnet. Im darunter liegenden Bild ist der Inhalt dieser Ordner zu sehen. Im Ordner Filme sind alle Director-Dateien, bezeichnet nach der ISO-Namenskonvention 8.3, abgelegt. Wird von einem dieser Filmdateien ein Sound oder ein

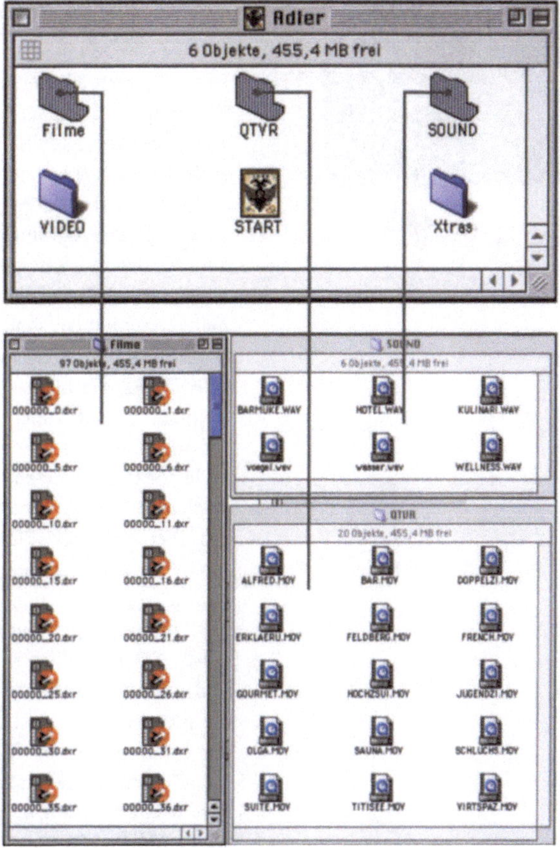

Videoclip benötigt, wird die entsprechende Datei aus dem Ordner Sound oder QTVR geladen und abgespielt. Alle diese Dateien müssen wiederum der ISO-9660-Norm entsprechen. Dies gilt in gleicher Weise für die Herstellung und Dateianlage bei Internetseiten. Hier müssen zusätzlich noch alle Bilddateien, nach ISO benannt, vorhanden sein.

CD-ROM/DVD

Der preiswerte Universalspeicher für Daten und Programme ist die CD-ROM. CD steht für Compact-Disc und ROM für Read Only Memory. Die Abkürzung weist darauf hin, dass von der CD-ROM nur gelesen werden kann. Die Kapazität dieses Datenträgers beträgt bis zu 700 MByte.

Sie werden in der Regel Ihre Übungsdateien und Produktionsdaten sowie Programme auf CD speichern wollen. CDs haben eine Dicke von 1,2 mm und weisen einen Durchmesser von minimal 8 cm, aber meistens 12 cm auf. Sie können normalerweise nicht beschrieben, sondern nur gelesen werden. Um Daten selbst zu schreiben, gibt es beschichtete CD-Rs, die mit einem speziellen CD-Brenner einmal oder mehrmals beschrieben werden können. Die Technologie des einmaligen Beschreibens wird als WORM-Technologie bezeichnet. Dies bedeutet „Write Once Read Many" – also „Schreib einmal, lies häufig". CD-RW ermöglichen dagegen ein mehrmaliges Beschreiben einer CD-R. CD-Rs haben sich als universelle und haltbare Datenträger herauskristallisiert, die preiswert und problemlos zu nutzen sind. Wenn die entsprechenden Dateinamenskonventionen von ISO 9660 eingehalten werden, ist mit Hilfe von CD-Rs eine relativ unproblematische Nutzung von Daten auch über Betriebssysteme hinweg möglich.

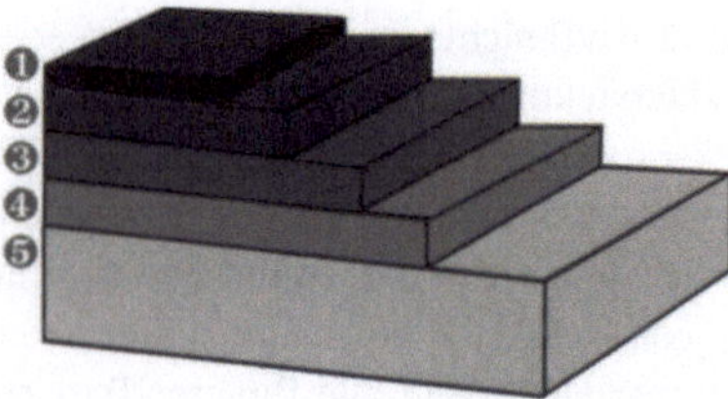

Aufbau CD-R

Aufbau eines beschreibbaren CD-R-Rohlings (CD-Recordable-Rohling)

❶ = Oberflächenbeschich-
    tung mit Label und Ti-
    telfeld
❷ = Schutzschicht
❸ = Reflexionsschicht (Alu)
❹ = Aufzeichnungsschicht,
    bestehend aus einem
    Farbstoff
❺ = Träger (Polycarbonat)

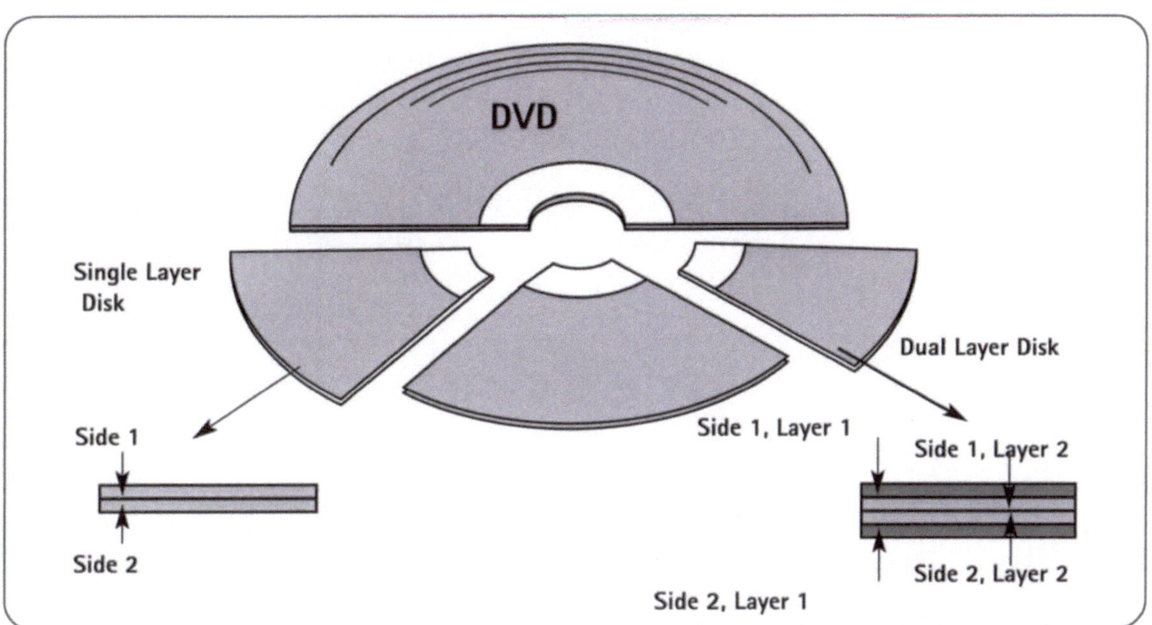

Aufbau einer DVD

Der physikalische Aufbau einer DVD unterscheidet sich deutlich von dem einer CD. Die CD ist immer ein einzelnes Stück, während die DVD in verschiedenen Varianten hergestellt werden kann. Jede Variante hat, wie die Tabelle unten zeigt, eine eigene Datenkapazität.

Alle Varianten bestehen aus zwei Polycarbonatscheiben, die Rücken an Rücken verklebt werden. Die Dicke des Mediums ist wie bei der CD-ROM, aber die zweilagige Herstellungsmethode erhöht die Festigkeit des Datenträgers deutlich und reduziert Verziehungen auf ein zu vernachlässigendes Minimum.

Die DVD ist vor allem für die Speicherung großer Datenmengen geeignet, wie sie im Multimedia-Bereich und für Video- und Soundanwendungen anfallen. Für die reine Datenspeicherung üblicher Printaufträge ist die DVD derzeit zu teuer.

Unten ist der Zusammenhang zwischen der Layeranzahl und den möglichen DVD-Kapazitäten in GigaByte ersichtlich.

Kapazität verschiedener DVD-Konfigurationen:

DVD-Größe	Seitenanzahl	Anzahl der Layer pro Seite	Kapazität
DVD 5	eine Seite	ein Layer	4,7 GB
DVD 9	eine Seite	zwei Layer	8,5 GB
DVD 10	zwei Seiten	ein Layer	9,4 GB
DVD 18	zwei Seiten	zwei Layer	17,08 GB

Print-Projekte

Nonprint-Projekte

Lernziel
- Sie führen die Gestaltung, Aufbau und Herstellung eines Geschäftsbriefbogens und weiterer Geschäftsdrucksachen durch.

Zeitrahmen
3 Stunden

Übungsdateien auf DVD
> PROJEKT > PRINT > P01

Aufgabe

Es ist ein Geschäftsbriefbogen für die Firma Denis Beck, Informationsdesign, zu entwerfen und mit QuarkXPress umzusetzen. Dieser Geschäftsbriefbogen ist die Grundlage für die Entwicklung weiterer Geschäftsdrucksachen wie Rechnungsbogen, Faxformular, Visitenkarten, gedruckte Werbung.

Über die Geschäftsdrucksachen werden erste Kontakte zu potentiellen Kunden visualisiert. Bereits bestehende Beziehungen werden mit den bei den Kunden bereits bekannten Drucksachen gepflegt und erweitert. Daher muss das Erscheinungsbild des Unternehmens so einprägsam gestaltet werden, dass Wiedererkennung, Unternehmensidee, Professionalität und Unternehmenskultur der Firma Denis Beck beim Betrachter abgerufen und als möglichst positive Assoziation verarbeitet werden.

Logo

Da die Firma Denis Beck, Informationsdesign, den Schwerpunkt der Geschäftstätigkeit in der Herstellung von Internetseiten hat und nur selten eine Produktion für den Printbereich durchführt, hat der Geschäftsinhaber die Idee entwickelt, ein grafisch ansprechendes @-Zeichen als Logo für seine Unternehmung zu verwenden. Dieser Idee stehen noch einige rechtliche Bedenken wegen der Verwendung dieses Zeichen entgegen, die es zu prüfen gilt. Trotzdem soll für die ersten Entwürfe des Briefbogens, der Visitenkarte, des Faxformulars und des Rechnungsbogens dieses Logo verwendet werden.

Text des Briefbogens

Den genauen Text des Briefbogens entnehmen Sie bitte der Datei P01_02.QXD. Hier sind alle notwendigen Informationen für Ihre Arbeit enthalten.

Produkte
Geschäftsbriefbogen nach DIN-Norm:
(siehe Normdarstellung in Datei L_P01_01.QXD)
Format: DIN A4, Hochformat 210 × 297 mm
Farben: Schwarz, einfarbig
Druck: Offsetdruck und Laserdruckausgabe
Papier: SM-Papier 80 g/m²
Design: Freie Gestaltung unter Berücksichtigung der Vorgaben für Briefbogen nach DIN für Langhüllen mit Fenster. Beachten Sie die Vorgaben für das Anschriftenfeld und die Marken. (Eine Abbildung des Normbriefbogens finden Sie auf Seite 76.)

Visitenkarte:

Format: 80 × 50 mm
Farben: Schwarz, einfarbig
Druck: Offsetdruck und Laserdruckausgabe
Papier: SM-Papier 150 g/m²
Design: Die Gestaltung muss sich am Geschäftsbriefbogen orientieren. Schrift und Logo sind in der Form wie im Briefbogen zu verwenden.

Faxformular:

Format: DIN A4, Hochformat 210 × 297 mm
Farben: Schwarz, einfarbig
Druck: Offsetdruck und Laserdruckausgabe
Papier: SM-Papier 80 g/m²
Design: Die Gestaltung muss sich am Geschäftsbriefbogen orientieren. Schrift und Logo sind in der Form wie im Briefbogen zu verwenden.

Rechnungsbogen:

Format: DIN A4, Hochformat 210 × 297 mm
Farben: Schwarz, einfarbig
Druck: Offsetdruck und Laserdruckausgabe
Papier: SM-Papier 80 g/m²
Design: Die Gestaltung muss sich am Geschäftsbriefbogen orientieren. Zusätzlich erscheint das Wort **„Rechnung"** auf dem Briefbogen.

Projektdaten

Text: Denis Beck, Informationsdesigner
Industriestraße 39, 75214 Rubensstadt
Fon: 07343/459068, Fax 07343/459001
Mail: denisbeck@aol.com
Web: www.web-designbeck.com
Bankverbindungen:
Volksbank Rubensstadt BLZ 640 912 00
Konto 400659000
Deutsche Bank Stuttgart BLZ 530 764 00
Konto 390798114

Logo: @-Zeichen aus der Datei P01_01.TIF

Making of …

1. Vorbemerkungen

Die Herstellung aller Drucksachen des Unternehmens werden mit Hilfe von QuarkXPress durchgeführt. Daher sind die Geschäftsdrucksachen ebenfalls in diesem Programm zu setzen, da die Ausgabe auf Film als Workflow bekannt ist und reibungslos funktioniert. Der Druck erfolgt einfarbig, entweder im Offsetdruck oder auf Laserdruckern. Es darf kein randabfallendes Element verwendet werden, damit ein späterer Ausdruck mit Laserdruckern möglich ist. Eine eventuelle Umsetzung des Briefbogens in ein Textverarbeitungssystem muss machbar sein.

2. Gestaltung

Es ist ein Briefbogen nach DIN für Langhüllen mit Fenster zu erstellen. Falz- und Lochmarken sind anzubringen. Betreffzeile und Datum sind oberhalb der ersten Falzmarke zu setzen. Die Gestaltung kann nach eigenen Ideen mit den Elementen der Datei P01_02.QXD erstellt werden. Ziel ist es, die Gestaltung des Briefbogens auf die anderen Geschäftsdrucksachen im Sinne eines einheitlichen Designs für das Erscheinungsbild der Firma zu übertragen.

3. Ablauf

- Machen Sie sich mit der Einteilung und dem Aufbau eines Normbriefbogens nach DIN vertraut (siehe nächste Seite).
- Erstellen Sie eine bzw. mehrere Scribbles als Grundgerüst für Ihre Arbeit. Entscheiden Sie sich für eine Gestaltungsvariante.
- Versehen Sie die Skizze Ihrer Gestaltung mit den korrekten Maßen für den Normbriefbogen. Diese Tätigkeit der Vermessung Ihres Entwurfes dient der Arbeitsvorbereitung und wird die nachfolgende Ausführung deutlich beschleunigen.
- Setzen Sie den Briefbogen.

4. Normbriefbogen

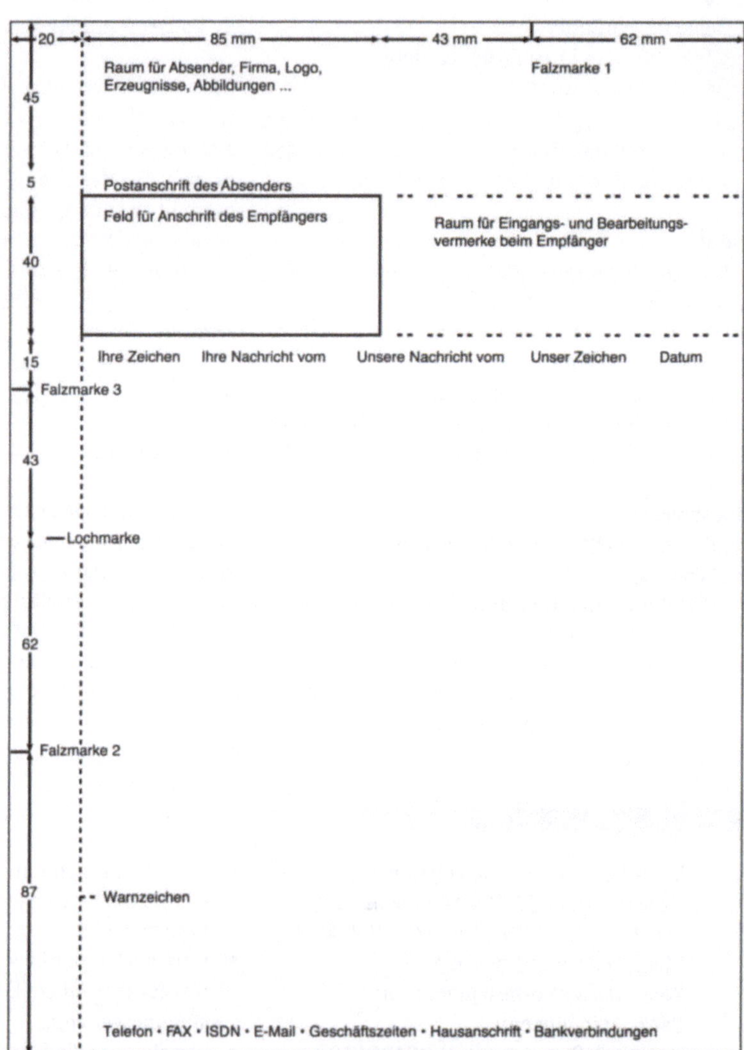

Verbindliche Elemente des Normbriefbogens für die Gestaltung sind:

- Raum und Position des Anschriftenfeldes für DIN–C6-Langhüllen
- Postanschrift des Absenders, Falzmarke, Lochmarke
- Die Bezugszeile muss nicht als gedruckte Zeile erscheinen

5. Korrektur

Nach dem Ausdruck Ihrer Arbeiten müssen Sie Korrektur lesen. Folgende Punkte müssen kontrolliert werden:

- Einhaltung der Standvorgaben für Normbriefbogen nach DIN: Fenster, Marken usw.
- Übereinstimmung Entwurf – technische Ausführung
- Rechtschreibung nach Duden

6. Projektpräsentation

Der Briefbogen wird für den Kunden ausgedruckt und zur Präsentation vorbereitet. Dazu gehört:

- Der Briefbogen wird blanko auf das spätere Auflagenpapier gedruckt.
- Ein Briefbogen wird mit einem Mustertext versehen ausgegeben. Dies dient der Veranschaulichung eines fertigen Geschäftsbriefes. Die Gesamtwirkung eines Briefbogens ergibt sich aus dem gestalteten Briefbogen und dem vom Nutzer zu integrierenden Brieftext.

Dies muss für die Präsentation des Ergebnisses berücksichtigt und vorbereitet werden.
- Erstellen Sie eine belichtungsfähige Datei in einem Ordner, welcher alle verwendeten Schriften und die Logodatei enthält.

7. Bewertung durch den Kunden

Ist Ihr Kunde mit dem Erscheinungsbild des erstellten Geschäftsbriefes einverstanden, geht es an die Ausarbeitung der Geschäftsausstattung. Dies sind Visitenkarten, Rechnungen, Mahnbrief, Kurzbrief und Faxformular – alle müssen in der Designlinie des Briefbogens erstellt werden. Dazu gehört eine Anpassung der Gestaltung an kleinere Formate.

Haben Sie Ihren Kunden davon überzeugt, dass er diese Aufgaben an Sie überträgt, können Sie von einer positiven Bewertung Ihrer ausgeführten Arbeit ausgehen. Trotzdem – checken Sie alle Ihre Arbeiten mit Hilfe von Checklisten. Dann wird nichts vergessen!

Projektergebnisse

Beispiele für Geschäftsbrief, Faxbrief und Visitenkarte. Suchen Sie in Ihrem Umfeld ähnliche Beispiele für Geschäftsdrucksachen und beurteilen Sie die Ergebnisse.

Überprüfung der Vorgaben

	Erfüllt	Bedingt …	Nicht erfüllt	Änderungen

Gestaltungsvorgaben

- Normvorschriften ☐ ☐ ☐ ....
- Schriftwahl ☐ ☐ ☐ ....
- Schriftmischung ☐ ☐ ☐ ....
- Mikrotypografie ☐ ☐ ☐ ....
- Lesbarkeit ☐ ☐ ☐ ....
- Gestaltungsraster ☐ ☐ ☐ ....
- Gesamteindruck ☐ ☐ ☐ ....

Grafik- und Logoverwendung

- Aufbereitung ☐ ☐ ☐ ....
- Lesbarkeit ☐ ☐ ☐ ....
- Informationsgehalt ☐ ☐ ☐ ....

Gesamteindruck und Einheitlichkeit aller Geschäftsdrucksachen

- Gesamtwirkung aller Produkte ☐ ☐ ☐ ....
- CI-Wirkung/Wiedererkennung ☐ ☐ ☐ ....
- Eindruck bei Fachkollegen ☐ ☐ ☐ ....

Änderungen korrigiert ☐ ja ☐ nein

Überprüfung der Dateianlage

	Erfüllt	Bedingt ...	Nicht erfüllt	Änderungen/Ergänzungen
Technische Vorgaben				....
• Richtige Programmwahl	❏	❏	❏	....
Dateianlage				
• Schriften alle beigefügt	❏	❏	❏	....
• Bilder/Grafiken alle beigefügt	❏	❏	❏	....
• Grafikdateien im richtigen Farbmodus (z.B. Vollton, RGB, CMYK, Sonderfarben)	❏	❏	❏	....
Datensicherung				
• Daten auf CD/DVD gebrannt	❏		❏	....
• Datenträger im ISO-Format	❏		❏	....
• Datenträger in anderem Format?			Welches:	....
Korrektur und Dokumentation				
• Rechtschreibkontrolle	❏		❏	....
• Ausdrucke/Andrucke	❏	❏	❏	....
• Farbseparation	❏		❏	....

Druckfreigabe/Imprimatur   ❏ ja, am........................   ❏ nein   Auftrag korrekt erledigt ❏ ja

Lernziele
- Sie wählen einen Bildausschnitt nach gestalterischen Gesichtspunkten.
- Sie inszenieren Bilder visuell ungewöhnlich und interessant.
- Sie gestalten verschiedene Produkte nach einem einheitlichen Konzept.
- Sie integrieren Bild, Grafik und Text in QuarkXPress.

Zeitrahmen
6 Stunden

Übungsdateien auf DVD
> PROJEKT > PRINT > P02

Die Gemeinde Musterhausen führt zum 3. Mal einen Berglauf für Freizeitsportlerinnen und -sportler durch. Die Veranstaltung ist von regionaler Bedeutung. Die Werbung für den Berglauf erfolgt über einen Flyer, Anzeigen in der Regionalpresse und ein Plakat.

Produkte
Die Konzeption und Gestaltung der drei Druckprodukte muss die jeweilige Eigenart berücksichtigen und trotzdem Konsistenz erzielen.

Flyer
Umfang: 1 Seite
Format: DIN A5, Hochformat, 148 × 210 mm
Farben: CMYK
Druck: Offset, 60er Raster
Papier: Die Papierwahl ist mit dem Kunden abzuklären. Machen Sie dazu einen Vorschlag.
Design: dominierende Bildwirkung

Zeitungsanzeige
Format: 90 × 120 mm
Farben: einfarbig, Schwarz
Druck: Zeitung
Design: Typografie und Grafik, keine Halbtonbilder

Plakat
Format: DIN A3, Hochformat, 297 × 420 mm
Farben: CMYK
Papier: Die Papierwahl ist mit dem Kunden abzuklären. Machen Sie dazu einen Vorschlag.
Druck: Digitaldruck
Design: dominierende Bildwirkung

Texte, Bilder und Grafiken
- Alle Texte sind vom Kunden geliefert und liegen als *.txt-Datei vor. Sie dürfen redaktionell modifiziert werden.
- Die Bilder liegen als *.jpg-Dateien im RGB-Modus vom Kunden geliefert vor. Sie sind nicht verfahrensgerecht aufbereitet. Es gibt vom Kunden keine gestalterischen Vorgaben, d.h., die Bilder können frei verändert werden. Die Verwendung anderer Bilder ist nicht zulässig.
- Das Logo der Gemeinde Musterhausen liegt als Vektorgrafik *.eps vor und muss an geeigneter Stelle in allen drei Produkten platziert werden.

Projektdaten

Text (P02_01.TXT)

3. Musterhausener Berglauf
Eingeladen sind Sportlerinnen und Sportler
aller Altersklassen
Strecke 5 km
Höhenunterschied 600 m
5. Juli 2004
Informationen und Anmeldung unter
Telefon 0123/456789

Und beim Sportamt Musterhausen,
Rathausplatz 7
00123 Musterhausen
www.musterhausener-berglauf.de

Bilder

P02_09.EPS

Lernziele

- Sie wählen einen Bildausschnitt nach gestalterischen Gesichtspunkten.
- Sie inszenieren Bilder visuell ungewöhnlich und interessant.
- Sie gestalten verschiedene Produkte nach einem einheitlichen Konzept.
- Sie integrieren Bild, Grafik und Text in QuarkXPress.

Zeitrahmen
6 Stunden

Übungsdateien auf DVD
> PROJEKT > PRINT > P02

Making of …

1. Ideenfindung

Brainstorming mit Assoziationen zum „Berglauf"

Bewertung – Was gehört zusammen? Was trifft den Kern?

Clusterbildung

2. Konzeption und Gestaltung

Sie haben in der Phase der Ideenfindung ohne Rücksicht auf die Umsetzung und konkrete Gestaltung Ihren Gedanken freien Lauf gelassen. Anschließend erfolgte die Bewertung und Gruppierung der einzelnen Begriffe.

In dieser zweiten Phase visualisieren Sie Ihre Ideen, zunächst aber nicht am Computer, sondern mit Stift und Papier in Form möglichst vieler und vielfältiger Scribbles. Scribbles dienen dazu, Ideen aus dem Kopf aufs Papier zu bringen. Es geht um das Wesentliche, nicht um Details.

Die drei Druckerzeugnisse Flyer, Anzeige und Plakat sollen, wie im Briefing vorgegeben, in ihrer Gestaltung konsistent sein. Vergleichen Sie die Scribbles mit den fertigen Entwürfen. Finden sich die Ideen wieder?

3. Produktion, Medienintegration und –ausgabe

Bildbearbeitung

Die gelieferten Bilder sind in ihrer Qualität für eine normale Bildreproduktion nicht ausreichend. Neben anderen Mängeln sind die Spuren der JPEG-Komprimierung deutlich zu sehen, die Auflösung reicht für das Druckformat nicht aus.

Bei der technischen Umsetzung der Gestaltung müssen produktionstechnische Kriterien, wie z.B. Farbmodus, Dateiformat und Auflösung, beachtet werden.

Für beide Varianten wurde die Bilddatei „PO2_04.JPG" bearbeitet.

Füße/Schuhe

1. Öffnen Sie die Datei „PO2_04.JPG".

2. Stellen Sie den Bildausschnitt frei.

3. Modifizieren Sie die Farbdarstellung.

4. Separieren Sie das RGB-Bild in den CMYK-Modus.

5. Speichern Sie die Bilddatei als *.tif.

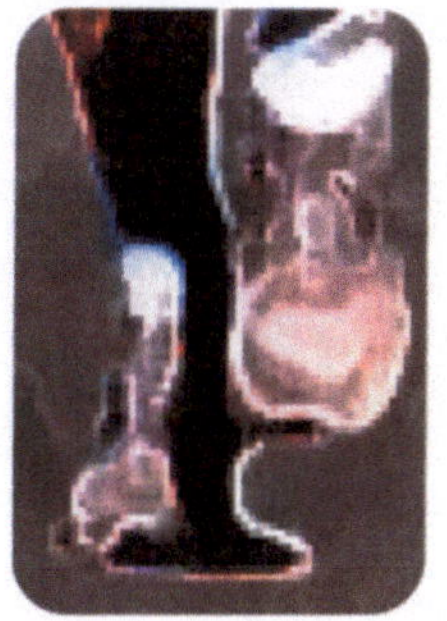

Lernziele

- Sie wählen einen Bildausschnitt nach gestalterischen Gesichtspunkten.
- Sie inszenieren Bilder visuell ungewöhnlich und interessant.
- Sie gestalten verschiedene Produkte nach einem einheitlichen Konzept.
- Sie integrieren Bild, Grafik und Text in QuarkXPress.

Zeitrahmen
6 Stunden

Übungsdateien auf DVD
> PROJEKT > PRINT > P02/

Läufergruppe

1. Öffnen Sie die Datei „P02_04.JPG".

2. Stellen Sie den Bildausschnitt frei.

3. Erstellen Sie in einer neuen Ebene eine rechteckige schwarze Fläche, die dem späteren zentralen Bildausschnitt entspricht.

4. Reduzieren Sie nun die Deckkraft der Fläche, um das darunter liegende Bild zu sehen.

5. Wählen Sie die Fläche aus.

6. Drehen Sie die ausgewählte Fläche mit Menü *Bearbeiten > Transformieren > Drehen* in die gewünschte Position.

7. Speichern Sie die Auswahl in einem neuen Alphakanal.

8. Blenden Sie jetzt die Ebene mit der gedrehten Fläche aus.

9. Kopieren Sie die Hintergrundebene und laden Sie die umgekehrte Auswahl.

10. Dunkeln Sie das umgebende Bild durch Gradationsveränderungen ab, Menü *Bild > Einstellungen > Gradationskurven …*

11. Strukturieren Sie das Bild mit Menü *Filter > Strukturierungsfilter > Körnung …*

12. Erhöhen Sie zum Schluss die Sättigung unter Menü *Bild > Einstellungen > Farbton/Sättigung …*

13. Speichern Sie das Bild als *.tif.

Modifikation für Experten: Drehen Sie den Berg im Hintergrund, der Weg steigt dann an und unterstützt damit die Bildwirkung.

PC

Absoften der rechten Bildhälfte

Die Beschreibung gilt gleichermaßen für beide Bilder.

1. Wählen Sie mit dem Auswahlrechteck die rechte Bild-
   hälfte aus.

2. Reduzieren Sie den Tonwertumfang durch Absenken
   der Dichte in den Bildtiefen unter Menü *Bild > Einstellungen > Gradationskurven ...*

   B 01 @ S.202

3. Speichern Sie das Bild unter einem neuen Namen.

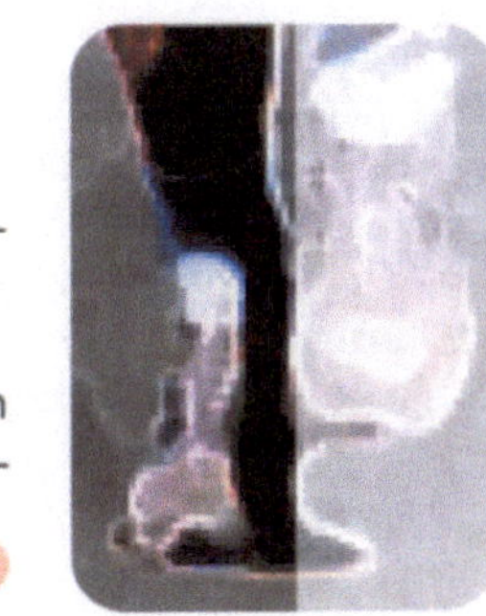

Strichumsetzung

Die Beschreibung gilt gleichermaßen für beide Bilder.

1. Stellen Sie den gewünschten Bildausschnitt frei.

2. Wandeln Sie das Halbtonbild mit Menü *Bild > Einstellungen > Schwellenwert ...* in ein Strichbild; ggf. müssen Sie einzelne Bereiche auswählen und getrennt
   wandeln, um ein optimales Ergebnis zu erzielen.

3. Führen Sie unter Menü *Bild > Modus > Graustufen*
   eine Moduswandlung in den Graustufenmodus durch.

4. Anschließend müssen Sie mit Menü *Bild > Modus >
   Bitmap ... > Schwellenwert 50%* eine erneute Moduswandlung durchführen.

Lernziele
- Sie wählen einen Bildausschnitt nach gestalterischen Gesichtspunkten.
- Sie inszenieren Bilder visuell ungewöhnlich und interessant.
- Sie gestalten verschiedene Produkte nach einem einheitlichen Konzept.
- Sie integrieren Bild, Grafik und Text in QuarkXPress.

Zeitrahmen
6 Stunden

Übungsdateien auf DVD
> PROJEKT > PRINT > P02

Typografie

Die Gestaltung von Bild und Text ist eine Einheit, d.h., bei der Inszenierung Ihres Bildes haben Sie schon klare Vorstellungen, wo welcher Text in welcher Schrift positioniert wird.

Die hier eingesetzte Helvetica ist sicherlich nicht die einzige oder gar optimale Lösung, sie ist aber als Systemschrift auf allen Computern vorhanden und erleichtert Ihnen so das Nachvollziehen der Beispiele.

1. Legen Sie in einem Layoutprogramm, z.B. QuarkXPress, drei Dokumente in den jeweiligen Formaten an.

2. Positionieren Sie die Abbildungen.

3. Setzen Sie den Text nach Ihrem eigenen Layout, oder vollziehen Sie die Beispiele auf den folgenden Seiten nach.

Comic Sans MS

Berglauf

Helvetica

Berglauf

Verdana

Berglauf

Techno

Berglauf

Times

Berglauf

Rotis Sans Serif

Berglauf

Gadget

Berglauf

Lernziele
- Sie wählen einen Bildausschnitt nach gestalterischen Gesichtspunkten.
- Sie inszenieren Bilder visuell ungewöhnlich und interessant.
- Sie gestalten verschiedene Produkte nach einem einheitlichen Konzept.
- Sie integrieren Bild, Grafik und Text in QuarkXPress.

Zeitrahmen
6 Stunden

Übungsdateien auf DVD
> PROJEKT > PRINT > P02

Die ersten beiden Beispiele können als Flyer und entsprechend vergrößert und mit angepasster Schriftgröße auch als Plakat Verwendung finden.

Finden Sie Ihren Favoriten, kritisieren Sie die Beispiele. Gestalten Sie Ihren Flyer, Ihre Anzeige und Ihr Plakat.

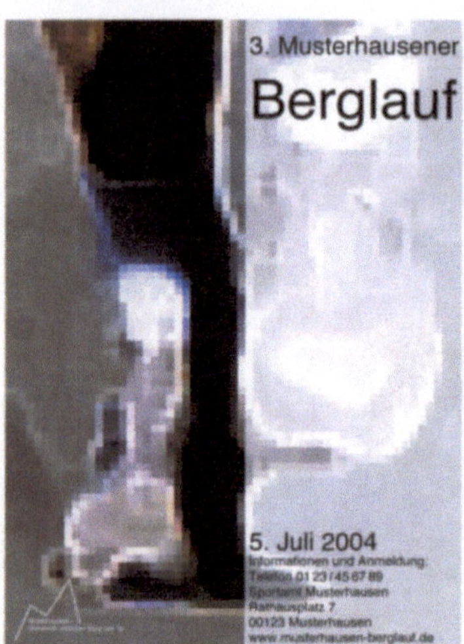

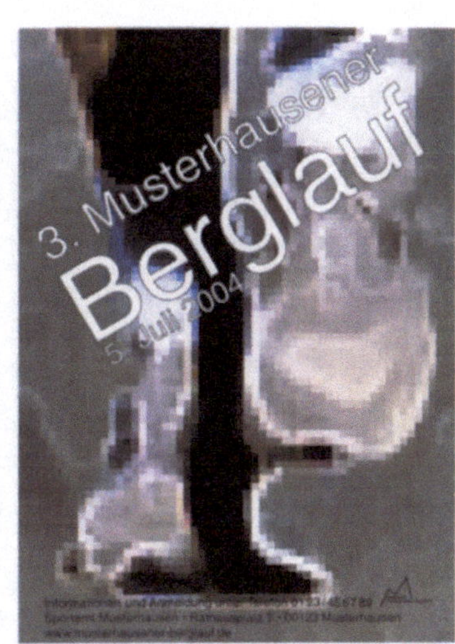

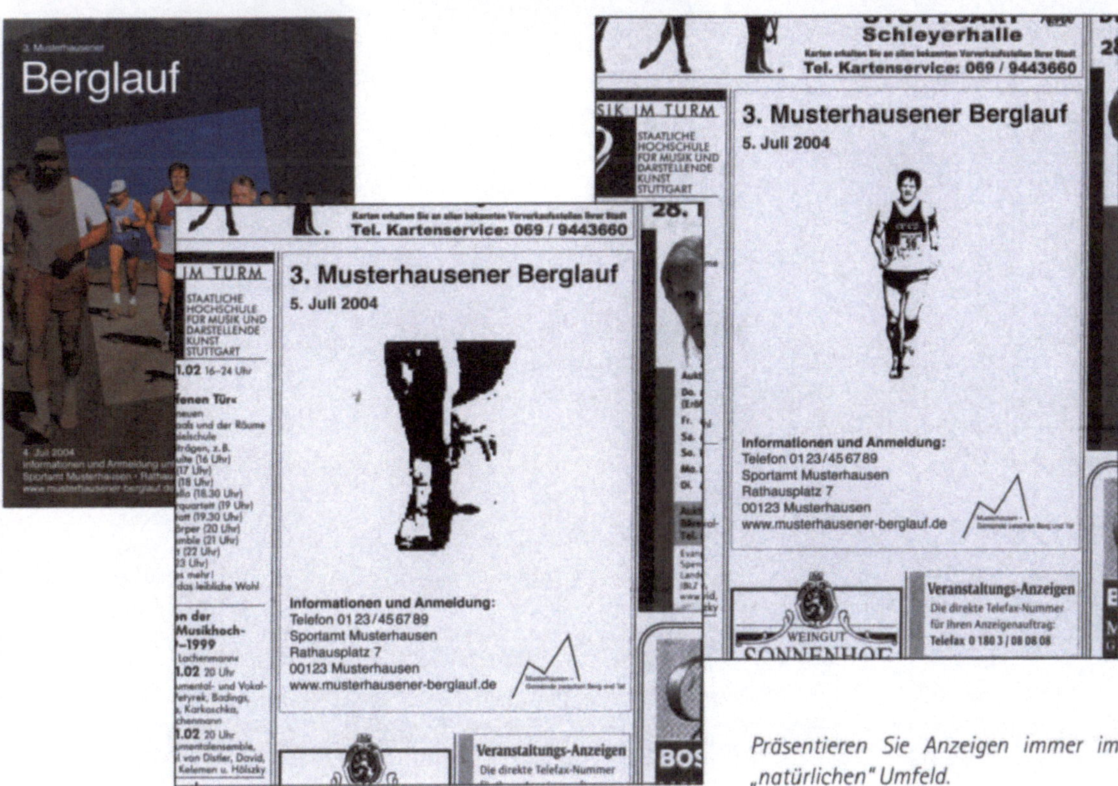

Präsentieren Sie Anzeigen immer im „natürlichen" Umfeld.

Überprüfung der Gestaltungsvorgaben

	Erfüllt	Bedingt …	Nicht erfüllt	Änderungen
Gestaltungsvorgaben				....
• Typoelemente	☐	☐	☐	....
• Schriftwahl/-farbe	☐	☐	☐	....
• Schriftmischung	☐	☐	☐	....
• Mikrotypografie	☐	☐	☐	....
• Lesbarkeit	☐	☐	☐	....
• Gestaltungsraster/CI	☐	☐	☐	....
• Gesamteindruck	☐	☐	☐	....
Grafik- und Logoverwendung				....
• Aufbereitung	☐	☐	☐	....
• Lesbarkeit	☐	☐	☐	....
• Informationsgehalt	☐	☐	☐	....
• Farbgestaltung	☐	☐	☐	....
Bildverwendung				....
• Ausrichtung	☐	☐	☐	....
• Farbverwendung	☐	☐	☐	....
• Wirkung	☐	☐	☐	....

Änderungen korrigiert ☐ ja ☐ nein   Auftrag korrekt erledigt ☐ ja

Überprüfung der technischen Vorgaben und der Dateianlage

	Erfüllt	Bedingt …	Nicht erfüllt	Änderungen/Ergänzungen

Technische Vorgaben

- Richtige Programmwahl ☐ ☐ ☐

Dateianlage

- Schriften alle beigefügt ☐ ☐ ☐
- Bilder alle beigefügt ☐ ☐ ☐
- Bilder im RGB-Modus ☐ ☐
- Bilder im CMYK-Modus ☐ ☐
- Grafikdateien alle beigefügt ☐ ☐ ☐
- Grafikdateien im richtigen Farbmodus (z.B. Vollton, RGB, CMYK, Sonderfarben) ☐ ☐ ☐

Datensicherung

- Daten auf CD/DVD gebrannt ☐ ☐
- Datenträger im ISO-Format ☐ ☐
- Datenträger in anderem Format?　Welches:

Dokumentation

- Ausdrucke/Andrucke ☐ ☐ ☐
- Farbseparation ☐ ☐
- Rechtschreibkontrolle ☐ ☐

Druckfreigabe　☐ ja, am　☐ nein　Auftrag korrekt erledigt ☐ ja

Lernziel
- Sie erstellen eine vierseitige Informationsbroschüre nach festgelegten Layoutvorgaben.

Zeitrahmen
8 Stunden

Übungsdateien auf DVD
> PROJEKT > PRINT > P03

Briefing

Aufgabe

Eine fertig gestaltete Imagebroschüre für den DaimlerChrysler Maybach Typ 12 wurde von einem Mediengestalter entworfen und als Layout entwickelt. Sie haben nun die Aufgabe, dieses hochwertige Scribble technisch mit den Programmen QuarkXPress und Photoshop zu realisieren. Als Enddatei soll eine belichtungsfähige Datei von Ihnen erstellt werden.

Bei der Imagebroschüre handelt es sich um eine reine Imagebroschüre für das Fahrzeug, es ist kein Verkaufsprospekt. Der Schwerpunkt der Broschüre liegt auf dem Vergleich des alten und neuen Maybachmodells.

Texte, Bilder und Grafiken

Alle Texte, Bilder und Grafiken sind von der Agentur an den Kunden geliefert.

- Texte liegen in verschiedenen Formatierungen vor.
- Bilder liegen als EPS-, TIFF- und JPEG-Datei vor und sind nicht für den Auftrag vorbereitet. Alle Bilder müssen bearbeitet und angepasst werden.
- Das Logo Maybach wurde entwickelt und liegt als Datei vor.

Produkt Imagebroschüre

Entsprechend dem rechts abgebildeten Layout muss die technische Umsetzung erfolgen.

Format: Hochformat 175×280 mm
Satzspiegel: links 17 mm, Kopf 15 mm, Bund 10 mm, Fuß 25 mm
Druck: vierfarbig ohne Sonderfarben, 54er Raster
Farbe: Euroskala CMYK
Papier: mattgestrichen, Samtoffset 120 g/m²

Projektdaten

Es sind die Layoutvorgaben der nebenstehenden Abbildung verbindlich. Sie können sich die einzelnen Scribbles aus dem Datenbestand der DVD heraus mit Hilfe des Programms Photoshop ausdrucken, um eine reale Satzvorlage zu erhalten. Die Daten liegen im Ordner SCRIBBLE vor. Die Vorlage ist nicht bemaßt. Dies muss als Arbeitsvorbereitung von Ihnen selbst durchgeführt werden.

Texte: entsprechend dem Layout und Textdaten auf DVD
Bilder: Bildmaterial auf DVD, aufbereitet entsprechend dem Layout
Logo: Logo (Schriftzug) auf DVD für Titelseite

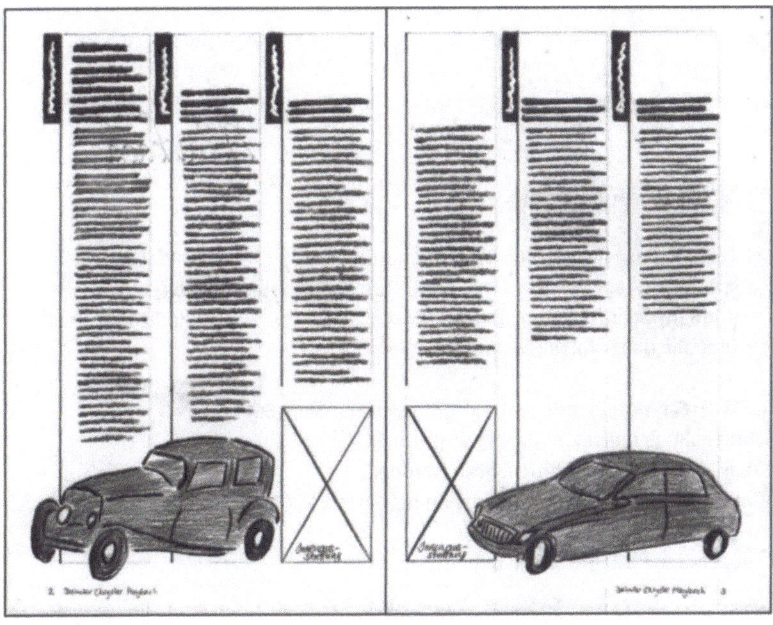

Abbildung links:
Scribble der Seite 4 mit Tabellen-
entwurf, Bildfreistellungen und
Textspalten. Die Abbildungen
unten zeigen freigestellte Moto-
ren des alten und neuen May-
bachmodells.

Abbildung rechts:
Scribble der Titelseite mit Bild-
freistellungen und Schriftlogo.
Die Bilder zeigen den alten und
neuen Maybach als Freistellun-
gen am Fuß der Seite.

Abbildung links:
Scribble der linken Innenseite 2
mit Bildfreistellung, Bildposi-
tion, Headlines und negativem
Schriftrahmen

Abbildung rechts:
Scribble der rechten Innenseite 3
mit Bildfreistellung, Bildposi-
tion, Headlines und negativem
Schriftrahmen. Die Bilder für
den skizzierten Bildrahmen am
Bund zeigen später Elemente
der Innenausstattung des alten
und neuen Fahrzeuges.
Die Scribbles liegen als Dateien
zum Ausdrucken auf der DVD.
Erstellen Sie sich eine gedruck-
te Layoutvorlage.

Lernziel
- Sie erstellen eine vierseitige Informationsbroschüre nach festgelegten Layoutvorgaben.

Zeitrahmen
8 Stunden

Übungsdateien auf DVD
> PROJEKT > PRINT > P03

Making of …

1. Vorgaben und Hinweise für die Erstellung der Seiten

Ablauf:
- Musterseiten mit Nutzung des Grundlinienrasters sind anzulegen.
- Schriftdefinitionen mit Hilfe von Silbentrennung und Blocksatz (S&B …).
- Definition von S&B sowie der Stilvorlagen.
- Anlage der Seiten als Doppelseiten im Seitenlayout.
- Bearbeitung der Bilder in Photoshop nach den Vorgaben der Scribbles und den Abbildungen auf der gegenüberliegenden Seite.
- Die fertigen QuarkXPress-Seiten liegen auf der Übungs-DVD im Ordner LOESUNG und können zur Orientierung und Kontrolle aufgerufen werden.

2. Korrektur

Von jedem Medienprodukt erwartet der Leser, dass es nach den gültigen Regeln der Rechtschreibung gedruckt wird. Grundlage der Rechtschreibung ist der Duden. Korrigieren Sie Ihre Arbeit. Verwenden Sie bei Fehlern die korrekten Korrekturzeichen nach DIN und korrigieren Sie danach Ihre Datei.

Zur Korrektur gehören auch die Kontrolle von Bild- und Textzuordnungen, Standvorgaben nach Layout, Farbigkeit von Logos und Typoelementen.

Farbproofs des gesamten Projekts sind an den Kunden zu liefern, ebenso farbseparierte S/W-Ausdrucke aller Seiten für die Kontrolle der späteren PostScript-Belichtung. Fertig angelegte Dateien sind auf einem Datenträger zum Versand an ein Belichtungsstudio zu brennen.

3. Kontrolle der fertigen Datei

Ihre erstellte Datei wird für den Vierfarbendruck genutzt. Es muss daher eine Farbseparation erstellt werden. Dazu benötigen Sie korrekt aufbereitete Bilder und verfügbare Schriften. Ihre Daten müssen alle in einem Ordner abgelegt sein: Prüfen Sie daher folgende Punkte:

- QuarkXPress-Datei im Belichtungsordner (siehe Seite 68)
- Schrift (alle Schnitte) im Belichtungsordner
- Alle Bilder und Logos im Belichtungsordner
- Kontrolle, ob alle Bilder und Logos im richtigen CMYK-Modus vorliegen

4. Drucken der PDF-Datei zur Belichtung

Aus dem fertigen QuarkXPress-Dokument drucken Sie die belichtungsfähige Highend-PDF-Datei mit hoher Bildauflösung. Diese PDF-Datei muss für das Belichtungsstudio verwendet werden können.

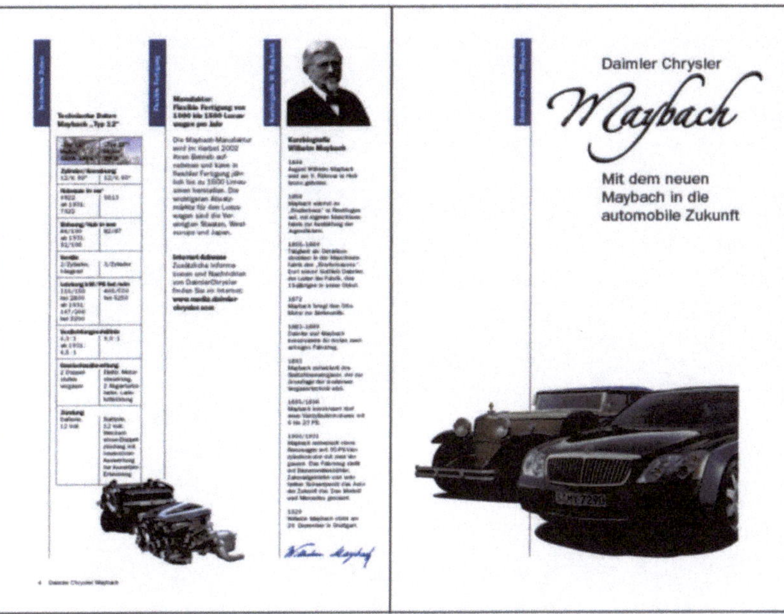

Die Abbildungen wurden von der DaimlerChrysler AG zur Verfügung gestellt.

Projektergebnis

Die vier Abbildungen zeigen die technische und gestalterische Umsetzung der vorne geschriebelten vierseitigen Imagebroschüre.

Die einzelnen Seiten von links oben nach rechts unten sind:

- Rückseite (Seite 4)
- Titelseite
- Innenseite (Seite 2)
- Innenseite (Seite 3)

Die Umsetzung folgte weitgehend dem Scribble ohne Änderungen. Es sind von Ihnen jetzt noch typografische und grafische Detailverbessserungen durchzuführen:

- Die Linien sollten in der jeweiligen Spalte mit dem Textblock enden.
- Die Linien dürfen nicht hinter einem Bild positioniert werden.
- Der alte Maybach auf der Seite 2 sollte eventuell gekontert werden.
- Auf der Titelseite kann überlegt werden, ob die Position der beiden Fahrzeuge randabfallend sein könnte.

Stellen Sie Verbesserungsmöglichkeiten fest, führen Sie diese durch und bewerten Sie Ihre Ideen.

Überprüfung der Gestaltungsvorgaben

	Erfüllt	Bedingt …	Nicht erfüllt	Änderungen
Gestaltungsvorgaben				....
• Typoelemente	☐	☐	☐	....
• Schriftwahl/-farbe	☐	☐	☐	....
• Schriftmischung	☐	☐	☐	....
• Mikrotypografie	☐	☐	☐	....
• Lesbarkeit	☐	☐	☐	....
• Gestaltungsraster/CI	☐	☐	☐	....
• Gesamteindruck	☐	☐	☐	....
Grafik- und Logoverwendung				....
• Aufbereitung	☐	☐	☐	....
• Lesbarkeit	☐	☐	☐	....
• Informationsgehalt	☐	☐	☐	....
• Farbgestaltung	☐	☐	☐	....
Bildverwendung				....
• Ausrichtung	☐	☐	☐	....
• Farbverwendung	☐	☐	☐	....
• Wirkung	☐	☐	☐	....

Änderungen korrigiert   ☐ ja   ☐ nein   Auftrag korrekt erledigt ☐ ja

Überprüfung der technischen Vorgaben und der Dateianlage

	Erfüllt	Bedingt …	Nicht erfüllt	Änderungen/Ergänzungen
Technische Vorgaben				....
• Richtige Programmwahl	❑	❑	❑	....
Dateianlage				
• Schriften alle beigefügt	❑	❑	❑	....
• Bilder alle beigefügt	❑	❑	❑	....
• Bilder im RGB-Modus	❑		❑	....
• Bilder im CMYK-Modus	❑		❑	....
• Grafikdateien alle beigefügt	❑	❑	❑	....
• Grafikdateien im richtigen Farbmodus (z.B. Vollton, RGB, CMYK, Sonderfarben)	❑	❑	❑	....
Datensicherung				
• Daten auf CD/DVD gebrannt	❑		❑	....
• Datenträger im ISO-Format	❑		❑	....
• Datenträger in anderem Format?			Welches:	....
Dokumentation				
• Ausdrucke/Andrucke	❑	❑	❑	....
• Farbseparation	❑		❑	....
• Rechtschreibkontrolle	❑		❑	....
Druckfreigabe	❑ ja, am		❑ nein	Auftrag korrekt erledigt ❑ ja

Lernziel
- Sie gestalten und erstellen die Titelseite einer Tageszeitung nach den nebenstehenden Projektvorgaben.

Zeitrahmen
2–4 Stunden

Übungsdateien auf DVD
> PROJEKT > PRINT > P04

Briefing

Aufgabe

Gestalten und setzen Sie die Titelseite einer Tageszeitung. Sie können dazu eines der vorliegenden Muster verwenden oder Sie nehmen eine aktuelle Tageszeitung und benutzen diese als aktuelles Manuskript für Ihre Texte und Bilder. Aktuelle Bilder können Sie häufig aus dem Internetangebot Ihrer Tageszeitung downloaden und zum Layouten verwenden.

Ihre Aufgabe besteht darin, die Titelseite nach einem Rastersystem zu gestalten und dabei verschiedene Festlegungen zu treffen, die für die technische Umsetzung einer Zeitung wichtig sind.

Dies bedeutet, dass Sie für jede verwendete Schriftgröße und für jeden Schriftschnitt eine Schriftdefinition erstellen müssen. Nur wenn S&B sowie die Stilvorlagen exakt definiert sind, ist ein schneller und typografisch guter Zeitungssatz möglich.

Projektdaten

Alle Texte, Bilder und Grafiken sind von Ihnen zu erstellen.

- Texte erfassen Sie selbst mit Hilfe einer aktuellen Tageszeitung als Manuskript. Sie können auch einen längeren Mustertext (auf DVD) verwenden, den Sie dann für alle Artikel als Basistext einsetzen können. Die Informationen für Inhaltsangaben entnehmen Sie bitte einer aktuellen Tageszeitung.
- Es ist schwierig, aktuelle Bilder aus dem Politikbereich zu erhalten. Versuchen Sie daher aktuelle Bilder von den Seiten Ihrer Tageszeitung herunterzuladen. Sollte dies nicht möglich sein, verwenden Sie Bildmaterial von der Buch-DVD.
- Die Grafik für eine aktuelle Wetterkarte ist selbst zu erstellen.
- Drucken Sie die Musterseiten mit Hilfe des Programms Adobe Photoshop aus.
- Eine QuarkXPress-Zeitungsseite liegt auf der Übungs-DVD im Ordner LOESUNG des Projektes P04 als Muster. Sie können diese Seite zur Orientierung und Kontrolle aufrufen. Die darin verwendeten Bilder sind ebenfalls im Ordner abgelegt, ebenso die notwendigen Schriftschnitte.

Produkt Tageszeitung (Titelseite)

Format: Hochformat 400×575 mm
Satzspiegel: Titelseite: links 20 mm, Kopf 130 mm, Bund 20 mm, Fuß 20 mm, fünf Spalten, Spaltenabstand 5 mm (gilt für alle Seiten)

Die Stilvorlagen werden so angelegt, dass eine Nummerierung der Absatzstilvorlagen erfolgt. Diese Nummerierung ist identisch mit den Funktionstasten F1 bis F6. Diese sechs Schriften sind die am häufigsten verwendeten Schriftenanwendungen innerhalb der oben dargestellten Zeitungsseite. Die anderen definierten Stilvorlagen, wie z.B. der Grundtext mit Initiale, werden pro Seite seltener benötigt und werden dann direkt über das Stilvorlagen-Menü aufgerufen.

Rechts erkennen Sie das Seitenlayout für die Musterseiten. Zeitungsproduktion ist in der Regel eine fortlaufende Einzelseitenherstellung. Es wird eine rechte bzw. linke Standardseite definiert. Die Titelseite mit dem Zeitungskopf ergibt eine Musterseite. Eine weitere Musterseite wird für den Buchaufmacher als Buchtitelseite z.B. für den Sport- oder Wirtschaftsteil definiert.

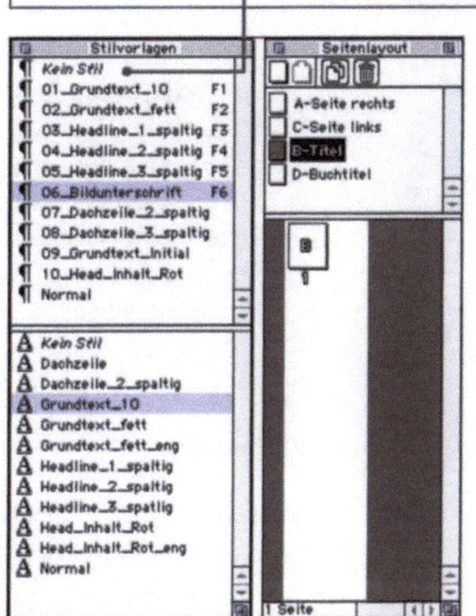

Die Abbildung links zeigt den Reutlinger Generalanzeiger im Originallayout, rechts ist eine Studie mit Schriftfestlegungen abgebildet.

Lernziel
- Sie gestalten und erstellen die Titelseite einer Tageszeitung nach den nebenstehenden Projektvorgaben.

Zeitrahmen
2–4 Stunden

Übungsdateien auf DVD
> PROJEKT > PRINT > P04 ↙

Andere Seiten: links/rechts 20 mm, Kopf 20 mm, Bund 20 mm, Fuß 20 mm

Druck:	vierfarbig mit einer Sonderfarbe, 48er Raster
Farbe:	Euroskala CMYK
Papier:	Zeitungspapier, maschinenglatt 80 g/m^2

Making of …

1. Vorgaben und Hinweise für die Erstellung der Titelseite

Ablauf der Seitenherstellung:
- Format und Spaltenanzahl festlegen.
- Die Musterseite ist anzulegen.
- Alle feststehenden Elemente, die jeden Tag immer an der gleichen Stelle erscheinen, werden auf der Musterseite platziert (Zeitungskopf, Wetterkarte, Kommentar, Inhaltsverzeichnis u. Ä.).
- Setzen Sie den Zeitungskopf als täglich feststehendes Element auf der Seite fest. Wie dies geht, wird Ihnen rechts erklärt.
- Definition von Silbentrennung und Blocksatz (S&B).
- Definition der Stilvorlagen für alle verwendeten Schriften nach dem Muster auf der vorherigen Seite.
- Einrichtung und Nutzung des Grundlinienrasters für den Grundtext.
- Anlage der Seiten als Einzelseiten im Seitenlayout.
- Erstellen des Zeitungskopfes. Der Kopf muss nicht exakt der Vorlage entsprechen, da Sie in der Regel nicht über die abgebildeten Schriften verfügen. Entwerfen Sie hier eine eigene Variante. Orientieren Sie sich an der Ihnen zur Verfügung stehenden Tageszeitung.
  Der Zeitungskopf muss bei der Datei für die Titelseite auf der Musterseite angelegt werden. Es gibt demzufolge nur eine Datei mit einer Seite, auf der nur die Titelseite der Zeitung produziert wird.
- Erstellen Sie die einzelnen Artikel mit Headline, Subheadline, Vorspanntext, Text und Bild jeweils vollständig. Die Anordnung für jeden Artikel muss einen vollständigen rechteckigen Lese- oder Informationsblock ergeben, der optisch geschlossen ist.
- Verwenden Sie als Manuskript eine aktuelle Tageszeitung.

2. Korrektur

Von jedem Medienprodukt erwartet der Leser, dass es nach den gültigen Regeln der Rechtschreibung gedruckt wird. Grundlage der Rechtschreibung ist der Duden. Korrigieren Sie Ihre Arbeit. Verwenden Sie bei Fehlern die korrekten Kor-

Die oben abgebildete Titelseite hat feststehende Elemente, die täglich in der gleichen Form auf einer Zeitungsseite erscheinen. Dies ist der Farbbalken mit negativer Schriftzeile, der Zeitungskopf, die Inhaltsangabe, das Datum und die Linie mit dem Untertitel. Alle diese Elemente sollen nicht von der Seite gelöscht oder an eine andere Position gesetzt werden. Daher sind sie auf der Seite „festzusetzen". Um ein Text- oder Bildrahmenobjekt auf einer Seite festzusetzen, gehen Sie ins Menü *Objekt > Festsetzen*. Dadurch erscheint über dem festgesetzten Element ein kleines Schloss, das in der Abbildung oben allerdings deutlich zu groß dargestellt ist. Wenn Sie mit dem Inhaltswerkzeug arbeiten, können Sie die Texte innerhalb eines festgesetzten Objektes überschreiben und ändern – z. B. das Datum oder den Inhalt des Farbbalkens. Möglich ist das Löschen des festgesetzten Rahmens. Das Festsetzen bezieht sich nur auf die Position eines Bild- oder Textrahmens.

Das Lösen eines Objektes ist im Menü *Objekt > Lösen* möglich. F6 erlaubt es, diesen Befehl zum Lösen/Festsetzen zu nutzen.

Um eine große Seite in mehrere Teilseiten zu unterteilen, muss im Druckmenü folgende Einstellung vorgenommen werden:
- Seitenfolge: Alle   • Passkreuze: Zentriert
- Unterteilen: Automatisch   • Überlappung: 5 mm   • Absolute Überlappung: Aktiviert

QuarkXPress druckt dann die Seiten so aus, dass auf jeder Seite Ausrichtungsmarken und Informationen zur Seitenanordnung vorhanden sind. Damit können die Einzelblätter ohne Probleme zu einem großen Ausdruck zusammengesetzt werden.

Soll die Seite auf dem zusammengesetzten Druck zentriert erscheinen, darf die *Absolute Überlappung* nicht aktiviert sein.

Lernziel
- Sie gestalten und erstellen die Titelseite einer Tageszeitung nach den nebenstehenden Projektvorgaben.

Zeitrahmen
2–4 Stunden

Übungsdateien auf DVD
> PROJEKT > PRINT > P04

rekturzeichen nach DIN und korrigieren Sie danach Ihre Datei. Eine Hilfe bei der Korrektur ist die Rechtschreibprüfung von QuarkXPress. Nutzen Sie diese für die Korrektur. Eine Beschreibung der Funktion ist auf der rechten Seite zu finden. Die Version 5 von QuarkXPress korrigiert nach der reformierten Rechtschreibung. Das zugrunde liegende Wörterbuch wird von Quark zurzeit immer wieder aktualisiert – schauen Sie daher ab und zu bei www.quark.de nach und laden Sie das optimierte Wörterbuch herunter.

Zur Korrektur gehören auch die Kontrolle von Bild- und Textzuordnungen, Standvorgaben nach Layout, Farbigkeit von Logos und Typoelementen sowie das Datum der aktuellen Ausgabe.

3. Kontrolle der fertigen Datei

Ihre erstellte Datei wird für den Vierfarbendruck genutzt. Es muss daher eine Farbseparation erstellt werden. Dazu benötigen Sie korrekt aufbereitete Bilder und verfügbare Schriften. Ihre Daten müssen in einem Ordner abgelegt sein:

- QuarkXPress-Datei im Belichtungsordner
- Schrift (alle Schnitte) im Belichtungsordner
- Alle Bilder und Logos im Belichtungsordner
- Kontrolle, ob alle Bilder und Logos im richtigen Farbmodus vorliegen

4. Ausdrucken der Titelseite

Vermutlich verfügen Sie nicht über einen Drucker im Format der Tageszeitung. Daher müssen Sie die Seite zum Ausdruck unterteilen und nach dem Druck wieder zusammensetzen. Mit der auf Seite 101 dargestellten Einstellung ist es möglich, Ihre Zeitungsseite beim Ausdruck auf einem DIN-A4-Drucker so zu unterteilen, wie dies im Bild links dargestellt ist.

Der magentafarbene Rahmen ist der erste Druck mit einem Viertel der Seite, die drei schwarz eingerahmten Seitenteile werden mit der eingestellten Überlappung so ausgegeben wie im Bild. Durch die eingegebene Überlappung ist es gut möglich, die Seite nach dem Druck mit Klebstoff zu einem Ganzen zusammenzufügen.

Bei Laserdruckern kann es geschehen, dass durch den wärmebedingten Papierverzug der Passer nicht exakt ist. Dann montieren Sie die Seite so zusammen, dass die Bilder exakt passen, Differenzen beim Text sind akzeptabel.

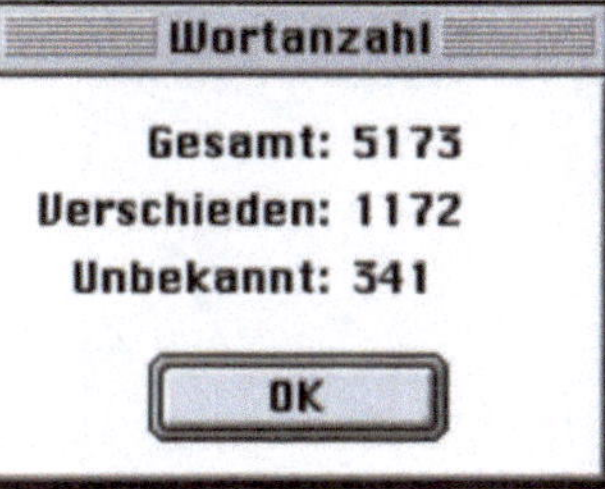

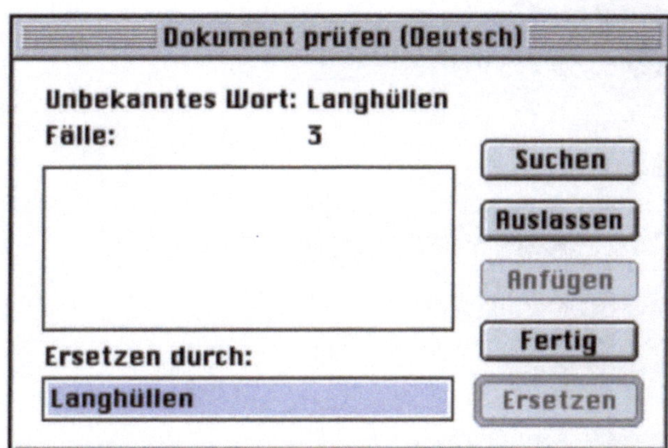

Rechtschreibprüfung

Mit Hilfe des in QuarkXPress standardmäßig hinterlegten Wörterbuches sind Sie in der Lage, eine schnelle Rechtschreibkontrolle durchzuführen.

Im Menü *Hilfsmittel > Rechtschreibprüfung > Wort > Text > Dokument* kann die Rechtschreibprüfung aufgerufen werden. Sie prüft bei dem Aufruf *Dokument* zunächst das angelegte Dokument. Dabei erscheint zuerst das links oben gezeigte Fenster *Wortanzahl*. Danach erscheint zur Kontrolle der unbekannten Wörter das rechts abgebildete Fenster. Hier können Sie die Möglichkeit nutzen, jedes einzelne dem Programmwörterbuch unbekannte Wort zu prüfen, im Text zu ersetzen und in das Wörterbuch anzufügen.

Durch das Anfügen von unbekannten Wörtern in das Lexikon erhalten Sie im Laufe der Zeit ein optimiertes Wörterverzeichnis zur Rechtschreibprüfung.

Projektergebnis

Ihre fertig erstellte Titelseite sollte im prinzipiellen Erscheinungsbild dem des Reutlinger Generalanzeigers entsprechen. Ob Sie sich für die traditionelle oder modernisierte Variante entscheiden, hängt von Ihnen ab. Dies gilt vor allem für die grafische Aufmachung. Die technische Umsetzung der Titelseite muss den Anforderungen entsprechen, die in der Musterdatei ersichtlich sind. Diese sollten Sie zum Vergleich mit Ihrer Seite heranziehen.

Sollte Ihnen die Arbeit mit dieser Titelseite Vergnügen bereitet haben, informieren Sie sich über die genaueren Regeln und Vorgaben für die Gestaltung von Tageszeitungen. Die Zeitungsproduktion ist ein spannendes Feld und kann zu einer großen beruflichen Herausforderung werden, wenn man mit den Einschränkungen der unüblichen Arbeitszeiten leben kann.

Kontrollieren Sie Ihr Projektergebnis vor allem auf die korrekte Anwendung und Darstellung der Schriften. Sie sollten über die gesamte Zeitungsseite hinweg ein einheitliches Graubild erreichen, Schriftsperrungen und -unterschneidungen dürfen nicht erkennbar sein. Gleiches gilt für die Verwendung aller Headlines, Bildunterschriften und Wetterkartenbeschriftungen.

Wenn Ihnen die Titelseite als Projekt zu wenig erscheint, erstellen Sie zur Übung weitere Seiten mit den gefundenen Einstellungen. Gestalten Sie Seiten für die Ressorts Politik, Wirtschaft, Sport, Weltspiegel und setzen Sie unbedingt eine Anzeigenseite nach.

Überprüfung der Vorgaben

	Erfüllt	Bedingt …	Nicht erfüllt	Änderungen
Zeitungskopf				
• Zeitungskopf traditionell	☐		☐	....
• Zeitungskopf modernisiert	☐		☐	....
• Schriftmischung	☐	☐	☐	....
• Farbbalken/Schrift negativ	☐	☐	☐	....
• Lesbarkeit und Farbe	☐	☐	☐	....
• Datum, Tag, Preis	☐	☐	☐	....
• Gesamteindruck	☐	☐	☐	....
Textteil				....
• Aufbereitung Headlines	☐	☐	☐	....
• Aufbereitung Vorspann	☐	☐	☐	....
• Lesbarkeit Grundtext	☐	☐	☐	....
• Grundlinienraster	☐	☐	☐	....
• Leseblöcke deutlich erkennbar	☐	☐	☐	....
Bildverwendung				....
• Text-Bild-Zuordnung	☐	☐	☐	....
• Bildunterschriften	☐	☐	☐	....
• Positionierung	☐	☐	☐	....

Überprüfung der technischen Vorgaben und der Dateianlage

	Erfüllt	Bedingt ...	Nicht erfüllt	Änderungen/Ergänzungen

Dateianlage

- Schriften alle beigefügt ☐ ☐ ☐ ....
- Bilder alle beigefügt ☐ ☐ ☐ ....
- Bilder im CMYK-Modus ☐ ☐ ....
- Grafikdateien alle beigefügt ☐ ☐ ☐ ....
- Grafikdateien im richtigen Farbmodus (z. B. Vollton, RGB, CMYK, Sonderfarben) ☐ ☐ ☐ ....

Datensicherung

- Daten auf CD/DVD gebrannt ☐ ☐ ....
- Datenträger im ISO-Format ☐ ☐ ....
- Datenträger in anderem Format? Welches: ....

Dokumentation

- Ausdrucke/Andrucke ☐ ☐ ☐ ....
- Farbseparation ☐ ☐ ....
- Rechtschreibkontrolle ☐ ☐ ....
- Ausdruck in Originalgröße ☐ ☐ ....

Druckfreigabe ☐ ja, am .... ☐ nein Auftrag korrekt erledigt ☐ ja

Briefing

Für den Tierpark Musterhausen ist ein visuelles Zeichen zu entwickeln und zu realisieren, das sowohl als Logo, z.B. auf Drucksachen, sowie als Piktogramm, z.B. auf Wegweisern im Straßenverkehr, einsetzbar ist. Da die Giraffengruppe im Tierpark einen besonderen Stellenwert hat, wurde die Giraffe als Motiv ausgewählt, plakativ und mit hohem Wiedererkennungswert.

Vom Kunden wurden drei Bilder der Griraffengruppe geliefert. Die Bilder liegen als *.tif-Dateien im RGB-Modus vor. Sie sind nicht verfahrensgerecht aufbereitet, sondern sollen lediglich als Bildvorlage dienen.

Technische Vorgaben
Größe: frei skalierbare Vektorgrafik
Farben: einfarbig
Datei: *.eps
Design: naturalistische Darstellung

Projektdaten

P05_01.TIF

P05_03.TIF

P05_02.TIF

Ein Logo ist ursprünglich ein Wortzeichen, d.h. ein aus Buchstaben und/oder Zahlen erstelltes Zeichen. Heute wird der Begriff Logo häufig synonym für Signet benutzt. Dabei ist Signet eigentlich der Überbegriff für Wort- und Bildzeichen. Das Piktogramm ist ein besonderes Bildzeichen. Als stilisiertes grafisches Symbol muss es, reduziert auf die wesentlichen Merkmale, international verständlich sein.

Es ist gestalterisch und verfahrenstechnisch möglich, das gleiche Zeichen sowohl als Logo als auch als Piktogramm einzusetzen. Da das Briefing eine naturalistische Darstellung vorgibt, die Anwendung aber gleichzeitig eine stilisierte klar erkennbare Darstellung verlangt, bietet sich eine scherenschnittartige Umsetzung an.

1. Wählen Sie das geeignete Motiv und öffnen Sie die Bilddatei.

2. Stellen Sie die Giraffe mit dem Polygon-Lasso frei.

B 02 @ S.204

3. Speichern Sie die Auswahl unter Menü *Auswahl > Auswahl speichern ...* in einem neuen Kanal.

4. Öffnen Sie jetzt die Pfad-Palette.

5. Im Popup-Menü der Palette können Sie mit *Arbeitspfad erstellen ...* die Auswahl direkt in einen Pfad umwandeln.

6. Nach dem Erstellen des Pfades müssen Sie zunächst den Pfad im Popup-Menü und dann die Datei speichern.

7. Exportieren Sie den Pfad mit Menü *Datei bzw. Ablage > Exportieren > Pfade->Illustrator ...*

8. Speichern Sie den Pfad in der neuen Illustrator-Datei; beim Speichern können Sie die Illustrator-Version wählen.

9. Öffnen Sie die Datei in Adobe Illustrator.

10. Modifizieren Sie die Grafik nach Ihren gestalterischen Vorstellungen.

G 01 @ S.237

11. Speichern Sie abschließend die Datei als *.eps-Datei.

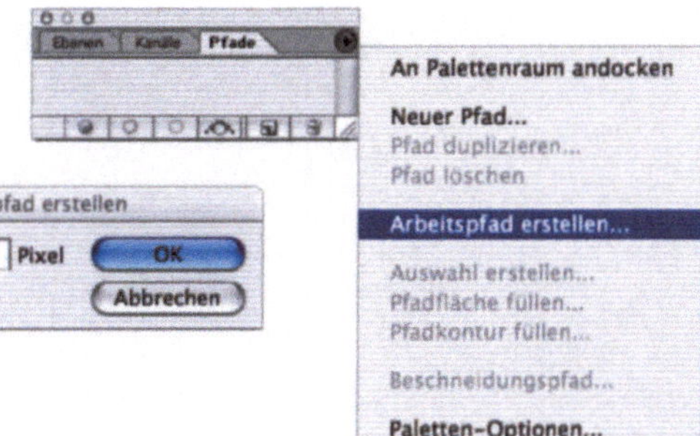

Tutorials
Bildverarbeitung
   B 02 @ S.204
Grafikerstellung
   G 01 @ S.236
   G 02 @ S.238

Lernziele
- Sie setzen Bildinhalte in ein stilisiertes Logo um.
- Sie arbeiten mit Pixelauswahlwerkzeugen und wandeln die Auswahl in Pfade um.
- Sie exportieren Pfade aus Photoshop in Illustrator und bearbeiten diese dort weiter.

Zeitrahmen
1 Stunde

Übungsdateien auf DVD
> PROJEKT > PRINT > P05

Projektergebnisse

Wurmberg
Altgefäll
Tierpark
Schul– u. Sportzentrum
Buckenberg/Haidach
Calw
Bad Liebenzell
463
Weil der Stadt
Tiefenbronn
Reuchlinhaus
Schmuckmuseum
Gestaltung
IHK
Tierpark
Tierpark

Überprüfung der Gestaltungsvorgaben

	Erfüllt	Bedingt ...	Nicht erfüllt	Änderungen
Gestaltungsvorgaben				....
• Aussage deutlich	☐	☐	☐	....
• Rasch erfassbar	☐	☐	☐	....
• Klein optisch erkennbar	☐	☐	☐	....
• Groß optisch erkennbar	☐	☐	☐	....
• Wiedererkennbarkeit	☐	☐	☐	....
• Einzigartigkeit	☐	☐	☐	....
• Informationsgehalt	☐	☐	☐	....
• Farbgestaltung	☐	☐	☐	....
• Ausrichtung	☐	☐	☐	....
• Vektorgrafik	☐	☐	☐	....
• Farbgestaltung	☐	☐	☐	....
• Mediengerechte Umsetzung	☐	☐	☐	....
• Gesamteindruck	☐	☐	☐	....

Änderungen korrigiert   ☐ ja   ☐ nein   Auftrag korrekt erledigt ☐ ja

Überprüfung der technischen Vorgaben und der Dateianlage

	Erfüllt	Bedingt …	Nicht erfüllt	Änderungen/Ergänzungen

Technische Vorgaben

- Richtige Programmwahl ☐ ☐ ☐ ....

Dateianlage

- Schriften alle beigefügt ☐ ☐ ☐ ....
- Bilder alle beigefügt ☐ ☐ ☐ ....
- Bilder im RGB-Modus ☐ ☐ ....
- Bilder im CMYK-Modus ☐ ☐ ....
- Grafikdateien alle beigefügt ☐ ☐ ☐ ....
- Grafikdateien im richtigen Farbmodus (z.B. Vollton, RGB, CMYK, Sonderfarben) ☐ ☐ ☐ ....

Datensicherung

- Daten auf CD/DVD gebrannt ☐ ☐ ....
- Datenträger im ISO-Format ☐ ☐ ....
- Datenträger in anderem Format? Welches: ....

Dokumentation

- Ausdrucke/Andrucke ☐ ☐ ☐ ....
- Farbseparation ☐ ☐ ....
- Rechtschreibkontrolle ☐ ☐ ....

Druckfreigabe ☐ ja, am .... ☐ nein   Auftrag korrekt erledigt ☐ ja

Infografiken sind die visuellen, grafischen Darstellungen von Fakten. Das Gewicht liegt dabei auf „visuell". Die in einer Tabelle geordneten Daten werden ebenfalls visuell dargeboten, aber die Anschaulichkeit einer Infografik fehlt. Eine tabellarische Darstellung entspricht einer Speisekarte, die Infografik den Fotografien der Gerichte. Der Aussagewunsch ist wie bei jeder Gestaltung von zentraler Bedeutung.

Zur Visualisierung der Informationen stehen Ihnen alle Möglichkeiten der grafischen Gestaltung zur Verfügung. Oft ist es günstig, die Basisgrafik in einer geeigneten Software, z.B. Adobe Illustrator, zu erstellen und sie dann gestalterisch zu optimieren.

- Welchen Inhalt hat die Infografik?
- Welchen Aussagewunsch hat die Grafik?
- Soll die Grafik eine positive oder eine negative Entwicklung darstellen?
- Beginnt der Grundwert bei null?
- Welche Proportionen hat das Diagramm?
- Welche Diagrammelemente werden eingesetzt?
- Enthält die Grafik Zahlen und Text?
- Werden verschiedene Diagrammarten und Bilder kombiniert?
- In welchem Medium wird die Grafik distribuiert?

Briefing

Die vom Kunden als Druck gelieferten Informationsgrafiken zeigen die Ein- und Ausfuhr der VR China 2001. Sie sind hinsichtlich Visualisierung und Verbesserung der Informationserfassung zu optimieren. Erstellen Sie jeweils eine Version für ein Printmedium sowie eine statische und eine animierte Version für das Internet. Die Daten liegen nicht als Datei vor.

Technische Vorgaben

Diagrammart:	keine Vorgaben
Format:	144×60 mm
Farben:	CMYK
Druck:	Offset, 60er Raster

Einfuhr und Ausfuhr 2001 nach Ländern und Gebieten

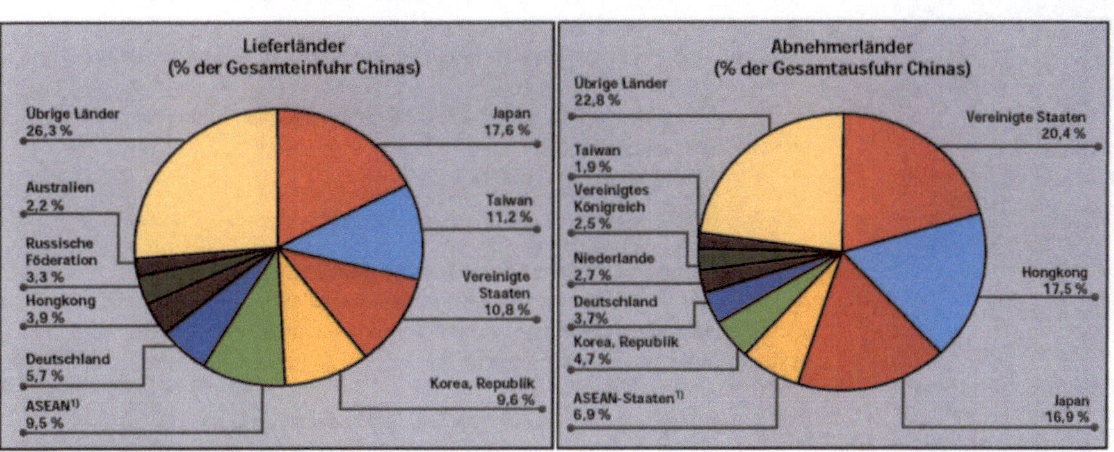

1) Verband der Südostasiatischen Nationen: Brunei Darussalam, Myanmar, Kambodscha, Indonesien, Demokratische Volksrepublik Laos, Malaysia, Philippinen, Singapur, Thailand und Vietnam.

Einfuhr und Ausfuhr 2001 nach Haupthandelsgütern

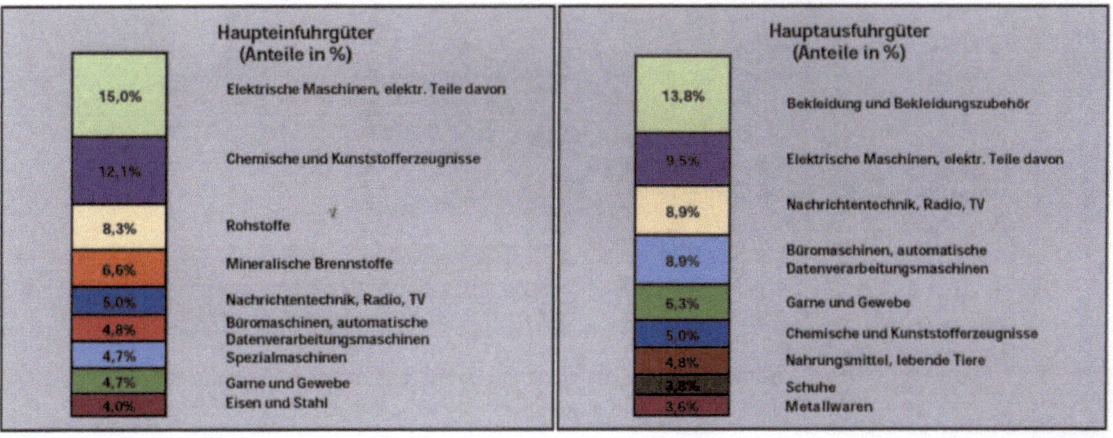

Quelle: Statistisches Bundesamt, Länderprofil VR China, Ausgabe 2002

Making of …

Analyse der gegebenen Infografiken

- Gleiche Farben für unterschiedliche Länder bzw. Haupthandelsgüter in den Ein- und Ausfuhrdiagrammen
- Keine direkte Gegenüberstellung von Ein- und Ausfuhr in ein Land bzw. eines Handelsgutes
- Keine Visualisierung der geografischen Lage der einzelnen Handelspartner
- Zweidimensionale Grafik
- Text und Zahlen in gleicher Größe
- …

Konzeption und Gestaltung (Haupthandelsgüter)

Die Informationsgrafiken der Haupthandelsgüter sollen wie in der Vorlage als gestapelte Säulendiagramme realisiert werden. Allerdings wird auf eine konsistente Farbzuordnung Wert gelegt.

Datenaufbereitung und Realisation (Haupthandelsgüter)

1. Erstellen Sie in Adobe Illustrator ein neues Dokument.

2. Wählen Sie das Gestapelte-Balken-Diagrammwerkzeug.

4. Klicken Sie auf die Arbeitsfläche, geben Sie zunächst für die Breite und Höhe 100 mm ein.

5. Geben Sie nun die Daten aus den vorgegebenen Grafiken in die Tabelle ein und bestätigen Sie die Eingabe.

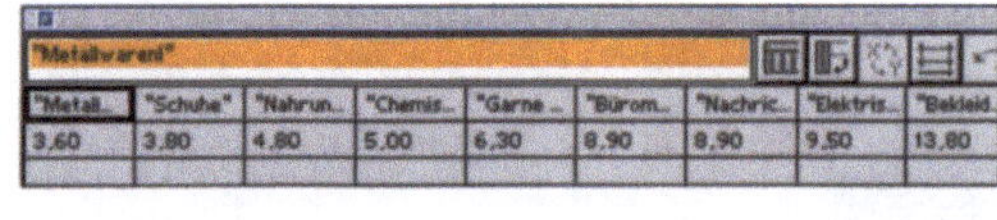

6. Erstellen Sie in gleicher Weise das zweite Diagramm.

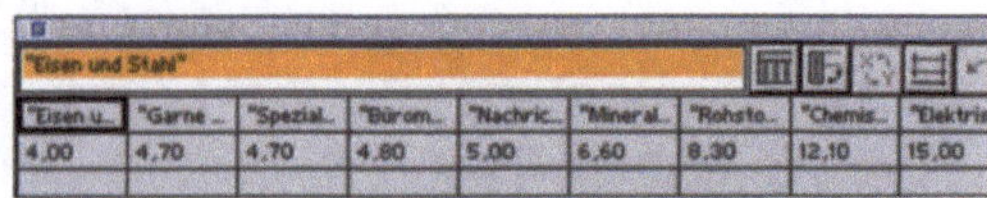

7. Wählen Sie zusammengehörige Farbflächen mit dem Direktauswahl-Werkzeug (weißer Pfeil) aus und definieren Sie die gemeinsame Flächenfarbe.

8. Modifizieren Sie Größe, Position und Schrift der Diagramme.

Konzeption und Gestaltung (Länder und Gebiete)

Das Verhältnis von Ein- und Ausfuhr soll auf den ersten Blick erkennbar sein. Dieser direkte Vergleich ist in einem Balkendiagramm besser zu visualisieren als in dem gegebenen Tortendiagramm. Durch die Positionierung der Diagrammbalken auf einer stilisierten Weltkarte kann der Betrachter sofort erkennen, welche Länder und Regionen der Welt die wichtigsten Handelspartner der VR China sind. Die Länder- und Gebietsnamen sollen stärker in Erscheinung treten als die Prozentzahlen.

Datenaufbereitung und Realisation (Länder und Gebiete)

1. Erstellen Sie in Adobe Illustrator ein neues Dokument.

2. Platzieren Sie mit Menü *Ablage bzw. Datei > Platzieren* die Landkarte auf einer eigenen Ebene.

3. Erstellen Sie für das Diagramm eine neue Ebene.

4. Wählen Sie das Balkendiagramm-Werkzeug.

5. Klicken Sie auf die Arbeitsfläche und geben Sie für die Breite und Höhe 100 mm ein (vorläufige Größe).

6. Geben Sie nun die Daten aus den vorgegebenen Grafiken in die Tabelle ein und bestätigen Sie die Eingabe.

7. Kopieren Sie die Diagrammebene und blenden Sie die ursprüngliche Ebene aus.

8. Lösen Sie in der kopierten Ebene die Gruppierung auf.

9. Skalieren, modifizieren und positionieren Sie die Diagrammelemente.

10. Ergänzen Sie das Diagramm mit Überschrift und Legende.

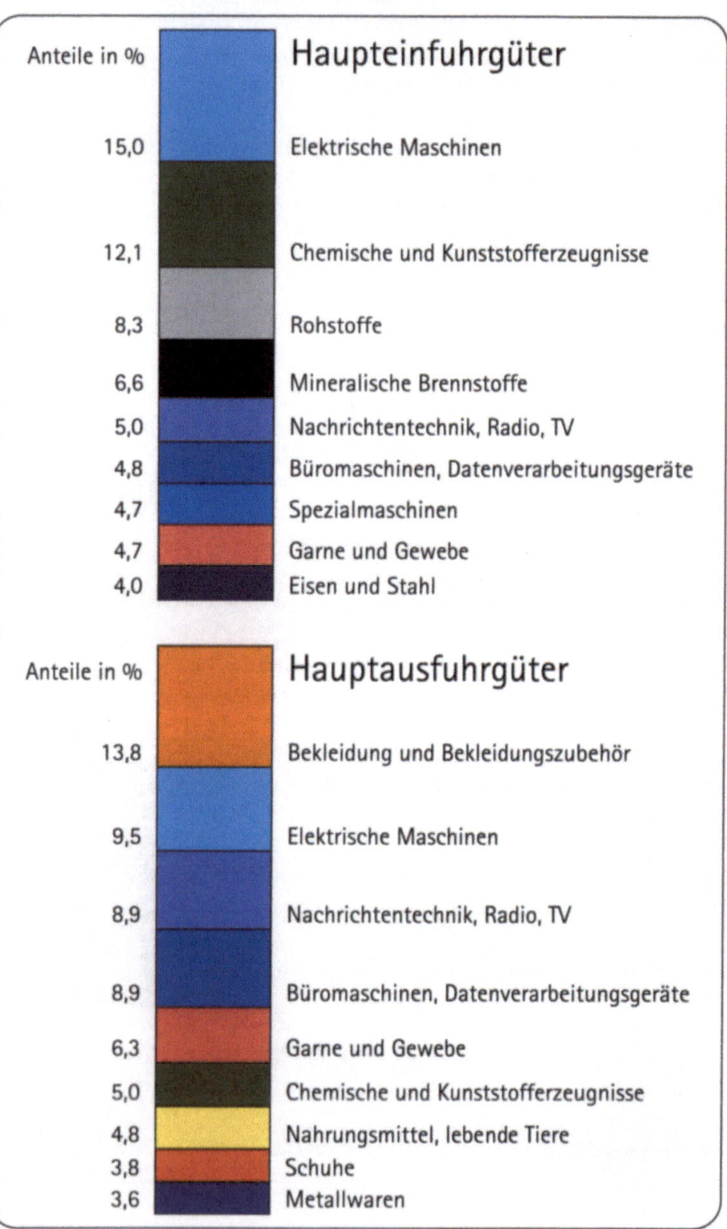

Projektergebnisse

Anteile in %

Haupteinfuhrgüter

15,0   Elektrische Maschinen
12,1   Chemische und Kunststofferzeugnisse
8,3   Rohstoffe
6,6   Mineralische Brennstoffe
5,0   Nachrichtentechnik, Radio, TV
4,8   Büromaschinen, Datenverarbeitungsgeräte
4,7   Spezialmaschinen
4,7   Garne und Gewebe
4,0   Eisen und Stahl

Anteile in %

Hauptausfuhrgüter

13,8   Bekleidung und Bekleidungszubehör
9,5   Elektrische Maschinen
8,9   Nachrichtentechnik, Radio, TV
8,9   Büromaschinen, Datenverarbeitungsgeräte
6,3   Garne und Gewebe
5,0   Chemische und Kunststofferzeugnisse
4,8   Nahrungsmittel, lebende Tiere
3,8   Schuhe
3,6   Metallwaren

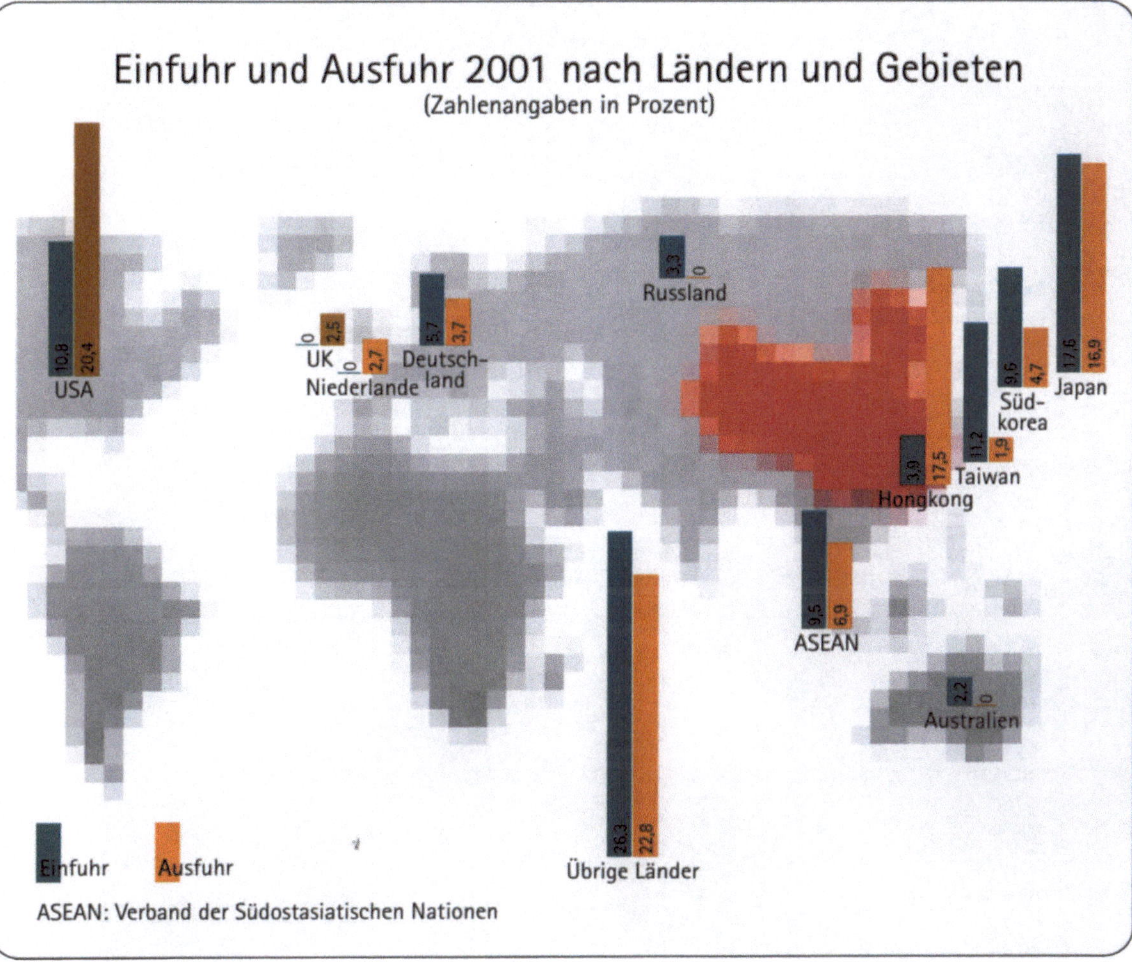
Einfuhr und Ausfuhr 2001 nach Ländern und Gebieten
(Zahlenangaben in Prozent)
USA
10,8
20,4
UK
0
2,5
Niederlande
0
2,7
Deutsch-
land
5,7
3,7
Russland
3,3
0
Japan
17,6
16,9
Süd-
korea
9,5
4,7
Taiwan
11,2
1,9
Hongkong
3,9
17,5
ASEAN
9,5
6,9
Australien
2,2
0
Übrige Länder
26,3
22,8
Einfuhr
Ausfuhr
ASEAN: Verband der Südostasiatischen Nationen

Überprüfung der Gestaltungsvorgaben

	Erfüllt	Bedingt …	Nicht erfüllt	Änderungen
Infografik				....
• Aussage deutlich	❏	❏	❏	....
• Rasch erfassbar	❏	❏	❏	....
• Einzigartigkeit	❏	❏	❏	....
• Informationsgehalt	❏	❏	❏	....
• Farbgestaltung	❏	❏	❏	....
• Farbkonsistenz	❏	❏	❏	....
• Mediengerechte Umsetzung	❏	❏	❏	....
• Datenaufbereitung	❏	❏	❏	....
• Lesbarkeit	❏	❏	❏	....
• Typoelemente	❏	❏	❏	....
• Schriftwahl/-farbe	❏	❏	❏	....
• Gesamteindruck	❏	❏	❏	....
Bildverwendung				....
• Themenadäquat	❏	❏	❏	....
• Farbverwendung	❏	❏	❏	....
• Wirkung	❏	❏	❏	....

Änderungen korrigiert   ❏ ja   ❏ nein   Auftrag korrekt erledigt ❏ ja

Überprüfung der technischen Vorgaben und der Dateianlage

	Erfüllt	Bedingt …	Nicht erfüllt	Änderungen/Ergänzungen
Technische Vorgaben				....
• Richtige Programmwahl	❏	❏	❏	....
Dateianlage				
• Schriften alle beigefügt	❏	❏	❏	....
• Bilder alle beigefügt	❏	❏	❏	....
• Bilder im RGB-Modus	❏		❏	....
• Bilder im CMYK-Modus	❏		❏	....
• Grafikdateien alle beigefügt	❏	❏	❏	....
• Grafikdateien im richtigen Farbmodus (z.B. Vollton, RGB, CMYK, Sonderfarben)	❏	❏	❏	....
Datensicherung				
• Daten auf CD/DVD gebrannt	❏		❏	....
• Datenträger im ISO-Format	❏		❏	....
• Datenträger in anderem Format?			Welches:	....
Dokumentation				
• Ausdrucke/Andrucke	❏	❏	❏	....
• Farbseparation	❏		❏	....
• Rechtschreibkontrolle	❏		❏	....
Druckfreigabe	❏ ja, am		❏ nein	Auftrag korrekt erledigt ❏ ja

Lernziele

- Sie wählen einen Bildausschnitt nach gestalterischen Gesichtspunkten.
- Sie inszenieren Bilder visuell ungewöhnlich und interessant.
- Sie legen in QuarkXPress eine Musterpostkarte an und laden die Bilder der Serie.

Zeitrahmen

2 Stunden

Übungsdateien auf DVD
> PROJEKT > PRINT > P07

Der Zoo Musterhausen möchte mit einer Bildpostkartenserie unter dem Motto „Wir sehen uns ..." für den Besuch des Zoos werben. Die Postkarten sollen kostenlos in öffentlichen Gebäuden, Schulen usw. zur Mitnahme aufgestellt werden.

Technische Vorgaben

Format:	DIN A6, Querformat, 148 × 105 mm
Bild:	vierseitig randabfallend
Farben:	Vorderseite CMYK
	Rückseite farbig, 4c
Papier:	Die Papierwahl ist mit dem Kunden abzuklären. Machen Sie dazu einen Vorschlag.
Druck:	Offset, 60er Raster
Design:	ungewöhnliche Sichtweisen und Perspektiven

Bilder und Texte

Bilder sind vom Kunden geliefert. Sie liegen als *.tif-Dateien im RGB-Modus vor. Sie sind nicht verfahrensgerecht aufbereitet. Es gibt vom Kunden keine gestalterischen Vorgaben, d.h., die Bilder können frei verändert werden. Die Verwendung anderer Bilder ist nicht zulässig.

Postkarte – Rückseite

Projektdaten

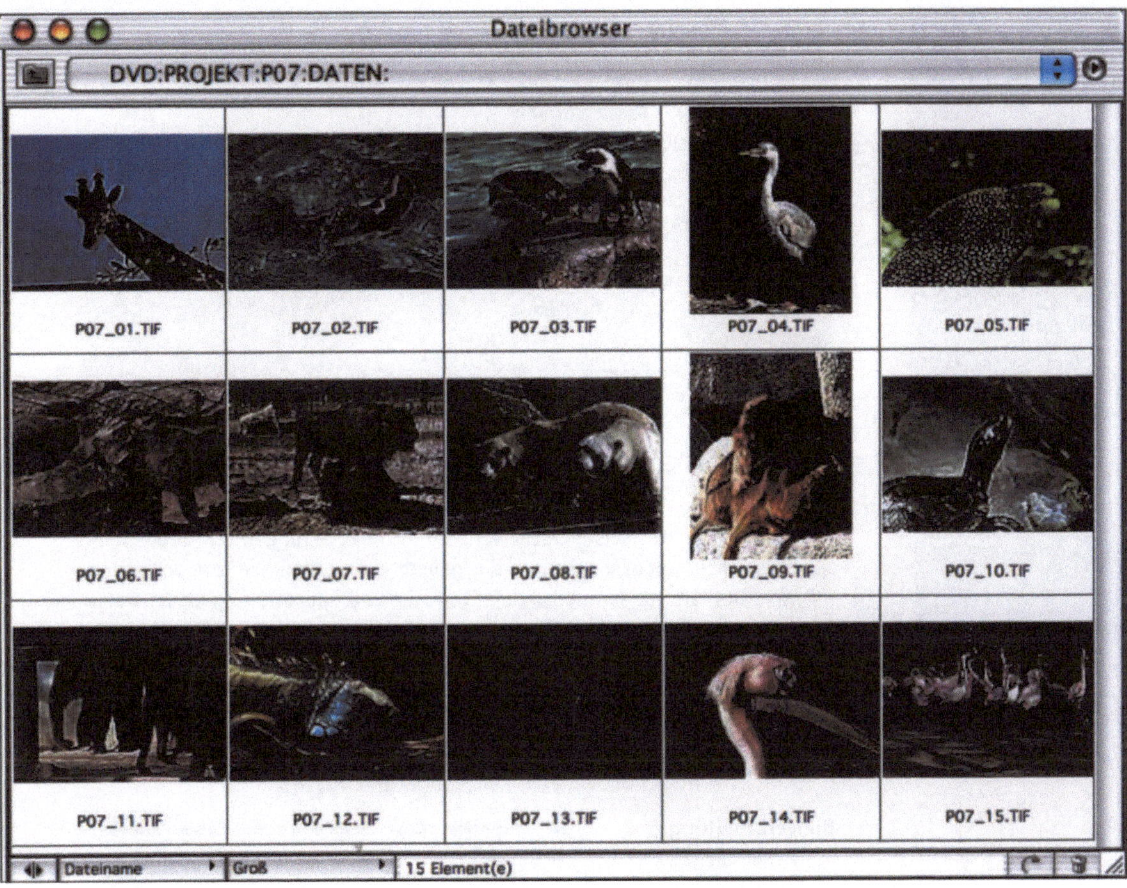

Lernziele
- Sie inszenieren Bilder visuell ungewöhnlich und interessant.
- Sie wählen einen Bildausschnitt nach gestalterischen Gesichtspunkten.
- Sie legen in QuarkXPress eine Musterpostkarte an und laden die Bilder der Serie.

Zeitrahmen
2 Stunden

Übungsdateien auf DVD
> PROJEKT > PRINT > P07

1. Konzeption und Gestaltung

„Wir sehen uns ..."

Brainstorming – Assoziationen
Es fällt Ihnen sicherlich noch viel mehr ein ...

Die Umsetzung der meisten Ideen verlangt die Inszenierung neuer Aufnahmen. Dies ist nicht möglich, da nur die gelieferten Aufnahmen zur Verfügung stehen. Deshalb werden Bildausschnitt, Farbe und Bildauflösung als zentrales Gestaltungsmittel gewählt. Photoshop bietet Ihnen vielfältige Möglichkeiten der kreativen Bearbeitung. Beachten Sie bei der Freistellung des Bildausschnitts die 3 mm Randzugabe für den randabfallenden Beschnitt.

2. Produktion, Medienintegration und –ausgabe

Bildverarbeitung
1. Öffnen Sie die Bilddateien in Adobe Photoshop.

2. Wählen Sie in der Werkzeugpalette das Freistellungswerkzeug aus.

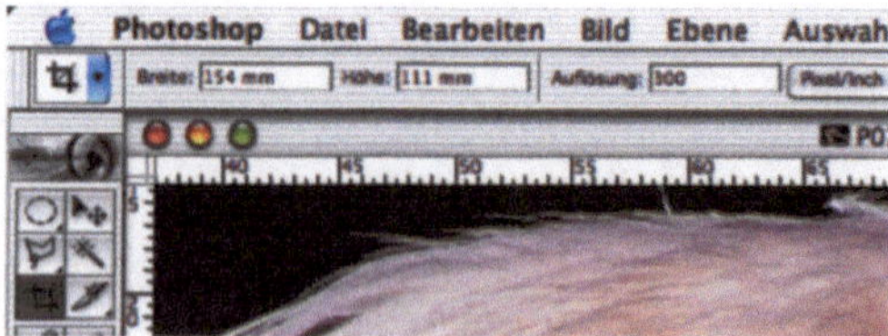

3. Stellen Sie in der Einstellungsleiste des Freistellungswerkzeugs die Bildbreite auf 154 mm und die Höhe auf 111 mm (inkl. 3 mm Beschnitt auf jeder Seite) bei einer Auflösung von 300 ppi.

4. Wählen Sie den Bildausschnitt; beachten Sie dabei, dass Sie den Ausschnitt groß genug wählen, um ausreichend Pixel für die Neuberechnung bei der Freistellung zu haben.

5. Modifizieren Sie die Bilder mit den einschlägigen Einstellungsebenen und Filtern, achten Sie auf eine konsitente Erscheinung der Postkartenserie.

Layout

1. Legen Sie in QuarkXPress eine neue Datei im Querformat DIN A6 (148×105 mm) an.

2. Definieren Sie für die Vorder- und Rückseite jeweils eine Musterseite.

   - Bei der Definition des Bildrahmens müssen Sie die 3 mm randabfallenden Beschnitt berücksichtigen, d.h., er steht rundum 3 mm über.
   - Im Druckdialog stellen Sie entsprechend 3 mm Anschnitt ein.
   - Gestalten Sie die Rückseite nach Ihren eigenen Vorstellungen oder übernehmen Sie den Vorschlag auf Seite 120.

Serie 1 – Augenpartie im Bildmittelpunkt
Wählen Sie den Bildausschnitt jeweils so, dass die Augen im Bildmittelpunkt stehen.

Serie 2 – Blickfang durch ungewöhnliche Farbgebung
Wählen Sie die relevanten Bildbereiche aus und färben Sie diese mit „Farbton/Sättigung" um.

Serie 3 – extreme Betonung der Augenpartie
Wählen Sie nur die Augenpartie aus, u.U. müssen Sie auftretende Unschärfen korrigieren.

Serie 4 – Abstraktion durch Verpixelung
Stellen Sie im Freistellungswerkzeug eine hohe Auflösung ein, z.B. 5 Pixel/inch.

Lernziele
- Sie wählen einen Bildausschnitt nach gestalterischen Gesichtspunkten.
- Sie inszenieren Bilder visuell ungewöhnlich und interessant.
- Sie legen in QuarkXPress eine Musterpostkarte an und laden die Bilder der Serie.

Zeitrahmen
2 Stunden

Übungsdateien auf DVD
> PROJEKT > PRINT > P07

Projektergebnisse

Die Projektergebnisse zeigen jeweils eine Vorderseite aus einer Reihe.

Kopf im Anschnitt, Augenpartie im Bildmittelpunkt

Blickfang durch ungewöhnliche Farbgebung

Kopf im Anschnitt mit extremer Betonung der Augenpartie

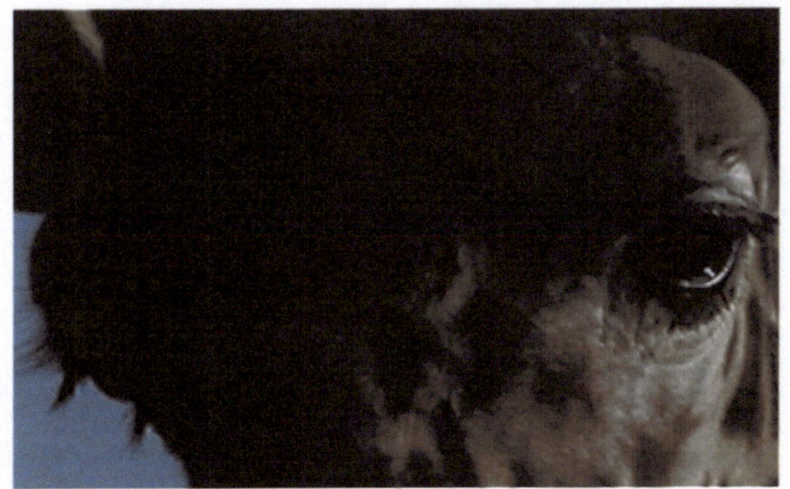

Abstraktion durch Verpixelung

Überprüfung der Gestaltungsvorgaben

	Erfüllt	Bedingt …	Nicht erfüllt	Änderungen
Bildinszenierung – Vorderseite				....
• Wirkung	☐	☐	☐	....
• Aussage deutlich	☐	☐	☐	....
• Rasch erfassbar	☐	☐	☐	....
• Wiedererkennbarkeit	☐	☐	☐	....
• Einzigartigkeit	☐	☐	☐	....
• Informationsgehalt	☐	☐	☐	....
• Farbgestaltung	☐	☐	☐	....
• Mediengerechte Umsetzung	☐	☐	☐	....
• Format	☐	☐	☐	....
• Gesamteindruck	☐	☐	☐	....
Typografische Gestaltung – Rückseite				....
• Typoelemente	☐	☐	☐	....
• Schriftwahl/-farbe	☐	☐	☐	....
• Schriftmischung	☐	☐	☐	....
• Lesbarkeit	☐	☐	☐	....
• Gesamteindruck	☐	☐	☐	....

Änderungen korrigiert   ☐ ja   ☐ nein   Auftrag korrekt erledigt ☐ ja

Überprüfung der technischen Vorgaben und der Dateianlage

	Erfüllt	Bedingt ...	Nicht erfüllt	Änderungen/Ergänzungen

Technische Vorgaben

- Richtige Programmwahl ☐ ☐ ☐ ....

Dateianlage

- Schriften alle beigefügt ☐ ☐ ☐ ....

- Bilder alle beigefügt ☐ ☐ ☐ ....

- Bilder im RGB-Modus ☐ ☐ ....

- Bilder im CMYK-Modus ☐ ☐ ....

- Grafikdateien alle beigefügt ☐ ☐ ☐ ....

- Grafikdateien im richtigen Farbmodus (z.B. Vollton,
  RGB, CMYK, Sonderfarben) ☐ ☐ ☐ ....

Datensicherung

- Daten auf CD/DVD gebrannt ☐ ☐ ....

- Datenträger im ISO-Format ☐ ☐ ....

- Datenträger in anderem Format? Welches: ....

Dokumentation

- Ausdrucke/Andrucke ☐ ☐ ☐ ....

- Farbseparation ☐ ☐ ....

- Rechtschreibkontrolle ☐ ☐ ....

Druckfreigabe ☐ ja, am .... ☐ nein Auftrag korrekt erledigt ☐ ja

Lernziele
- Sie setzen ein Logo nach exakten Vorgaben mit Illustrator um.
- Sie erstellen ein Screen-Design mit Hilfe von Photoshop.
- Sie erstellen eine selbstablaufende PowerPoint-Präsentation.

Zeitrahmen
4 Stunden

Übungsdateien auf DVD
> PROJEKT > NONPRINT > N01

Briefing

Die am Markt neu positionierte „Deutsche Online Bank (Doba)" verfolgt das Ziel, ihren Bekanntheitsgrad mit Hilfe einer breit angelegten Werbekampagne zu steigern. Teil dieser Kampagne ist es, die Bank auf großen TFT-Monitoren im Eingangsbereich und in Schaufenstern der Filialen der Muttergesellschaft zu präsentieren. Ihre Aufgabe ist die Erstellung der hierfür benötigten Power-Point-Präsentation.

Zielgruppe
Zur Zielgruppe der Bank gehören moderne, zeitgemäße Menschen jeden Alters, die den Weg in die Bank scheuen und die ihre Bankgeschäfte bevorzugt auf dem heimischen PC erledigen.

Produktanforderungen
- Die Präsentation soll selbstablaufend sein und sich endlos wiederholen. Dem Betrachter muss genügend Zeit gegeben werden, die Inhalte der einzelnen Screens zu lesen.
- Das Screen-Design ist gemäß Zielgruppe jung, dynamisch und modern zu gestalten. Die Zielgruppe (Bankkunden) erwarten nichtsdestotrotz eine seriöse und damit vertrauenserweckende Gestaltung.
- Die Texte, Tabellen und Diagramme der Präsentation sollen durch Animationen unterstützt werden. Die Seriosität der Bank muss jedoch stets auch optisch gewahrt bleiben.
- Das bereits entwickelte Corporate Design der Bank muss in der Präsentation umgesetzt werden. Hierzu gehören insbesondere Logo, Hausfarben sowie Hausschrift.

Projektdaten

N01_01.RTF
Manuskript zur Präsentation

N01_01.JPG
Foto zum Einbau in das Screen-Design

1. Screen-Design

Der Screenshot zeigt einen in Photoshop entworfenen *Vorschlag* für das Screen-Design der Präsentation. Zur Realisation des Projekts kann alternativ auch ein eigener Entwurf umgesetzt werden. Beachten Sie jedoch folgende Vorgaben:

- Hausschrift: Verdana
  Als Online-Bank verwendet „Doba" bewusst eine Windows- und Apple-Systemschrift. Diese gewährleistet eine optimale Lesbarkeit, da die Buchstaben und die Laufweite der Schrift an das grobe Bildschirmraster angepasst wurden.

- Hausfarben: Schwarz, Orange (PANTONE 152 CVC)
  Für das Screen-Design können die Hausfarben auch in anderer Helligkeit und Sättigung verwendet werden.
- Logo
  Das Logo liegt *nicht* als Datei vor und muss deshalb nach den Vorgaben auf der nächsten Seite mit der Grafiksoftware Illustrator umgesetzt werden.

Hinweis: Wer sich an der Vorlage orientieren will, kann die Datei „L_N01_01.TIF" in Photoshop öffnen und die Farbwerte mit Hilfe des Pipette-Werkzeugs ermitteln.

Lernziele
- Sie setzen ein Logo nach exakten Vorgaben mit Illustrator um.
- Sie erstellen ein Screen-Design mit Hilfe von Photoshop.
- Sie erstellen eine selbstablaufende PowerPoint-Präsentation.

Zeitrahmen
4 Stunden

Übungsdateien auf DVD
> PROJEKT > NONPRINT > N01

2. Umsetzung des Logos

Das Doba-Logo besteht aus zwei Parallelogrammen in den Hausfarben der Bank. Durch die Neigung wird einerseits Dynamik visualisiert, andererseits ergibt sich ein stark stilisierter (positiver) Verlauf eines Aktien- oder Fondkurses.

Der Schriftzug „DoBa" ist in der Hausschrift Verdana kursiv gesetzt, wobei die Neigung der kursiven Schrift der Neigung der Tonflächen entspricht.

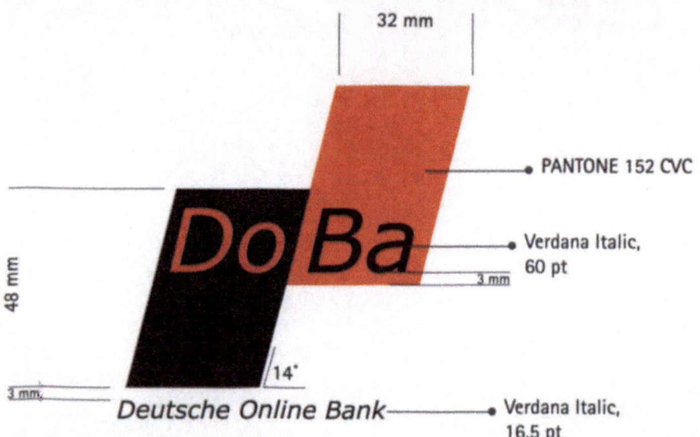

1. Erstellen Sie zunächst einen Projektordner „DOBA" auf Ihrer Festplatte.

2. Setzen Sie das Logo mit Hilfe der Grafiksoftware „Illustrator" um. Achten Sie dabei auf die exakte Einhaltung obiger Vorgaben (Größe, Winkel, Farben, Schrift, ...).
   G 01 @ S.236
   G 03 @ S.240
   Hinweis: Die Hausfarbe finden Sie im Menü *Fenster > Bestände > Pantone Coated*.

3. Speichern Sie die das Logo unter dem Namen „logo.ai" in Ihrem Projektordner ab.

3. Umsetzung des Screen-Designs

1. Setzen Sie das vorgegebene oder Ihr eigenes Screen-Design mit Hilfe von Photoshop im Format 800×600 Pixel um. Beachten Sie, dass es sich hierbei um den späteren Hintergrund Ihrer Präsentation handelt, auf dem sich nur die unveränderlichen Inhalte der Screens befinden dürfen.

Hinweis: Die Hausfarbe finden Sie im Vordergrund-Farbfeld unter *Eigene*.

2. Gehen Sie zur Aufbereitung des Fotos „N01_01.JPG" für die Verwendung im Hintergrund folgendermaßen vor:

- Wählen Sie einen geeigneten **B 02 @ S.204** Bildausschnitt und stellen Sie den Mann grob frei.
- Spiegeln Sie das Bild vertikal, so dass sich die Blickrichtung des Mannes ändert.
- Wandeln Sie das Bild zunächst in ein Graustufenbild und danach in ein Duplex um *(Bild > Modus > Duplex)*. Verwenden Sie als Duplexfarben die beiden Hausfarben.
- Passen Sie das Bild durch Ändern der Ebenendeckkraft sowie Weichzeichnung der Kanten in den Hintergrund ein. Möglich ist auch die Anwendung einer Verlaufsmaske.

3. Zur Platzierung des Logos wird die Datei „logo.ai" über *Datei > Platzieren* in der gewünschten Größe in Photoshop gerastert.

4. Speichern Sie Ihren fertigen Hintergrund als JPG-Datei „background.jpg" in hoher Qualität ab. (Die Datenmenge der Datei spielt für die Verwendung in PowerPoint eine untergeordnete Rolle.)

4. Erstellen der Präsentation

Zur Erstellung der linearen Präsentation ohne Navigation und Interaktivität ist die Präsentationssoftware PowerPoint ausreichend. Wer den etwas höheren Aufwand nicht scheut, kann das Projekt auch mit Flash oder Director realisieren.

1. Erstellen Sie zunächst einen Fo- **T 01 @ S.462** lienmaster, auf dem Sie den Hintergrund „background.jpg" platzieren. Legen Sie in den Autolayout-Feldern die Schriften und Schriftattribute für die Texte fest.

2. Speichern Sie Ihre Präsentation unter dem Namen „doba.ppt" im Projektordner ab.

3. Erstellen Sie insgesamt acht Fo- **T 02 @ S.466** lien, indem Sie folgendermaßen vorgehen:

- Öffnen Sie das Manuskript „N01_01.RTF" in einer Textverarbeitungssoftware.
- Kopieren Sie den Text über die Zwischenablage auf die jeweilige Folie.
- Nehmen Sie notwendige Formatierungen vor.
- Ergänzen Sie mit Hilfe von PowerPoint auf den jeweiligen Folien die Tabelle bzw. das Diagramm.

4. Wählen Sie im Menü *Bildschirmpräsentation > Folienübergang* einen geeigneten Folienübergang aus. Stellen Sie eine ausreichende Zeit zur Betrachtung der Folien ein (mindestens 10 Sekunden).

5. Ergänzen Sie Animationen auf **T 03 @ S.470** den einzelnen Folien Ihrer Präsentation. Diese machen eine Präsentation lebendig und kurzweilig. Ein „Zuviel" an Effekten hingegen irritiert den Betrachter und muss vermieden werden. Für gleichartige Seitenelemente (z.B. die Überschriften) sollten stets auch die gleichen Effekte verwendet werden. Dies hilft dem Betrachter beim Nachvollziehen der Präsentation. Achten Sie auch auf ausreichende Wartezeiten *nach* einer Animation.

6. Nehmen Sie im Menü *Bildschirmpräsentation > Bildschirmpräsentation einrichten* die notwendigen Einstellungen für die selbstablaufende Präsentation vor.

7. Testen Sie den Ablauf Ihrer Präsentation und nehmen Sie Feinkorrekturen vor.

8. Abschließend können Sie mit Hilfe des Pack&Go-Assistenten eine von PowerPoint unabhängige EXE-Version erstellen lassen.
Hinweis: Dieses Feature stellt die Mac-Version von PowerPoint nicht zur Verfügung.

Lernziele
- Sie setzen ein Logo nach exakten Vorgaben mit Illustrator um.
- Sie erstellen ein Screen-Design mit Hilfe von Photoshop.
- Sie erstellen eine selbstablaufende PowerPoint-Präsentation.

Zeitrahmen
4 Stunden

Übungsdateien auf DVD
> PROJEKT > NONPRINT > N01

Projektergebnisse

Die Screenshots zeigen eine vergrößerte Abbildung der Startseite der Präsentation sowie Darstellungen der weiteren Folien unter exakter Einhaltung der Vorgaben des Screen-Designs.

Bei der Umsetzung eines eigenen Screen-Designs sollten die Inhalte Ihrer Screens mit den im Manuskript vorgegebenen Texten übereinstimmen. Weiterhin sollten auch Logo und Farbgestaltung den Vorgaben entsprechen.

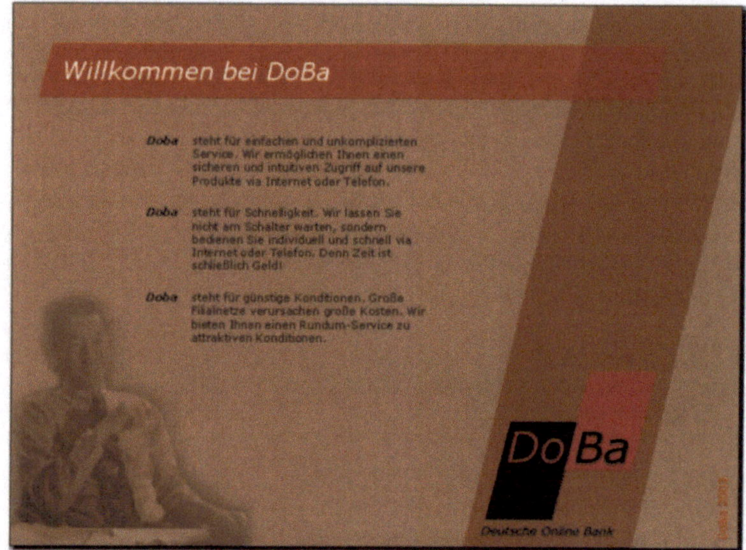

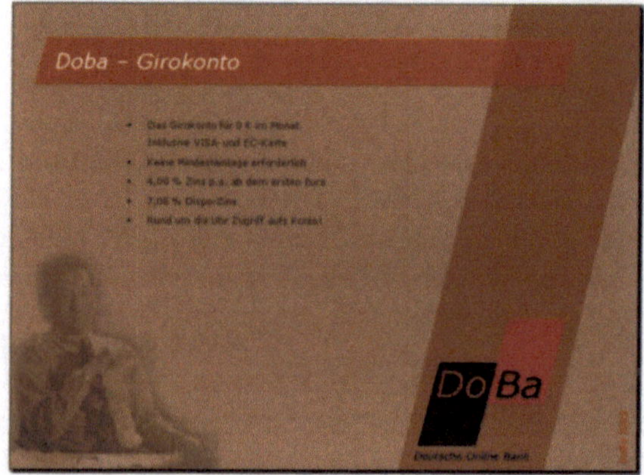

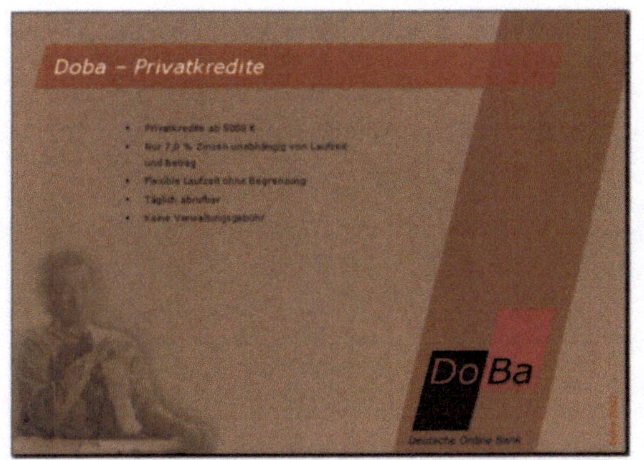
Doba – Privatkredite
DoBa
Deutsche Online Bank

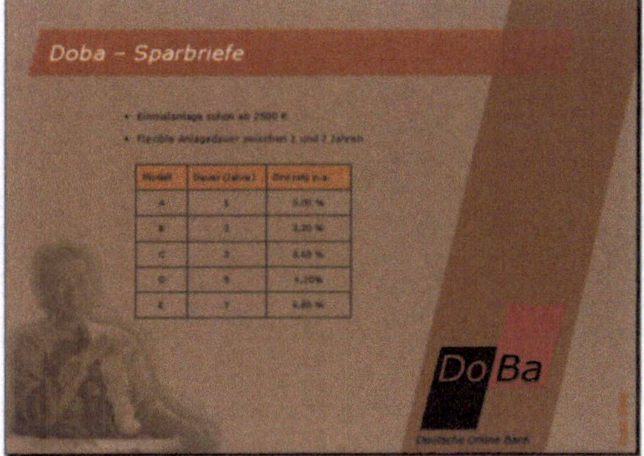
Doba – Sparbriefe
DoBa
Deutsche Online Bank

Doba – DirektFonds
DoBa
Deutsche Online Bank

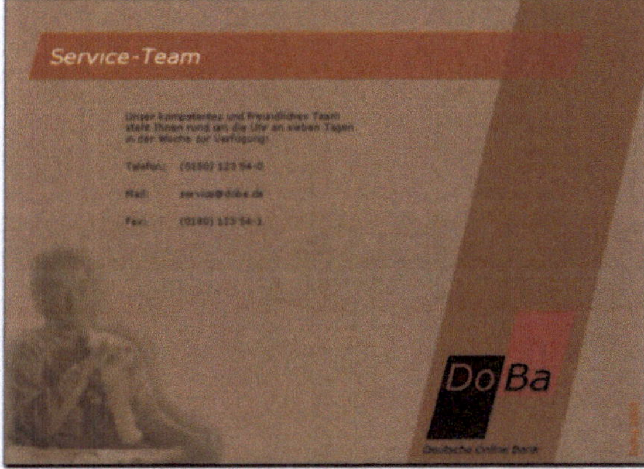
Service-Team
DoBa
Deutsche Online Bank

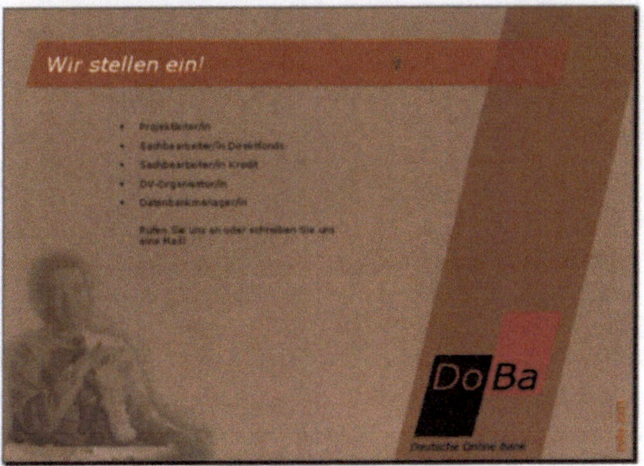
Wir stellen ein!
DoBa
Deutsche Online Bank

www.doba.de
DoBa
Deutsche Online Bank

Überprüfung der Gestaltungsvorgaben

	Erfüllt	Bedingt ...	Nicht erfüllt	Änderungen/Ergänzungen
Gestaltungsvorgaben				....
• Hausfarbe(n)	❏	❏	❏	....
• Hausschrift	❏	❏	❏	....
• Schriftattribute	❏	❏	❏	....
• Umbruch	❏	❏	❏	....
• Lesbarkeit	❏	❏	❏	....
• Gestaltungsraster	❏	❏	❏	....
• Corporate Design	❏	❏	❏	....
Grafik- und Logoverwendung				....
• Umsetzung	❏	❏	❏	....
• Nach Vorgaben	❏	❏	❏	....
• Hausschrift	❏	❏	❏	....
• Hausfarbe	❏	❏	❏	....
Bildverwendung				....
• Ausrichtung/Platzierung	❏	❏	❏	....
• Farbverwendung	❏	❏	❏	....
• Wirkung	❏	❏	❏	....

Änderungen korrigiert   ❏ ja   ❏ nein   Auftrag korrekt erledigt ❏ ja

Überprüfung der technischen Vorgaben und der Dateianlage

	Erfüllt	Bedingt ...	Nicht erfüllt	Änderungen/Ergänzungen
Technische Vorgaben				....
• Folienübergänge	❏		❏	....
• Animationen	❏		❏	....
• Selbstablaufend	❏		❏	....
• Manuskript eingehalten	❏		❏	....
• Systemschrift	❏		❏	....
Dateianlage				....
• Hausschrift	❏		❏	....
• PowerPoint-Datei	❏		❏	....
• EXE-Version (Windows)	❏		❏	....
Datensicherung				
• Daten auf CD/DVD gesichert	❏		❏	....
Testing				
• Ablauf/Dauer	❏	❏	❏	....
• Fehlerfreiheit	❏	❏	❏	....
• Schriftdarstellung	❏	❏	❏	....
• Rechtschreibung	❏	❏	❏	....

Freigabe   ❏ ja, am ....   ❏ nein   Auftrag korrekt erledigt   ❏ ja

Lernziele
- Sie bereiten Bilder und Grafiken für die Verwendung auf einer Website vor.
- Sie setzen ein Screen-Design nach Vorgaben um.
- Sie erstellen eine Website bestehend aus acht Screens mit Hilfe eines „Templates".

Zeitrahmen
6 Stunden

Übungsdateien auf DVD
> PROJEKT > NONPRINT > N02

Briefing

Der Reiseveranstalter HUI beabsichtigt, über einen Internetauftritt seine attraktiven und kostengünstigen Reiseangebote zu präsentieren.

Zielgruppe

Die Angebote von HUI-Reisen wenden sich an Erwachsene ab 18 Jahren. HUI versucht, über attraktive Preise möglichst auch einkommensschwächere Bevölkerungsschichten anzusprechen.

Produktanforderungen

Der Kunde stellt folgende Anforderungen an das Projekt:

- Die Website soll ohne Frames realisiert werden. Ziel ist eine einwandfreie Funktion mit möglichst allen Browsern. Die Bedienung der Site muss zielgruppengerecht, einfach und selbsterklärend sein.
- Als Format ist 780 × 460 Pixel vorgesehen (Standardformat 800 × 600 Pixel abzüglich Browserränder und -menü).
- Der Kunde soll via E-Mail Kontakt zum Veranstalter aufnehmen können, alternativ soll er sich die Reiseangebote als PDF-Broschüre downloaden können. Die Möglichkeit des Online-Buchens ist zunächst nicht vorgesehen, könnte aber später ergänzt werden.
- Die Gestaltung der Website soll unabhängig von irgendwelchen Trends möglichst schlicht erfolgen. Dabei soll die Site farblich und optisch einen Bezug zum Logo herstellen.

Daten

Die für den Internetauftritt zu verwendenden Daten werden von HUI-Reisen geliefert.

- Die Texte sind einer Textdatei zu entnehmen.
- Die Bilder liegen in einer unbearbeiteten Version vor, müssen also nachbearbeitet und im korrekten Format abgespeichert werden.
- Das Logo liegt als Vektorgrafik vor und muss ebenfalls in ein HTML-kompatibles Format konvertiert werden.

Projektdaten

Logo

Das Logo stilisiert einen Liegestuhl, der in Richtung Sonne gerichtet ist. Die Farben erinnern an Natur (Grün), Meer (Blau) und Sonne (Gelb). Gleichzeitig deutet die Kontur die drei Buchstaben h, u und i an. Die Ähnlichkeit zum „großen Bruder" TUI ist beabsichtigt, da man sich hierdurch einen Zugewinn an Kunden erhofft.

Hintergrund

Das Hintergrundbild ist bewusst größer als 780×480 Pixel, so dass der Hintergrund auch bei einem anderen Monitorformat, wie z.B. 1024×768 Pixel, noch sichtbar ist.

Buttons

Die Buttons wurden bereits vorbereitet und liegen allesamt als GIF-Dateien vor:

N02_01.EPS

N02_01.GIF

N02_02.GIF	N02_03.GIF	N02_04.GIF	N02_05.GIF	N02_06.GIF	N02_07.GIF	N02_08.GIF
	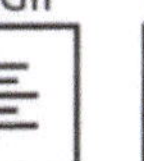					

Reiseangebote

Jedes der vier Reiseangebote besteht aus einem Bild sowie einem Text. Das Bild liegt als noch unbearbeitete JPG-Datei vor, der Text ist der Textdatei zu entnehmen. Im Abdruck sehen Sie beispielhaft das Reiseangebot für „Mallorca":

N02_01.RTF

```
Wollen Sie abwechselnd in der Sonne und
in den Wellen baden?
Eine traumhafte Landschaft genießen? Dann
kommen Sie nach Mallorca. Traumstände
und glasklares Wasser warten auf Sie.
7 Tage, Doppelzimmer, Vollpension, Flug
ab Frankfurt, pro Person ab 1500 EURO.
```

N02_01.JPG – N02_04.JPG

N02_01.PDF
PDF-Datei für Seite „katalog.htm"

Lernziele
- Sie bereiten Bilder und Grafiken für die Verwendung auf einer Website vor.
- Sie setzen ein Screen-Design nach Vorgaben um.
- Sie erstellen eine Website bestehend aus acht Screens mit Hilfe eines „Templates".

Zeitrahmen
6 Stunden

Übungsdateien auf DVD
> PROJEKT > NONPRINT > N02

Making of …

1. Navigationsstruktur

Die Abbildung zeigt die hierarchische Navigationsstruktur der Website.

- Von der Homepage kann über drei Buttons „Reisen", „Kontakt" und „Katalog" auf Unterseiten verzweigt werden. Die Navigationselemente bleiben dabei ständig sichtbar, so dass eine horizontale Navigation möglich ist, ohne dass jedes Mal die Rückkehr auf die Homepage nötig ist.
- Beim Anklicken von „Reisen" wird eine Unternavigation eingeblendet, mit deren Hilfe zu den einzelnen Reiseangeboten navigiert werden kann. Diese Unternavigation bleibt so lange sichtbar, bis der Reisebereich verlassen wird.
- Durch Anklicken des Logos ist eine Rückkehr zur Homepage von jedem Screen aus möglich.

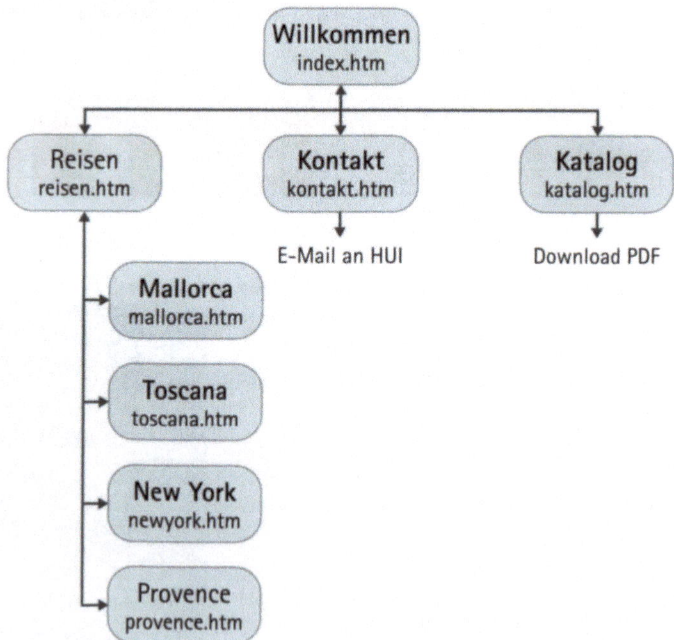

2. Screen–Design

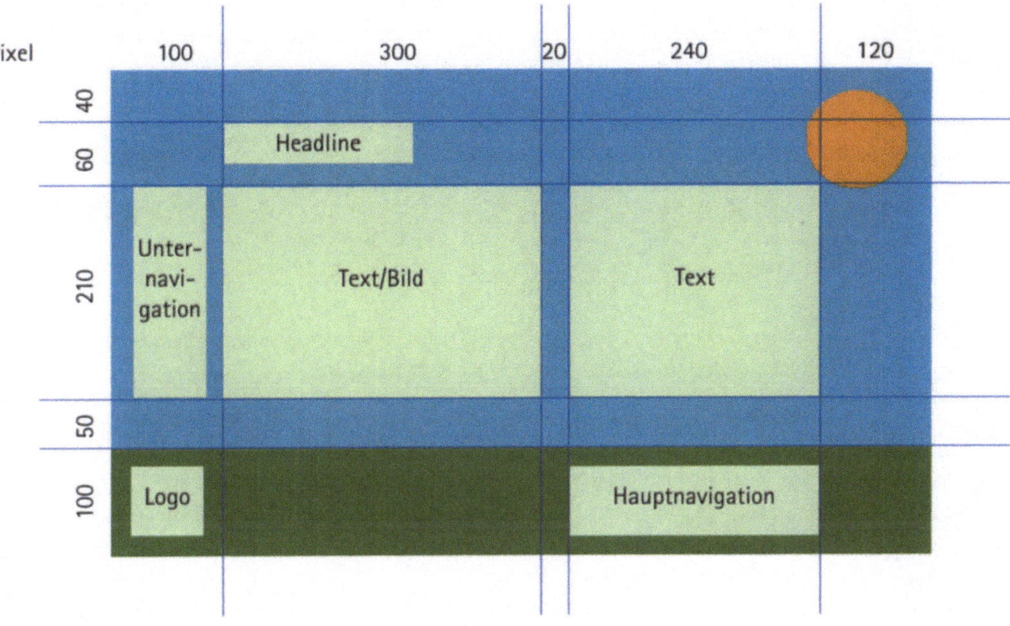

In der Abbildung sehen Sie das Gestaltungsraster der Website, das später mit Hilfe einer Tabelle umgesetzt werden muss:

Blau (153, 204, 204)
Grün (102, 204, 102)
Gelb (255, 204, 0)

Format
780 × 480 Pixel

Hintergrundbild
GIF-Grafik „N02_01.GIF"

Farben
Um den Grafiken für die Headlines und dem Logo eine Hintergrundfarbe zuordnen zu können, benötigen Sie die RGB-Werte der websicheren Farben:

Ausrichtung in Zellen

	vertikal	horizontal
Headline	oben	links
Text/Bild	oben	links
Text	oben	links
Logo	zentriert	zentriert
Hauptnavigation	zentriert	links
Unternavigation	oben	zentriert

Lernziele
- Sie bereiten Bilder und Grafiken für die Verwendung auf einer Website vor.
- Sie setzen ein Screen-Design nach Vorgaben um.
- Sie erstellen eine Website bestehend aus acht Screens mit Hilfe eines „Templates".

Zeitrahmen
6 Stunden

Übungsdateien auf DVD
> PROJEKT > NONPRINT > N02

3. HTML-Quellcode oder Web-Editor?

Die Umsetzung des Projekts kann wahlweise direkt im HTML-Quellcode oder mit Hilfe eines Web-Editors erfolgen. Die direkte Realisation in HTML ist etwas aufwändiger – sie bietet aber eine optimale Kontrolle des HTML-Codes. Ein Web-Editor erleichtert die Erstellung der Seiten. HTML-Kenntnisse sind jedoch auch in diesem Fall unerlässlich, da eine Nachbereitung des Quellcodes nicht auszuschließen ist.

Die folgende Beschreibung bezieht sich auf die Verwendung von Macromedia Dreamweaver. Die „Links" zu den entsprechenden Kapiteln im HTML-Tutorial sind ebenfalls angegeben.

W @ S.509

H @ S.475

4. Bildbearbeitung in Photoshop

Bevor Sie mit dem Erstellen Ihrer Website beginnen, ist eine Vorbereitung aller benötigter Grafiken notwendig. Hierzu gehören:

- Hintergrundgrafik (bereits erstellt)
- Buttons (bereits erstellt)
- Logo: links unten sowie stark vergrößert auf der Homepage
- Headlines: Als Grafik, da hier eine Schrift verwendet werden soll, die keine Systemschrift ist.
- Fotos der Reiseziele

Kopieren der Buttons und des Hintergrunds
1. Legen Sie sich einen Projektordner „hui-reisen" auf Ihrer Festplatte an. Erstellen Sie in diesem Ordner einen Unterordner „bilder".

2. Kopieren Sie die Hintergrundgrafik „BACKGR\N02_01.GIF" sowie die Buttons „BUTTON\N02_02.GIF" bis „BUTTON\N02_08.GIF" in den Unterordner „bilder".

Aufbereitung des Logos
Bei der Logo-Datei handelt es sich um eine Vektorgrafik (EPS). Diese muss deshalb mit Hilfe von Photoshop gerastert, mit der Hintergrundfarbe versehen und als GIF-Grafik abgespeichert werden:

1. Öffnen Sie die Datei „LOGO\N02_01.EPS" von der DVD in einer Breite von 80 Pixeln und mit einer Auflösung von 72 ppi. Die Datei wird beim Öffnen gerastert.

2. Legen Sie eine weitere Ebene unter dem Logo an und geben Sie dieser Ebene die Hintergrundfarbe RGB (102, 204, 102). (Wenn Sie das Logo freigestellt als GIF-Datei speichern, erhalten Sie eine pixelige Kontur!)

3. Speichern Sie das Logo über *Datei > Für Web speichern* als GIF-Datei „N02_1A.GIF" im Bilder-Ordner ab. Verwenden Sie die perzeptive Farbpalette. Diese wählt die in der Grafik vorkommenden Farben aus.

   B 14 @ S.228

Für die Homepage benötigen Sie den „Liegestuhl" des Logos in stark vergrößerter Form (vgl. Projektergebnisse):

4. Rastern Sie das Logo erneut, diesmal in einer Breite von 600 Pixeln und mit einer Auflösung von 72 ppi.

5. Wählen Sie einen Ausschnitt, der nur den Liegestuhl enthält, und stellen Sie diesen Bildausschnitt frei.

6. Versehen Sie die Grafik in einer neuen Ebene mit der blauen Hintergrundfarbe RGB (153, 204, 204).

7. Speichern Sie die Grafik über *Datei > Für Web speichern* als GIF-Datei „N02_1B.GIF" in Ihrem Bilder-Ordner ab.

Erstellen der Headlines
Die Headlines sollen in der Hausschrift „Rotis Sans Serif" von HUI-Reisen erstellt werden. Da diese keine Systemschrift ist, müssen die Headlines ebenfalls als Grafik angelegt werden.

1. Öffnen Sie in Photoshop eine neue Datei der Größe 400×40 Pixel mit einer Auflösung von 72 ppi.

2. Geben Sie der Datei die Hintergrundfarbe RGB (153, 204, 204).

3. Schreiben Sie mittels Textwerkzeug den Text „Willkommen bei HUI-Reisen". Setzen Sie den Text in der Schrift „Rotis Sans Serif" in 36 pt und in der Farbe RGB (102, 153, 204).
   Hinweis: Verwenden Sie eine ähnliche Schrift, falls Sie über die „Rotis Sans Serif" nicht verfügen.

   B 08 @ S.216

4. Speichern Sie die Datei als GIF-Grafik „N02_09.GIF" in Ihrem Bilder-Ordner ab.

5. Wiederholen Sie die Schritte 1 bis 4 für die weiteren Headlines „Reiseziele", „Katalog", „Kontakt", „Mallorca", „New York", „Toscana" und „Provence".

Aufbereitung der Fotos
Die vier Fotos für die Reiseangebote müssen auf die richtige Größe gebracht und in der Datenmenge deutlich reduziert abgespeichert werden.

1. Öffnen Sie das Mallorca-Foto „N02_01.JPG".

2. Wählen Sie das Freistellungswerkzeug und geben Sie eine feste Größe von 300×210 Pixel vor. Ziehen Sie dann mit gedrückter Maustaste den gewünschten Bildausschnitt auf und schließen Sie die Freistellung mit der „Enter"-Taste ab.

   B 02 @ S.204

3. Speichern Sie das Foto über *Datei > Für Web speichern* als JPG-Datei „N02_01.JPG" ab. Wählen Sie dabei die Bildqualität so, dass die Datenmenge kleiner als 20 KB wird.

4. Wiederholen Sie die Schritte 1 bis 3 für die drei weiteren Fotos „N02_02.JPG" bis „N02_04.JPG".

Lernziele
- Sie bereiten Bilder und Grafiken für die Verwendung auf einer Website vor.
- Sie setzen ein Screen-Design nach Vorgaben um.
- Sie erstellen eine Website bestehend aus acht Screens mit Hilfe eines „Templates".

Zeitrahmen
6 Stunden

Übungsdateien auf DVD
> PROJEKT > NONPRINT > N02

5. Seitenerstellung mit Dreamweaver

Anlegen einer Site
Unter einer „Site" wird bei Dreamweaver ein kompletter Web-Auftritt bestehend aus HTML- und Bilddateien verstanden. Der Begriff darf nicht mit einer einzelnen Webseite verwechselt werden.

1. Legen Sie eine neue Site an (*Site > Neue Site …*). W01 @ S.512

2. Geben Sie der Site den Namen „HUI-Reisen". Wählen Sie als Stammordner den bereits im vorherigen Abschnitt erstellten Ordner „hui-reisen" aus.

Erstellen der Homepage „index.htm"
1. Erstellen Sie in Ihrer Site im Menü *Datei > Neue Datei* die Homepage mit dem Namen „index.htm". (Dateiname im Lösungordner: „L_N02_01.HTM")

2. Öffnen Sie die Homepage durch Doppelklick auf den Dateinamen.

3. Laden Sie im Menü *Modifizieren > Seiteneigenschaften …* die Grafik „N02_01.GIF" als Hintergrundbild aus dem Bilder-Ordner. Geben Sie der Seite den Titel „Willkommen bei HUI-Reisen". W01 @ S.512

4. Erstellen Sie eine Tabelle der Größe 780×460 Pixel bestehend aus 5 Zeilen und 5 Spalten. Geben Sie den Zeilen und Spalten die im Screen-Design vorgesehenen Breiten und Höhen. W07 @ S.524   H05 @ S.490
Hinweis: Alternativ zu einer „normalen" Tabelle können Sie Ihre Tabelle auch komfortabler in der Layoutansicht erstellen.

5. Platzieren Sie folgende Grafiken wie im Screen-Design vorgesehen: W04 @ S.518   H06 @ S.492

- Logo „N02_1A.GIF"
- Buttons der Hauptnavigation: „N02_02GIF", „N02_03.GIF" und „N02_04.GIF"
- Headline „N02_09.GIF"
- Großes Logo in Bildmitte „N02_1B.GIF". Verbinden Sie zu diesem Zweck die mittleren sechs Tabellenzellen (*Modifizieren > Tabelle > Zellen verbinden*).

6. Ergänzen Sie bereits jetzt die Hyperlinks:

   W05 @ S.520

   H07 @ S.494

   - Vom Button „Reisen" zur Datei „reisen.htm".
   - Vom Button „Katalog" zur Datei „katalog.htm".
   - Vom Button „Kontakt" zur Datei „kontakt.htm".
   - Vom Logo zur Datei „index.htm".

7. Speichern Sie Ihre Homepage ab und testen Sie sie im Browser (F 12).
   Möglicherweise stimmt die Darstellung mit den im Layout definierten Abmessungen nicht exakt überein. Dies liegt daran, dass Browser mit leeren Tabellenzellen unterschiedlich umgehen. Diese Unsicherheit können Sie beheben, wenn Sie alle *leeren* Zellen mit einem so genannten „blinden GIF" auffüllen. Es handelt sich dabei um eine 1×1 Pixel große transparente GIF-Grafik, die in den leeren Zellen sozusagen als Platzhalter in der Größe der Zelle platziert wird.

Erstellen einer Vorlage (Template)

Für die Erstellung aller weiteren Seiten gibt es zwei Möglichkeiten:

Sie speichern Ihre fertige Datei „index.htm" unter neuem Namen ab und nehmen dann die gewünschten Änderungen vor. Dies ist eine einfache, aber wenig elegante Lösung. Spätere Layoutänderungen müssen Sie auf jeder einzelnen Seite vornehmen. Bei größeren Projekten werden Sie da schnell frustriert sein.

Die bessere Lösung ist, Ihre Datei „index.htm" als Vorlage (Template) abzuspeichern und in dieser Vorlage alle Bereiche zu definieren, die später veränderbar sein müssen. Alle weiteren Seiten können Sie dann mit Hilfe dieser Vorlage auf einfache Weise erstellen. Diese Vorgehensweise hat auch den Vorteil, dass spätere Layoutänderungen auf allen Seiten übernommen werden.

1. Speichern Sie Ihre Homepage „index.htm" im Menü *Datei >*

   W12 @ S.536

   Als Vorlage speichern unter dem Namen „hui-vorlage" ab. Dreamweaver erstellt automatisch einen Unterordner „Templates" in Ihren Projektordner.

2. Entfernen Sie in Ihrer neuen Vorlage das große Logo sowie die Headline. Teilen Sie die große Zelle in der Mitte wieder in die sechs ursprünglichen Zellen auf.

3. Fügen Sie die in der Abbildung gezeigten bearbeitbaren Bereiche hinzu, indem Sie in die jeweilige Tabellenzelle mit der rechten Maustaste klicken und *Neuer bearbeitbarer Bereich* wählen.

4. Speichern Sie die fertige Vorlage ab.

Lernziele
- Sie bereiten Bilder und Grafiken für die Verwendung auf einer Website vor.
- Sie setzen ein Screen-Design nach Vorgaben um.
- Sie erstellen eine Website bestehend aus acht Screens mit Hilfe eines „Templates".

Zeitrahmen
6 Stunden

Übungsdateien auf DVD
> PROJEKT > NONPRINT > N02

Erstellen der weiteren Webseiten

Mit Hilfe Ihres Templates ist die Erstellung aller weiteren Seiten nun fast ein „Kinderspiel":

1. Öffnen Sie eine neue Seite im Menü *Datei > Neu von Vorlage*.

2. Laden Sie den zugehörigen Text, indem Sie die Textdatei „TEXT\N02_01.RTF" in einem Textverarbeitungsprogramm öffnen und sich die gewünschte Textpassage über die Zwischenablage auf die Webseite kopieren.

3. Setzen Sie den Text in der Systemschrift „Verdana" in der relativen Schriftgröße 2.

4. Ergänzen Sie folgende Textlinks:

Datei	Klick auf …	Hyperlink zu …
katalog.htm	hier	N02_01.PDF[*]
kontakt.htm	info@hui.de	mailto:info@hui.de
reisen.htm	Mallorca	mallorca.htm
	Toscana	toscana.htm
	New York	newyork.htm
	Provence	provence.htm

[*] Vergessen Sie nicht, diese Datei von der DVD in Ihren Projektordner zu kopieren.

5. Ergänzen Sie die Hyperlinks auf den Seiten mit den Flaggen.

6. Testen der Website

1. Überprüfen Sie die Hyperlinks Ihrer Website im Menü *Site > Hyperlinks auf gesamter Site prüfen*.

2. Testen Sie Ihr Projekt durch Simulation anderer Browser (Menü *Datei > Zielbrowser* überprüfen …).

3. Testen Sie Ihr Projekt auf falsche Hyperlinks im Browser.

4. Überprüfen Sie Ihr Projekt möglichst mit verschiedenen Browsern – zumindest mit Internet Explorer und Netscape. Ideal wäre ein Test auf den Plattformen Mac und PC.

Projektergebnisse

Die Abbildungen zeigen Screenshots des fertigen Projektes. Der Lösungsvorschlag liegt auch in digitaler Form auf DVD vor.

Bitte beachten Sie, dass die Ergebnisse in Abhängigkeit vom eingesetzten Browser sowie von der Rechnerplattform (PC, Mac) Unterschiede aufweisen können. Dies liegt u.a. an der unterschiedlichen Interpretation des HTML-Quellcodes durch den jeweiligen Parser des Browsers. Die Farbwiedergabe hängt weiterhin von der Grafikkarte und vom Monitor ab. Eine verbindliche und einheitliche Darstellung ist mit heutiger Technologie leider nicht möglich.

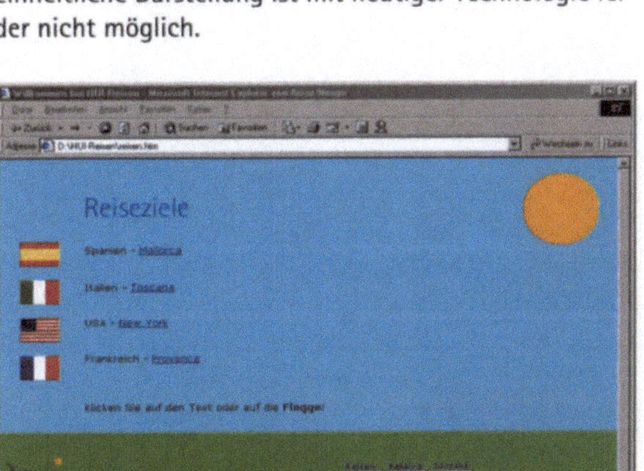

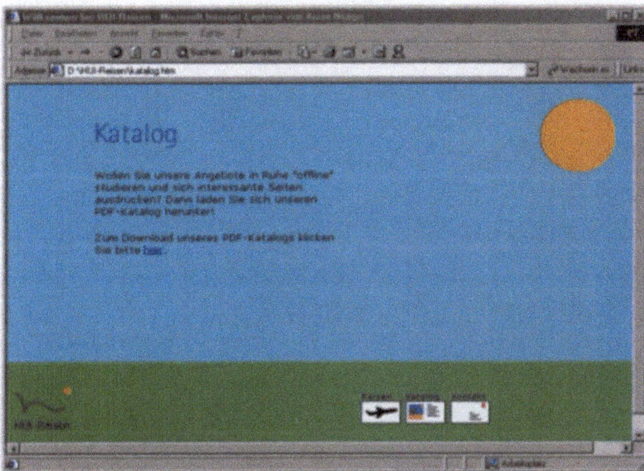

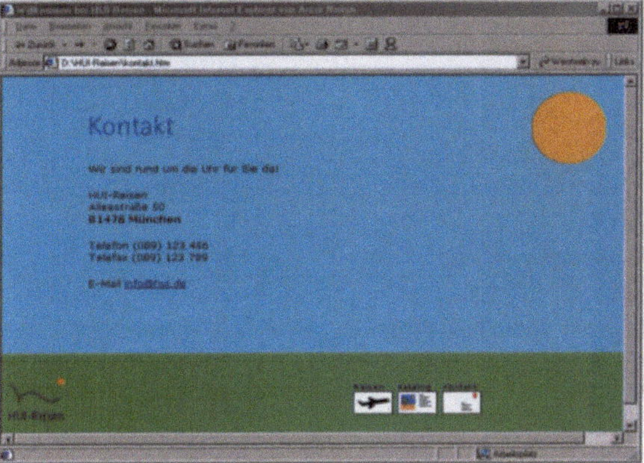

Überprüfung der Gestaltungsvorgaben

	Erfüllt	Bedingt ...	Nicht erfüllt	Änderungen/Ergänzungen
Gestaltungsvorgaben				....
• Fließtext	☐	☐	☐	....
• Headlines (als Grafik)	☐	☐	☐	....
• Umbruch	☐	☐	☐	....
• Lesbarkeit	☐	☐	☐	....
• Farben	☐	☐	☐	....
• Gestaltungsraster	☐	☐	☐	....
• Corporate Design	☐	☐	☐	....
• Gesamteindruck	☐	☐	☐	....
Grafik- und Logoverwendung				....
• Vorgaben	☐	☐	☐	....
• Qualität	☐	☐	☐	....
• Aufbereitung für Web	☐	☐	☐	....
Bildverwendung				....
• Vorgaben	☐	☐	☐	....
• Qualität	☐	☐	☐	....
• Retusche	☐	☐	☐	....

Änderungen korrigiert   ☐ ja   ☐ nein   Auftrag korrekt erledigt ☐ ja

Überprüfung der technischen Vorgaben und der Dateianlage

	Erfüllt	Bedingt ...	Nicht erfüllt	Änderungen/Ergänzungen
Technische Vorgaben				
• Datenmenge	❏	❏	❏	
• Hyperlinks	❏		❏	
• Mail-Button	❏		❏	
• PDF-Button	❏		❏	
Dateianlage				
• Systemschrift	❏		❏	
• Bilddateien	❏		❏	
• Grafikdateien	❏		❏	
• HTML-Dateien	❏		❏	
• PDF-Datei	❏		❏	
Datensicherung				
• Daten auf CD/DVD gesichert	❏		❏	
Testing				
• Verschiedene Browser	❏		❏	
• Auf Mac/PC	❏		❏	
• Ladezeit (von Webserver)	❏		❏	

Freigabe   ❏ ja, am ....   ❏ nein   Auftrag korrekt erledigt ❏ ja

Lernziel

- Sie bereiten ein Printdokument des Programms QuarkXPress direkt in diesem Layoutprogramm für die Nutzung als HTML-Dokument auf und testen es auf den angegebenen Standardbrowsern.

Zeitrahmen

2,5 Stunden

Übungsdateien auf DVD

> PROJEKT > NONPRINT > N03

Aufgabe

Vom vorhandenen QuarkXPress-Dokument eines Prospektes eines Freizeitunternehmens ist ein Internetauftritt zu erstellen. Design und Erscheinungsbild des Prospektes müssen weitgehend farblich und optisch gleichartig auf die Internetseite übertragen werden. Weiter müssen die Texte und Bilder vollständig Verwendung finden. Zusätzlich soll der Internetauftritt eine E-Mail-Funktion erhalten, die von jeder Seite aus vom Nutzer aufgerufen werden kann. Der Einbau von nonprinttypischen Animationen ist erlaubt.

Erstellen Sie vor der Umsetzung der Aufgabe für diesen Internetauftritt einen Schaltplan mit der genauen Zuordnung der Seiten und deren Inhalte. Orientieren Sie sich dabei am abgebildeten Schaltplan auf der Seite 153.

Produkt Internetauftritt

Der Internetauftritt hat eine Größe von 800 × 600 Pixeln und soll auf den derzeit üblichen Browsern (Netscape Communicator, Microsoft Internet Explorer) dargestellt werden können. Als Hintergrundfarbe ist Schwarz vorgegeben, die restlichen Farbvorgaben für Buttons und mögliche Rollover sind nach eigenem gestalterischem Ermessen zu wählen.

Die E-Mail-Funktion kann beliebig in die Seiten integriert werden. Allerdings muss die gewählte Position auf jeder Seite an der gleichen Stelle zu finden sein. Rollover-Effekte für Buttons und Bilder sind zulässig.

Auf der gegenüberliegenden Seite sehen Sie die Abbildungen des vorhandenen Prospektes. Dieser Prospekt liegt im Ordner N03 als QuarkXPress-Dokument vor. Alle Bilder des Prospektes sind als TIF-Datei beigefügt, die Texte sind im Dokument enthalten. Es ist sinnvoll, diese sechs Seiten als Vorlage auszudrucken, bevor Sie an die Umsetzung des Prospektes zu einem Internetauftritt gehen. Für die mögliche Erstellung von Rollover-Effekten sind noch einige zusätzliche Bilder auf der DVD abgelegt, die Sie nach eigenem Ermessen verwenden können.

Die Manuskripte zu diesen Seiten sind auf der Seite 151 abgedruckt und müssen von dort abgeschrieben oder von der QuarkXPress-Datei im Ordner N03 kopiert werden.

Lernziel

- Sie bereiten ein Printdokument des Programms QuarkXPress direkt in diesem Layoutprogramm für die Nutzung als HTML-Dokument auf und testen es auf den angegebenen Standardbrowsern.

Zeitrahmen

2–3 Stunden

Übungsdateien auf DVD

> PROJEKT > NONPRINT > N03

Making of …

1. Schritt:

Ausdrucken der QuarkXPress-Datei im Ordner > PROJEKT > NONPRINT > N03

2. Schritt:

Erstellen eines Schaltplanes und exaktes Zuordnen der Texte und Bilder.

3. Schritt:

Sie werden feststellen, dass der Prospekt und die im Schaltplan auf Seite 153 geforderte Seite zur Highländerzucht nicht verfügbar ist. Diese Seite fehlt im Prospekt und ist auf Wunsch des Kunden noch in den Internetauftritt zu integrieren. Text und Bildmaterial stehen dafür auf der DVD im Ordner > PROJEKTE > NONPRINT > N_03 zur Verfügung.

4. Schritt:

Anlegen der Highländerseite im QuarkXPress-Dokument im Programmmodus für die Herstellung des Printproduktes.

5. Schritt:

Entwicklung einer Schaltlogik für die Interaktion innerhalb des Web-Auftrittes. Es sind die Buttons für die Links von der Hauptseite zu den Unterseiten zu entwickeln, ebenso die Rücksprungmöglichkeiten von den Unterseiten zurück zur Hauptseite bzw. Hauptmenü.

6. Schritt:

Anlegen des Web-Dokumentes in QuarkXPress nach den Auftragsvorgaben. Danach erfolgt die Übernahme der Daten aus der Printseite in die Webseite. Die Seiteninformationen können in das Web-Dokument importiert oder kopiert werden.

7. Schritt:

Anlegen der Navigationsstruktur, setzen der Anker und Hyperlinks. Testen Sie Ihre Seite jetzt zum ersten Mal in dem eingestellten Browser. Entstehen hier bei Bildern und Texten Darstellungsprobleme im Browser, müssen die Text- und Bildeinstellungen kontrolliert und eventuell umgestellt werden. Dies gilt insbesonders für die Bildformate und die Bildformat-Exporteinstellungen.

8. Schritt:

Fertigstellen der einzelnen Seiten mit jeweiligem Test. Wenn alle Seiten vorliegen, wird ein Korrekturausdruck erstellt, Korrektur gelesen und notwendige Korrekturen sind durchzuführen.

Text Seite 1:

Fahrstall Werner Schmid
72813 St. Johann-Upfingen
Uracher Straße 16
Telefon 07122/3877
Fax 07122/827958

Kutschfahrten   Fahrlehrgänge
Planwagenfahrten   Pferdepension
Pferdeausbildung   Highländerzucht

Text Seite 2:

Kutschfahrten – Zwei- und vierspännig über die Hochflächen der Schwäbischen Alb. Zur Verfügung stehen für Ihre Ausfahrten elegante Landauer oder bequeme und sportliche Jagdwagen. Kosten: 75.- Euro pro Stunde.

Hochzeitsfahrten – Zwei- und vierspännig im Landauer. Die Kosten erfahren Sie auf Anfrage.

Text Seite 3:

Planwagenfahrten von 10 bis 100 Personen möglich. Fragen Sie bei großen Gruppen frühzeitig nach. Auf Wunsch mit Picknick, Kaffee oder Kuchen. Oder verbinden Sie Ihre Ausfahrt mit dem Besuch einer Gaststätte in einem der Gasthäuser um St. Johann, Offenhausen oder Marbach.
Preise: Mindestbetrag 60,- Euro pro Stunde. Die Fahrten zu den schönsten Aussichtpunkten dauern etwa 1,5 Stunden.

Text Seite 4:

Fahrlehrgänge für Anfänger und Fortgeschrittene nach dem Achenbach'schen Fahrsystem. Fahrabzeichenprüfungen • Basispass • Fahrerpass Klasse 1 • Kleines Fahrabzeichen Klasse 2 • Bronze Klasse 3 • Silber Klasse 4. Die Lehrgänge werden im Frühjahr (Beginn Februar) und im Herbst (Beginn September) durchgeführt. Die genauen Termine und Preise erhalten Sie gerne auf Anfrage.

Text Seite 5:

Die Ausbildung von jungen Pferden zu sicheren Fahrpferden ist das ganze Jahr über möglich. Ebenso können wie die Korrektur von gefahrenen Pferden in der ruhigen Atmosphäre der Schwäbischen Alb durchführen. Die Vorbereitung von Turnieren, das Üben von Lektionen und Aufgaben im Gelände und auf dem Fahrplatz ist möglich. Sprechen Sie mit uns – wir machen vieles für Sie und Ihre Gespanne möglich.

Text Seite 6:

Interessante Links zum Thema Pferde, Kutschen und Fahrsport:

www.landwirtschaft-mlr.baden-wuerttemberg.de/la/hul/
www.schairer-kutschen.de
www.moench-geschirre.de

(Weitere Links sind nach eigenem Ermessen möglich).

Die Manuskripte müssen von hier abgeschrieben oder von der QuarkXPress-Datei L_WEB_DO.DIR im Ordner N03 kopiert werden.

Lernziel

- Sie bereiten ein Printdokument des Programms QuarkXPress direkt in diesem Layoutprogramm für die Nutzung als HTML-Dokument auf und testen es auf den angegebenen Standardbrowsern.

Zeitrahmen

2–3 Stunden

Übungsdateien auf DVD

> PROJEKT > NONPRINT > N03

9. Schritt:

Testen der fertigen Seiten in den geforderten Browsern auf Funktionssicherheit. Nehmen Sie den vollständigen Internetauftritt, zusammengestellt in einem Ordner, mit den exportierten HTML-Seiten und den notwendigen Bilddaten auf einen anderen Rechner und testen Sie die Seiten dort auf den verfügbaren Browsern.

10. Schritt:

Wenn Sie die Möglichkeit haben, die fertigen Seiten z.B. in Ihrem Ausbildungsbetrieb oder Ihrer Schule auf einen Internetserver zu stellen, nutzen Sie dies und testen Sie die Funktionsfähigkeit im realen Online-Betrieb.

Projektergebnisse

Die fertigen Seiten sind dem Kunden vorzustellen. Optimal ist es, wenn die Seiten von einem Internetserver aus präsentiert werden können. Dies beeindruckt den Kunden und zeigt die Lauf- und Funktionsfähigkeit Ihres erstellten Produktes.

Ist dies nicht möglich, stellen Sie Ihr Projektergebnis von Ihrem Arbeitsplatzrechner aus dem Kunden vor. Die fertigen HTML-Daten werden dem Kunden auf einer CD-ROM im ISO-Format übergeben.

Die Originaldateien, in diesem Fall das QuarkXPress-Dokument und die verwendeten Bilddateien, behalten Sie – diese Daten bekommt der Kunde in der Regel nicht. Die Daten des Internetauftritts erhalten nach dem Export die nebenstehend gezeigte Struktur. Die einzelnen Seiten sind als Dokumente unter den Namen *Export1.htm*, *Export2.htm usw.* abgelegt. Dazu werden die konvertierten Bilder im eingestellten Format (.gif und .jpg) zu den HTML-Dateien gelegt, so dass diese Bilddaten vom HTML-Dokument direkt in den Browser aufgerufen werden können.

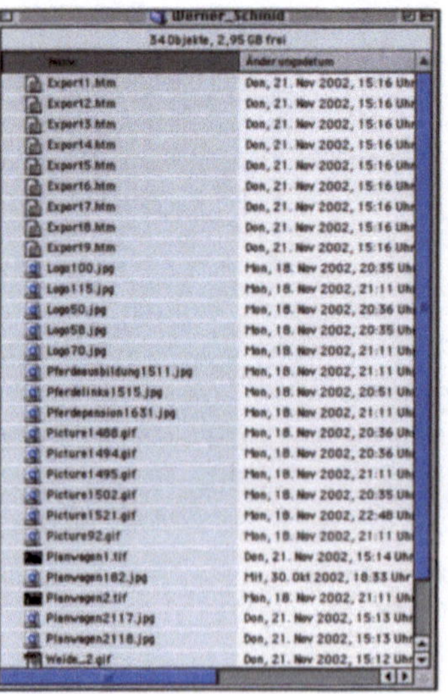

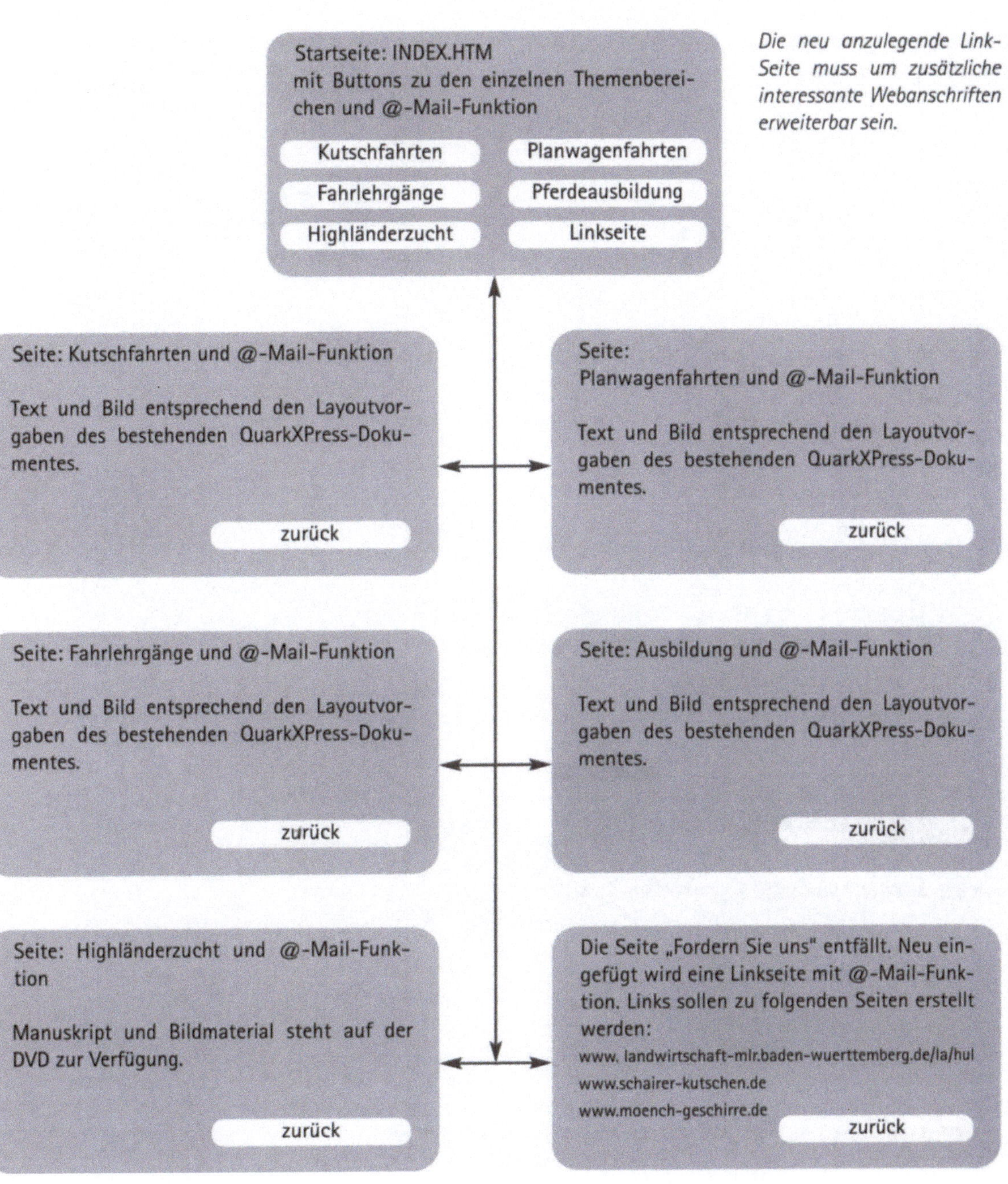

Die neu anzulegende Link-Seite muss um zusätzliche interessante Webanschriften erweiterbar sein.

Überprüfung der Vorgaben

	Erfüllt	Bedingt …	Nicht erfüllt	Änderungen
Gestaltungsvorgaben				
• Übernahme der Gestaltung vom Printprodukt in die Webseite	☐	☐	☐	....
• Schriftwahl	☐	☐	☐	....
• Schriftmischung	☐	☐	☐	....
• Mikrotypografie	☐	☐	☐	....
• Lesbarkeit	☐	☐	☐	....
• Gestaltungsraster	☐	☐	☐	....
• Gesamteindruck	☐	☐	☐	....
Navigation				
• Schaltelemente	☐	☐	☐	....
• Lesbarkeit	☐	☐	☐	....
• Funktionalität	☐	☐	☐	....
Gesamteindruck und Einheitlichkeit des Web-Auftritts				
• Einheitliche Gesamtwirkung von Print- und Nonprintmedien	☐	☐	☐	....
• CI-Wirkung/Wiedererkennung	☐	☐	☐	....
• Eindruck bei Fachkollegen	☐	☐	☐	....

Änderungen korrigiert   ☐ ja   ☐ nein

Überprüfung der Dateianlage

	Erfüllt	Bedingt ...	Nicht erfüllt	Änderungen/Ergänzungen
Technische Vorgaben				....
• Richtige Programmwahl	❑	❑	❑	....
Dateianlage				
• Systemschriften verwendet	❑	❑	❑	....
• Bilder/Grafiken alle beigefügt	❑	❑	❑	....
• Bilddateien im richtigen Farbmodus (z.B. Vollton, RGB, CMYK, Sonderfarben)	❑	❑	❑	....
• Browserfunktionalität getestet	❑	❑	❑	....
Datensicherung				
• Daten auf CD/DVD gebrannt	❑		❑	....
• Datenträger im ISO-Format	❑		❑	....
• Datenträger in anderem Format?			Welches:	....
Korrektur und Dokumentation				
• Rechtschreibkontrolle	❑		❑	....
• Ausdrucke/Andrucke	❑	❑	❑	....

Freigabe/Imprimatur   ❑ ja, am ....   ❑ nein   Auftrag korrekt erledigt ❑ ja

Lernziele

- Sie setzen ein Screen-Design mit Hilfe von Photoshop um.
- Sie bearbeiten einen Sound als Schleife für die Verwendung mit Flash.
- Sie erstellen einen interaktiven Flash-Film.

Zeitrahmen
10 Stunden

Übungsdateien auf DVD
> PROJEKT > NONPRINT > N04

Briefing

Zur multimedialen Unterstützung eines neuen Typografie-Lehrbuchs soll auf der CD-ROM zum Buch ein „Typo-Quiz" angeboten werden. In diesem sind Fragen rund um das Thema „Typografie" zu beantworten. Die angeklickten Antworten werden durch das Programm ausgewertet, so dass dem Lernenden eine Selbstkontrolle seines Wissens möglich wird. Zu Werbezwecken ist vorgesehen, dass das Quiz auch auf der Webseite des Verlags angeboten wird.

Zielgruppe

Das „Typo-Quiz" richtet sich an alle, die sich aus beruflichen oder privaten Gründen mit dem Thema Typografie beschäftigen, insbesondere an Auszubildende, Studierende und Beschäftigte der Werbe- und Medienbranche.

Produktanforderungen

Folgende Anforderungen werden an das „Typo-Quiz" gestellt:

- Das „Typo-Quiz" soll mit *Flash* realisiert werden, da mit diesem Programm sowohl eine offline abspielbare Player-Version als auch die Einbindung in ein HTML-Dokument möglich ist.
- Als Format der Flash-Films ist 600×300 Pixel vorgesehen. Das Querformat entspricht der Ergonomie eines Bildschirms. Durch die geringe Breite von 600 Pixeln ist eine Betrachtung auch auf einem kleinen Monitor möglich.
- Die Gestaltung der Website soll modern und zeitgemäß wirken. Die Bedienung des „Typo-Quiz" muss intuitiv verständlich sein.
- Zur Beurteilung des Produkts ist zunächst eine Demoversion mit lediglich acht Fragen zu realisieren.
- Die im Multiple-Choice-Verfahren gewählten Antworten werden am Ende des Quiz ausgewertet, so dass der Lernende eine Rückmeldung erhält, ob seine Antworten falsch oder richtig waren.
- Die große Stärke von Flash liegt in seinen Animationsmöglichkeiten. Aus diesem Grund soll das Quiz mit einem etwa zehnsekündigen Intro eingeleitet werden.
- Zur multimedialen Unterstützung des Quiz ist ein Sound als Schleife (Loop) einzubauen. Ein Abschalten des Sounds muss jederzeit möglich sein.
- Damit das Produkt auch im Internet eine gute „Performance" bietet, ist die Datenmenge unter 100 KB zu halten. Die Ladezeit soll beim Starten des Quiz im Internet mittels Ladebalken visualisiert werden.

Daten

Zur Realisation des Quiz werden eine Sounddatei sowie das Textmanuskript für die acht Fragen zur Verfügung gestellt.

Projektdaten

Textmanuskript mit acht Fragen (Die richtigen Antworten sind bereits markiert):

1. Was versteht man unter „Versalien"?
   - ☐ Kleinbuchstaben
   - ■ Großbuchstaben
   - ☐ Sonderzeichen

2. Welche Länge gibt den Schriftgrad an?

   - ☐ Länge A
   - ☐ Länge B
   - ■ Länge C

3. Was bezeichnet die „Laufweite"?
   - ■ Zeichenabstand
   - ☐ Wortabstand
   - ☐ Zeilenabstand

4. Beurteile die gezeigte Schrift.

   - ■ Serifenlose Schrift
   - ☐ Serifenschrift
   - ☐ Gebrochene Schrift

Hinweis:
Die gezeigten Grafiken müssen erstellt werden.

N04_01.WAV
Unbearbeitete Sounddatei zur Produktion der Soundloop.

5. Welches ist *keine* Satzart?
   - ☐ Flattersatz
   - ■ Bleisatz
   - ☐ Blocksatz

6. Welche Länge entspricht dem Zeilenabstand?

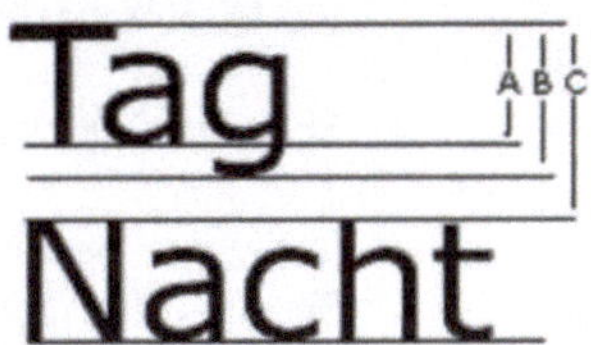

   - ☐ Länge A
   - ☐ Länge B
   - ■ Länge C

7. Der „Durchschuss" entspricht ...
   - ■ Zeilenabstand – Schriftgrad
   - ☐ Zeilenabstand + Schriftgrad
   - ☐ Doppelter Zeilenabstand

8. Welche Schrift eignet sich für den Bildschirm?

   Schriftprobe zur Lesbarkeit
   von Schriften am Bildschirm.　　(Arial)

   Schriftprobe zur Lesbarkeit
   von Schriften am Bildschirm.　　(Rotis Sans Serif)

   Schriftprobe zur Lesbarkeit
   von Schriften am Bildschirm.　　(Verdana)

   - ☐ Oben
   - ☐ Mitte
   - ■ Unten

Lernziele
- Sie setzen ein Screen-Design mit Hilfe von Photoshop um.
- Sie bearbeiten einen Sound als Schleife für die Verwendung mit Flash.
- Sie erstellen einen interaktiven Flash-Film.

Zeitrahmen
10 Stunden

Übungsdateien auf DVD
> PROJEKT > NONPRINT > N04

Making of …

1. Screen-Designing des „Typo–Quiz"

1. Beginnen Sie die Konzeption Ihres Projektes mit Papier und Bleistift: Zeichnen Sie einen Rahmen der Größe 200×100 mm (später: 600×300 Pixel) auf ein DIN-A4-Blatt im Querformat.

2. Skizzieren Sie einen ersten Entwurf Ihres „Typo-Quiz".

3. Definieren Sie einen Bereich für die Fragen und die Antworten. Beachten Sie, dass die Fragen teilweise eine Abbildung benötigen. Sehen Sie hierfür genügend Platz vor.

4. Trennen Sie den Navigationsbereich mit den Buttons (Weiter-Button, Sound-Steuerung) optisch klar vom inhaltlichen Bereich Ihres Screens.

5. Lassen Sie „Luft" auf Ihrer Seite – überladen Sie Ihren Screen nicht mit zu vielen Informationen.

6. Fertigen Sie mehrere Entwürfe an. Diese können Sie vergleichen, verbessern und schließlich einen dieser Entwürfe auswählen.

2. Umsetzung des Screen-Designs mit Photoshop

Möglicherweise ziehen Sie es vor, Ihren Entwurf gleich mit Flash umzusetzen. Prinzipiell spricht nichts dagegen, allerdings bietet Photoshop als Bildbearbeitungsprogramm wesentlich mehr Gestaltungsmöglichkeiten (Ebenenmasken, Filter usw.). Setzen Sie deshalb Ihr Screen-Design bevorzugt mit Photoshop um:

1. Erstellen Sie eine neue RGB-Datei der Größe 600×300 Pixel mit einer Auflösung von 72 ppi.

2. Teilen Sie Ihren Screen mittels Hilfslinien (Seitenlineale einblenden!) in die gemäß Scribble vorgesehenen Bereiche ein.

3. Setzen Sie Ihr Screen-Design in Photoshop um. Experimentieren Sie mit Farben, Typoelementen und grafischen Elementen. Beachten Sie hierbei, dass alle Objekte, die später animiert werden sollen, bereits auf einer eigenen Ebene erstellt werden.

4. Die Erstellung der Buttons sollte in Flash erfolgen. Hierdurch ergibt sich der Vorteil, dass eine Animation der Buttons (z.B. Rollover-Effekt) möglich ist. Auch die Texte sollten in Flash eingegeben werden, da hierdurch Speicherplatz gespart wird.

5. Speichern Sie Ihren fertigen Hintergrund-Screen unter *Datei > Für Web speichern …* ab. Testen Sie, ob eine GIF- oder `B 14 @ S.228` JPG-Datei das bessere Ergebnis hinsichtlich Bildqualität bzw. geringer Datenmenge liefert.

6. Speichern Sie alle Elemente Ihres Screens als *eigene* Dateien ab, die Sie für die spätere Intro-Animation benötigen.

3. Realisation des „Typo-Quiz" mit Flash

Introsequenz

1. Erstellen Sie einen neuen Flash-Film der Größe 600× 300 Pixel und wählen Sie eine Bildrate von mindestens 20 Bps. `F 01 @ S.548` Hierdurch wird gewährleistet, dass eine Animation flüssig und „ruckelfrei" abläuft.

2. Importieren Sie die mit Hilfe von Photoshop erzeugte(n) Datei(en).

3. Erstellen Sie bei Bedarf weitere Elemente für das Intro Ihres `F 02 @ S.550` Films z.B. Linien, Farbflächen, Texte.

4. Der Hintergrund-Screen Ihres „Typo-Quiz" soll mit Hilfe von Animationen (Tweening) nacheinander aufgebaut `F 03 @ S. 554` werden. Beginnen Sie Ihre Animation nicht in Bild 1, sondern in Bild 5 der Zeitleiste, da die ersten Bilder für die später noch einzubauende Ladeanzeige reserviert werden müssen.

Hauptsequenz

Die Introsequenz endet auf der Hauptseite Ihres Quiz:

1. Schreiben Sie einen kurzen Einführungstext zur Bedienung des „Typo-Quiz". Stellen Sie unter den Text-Eigenschaf- `F 06 @ S.566` ten die Option *Schriftarten des Gerätes verwenden* ein, um bei der Wiedergabe die Kantenglättung des Textes zu verhindern.

2. Erstellen und platzieren Sie folgende Buttons zur Steuerung Ihres Quiz:
Weiter-Button: Navigation zur nächsten Frage
Zurück-Button: Rückkehr zur ersten Frage am Ende des Quiz
Pause-Button: Stoppen des Sounds
Play-Button: (Erneutes) Abspielen des Sounds

3. Versehen Sie den „Weiter"-Button mit einem ActionScript, so `F 05 @ S.562` dass nach Anklicken des Buttons zu einem neuem Bild verzweigt wird. Ergänzen Sie einen „Rollover"-Effekt zur Visualisierung der Buttonfunktion.

4. Positionieren Sie im neuen Bild die erste Frage.

5. Die anklickbaren Antwort-„Kästchen" bestehen aus jeweils zwei Symbolen: Rahmen (=Schaltfläche) und Füllung (=Movieclip). Das Anklicken des Rahmens blendet die bis dahin unsichtbare Füllung ein:

- Erstellen Sie ein kleines Quadrat mit sichtbarem Rahmen und Füllung in der Hintergrundfarbe. Konvertieren Sie das Quadrat in eine *Schaltfläche* „Kasten".
- Erstellen Sie die Füllung des Quadrats in der gewünschten Farbe und konvertieren Sie die Grafik in einen *Movieclip* „Auswahl".
- Platzieren Sie vor den drei Antworten jeweils eine Schaltfläche „Kasten" und darauf einen Movieclip „Auswahl". Letztere werden später per Action-Script ein- und ausgeblendet.

Lernziele

- Sie setzen ein Screen-Design mit Hilfe von Photoshop um.
- Sie bearbeiten einen Sound als Schleife für die Verwendung mit Flash.
- Sie erstellen einen interaktiven Flash-Film.

Zeitrahmen
10 Stunden

Übungsdateien auf DVD
> PROJEKT > NONPRINT > N04

- Geben Sie jedem Movieclip „Auswahl" unter den Instanz-Eigenschaften einen eindeutigen Instanznamen: „Antwort_A", „Antwort_B", „Antwort_C". Die Namen werden für die ActionScripts benötigt.

6. Schreiben Sie das ActionScript für die Schaltfläche „Kasten". Das Beispiel zeigt das Skript für die Antwort A:

```
on (release) {
    Antwort_A._visible = true;
    Antwort_B._visible = false;
    Antwort_C._visible = false;
}
```

Hinweis: Der Movieclip mit Instanzname „Antwort_A" wird eingeblendet (`true`) – die Movieclips der beiden anderen Antworten werden ausgeblendet.

7. Ergänzen Sie ein *Bildskript*, das alle drei Füllungen der Antwort-Kästchen *vor* dem ersten Anklicken ausblendet:

```
Antwort_A._visible = false;
Antwort_B._visible = false;
Antwort_C._visible = false;
```

8. Der „Weiter"-Button erhält ein Skript, das die angeklickte Antwort auswertet. Hierbei muss entschieden werden, ob die angeklickte Antwort richtig oder falsch ist:

```
on (release) {
    if (Antwort_B._visible == true {
        Frage_1 = "richtig";
    } else {
        Frage_1 = "falsch";
    }
    GotoAndStop(bildnummer);
```

Hinweise:

- Im Beispiel ist „Antwort_B" die richtige Antwort auf die Frage 1. Deshalb ist die IF-Bedingung erfüllt und „Frage_1" wird „richtig".
- „Frage_1" ist der Variablenname (Vorsicht: nicht der Instanzname) eines dynamischen Textfeldes, das zur Auswertung am Ende des Quiz angezeigt werden soll.
- Der Platzhalter *bildnummer* muss durch die jeweils korrekte Bildnummer ersetzt werden.

9. Wiederholen Sie die Schritte 3 bis 8 für die weiteren Fragen. Beachten Sie, dass einige Fragen eine Abbildung benötigen. Erstellen Sie diese entweder in Flash, Photoshop oder Illustrator.

10. Ergänzen Sie einen Screen zur Anzeige des Quiz-Ergebnisses. Für jede Frage muss ein dynamisches Textfeld definiert werden, das als Variablenname den im Skript definierten Namen erhält: „Frage_1", „Frage_2" usw. Der Text „richtig" oder „falsch" wird per Skript in das Textfeld eingetragen (vgl. Punkt 8).

11. Sehen Sie einen „Zurück"-Button zur Wiederholung des Quiz vor.

4. Nachbearbeitung des Hintergrundsounds

Sound Forge XP Studio

1. Öffnen Sie die Sounddatei „N04_01.WAV" zur Nachbearbeitung.

2. Passen Sie den Soundpegel im Menü *Process > Normalize …* an. **S 03 @ S. 388**

3. Spielen Sie den Sound ab: Wie zu hören ist, wiederholt sich der Sound mehrere Male. Dies ergibt eine unnötig große Datenmenge, da der Sound auch per ActionScript wiederholt werden kann.

4. Markieren Sie eine etwa acht Sekunden lange Sequenz. Verändern Sie die Markierung so lange, bis Anfang und Ende einen nahtlosen Übergang ergeben. Entfernen Sie danach die Bereiche außerhalb der Markierung (*Edit > Trim/Crop*). **S 04 @ S. 390**

5. Speichern Sie den Sound erneut als WAV-Datei ab. Die Konvertierung in eine MP3-Datei erfolgt in Flash.

5. Einbau und Steuerung des Sounds

1. Importieren Sie den Sound in Flash.

2. Klicken Sie den Sound in der Bibliothek mit der rechten Maustaste an und wählen Sie *Verknüpfung …* **F 07 @ S. 568**

- Geben Sie als Bezeichner den Namen „soundloop" ein – Sie benötigen den Namen zur Steuerung des Sounds mittels ActionScript.
- Aktivieren Sie die Option *Export für ActionScript.*
- Deaktiveren Sie die Option *In erstes Bild exportieren.*

3. Doppelklicken Sie auf den Sound zur Einstellung der Soundeigenschaften: Wählen Sie als Komprimierungsart „MP3" und experimentieren Sie durch Abhören mit unterschiedlicher Qualität, bis Sie einen Kompromiss zwischen möglichst niedriger Bitrate und noch akzeptabler Qualität erhalten.

4. Platzieren Sie den Sound in Bild 5 der Zeitleiste. (Die ersten Bilder bleiben für die Ladeanzeige reserviert.)

5. Ergänzen Sie in diesem Bild ein ActionScript zum Abspielen des Sounds:

```
musik = new sound();
musik.attachsound("soundloop");
musik.start(0,100);
```

6. Ergänzen Sie in der Hauptsequenz den Pause- und Play-Button zum Stoppen bzw. Neustarten des Sounds.

6. Visualisierung der Ladezeit

Für den Einsatz Ihres Flash-Projekts im Internet ist es notwendig, dass dem Betrachter der Ladezustand des Flash-Films angezeigt wird. Andernfalls wird seine Geduld schnell zu Ende sein …

Lernziele
- Sie setzen ein Screen-Design mit Hilfe von Photoshop um.
- Sie bearbeiten einen Sound als Schleife für die Verwendung mit Flash.
- Sie erstellen einen interaktiven Flash-Film.

Zeitrahmen
10 Stunden

Übungsdateien auf DVD
> PROJEKT > NONPRINT > N04

Aufbau und Programmierung der Ladeanzeige sind im Tutorial F 08 beschrieben. Die hierfür notwendigen Objekte können bei Bedarf aus der Lösungsdatei kopiert und über die Zwischenablage im eigenen Projekt eingesetzt werden.

F 08 @ S.572

7. Veröffentlichung des Projekts

Gratulation, wenn Sie sich bis an diese Stelle „durchgekämpft" und alle Schwierigkeiten und Hindernisse überwunden haben. Der Veröffentlichung Ihres Projekts steht nichts mehr im Wege. Wie im Briefing verlangt, soll eine ausführbare Player-Version sowie eine Browserversion Ihres Projekts erstellt werden.

F 09 @ S.574

1. Nehmen Sie im Menü *Datei > Einstellungen für Veröffentlichungen* alle notwendigen Einstellungen vor. Beachten Sie, dass Sie unter „Flash" die Soundeinstellungen nicht erneut vorgeben müssen, da Sie dies bereits lokal erledigt haben.

2. Testen Sie die Veröffentlichung im Menü *Datei > Vorschau für Veröffentlichung*. Nehmen Sie gegebenenfalls Korrekturen vor.

3. Veröffentlichen Sie Ihren Flashfilm und betrachten Sie im Betriebssystem die Dateigröße Ihrer SWF-Datei. Konnten Sie die vorgeschriebene Grenze von maximal 100 KB einhalten? Wenn nicht, muss die Sound- und/oder Bildqualität reduziert werden.
Denkbar wäre auch, dass die Player-Version eine höhere Sound- und Bildqualität erhält als die Internetversion ...

Projektergebnisse

Die Screenshots stellen lediglich einen Lösungs*vorschlag* dar. Bitte realisieren Sie Ihren eigenen Entwurf …

Die auf der DVD als Demo zur Verfügung gestellte Lösung wurde mit verschiedenen Browsern sowie auf Mac und PC getestet. Als Schrift wird die Systemschrift „Verdana" vorausgesetzt.

Ladeanzeige

Animation (Intro)

Startseite

Frage

Auswertung

Überprüfung der Gestaltungsvorgaben

	Erfüllt	Bedingt ...	Nicht erfüllt	Änderungen/Ergänzungen
Gestaltungsvorgaben				....
• Screen-Design	☐	☐	☐	....
• Schriftwahl/-farbe	☐	☐	☐	....
• Schriftmischung	☐	☐	☐	....
• Mikrotypografie	☐	☐	☐	....
• Lesbarkeit	☐	☐	☐	....
• Farbgestaltung	☐	☐	☐	....
Grafiken				
• Qualität	☐	☐	☐	....
• Text-Bild-Integration	☐	☐	☐	....
Sound				....
• Qualität	☐	☐	☐	....
• Schleife	☐		☐	....
Animationen				....
• Qualität	☐	☐	☐	....
• Kreativität	☐	☐	☐	....
• Originalität	☐	☐	☐	....
Änderungen korrigiert	☐ ja	☐ nein		Auftrag korrekt erledigt ☐ ja

Überprüfung der technischen Vorgaben und der Dateianlage

	Erfüllt	Bedingt ...	Nicht erfüllt	Änderungen/Ergänzungen
Technische Vorgaben				....
• Buttons/Hyperlinks	❏		❏	....
• Auswertung (Quiz)	❏		❏	....
• Datenmenge	❏	❏	❏	....
Dateianlage				
• Systemschrift(en)	❏		❏	....
• SWF-Datei	❏		❏	....
• EXE-Datei	❏		❏	....
• HTML-Datei	❏		❏	....
Datensicherung				
• Daten auf CD/DVD gesichert	❏		❏	....
Testing				
• EXE-Version	❏		❏	....
• HTML-Version	❏		❏	....
• Auf Mac/PC	❏		❏	....
• Ladezeit (von Webserver)	❏		❏	....
• Rechtschreibung	❏		❏	....
Freigabe	❏ ja, am		❏ nein	Auftrag korrekt erledigt ❏ ja

Lernziele

- Sie erstellen eine MySQL-Datenbank mit Hilfe von phpMyAdmin.
- Sie realisieren einen Internetauftritt mit einem einfachen PHP-Webshop.
- Sie erstellen ein PDF zum Download von einer Webseite.

Zeitrahmen
16 Stunden

Übungsdateien auf DVD
> PROJEKT > NONPRINT > N05

Briefing

Der Springer-Verlag beabsichtigt, seine Buchreihe „X.media.press" in einem eigenen Webshop vorzustellen und zum (Online-)Kauf anzubieten. Die Buchangebote sollen dabei aus einer Datenbank ausgelesen und eingehende Bestellungen zur weiteren Bearbeitung in eine Textdatei eingetragen werden.

Zielgruppe
Die Website richtet sich an alle, die an Fachbüchern aus der Medienbranche interessiert sind. Dies sind in erster Linie Auszubildende, Studiernde oder Berufstätige der Werbe- und Medienindustrie.

Produktanforderungen
Anforderungen des Springer-Verlags an die Website sind:

- Als Format der Website ist 780×460 Pixel vorgesehen (Standardformat 800×600 Pixel abzüglich Browserränder und -menü).
- Die Gestaltung der Website soll schlicht, seriös und professionell wirken. Die Bedienung des Webshops soll intuitiv verstanden werden.
- Zum Auffinden des gesuchten Buches ist eine Suchfunktion vorzusehen.
- Die Daten über die Bücher sind in einer MySQL-Datenbank auf einem Apache-Server zu hinterlegen. Folgende Informationen sind vorgesehen: Autor(en), Titel, Erscheinungsjahr, Preis, ISBN-Nummer, Kurzbeschreibung.
- Ein verkleinertes Titelbild eines Buches soll zusätzlich zu den oben genannten Informationen angezeigt werden.
- Für bestimmte Titel soll die Möglichkeit bestehen, ein Probekapitel als PDF vom Server zu laden.
- Bei einer Bestellung sind folgende Benutzerdaten zu erfassen: Anrede, Vorname, Name, Straße, Postleitzahl, Wohnort. Weiterhin müssen Bestelldatum und Buchtitel gespeichert werden.
- Die Formatierung der Site soll auf einfache Weise auch nachträglich geändert werden können. Aus diesem Grund ist eine externe CSS-Datei vorzusehen.

Daten
Folgende Daten werden für den Webshop zur Verfügung gestellt:

- Die für die Datenbank benötigten Texte
- Alle Grafiken und Buttons
- CSS-Datei zur Formatierung der Website
- Quark-Datei mit separierten Bildern zur Erzeugung der PDF-Datei

Projektdaten

Die für diese Projektarbeit benötigten Grafiken und Buttons sind bereits für die Verwendung auf einer Website optimiert und können deshalb ohne Veränderung eingesetzt werden.

Grafiken und Buttons

N05_01.GIF

N05_02.GIF

N05_03.GIF

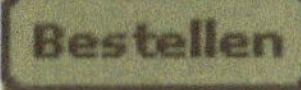

N05_04.GIF

N05_05.GIF

Textdatei mit Datenbankinhalt
N05_01.RTF

CSS-Datei zur Formatierung der Site
N05_01.CSS

Titelbilder der Bücher

N05_01.JPG

N05_02.JPG

N05_03.JPG

N05_04.JPG

N05_05.JPG

N05_06.JPG

Dateien zur PDF-Erstellung
Quark-Datei:
N05_01.QXD

Separierte Bilddateien:
N05_01.TIF
N05_02.TIF
N05_03.TIF

Lernziele

- Sie erstellen eine MySQL-Datenbank mit Hilfe von phpMyAdmin.
- Sie realisieren einen Internetauftritt mit einem einfachen PHP-Webshop.
- Sie erstellen ein PDF zum Download von einer Webseite.

Zeitrahmen

16 Stunden

Übungsdateien auf DVD

> PROJEKT > NONPRINT > N05

Making of …

1. Vorkenntnisse

Obwohl Sie als Projektergebnis einen stark vereinfachten Webshop erhalten, erfordert die Durchführung dieses Projektes dennoch gute Vorkenntnisse in HTML und in PHP. Wenn Sie sich mit diesen Themen bislang nicht beschäftigt haben, dann sollten Sie zunächst die Tutorials H und Y durcharbeiten. Andernfalls werden Sie beim Versuch der Umsetzung dieser Aufgabe ziemlich sicher frustriert aufgeben!

2. Technische Voraussetzungen

Für die Durchführung des Projekts benötigen Sie einen so genannten WAMP (Windows + Apache-Webserver + MySQL + PHP). Dieser befindet sich komplett vorkonfiguriert auf der Buch-DVD. Die Installation des Servers lesen Sie bitte im zugehörigen Tutorial Y01 nach. Zur Erstellung der Datenbank wird das PHP-Tool „phpMyAdmin" eingesetzt. **Y01 @ S.582** Auch diese Software befindet sich auf der DVD.

Die werte Leserschaft, die ausschließlich einen Apple-Computer ihr eigen nennt, kann das Projekt nur durchführen, wenn sie auf ein entsprechendes Angebot im Internet zurückgreift. Beachten Sie bei der Auswahl eines Webhosts, dass der Anbieter das Datenbanksystem „MySQL" und „PHP" zur Verfügung stellt.

3. Erstellen der Datenbank mit „phpMyAdmin"

Wenn Sie „Ihren" WAMP installiert haben, befindet sich „phpMyAdmin" bereits auf Ihrer Festplatte. Verschieben Sie den gleichnamigen Ordner in Ihr Arbeitsverzeichnis, um vom „local- **Y09 @ S.600** host" aus auf die Software zugreifen zu können. Hinweis: Das ursprüngliche Arbeitsverzeichnis des Apache-Servers der Buch-DVD heißt „ht-docs".

1. Starten Sie Ihren Apache-Server sowie MySQL.

2. Öffnen Sie Ihren Browser und geben Sie „http://localhost" ein, um einen Zugriff auf den lokalen Webserver zu erhalten.

3. Starten Sie „phpMyAdmin" und erzeugen Sie eine neue Datenbank „xmediapress".

4. Legen Sie eine neue Tabelle „bucharchiv" mit 7 Feldern an. Benennen und formatieren Sie die Felder wie folgt:

Feld	Typ	Länge	Null	Extra	PK
Id	INT	–	not null	auto_incr.	ja
Autor	VARCHAR	100	not null	–	–
Titel	VARCHAR	100	not null	–	–
ISBN	VARCHAR	20	not null	–	–
Preis	FLOAT	–	not null	–	–
Jahr	YEAR	4	not null	–	–
Inhalt	TEXT	–	not null	–	–

5. Eingabe der Datensätze:

- Öffnen Sie die Textdatei „N05_01.RTF" in einem Texteditor.
- Markieren Sie den gewünschten Text und kopieren Sie ihn in die Zwischenablage.
- Klicken Sie mit rechter Maustaste ins zugehörige Datenfeld und wählen Sie „Einfügen".

- Lassen Sie das Feld „Id" frei, da diese Nummer automatisch vergeben wird.
- Wiederholen Sie den Vorgang für alle weiteren Daten.

4. Screen-Design

Das Screen-Design des Webshops wurde bereits festgelegt und wird im nächsten Schritt mit Hilfe einer HTML-Tabelle umgesetzt (Seite 170).

Format
780×480 Pixel

Farben
Linke Spalte: #999966
Mittlere Spalte: #CCCC99
Rechte Spalte: #999966

Hinweis: Die Formatierung der Webseite erfolgt mit Hilfe einer bereits vorhandenen CSS-Datei.

Lernziele
- Sie erstellen eine MySQL-Datenbank mit Hilfe von phpMyAdmin.
- Sie realisieren einen Internetauftritt mit einem einfachen PHP-Webshop.
- Sie erstellen ein PDF zum Download von einer Webseite.

Zeitrahmen
16 Stunden

Übungsdateien auf DVD
> PROJEKT > NONPRINT > N05

5. Erstellen der Homepage

Die Umsetzung des Projekts kann wahlweise direkt im HTML-Quellcode oder mit Hilfe des Web-Editors „Dreamweaver" erfolgen. Wegen der zu erstellenden PHP-Skripte ist die Arbeit im Quellcode in diesem Fall vorzuziehen.

1. Legen Sie auf Ihrer Festplatte einen Projektordner „xmediapress" im Arbeitsverzeichnis Ihres Webservers an.

2. Erstellen Sie das Grundgerüst einer HTML-Datei. Geben Sie im Dateikopf als Titel „X.media.press" sowie die Meta-Tags `"description"`, `"author"`, `"keywords"` an. Speichern Sie die Datei unter dem Namen „index.htm" im Projektordner „xmediapress" ab.

`H01 @ S.482`

`H03 @ S.486`

3. Zur Formatierung der Tabelle sowie der Schrift dient die bereits erstellte CSS-Datei „N05_01.CSS". Kopieren Sie diese Datei von der DVD in Ihren Projektordner. Referenzieren Sie die Datei im Dateikopf Ihrer Homepage:

`H09 @ S.500`

```
<link rel="stylesheet" type="text/css"
href="N05_01.CSS">
```

4. Kopieren Sie den Ordner „BILDER" von der DVD in Ihren Projektordner. Er enthält alle für das Projekt benötigten Bilder.

5. Erzeugen Sie im „body" Ihrer Homepage eine Tabelle mit einer Zeile und drei Spalten. Formatieren Sie die Tabelle wie im Screen-Design angegeben.

`H05 @ S.490`

Beispiel: `<td width="140">`
Zur weiteren Formatierung der Tabelle wird auf die CSS-Datei zugegriffen. In dieser sind für die drei Spalten der Tabelle so genannte Klassen definiert:
`td.links, td.mitte, td.rechts`
Auf eine Klasse kann zugegriffen werden, indem Sie im `<td>`-Tag den Befehl `class=` verwenden.
Beispiel: `<td class="links" width="140">`
Hinweis: Auch die Spaltenbreite könnte mit CSS 2.0 formatiert werden. Damit die Seite auch mit älteren Browsern korrekt angezeigt wird, wurde hier bewusst darauf verzichtet.

6. Geben Sie den Text in der mittleren Spalte ein. Formatieren Sie diesen Text wiederum mit Hilfe der CSS-Datei. Hierzu muss dieser im <span>-Tag eingebunden sein und die Klasse `mittig` aufgerufen werden.

```
<span class="mittig">Willkommen bei X.media.
press</span>
```

7. Fügen Sie die Grafik mit dem Logo „N05_01.GIF" in die linke Spalte Ihrer Tabelle ein.

H06 @ S.492

8. Ergänzen Sie abschließend das Formular zur Suchanfrage:
Hinweis: Nach Betätigung des Senden-Buttons wird die Datei „resultat.php" aufgerufen. Dieser Datei wird der eingegebene Suchtext in der Variablen `$buchtitel` übergeben.

```
<form action="resultat.php" method="get">
  <span class="hell">Titel bitte eingeben:</span>
  <input type="text" name="buchtitel" size="14"
  maxlength="50"><br>
  <input type="image" src="BILDER/N05_02.GIF"
  width="35" height="35" border="0">
</form>
```

6. Suchanfrage mittels PHP-Skript

Vorbemerkung: Die Erstellung dieses Skriptes ist der schwierigste Teil des Projekts. Gehen Sie dabei sukzessive vor, indem Sie das Skript Stück für Stück erstellen, testen und korrigieren. „Spicken" Sie notfalls in der Lösung.

1. Speichern Sie Ihre fertige Homepage „index.htm" unter neuem Namen „resultat.php" im Projektordner ab. Löschen Sie aus der neuen Datei lediglich den Begrüßungstext in der mittleren Spalte – die restliche Dateistruktur bleibt erhalten.

2. Geben Sie in der mittleren Spalte das PHP-Skript zur Datenbankanfrage ein. Orientieren Sie sich dabei an der Struktur des Skriptes in den Tutorials Y 10 und Y 11:

Y 10 @ S.604

Y 11 @ S.606

Lernziele
- Sie erstellen eine MySQL-Datenbank mit Hilfe von phpMyAdmin.
- Sie realisieren einen Internetauftritt mit einem einfachen PHP-Webshop.
- Sie erstellen ein PDF zum Download von einer Webseite.

Zeitrahmen
16 Stunden

Übungsdateien auf DVD
> PROJEKT > NONPRINT > N05

- Verbindung zum Datenbankserver aufbauen
- Datenbank „xmediapress" auswählen

```
$tabelle="bucharchiv";
$result = mysql_query("SELECT * FROM $tabelle
WHERE Titel LIKE '$buchtitel%' ORDER BY Titel");
```

- Gesuchte Datensätze der Tabelle „bucharchiv" ermitteln. Die Suchanfrage ist in der Variablen $buchtitel gespeichert:
  Hinweis: Die Auswahl funktioniert auch, wenn als Buchtitel nur ein Buchstabe oder der Wortanfang eines Buchtitels eingegeben wird.
- Gefundene Datensätze mit Hilfe einer Schleife formatiert ausgeben:

```
while($reihe = mysql_fetch_array($result)){
   echo "<span class='text'>",$reihe["Autor"],
   "</span><br><br>";
   echo "<span class='headline'>",$reihe["Titel"],
   "</span><br><br>";}
```

Hinweis: Beachten Sie die unterschiedliche Art von Anführungszeichen! Ergänzen Sie die formatierte Anzeige der ISBN-Nummer, des Erscheinungsjahrs, des Preises sowie des Kurzinhalts. Verwenden Sie zur Formatierung die Klasse `text`.
- Zur Anzeige der verkleinerten Titelbilder ergänzen Sie das obige PHP-Skript in der while-Schleife um folgende Zeilen:

```
$bild = "N05_0".$reihe["Id"].".JPG";
echo "<span><img src='xxx/$bild'>
</span><br><br>";
```

Hinweis: Der korrekte Dateinamen wird mit Hilfe der Id-Nummer des Buches ermittelt. Danach wird das Bild referenziert.

- Zur Bestellung eines Buches muss in der while-Schleife abschließend ein Formular ergänzt werden, das den gewünschten Titel in der Variablen `$Bestellung` an die Datei „bestellen.php" übergibt.

Hinweis: Das Formularfeld des Typs `hidden` ist nicht sichtbar und dient ausschließlich dazu, um einen Wert mit Hilfe der unter `name` definierten Variablen an eine Datei zu übergeben. Als Wert (`value`) der Variablen wird der Buchtitel aus der Datenbank übergeben. Denkbar wäre auch die Übergabe der ISBN-Nummer.

```
echo "<form action='bestellen.php'
method='get'>";
echo "<input type='hidden' name='Bestellung'
value='",$reihe["Titel"],"'>";
echo "<input type='image' src='BILDER/N05_03.GIF'
border='0'><br>";
echo "</form>";
```

7. Bestellung mittels Formular

1. Speichern Sie die Homepage „index.htm" unter neuem Namen „bestellen.php" im Projektordner ab. Löschen Sie aus der neuen Datei den Begrüßungstext in der mittleren Spalte – die restliche Dateistruktur bleibt erhalten.

2. Schreiben Sie in der mittleren Spalte ein PHP-Skript zur Anzeige des zur Bestellung ausgewählten Buchtitels.
Hinweis: Die Variable `$Bestellung` wird durch das versteckte Formularfeld in der Datei „resultat.php" definiert und an diese Datei übergeben.

```
<span class="text">Sie m&ouml;chten folgenden Titel bestellen:</span><br><br>
<?php
echo "<span class='headline'>",$Bestellung,
"</span><br>";
?>
```

3. Ergänzen Sie ein Formular zur Übergabe der Rechnungsanschrift an die Datei Y 08 @ S.596 „archiv.php". Erstellen Sie folgende Formularfelder:

* Zwei „Radiobuttons" zur Auswahl der Anrede (Herr, Frau)
* Vor- und Nachname
* Straße
* Postleitzahl und Ort

Formatieren Sie den Formulartext mit Hilfe der CSS-Datei.

Lernziele
- Sie erstellen eine MySQL-Datenbank mit Hilfe von phpMyAdmin.
- Sie realisieren einen Internetauftritt mit einem einfachen PHP-Webshop.
- Sie erstellen ein PDF zum Download von einer Webseite.

Zeitrahmen
16 Stunden

Übungsdateien auf DVD
> PROJEKT > NONPRINT > N05

4. Fügen Sie im Formular ein Skript mit einem versteckten Formularfeld zur Übergabe des bestellten Buchtitels ein.

```php
<?php
echo "<input type='hidden' name='titel'
value='",$Bestellung,"'>";
?>
```

5. Ergänzen Sie das Formular in der letzten Zeile um den Absenden-Button:

```
<input type="image" src="BILDER/N05_04.GIF"
border="0"><br>
```

8. Datenarchivierung mittels Textdatei

Der bestellte Buchtitel, das Bestelldatum sowie die Adressangaben sollen abschließend in einer Textdatei auf dem Server archiviert werden.

1. Speichern Sie die Homepage „index.htm" unter neuem Namen „archiv.php" im Projektordner ab. Ändern Sie die Textzeile in der mittleren Spalte: „Vielen Dank für Ihre Bestellung!

2. Schreiben Sie ein PHP-Skript zur Ermittlung des aktuellen Datums. Lesen Sie das Datum in eine Variable `$datum` ein. Y 06 @ S. 592

3. Zum Schluss sollen die genannten Daten in eine Textdatei eingetragen werden. Y 07 @ S. 594

```php
$bestellung = "$titel\n Bestelldatum: $datum\n
$anrede\n $vname $nname\n $str\n $plz $ort\n\n";
$archiv = fopen("N05_01.TXT","a+");
fwrite ($archiv, $bestellung);
fclose($archiv);
```

Hinweis: Datum, Buchtitel sowie alle mit dem Formular ermittelten Daten werden in der Variablen `$bestellung` gespeichert. Die Option `\n` erzwingt einen Zeilenumbruch, so dass die Adresse formatiert in die Textdatei eingetragen wird. Beispiel:

Kompendium der Mediengestaltung
Bestelldatum: 13.03. 2003
Frau
Gerda Müller
Hauptstraße 125
77933 Lahr

Die Archivdatei wird zum Lesen und Schreiben geöffnet (`a+`). Neue Daten werden ans Dateiende angehängt. Existiert die Datei nicht, wird sie bei Ausführung des Skriptes erstellt.

9. Erstellen der PDF-Datei zum Download

Vielleicht haben Sie bemerkt, dass sich in der Inhaltsbeschreibung zum „Kompendium der Mediengestaltung" ein Link zum Download eines PDFs befindet.

Hierfür sollen vier Seiten des „Kompendiums der Mediengestaltung" mit einer Titelseite als PDF-Datei zur Ansicht im Browser und zum Ausdruck auf einem Tintenstrahl- oder Laserdrucker im Internet zur Verfügung gestellt werden. Sämtliche Daten befinden sich im Unterordner PDF auf der DVD. Folgende Anforderungen werden an das PDF gestellt:

- Die PDF-Datei muss hinsichtlich Dateigröße und Darstellungsqualität optimiert werden.
- Beim Öffnen der PDF-Datei soll die erste Seite komplett ohne Lesezeichen und Thumbnails angezeigt werden.
- Die Sicherheitseinstellungen gestatten nur das Ausdrucken der Datei – Kopieren, Editieren usw. sind auszuschließen.

Hinweis: Erstellen Sie die PDF-Datei mit dem Acrobat Distiller. Durch die vielfältigen Einstellungsmöglichkeiten kann die Dateigröße und Darstellungsqualität hier am besten optimiert werden.

PostScript-Datei erstellen

1. Drucken Sie die QuarkXPress-Datei mit einem PostScript-Druckertreiber in eine Datei.
   Hinweis: Falls Sie das Programm QuarkXPress nicht zur Verfügung haben, können Sie auch die PostScript-Datei „N05_01.PS" aus dem Projektordner auf der DVD im Distiller weiterbearbeiten.

PDF-Datei erstellen

Öffnen Sie den Acrobat Distiller und treffen Sie dort Ihre Einstellungen zur PDF-Erstellung.

A 01 @ S.308

1. Menü *Voreinstellungen > Einstellungen …*

2. Menü *Voreinstellungen > Sicherheit*
   Diese Einstellungen können Sie auch noch im Adobe Acrobat machen.

3. Distillen Sie die PostScript-Datei.

PDF-Datei modifizieren

Öffnen Sie die PDF-Datei im Adobe Acrobat und treffen Sie dort Ihre Einstellungen.

1. Menü *Bearbeiten > Grundeinstellungen > Anzeigen*

2. Menü *Bearbeiten > Grundeinstellungen > Optionen*

3. Menü *Datei > Sicherheitsinformationen … > Acrobat-Standardsicherheit*

4. Menü *Datei > Dokumenteneigenschaften > Optionen zum Öffnen von Dateien …*

PDF-Datei sichern

Speichern Sie die Datei mit neuem Namen „kompendium.pdf" im Projektordner ab.

Hyperlink setzen

Der Hyperlink zur PDF-Datei ist bereits im Text gesetzt:

```
<a href="kompendium.pdf">PDF</a>
```

Lernziele
- Sie erstellen eine MySQL-Datenbank mit Hilfe von phpMyAdmin.
- Sie realisieren einen Internetauftritt mit einem einfachen PHP-Webshop.
- Sie erstellen ein PDF zum Download von einer Webseite.

Zeitrahmen
16 Stunden

Übungsdateien auf DVD
> PROJEKT > NONPRINT > N05

10. Testen und dokumentieren der Website

1. Damit Ihr Webshop auf möglichst vielen Rechnern funktioniert und einheitlich dargestellt wird, sollten Sie

- Ihre Website auf verschiedenen Plattformen (PC und Mac) testen,
- Ihre Website mit verschiedenen Browsern – zumindest mit Internet Explorer und Netscape – und mit unterschiedlichen Browserversionen testen,
- das Vorhandensein aller benötigten Dateien prüfen,
- die Konsistenz der Dateinamen prüfen: Alle in Skripten und HTML-Tags genannten Dateinamen müssen mit der tatsächlichen Schreibweise exakt übereinstimmen. Achten Sie auf übereinstimmende Groß- und Kleinschreibung!

2. Versehen Sie Ihre PHP-Skripte mit ausreichenden Kommentaren. Auch wenn Ihnen Ihr Skript im Moment „sonnenklar" erscheint, so werden Sie in einem halben Jahr nicht mehr genau wissen, wieso Sie Ihre Arbeit damals so oder so durchgeführt haben.

11. Veröffentlichen Ihrer Website

Wenn Sie Ihre Website ins Internet „stellen" wollen, benötigen Sie einen Webhost mit Apache-Server, PHP und **H11 @ S.506** MySQL. Nach der Anmeldung erhalten Sie einen Benutzernamen sowie ein Passwort und können nun mittels FTP-Software Ihre Dateien auf den Server uploaden. Dieser Service wird in der Regel vom Anbieter zur Verfügung gestellt.

   Als schwieriger erweist sich der Upload der Datenbank. Sie befindet sich im Ordner *mysql\data\xmediapress*. Erfragen Sie bei Ihrem Anbieter, ob und wie dieser Transfer möglich ist.

Projektergebnisse

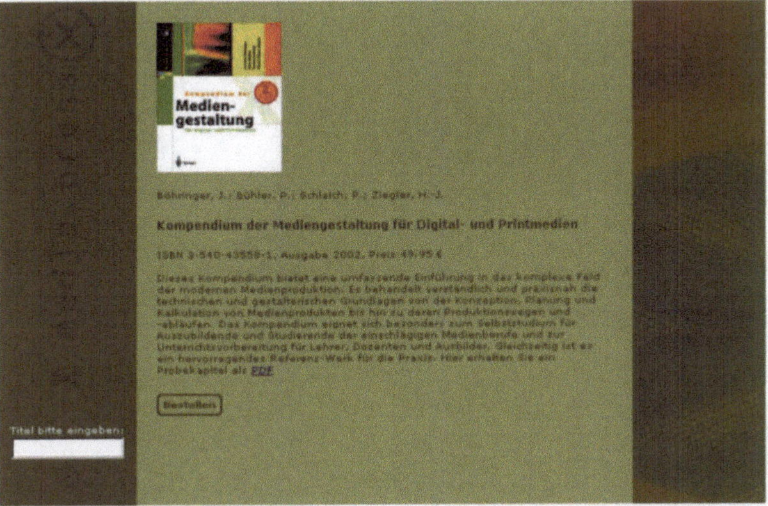

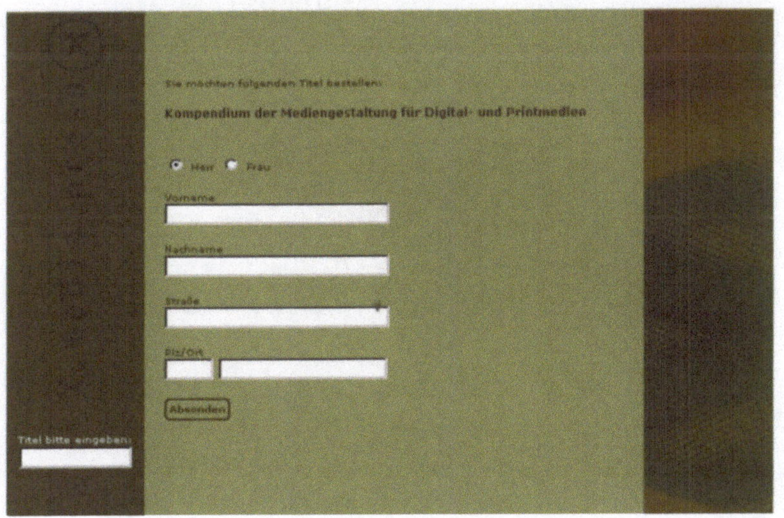

Die Abbildungen zeigen Screenshots von zwei der vier in diesem Projekt erstellten Dateien. In Abhängigkeit vom verwendeten Browser können Ihre Ergebnisse von dieser Darstellung abweichen.

Durch Änderung der Einträge in der CSS-Datei lässt sich das Aussehen der Seiten nachträglich auf einfache Weise ändern.

Überprüfung der Gestaltungsvorgaben

	Erfüllt	Bedingt …	Nicht erfüllt	Änderungen/Ergänzungen
Gestaltungsvorgaben				....
• Screen-Design	☐	☐	☐	....
• Systemschrift	☐	☐	☐	....
• Schriftattribute (CSS)	☐	☐	☐	....
• Lesbarkeit	☐	☐	☐	....
• Farbgestaltung	☐	☐	☐	....
• Gestaltungsraster	☐	☐	☐	....
• Gesamteindruck	☐	☐	☐	....
PDF				....
• Vorgaben	☐	☐	☐	....
• Druckqualität	☐	☐	☐	....
Bilder/Grafiken				....
• Qualität	☐	☐	☐	....

Änderungen korrigiert ☐ ja ☐ nein Auftrag korrekt erledigt ☐ ja

Überprüfung der technischen Vorgaben und der Dateianlage

	Erfüllt	Bedingt ...	Nicht erfüllt	Änderungen/Ergänzungen

Technische Vorgaben

- Hyperlinks ☐ ☐
- Formulare ☐ ☐
- Datenbankzugriff ☐ ☐
- Bestelldaten in Datei ☐ ☐
- PDF-Download ☐ ☐

Dateianlage

- Systemschrift(en) ☐ ☐
- Bild-/Grafikdateien ☐ ☐
- HTML-/PHP-/CSS-Dateien ☐ ☐
- Datenbankdatei ☐ ☐
- PDF-Datei ☐ ☐

Datensicherung

- Daten auf CD/DVD gesichert ☐ ☐

Testing

- Ladezeit (von Webserver) ☐ ☐
- Funktion (auf Webserver) ☐ ☐

Freigabe ☐ ja, am .... ☐ nein   Auftrag korrekt erledigt ☐ ja

Lernziel
- Sie lernen, ein komplexes Projekt mit mittlerem Schwierigkeitsgrad zu bearbeiten und fertig zu stellen.

Zeitrahmen
16 Stunden

Übungsdateien auf DVD
> PROJEKT > NONPRINT > N06

Eine interaktive CD-ROM zum Thema „Leben im Mittelalter" wird geplant. Sie haben dafür folgende Aufgaben durchzuführen:

- Entwicklung eines einheitlichen Screen-Designs mit Navigation
- Herstellen einer lauffähigen Musterdatei nach Ihren erstellten Designideen. Dabei ist der nebenstehende Schaltplan als Grundlage für Ihre Musterdatei zu verwenden.
- Die fertig gestellte Muster-CD ist als lauffähige CD-ROM mit Projektor- bzw. Startdatei für Mac und PC zu präsentieren.

Die Bühnengröße ist auf 640×480 Pixel anzulegen. Es ist die Farbpalette des jeweiligen Produktionsrechners zu verwenden. Die Bühnenfarbe ist entsprechend Ihrem Entwurf anzulegen. Zu beachten ist, dass die spätere Anwendung auf großen Monitoren im Vollbildmodus mit einem schwarzen Rahmen um die Bühne herum abzuspielen ist. Dieser Rahmen deckt die Desktopoberfläche vollständig ab. Die Dateianlage für die CD ist so zu gestalten, dass möglichst kleine Director-Filmdateien erstellt werden. Dadurch werden kurze und schnelle Ladezeiten beim Wechsel der einzelnen Screens ermöglicht.

Alle verwendeten Sounds und Videos müssen als QuickTime-Datei angelegt und verwendet werden. Diese Dateien sind in separaten Ordnern abzulegen, welche die Ordnernamen VIDEO und SOUND erhalten.

Alle notwendigen Daten liegen auf DVD vor und können entsprechend der Zuordnung zu den einzelnen Themen beliebig eingesetzt werden. Alle Bilder müssen im RGB-Modus verwendet werden. Die Texte zu den Bildern sind mit Hilfe des Programms Adobe Photoshop aufzurufen. Bei geöffneter Datei können die Bildtexte unter *Ablage > Datei-In-*

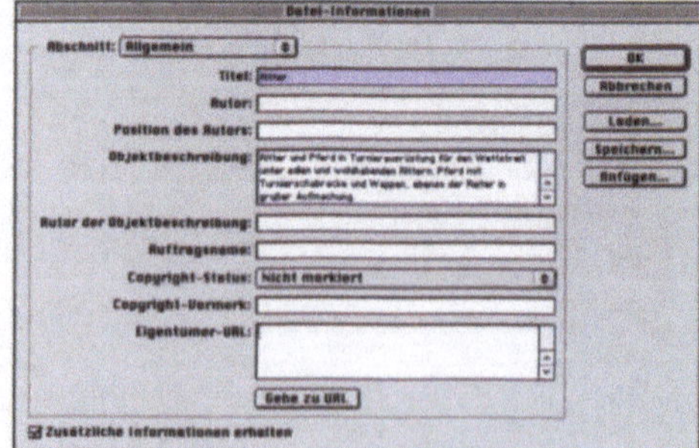

Schaltplan 1:

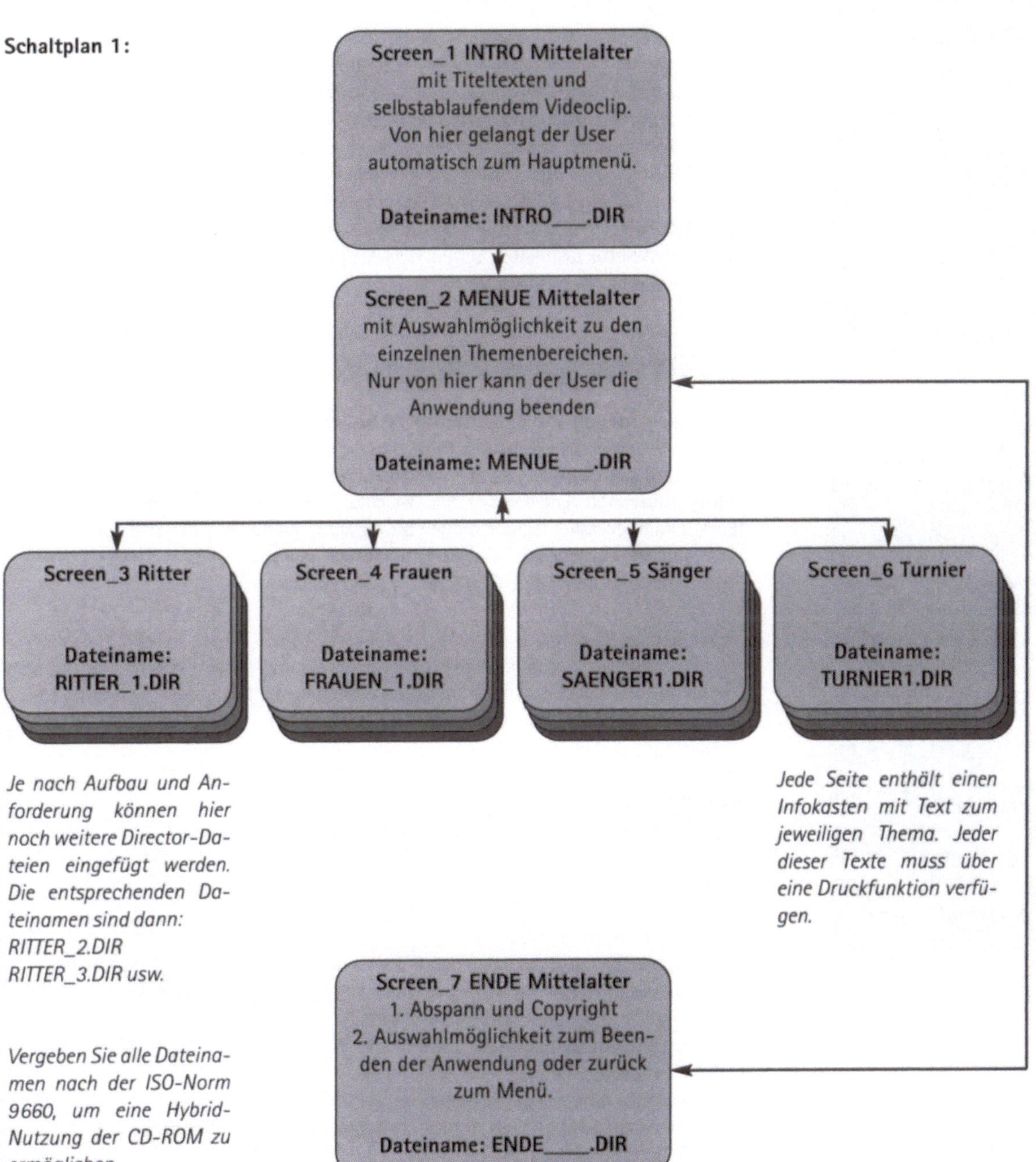

Je nach Aufbau und Anforderung können hier noch weitere Director-Dateien eingefügt werden. Die entsprechenden Dateinamen sind dann:
RITTER_2.DIR
RITTER_3.DIR usw.

Vergeben Sie alle Dateinamen nach der ISO-Norm 9660, um eine Hybrid-Nutzung der CD-ROM zu ermöglichen.

Jede Seite enthält einen Infokasten mit Text zum jeweiligen Thema. Jeder dieser Texte muss über eine Druckfunktion verfügen.

Lernziele
- Sie lernen, ein komplexes Projekt mit mittlerem Schwierigkeitsgrad zu bearbeiten und fertig zu stellen.

Zeitrahmen
16 Stunden

Übungsdateien auf DVD
> PROJEKT > NONPRINT > N06

---

formation aufgerufen werden. Sie sehen das entsprechende Datei-Informationsfenster in der Abbildung auf der vorherigen Seite 180. Im Titelfeld ist der jeweilige Bildtitel zu finden, in der Objektbeschreibung die Bildunterschriften, die für die Produktion verwertbar sind. Alle Video- und Sounddateien liegen als QuickTime-Datei für MAC und PC vor. Bei den Sounddateien sind AIF- und WAV-Dateien vorhanden. Je nach Verwendung müssen diese Daten von Ihnen noch nachbearbeitet werden. Für die Abspeicherung aller Daten gilt die Norm ISO 9660. Das bedeutet, dass alle Dateien ausschließlich acht Zeichen und ein dreistelliges Suffix beinhalten dürfen. Dies ist die Voraussetzung, um eine hybridfähige Dateianlage zu erhalten.

Making of …

Materialzuordnung und Orientierung im Projekt
Betrachten Sie sich das mitgelieferte Material und legen Sie eine erste Zuordnung des Materials zu den einzelnen Themen an. Stellen Sie Texte und Bilder richtig zusammen. Entscheiden Sie, welches Bildmaterial als Hintergrund (Background) geeignet ist, und ordnen Sie die Hintergrundbilder den richtigen bzw. möglichen Themen zu. Drucken Sie die Materialien aus, damit Sie eine Größenvorstellung und einen Vorlagenüberblick erhalten.

Screen-Design
Scribbeln Sie auf eine verkleinerte Darstellung der Bühne. Die verkleinerte Darstellung der Bühne muss aber bereits das Seitenverhältnis der Bühne aufweisen – sonst passen Ihre Ideen nicht auf den späteren Screen.

Überlegen Sie bei Ihrer Screen-Entwicklung die Navigationsstruktur für Ihre CD-ROM. Sie muss folgende Bedingungen erfüllen:

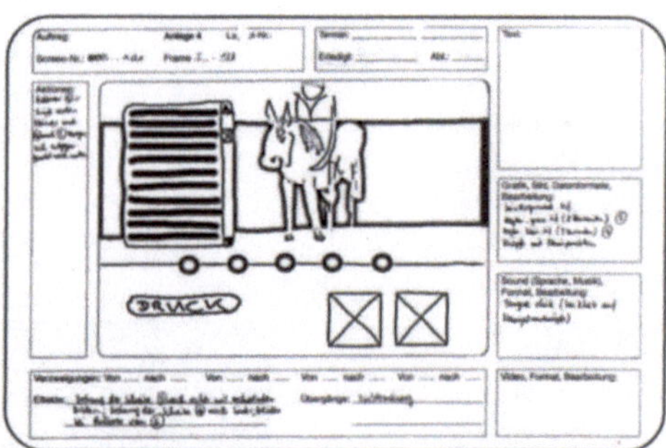

- Logischer Aufbau, für den Anwender leicht erlernbar und sicher zu nutzen.
- Benutzerfreundlich
- Funktionssicher
- Integriert in das gesamte Erscheinungsbild der CD.
- Leicht zu erweitern, wenn der Kunde zusätzliche Informationen auf der CD-ROM unterbringen muss.

Weiter auf Seite 184

Designentwicklung und Schaltplanung

Durch den Aufbau eines Schaltplanes mit Designelementen wird die einheitliche Struktur einer CD verdeutlicht. Optische Brüche werden erkennbar und können in dieser Anfangsphase noch leicht verbessert werden.

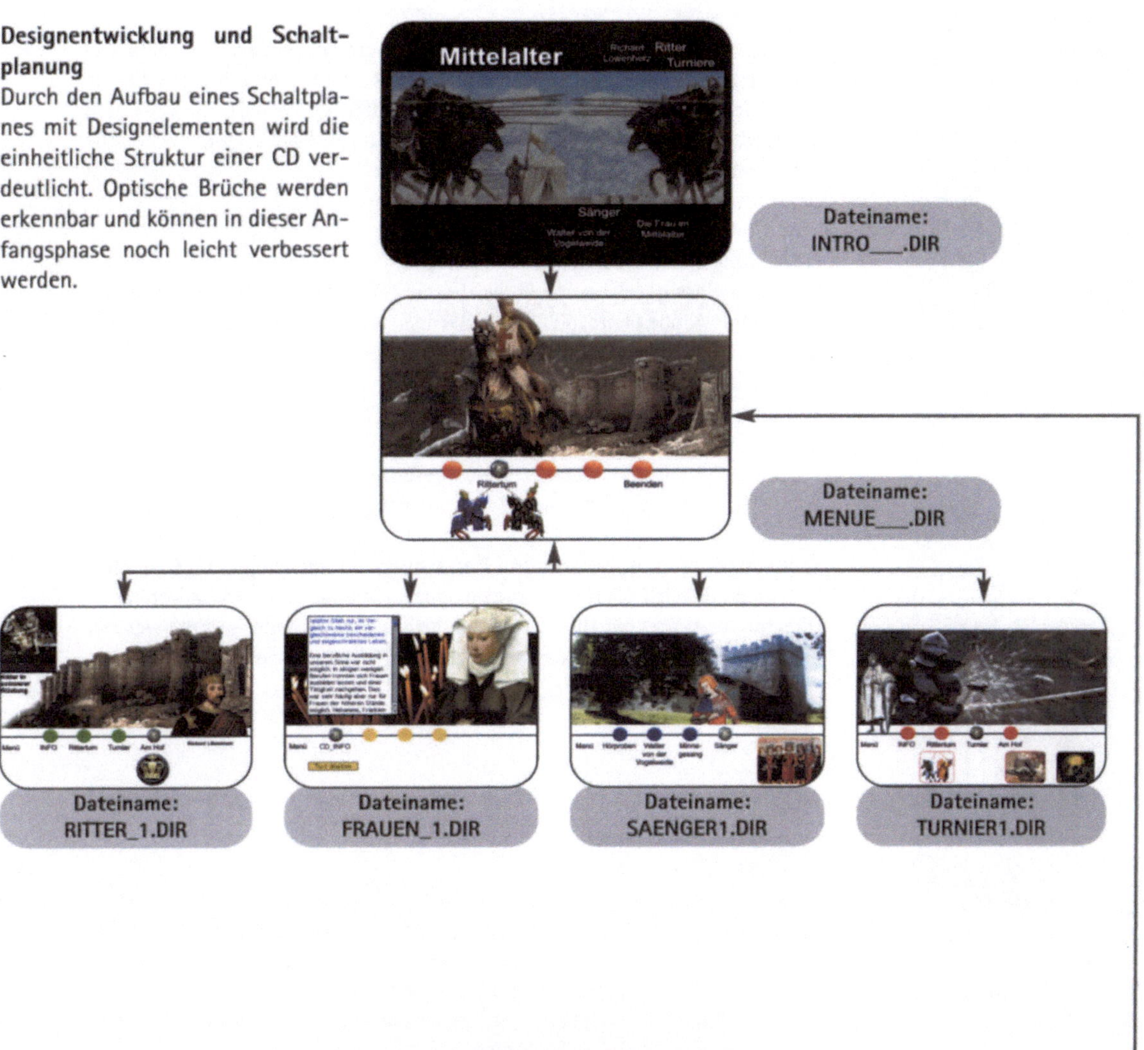

Lernziele

- Sie lernen, ein komplexes Projekt mit mittlerem Schwierigkeitsgrad zu bearbeiten und fertig zu stellen.

Zeitrahmen
16 Stunden

Übungsdateien auf DVD
> PROJEKT > NONPRINT > N06

Verwenden Sie, wenn die ersten brauchbaren Formen für die Screen-Entwicklung gescribbelt und umgesetzt wurden, strukturierte Entwurfbogen für die Entwürfe. In diese Entwurfbogen können gleich notwendige Hinweise und Querverbindungen eingetragen werden. Dies ist für die spätere technische Umsetzung hilfreich und beschleunigt die Herstellung. Ein Muster für einen derartigen Bogen sehen Sie oben abgebildet.

Umsetzung des Scribbles mit Photoshop
Setzen Sie Ihre gezeichneten Entwürfe mit den Daten der DVD mit Hilfe des Programms Adobe Photoshop um. Verwenden Sie dazu die Daten auf der DVD. Denken Sie bei der Umsetzung bereits an die Funktionalität der einzelnen Screens. Sie können Elementen, die später eine Interaktion oder Funktion haben, bereits jetzt eine Ebene zuteilen. Aus den Photoshop-Ebenen heraus können Sie dann die entsprechenden Bestandteile Ihres Screens einzeln als Bilddatei absichern und verwenden. Die umgesetzten Screens können dann in der Art der Darstellung so aussehen, wie im rechts abgebildeten Schaltplan.

Programmierung in Director und Herstellung der verschiedenen Darsteller
Es erfolgt zunächst die Herstellung der einzelnen unabhängigen Hauptfilme in Director, die später mit Hilfe von Lingo-Skripten miteinander verlinkt werden. Sie erstellen entsprechend dem vorgegebenen Schaltplan folgende Filme:

- `INTRO____.DIR`
- `MENUE____.DIR`
- `RITTER_1.DIR`
- `FRAUEN_1.DIR`
- `TURNIER1.DIR`
- `SAENGER1.DIR`

Sollte sich bei der Programmierung herausstellen, dass der eine oder andere Film eine Erweiterung benötigt, ist dies jederzeit möglich. Sie müssen den weiteren Filmen dann nur die Nummer 2, 3 usw. zuteilen.

Vom INTRO-Film ausgehend erstellen Sie die einzelnen Filme nach Ihren Designvorgaben. Beachten Sie, dass Sie von Anfang an bei allen Filmen die richtigen Markierungen für die spätere Navigation setzen. Die Markierungsbezeichnungen sollten auf Ihren Designentwürfen für die

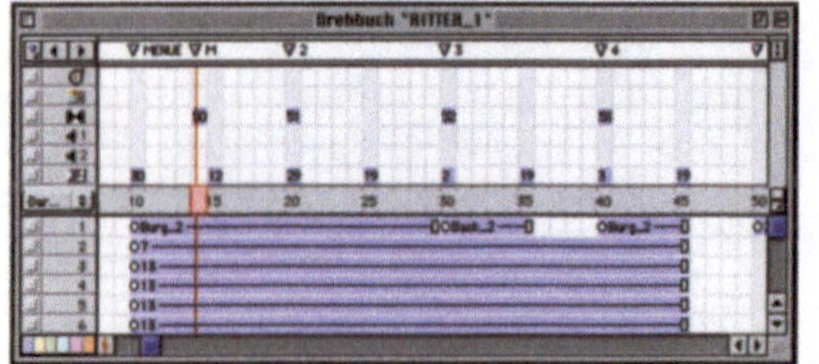

Weiter auf Seite 186

Zusatzauftrag

Der Kunde möchte nach der Fertigstellung und der ersten Präsentation noch einen einfachen Test mit Checkboxen zum Auswählen und Ankreuzen in die CD-ROM integriert haben. Bauen Sie diesen Test, versehen mit Checkboxen, so in die Arbeit ein, dass dieser vom Hauptmenü aus erreichbar ist. Die Fragen

Dateiname:
INTRO____.DIR

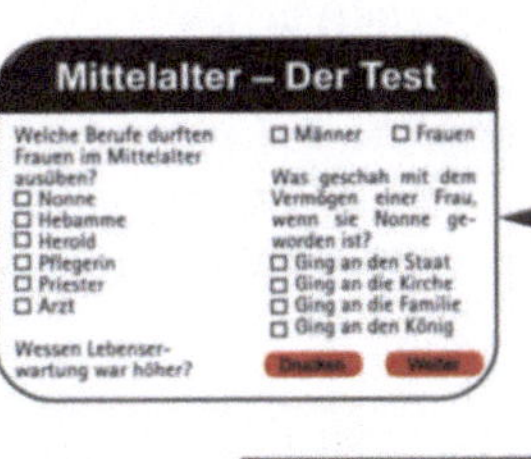

Dateiname:
MENUE____.DIR

Dateiname:
RITTER_1.DIR

Dateiname:
FRAUEN_1.DIR

Dateiname:
SAENGER1.DIR

Dateiname:
TURNIER1.DIR

zu den Checkboxen sind auf der DVD unter dem Stichwort TEST in einer Word-Datei zu finden. Insgesamt sind drei Musterseiten mit Fragestellungen zu erstellen und in die Arbeit zu integrieren.

Der Dateiname ist entsprechend den ISO-9660-Vorgaben zu definieren.

Dateiname:
ENDE_____.DIR

Lernziele
- Sie lernen, ein komplexes Projekt mit mittlerem Schwierigkeitsgrad zu bearbeiten und fertig zu stellen.

Zeitrahmen
16 Stunden

Übungsdateien auf DVD
> PROJEKT > NONPRINT > N06

einzelnen Screens festgehalten werden. Sie finden dann die Seiten z.B. für spätere Korrekturen schneller. Bevor Sie an die Ausarbeitung einzelner Funktionen auf den verschiedenen Screens gehen, muss die Navigationsprogrammierung zwischen den verschiedenen Filmen und innerhalb der Seiten programmiert werden und funktionieren. Erst wenn die Navigationsprogrammierung erstellt ist und funktioniert, sollten Sie an die Ausarbeitung und Programmierung der einzelnen Screens gehen. Hier können Sounds, Videos, Rollover, Textboxen und anderes eingebaut werden. Die einzelnen Screens müssen sich unterscheiden und dem Betrachter immer wieder neue Informationen interessant verpackt anbieten.

Um die notwendigen Arbeitsschritte zu erledigen, schauen Sie bitte bei Unklarheiten in den angegebenen Kapiteln des Tutorials nach und scheuen Sie sich nicht, im einen oder anderen Fall ein Skript aus den Lösungsdateien zu kopieren. Der komplette Projektauftrag ist lösbar, wenn Sie die entsprechenden Tutorials durchgearbeitet haben oder dieses Projekt zum Anlass nehmen, dies zu tun.

Test der ersten fertigen Version auf CD-ROM (BETA-TEST)
Ist die erste Programmierungsphase abgeschlossen und die einzelnen Filme alle miteinander verlinkt, erstellen Sie eine erste CD-ROM mit den erzeugten Daten. Diese CD wird auf einem Fremdrechner getestet – also **nicht** auf Ihrem Arbeitsplatz. Auf diesem fremden Rechner werden Sie feststellen, ob Ihre Programmierung und Ihre Dateianlage korrekt ist. Wenn irgendetwas nicht korrekt abgelegt ist, fehlt diese Information beim Abspielen und Director meldet Ihnen einen Abspiel-Fehler. Sollte dies der Fall sein, müssen Sie die fehlenden Dateien nachliefern – also eine neue und nachgebesserte Version erstellen.

Korrekturlesen
Wie bei allen Medien ist auch hier das Korrekturlesen der Texte und eine Überprüfung der Zuordnung von Text, Bild, Animation, Video und Sound notwendig. Die Texte und Screens müssen sie ausdrucken – wie sonst wollen Sie Ihre Korrekturen einzeichnen. Dies ist ein langweiliges Geschäft, aber es muss sein, da unser Kunde das Recht auf ein einwandfreies Medium CD-ROM hat.

Korrekturen umsetzen

Nachdem Fehler gefunden und die dadurch notwendigen Korrekturen durchgeführt wurden, kann an die Fertigstellung der Demo-CD gedacht werden. Dazu gehört, dass eine einwandfrei lauffähige Version erstellt wird, die ohne Probleme auf MAC und PC funktioniert. Für die Präsentation beim Kunden gehört ein übersichtlich gegliederter Schaltplan dazu und eine Übersicht über die Dateistruktur der späteren CD-ROM. Beispiele dafür sehen Sie in den Abbildungen zu diesem Projekt.

Wichtig ist bei der Erstellung des Schaltplanes, dass dieser nicht zu eng gezeichnet wird. Sie müssen bedenken, dass Ihr Kunde bei der Präsentation in Ihr Werk Erweiterungen oder Veränderungen eintragen möchte – und dies ist nur bei einem großzügig strukturierten Plan möglich.

CD-Hülle

Zur Herstellung einer CD-ROM gehört auch, dass die CD-Hülle entsprechend dem Inhalt gestaltet wird. Zwischen der optischen Gestaltung des interaktiven Teils einer CD-ROM und dem CD-Booklet sollte ein direkter Bezug bestehen. Daher gestalten Sie dieses CD-Booklet gleich mit. Drucken Sie Ihr Gestaltungsergebnis aus und präsentieren Sie Ihre CD-ROM mit fertigem Inhalt und Booklet. Auf die Rückseite der CD gehört auf die Inlaycard der Name Ihrer Firma, das Director- sowie das QuickTime-Logo. Sie finden diese im Ordner LOGO auf der DVD zum Buch.

Projektergebnisse

Eine interaktive Muster-CD-ROM zum Thema „Leben im Mittelalter" musste erstellt werden. Sie haben ein weitgehend einheitliches Screen-Design mit entsprechender Navigation entwickelt und als lauffähiges Muster umgesetzt.

Die fertig gestellte Muster-CD ist mit Projektor- bzw. Startdatei für MAC und PC erstellt und kann präsentiert werden. Die Gestaltung eines CD-Booklets ist durchgeführt und kann bei der CD-Vorstellung verwendet werden.

Vor der Präsentation des Ergebnisses sollten Sie Ihre Arbeit mit Hilfe der nachfolgenden Checkliste nochmals gründlich prüfen. Nur wenn alle Punkte in Ordnung sind, kann Ihr Produkt vorgestellt werden – wenn nicht, ist eine Nachbearbeitung angesagt.

Dateianlage der CD:
Es müssen sich alle Video- und Sounddateien in eigenen Ordnern befinden. Die Director-Dateien liegen offen auf der CD-ROM. Sichtbar für den Nutzer sind die Startdateien für MAC oder PC.

Wird die CD dem Kunden zum Test gegeben oder später im Handel vertrieben, werden die Director-Dateien noch geschützt, so dass auch Director diese Daten nicht mehr öffnen kann. Lesen Sie dazu die Hilfedatei in Director unter dem Stichwort „Schützen".

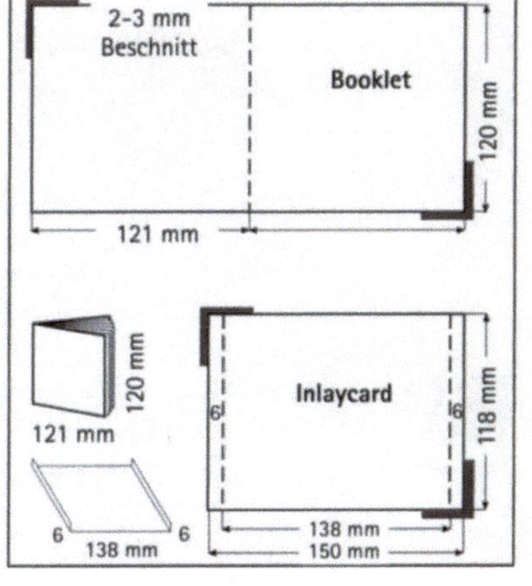

Booklet, Inlaycard und deren Maße für die übliche Standard-CD-ROM-Hülle.

Überprüfung des Projektes

	Erfüllt	Bedingt …	Nicht erfüllt	Änderungen
Navigation				
• Schriftwahl/-farbe/-mischung	☐	☐	☐	....
• Effekte (z.B. MouseOver)	☐	☐	☐	....
• Klare Navigation	☐	☐	☐	....
• Schaltelemente	☐	☐	☐	....
• Funktionssicherheit	☐	☐	☐	....
• Gesamteindruck	☐	☐	☐	....
Medienverwendung und Gestaltung				
• Gestaltungsraster	☐	☐	☐	....
• Aufbereitung Text	☐	☐	☐	....
• Lesbarkeit/Erkennbarkeit	☐	☐	☐	....
• Informationsgehalt	☐	☐	☐	....
• Farbgestaltung	☐	☐	☐	....
• Animationsverwendung	☐	☐	☐	....
• Videointegration	☐	☐	☐	....
• Soundintegration	☐	☐	☐	....
• Funktionssicherheit	☐	☐	☐	....

Änderungen korrigiert ☐ ja ☐ nein   Auftrag korrekt erledigt ☐ ja

Überprüfung der technischen Vorgaben und der Dateianlage

	Erfüllt	Bedingt …	Nicht erfüllt	Änderungen/Ergänzungen

Technische Vorgaben

....

• Funktionskontrolle PC/MAC ☐ ☐ ☐ ....

Dateianlage

• Systemschriften ☐ ☐ ☐ ....

• Schriften als Grafik beigefügt ☐ ☐ ☐ ....

• Sounds alle beigefügt ☐ ☐ ☐ ....

• Sounddateien beigefügt ☐ ☐ ☐ ....

• Vollständige Funktionskontrolle durch Personen der Zielgruppe   ja ☐   nein ☐

Datensicherung

• Daten auf CD/DVD gebrannt ☐ ☐ ....

• Datenträger im ISO-Format ☐ ☐ ....

• Datenträger in anderem Format?   Welches: ....

Dokumentation

• Ausdrucke ☐ ☐ ☐ ....

• Navigationsplan ☐ ☐ ....

• Rechtschreibkontrolle ☐ ☐ ....

• Dokumentation Designentwicklung   ja ☐   nein ☐

Lernziel
- Sie erstellen einen Roh- und Feinschnitt aus vorhandenem Ton- und Bildmaterial nach Vorgaben.

Zeitrahmen
2 Stunden

Übungsdateien auf DVD
> PROJEKT > NONPRINT > N07

Der Videoclip Umsteigen wurde uns freudlicherweise vom Verkehrsministerium in Baden-Württemberg zur Verfügung gestellt.

Briefing

Aufgabe

Von einem Aufnahmeteam wurden die unten beschriebenen Videoclips Szene für Szene abgedreht. Die Tonaufnahmen wurden während des Drehs mitgeschnitten, im Tonstudio nachbearbeitet und zu einer Tondatei zusammengefügt. Ihre Aufgabe besteht im Wesentlichen darin, die einzelnen Szenen und den vorhandenen Ton so miteinander zu kombinieren, dass der daraus entstandene Clip für interaktive Medien zur Verfügung gestellt werden kann. Die zeitliche Vorgabe für den Clip wird durch die nicht veränderbare Tondatei mit ca. 42 Sekunden vorgegeben. Am Beginn des Clips soll eine Texttafel mit einem passenden Bildhintergrund und dem Text „Umsteigen lohnt sich" stehen. Ein ähnlicher Abspann mit einem entsprechenden Schlusshinweis soll am Ende des Clips erscheinen.

Bild und Ton

Alle Videoclips und die Tondaten liegen als Einzeldatei vor und müssen entsprechend den Angaben im Abschnitt **Making of ...** bearbeitet werden.

Der Inhalt des Clips lässt sich wie folgt beschreiben: Auf humoristische Art und Weise soll dem Betrachter verdeutlicht werden, dass Reisen mit dem Autoreisezug manchmal durchaus Vorteile aufweisen kann. Die werbliche Aussage des Films und der Auftraggeber bleiben bis zum Schlussbild verborgen. Nur der kurze Schlusshinweis „Umsteigen lohnt sich – Verkehrsministerium Baden-Württemberg" verdeutlicht die Herkunft, Zielgruppe und Zielsetzung des Clips.

Produkt Videoclip

Der Videoclip ist auf die Framegröße 480×360 Pixel anzulegen, die Clipdauer beträgt ca. 42 Sekunden. Je nach erstelltem Vor- und Abspann sind hier noch einige Sekunden Spielraum möglich. Vor allem am Anfang des Clips ist noch keine Sprachaktion im Rahmen des Vorspanns notwendig – die Dialoge beginnen erst mit dem Clip N07_28.MOV durch die Szene „Auto im Kornfeld". Achten Sie beim Einsetzen der einzelnen Clips, dass die Lippensynchronität weitgehend gewahrt bleibt. Nur wenn dies der Fall ist, kann Ihr Film bzw. Ihr Schnitt als qualitätsvoll gelten.

Der Clip kann von Ihnen in zwei Größen berechnet werden. Einmal in der vorgegebenen Framegröße 480×360 Pixel. Der zweite Clip soll die Framegröße 320×240 Pixel aufweisen. Dieser kleinere Clip soll später für die Wiedergabe via Internet verwendet werden.

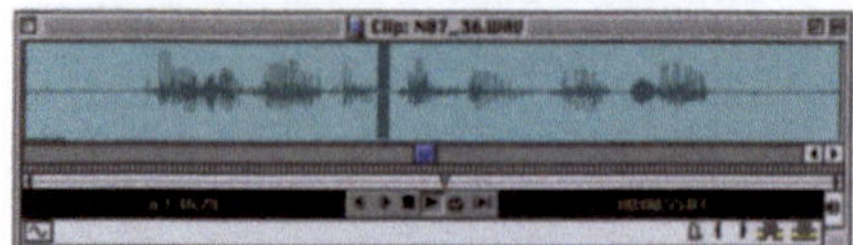

Abbildung des Projektsounds im Sound-Viewer von Adobe Premiere

Projektdaten

Die Abbildungen dieser Seite zeigen Ihnen die Projektdaten, die erforderlich sind, um diesen Schnitt durchzuführen. Es sind zehn Videoclips vorhanden, die nach der vorgegebenen Nummerierung zu verwenden sind. Die Reihenfolge der Clips können Sie auch aus dem rechts gezeigten Storyboard entnehmen. Drei der Clips müssen bereits im Storyboard für den Rohschnitt getrimmt werden, da hier jeweils noch falsche Frames im Clip enthalten sind. Es sind dies die Clips mit der Storyboardnummer 2, 5 und 6. Die Dateien Vorspann und Abspann sind hier mitgegeben, allerdings liegt der Sinn der Übung unter anderem darin, dass Sie im Titelgenerator von Premiere eigene Bilder für diesen Clip erstellen. Dazu müssen Sie unter *Ablage > Titel > Neu* den Titelgenerator aufrufen. Die Funktion des Generators erklärt sich weitgehend von selbst.

Leitgröße für den Schnitt ist der mitgelieferte Ton, der diesem Clip unterlegt werden muss. Hier haben Sie keine Eingriffsmöglichkeiten. Es dürfte Ihnen nicht schwer fallen, die gegebenen Filmclips und den Ton weitgehend synchron zu schneiden.

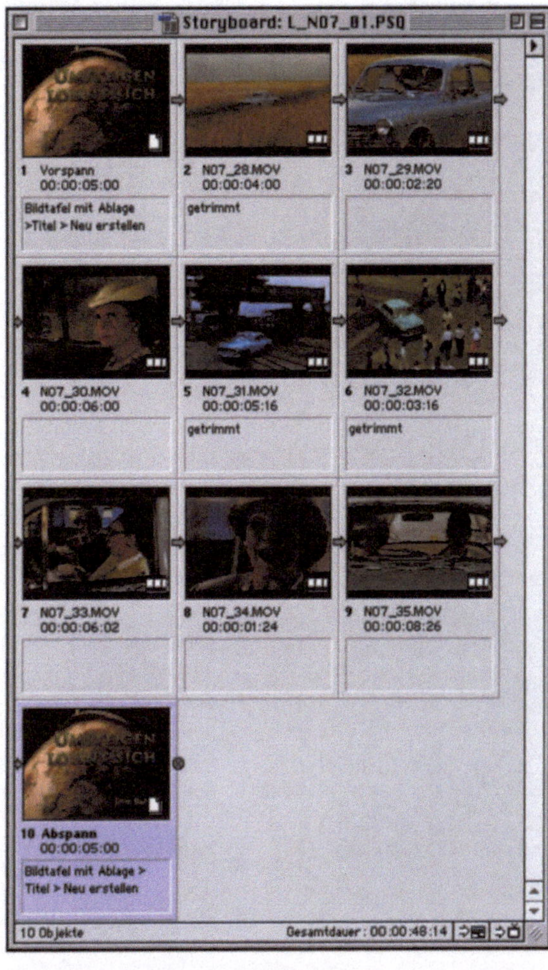

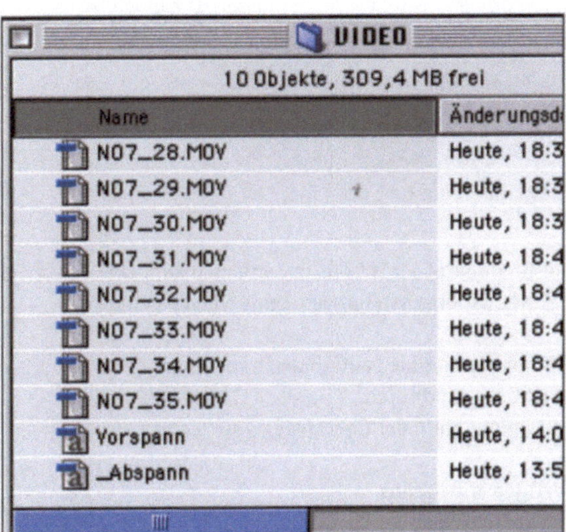

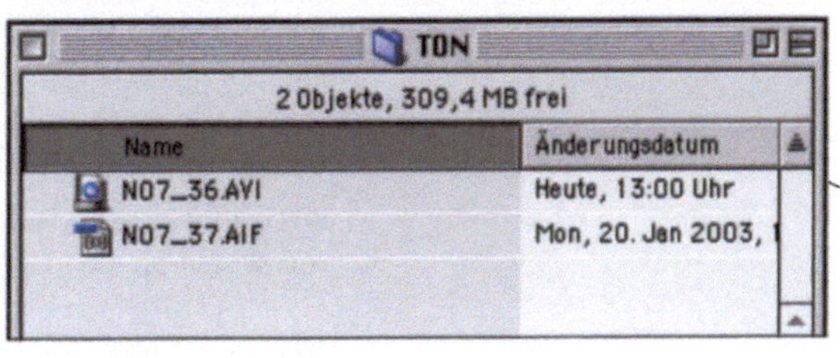

Lernziel

- Sie erstellen einen Roh- und Feinschnitt aus vorhandenem Ton- und Bildmaterial nach Vorgaben.

Zeitrahmen

2 Stunden

Übungsdateien auf DVD

> PROJEKT > NONPRINT > N07

Der Videoclip Umsteigen wurde uns freudlicherweise vom Verkehrsministerium in Baden-Württemberg zur Verfügung gestellt.

Making of …

1. Hinweise für die Erstellung des Videoclips

- Die Videoclips liegen in der Größe 480×360 Pixel vor und müssen in dieser Größe wieder ausgegeben werden. Daher müssen die Projekteinstellungen zu Produktionsbeginn dahingehend geändert werden.
- Die vorgegebene Framegröße ist 480×360 Pixel.
- Die Clipdauer richtet sich nach den Vorgaben der Tondatei und beträgt ca. 42 Sekunden.
- Es sollen nach dem Vorspann und vor dem Abspann Überblendungen verwendet werden. Diese beiden Überblendungen müssen identisch sein.
- Der geschnittene Videoclip ist als Projektdatei, Storyboarddatei und als plattformübergreifender Videoclip im QuickTime-Format oder als MPEG-4-Video zu sichern.
- Die Schnittreihenfolge entnehmen Sie dem Storyboard auf der vorherigen Seite. Die einzelnen Arbeitsdateien (Clips) müssen von Ihnen zum Teil von überflüssigen Frames befreit werden. Setzen Sie dazu die entsprechenden In-Points beim Vorbereiten des Rohschnitt mit Hilfe des Storyboards.
- Betrachten Sie vor der Übergabe des Rohschnitts aus dem Storyboard an das Schnittfenster Ihren Clip durch die Funktion *Auf Video ausgeben*. Sie können hier das Schnittergebnis in einer ersten Betrachtung sehen – allerdings ohne Ton.
- Beachten Sie, dass vor dem Export der fertigen Filmdatei die Exporteinstellungen auf die verlangte Clipgröße eingestellt werden müssen. Die Einstellung für den Soundexport muss mit den Einstellungen der verwendeten Sounddatei identisch sein.

2. Korrektur und Kontrolle der fertigen Datei

- Der Clip ist auf richtige Filmreihenfolge und auf akzeptable Synchronisation zu kontrollieren.

- Überprüfen Sie akustisch die Tonqualität Ihres Clips im Vergleich zum Originalton. Es darf sich durch Ihre Exporteinstellungen keine Verschlechterung der Qualität ergeben.
- Der Clip ist auf seine plattformübergreifende Lauffähigkeit auf einem Windows- und einem Macintosh-PC zu überprüfen.
- Überprüfen Sie den fertigen Clip mit Hilfe der Checkliste.

3. Weiterverarbeitung des fertigen Videoclips

- Überprüfen Sie, ob sich Ihr erstellter Videoclip problemlos in die üblichen Multimedia-Programme importieren lässt.

4. Hinweise für den Schnitt des Clips

- Benutzen Sie für den Schnitt die A/B-Bearbeitung, da Sie zwei Überblendungen verwenden müssen.
- Legen Sie den Ton in die vorhandene Tonspur und schützen Sie diese durch das Schloss (siehe Audio 2 in der Abbildung rechts).
- Um ein Knackgeräusch am Anfang der Tonspur zu vermeiden, verwenden Sie die Tonspur, die Sie mit dem Befehl *Ablage > Neu > Streifen und Ton* erhalten. Löschen Sie die Streifen aus dem Schnittfenster und setzen Sie den Ton vor den eigentlichen Videosound – wie in der Abbildung gezeigt. Schalten Sie die Tonspur 2 aus. Sie erhalten mit diesem kleinen Trick einen knackfreien Anfangston, wenn Sie die beiden Sounds mit dem Überblendenwerkzeug wie in der Abbildung oben steuern.
- Die harten Übergänge zwischen den einzelnen Clips können im Wechsel zwischen der Spur A und B erstellt werden. Ebenso ist es möglich, die Clips in einer Spur zu schneiden. In jedem Fall müssen die Clips zueinander getrimmt werden.

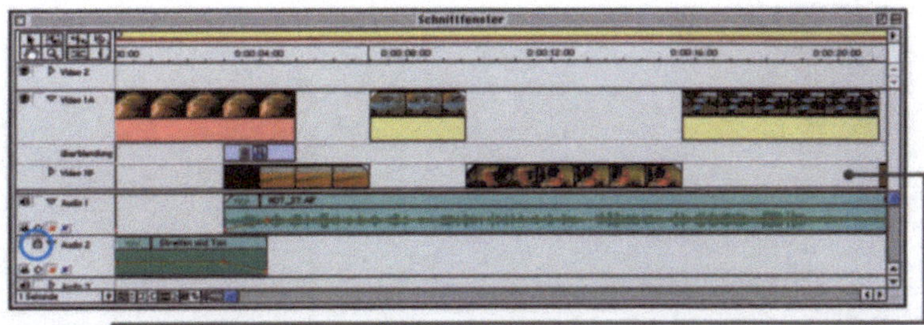

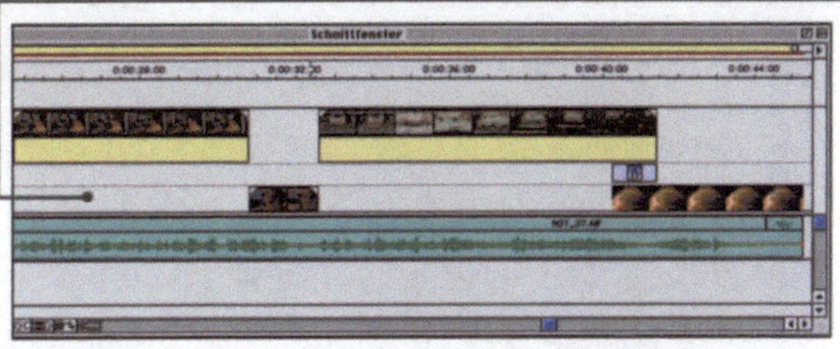

Nach der Überprüfung des QuickTime-Videoclips ist die Datei fertig zur Weiterverarbeitung im gewünschten Zielprogramm. Die Weitergabe des Clips muss mit den üblichen technischen Angaben erfolgen. Diese Angaben können Sie aus der vorherigen Projektaufgabe entnehmen.

Checken Sie Ihr Produktionsergebnis mit Hilfe der nachfolgenden Checkliste auf die Richtigkeit Ihrer Arbeit.

L_N07_01.MOV

Überprüfung der Vorgaben

	Erfüllt	Bedingt …	Nicht erfüllt	Änderungen/Nicht erforderlich
Vorgaben				....
• Schnittreihenfolge	☐		☐	....
• Überblendungen	☐	☐	☐	....
• Schriftverwendung Vor-/Abspann	☐	☐	☐	....
• Schriftfarbe Vor-/Abspann	☐	☐	☐	....
• Kontrast und Lesbarkeit	☐	☐	☐	....
• Synchroner Schnitt	☐		☐	....
• Harte Schnitte	☐	☐	☐	....
Bild- und Logoverwendung Vorspann/Abspann				
• Aufbereitung	☐	☐	☐	....
• Lesbarkeit	☐	☐	☐	....
• Informationsgehalt	☐	☐	☐	....
• Farbgestaltung	☐	☐	☐	....
Überblendungen/Effekte				
• Richtung	☐	☐	☐	....
• Farbverwendung	☐	☐	☐	....
• Wirkung	☐	☐	☐	....

Änderungen korrigiert ☐ ja ☐ nein   Auftrag korrekt erledigt ☐ ja

Überprüfung der technischen Vorgaben und der Dateianlage

	Erfüllt	Bedingt …	Nicht erfüllt	Änderungen/Ergänzungen
Technische Vorgaben				....
• Framegröße + Rate	☐	☐	☐	....
• MAC – QuickTime/MPEG-4	☐	☐	☐	....
• PC – QuickTime /MPEG-4	☐	☐	☐	....
Soundkontrolle				
• Technische Vorgaben	☐	☐	☐	....
• Lautstärke und Steuerung	☐	☐	☐	....
• Qualität	☐		☐	....
• Subjektiver Höreindruck	☐		☐	....
• Probleme	....			
• Nachvertonen	....			
Datensicherung und Dokumentation				
• Daten auf CD/DVD gebrannt	☐		☐	....
• Datenträger im ISO-Format	☐		☐	....
• Datenträger in anderem Format?			Welches:	....
• Rechtschreibkontrolle	☐		☐	....
• Schnittdokumentation	☐		☐	....
Freigabe	☐ ja, am		☐ nein	Auftrag korrekt erledigt ☐ ja

Adobe Photoshop
Adobe ImageReady

Lernziele

- Sie kennen die Arbeitsoberfläche von Adobe Photoshop.
- Sie kennen die wichtigsten Paletten.
- Sie treffen die wichtigsten Programmvoreinstellungen.

Programmbeschreibung

Adobe Photoshop ist das Standardbildverarbeitungs-, Grafik-, Screendesign-, … -programm für Mac und PC.

Neben den klassischen Aufgaben der Bildverarbeitung, z.B. Tonwert- und Gradationskorrektur, Retusche sowie Composing, werden Sie in diesem Tutorial auch die grundlegenden Techniken des Multimediadesigns wie Buttonerstellung mit Rollover, die Aufteilung eines Bildes in Slices und die Erstellung animierter GIFs kennen lernen.

Programmeinstellungen

Bevor Sie mit Photoshop zu arbeiten beginnen, sollten Sie eine Reihe von Programmeinstellungen treffen bzw. überprüfen. Die beiden wichtigsten Einstellungsmenüs finden Sie unter:

Menü Bearbeiten > Voreinstellungen > Allgemeine …
Sie können grundsätzlich mit den Standardeinstellungen arbeiten und diese von Fall zu Fall modifizieren.

Menü Bearbeiten > Farbeinstellungen …
Die Farbeinstellungen in Adobe Photoshop bestimmen, wie Ihr Bild auf dem Bildschirm dargestellt wird, wie es ausgegeben wird, und beeinflussen die Berechnung des Wechsels von Farbmodi, z.B. von RGB in CMYK.

Wenn Sie mit der Arbeit mit ICC-Profilen vertraut sind, dann konfigurieren Sie hier Ihren Colormanagent-Workflow. Allen anderen sei die folgende Standardeinstellung empfohlen.

Beim Öffnen einer Datei werden Sie mit einem der folgenden Dialogfelder zu einer Auswahl von ICC-Profilen aufgefordert. Wenn Sie sich nicht sicher sind, wählen Sie folgende Einstellung:

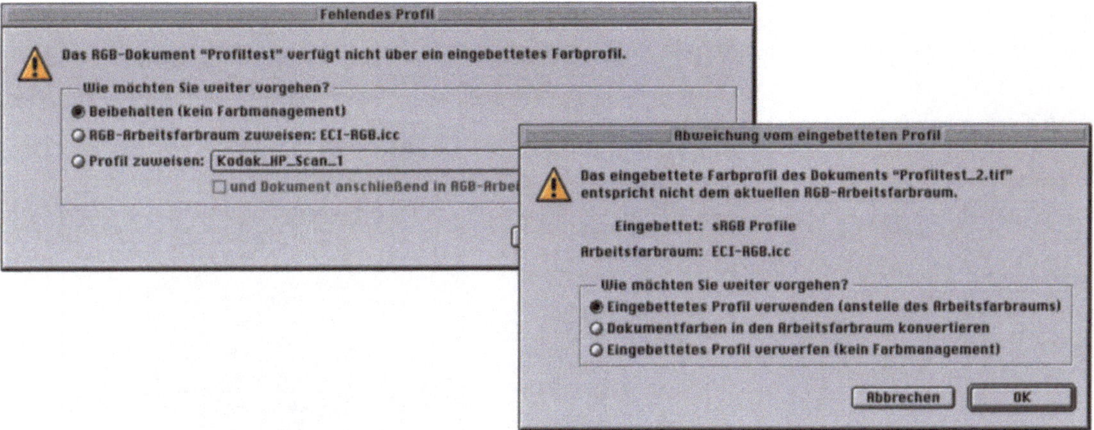

Arbeitsumgebung

Die Arbeitsumgebung besteht im Wesentlichen aus vier Bereichen:

- Werkzeugpalette – meist links am Monitorrand
- Einstellungsleiste unter der Menüleiste – sie ändert sich kontextsensitiv, je nach ausgewähltem Werkzeug
- Paletten – sie werden im Menü *Fenster* ein- bzw. ausgeblendet

- Bildfenster – der Prozentwert in der Titelleiste gibt das Verhältnis zwischen Bildpixeln und Bildschirmpixeln an. Photoshop öffnet Bilder immer in dem Verhältnis, das die Anzeige des gesamten Bildes gestattet.

Unter Menü *Fenster > Dokumente* können Sie zwischen einzelnen geöffneten Fenstern hin- und herschalten sowie deren Anordnung auf dem Bildschirm wählen.

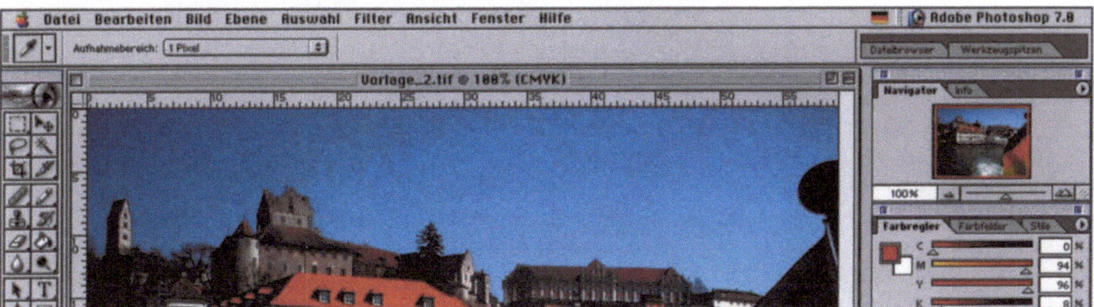

Werkzeugpalette

Für alle Aktionen stehen Ihnen in der Werkzeugpalette die passenden Werkzeuge zur Verfügung. Die Auswahl erfolgt durch einfaches Anklicken. Werkzeuge, die in ihrem Icon rechts noch ein kleines schwarzes Dreieck haben, stehen für eine Werkzeuggruppe. Sie ist jeweils in einem Flyout-Menü zusammengefasst, das Sie mit gedrückter Maustaste auswählen können.

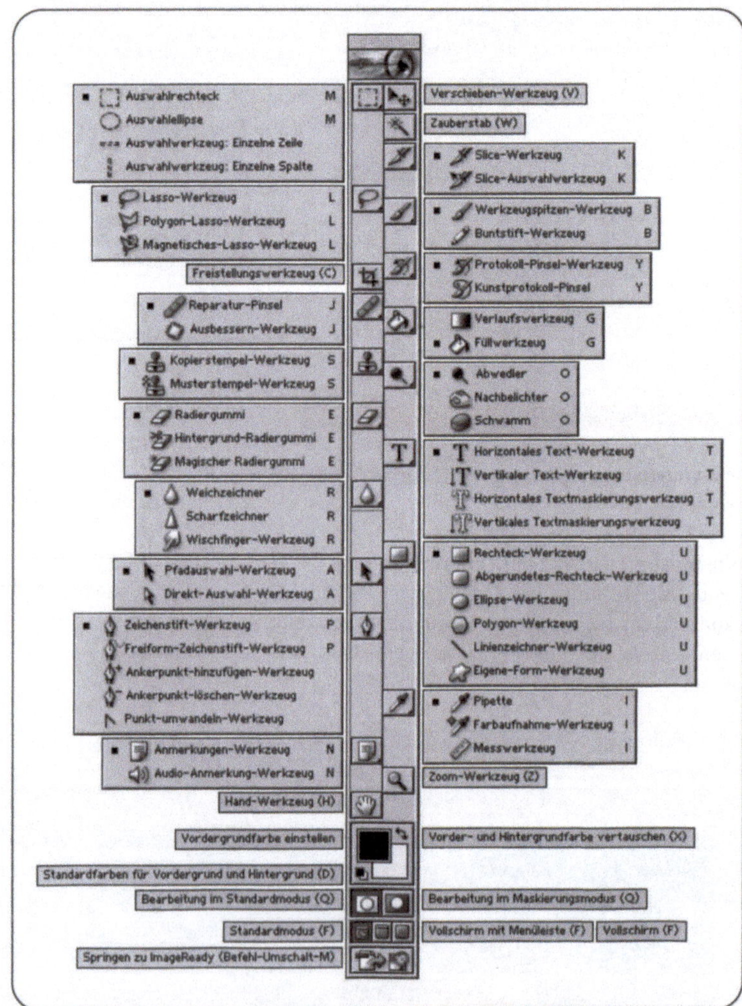

Ebenen

Die Ebenen werden von Photoshop in der Ebenenpalette verwaltet.

- Hintergrundebene – jedes Bild hat nach dem Öffnen zunächst nur die Hintergrundebene
- Neue Ebene – Anklicken der entsprechenden Buttons am unteren Rand der Ebenenpalette
- Ebene auswählen – einfaches Anklicken
- Ebene kopieren – Ziehen der zu kopierenden Ebene auf den „Neue Ebene erstellen"-Button
- Ebenennamen ändern – Doppelklick auf den bisherigen Namen
- Einstellungen des Ebenenstils – Doppelklick auf das Thumbnail der Ebene
- Reihenfolge der Ebenen ändern – Verschieben in der Palette
- Ein- und Ausblenden – das Augensymbol anklicken
- Verknüpfen – die Kästchen in der zweiten Spalte anklicken
- Ebene löschen – Ebene auf den Papierkorb in der Palette ziehen

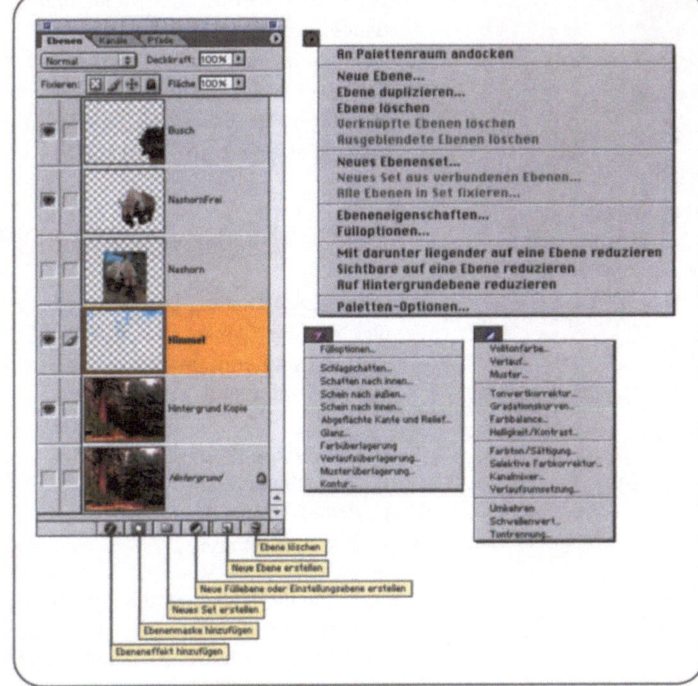

Kanäle

Die Farbinformation und die Auswahlmasken, so genannte Alphamasken, werden in Photoshop als Kanäle verwaltet. Unter *Menü Auswahl* können Sie einzelne Alphakanäle (geometrische Auswahlbereiche) sichern, modifizieren und laden. Photoshop unterstützt insgesamt 24 Kanäle pro Bild.

Die Palettenfunktionalität ist analog zur Ebenenpalette.

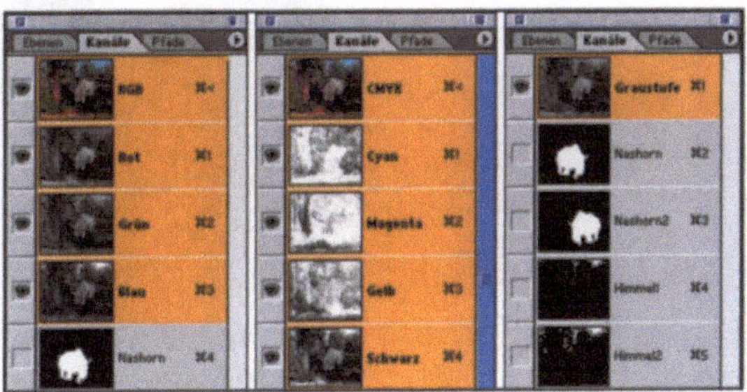

Bildanalyse – Soll-Ist-Vergleich

Der erste Schritt der Bildoptimierung ist die Analyse der Toncharakteristik des Bildes. Diese kann visuell, d.h. subjektiv, erfolgen oder objektiv durch die Darstellung des Histogramms. Das Histogramm zeigt die statistische Verteilung der Ton- und Farbwerte im Bild. Zur Analyse könnnen Sie es unter Menü *Bild > Histogramm ...* aufrufen. Menü *Bild > Einstellungen > Tonwertkorrektur ...* ermöglicht zusätzlich die Korrektur.

Belichtungskorrektur

Die Basisoptimierung gilt dem Licht (hellste Bildstelle, RGB 255, CMYK 3%) und der Tiefe (dunkelste Bildstelle: RGB 0, CMYK 97%) sowie dem Tonwertverlauf zwischen Licht und Tiefe. Zur Korrektur stehen Ihnen folgende Optionen zur Verfügung:

- Tonwertkorrektur ...
- Gradationskurven ...
- Helligkeit/Kontrast ...
- Farbton/Sättigung ...

Führen Sie die Bildkorrekturen am besten in Einstellungsebenen durch. Diese lassen sich nämlich jederzeit modifizieren bzw. löschen. Die Korrekturen im Menü *Bild* sind grundsätzlich immer endgültig.

vor der Korrektur

nach der Korrektur

Optimieren Sie die Digitalfotografie nach Ihren Vorstellungen. Die Einstellungen sind lediglich ein Vorschlag.

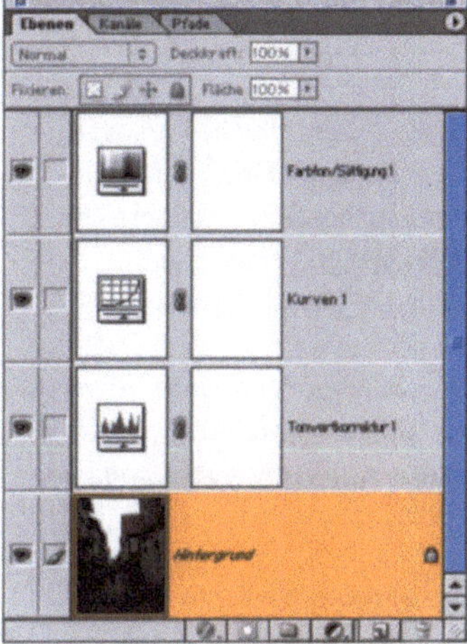

Reduzieren Sie nach der Korrektur alle Ebenen auf die Hintergrundebene. Die Korrekturen werden damit automatisch eingerechnet.

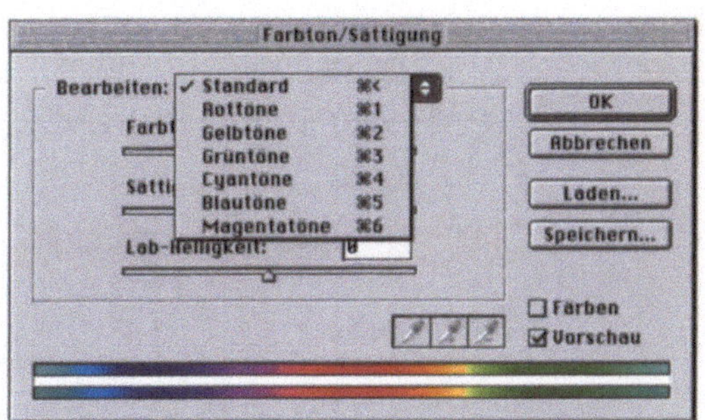

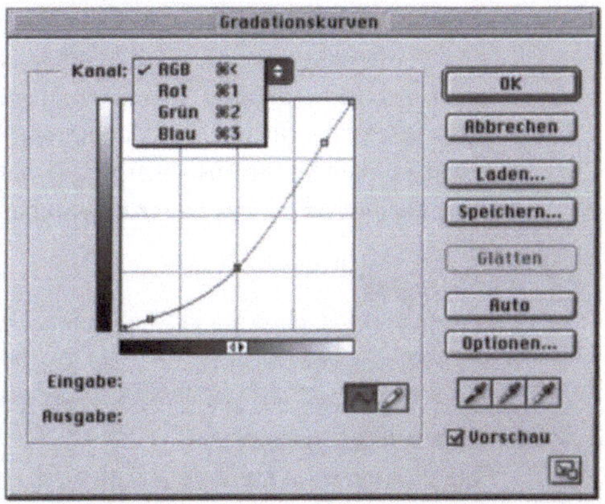

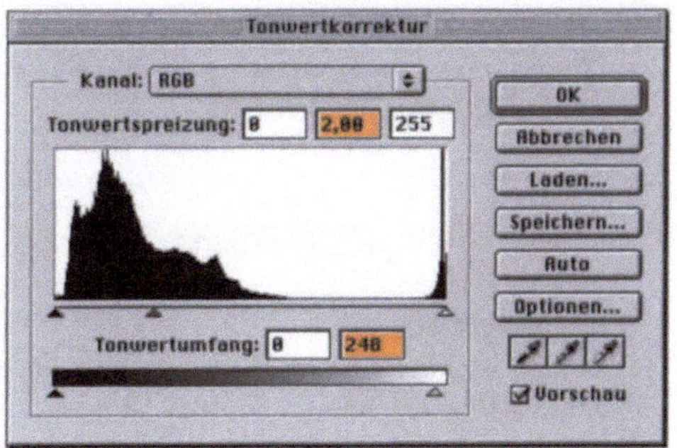

Einstellungen
Sättigung:
Standard   -40
Rottöne   +50
Magentatöne +30

Einstellungen
Nur in RGB:
  30 >   10
128 >   68
225 > 210

Sollte im Nullpunkt Weiß angezeigt werden, dann stellen Sie die Achsen mit einem Mausklick auf die untere Grauskala um.

Einstellungen
Mitteltonsteuerung über den Gammawert: 2,00
Lichterwert: 248

Lernziele

- Sie wählen gezielt Bildbereiche mit den geeigneten Auswahlwerkzeugen aus.
- Sie arbeiten mit der Pixel- und der Pfadauswahl.
- Sie speichern die Auswahl in einem Alphakanal.
- Sie bearbeiten die ausgewählten Bildbereiche.

Aufgaben

- Montieren Sie einen freundlichen Himmel.
- Erzeugen Sie Dynamik durch Bewegungsunschärfe im Hintergrund.

Übungsdateien auf DVD
> TUTORIAL > B_BILD > B02

Die geometrische Auswahl, d.h. das Freistellen, einzelner Bildbereiche ist notwendig um diese Bereiche gezielt bearbeiten zu können. Dazu stehen Ihnen in Photoshop eine ganze Reihe Werkzeuge zur Verfügung.

Pixel- und Pfadauswahl

Pixelauswahl

Zur pixelgenauen Auswahl dienen die Werkzeuge „Auswahlrechteck/-oval", „Lasso" und „Zauberstab". Die Einstellung erfolgt jeweils in der Einstellungsleiste. Das „Verschiebewerkzeug" ermöglicht es Ihnen, ausgewählte Bildbereiche im Bild zu bewegen oder in andere geöffnete Bildfenster zu verschieben.

Zur Veränderung des Auswahlbereichs kombinieren Sie die Auswahlwerkzeuge. Dazu drücken Sie zur Erweiterung während der Auswahl die Shift-Taste. Die Alt-Taste ermöglicht die Verkleinerung des Auswahlbereichs. Unter Menü *Auswahl* können Sie die Auswahl speichern, wieder laden und modifizieren. Menü *Ebene > Neu > Ebene kopieren* erstellt aus Ihrer Auswahl eine neue Ebene.

Auswahlpfad

Pfade sind, ebenso wie die Formwerkzeugobjekte, Vektorgrafiken. Sie erstellen Pfade mit dem Zeichenstiftwerkzeug. Die Bearbeitung erfolgt, da es sich ja um Vektorobjekte handelt, analog zur Arbeit mit Pfaden in einem Grafikprogramm wie z.B. Adobe Illustrator.

G 01 @ S.236

Die Kombination mehrerer Pfade oder Formwerkzeugobjekte erfolgt analog zur Kombination der Pixelauswahlwerkzeuge.

Pfade können in Vektorprogramme exportiert werden und als Beschneidungspfade zusammen mit dem Bild als *.eps gespeichert werden.

Auswahlmasken

Maskiermodus

Durch Umschalten von Standardmodus in den Maskiermodus in der Werkzeugpalette erscheint der Auswahlbereich farbig. Er kann nun mit allen Malwerkzeugen bearbeitet werden. Wenn Sie auf den Standardmodus zurückschalten, wird automatisch eine Pixelauswahl erstellt, die Ihrer Maske entspricht. Ein Doppelklick auf das Maskenicon führt zu den Maskenoptionen.

Farbbereiche auswählen ...

Unter Menü *Auswahl > Farbbereiche* auswählen ... können Sie eine automatische Auswahlmaske erstellen.

Mit dem Zauberstab freistellen

1. Duplizieren Sie die Hintergrundebene.

2. Stellen Sie den Himmel mit dem Zauberstab und ggf. ergänzend dem Lasso frei.

3. Speichern Sie die Auswahl unter Menü *Auswahl > Auswahl speichern…* in einem neuen Kanal.

4. Wählen Sie im Farbwähler oder in der Farbenpalette als Vordergrundfarbe ein Himmelblau und als Hintergrundfarbe Weiß.

5. Erzeugen Sie mit Menü *Filter > Rendering-Filter > Wolken* Ihren Wolkenhimmel.

6. Wiederholen Sie die Aktion, bis Ihnen das Ergebnis gefällt.

7. Beenden Sie die Auswahl mit Menü *Auswahl > Auswahl aufheben.*

Mit dem magnetischen Lasso freistellen

1. Kopieren Sie die Hintergrundebene.

2. Stellen Sie das Auto mit dem magnetischen Lasso frei. Variieren Sie die Einstellungen.

3. Korrigieren Sie die Auswahl mit Hilfe der anderen Auswahlwerkzeuge.

4. Kopieren Sie das Auto in eine neue Ebene mit Menü *Ebene > Neu > Ebene durch Kopie.*

5. Wählen Sie den Schatten weich aus und kopieren Sie ihn ebenfalls in eine neue Ebene.
Da die Schattenebene nachher hinter dem Auto steht, können Sie diesen Bereich großzügig freistellen.

6. Modifizieren Sie den Hintergrund mit Menü *Filter > Weichzeichnungsfilter > Bewegungsunschärfe…*

B 07 @ S.214

7. Führen Sie, falls es Ihnen notwendig erscheint, noch eine Belichtungskorrektur durch.

8. Reduzieren Sie die Ebenen auf die Hintergrundebene.

Lernziele
- Sie kennen die Möglichkeiten der Freistellung in Photoshop.
- Sie wählen aufgabenbezogen die jeweilige Freistellungsoption.

Aufgaben
- Stellen Sie einen von Ihnen zu wählenden Bildausschnitt mit den verschiedenen Menüoptionen und Werkzeugen frei.
- Vergleichen und bewerten Sie die einzelnen Werkzeuge aufgabenbezogen.

Übungsdateien auf DVD
> TUTORIAL > B_BILD > B03

Im Gegensatz zu Scans müssen Bilder, die digital fotografiert wurden oder aus digitalen Bildarchiven stammen, oft in ihrem Bildausschnitt, ihrer Größe und Auflösung verändert werden. Sie können diese Aufgabe, wie immer in Photoshop, auf verschiedene Weise lösen.

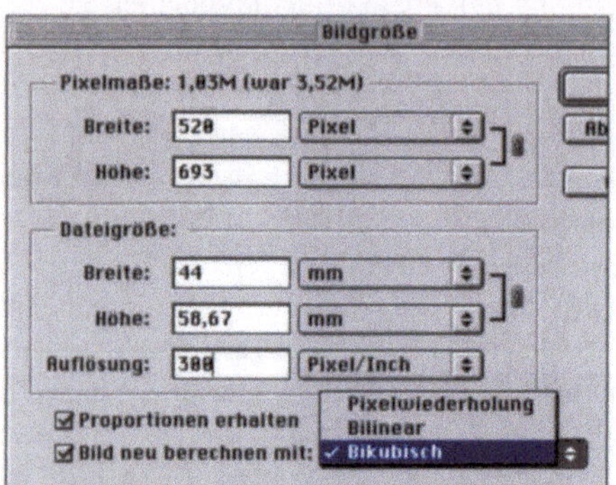

Menü Bild > Bildgröße ...
Im Dialogfeld „Bildgröße ..." können Sie die Bildgröße und/oder die Auflösung verändern. Der Bildausschnitt bleibt unverändert. Die bikubische Neuberechnung empfiehlt sich für Halbtonbilder, die Option Pixelwiederholung findet bei Grafiken mit glatten Flächen Anwendung.

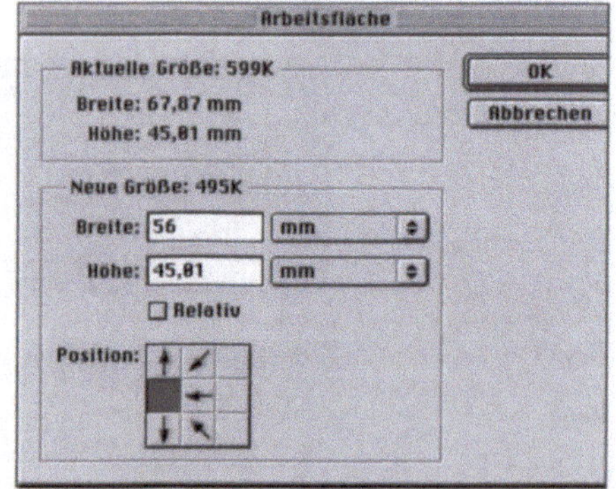

Menü Bild > Arbeitsfläche ...
Im Dialogfeld „Arbeitsfläche ..." wird die geometrische Bildgröße verändert. Dies ist z. B. nützlich, um Platz für das Ansetzen von Bildteilen zu haben. Die hinzukommende Fläche ist mit der Hintergrundfarbe gefüllt. Im Dialogfeld können Sie wählen, auf welcher Seite im neuen Format Ihr bisheriges Bild steht.

Beim Beschnitt des Bildes macht Photoshop eine Sicherheitsabfrage.

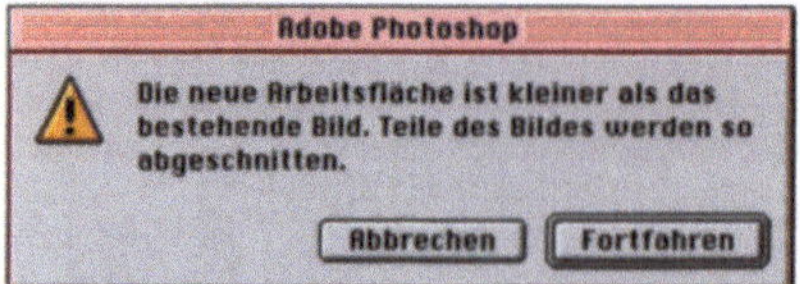

Menü Bild > Freistellen
Die Option „Freistellen" stellt das Bild rechtwinklig im
Format Ihrer Pixelauswahl frei.

Menü Bild > Zuschneiden...
Die Option „Zuschneiden ..." stellt das Bild rechtwinklig
bezogen auf Ihre Pixelauswahl frei.

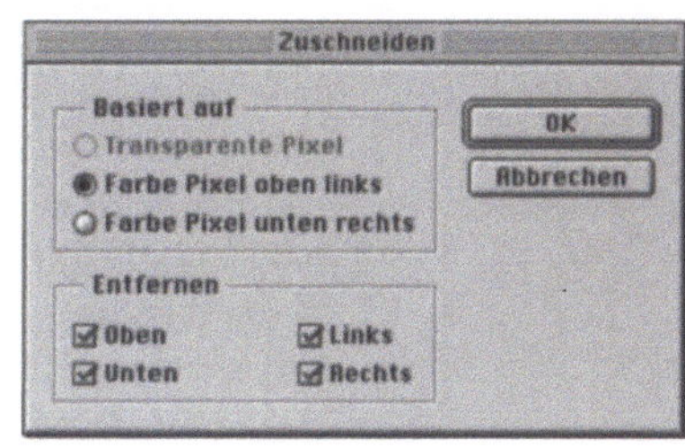

Freistellungswerkzeug

Einstellungsleiste vor der Auswahl

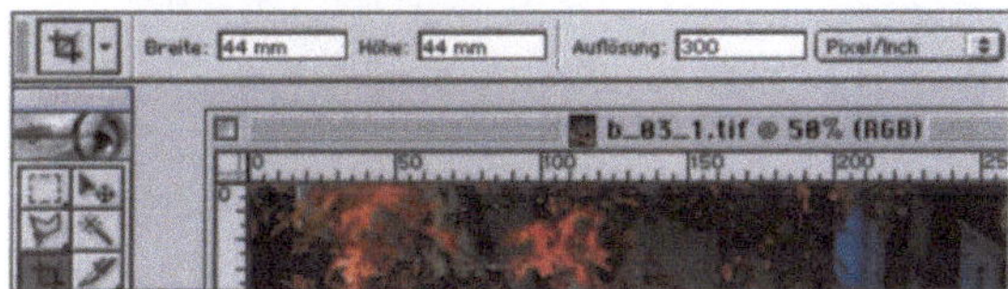

Die Einstellungen treffen Sie wie üblich in der Einstellungsleiste. Der von Ihnen durch Ziehen mit der Maus gewählte Ausschnitt wird immer auf die eingestellten
Maße und Auflösung berechnet. Zusätzlich besteht die
Möglichkeit, dass Sie die Auswahl drehen.

Wenn Sie nach der Auswahl das Freistellungswerkzeug in der Werkzeugpalette anklicken, erhalten Sie ein
Dialogfeld. Dort haben Sie die Wahl
zwischen „Freistellen" und „Nicht
Freistellen".

Einstellungsleiste während der Auswahl, Auswahlbereich

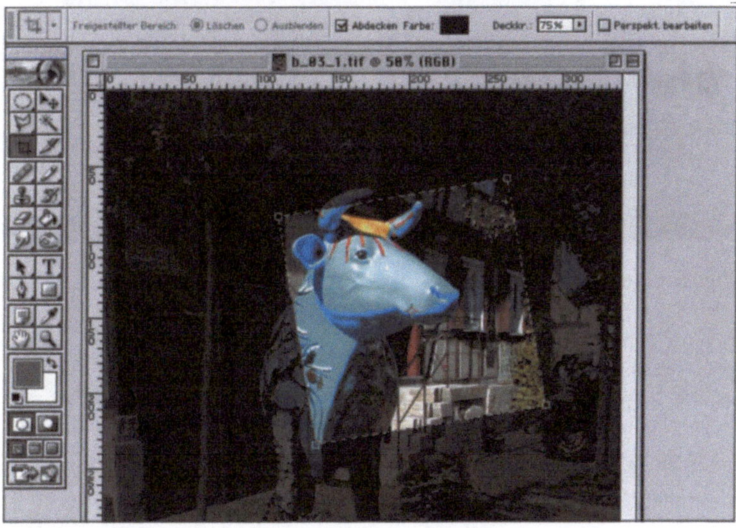

Freigestelltes Bild

Die Bildretusche ist neben der Bildoptimierung die häufigste Aufgabe der Bildverarbeitung. Oft müssen unerwünschte Bildteile entfernt, fehlende Elemente ergänzt sowie fehlerhafte oder beschädigte Bilder korrigiert werden.

Der Kopierstempel besteht aus zwei Bereichen, dem aufnehmenden Bereich und dem retuschierenden Bereich. Beide Bereiche (Werkzeugspitzen) sind gleich groß. In der Abbildung auf der nächsten Seite finden Sie eine Übersicht der Einstellungsmöglichkeiten.

Die Auswahl erfolgt bei gedrückter Alt-Taste durch einen Mausklick auf die zu kopierende Stelle. Beginnen Sie die Retusche mit gedrückter Maustaste an der zu bearbeitenden Bildstelle. Der Kopier-Cursor folgt dem Arbeits-Cursor im bei der Auswahl festgelegten Abstand.

Sie können mit jedem Auswahlwerkzeug Arbeitsmasken erstellen. Die Aufnahme erfolgt im ganzen Bild, die Retusche nur innerhalb der Maske.

1. Kopieren Sie die Hintergrundebene.

2. Zoomen Sie den zu retuschierenden Bereich.

3. Wählen Sie den Kopierstempel und stellen Sie die Werkzeugspitze ein.

4. Beginnen Sie mit der Retusche, erstellen Sie wenn notwendig Auswahlbereiche zur partiellen Retusche.

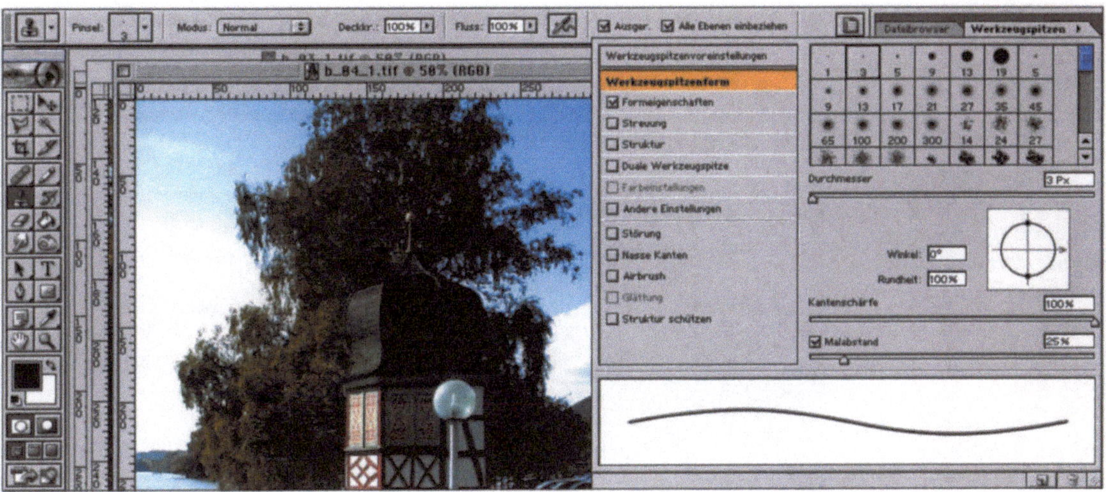

Korrekturfilter

Die Retusche kleinerer Bildfehler, wie z.B. Kratzer, ist oft automatisch durch Filter möglich. Unter Menü *Filter > Störungsfilter* finden Sie vier unterschiedlich arbeitende Filter. Testen Sie ihre Wirkung.

- Helligkeit interpolieren
- Staub und Kratzer entfernen
- Störungen entfernen
- Störungen hinzufügen

Die Störungsfilter analysieren das Bild und entfernen Störungen durch eine nach dem Zufallsprinzip gesteuerte Angleichung benachbarter Pixel. Sie können in den jeweiligen Dialogfeldern die Wirkungsweise beeinflussen. Der Filter „Störungen hinzufügen ..." kehrt dieses Prinzip um und fügt neue Strukturen in das Bild ein.

Farbkorrektur

Die Farbkorrektur bzw. -retusche haben Sie schon in „B 01" bei der Belichtungskorrektur kennen gelernt. Wir wollen hier aber noch einen Schritt weiter gehen und einen Bildbereich komplett umfärben.

Falls Bereiche mit der gleichen Farbe unverändert bleiben sollen, dann müssen Sie vor der Korrektur eine geometrische Auswahl für den Retuschebereich vornehmen. Andernfalls reicht eine Auswahl des Farbbereichs.

Einstellungsebene Farbton/Sättigung ... > Farbtonregler oder Selektive Farbkorrektur ...

B 01 @ S.202

Wie immer gibt es in Photoshop viele Wege zum Ziel. In der folgenden Aufgabe werden Sie Einstellungen zur Farbkorrektur anwenden und kombinieren,
die Sie teilweise schon in „B01" und „B04" kennen gelernt haben. Darüber
hinaus müssen Sie Bildbereiche auswählen, neue Ebenen erstellen und mit Al-
phakanälen arbeiten.

Arbeitsablauf

1. Öffnen Sie die Übungsdatei.

2. Stellen Sie den umzufärbenden Bereich mit dem Polygon-Lasso frei und
   speichern Sie die Auswahl unter Menü *Auswahl > Auswahl speichern ...* in
   einem neuen Kanal.

3. Erstellen Sie nun aus dem ausgewählten Bereich eine neue Ebene mit
   Menü *Ebene > Neu > Ebene durch Kopie*. Führen Sie die Farbkorrekturen nur
   in einer jeweils weiteren Kopie dieser Ebene durch.

4. Machen Sie die Farbkorrekturen im Menü *Bild > Einstellungen*, z.B. in *Gradationskurven, Farbton/Sätti-
   gung* sowie den *Variationen*.
   Kombinieren Sie verschiedene Einstellungen.

B01 @ S.202

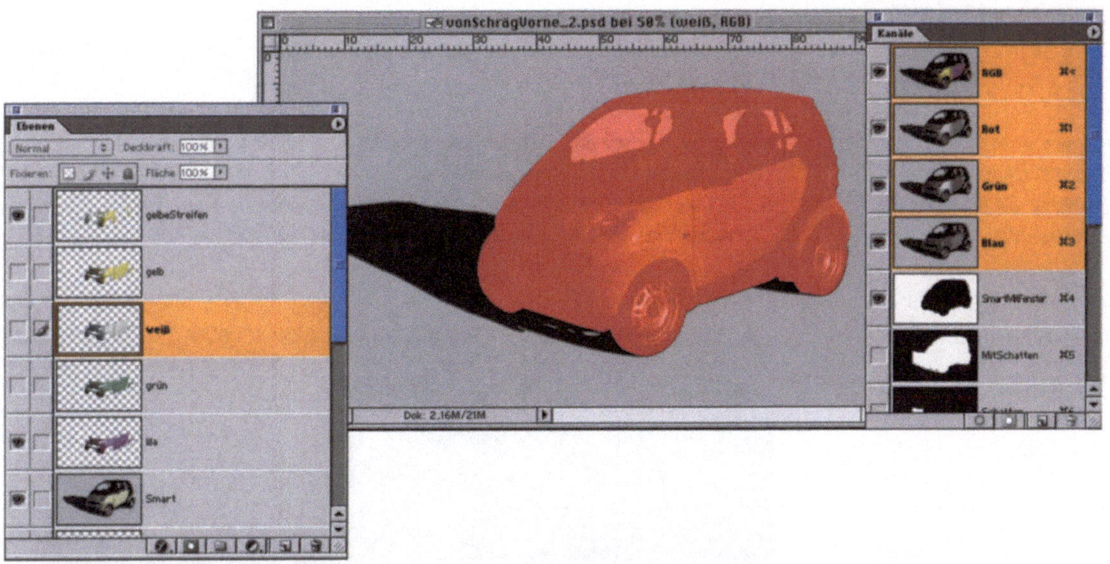

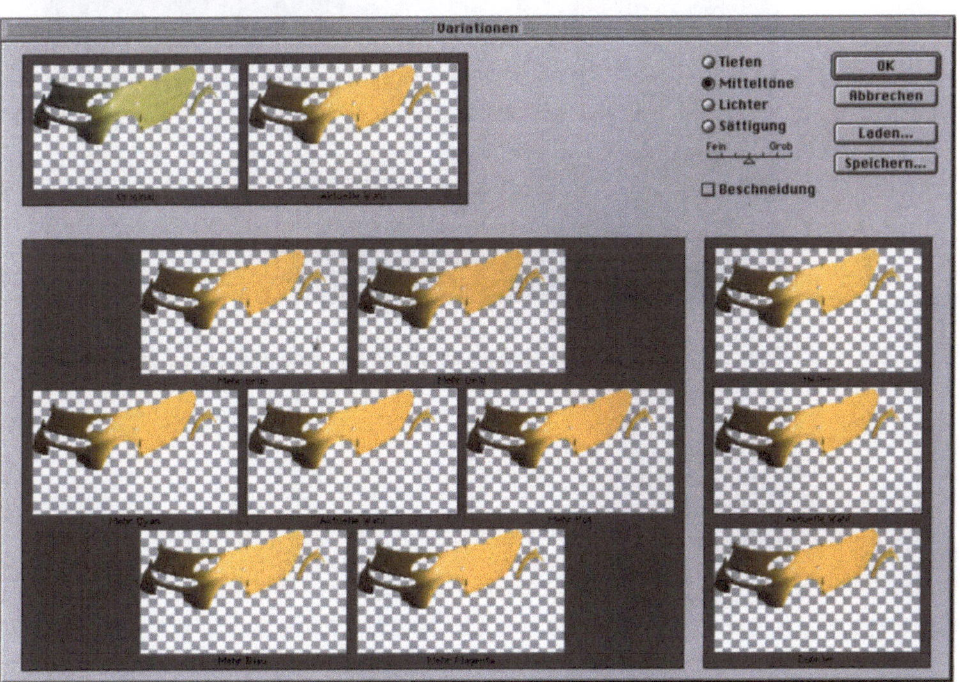

Composing ist der Fachbegriff für die Montage mehrerer Bilder oder Bildteile zu einem neuen Bild. Wir unterscheiden grundsätzlich zwei Arten bzw. Zielsetzungen:

• Der Betrachter soll/darf merken, dass das neue Bild so nie real war. Es muss insgesamt aber stimmig erscheinen.
• Der Betrachter soll/darf nicht merken, dass das neue Bild eine Fotomontage ist. Es muss im Charakter und Aufbau absolut real und harmonisch sein.

Nach der Flut?

Grundsätzlich müssen bei jedem Composing folgende Bildparameter beachtet werden:

• Schärfe
• Farbcharakter
• Licht und Schatten
• Perspektive
• Größenverhältnisse
• Proportionen

Beim Composing mehrerer Bilddateien gelten immer die Einstellungen von Auflösung und Farbmodus der Zieldatei.

Arbeitsablauf

1. Öffnen Sie die beiden Bilddateien.

2. Stellen Sie das Schild mit dem Polygon-Lasso frei.

3. Ziehen Sie jetzt mit dem Verschiebewerkzeug das ausgewählte Schild einfach auf die Bildfläche des zweiten Bildes. Photoshop legt für das neue Bildelement automatisch eine neue Ebene an.

4. Positionieren Sie das Schild entsprechend der Vorlage auf der linken Seite.

B 09 @ S. 218

5. Verlängern Sie die Stange. Erstellen Sie mit dem Auswahlrechteck eine Auswahl, die der zukünftigen Stange entspricht. Danach ergänzen Sie das fehlende Stück mit dem Kopierstempel.

6. Stellen Sie das Stangenende unscharf.

7. Optimieren Sie die Belichtung, Farbigkeit und Schärfe des Composings.

Alternativen zu 3.

- Kopieren Sie die Auswahl in eine neue Ebene mit Menü *Ebene > Neu > Ebene durch Kopie*.
  Duplizieren Sie diese Ebene in das zweite Bild Menü *Ebene > Ebene duplizieren …*

- Kopieren Sie die Auswahl in die Zwischenablage mit Menü *Bearbeiten > Kopieren*.
  Fügen Sie das Bildelement in das zweite Bild mit Menü *Bearbeiten > Einfügen* ein.
  Photoshop legt für das neue Bildelement automatisch eine neue Ebene an.

B 07 @ S. 214

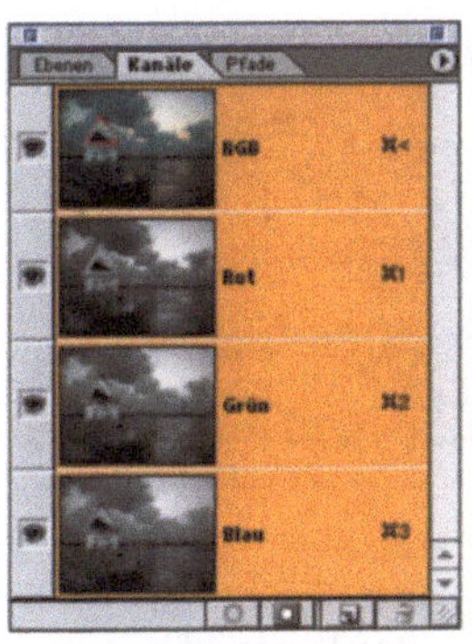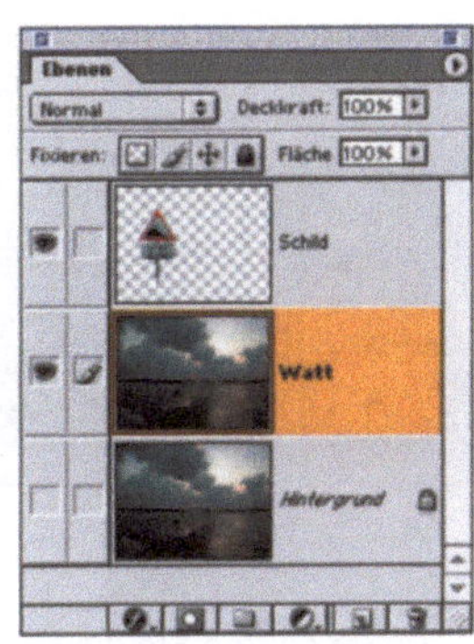

Die Bildelemente können sich in bis zu 24 Ebenen befinden. Zusätzlich sind noch verschiedene Einstellungsebenen möglich.

Die Farbinformation ist immer in den Farbkanälen zusammengefasst. Diese ist nur vom Farbmodus des Bildes abhängig.

Digitale Bilder werden geschärft, indem der Kontrast benachbarter Pixel erhöht wird. Man spricht in diesem Zusammenhang auch von Detailkontrast. Die Weichzeichnung ergibt sich durch eine entsprechende Kontrastreduzierung.

Die Schärfe eines Bildes oder Bildbereiches kann in Photoshop partiell mit den beiden Werkzeugen Scharfzeichner bzw. Weichzeichner verändert werden. Wesentlich häufiger ist aber der Einsatz der entsprechenden Filter.

Welche Werte letztendlich für Ihr Bild die richtigen sind, ergibt sich aus Erfahrung und Versuchen.

Scharfzeichnungsfilter
Menü *Filter > Scharfzeichnungsfilter > Konturen scharfzeichnen*
> Scharfzeichnen
> Stark scharfzeichnen
> Unscharf maskieren …

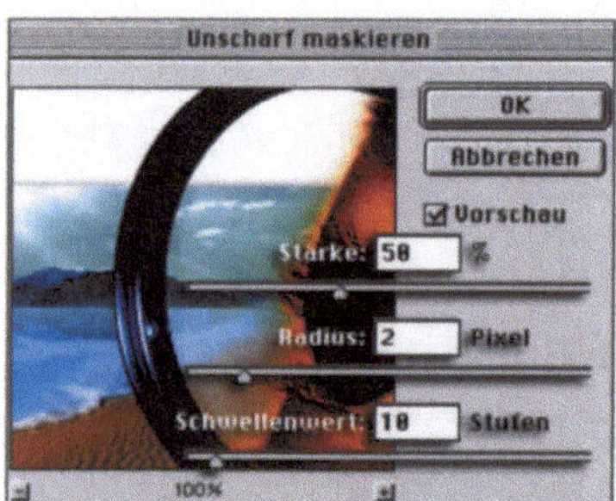
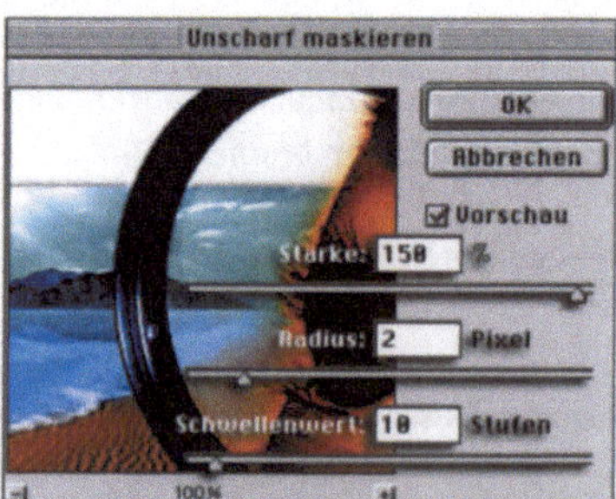
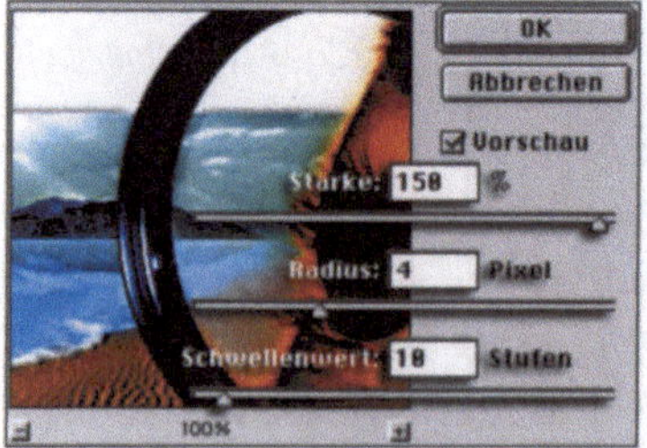
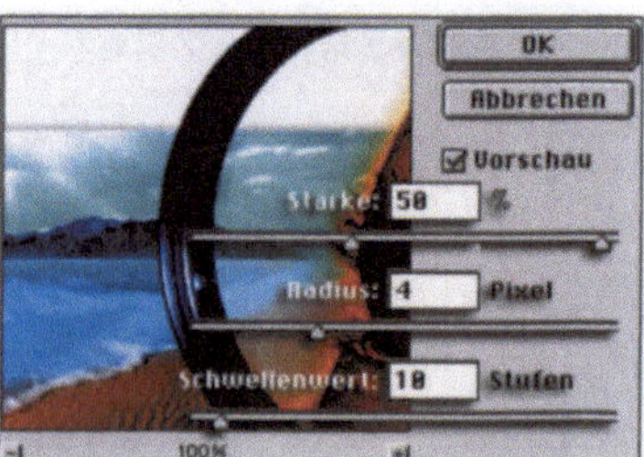

Je höher die Auflösung, desto größer sollten Sie die eingestellten Werte wählen. Adobe empfiehlt für hochaufgelöste Bilder eine Stärkeneinstellung von 150% bis 200%. Der Pixelradius sollte 1 bis 2 betragen. Als Schwellwert wird der Bereich von 2 bis 20 vorgeschlagen. Ein Schwellwert von 0 führt dazu, dass alle Pixel scharfgezeichnet werden.

Weichzeichnungsfilter

Menü *Filter > Weichzeichnungsfilter* > *Bewegungsunschärfe ...*
> *Gaußscher Weichzeichner ...*
> *Radialer Weichzeichner ...*
> *Selektiver Weichzeichner ...*
> *Stark Weichzeichnen*
> *Weichzeichnen*

Vorlage

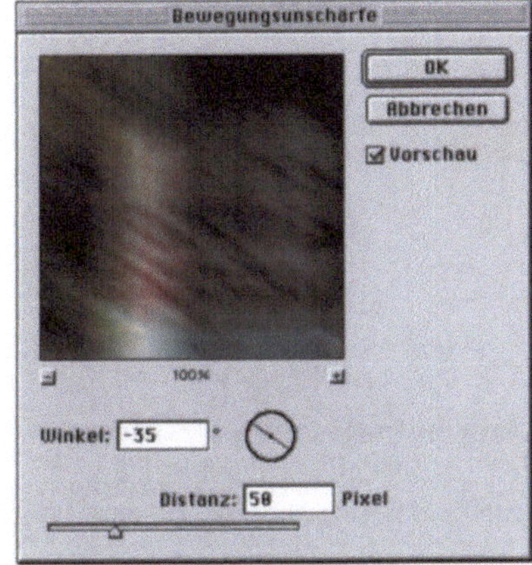

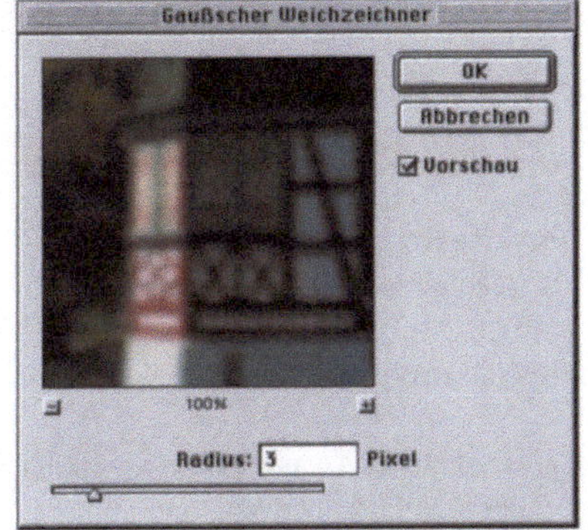

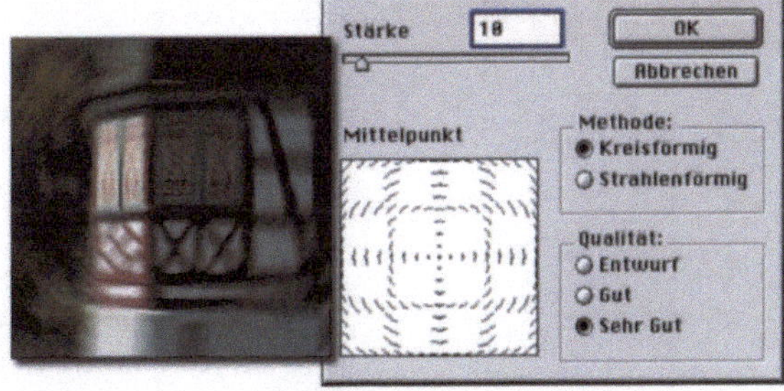

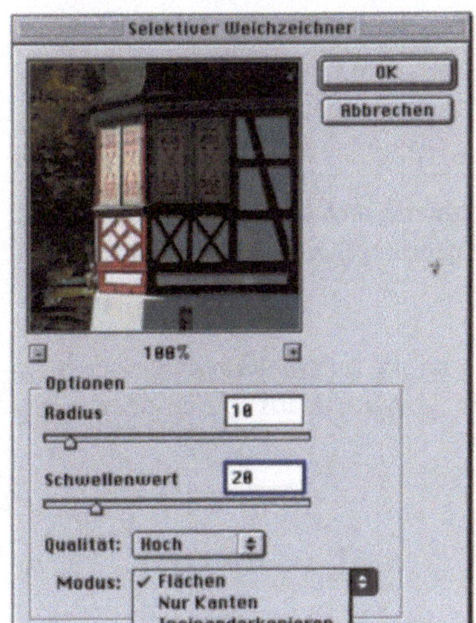

*Stark Weichzeichnen
– keine Einstellung möglich*

*Weichzeichnen
– keine Einstellung möglich*

Projekte
Nonprint
    N02 @ S.136

Lernziele
- Sie arbeiten mit dem Textwerkzeug.
- Sie editieren Texte undmodifizieren die Schriftattribute.
- Sie unterscheiden Vektor- und Pixeltext.
- Sie rastern Text und bearbeiten in als Pixelgrafik.

Aufgaben
- Setzen und editieren Sie verschiedene Texte mit unterschiedlichen Schriftattributen.
- Rastern Sie Ihren Text und bearbeiten ihn zielgerichtet mit verschiedenen Werkzeugen und Filtern.

Texte in Photoshop sind Vektorobjekte. Sie können deshalb den Text auflösungsunabhängig skalieren und jederzeit editieren. Unter Menü *Ebene > Rastern > Text* wandeln Sie den Vektortext in Pixeltext um. Es empfiehlt sich, vor der Rasterung die Textebene zu kopieren, da Pixeltext nicht mehr editierbar ist. Blenden Sie anschließend die Vektortextebene aus. Nach der Rasterung stehen Ihnen alle grafischen Möglichkeiten und Filter zur Bearbeitung des Textes zur Verfügung.

Die Speicherung der Datei ohne Ebenen oder die Zusammenfassung bzw. Reduzierung einzelner Ebenen in Photoshop rastert den Text ebenfalls.

Texteingabe

Punkttext
1. Wählen Sie das Textwerkzeug.

2. Treffen Sie Ihre Texteinstellungen.

3. Setzen Sie jetzt mit einem Mausklick die Textmarke an die Bildstelle, an der der Text beginnen soll, und geben Sie den Text ein. Der Zeilenumbruch erfolgt wie üblich mit Return. Photoshop legt für den Text automatisch eine neue Ebene an.

Absatztext
1. Wählen Sie das Textwerkzeug.

2. Treffen Sie Ihre Texteinstellungen.

3. Setzen Sie jetzt mit einem Mausklick die Textmarke an die Bildstelle, an der der Text beginnen soll, und ziehen Sie mit gedrückter Maustaste den gewünschten Textbereich auf.

4. Geben Sie den Text ein. Der Zeilenumbruch erfolgt automatisch oder wie üblich mit Return. Photoshop legt für den Text automatisch eine neue Ebene an.

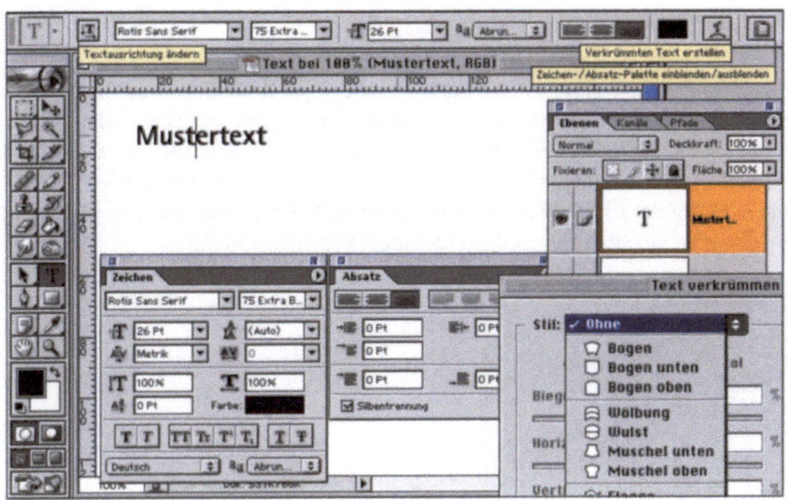

Die Texteinstellungen machen Sie nach der Auswahl des Textwerkzeugs in der Einstellungsleiste unter der Menüleiste. Dort finden Sie auch die Buttons, um die Absatz- und Zeichenpaletten sowie das „Text verkrümmen"-Dialogfeld einzublenden.

Textgestaltung

Texte verschieben
1. Wählen Sie die Ebene, in der sich Ihr Text befindet.

2. Verschieben Sie den Text mit dem Verschiebewerkzeug auf die neue Position.

Texte editieren
1. Wählen Sie die Ebene, in der sich Ihr Text befindet.

2. Klicken Sie den Text mit dem Textwerkzeug an und führen Sie Ihre Textänderungen durch.

Textfelder verändern
1. Wählen Sie die Ebene, in der sich Ihr Text befindet.

2. Klicken Sie den Text mit dem Textwerkzeug an und führen Sie Ihre Textfeldänderungen durch.

Text rastern
1. Wählen Sie die Ebene, in der sich Ihr Text befindet.

2. Ziehen Sie die Textebene in der Ebenenpalette auf das Ebenensymbol, um eine Kopie der Ebene zu erstellen.

3. Rastern Sie den Text in der Ebenenkopie mit Menü *Ebene > Rastern > Text*. Ab jetzt ist Ihr Vektortext Pixeltext. D.h., er ist nicht mehr editierbar, dafür stehen Ihnen alle Möglichkeiten der grafischen Gestaltung offen.

Transformation der Bildgeometrie

Zur Bildgestaltung ist es oft notwendig, Bildbereiche geometrisch zu transformieren. Sie können die Transformation entweder auf eine gesamte Ebene oder auf einen ausgewählten Bildbereich in einer Ebene anwenden. Die Hintergrundebene kann allerdings nicht transformiert werden, d.h., die Hintergrundebene muss vor der Transformation kopiert werden. Wenn Sie mehrere Ebenen transformieren möchten, dann müssen Sie diese vorher verknüpfen.

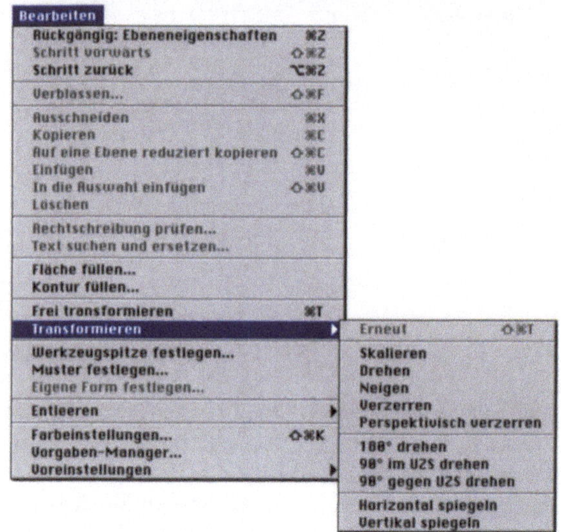

Die Transformation erfolgt entweder durch Ziehen mit der Maus an den Anfassern des Transformationsrahmens oder numerisch in der Einstellungsleiste.

Bei der Skalierung müssen Sie, um die Proportionen zu erhalten, wie üblich die Shift-Taste während der manuellen Größenänderung gedrückt halten.

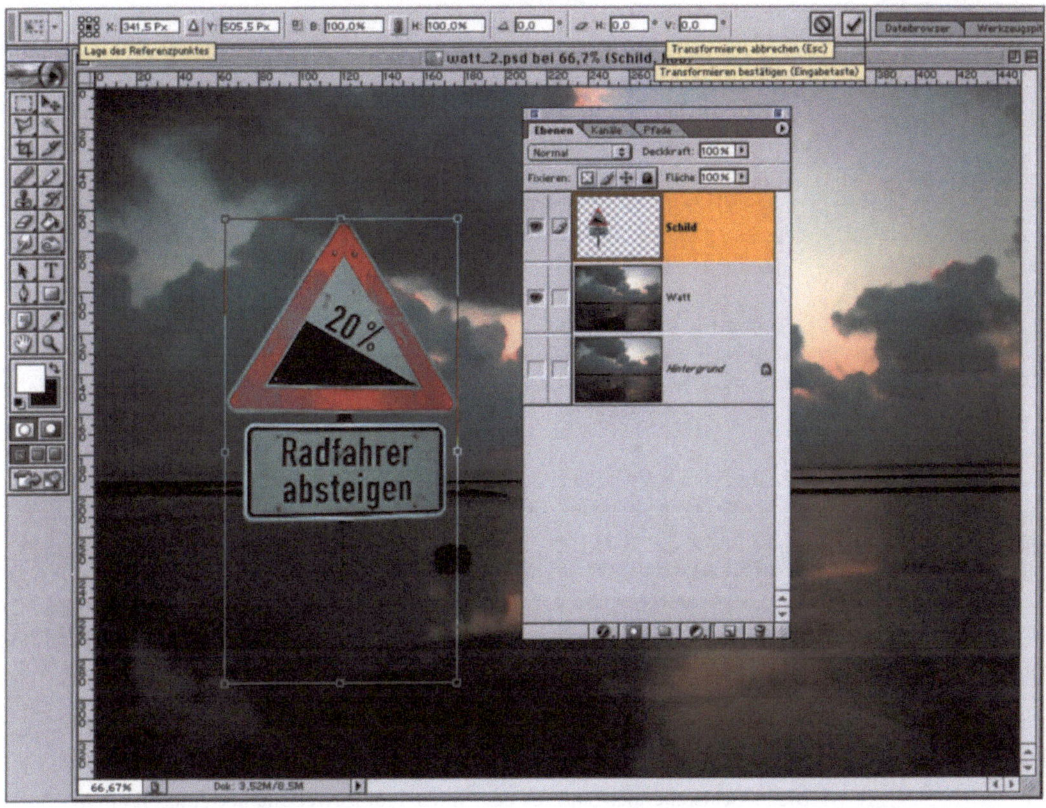

Bezugspunkt festlegen

In der Einstellungsleiste können Sie, wie in anderen
Adobe-Programmen auch, den Bezugspunkt durch Anklicken festsetzen.

Textebenen transformieren

Außer „Perspektivisch verzerren" und „Verzerren" können
Sie alle Transformierenoptionen auch auf nicht geras-
terte Textebenen anwenden.

Die Transformation bedingt eine Neuberechnung der
transformierten Bildteile. Unter Menü *Bearbeiten > Voreinstellungen > Allgemeine ...* legen Sie die Interpola-
tionsmethode fest. Bikubisch ist die langsamste, aber
qualitativ beste Methode.

Separation

Der klassische Mehrfarbendruck erfolgt in den Grundfarben der subtraktiven Farbmischung Cyan, Magenta und Gelb sowie zusätzlich Schwarz zur Kontraststeigerung. Deshalb muss die Bilddatei vor dem Druck in den CMYK-Modus gewandelt werden. Der Fachbegriff für diesen Farbmoduswandel ist Separation. Sie können die Datei entweder in Photoshop separieren oder die Datei als RGB- oder LAB-Datei weiterleiten und sie erst bei der Ausgabeberechnung im RIP (Raster Image Processor) oder Druckertreiber als In-RIP-Separation separieren.

M 03 @ S.42

Separation in Photoshop

1. Öffnen Sie die Farbeinstellungen und treffen dort Ihre Separationseinstellungen. Menü *Bearbeiten > Farbeinstellungen …*

B Ba @ S.198

2. Führen Sie den Moduswandel durch. Photoshop wandelt entsprechend Ihren Farbeinstellungen. Menü *Bild > Modus > CMYK-Farbe*

Profilzuweisung oder –konvertierung in Photoshop

Im Colormanagement-Workflow erfolgt die Separation durch Profilzuweisung oder -konvertierung:

- Menü *Bild > Modus > Profil zuweisen …*
- Menü *Bild > Modus > In Profil konvertieren …*

Die Farbeinstellungen sind Teil des Profils. Profilzuweisung bettet das Profil in die Bilddatei ein, lässt aber die Originalbilddaten unverändert. Profilkonvertierung berechnet die Bilddaten neu. Diese Option wählen Sie nur dann, wenn Ihr Drucker keine ICC-Profile interpretieren kann und die Berechnung deshalb vorher erfolgen muss. Legen Sie vor der Konvertierung eine Kopie der Bilddatei an, um die Daten verfahrensunabhängig zu erhalten.

Rasterung und Ausgabeauflösung

Rastereinstellungen des Druckers übernehmen

Bilder werden im Druck immer in Flächeneinheiten zerlegt. Ihre Berechnung überlassen Sie normalerweise dem RIP oder dem Druckertreiber. Die zur Ausgabeberechnung notwendige Bildauflösung ist dabei verfahrensabhängig.

Die Ausgabeeinstellungen können Sie unter Menü *Datei > Drucken mit Vorschau …* treffen.

Anwendung	Photoshop	Ausgabe
Offsetdruck	240 ppi	48 L/cm, 120 lpi
autotypischer	300 ppi	60 L/cm, 150 lpi
Raster	350 ppi	70 L/cm, 175 lpi
Tintenstrahl	150 ppi	720 dpi
Farblaser	150 ppi	600 dpi

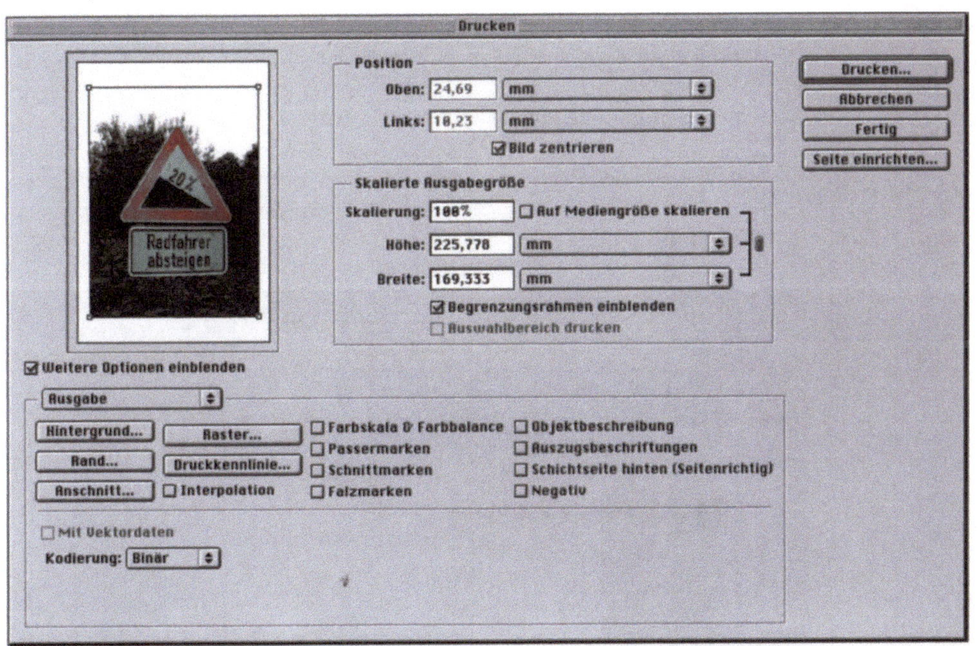

Rastereinstellungen des Druckers nicht übernehmen

In der Option Raster können Sie die Rastereinstellung des Druckers ausschalten und eigene Werte eingeben. Die Rastereinstellung kann im EPS-Format gespeichert werden. Ob sie dann bei der Ausgabe realisiert wird, hängt von der Berechnung der Druckausgabe bzw. der Belichtungsausgabe im RIP ab.

Slices dienen zum Unterteilen von Bildern. Die Aufteilung hat verschiedene Zielsetzungen. Durch die Aufteilung entstehen verschiedene funktionale Bereiche, die in unterschiedlichen Dateiformaten oder z.B. als Rollover gespeichert werden können. Es ist aber auch möglich, ein Bild einfach aufzuteilen, um durch kleine Teilbilder die Ladezeiten zu optimieren.

Im Unterschied zu Imagemaps sind die Slices eines Bildes eigene Dateien, die getrennt bearbeitet und geladen werden können.

Slices erstellen (Photoshop, PS)

Auto-Slice

Sie können ein Bild automatisch in Slices aufteilen.

1. Wählen Sie das Slice-Auswahlwerkzeug.

2. Klicken Sie in der Einstellungsleiste auf „Slice unterteilen". Wenn Sie die Anzahl der Slices eingeben, dann rechnet Photoshop automatisch die Pixelmaße aus.

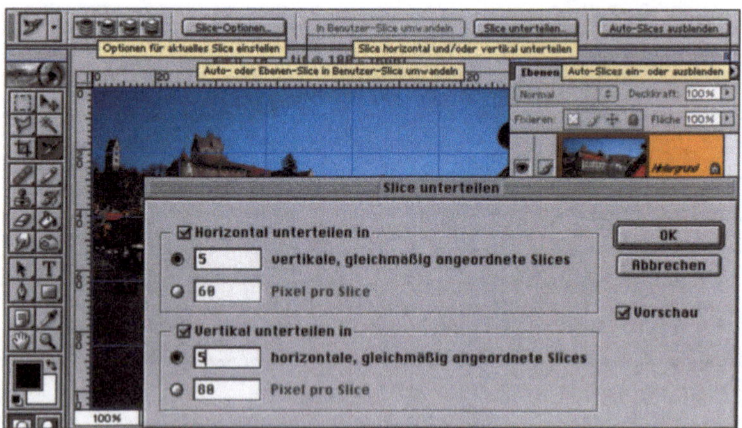

Benutzer-Slice

Ein Benutzer-Slice müssen Sie mit dem Slice-Werkzeug selbst erstellen. Ziehen Sie dazu mit dem Slice-Werkzeug einen Rahmen. Photoshop teilt die restliche Fläche automatisch in weitere Slices auf.

Sie können die Position und Größe des Slices nachträglich mit dem Slice-Auswahlwerkzeug verändern.

Ebenen-Slice

Mit der Menüoption im Menü *Ebene > Neues ebenenba-
siertes Slice* können Sie aus dem Inhalt einer Bildebene
ein automatisches Slice erzeugen.

Mit der Option „In Benutzer-Slice umwandeln" in der
Einstellungsleiste können Sie das automatische Ebenen-
Slice in ein Benutzer-Slice umwandeln und modifizieren.

Slice bearbeiten (ImageReady, IR)

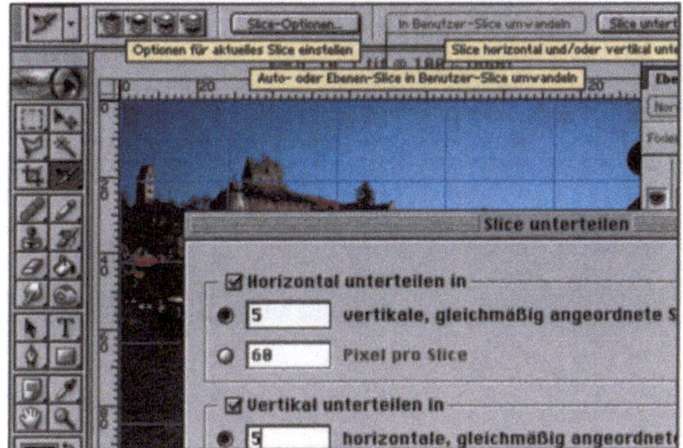

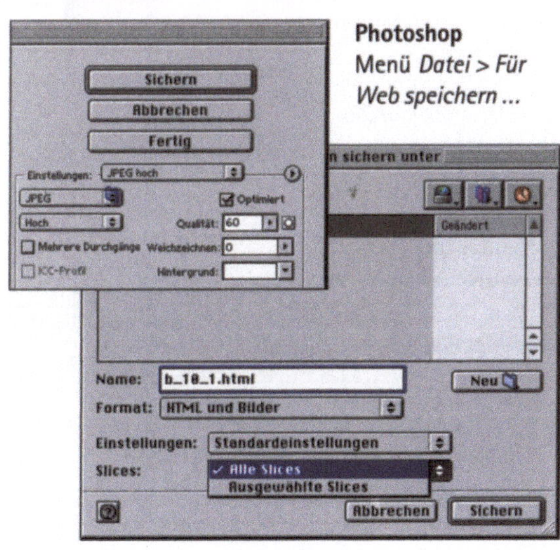

Slice zusammenfügen

Diese Option macht aus den ausgewählten Slices ein
Slice.

Slice verbinden

Mit der Option „Slice verbinden" können Sie eine Verknüpfung zwischen einzelnen Slices herstellen. Alle Einstellungen gelten für alle verknüpften Slices. So wird z.B.
bei GIF-Slices eine Palette verwendet, das Dithermuster
gilt grenzüberschreitend.

Bilder mit Slices speichern (PS und IR)

Photoshop
Menü *Datei > Für
Web speichern ...*

ImageReady
Menü *Datei > Optimiert-Version speichern ...*

Die Bildeinstellungen machen Sie unter Menü *Bearbeiten > Voreinstellungen > Optimierung ...*

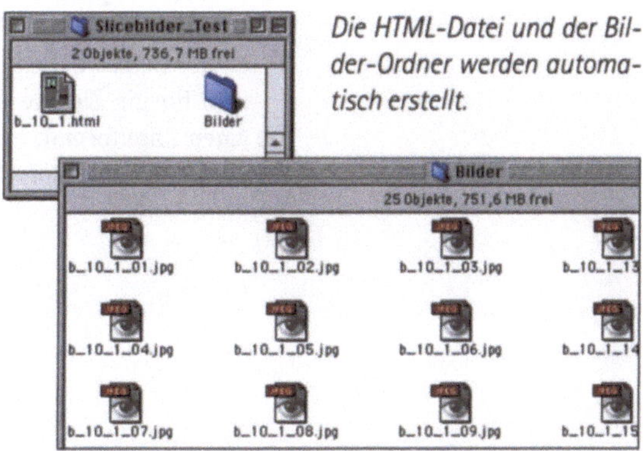

Die HTML-Datei und der Bilder-Ordner werden automa-
tisch erstellt.

Buttons

Die Navigtion einer Multimedia-Anwendung basiert meist auf Buttons. Ein Button hat mindestens zwei optische Zustände und einen gemeinsamen Text und/oder Grafik. Für die Navigation benötigen Sie mehrere gleich anmutende Schaltflächen.

Schaltzustand: normal

Schaltzustand: over, Cursor bewegt sich über den jeweiligen Button

Alle Buttons werden aus einer Photoshop-Datei heraus erzeugt.

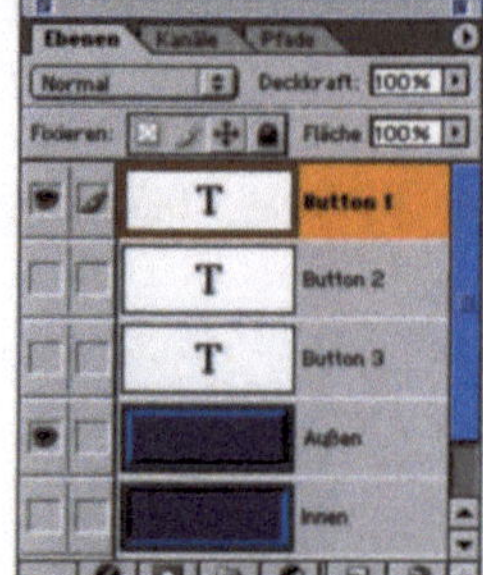

1. Erstellen Sie zuerst die beiden Buttonflächen.

2. Setzen Sie jetzt den Text für den ersten Button.

3. Kopieren Sie nun die erste Textebene und führen Sie die jeweiligen Textänderungen durch.

4. Blenden Sie jeweils die zu einem Buttonzustand gehörenden Ebenen ein und sichern Sie die Datei als Kopie in dem für die Zielanwendung notwendigen Dateiformat.
   Verwenden Sie sprechende Dateinamen.

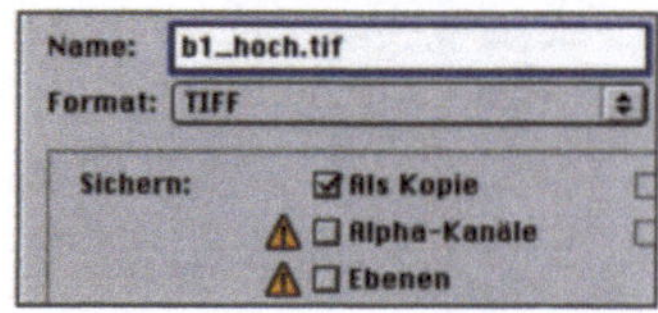

Rollover mit ImageReady

Rollover finden sich in vielen Multimedia-Anwendungen. Als Beispiel erstellen Sie hier eine Navigationsleiste mit vier Buttons, die je nach Status eine unterschiedliche Beschriftung zeigen.

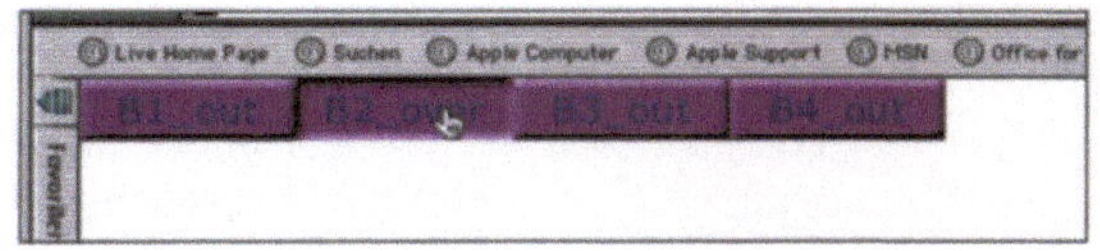

1. Erstellen Sie ein neues ImageReady-Dokument mit den Abmessungen der Navigationsleiste.

2. Unterteilen Sie dann die Slices mit Menü *Slices > Slice unterteilen ...*

3. Erstellen Sie ein neues Ebenenset. Alle Buttonelemente müssen in diesem Ebenenset auf eigenen Ebenen erstellt werden.

4. Kopieren Sie das Ebenenset, ändern Sie Texte und Position der Elemente.

5. Definieren Sie jetzt die einzelnen Rollover. ImageReady hat bei der Aufteilung der Slices in der Rollover-Palette automatisch für jedes Slice einen Rollover-Status erstellt.

   - Durch Klicken auf das Blattsymbol am unteren Palettenrand erzeugen Sie einen neuen Status.
   - Ein Doppelklick in die Einzelstatuszeile führt Sie zum Einstellungsdialog.
   - Die Elemente können Sie einfach durch Einblenden der entsprechenden Ebenen zuordnen.
   - Mit einem Doppelklick auf die Gesamtstatuszeile können Sie die URL festlegen.

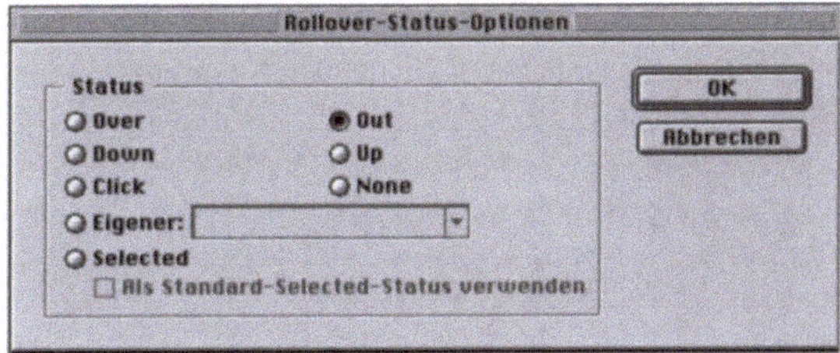

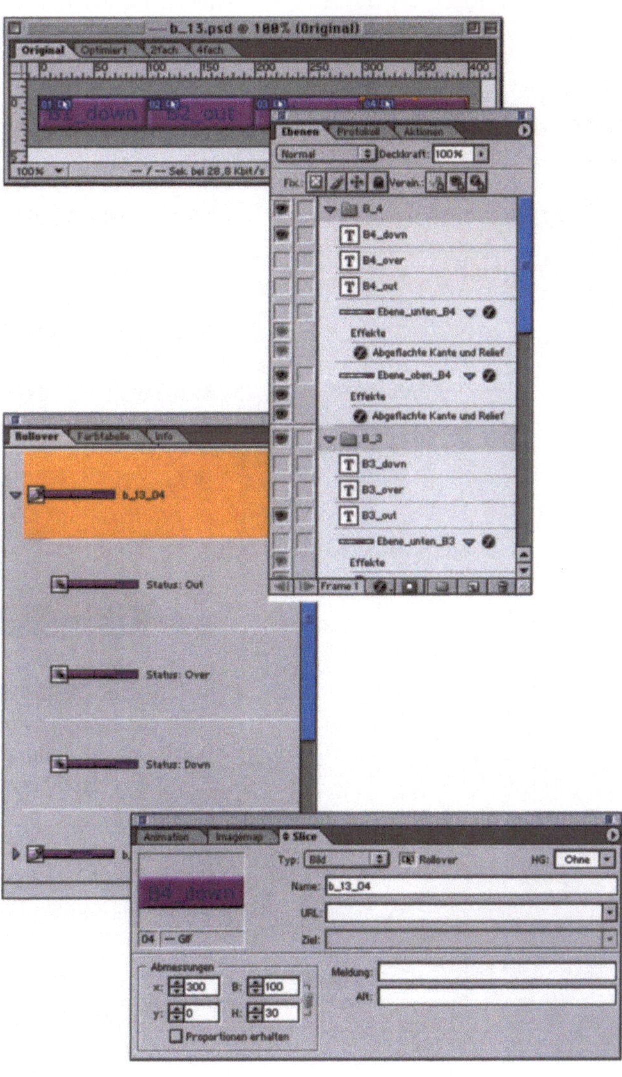

Bei animierten GIFs denkt jeder an blinkende Schrift oder ähnlich Nervendes. Es gibt aber durchaus Animationen, die Spaß machen und den Wert einer Website steigern können.

GIF-Animationen bestehen wie Filme immer aus aneinander gereihten Einzelbildern, so genannten Frames. Je mehr Bilder in kurzer Zeit abgespielt werden, desto fließender erscheint die Bewegung. Im Film sind es 24 Bilder pro Sekunde, im Video üblicherweise 25. Außer der Framerate ist bei GIF-Animationen die Dateigröße ein wesentlicher Faktor. Wenn Ihre Datei zu lange Ladezeiten hat, dann ruckelt die Animation ebenfalls.

Animation erstellen

Bewegen und Einblenden
Ein Schriftzug bewegt sich in die Mitte des Screens und blendet dabei ein.

1. Erstellen Sie in ImageReady ein neues Dokument.

2. Setzen Sie die Textzeile und definieren Sie Position, Stil und Farbe.

3. Kopieren Sie nun das erste Frame durch Anklicken des Seitensymbols in der Animationspalette.

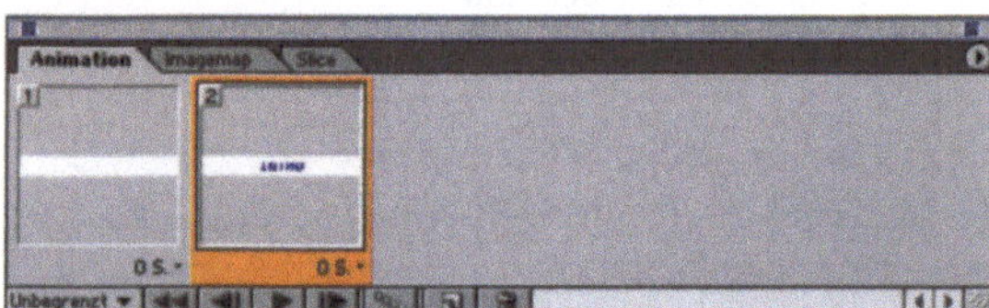

4. Modifizieren Sie den Stand des Textes in den Frames mit dem Verschiebewerkzeug bzw. den Pfeiltasten der Tastatur.
   Damit sich die Änderung nicht auf alle Frames auswirkt, müssen Sie im Optionsmenü der Ebenenpalette „Änderung an Frame 1 propagieren" ausschalten.

5. Die Transparenz des ersten Frames müssen Sie in der Ebenenpalette mit der Einstellungsoption „Deckkraft" verändern.

6. Die Zwischenframes können Sie jetzt automatisch von Image-Ready unter Animationspaletten-Menü *Dazwischen einfügen* ... erzeugen lassen.

7. Das Testen der Animation steuern Sie einfach mit Steuerelementen am unteren Rand der Animationspalette.

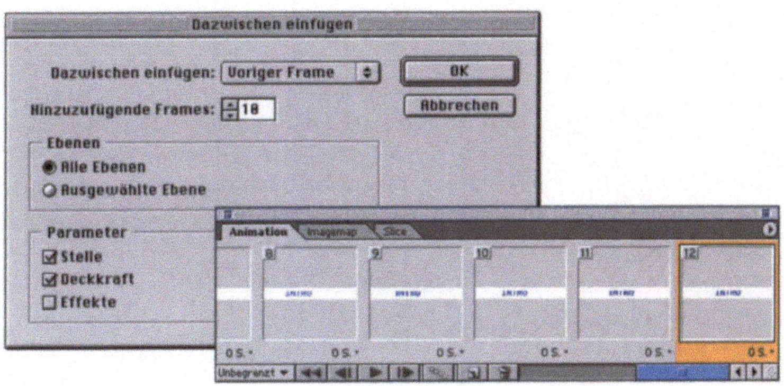

Aktionen

In der Aktionenpalette finden Sie eine ganze Reihe vorgegebener Aktionen, die Sie natürlich nach Ihren Vorstellungen auch modifizieren können. Neue Aktionen zeichnen Sie bei der Erstellung der Animation mit den Steuerungselementen der Palette auf.

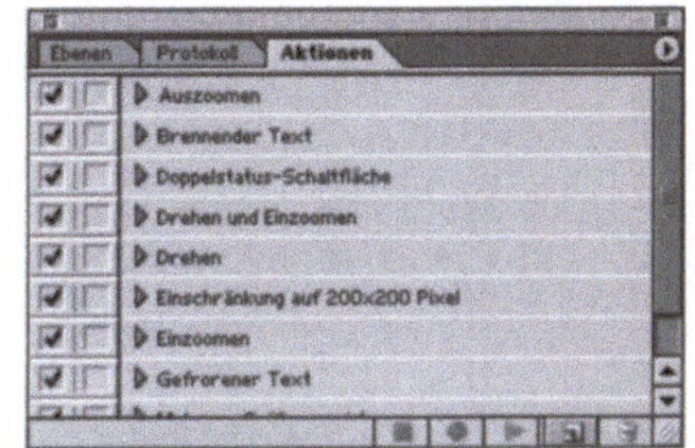

Vorschau im Browser

Mit der Vorschau im Browser können Sie die Funktion und Wirkung Ihrer Animation im Web-Browser testen. Unter Menü *Datei > Vorschau in* ist ein Standardbrowser ausgewählt. Mit der Menüoption *Andere ...* schalten Sie zu einem Browser Ihrer Wahl um.

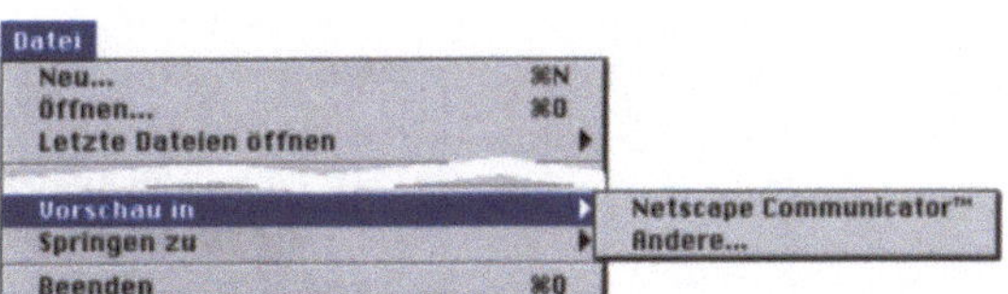

Animation optimieren

Die Optimierung der Animation bedeutet, dass Sie einen optimalen Kompromiss zwischen der Bildqualität und der Dateigröße finden. Hierzu stehen Ihnen verschiedene Optionen zur Verfügung:

- Animationspaletten-Menü *Animation optimieren ...*
- Kontextmenü eines Frames in der Animationspalette
- Menü *Fenster > Optimieren*

Sie können das optimale Ergebnis nur durch mehrere Versuche mit unterschiedlichen Einstellungen und anschließender Bewertung der Ergebnisse erreichen.

Um eine spätere Modifikation vornehmen zu können, sollten Sie jede Datei zweimal speichern:

- Menü *Datei > Speichern unter ...* als *.psd-Datei
- Menü *Datei > Optimiert-Version speichern unter ...* als *.gif-Datei

Bilder für das Web müssen zwei Hauptanforderungen genügen:

- Geringe Dateigröße, um kurze Ladenzeiten zu ermöglichen
- Optimale Farb- und Detaildarstellung auf allen Plattformen

Diese beiden Forderungen widersprechen sich. Je nach Priorität der einzelnen Anwendung muss eine individuelle Lösung gefunden werden.

Farbmodus
- RGB
  16,7 Mio. Farben in drei Farbkanälen
- Indizierte Farben
  Maximal 256 Farben in einem Farbkanal, die Farbpalette kann auf das Bild oder auf das Betriebssystem abgestimmt sein, die Web-Palette ist mit 216 Farben systemübergreifend
- Graustufen
  Maximal 256 Farben in einem Farbkanal
- Schwarz-Weiß
  Zwei Farben in einem Farbkanal

Bilddateiformate
- GIF – Graphic Interchange Format
  Maximal 256 Farben, Animationsmöglichkeiten (z.B. mit ImageReady), Komprimierung durch LZW (Lempel-Ziv-Welch, Entwickler dieses verlustfreien auf Mustererkennung bzw. Pixelwiederholung basierenden Verfahrens)
- JPEG – Joint Photografic Experts Group Format
  16,7 Mio. Farben, ohne Animation, hohe Kompression durch DCT (Discrete Cosine Transform, verlustbehaftete Gruppenbildung)
- PNG – Portable Network Graphic Format
  16,7 Mio. Farben, 256 Transparenzstufen, ab Browserversionen 4.x wählbares Kompressionsverfahren, ohne Animation

Für Web speichern (Photoshop)

Photoshop bietet für die Speicherung einer Bilddatei fürs Web eine eigene Menüoption unter Menü *Datei > Für Web speichern …* Sie können dort das Dateiformat, die Komprimierung und die Farbpalette einstellen und visuell in den Palettenfenstern überprüfen.

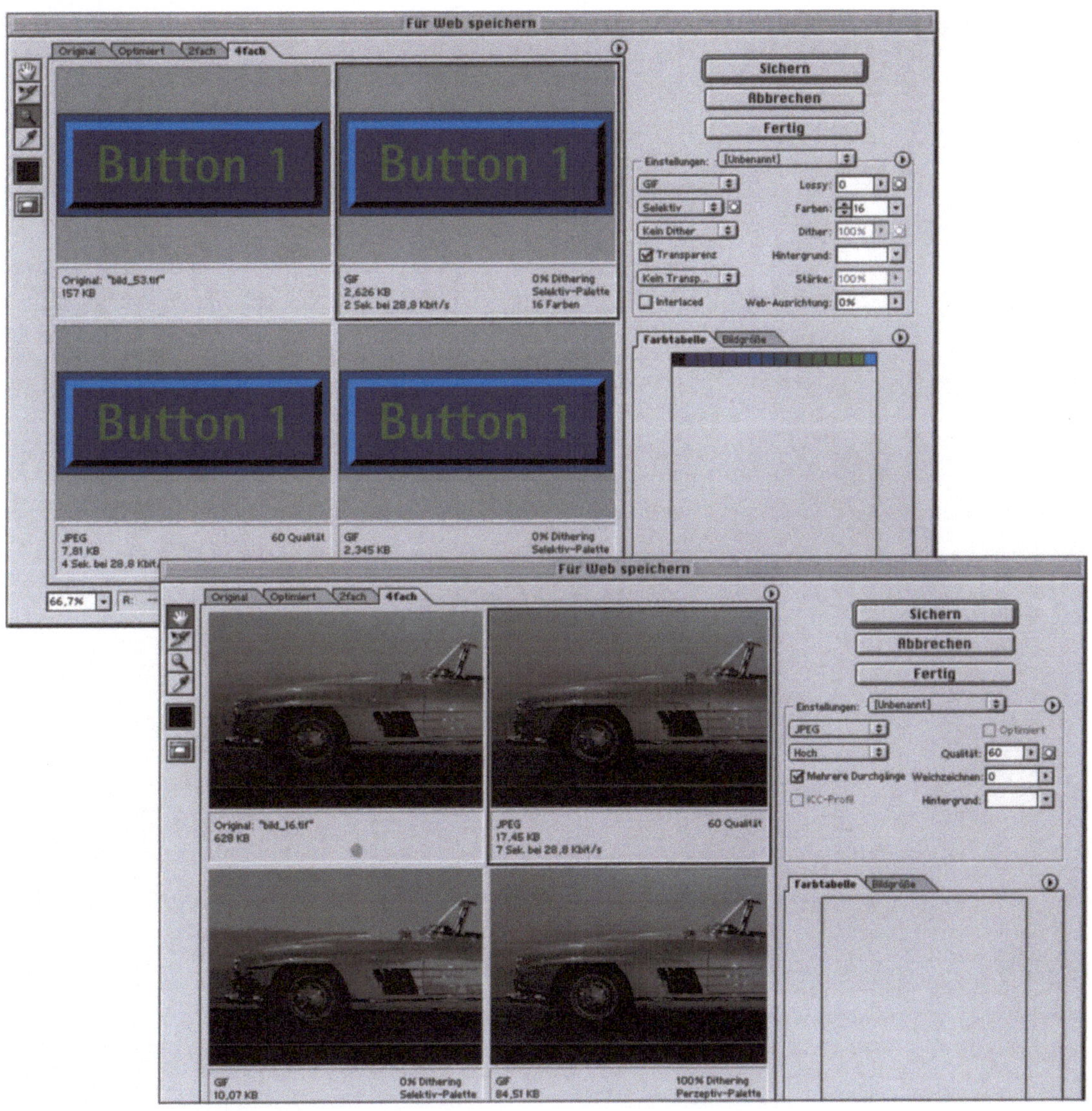

Adobe® Illustrator®

Projekte

—

Lernziele

- Sie kennen die Arbeitsoberfläche von Adobe Illustator.
- Sie kennen die wichtigsten Paletten.
- Sie treffen die wichtigsten Programmvoreinstellungen.

Programmbeschreibung

Adobe Illustrator ist ein professionelles Grafikprogramm für Mac und PC.

Die Grafiken werden vektororientiert als Bézierkurven erzeugt. Pixelbilder können importiert, transformiert und mit Filtern bearbeitet werden. Bei der Umwandlung von Vektorgrafiken in Pixelbilder haben Sie die Wahl unter verschiedenen Farbmodi und Auflösungen.

Programmeinstellungen

Bevor Sie mit dem Arbeiten beginnen, sollten Sie die Programmgrundeinstellungen vornehmen bzw. überprüfen. Illustrator hat die Eigenschaft, alle getroffenen Einstellungen auch beim erneuten Öffnen beizubehalten.

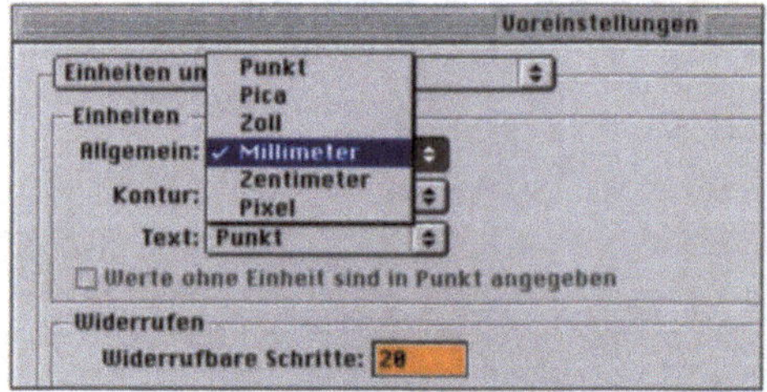

Sie erhalten die Dialogfelder zur Einstellung unter

- Menü *Bearbeiten > Voreinstellungen* (WIN, Mac OS 9.x)
  oder
- Menü *Illustrator > Einstellungen …* (Mac OS X).

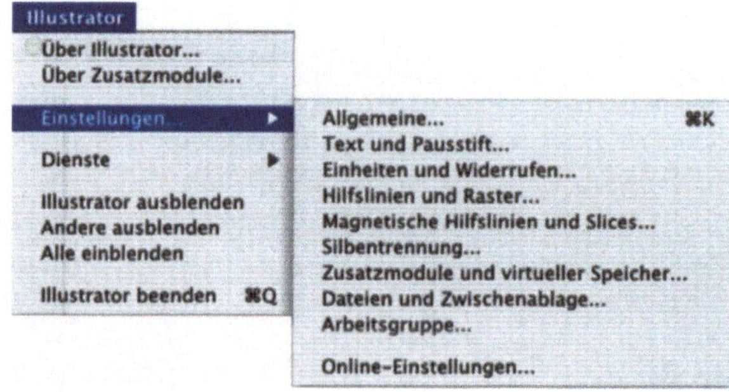

Arbeitsoberfläche

- Auf dem Bildschirm stehen neben dem Arbeitsfenster und der Werkzeugleiste noch die eingeblendeten Paletten.
- Die Standardeinstellung des Arbeitsfensters zeigt die Menüleiste und die Rollbalken.
- Lineale blenden Sie mit Menü *Ansicht > Lineale einblenden* ein. Sie haben die in den Voreinstellungen vorgegebene Maßeinheit.
- Der Nullpunkt lässt sich, wie allgemein üblich, durch Ziehen des Fadenkreuzes aus der Linealecke auf den neuen Nullpunkt verändern. Standard ist die linke untere Ecke des Arbeitsbereichs.
- Hilfslinien können Sie mit gedrückter Maustaste aus den Linealen herausziehen. Die Einstellung erfolgt im Menü *Ansicht > Hilfslinien*.

- Das Menü *Ansicht >Hilfslinien > Hilfslinien erstellen* ermöglicht Ihnen die Umwandlung jedes ausgewählten Pfades in eine Hilfslinie.
- Der durchgezogene Rahmen im Arbeitsfenster bezeichnet das Arbeitsblatt. Die Einstellung erfolgt im Menü *Datei > Dokumentformat …*
- Die gepunktete Linie zeigt den Druckbereich des ausgewählten Druckers.
- Alle Paletten werden unter Menü *Fenster* ein- bzw. ausgeblendet.
- Die Palettenoptionen finden Sie durch Klicken auf den Pfeil in der rechten oberen Ecke der Palette.
- Die Tab-Taste blendet alle Paletten ein bzw. aus.

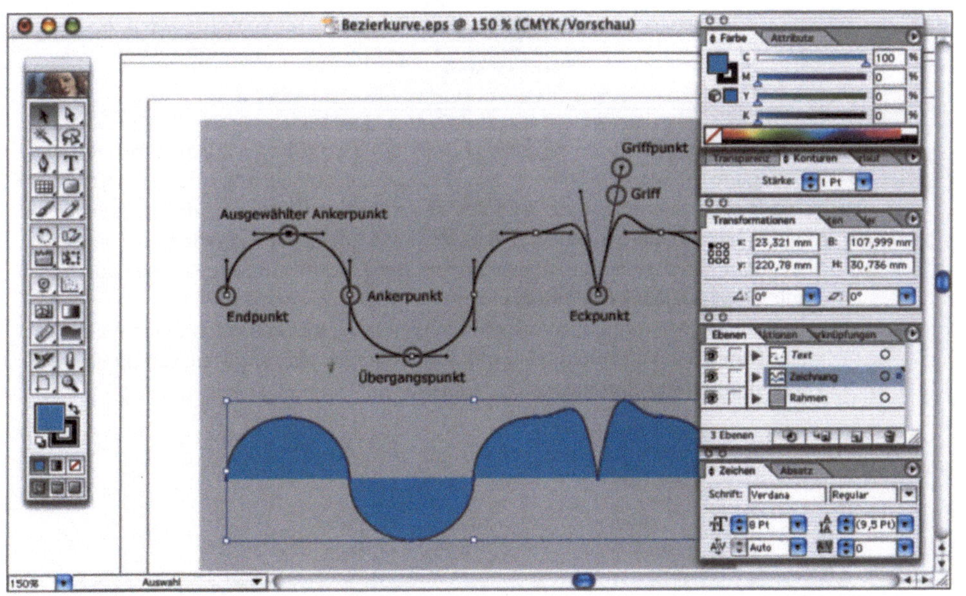

Pfade

Jede Linie oder Form, die in Illustrator erstellt wird, ist ein Pfad. Ein Pfad besteht aus einem oder mehreren Segmenten. Ankerpunkte, die den Anfangs- und Endpunkt jedes Pfadsegments bestimmen, „verankern" den Pfad an einer bestimmten Stelle. Der Verlauf eines nicht geradlinigen Pfades wird zusätzlich durch die Richtung und Länge der Vektoren (Griffe) in den Ankerpunkten bestimmt.

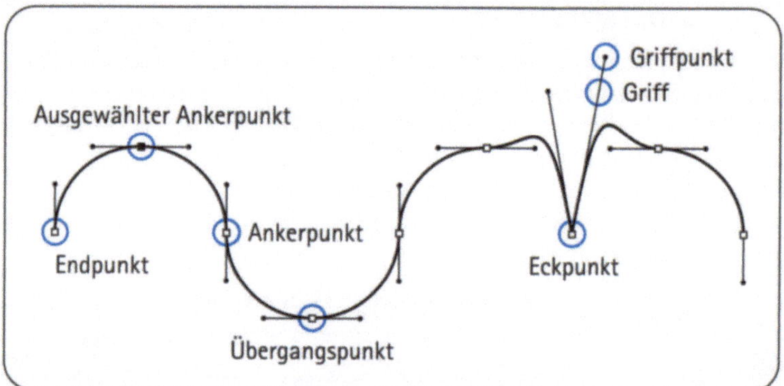

Pfade können offen oder geschlossen sein. Ein geschlossener Pfad ist fortlaufend, ohne Anfang und Ende. Beispiele für geschlossene Pfade sind geometrische Formen wie z.B. Kreise oder Rechtecke. Offene Pfade, d.h. Linien, haben Endpunkte. Den ersten und letzten Ankerpunkt eines offenen Pfads nennt man Endpunkt. Beim Zuweisen einer Flächenfarbe zieht Illustrator eine imaginäre Linie zwischen den beiden Endpunkten und füllt den Pfad.

Pfade werden mit den verschiedenen Werkzeugen aus der Werkzeugpalette gezeichnet. Schrift kann unter Menü *Text > In Pfade umwandeln* in verknüpfte Pfade umgewandelt werden.

Werkzeuge

Die Werkzeugpalette umfasst 76 Werkzeuge. Je nach Funktion werden die einzelnen Werkzeuge in Gruppen eingeteilt:

- Auswahlwerkzeuge
- Zeichenwerkzeuge
- Formwerkzeuge
- Transformationswerkzeuge
- Diagrammwerkzeuge

Die Voreinstellung des Werkzeuges treffen Sie entweder durch Doppelklicken auf das Werkzeugicon oder durch Klicken mit dem Werkzeug auf die Arbeitsfläche.

G Ba

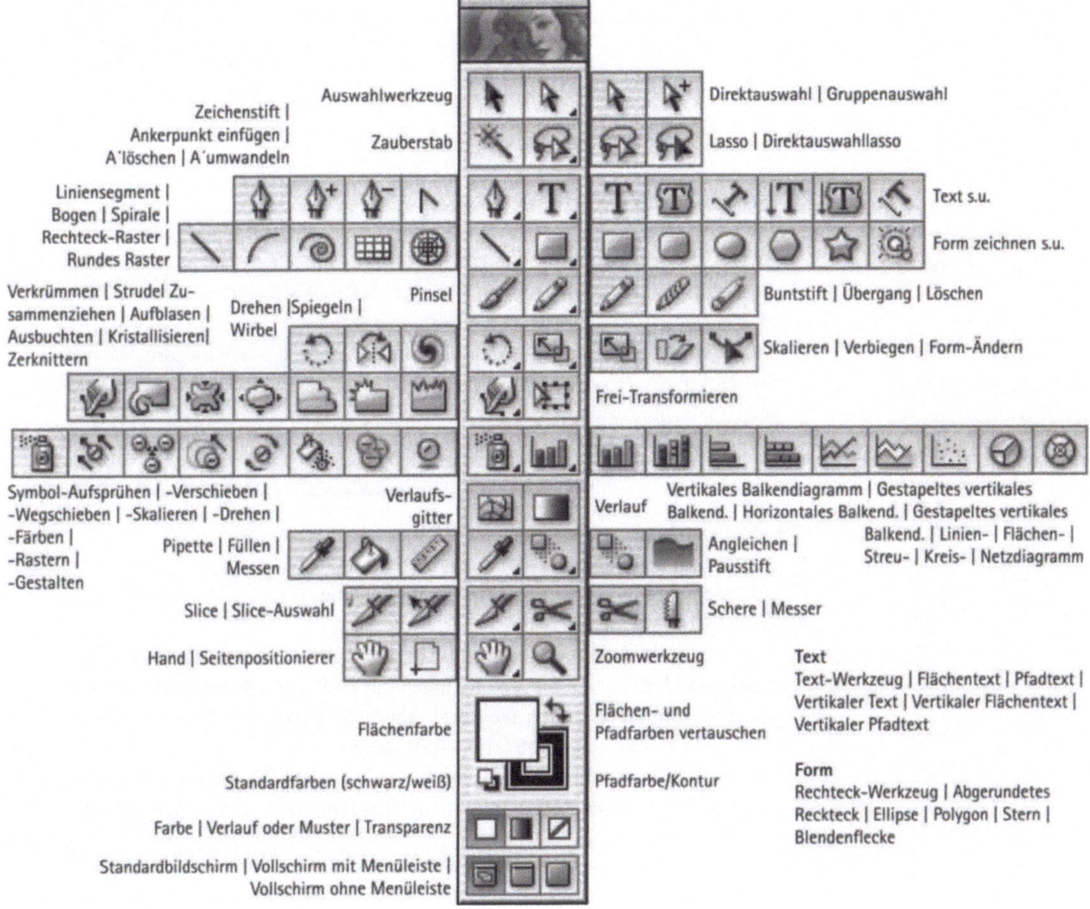

Projekte
Print
  P05 @ S. 106
Nonprint
  N 01 @ S. 128

Lernziele
- Sie kennen die verschiedenen Werkzeuge zum Zeichnen von Pfaden.
- Sie erstellen aufgabenbezogen Pfade und Objekte.
- Sie modifizieren die Grafikattribute einzelner Pfade bzw. Objekte.

Aufgaben
- Erstellen Sie mit den unterschiedlichen Werkzeugen Pfade und Objekte.
- Modifizieren Sie die Grafikattribute und Konturenstärke.
- Suchen Sie einfache Signets, z.B. im Anzeigenteil Ihrer Zeitung, und bauen Sie diese Signets nach.

Formen zeichnen

Das Zeichnen von Formen ist in Illustrator mit allen Formwerkzeugen gleich.

1. Wählen Sie das Formwerkzeug in der Werkzeugleiste aus, z.B. das Rechteckwerkzeug.

2. Klicken Sie mit dem Werkzeug auf die Zeichenfläche und geben Sie die Maße ein. Im Dialogfeld stehen die Maße des zuletzt gezeichneten Objekts.

Pfade zeichnen

Gerade Pfade zeichnen
- Zeichenstiftwerkzeug
  Setzen Sie die Ankerpunkte durch Klicken auf der Arbeitsfläche. Wenn Sie die Shift-Taste gedrückt halten, dann richtet sich die Linie an den 0°, 45° und 90° aus.
- Liniensegmentwerkzeug
  Ziehen Sie die Linie mit gedrückter Maustaste oder Sie klicken auf die Arbeitsfläche und geben die Werte im Dialogfeld ein.

Gekrümmte Linien zeichnen
- Buntstiftwerkzeug
  Zeichnen Sie mit gedrückter Maustaste die Linie.
- Zeichenstiftwerkzeug
  Setzen Sie die Ankerpunkte durch Klicken, halten Sie die Maustaste gedrückt und bestimmen Sie durch Ziehen der Griffe den Kurvenverlauf.
  Kurveneckpunkte erstellen Sie durch abermaliges Klicken auf den Ankerpunkt und Ziehen mit gedrückter Alt-Taste.
  Mit den weiteren Werkzeugen dieser Gruppe können Sie Ankerpunkte hinzufügen, löschen oder Kurvenpunkte in Geradenpunkte und zurück konvertieren.

- Bogenwerkzeug
  - Ziehen Sie mit gedrückter Maustaste die Linie oder
  - Klicken Sie auf die Arbeitsfläche und geben Sie Ihre Werte ein.

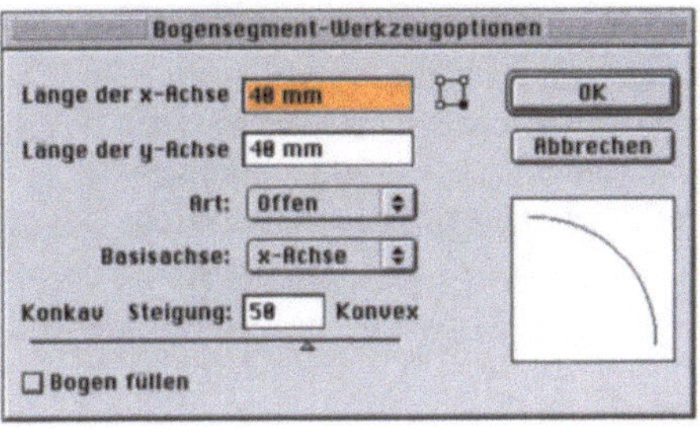

Objekte und Pfade auswählen

Auswahlwerkzeug (schwarzer Pfeil)
Auswahl ganzer Objekte und Pfade, Sie können die Auswahl mit gedrückter Shift-Taste erweitern oder verkleinern.

Direktauswahlwerkzeug (weißer Pfeil)
Auswahl einzelner Ankerpunkte und oder Pfadsegmente, Sie können die Auswahl mit gedrückter Shift-Taste erweitern oder verkleinern.

Grafikattribute festlegen

Grafikattribute
Jedes Objekt und jeder Pfad hat als Grafikattribut eine Fläche und eine Kontur. Die jeweiligen Farben definieren Sie z.B. in der Farbpalette. Wenn Sie keine Fläche oder keine Kontur möchten, dann müssen Sie diese transparent setzen (Quadrat mit roter Diagonale).

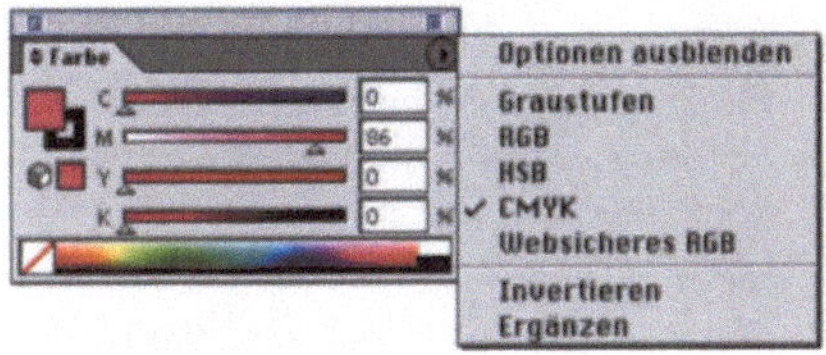

Kontur definieren
Die Eigenschaften einer Kontur legen Sie in der Konturpalette fest.

Mit der Gehrungsgrenze bestimmen Sie, wann das Programm von einer spitzen auf eine abgeflachte Ecke umschaltet. Die Standardeinstellung ist 4, d.h., die Spitze ist viermal so lang wie die Konturstärke.

Verläufe erstellen
Verläufe definieren Sie in der Verlaufpalette. Durch Klicken unter den Verlaufsbalken schaffen Sie neue Stützpunkte. Die Rauten über dem Verlaufsbalken markieren den Übergang der beiden Farben.

Ziehen Sie nach der Erstellung das Verlaufsquadrat zur weiteren Verwendung in die Farbfelderpalette.

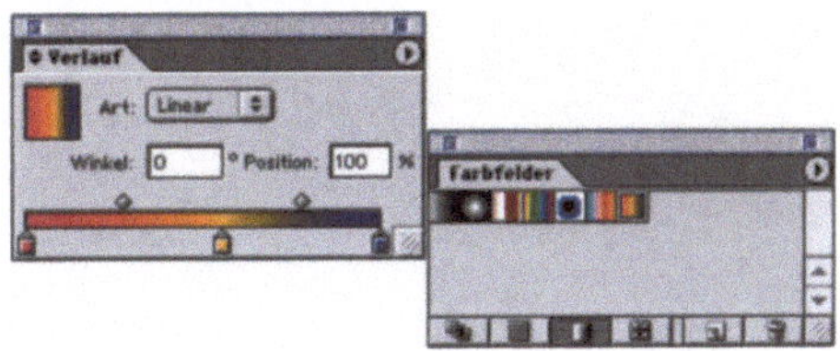

Lernziele
- Sie kennen die Funktionalität der Transformationswerkzeuge und -methoden.
- Sie setzen die verschiedenen Transformationsoptionen zielgerichtet ein.

Aufgaben
- Transformieren Sie ein Objekt mit verschiedenen Methoden bzw. Werkzeugen und protokollieren Sie Ihre Vorgehensweise sowie die Ergebnisse.
- Suchen Sie komplexe Signets, z.B. im Anzeigenteil Ihrer Zeitung, und bauen Sie diese Signets nach.

Transformationspalette

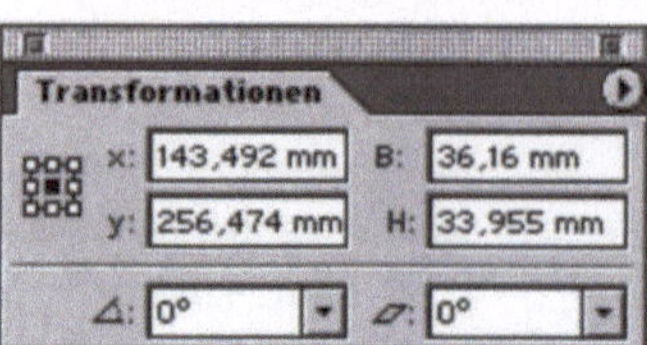

Die Position und Größe eines Objektes können Sie mit numerischer Eingabe in der Transformationspalette ändern. Den Referenzpunkt legen Sie mit einem Mausklick fest. Dabei bezieht sich X/Y auf den Nullpunkt der Arbeitsfläche.

Die Maßeinheit richtet sich nach den Voreinstellungen. Wenn Sie eine andere Einheit eingeben möchten, dann ändern Sie entweder die Voreinstellungen oder geben Sie sie direkt in der Palette ein, Illustrator rechnet automatisch um.

Transformationswerkzeuge

In Illustrator stehen Ihnen eine Reihe von Tranformationswerkzeugen zur Verfügung. Die wichtigsten können Sie außer über die Werkzeugleiste auch unter Menü *Objekt > Transformieren* aufrufen.

Transformation manuell vom Referenzpunkt
1. Wählen Sie das Transformationswerkzeug aus der Werkzeugleiste.

2. Klicken Sie auf der Arbeitsfläche am von Ihnen festgelegten Referenzpunkt.

3. Führen Sie mit gedrückter Maustaste die Transformation aus.

Transformation mit numerischer Eingabe von der Objektmitte
1. Machen Sie einen Doppelklick auf das Werkzeug in der Werkzeugleiste, z.B. Skalieren.

2. Geben Sie die Werte ein und bestätigen Sie die Transformation. Die Option „Kopieren" behält das Objekt und fügt ein transformiertes Objekt hinzu.

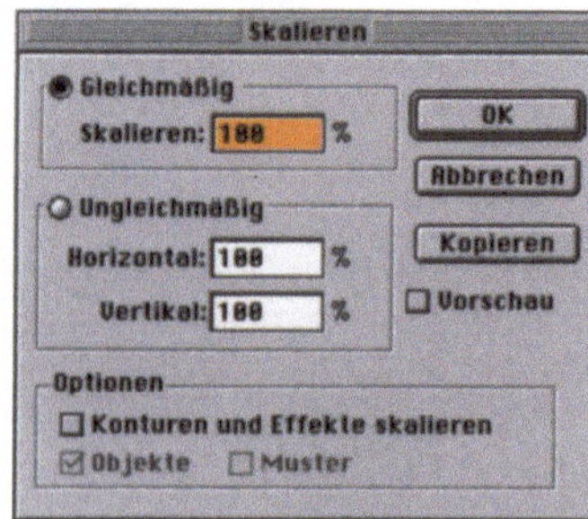

G 02

Transformation mit numerischer Eingabe vom Referenzpunkt

1. Wählen Sie das Transformationswerkzeug aus der Werkzeugleiste.

2. Klicken Sie auf der Arbeitsfläche am von Ihnen fest-gelegten Referenzpunkt mit gedrückter Alt-Taste.

3. Geben Sie die Werte ein und bestätigen Sie die Trans-formation. Die Option „Kopieren" behält das Objekt und fügt ein transformiertes Objekt hinzu.

Transformation wiederholen

Mit der Menüoption wiederholen Sie die eben durchge-führte Transformation. Für eine zehnmalige Kopie müs-sen Sie also entsprechend zehnmal *Erneut transformie-ren*.

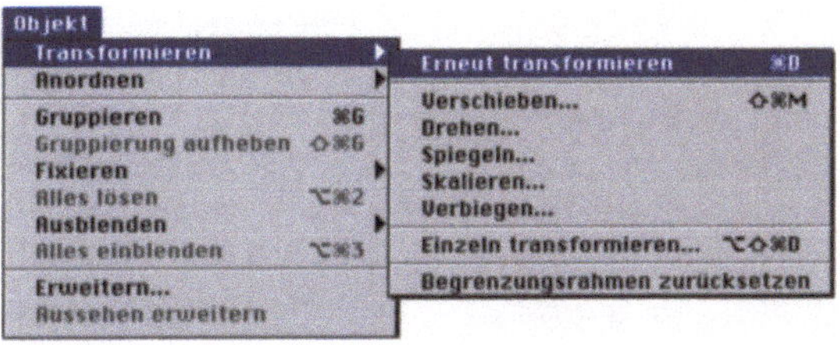

Ein Objekt verschieben

Mit einem Doppelklick auf das Auswahlwerkzeug (schwarzer Pfeil) oder der Return-Taste, wenn das Werk-zeug schon angewählt ist, bekommen Sie den Verschie-ben-Dialog.

Für mehrfaches Duplizieren müssen Sie wieder *Erneut transformieren*.

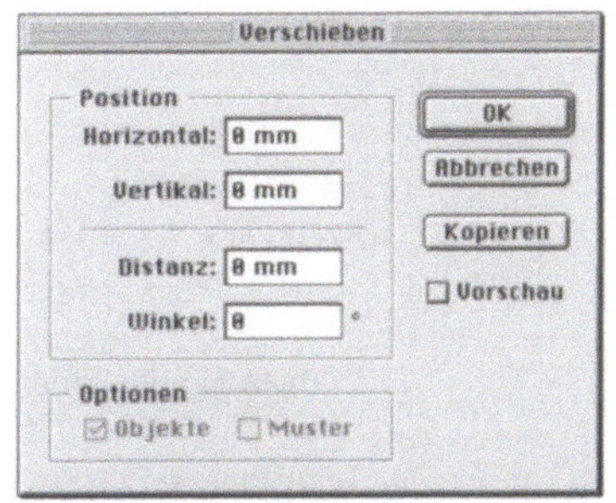

Transformation ohne Werkzeug

Sie können Objekte und offene Pfade auch ohne Werk-zeug mit der Maus oder mit den Pfeiltasten der Tastatur in ihrer Form verändern und bewegen. Wählen Sie dazu entweder alle Ankerpunkte aus (schwarzer Pfeil), um das Objekt zu bewegen, oder nur gezielt einzelne Anker-punkte oder Segmente (weißer Pfeil), um diese zu be-arbeiten. Die Schrittweite der Ankerpunkte und die Winkellage, Bildachse, stellen Sie unter Menü *Bearbeiten > Voreinstellungen > Allgemeine* ein.

Lernziele
- Sie setzen mit den verschiedenen Textwerkzeugen Texte.
- Sie editieren und formatieren Text.
- Sie modifizieren Text nach gestalterischen Gesichtspunkten.

Aufgaben
- Setzen Sie einen beliebigen Text, variieren Sie die verschiedenen Textwerkzeuge und -attribute.
- Erstellen Sie den Ausschnitt eines fiktiven Stadtplans mit mehreren Straßen bzw. Straßennamen.

Text setzen

Textwerkzeug

1. Wählen Sie das Textwerkzeug aus.

2. Klicken Sie auf die Arbeitsfläche und beginnen Sie mit der Texteingabe. Der Text läuft endlos weiter, d.h., Sie müssen von Hand umbrechen.
   oder
   Ziehen Sie mit der Maus einen Textrahmen und beginnen Sie dann mit der Texteingabe. Der Umbruch erfolgt automatisch. Die Größe und Form des Textfeldes können Sie nachträglich wie bei jedem Rechteck verändern.

Flächentextwerkzeug

1. Zeichnen Sie eine Fläche (Form beliebig) oder wählen Sie eine Fläche aus.

2. Wählen Sie das Flächentextwerkzeug aus.

3. Klicken Sie in die Fläche und beginnen Sie mit der Texteingabe. Der Text umbricht entsprechend der Formbegrenzung.

Pfadtextwerkzeug

1. Zeichnen Sie einen Pfad (Form beliebig) oder wählen Sie einen Pfad aus.

2. Wählen Sie das Pfadtextwerkzeug aus.

3. Textpfade sind grundsätzlich ohne Grafikattribute. Kopieren Sie deshalb vor der Texteingabe die Pfadebenen und modifizieren Sie die Grafikattribute. Klicken Sie auf den Pfad und beginnen Sie mit der Texteingabe. Der Text folgt dem Pfad.

Text formatieren

Das Editieren und Formatieren des Textes erfolgt wie in einem Layout- oder Textverarbeitungsprogramm. Markieren Sie den Text und wählen Sie die veränderten Attribute.

Die Einstellungsoptionen finden Sie unter Menü *Text* und Menü *Fenster > Text*.

Die Textfarbe definieren Sie wie die Farbe einer Fläche bzw. einer Kontur im Farbefenster oder im Farbwähler.

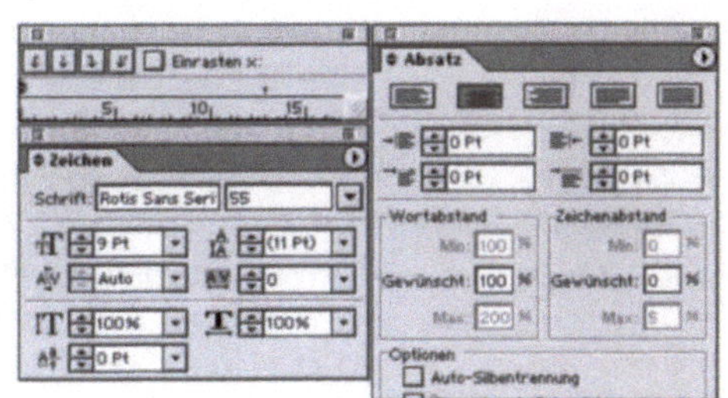

Text transformieren

Texttransformation ist oft gleichzusetzen mit Textverunstaltung. Trotz allem oder gerade deshalb einige Beispiele, die Ihnen Lust auf eigene Versuche machen sollen.

Die Transformation von einzelnen Objekten und Text können Sie mit verschiedenen Optionen durchführen:

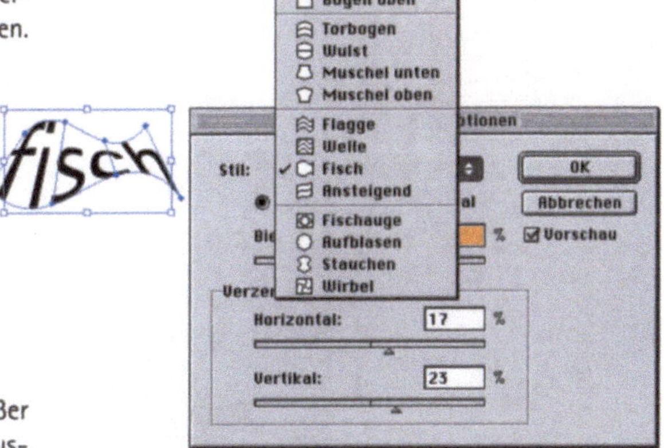

- Menü *Objekt > Verzerrungshülle*
- Menü *Effekt > Stilisierungsfilter*
  - *> Verkrümmen*
  - *> Verzerren und transformieren*

Das vom Programm erzeugte Gitter können Sie außer über das jeweilige Dialogfeld auch mit dem Direktauswahlwerkzeug (weißer Pfeil) modifizieren.

Text in Pfade oder Pixelbild umwandeln
Um die ganze Palette der Filter und Effekte anwenden zu können, kann es notwendig sein, Ihren Text in Pfade oder in ein Pixelbild umzuwandeln. Kopieren Sie vorher immer die Textebene als nichtdruckende Sicherungskopie.

- Menü *Text > In Pfade umwandeln*
- Menü *Objekt > In Pixelbild umwandeln …*
- Menü *Effekt > In Pixelbild umwandeln …*

Illustrator ist kein 3D-Programm, Sie können aber mit wenig Aufwand ansprechende 3D-Objekte konstruieren, um z.B. Verpackungen zu visualisieren oder 3D-Designs für Informationsgrafiken zu erstellen.

Isometrische Körper erstellen

Die Isometrie gehört zu den so genannten geometrischen Perspektiven. Alle in der Realität parallelen Seiten sind auch in der Zeichnung parallel.

Der Vorteil dieser Darstellungsart liegt darin, dass Sie die einzelnen Flächen wie gewohnt erstellen können. Anschließend werden die Flächen durch entsprechende Transformationen zu einem Kubus zusammengebaut.

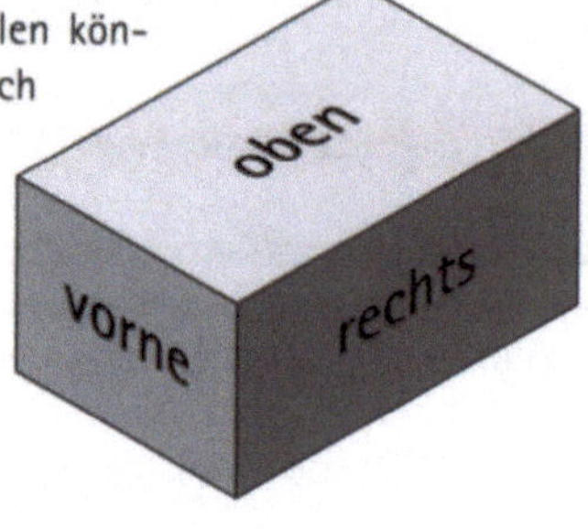

1. Gemeinsame Skalierung aller Flächen und Flächenelemente vor der weiteren Transformation:

   - Horizontal   100%
   - Vertikal   86,602%

Referenzpunkt
Die Transformationen aller drei Flächen beziehen sich auf den gemeinsamen Berührungspunkt der Flächen.

G 02 @ S.238

Kegel und Zylinder zeichnen

Aus der kreisförmigen Grundfläche eines Kegels bzw. eines Zylinders wird in der 3D-Darstellung eine Ellipse. Regeln:

- Eine Ellipse hat nie spitze Enden.
- Die Längs- und Querachse stehen in der Mitte senkrecht aufeinander.

- Ellipsen werden mit der Entfernung vom Horizont immer größer.

Konstruktion eines Zylinders

1. Zeichnen Sie eine Ellipse mit dem Ellipsewerkzeug.

2. Kopieren Sie die Ellipse nach unten.

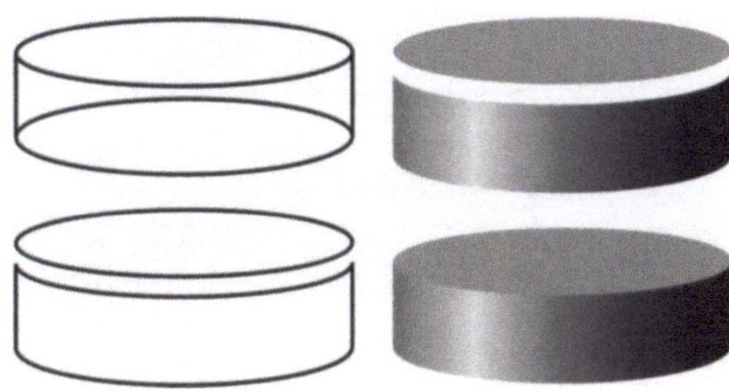

3. Vergrößern Sie die kurze Ellipsenachse, da diese weiter vom Horizont entfernt ist.

4. Zeichnen Sie die verbindenden Senkrechten.

5. Wählen Sie nun bei gedrückter Shift-Taste mit der Direktauswahl (weißer Pfeil) die vorderen Segmente der

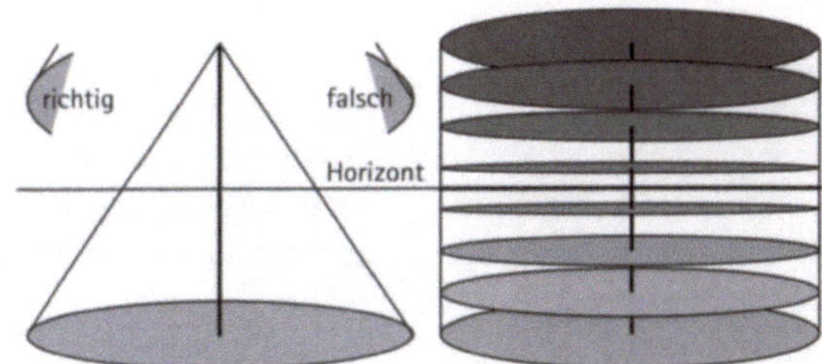

Ellipsen sowie die beiden Senkrechten aus und kopieren Sie diese in eine neue Ebene.

6. Ziehen Sie dann mit der Direktauswahl über die Linienanschlüsse und verbinden Sie diese mit Menü *Objekt > Pfad > Zusammenfügen ...*

7. Weisen Sie den beiden Flächen ihre Grafikattribute zu.

Fluchtpunktperspektive

1. Konstruieren Sie den Körper nach den Regeln der Fluchtpunktperspektive.

G Ba @ S.102

2. Wandeln Sie dann alle Linien in Hilfslinien um.

3. Wählen Sie unter Menü *Ansicht > Magnetische Hilfslinien.*

4. Zeichnen Sie jetzt die Flächen des Körpers.

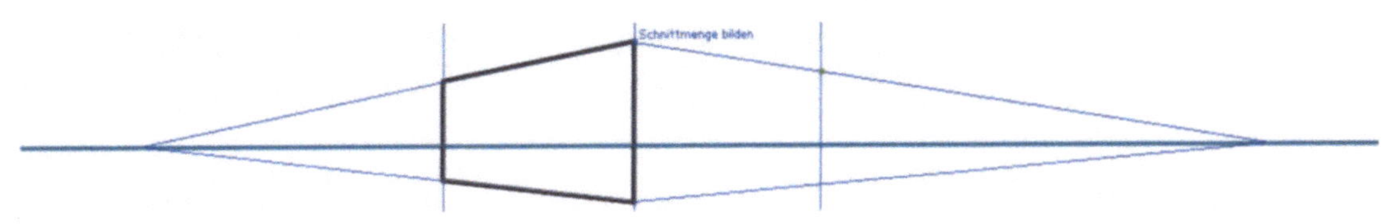

Diagrammarten

Illustrator bietet Ihnen neun Diagrammarten: Balkendiagramm (vertikal), gestapeltes Balkendiagramm (vertikal), Balkendiagramm (horizontal), gestapeltes Balkendiagramm (horizontal), Liniendiagramm, Flächendiagramm, Streudiagramm, Kreis- oder Tortendiagramm und das Netzdiagramm.

Diagramm erstellen

1. Wählen Sie das Diagrammwerkzeug in der Werkzeugpalette und klicken Sie auf die Arbeitsfläche.

2. Geben Sie die Maße ein.

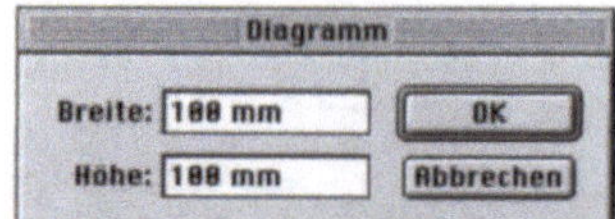

3. Importieren Sie eine Datentabelle oder geben Sie die Daten direkt in der Illustrator-Datentabelle ein.

4. Bestätigen Sie Ihre Eingabe.

Datenimport

Sie können Daten direkt aus Tabellenkalkulationsprogrammen, z.B. Microsoft Excel, in das Diagrammdatenfenster importieren. Speichern Sie dazu die Datei im Format „Text (Tabs getrennt)".

Diagramme modifizieren
- Unter Menü *Objekt > Diagramm* können Sie die Diagrammattribute und -daten verändern.
- Mit der Direktauswahl (weißer Pfeil) können Sie einzelne Diagrammelemente auswählen und verändern. Nach einer Änderung der Daten ist allerdings die Grafikänderung meist wieder verloren!
- Vorsicht: Menü *Objekt > Gruppieren aufheben* koppelt Ihr Diagramm von der Datenbasis ab.

Balken- und Tortendiagramm

Balkendiagramm erstellen

1. Erstellen Sie ein neues Balkendiagramm.

2. Importieren Sie die Übungsdatei „G_05.TXT".

3. Modifizieren Sie die Daten entsprechend der Vorlage.

4. Klicken Sie auf den Ausführenbutton.

5. Gestalten Sie das Diagramm nach Ihren Vorstellungen.

G 04 @ S.242

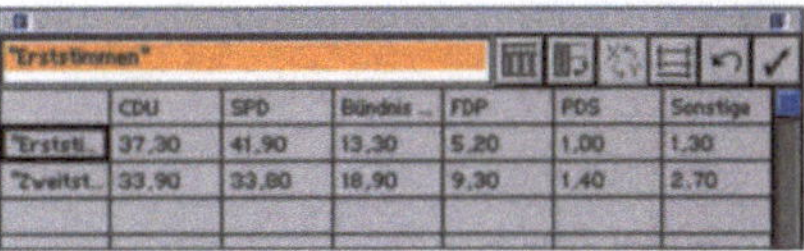

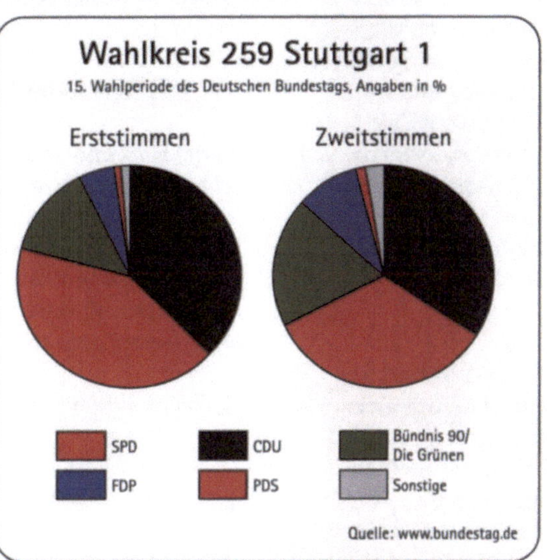

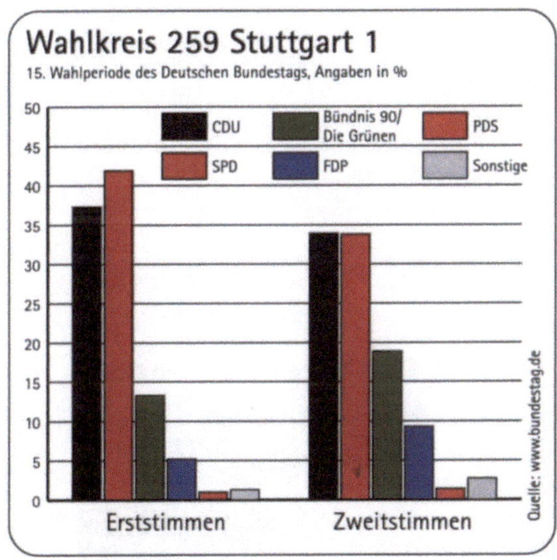

Tortendiagramm erstellen

1. Erstellen Sie in einer Dateikopie aus dem gleichen Datenbestand zwei Tortendiagramme, indem Sie unter Menü *Objekt > Diagramm > Attribute ...* die Diagrammart Tortendiagramm auswählen.

2. Gestalten Sie das Diagramm nach Ihren Vorstellungen.

Eigene Diagrammelemente

Sie können aus eigenen Grafiken Diagrammelemente, z.B. 3D-Objekte, als Designs für Balken- und Punktdiagrammen erstellen.

- Menü *Objekt > Diagramm > Design ...*

Zur Anwendung gehen Sie unter

- Menü *Objekt > Diagramme > Balken ...*
  oder
- Menü *Objekt > Diagramme > Punkte ...*

Lernziele
- Sie kennen die Funktionalität von Verläufen und Mustern.
- Sie erstellen und modifizieren eigene Verläufe und Muster und wenden diese auf Objekte an.
- Sie kennen die Variationsmöglichkeiten der Angleichenfunktion.
- Sie setzen die Angleichung von Formen und Farben ein.

Aufgaben
- Definieren Sie einen Verlauf, der das Spektrum des sichtbaren Lichts darstellt.
- Erstellen Sie ein Muster zur Schrafur eines Objekts.
- Gleichen Sie einen Kreis und ein Quadrat zueinander an. Variieren Sie dabei die jeweils angeklickten Ankerpunkte.

Sie können Objekte statt mit einer Farbe auch mit Verläufen oder Mustern füllen. Klicken Sie dazu in der Werkzeugpalette auf die mittlere Grafikoption „Verläufe und Muster" und wählen Sie dann in der Farbfelderpalette den entsprechenden Verlauf bzw. das gewünschte Muster aus.

Verläufe erstellen und modifizieren

Verlaufsart und –richtung ändern

Wir unterscheiden in Illustrator zwei verschiedene Verlaufsarten, den linearen und den kreisförmigen Verlauf. Sie können in der Verlaufspalette zwischen den beiden Verlaufsarten umschalten.

Die Verlaufsrichtung können Sie ebenfalls in der Verlaufspalette oder zusammen mit dem Start- und Endpunkt des Verlaufs festlegen.

1. Füllen Sie das Objekt mit einem Verlauf.

2. Klicken Sie dann mit dem Verlaufswerkzeug auf den neuen Startpunkt und ziehen Sie den Cursor bis zum Endpunkt.

Verläufe neu erstellen

1. Wählen Sie einen Verlauf aus der Farbfelderpalette.

2. Verändern Sie die Farbe und Position der Verlaufsregler.

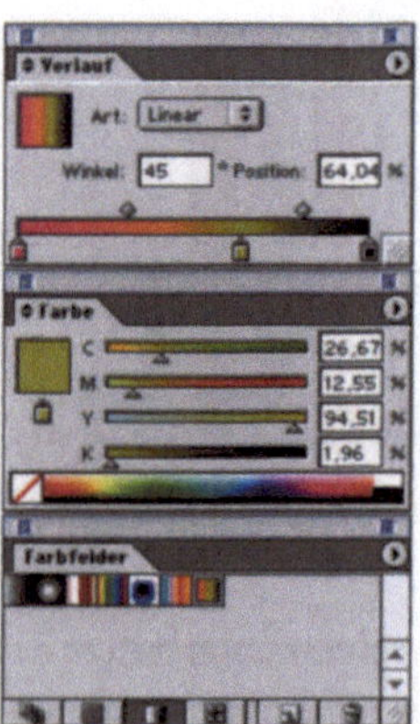

   - Wählen Sie einen Verlaufsregler unter dem Verlaufsbalken und weisen Sie ihm in der Farbpalette die neue Farbe zu.
   - Ein Verlauf ist immer 100% lang, der Prozentwert zeigt Ihnen die relative Position des ausgewählten Verlaufreglers im Gesamtverlauf.
   - Sie löschen Verlaufsregler durch Wegziehen vom Verlaufsbalken, neue Verlaufsregler fügen Sie durch Klicken unter dem Verlaufsbalken ein.

3. Ziehen Sie die Verlaufsfläche aus der Verlaufspalette in die Farbfelderpalette, um Ihren neuen Verlauf zu speichern.

Muster erstellen und modifizieren

Muster sind geometrische Elemente, die wie Kacheln automatisch aneinander gefügt werden. In Illustrator wird zwischen Füllmustern und Pinsel- bzw. Pfadmustern unterschieden. Der Einsatz von Verläufen, Angleichungen, Konturen, Gittern, Bitmaps, Diagrammen, platzierte Dateien oder Masken ist in einem Muster verboten. Alle anderen Elemente, so z.B. auch Texte, sind erlaubt.

Füllmuster erstellen

1. Erstellen Sie die Musterelemente.

2. Ziehen Sie ein Rechteck als Begrenzungsrahmen um die Elemente.

3. Stellen Sie den Rahmen unter Menü *Objekt > Anordnen > Nach hinten stellen* in den Hintergrund.

4. Wählen Sie jetzt alle Elemente zusammen mit dem Begrenzungsrahmen aus und ziehen Sie sie zum Sichern des Musters in die Farbfelderpalette.

Pinselmuster erstellen

1. Erstellen Sie das Musterelement analog zur Füllmustererstellung.

2. Ziehen Sie anschließend das Musterelement in die Pinselpalette.

Muster modifizieren

1. Ziehen Sie das Muster aus der Farbfelderpalette auf die Arbeitsfläche.

2. Modifizieren Sie das Muster, Sie können alle Transformationsoptionen, z.B. Skalieren, auf das Objekt und oder das Muster anwenden.

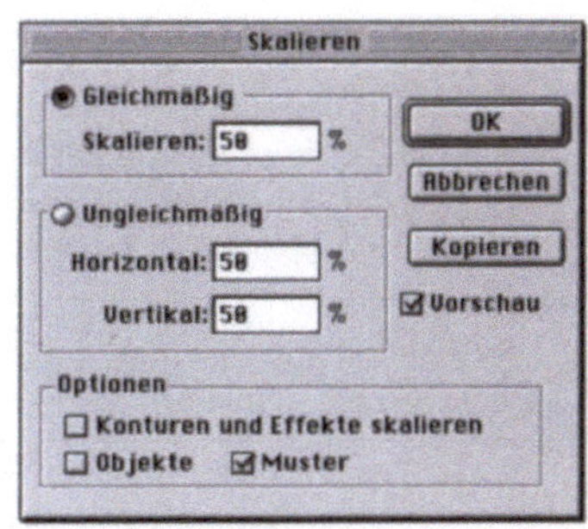

3. Stellen Sie das Muster nach Abschluss der Bearbeitung wieder in die Farbfelderpalette zurück.

Objekte und Farben angleichen

Mit dem Angleichungswerkzeug können Sie Formen und Farben von Objekten angleichen. Die Art der Angleichung legen Sie in den Angleichungsoptionen fest (Doppelklick auf das Werkzeug in der Werkzeugpalette).

1. Wählen Sie das Angleichungswerkzeug und definieren Sie die Angleichungsoptionen.

2. Klicken Sie auf einen Ankerpunkt des ersten Objekts und anschließend auf einen Ankerpunkt des zweiten Objekts; variieren Sie die Ankerpunktauswahl, wenn Sie mit dem Ergebnis nicht zufrieden sind.

Unter Menü *Objekt > Angleichung > erweitern* können Sie die Zwischenstufen der Angleichung zu eigenständigen Objekten machen.

Projekte
Print
  P06 @ S.112

Lernziele
- Sie platzieren ein Bild in einem Illustrator-Dokument.
- Sie maskieren ein platziertes Bild.

Aufgaben
- Platzieren Sie ein Bild in Ihrem Dokument. Beachten Sie Auflösung und Farbmodus.
- Maskieren Sie das Bild mit den verschiedenen Maskierungsarten. Protokollieren Sie Ihre Vorgehensweise und die Ergebnisse.

Übungsdateien auf DVD
> TUTORIAL > G_GRAFIK > G07

Bild platzieren

Sie können Bilder in allen gängigen Dateiformaten in Illustrator platzieren. Der Farbmodus muss nicht dem der Illustrator-Datei entsprechen. Zum Platzieren brauchen Sie keinen Bildrahmen.

1. Gehen Sie unter Menü *Ablage bzw. Datei > Platzieren…*

2. Wählen Sie das zu platzierende Bild aus und verknüpfen es mit der Illustrator-Datei.

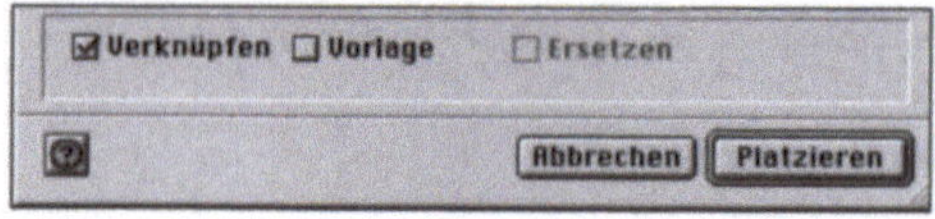

3. Die Bildanzeige können Sie unter Menü *Ablage bzw. Datei > Dokumentformat…* einstellen.

Die Verknüpfenpalette

In der Verknüpfenpalette haben Sie die Möglichkeit, platzierte Bilder auszutauschen, zu aktualisieren oder direkt das Editierprogramm, z.B. Photoshop, zur Bearbeitung aufzurufen.

Um alle Transformationswerkzeuge anwenden zu können, müssen Sie in der Verknüpfenpalette das Bild einbetten. Die Anzahl der Pixel bleibt bei den Transformationen immer gleich, die Pixelform und die Bildauflösung können sich verändern.

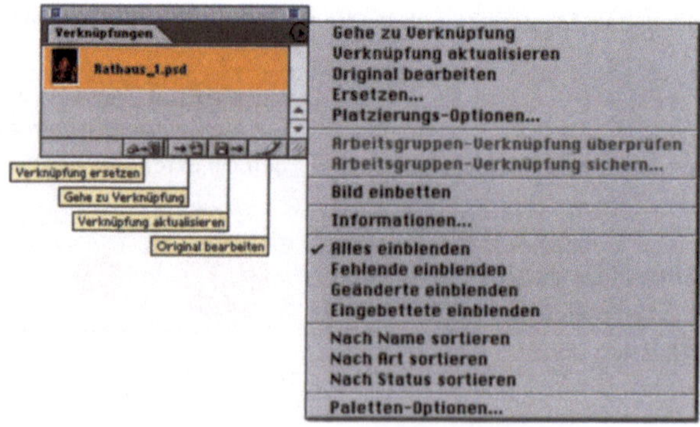

Bild maskieren

In Illustrator gibt es verschiedene Möglichkeiten mit Masken zu arbeiten.

Deckkraftmaske erstellen und bearbeiten

1. Erstellen Sie zwei Objekte, das untere wird maskiert, das obere dient als Maske.

2. Aktivieren Sie dann beide Objekte und wählen Sie in den Optionen der Transparenzpalette „Deckkraftmaske erstellen" aus.

Sie können die Maske jederzeit in den Palettenoptionen deaktivieren.
   Durch die Auswahl des Objekts oder der Maske in der Palette können Sie die einzelnen Elemente getrennt bearbeiten, ohne die Maskierung aufzulösen.

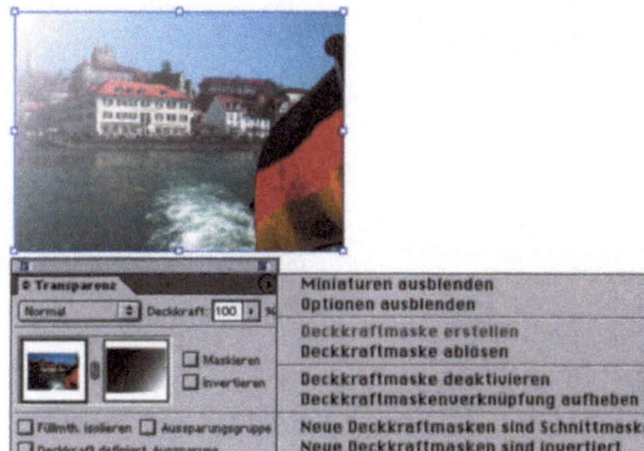

Schnittmaske erstellen und bearbeiten

Mit einer Schnittmaske können Sie Objekte oder platzierte Bilder so beschneiden, dass nur die innerhalb der Maske befindlichen Teile sichtbar sind.

1. Platzieren Sie das Bild.

2. Setzen und positionieren Sie den Text.

3. Wählen Sie dann beide Elemente aus und erstellen Sie unter Menü *Objekt > Schnittmaske > erstellen* die Schnittmaske.

Durch Menü *Objekt > Zusammengesetzter Pfad > erstellen* können Sie komplexe Masken aus mehreren Elementen, z.B. auch Textpfaden, erstellen.
   Wenn Sie die Maske und das maskierte Objekt mit der Direktauswahl (weißer Pfeil) auswählen, dann lassen sich alle Elemente getrennt bearbeiten.

Composite oder Separation

Compositeausgabe

Die Druckausgabe über einen Tintenstrahl- oder einen Laserdrucker erfolgt als so genannte Compositeausgabe. Ihr Bild wird der Bildschirmdarstellung entsprechend auf dem Drucker ausgegeben. Es werden keine separaten Druckformen erstellt, sondern der Druck der einzelnen Farben wird vom Druckertreiber angesteuert.

Separation

Der Druck auf einer Druckmaschine erfordert pro Druckfabe eine Druckform. Die Aufteilung der Farbinformation Ihrer Datei in Teilfarben nennt man Separation. Sie wird durch die PPD (PostScript Printer Description = PostScriptdruckerbeschreibung) gesteuert.

M 03 @ S.42

1. Wählen Sie unter Menü *Ablage bzw. Datei > Separationseinstellungen* …

2. Machen Sie nun die Separationseinstellungen:

   - Kontrollieren Sie die PPD; laden Sie ggf. mit der Option „PPD öffnen …" die für Ihren Belichter gültige PPD.
   - Überprüfen Sie die Einstellungen für das Papierformat, die Ausrichtung, die Seitenlage (seitenrichtig oder seitenverkehrt), die Rasterweite sowie die Tonwertdarstellung (positiv oder negativ).

   - Mit der Option „In Prozessfarben konvertieren" können Sie die in Ihrer Datei enthaltenen Sonderfarben in CMYK umwandeln. Sonst wird für jede Sonderfarbe ein zusätzlicher Farbauszug für eine separate Druckform erstellt.
   - Druckzeichen sind u.a. Passkreuze und eine Farbskala.
   - Mit der Option separieren können Sie festlegen, ob nur die druckbaren Ebenen, nur die sichtbaren Ebenen oder alle Ebenen ausgegeben werden sollen.
   - Der Anschnitt lässt Raum für randabfallenden Beschnitt Ihrer Grafik. Wenn die Grafik nicht beschnitten wird, dann stellen Sie den Anschnitt auf null.
   - Das Überdrucken von Farben sollten Sie grundsätzlich für alle Farben vornehmen, nicht nur für Schwarz.

3. Belichten Sie Ihre separierten Farbauszüge unter Menü *Ablage bzw. Datei > Drucken ... > Adobe Illustrator 10 > Ausgabe: Farbauszüge*

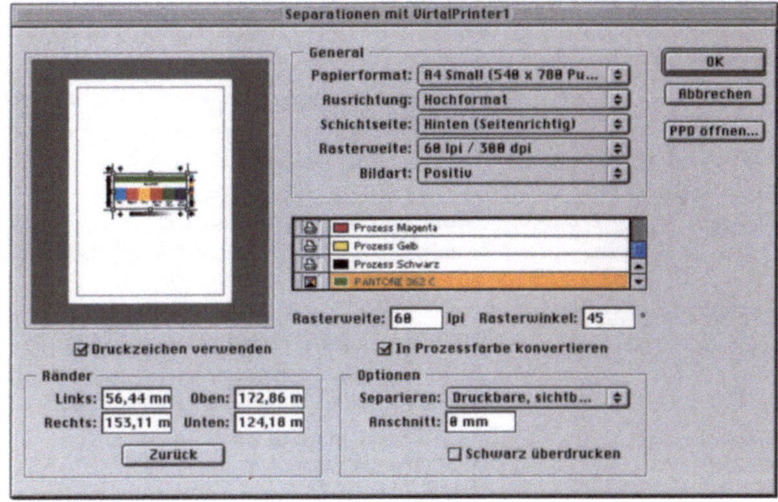

Überfüllen und Überdrucken

Überfüllen

In Illustrator haben Sie zwei Möglichkeiten, Überfüllungen zu erstellen:

- Menü *Effekt > Pathfinder > Überfüllen ...*
- Veränderung der Kontur oder Größe einzelner Objekte

Falls die Überfüllung durch Spezialprogramme bei der Ausgabeberechnung im RIP (Raster Image Processor) erfolgt, müssen Sie im Illustrator nicht überfüllen.

Überdrucken

Im Compositedruck erscheint immer die Farbe, die in der obersten Ebene sichtbar ist. Darunter liegende Farben werden automatisch ausgespart. Wenn Sie die Überdruckenoption auswählen, dann wird die darunter liegende Farbe nicht ausgespart und erscheint nach der Separation im entsprechenden Farbauszug.

Die Überdruckeneinstellungen können Sie an verschiedenen Stellen in Illustrator vornehmen:

- Menü *Filter > Farben > Schwarz überdrucken ...*
- Separationseinstellungen > *Schwarz überdrucken*
- Attributepalette

Farbeinstellungen

Die Einstellungen für einen Colormanagement-Workflow treffen Sie unter Menü *Bearbeiten > Farbeinstellungen ...* Wenn Sie ohne Colormanagement arbeiten, dann schalten Sie auf „Off".

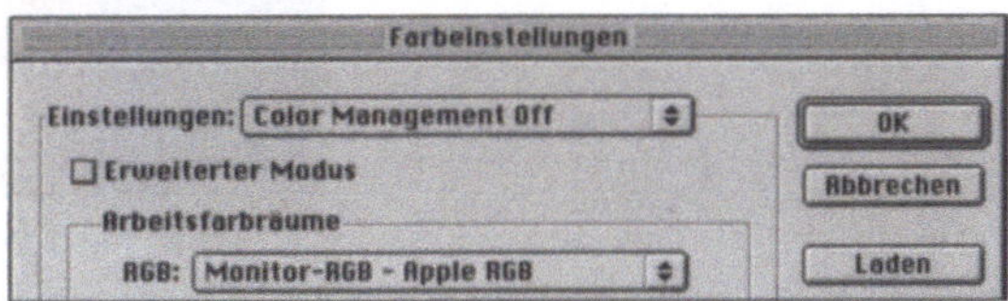

Lernziele
- Sie kennen die Funktion von Slices bei der Verwendung von Grafiken im Web.
- Sie teilen eine Grafik in Slices auf.
- Sie speichern die Slices.
- Sie erstellen eine Flash-Animation aus Ebenenobjekten.

Aufgaben
- Teilen Sie eine Grafik in Slices auf.
- Modifizieren Sie die Slices und speichern Sie sie mit der jeweils optimalen Einstellung ab.
- Erstellen Sie eine Flash-Animation, in der sich verschiedene Objekte aufeinander zu bewegen und dann ein Schlussbild zeigen.

Übungsdateien auf DVD
> TUTORIAL > G_GRAFIK > G09

Slices erstellen

B 11 @ S.222

Slices sind Teile einer komplexen Grafik, die nach der Aufteilung als eigenständige Dateien in der Webseite stehen. Sie haben damit die Möglichkeit, z.B. Flächengrafiken als *.gif und Grafiken mit Verläufen als *.jpg abzuspeichern.

Slices aus der Auswahl erstellen
Wählen Sie das Seitenelement aus und erstellen Sie das Slice unter Menü *Objekt > Slice > Aus Auswahl erstellen*.

Slices aus Objekten erstellen
Wählen Sie die Ebene oder die Unterebene aus, in der sich die Objekte befinden, und erstellen Sie dann unter Menü *Objekt > Slice > erstellen* Ihre Slices.

Slices manuell erstellen
Wählen Sie das Slicewerkzeug aus der Werkzeugpalette und ziehen Sie dann mit dem Cursor das rechteckige Slice auf.

Auto-Slices
Illustrator erstellt Auto-Slices für alle noch nicht geslicten Bereiche um das neu erstellte Slice. Die Auto-Slices werden mit geringerer Transparenz dargestellt.

Slices modifizieren
- Wenn Sie ein Objekt verschieben, dann ändert sich die Sliceaufteilung automatisch.
- Mit dem Sliceauswahlwerkzeug ausgewählte Slices können Sie in der Größe verändern.

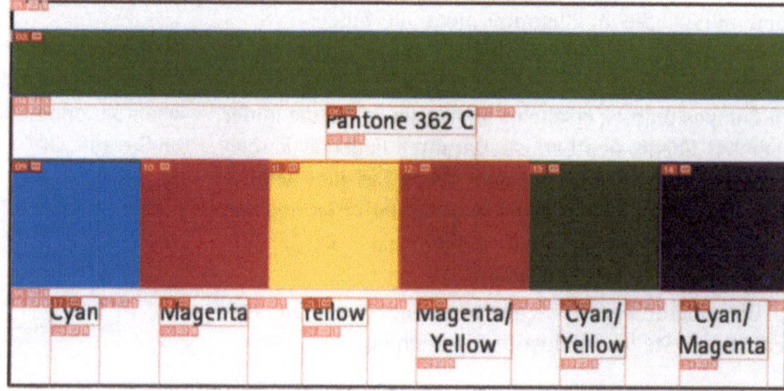

Flash-Animationen erstellen

Sie können in Illustrator Animationen erstellen und sie direkt im *.swf-Format exportieren.

1. Erstellen Sie die Animationselemente; wichtig ist dabei, dass alle Elemente, die zu einem Zeitpunkt im Browserfenster erscheinen sollen, in der gleichen Ebene im Illustrator liegen.

   Angleichungen können Sie mit der Option „Ebenen für Objekte erstellen" in Ebenen umwandeln. „Sequenz" zeigt in der Animation immer nur ein Objekt, die Option „Aufbau" lässt die Elemente stehen und fügt die folgenden Animationselemente der Ansicht hinzu.

2. Exportieren Sie dann die Animation unter Menü *Ablage bzw. Datei > Exportieren ... > Macromedia Flash (SWF)*

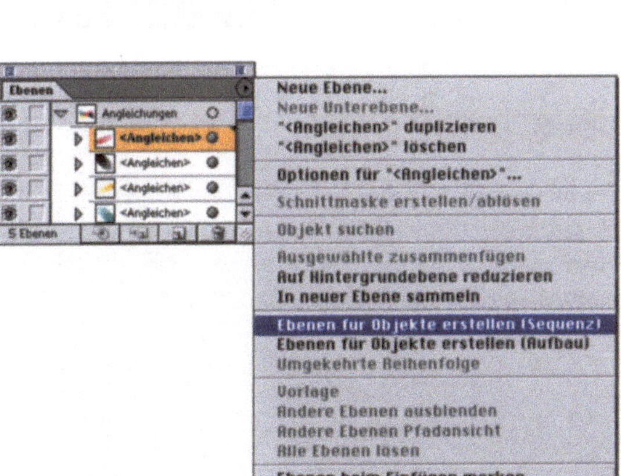

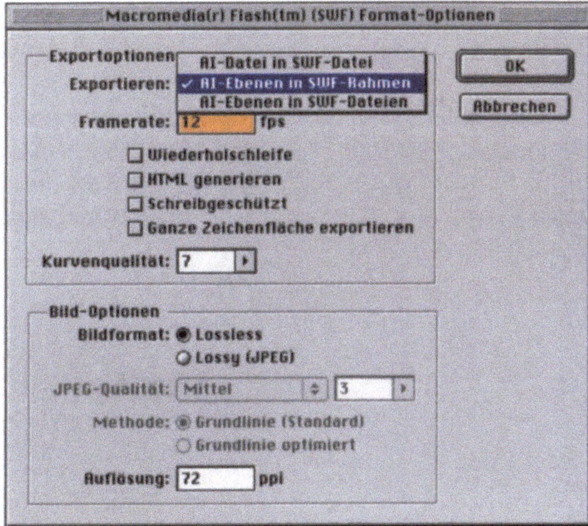

Lernziele
* Sie kennen die Anforderungen an Grafiken für das Web.
* Sie kennen die Funktion der Web-Farbpalette.
* Sie treffen zielgerichtet die entsprechenden Einstellungen beim Speichern von Grafiken für das Web.

Aufgaben
* Speichern Sie eine Grafik in verschiedenen Dateiformaten mit unterschiedlichen Einstellungen.
* Betrachten Sie die Ergebnisse jeweils im Browser.
* Bewerten und protokollieren Sie die einzelnen Einstellungen.

Übungsdateien auf DVD
> TUTORIAL > G_GRAFIK > G10

Websichere Farben

Im Internet gilt die Web-Farbpalette mit ihren 216 Farben als Garant für die konsistente Farbdarstellung auf allen Browsern und Systemen. Wie Ihre Grafik im Web aussieht, können Sie unter Menü *Ansicht > Pixelvorschau* sehen.

In websichere Farben ändern
1. Wählen Sie die zu ändernde Farbe aus.

2. Schalten Sie dann in der Farbpalette auf „Websichere Farben" um und klicken Sie auf das Würfelsymbol, um die Farbe in die nächste websichere Farbe zu ändern.

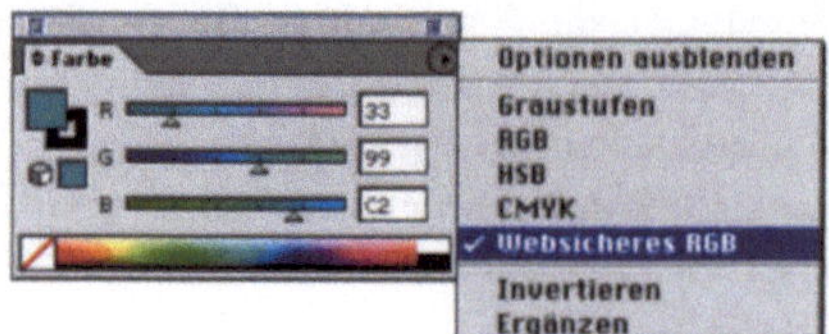

Slices–Dateiformate

Abhängig von der Form und Farbigkeit einer Grafik bzw. einzelner Slices können Sie bei der Speicherung zwischen verschiedenen Dateiformaten wählen.

Für Web speichern ...

Unter Menü *Ablage bzw. Datei > Für Web speichern ...* können Sie verschiedene Ausgabeeinstellungen vornehmen. Die Option „HTML und Bilder" erzeugt beim Speichern automatisch eine Tabelle.
Die Slices werden in einem separaten Ordner gespeichert und mit der Tabelle verknüpft.

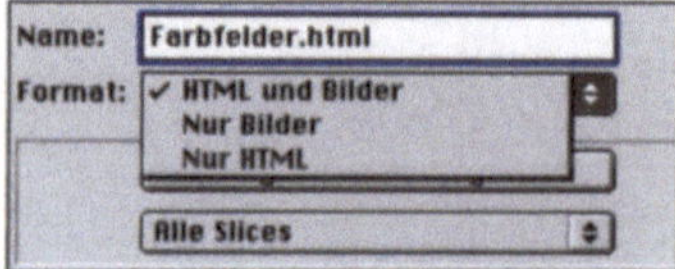

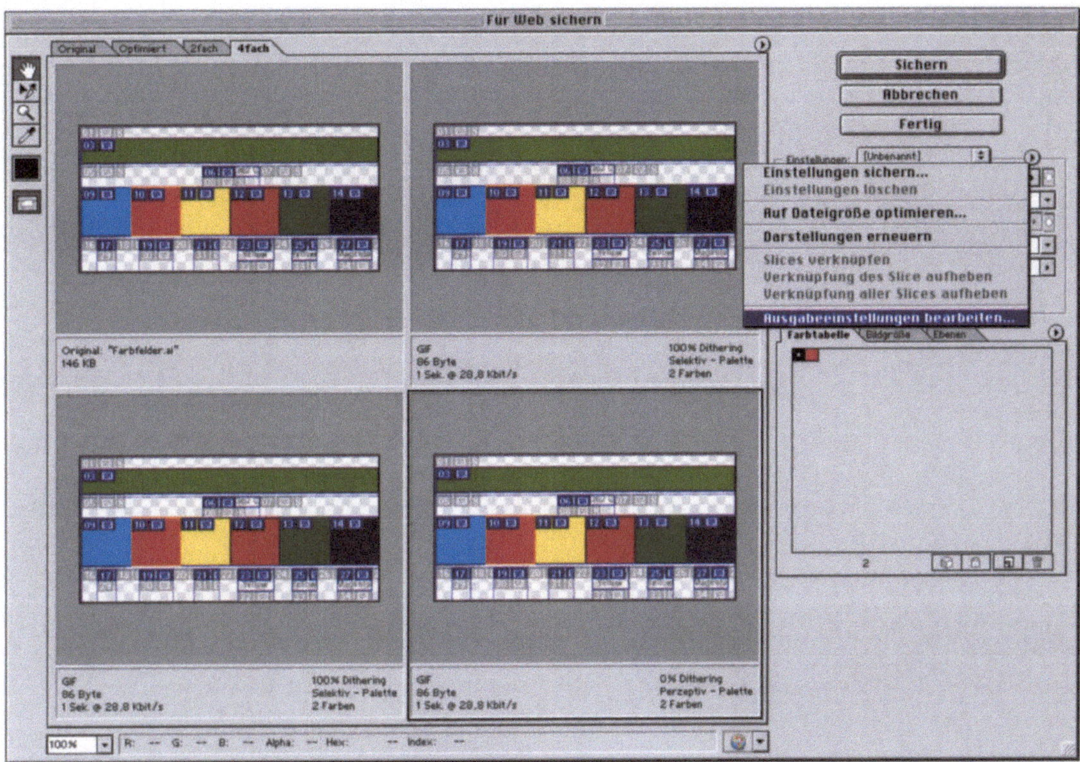

Im Dialogfenster können Sie sich neben dem Original noch drei weitere Versionen anzeigen lassen. Durch Anklicken mit dem Handwerkzeug wählen Sie die jeweilige Version. Sie wird durch einen schwarzen Rand gekennzeichnet. Für die Sliceauswahl nehmen Sie das Sliceauswahlwerkzeug. Damit ist es möglich, einzelnen Slices unterschiedliche Dateiformate und Farbtabellen zuzuordnen. Die schwarzumrandete Darstellung wird nach dem Anklicken des Speichernbuttons gespeichert.

QUARK
QuarkXPress
QUARKXPRESS
PASSPORT EDITION
PANTONE
Digital Color
PANTONE

Die wichtigsten Werkzeuge

QuarkXPress ist zwischenzeitlich ein Layout-Klassiker geworden. Seit vielen Jahren auf dem Markt, deckt dieses Programm im professionellen Publishing-Bereich ein außergewöhnlich breites Spektrum an Produktionsmöglichkeiten ab. Komplette Broschüren, Bücher, Zeitschriften, Zeitungen, Illustrierte, Kataloge lassen sich ebenso produzieren wie Geschäftsdrucksachen, Arbeitsblätter, Diplomarbeiten und Dissertationen. Ein Kennzeichen all dieser Printprodukte, die mit diesem Programm erstellt werden, ist die Professionalität und Variabilität für die Ausgabe auf PostScript-Druckern und Belichtern.

Das Programm arbeitet rahmenorientiert. Dies bedeutet: Zur Erfassung und Positionierung von Texten, Bildern, Grafiken und Tonflächen sind zuerst die zur Nutzung vorgesehenen Flächen durch Rahmen zu markieren. Hierzu dient unter anderem die abgebildete Werkzeugleiste. Um einen Text oder ein Bild zu positionieren, muss zuerst immer ein entsprechender Rahmen aufgezogen werden. Ohne einen solchen Rahmen ist keine Positionierung eines Medienelementes auf der Seite möglich. Sie erkennen dies auch auf der Abbildung gegenüber. Das Logo des Programms ist deutlich in einen Bildrahmen eingepasst auf der Seite positioniert. An den Ecken und in der Mitte ist jeweils ein Anfasserpunkt zu erkennen. Mit Hilfe dieses Anfassers kann der Rahmen kleiner oder größer gezogen werden.

Wollen Sie einen solchen Text- oder Bildrahmen verschieben, geht dies:

- mit dem Objektwerkzeug oder
- durch numerische Eingabe der Position des Rahmens in der Palette für Bildrahmen. Im rechten Beispiel ist das Quark-Bild in der Position $x = 32\,mm$ vom linken Rand und $y = 40\,mm$ vom oberen Rand der Seite entfernt. Zur Eingabe klicken Sie mit dem Cursor in die Maßpalette und überschreiben den alten Wert.

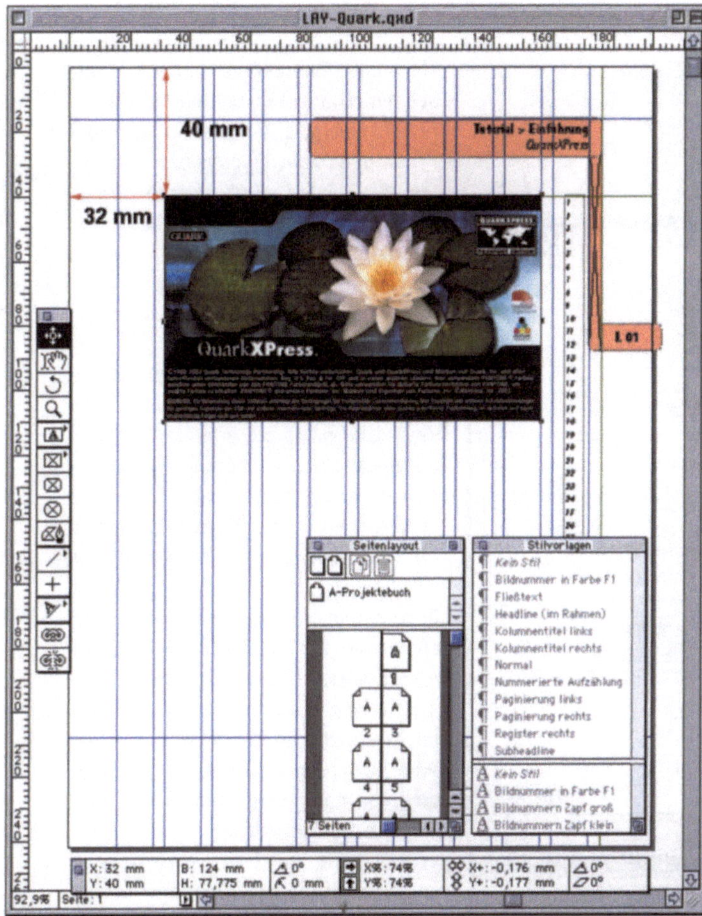

Die Abbildung links zeigt die Arbeitsoberfläche von QuarkXPress mit einer Reihe von Elementen und Werkzeugen, die in jedem Dokument zu finden sind.

Den größten Raum nimmt die Arbeitsfläche des Dokuments ein, das Sie zur Bearbeitung angelegt haben. In unserem Beispiel ist dies die erste Seite dieses Kapitels.

Sie erkennen eine Reihe von verschiedenfarbigen Hilfslinien, einen Zeilenzähler, links die Werkzeugleiste und am Fuß der Seite die Maßpalette. Weiter sind noch zwei Flying Windows zu sehen: Das Seitenlayout und die Stilvorlagen – diese werden normalerweise aber nicht auf die Seite, sondern an den Rand gestellt.

Links und oben sind die Lineale zu erkennen, rechts und unten die unvermeidlichen Scrollbalken.

Außerhalb der Arbeitsfläche ist freier Raum. Hier können Bilder und Texte „abgelegt" werden, die auf der Arbeitsoberfläche gerade nicht benötigt werden – dies ist sozusagen ein digitaler Parkplatz für Dokumententeile. **Übrigens:** Ausgeben, also drucken oder belichten, können Sie immer nur, was sich auf der Dokumentenfläche befindet!

Abbildungen unten: Maßpalette für Bildrahmen, darunter Palette für Textfelder und unten die Palette für Linienelemente.

X: 32 mm	B: 124 mm	0°	X%: 74%	X+: -0,176 mm	0°
Y: 40 mm	H: 77,775 mm	0 mm	Y%: 74%	Y+: -0,177 mm	0°

X: 32 mm	B: 28 mm	0°	11,339	RotisSansSerif	9 pt
Y: 124,696 mm	H: 40,991 mm	Spalten: 1		P B I U W O S K κ	

X1: 28 mm	X2: 64 mm	Endpunkte	S: 1 pt	
Y1: 138,359 mi	Y2: 138,359 mr			

Lernziele

- Kennen und finden der Programm- und Dokumentenvorgaben für QuarkXPress.

Aufgaben

- Betrachten Sie die Programm- und Dokumentenvorgaben und testen Sie verschiedene Einstellungen.
- Sichern Sie aber nur die Einstellungen, die tatsächlich Sinn machen werden.

Übungsdatei

Programm QuarkXPress

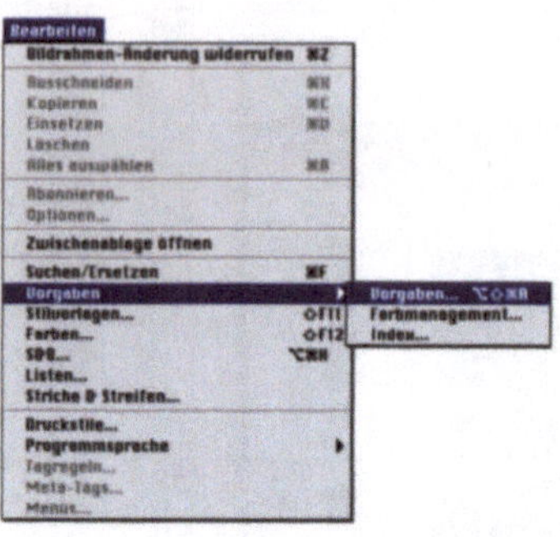

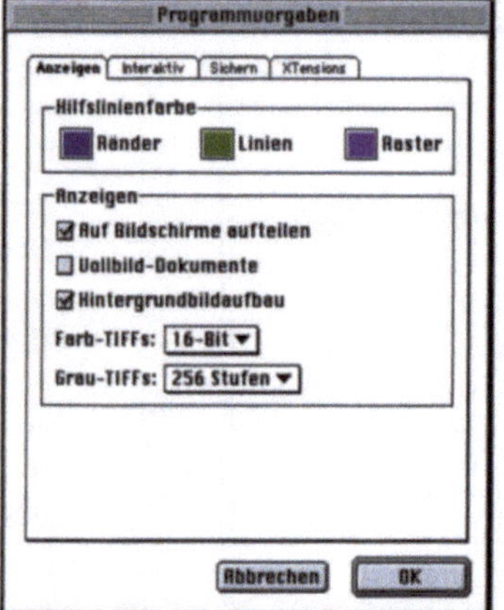

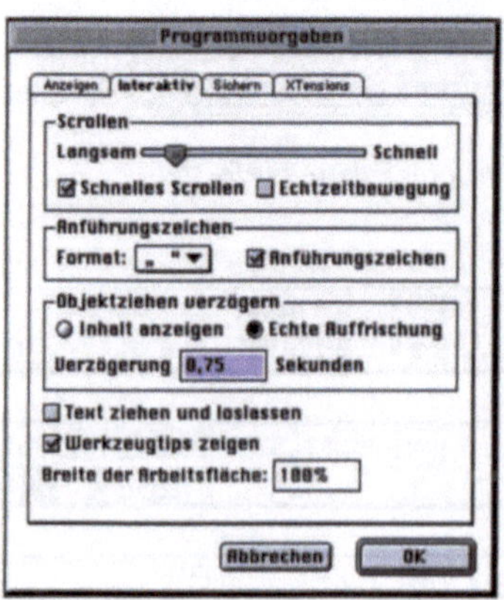

Um mit QuarkXPress effektiv und schnell zu arbeiten, sollten Sie vor Arbeitsbeginn die Voreinstellungen des Programms kontrollieren bzw. einstellen. Sie finden diese Vorgaben entsprechend der linken Abbildung. Von Bedeutung sind die Vorgaben für das Programm und das Dokument.

Sie können bei den Programmvorgaben die Bildschirmanzeige, die Interaktivität, das Sichern und die XTensionsvorgaben optimieren. Vor allem die Anzeige und die Interaktivität sind am Anfang von Bedeutung. Sie sollten sich für den Anfang und bis Sie eigene Erfahrungen in der Einstellung haben, an den Abbildungen orientieren. Die Hilfslinienfarbe ist abhängig von Ihren Bildern und Hintergründen. Diese Einstellungen können auch während der Arbeit jederzeit verändert werden.

Die Einstellungen zum Sichern sollten Sie nicht ändern. Eine automatische Sicherung ist am Anfang unserer Meinung nach nicht erforderlich. Aber entscheiden Sie selbst.

Der letzte Punkt ist die Einstellung und Verwaltung der XTensions. Lassen Sie die Vorgaben bestehen. Hier kann im Bedarfsfall jederzeit etwas verändert werden.

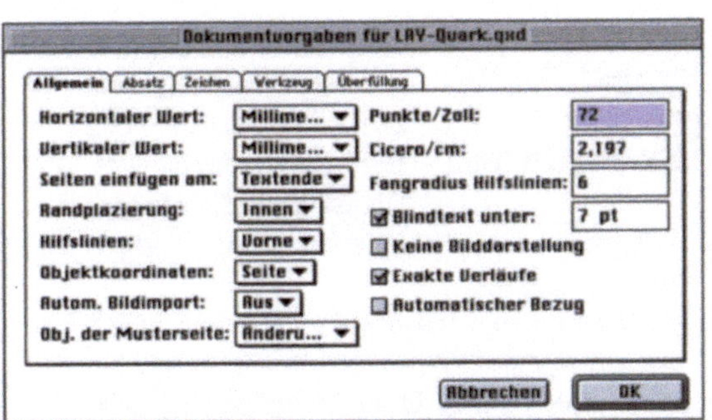

Fenster Dokumentvorgaben Bearbeiten > Vorgaben > Dokument

Dokumentvorgaben

Wenn Sie die Dokumentvorgaben aufrufen, wird die nebenstehende Dialogbox geöffnet. Hier werden die Standardvorgaben für QuarkXPress-Dokumente definiert.

Dokumentvorgaben sind nur für das offene Dokument wirksam. Werden Änderungen vorgenommen, während kein Dokument geöffnet ist, gelten diese dann programmweit für alle neu angelegten Dokumente.

Im Register *Allgemein* lassen sich verschiedene Vorgaben für das Seitenlayout festlegen. Darunter sind die Maßeinheiten für die Lineale und der Fangradius für die Hilfslinien.

Das Register *Absatz* ermöglicht die Festlegung, wie das Programm mathematisch angegebene Formate definiert. Hier ist insbesondere der Zeilenabstand zu nennen, der über diese Dialogbox definiert wird. Der Standardwert beträgt 20%. Das bedeutet, dass der Zeilenabstand einer 10-Punkt-Schrift mit 2 Punkt berechnet wird:

$$(10\,p + [20\%\ \text{von}\ 10\,p] = 12\,p).$$

Beim Ändern des Wertes im Feld *Autom. Abstand* werden die Grundlinien auf der Basis des veränderten Zeilenabstandes neu berechnet und neu angeordnet.

Sie können auf dieser Registerkarte noch das Grundlinienraster definieren. Der Wert im Feld *Start* bestimmt, wie weit entfernt von der oberen Seitenkante die erste Grundlinie verläuft. Die Standardvorgabe beträgt 12,7 mm. Dieser Wert muss, je nach Layout, angepasst werden.

Die Schrittweite bestimmt den Abstand zwischen den Grundlinien, also den Zeilenabstand.

Im Register *Zeichen* lässt sich festlegen, wie QuarkXPress mathematische Typografiemerkmale errechnet.

Wenn im Laufe des Tutorials bei den Einstellungen Änderungen vorgenommen werden müssen, wird Ihnen dies beschrieben.

Lernziele
- Sie wissen, wie ein neues QuarkXPress-Dokument angelegt wird.

Aufgaben
- Legen Sie ein neues QuarkXPress Dokument in der Größe 210 × 210 mm an.
- Stellen Sie verschiedene Rahmen auf diese Seite, um die Grundfunktionen und die Werkzeuge kennen zu lernen.

Übungsdatei
Programm QuarkXPress

Neues Dokument anlegen

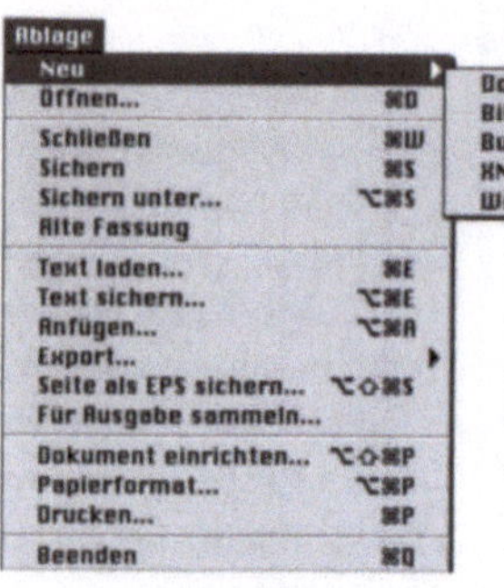

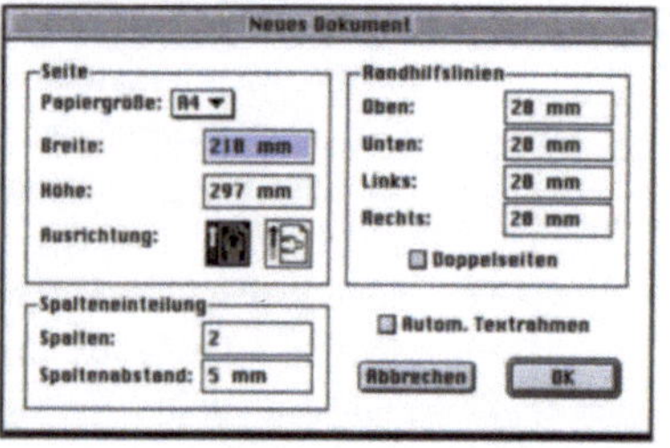

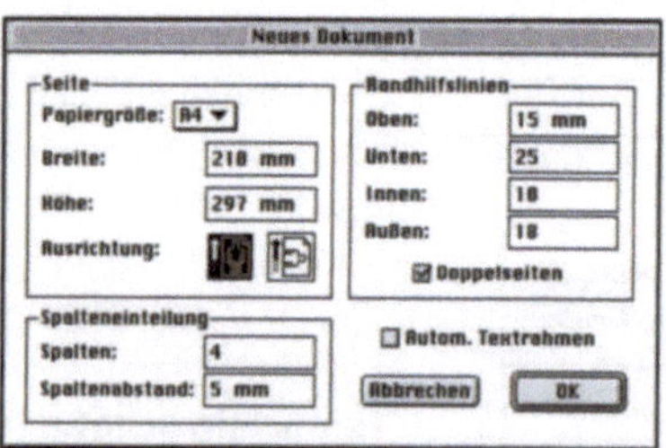

Nach dem Start des Programms erscheint die obere Menüleiste und links die Werkzeugleiste. Oft ist auch die Maßpalette am unteren Rand des Desktops zu erkennen.

Um ein neues Dokument zu erstellen, gehen Sie auf *Ablage > Neu > Dokument*. Gehen Sie nicht in den Dialog für das Erstellen einer Bibliothek oder eines Buches – das ist für komplexere spätere Anwendungen gedacht. Im Dialogfeld *Neues Dokument* sind jetzt einige Einstellungen durchzuführen.

Wählen Sie die benötigte Papiergröße aus bzw. geben Sie diese in die dafür vorgesehenen Dialogfelder ein. Die Ausrichtung des Papiers für Hoch- oder Querformat ist zu wählen. Entsprechend der Layoutvorgabe ist die Spaltenanzahl und der Abstand dazwischen einzutragen. Die Randhilfslinien sind zu definieren. Das bedeutet, dass der Abstand vom Papierrand bis zum bedruckten Satzspiegel der Seite anzugeben ist. Ebenso ist zu bestimmen, ob eine Einzelseite oder Doppelseiten für die Produktion notwendig ist. Aktivieren Sie am Anfang niemals die Schaltbox *Autom. Textrahmen*.

Sie haben auf dieser Seite zwei Abbildungen für die Anlage eines neuen Dokumentes. Das Ergebnis dieser Einstellungen ist rechts zu sehen. Rufen Sie, um die Seiten komplett zu betrachten, das Seitenlayout mit der Taste F 10 auf, wählen Sie die zu betrachtende Seite aus und gehen Sie dann unter *Ansicht > Ganze Seite* in die Gesamtansicht Ihrer Seite.

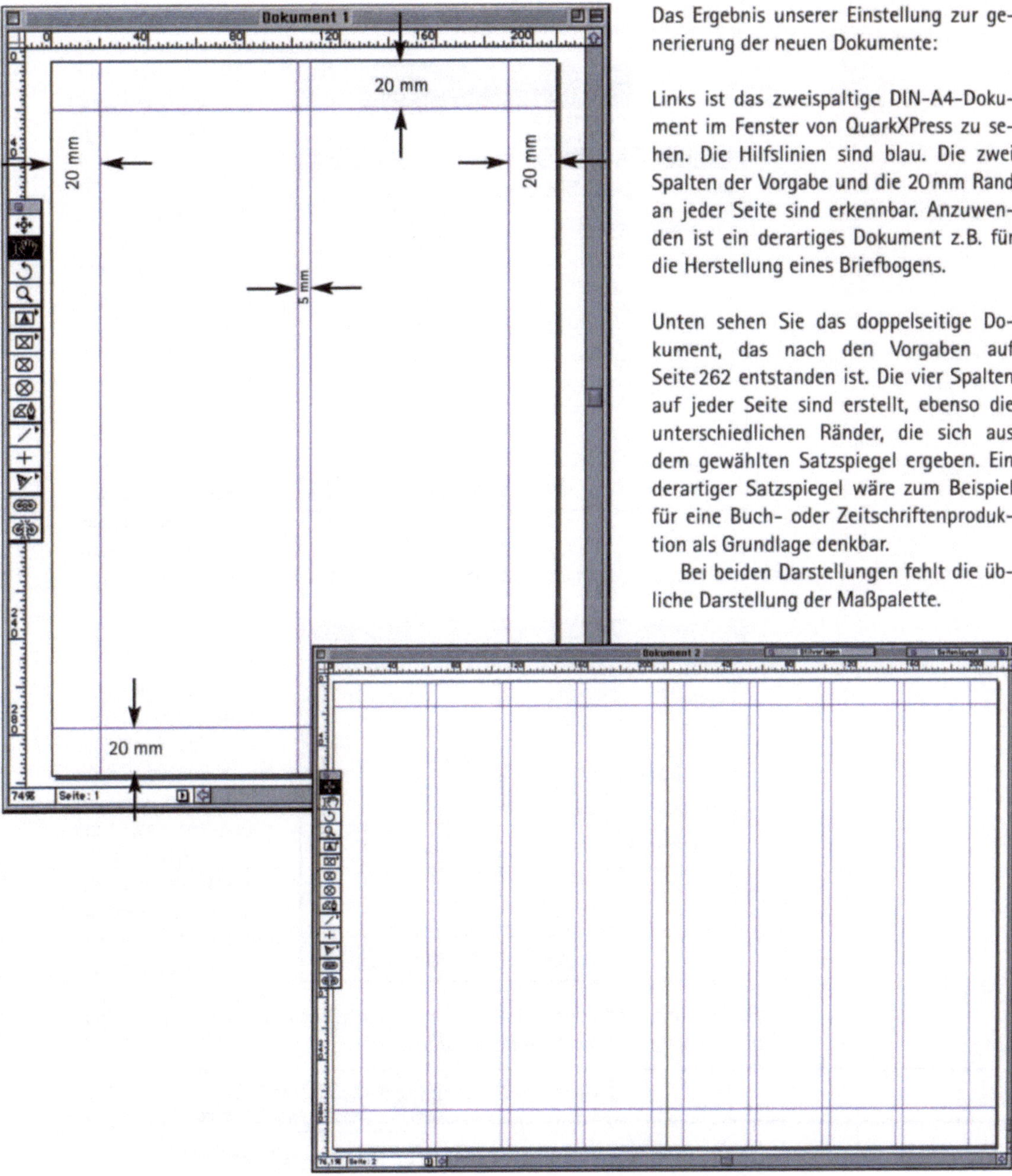

Das Ergebnis unserer Einstellung zur generierung der neuen Dokumente:

Links ist das zweispaltige DIN-A4-Dokument im Fenster von QuarkXPress zu sehen. Die Hilfslinien sind blau. Die zwei Spalten der Vorgabe und die 20 mm Rand an jeder Seite sind erkennbar. Anzuwenden ist ein derartiges Dokument z.B. für die Herstellung eines Briefbogens.

Unten sehen Sie das doppelseitige Dokument, das nach den Vorgaben auf Seite 262 entstanden ist. Die vier Spalten auf jeder Seite sind erstellt, ebenso die unterschiedlichen Ränder, die sich aus dem gewählten Satzspiegel ergeben. Ein derartiger Satzspiegel wäre zum Beispiel für eine Buch- oder Zeitschriftenproduktion als Grundlage denkbar.
   Bei beiden Darstellungen fehlt die übliche Darstellung der Maßpalette.

Textrahmen

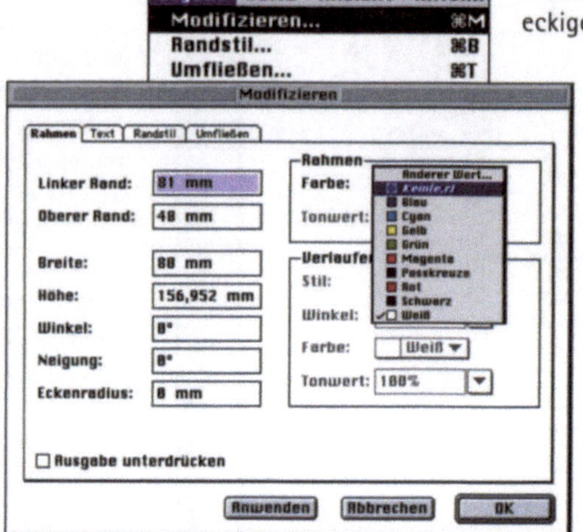

Nachdem Sie mit dem rechteckigen Textrahmenwerkzeug einen Textrahmen aufgezogen haben, können Sie im *Modifizieren*-Menü die verschiedenen Eigenschaften des Textrahmens bearbeiten bzw. verändern. Das Menü rufen Sie unter *Objekte > Modifizieren…* auf und erhalten dann das nebenstehende Fenster mit vier Karteikartenreitern. In der Registerkarte *Rahmen* können Sie die Einstellungen für die Position und die Größe des Textfeldes sowie die Farbeinstellung vornehmen. Im Register *Text* werden folgende Definitionen festgelegt: Anzahl der Spalten, Spaltenabstand, Textabstand (das ist der Abstand des Textes von der Außenkante des Rahmens), der Textwinkel und die Textneigung. Die Einstellungen auf der rechten Hälfte zu der ersten Grundlinie können Sie zumindest am Anfang immer in der Grundeinstellung belassen. Die Register *Randstil* und *Umfließen* erläutern sich von selbst. Viele Texteinstellungen sind auch über die Maßpalette durchzuführen.

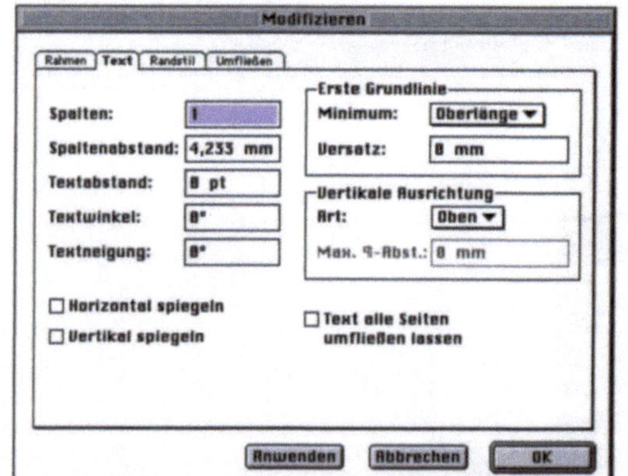

Position   Breite/Höhe   Winkel/Spalten   Zeilenabstand/Spationierung   Satzart/Schrift

Textbearbeitung

Text importieren

Text befindet sich entweder in einem Textrahmen oder auf einem Textpfad. Text wird in der Regel von Textverarbeitungsprogrammen, Datenbanken und Tabellenkalkulationsprogrammen in den aktivierten Rahmen importiert, indem Sie den Befehl *Text laden > Menü Ablage (Mac OS)* oder *Text laden > Datei (Windows)* ausführen.

Text schreiben

Wollen Sie Text in einen Textrahmen schreiben, markieren Sie ihn mit dem Inhaltswerkzeug und beginnen Sie bei der blinkenden Einfügemarke mit der Texteingabe.

Das Stilmenü

Im Menü *Stil* werden Ihnen zum Arbeiten mit Text *Optionen wie Schrift, Stil und Farben* zur Verfügung gestellt. Weitreichende und hochpräzise typografische Kontrollen sind durch eine Kombination von Menübefehlen, Tastenbefehlen und typografischen Vorgaben möglich.

L03 auf DVD

Textvorlagen

Zur Vereinfachung der Textformatierung lassen sich *Absatz- und Stilvorlagen* erstellen und ausgewählten Textteilen mit Hilfe von Menübefehlen, der Palette Stilvorlagen, Maus- oder Tastaturbefehlen zuweisen.

L10 @ S.280

Texte verketten

Um Text von einem Rahmen zum nächsten bzw. von einem Pfad zum nächsten weiterfließen zu lassen, erstellen Sie eine automatische Textkette mit dem abgebildeten Werkzeug. Dazu aktivieren Sie mit diesem Werkzeug einen Textrahmen (es erscheint eine umlaufende Linie) und klicken danach in den Folgetextrahmen, in der Text weiterfließen soll. In diesem Folgetextrahmen darf sich kein Text befinden – er muss leer sein, wenn eine Verkettung erstellt werden soll. Ist die Verkettung gelungen, sehen Sie einen Pfeil, welcher die Verkettung anzeigt. Wollen Sie einen *Text entketten*, klicken Sie

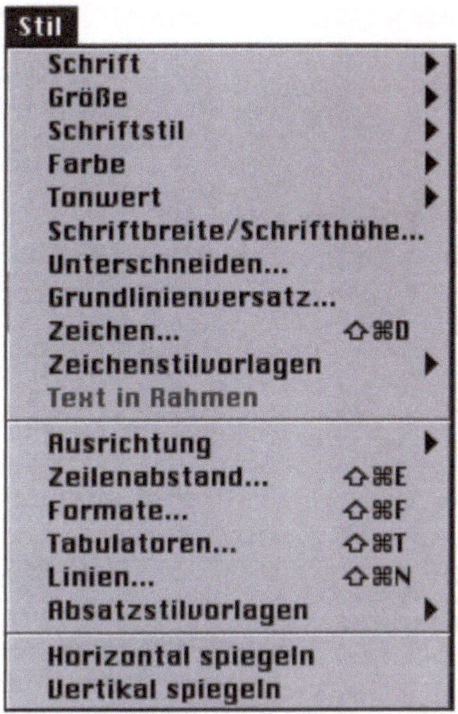

mit dem Entkettenwerkzeug auf die Pfeilspitze, die sich zwischen zwei verketteten Rahmen zeigt. Dadurch wird die Verkettung aufgehoben.

Zum Erstellen einer automatischen Textkette markieren Sie die Checkbox *Autom. Textrahmen* in der Dialogbox *Neues Dokument*.

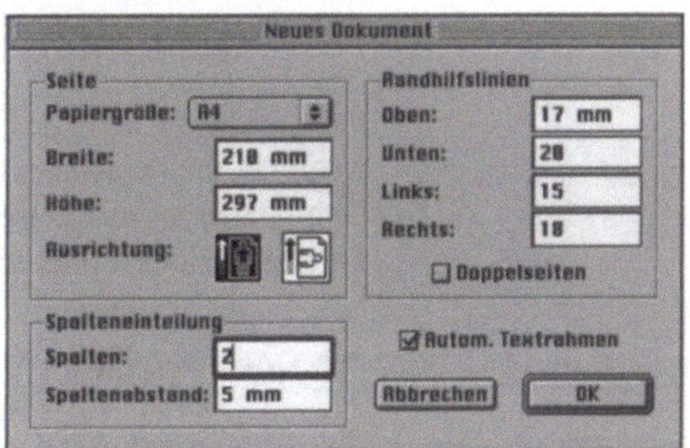

Lernziele
- Sie nutzen die Bildrahmenfunktion und deren verschiedene Möglichkeiten für die Printproduktion.

Aufgaben
- Erstellen Sie einen Bildrahmen.
- Importieren Sie in diesen Rahmen beliebige Bilder und testen Sie die verschiedenen Einstellungen in den Dialogfeldern.
- Drucken Sie Ihre Ergebnisse aus und dokumentieren Sie die Einstellungen.

Übungsdatei auf DVD
> TUTORIAL > L_LAYOUT > L04

Bildrahmen

Wenn Sie einen Bildrahmen aufgezogen haben, laden Sie ein Bild wie folgt in den Rahmen: *Bildrahmen aktivieren > Ablagemenü > Bild laden.* Das Bild erscheint im Rahmen.

Im *Objekt*-Menü finden Sie unter *Modifizieren* die Bilddialogfelder *Modifizieren, Randstil, Umfluss* und *Ausschnitt*.

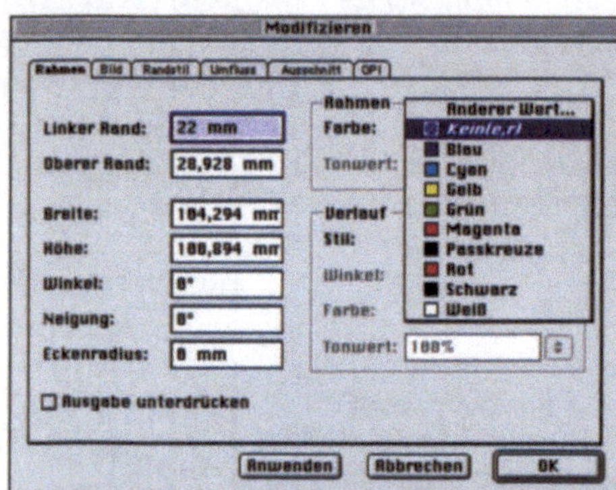

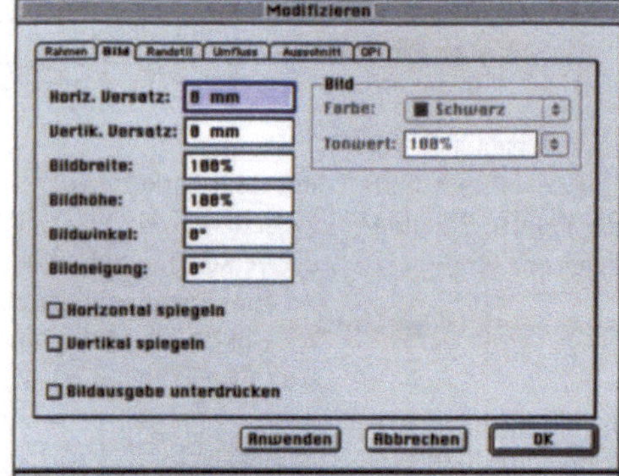

Registerkarte Rahmen

Hier sind die gleichen Einstellungen wie beim Textfeld zu tätigen. Position, Breite und Höhe sowie Farbdefinitionen werden hier festgelegt. Der Winkel und die Neigung beziehen sich auf die Position des Bildrahmens auf der Seite, der Eckenradius ermöglicht „runde Ecken". Die gleichen Einstellungen können auch über die unten abgebildete Bild-Maßpalette angezeigt und eingegeben werden.

Registerkarte Bild

Hier lassen sich die Eigenschaften des Bildes spezifizieren, das in den Rahmen geladen wurde. Der Versatz gibt an, welche Bildteile um welches Maß außerhalb des Bildrahmens nicht sichtbar positioniert sind. Dies wird vor allem dann angezeigt, wenn ein Bildausschnitt verwendet wird. Bildbreite und Bildhöhe geben den Vergrößerungs- und Verkleinerungsfaktor an. Hier sollten die Zahlenwerte für Breite und Höhe immer übereinstimmen – ist dies nicht der Fall, wird Ihr Bild

Position   Rahmenbreite/-höhe   Winkel/neigung   Bildbreite/-höhe   Horiz./Verti-. Versatz   Bildwinkel/-neigung

verzerrt, also nicht proportional dargestellt. Bildwinkel und -neigung in diesem Dialogfeld beziehen sich auf die Position des Bildes innerhalb des Rahmens, der Rahmen selbst bleibt in seiner Lage bestehen. Bei einem Graustufenbild kann einem Bild eine Farbe zugewiesen werden, bei Farbbildern (im CMYK-Modus) ist dies nicht möglich.

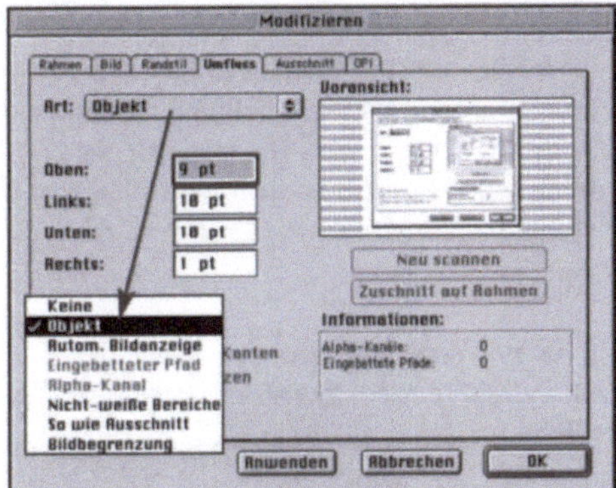

Ein wichtiges Menü findet man im Register *Umfluss*. Hier kann die Einstellung für den Textumfluss um ein Bild oder eine Grafik vorgenommen werden. Es gibt verschiedene Einstellarten, die von Bild zu Bild variieren können. Der Abstand von Text zu Bild wird festgelegt und kann durch einen Scanlauf getestet werden. Wichtig ist, dass beim späteren Überdecken der Bild- und Textrahmen durch die im *Objekt*-Menü zu findende Funktion *Ganz nach hinten* oder *Ganz nach vorne* beide Rahmen auf die gleiche Ebene gestellt werden. Nur dann funktioniert diese effektvolle und häufig verwendete Einstellung.

Das *Stil*-Menü macht eine Reihe von Änderungen und -anpassungen der importierten Bilder und Grafiken möglich. In der obigen Abbildung ist das Dialogfeld zur Veränderung bzw. Festlegung des Bildkontrastes abgebildet. Hierzu kann die Kurve von Hand (Bleistiftwerkzeug) oder mit Hilfe der vorgegebenen Werkzeuge auf der linken Seite verändert werden. Veränderte Einstellungen können angewendet (Anwenden-Button), am Monitor beurteilt und eingesetzt werden.

„Bild" ist eine allgemeine Bezeichnung für alle Grafikdateien in einem QuarkXPress-Dokument. Wie Textrahmen Text, so enthalten Bildrahmen Bilder. Verwenden Sie zum Erstellen eines Bildrahmens eines der Bildrahmenwerkzeuge aus der Werkzeugpalette. Importieren Sie anschließend mit dem Befehl *Bild laden* (Menü *Ablage* (Mac OS) oder *Datei* (Windows)) die Kopie einer Bilddatei. Ein Bild, das in die Zwischenablage kopiert wurde, kann in einen Bildrahmen eingefügt werden.

Zum Bearbeiten von Bildern und Grafiken stehen im Menü *Stil* Optionen wie Kontrast, Linienraster und Farben zur Verfügung. Welche der möglichen Optionen zur Bildformatierung von Fall zu Fall durchführbar sind, hängt vom importierten Bild- bzw. Grafikdateiformat und vom Modus (z.B. RGB, CMYK) des Bildes ab.

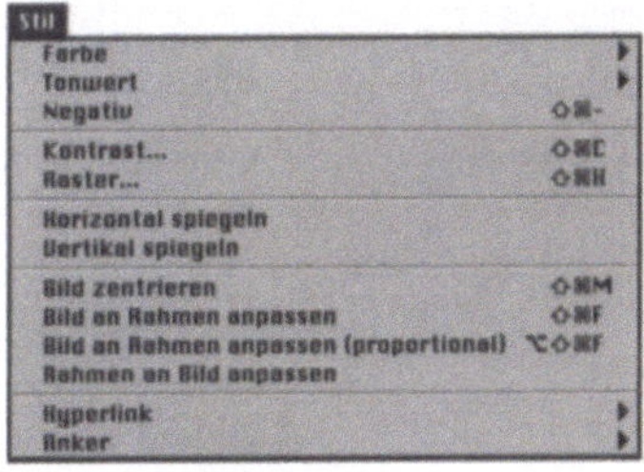

Auf die Registerkarten *Ausschnitt* und *OPI* wird nicht eingegangen. Lassen Sie hier die Grundeinstellungen von QuarkXPress für Ihre weitere Arbeit einfach stehen.

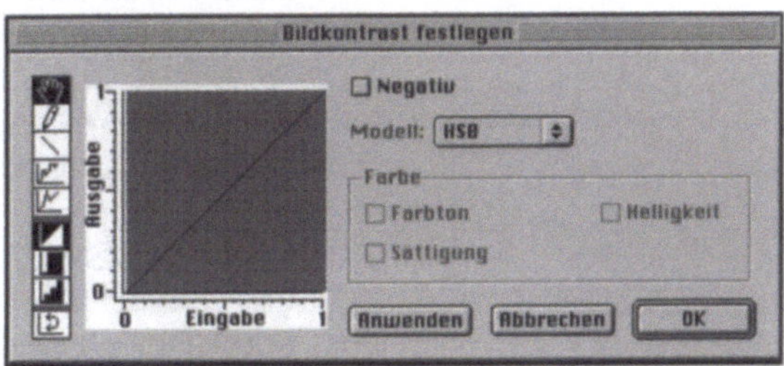

Briefbogen erstellen – Arbeitsschritte

1. Öffnen Sie die Musterdatei mit den Maßen für einen Normbriefbogen und notieren Sie sich die Maßvorgaben.

2. Erstellen Sie eine neue Datei im Format DIN A4 und sichern Sie diese.

3. Legen Sie für die Position des Logos einen Bildrahmen an und laden Sie die Bilddatei. Passen Sie die Datei an Ihre Bildrahmengröße mit dem Tastaturkürzel (Apfel + Wahl + f) ein. Die exakte prozentuale Vergrößerung führen Sie an der Maßpalette durch. Wichtig ist, dass ein Bild immer die gleichen Prozentwerte in der Höhe und Breite aufweist. Ist dies nicht der Fall, ist das Bild proportional verändert – und das ist unschön. Im Beispiel ist die Logo-Größe auf 54% festgelegt.

4. Legen Sie die Textrahmen für den Begriff WEB-design an und stellen Sie die Schrift in einer passenden Größe ein. Im Beispiel ist dies Helvetica 48 Punkt. Die x/y-Position Ihres Textrahmens können Sie der kleinen Abbildung rechts entnehmen.

| X: 20 mm | B: 101,1… |
| Y: 19,25 mm | H: 20,52… |

5. Legen Sie die Textrahmen für die Anschrift des Informationsdesigners Beck an und stellen Sie den Textrahmen so, dass die linke Kante des @-Zeichens und der Text in einer Flucht liegen. Sichern Sie danach Ihre Datei.

6. Legen Sie die Textrahmen für das Anschriftenfeld und die Absenderangabe an. Schreiben Sie auch in das Anschriftenfeld eine Anschrift hinein.

7. Legen Sie die Rahmen für die restlichen Texte wie Betreffzeile, Datum und Bankverbindungen an.

8. Setzen Sie mit dem Linienwerkzeug die vier notwendigen Linien für die Marken an die dafür vorgesehenen Stellen. Lassen Sie die Linien ca. 3 mm randabfallend aus dem Briefbogen herausragen.

9. Setzen Sie einen fiktiven Brief auf und positionieren Sie diesen auf Ihrer Brieffläche, um die Wirkung zu überprüfen.

10. Überprüfen Sie Ihre Arbeit und und drucken Sie das Ergebnis.

11. Erstellen Sie mit dem gleichen Material und in angepasster Gestaltung eine Visitenkarte und einen Rechnungsbogen für die obige Firma.

WEB-design

|||||||||||||||||||||||||||||||||||||||||||||||||||

Herrn
Dr. Thomas Mustermann
Rechtsanwalt
Große Heerstraße 26

75214   Rubensstadt/Neckar

Denis Beck
Informationsdesigner
industriestraße 39
75214 Rubensstadt

FON : 0 73 43/45 90 68
FAX : 0 73 43/45 90 01
Mail : denisbeck@aol.com
WEB : www.web-designbeck.de

Ihr Schreiben vom 12. August 2003   25.08.03

Sehr geehrter Herr Dr. Mustermann,

über Ihr Schreiben vom 12. August 2003 habe ich mich sehr gefreut. Erreichen uns
doch nicht jeden Tag derartig angenehme Nachrichten in der Auseinandersetzung um
Rechte.

So hat sich unser Rechtsstreit um die Nutzungsrechte der Logos der Firma Bader
und Maier doch gelohnt. Trotz des mit dem Rechtsstreit verbundenen Risikos war ich
mir immer sicher, dass wir diese Auseinandersetzung gewinnen mussten.

Für Ihre gute juristische und persönliche Unterstützung in dieser Angelegenheit darf
ich Ihnen meinen besten Dank aussprechen. Vor allem die rasche und zügige
Durchführung der verschiedenen Termine mit der Gegenpartei hat unser Haus als
sehr wohltuend empfunden. Wir hatten daher immer das gute Gefühl, kompetent und
gut beraten und vertreten zu sein.

Zum Abschluss dieser Angelegenheit erlauben wir uns, Sie mit Ihrem Partner zu
einem Essen in kleiner Runde auch mit den Herren der Firma Bader und Maier am
09. September nach Wertheim einzuladen. Details würde ich gerne mit Ihnen telefo-
nisch besprechen.

Mit freundlichen Grüßen

Denis Beck
WEB-design

Bankverbindungen:
Volksbank Rubensstadt
BLZ 640 912 00   Konto 400 659 000

Deutsche Bank Stuttgart
BLZ 530 764 00   Konto 750 798 114

WEB-design

Denis Beck
Informationsdesigner
industriestraße 39
75214 Rubensstadt

FON   :   07343/459068
FAX   :   07343/459001
Mail   :   denisbeck@aol.com
WEB   :   www.web-designbeck.de

*Abbildung links: Verkleinerte Darstellung
des DIN-A4-Briefbogens, der als Manuskript für Ihre Aufgabe dient.
Abbildung unten: Muster der zu erstellenden Visitenkarte im Originalformat
52×85 mm.*

*Die Faxformulare, Rechnungsbriefbogen
usw. sind jeweils im DIN-A4-Format anzulegen.*

Lernziel
- Die Druckausgabe bei QuarkX-Press kennen lernen und anwenden.

Aufgabe
- Sie drucken Ihr Dokument.

Übungsdatei
Jedes erstellte Dokument

Dokumente drucken

QuarkXPress verfügt über ein anerkannt gutes Druck- und Belichtungsmenü, das je nach Druckerauswahl und -treiber sehr differenziert eingestellt werden kann. Daher soll Ihnen das Druckmenü schrittweise für eine Laserdruckausgabe erläutert werden.

Im Menü *Ablage* findet sich der *Drucken*-Befehl. Das Papierformat muss nicht aufgerufen werden, da dieses Dialogfeld im *Drucken*-Menü integriert ist.

- Papierformat: Auswahl des PS-Druckers
- Papierformat wählen
- Ausrichtung wählen
- PS-Optionen wie im Bild auswählen
- OK
- Abbildung ❶ zeigt die Einstellungen für das Dokument mit Passkreuzen. Je nach verfügbarem Papierformat kann auch ohne Passkreuze gedruckt werden. Die Bedeutung der weiteren Einstellmöglichkeiten entnehmen Sie bitte der Hilfe.

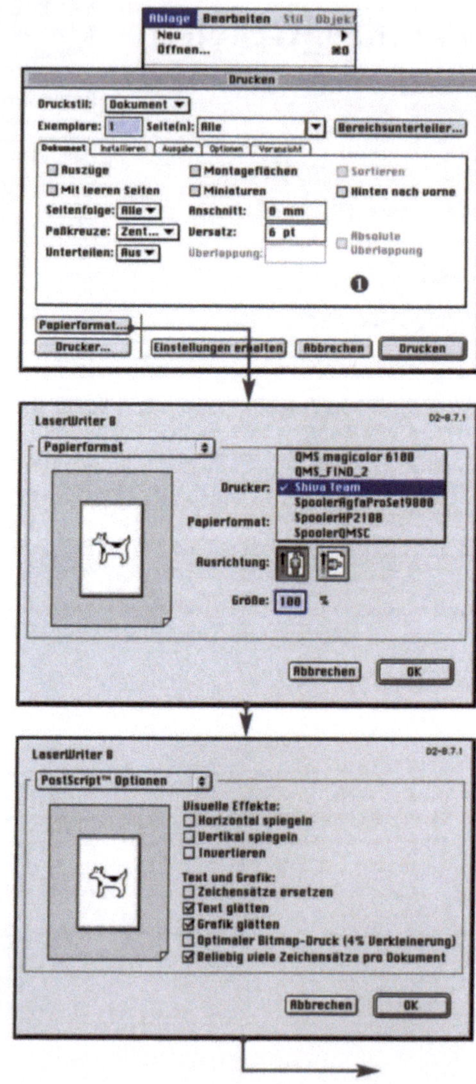

- Das Menü im Register *Installieren* dient zur Auswahl der geeigneten Druckerbeschreibung. Wählen Sie eine Druckerbeschreibung, wird automatisch die Vorgabe des Druckers in die Felder Papiergröße, -breite und -höhe ein-

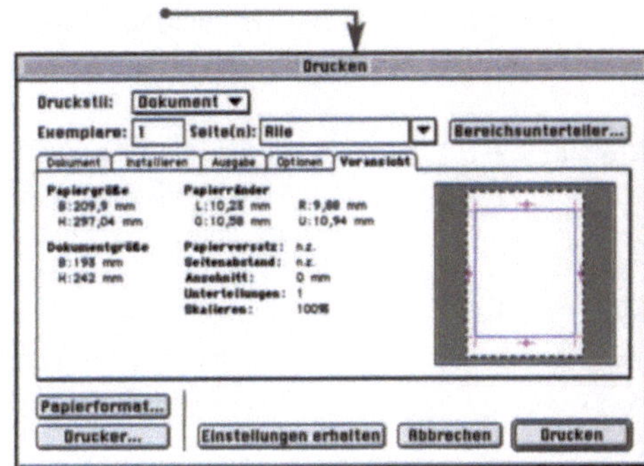

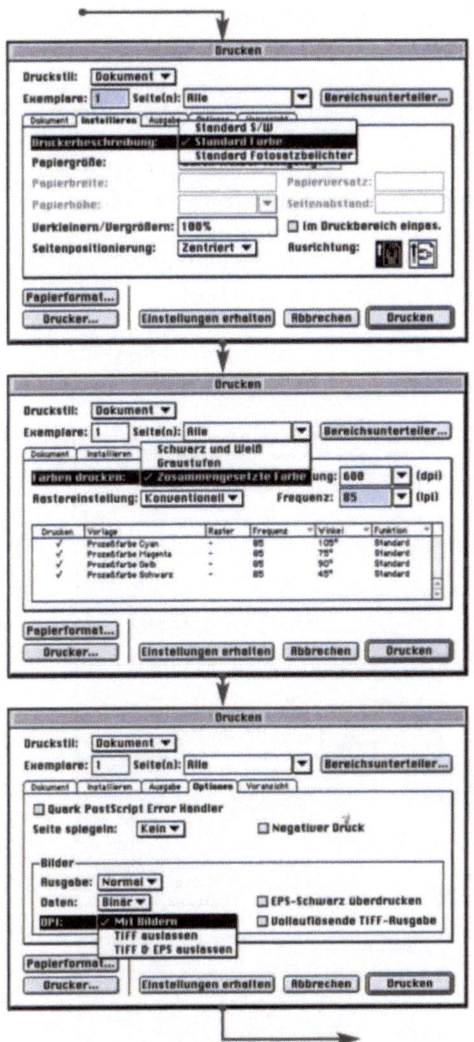

getragen. Bei einem Belichter werden noch weitere Parameter angezeigt und müssen bearbeitet werden. Bei Verkleinern/Vergrößern können Sie die entsprechenden Werte eingeben, falls dies notwendig ist.

- Im Register *Ausgabe* erhalten Sie alle Informationen über die Ausgabeeinstellungen Ihres Druckjobs. Die Art der Farbausgabe, Rasterung und Rasterfrequenz, Rastereinstellung und die Ausgabe für Farbseparationen wird angezeigt und kann gegebenenfalls angepasst werden.
- Im Register *Optionen* ist von Bedeutung, dass hier die OPI-Funktion aktiviert werden kann. Sie können ein Dokument mit Bildern (Standard) oder ohne Bilder ausgeben.
- Im Register *Voransicht* werden alle Ausgabeparameter zusammengefasst und übersichtlich dargestellt. Ebenso erhalten Sie eine optische Kontrolle über den Stand des Druckdokumentes auf dem gewählten Papierformat.
- Wenn Sie die Druckeinstellungen erhalten wollen, aktivieren Sie den entsprechenden Button. Die folgenden Druckaufträge werden dann mit diesen Einstellungen abgearbeitet. Wenn Sie diesen Befehl gegeben haben, müssen Sie das Druckmenü nochmals aufrufen, um dann drucken zu können. Die Einstellungen sind dabei erhalten geblieben.
- Sind die Einstellungen alle korrekt, gehen Sie auf Drucken und geben das gewünschte Dokument aus.

PS-Datei „drucken"

Voraussetzungen

Die Herstellung einer PS-Datei aus dem Programm QuarkXPress kann aus mehreren Gründen notwendig sein:

* Es soll die Abbildung einer QuarkXPress-Seite als Bild in einem Dokument verwendet werden. Nur ein PS-Bild kann als Austauschformat zwischen verschiedenen Programmen genutzt werden. Dazu kann auch die Funktion *Seite als EPS-sichern ...* im *Ablage*-Menü verwendet werden. Allerdings werden Schriften in ein derartiges Dokument nicht integriert.
* Ziel der PS-Dateierstellung ist ein PDF-Dokument, das für unterschiedliche Zwecke im Print- und Nonprintbereich eingesetzt werden kann.

Um aus QuarkXPress heraus eine PS-Datei zu erstellen, ist im *Druckerauswahl-* Menü ein PostScript-Drucker auszu-wählen. Ist das Ziel die Erstellung einer qualitativ hochwertigen PS-Datei, aus dem heraus ein PDF-Do-kument erstellt werden soll, darf **nicht** der Acrobat PDF-Writer aus-gewählt werden.

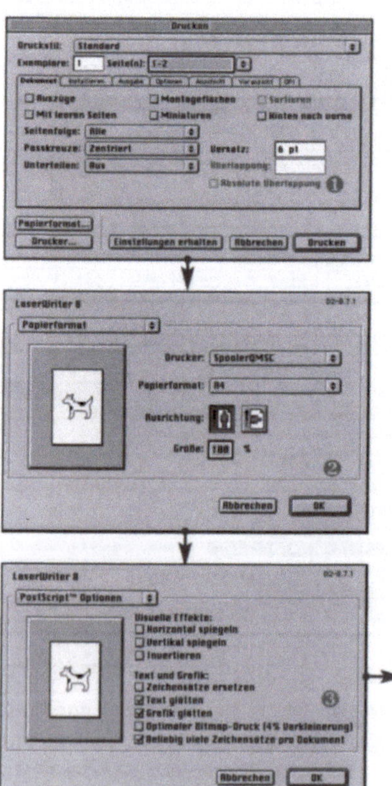

Erstellen einer PS-Datei

Im *Ablage*-Menü ist die Option *Drucken ...* aufzurufen. Es erscheint die abgebildete Dialogbox ❶.

* Gehen Sie auf Papierformat und stellen Sie das Ausgabefor-mat korrekt ein. In Abbildung ❷ DIN A4.
* Gehen Sie auf PostScript-Op-tionen und stellen Sie das Dia-logfeld entsprechend der Abbil-dung ❸ ein.
* Bestätigen Sie mit OK. Sie befin-den sich jetzt im Drucken-Menü.
* Gehen Sie jetzt auf den Button *Drucker* und dort in die Dialog-box *Ausgabedatei.* Nehmen Sie die Einstellungen entsprechend

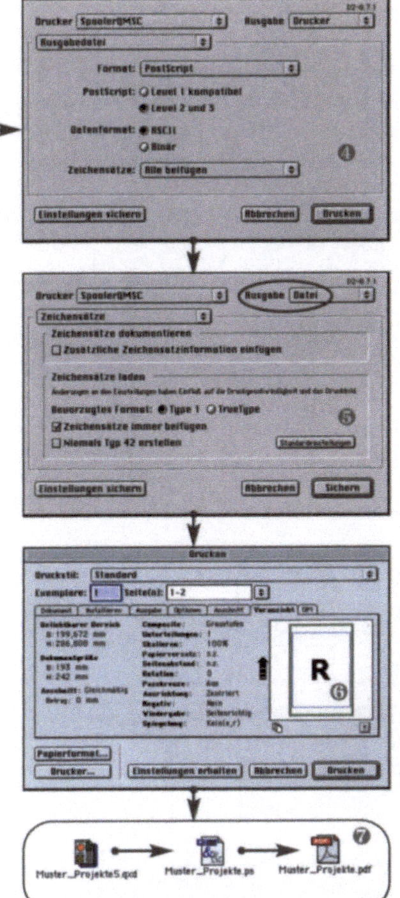

der Abbildung ❹ vor. Wählen Sie die PostScript-Option *Level 1* oder *Level 2 und 3*, je nach verfügbaren Ausgabengeräten.

- Bei Zeichensätze wählen Sie die Einstellung *Alle beifügen*. Nur wenn diese Option aktiviert ist, werden Ihre Schriften in das PS-Dokument eingefügt.
- Wechseln Sie jetzt zur Option *Zeichensätze* und bei Ausgabe anstatt Drucker zu *Datei*. Nur wenn hier dieser Wechsel zu Dateiausgabe erfolgt ist, wird eine PS-Datei errechnet – wird dies vergessen, erhalten Sie eine gedruckte Ausgabe von Ihrem Drucker. Dies ist einer der häufigsten Fehler beim Erstellen einer PS-Datei. Aktivieren Sie *Zeichensätze immer beifügen*, damit die oben eingestellte Zeichensatzoption auch wirksam wird (Abbildung ❺).
- Gehen Sie jetzt auf die Option *Sichern*. Es erfolgt jetzt eine Abfrage nach dem *Speicherort* für die PS-Datei und dem *Dateinamen*. Lassen Sie diesen Dateinamen immer mit dem Suffix *.ps* für PostScript enden.
- Nach der Bestätigung können Sie Ihre Ausgabeeinstellungen nochmals im Register *Ausgabe* überprüfen und gegebenenfalls korrigieren (Abbildung ❻).
- Nachdem der Button *Drucken* aktiviert wurde, wird die PS-Datei errechnet und an den zuvor bestimmten Ort auf dem Rechner abgelegt. Das dabei entstandene Symbol können Sie in der Abbildung ❼ erkennen.
- Aus der PS-Datei kann jetzt mit dem Programm Acrobat Distiller eine PDF-Datei errechnet werden. Die dazu notwendigen Einstellungen für Print- oder Screenoptimierung entnehmen Sie bitte dem Tutorial PDF-Erstellung.

A 01 @ S. 308

Lernziel
- Sie lernen die Grundeinstellungen zur Erstellung einer PDF-Datei kennen und können eine solche Datei erstellen.

Aufgaben
- Erstellen Sie aus einer fertigen QuarkXPress-Datei eine PDF-Datei direkt aus dem Programm heraus mit Acrobat Distiller.
- Beachten Sie dabei die korrekten Distiller-Einstellungen.

Übungsdatei
Jedes Dokument, das als PDF-Datei ausgegeben werden soll.

PDF-Datei aus QuarkXPress erstellen

Im vorherigen Tutorialkapitel wurde beschrieben, wie eine PostScript-Datei aus QuarkXPress heraus als PS-Datei „gedruckt" wird und dann zur Weiterverarbeitung zur Verfügung steht. Ist das Ziel eine PDF-Datei, kann diese direkt aus QuarkXPress heraus erzeugt werden. Dazu müssen Sie das Programm zuerst entsprechend konfigurieren. Gehen Sie dazu auf Menü *Bearbeiten > Vorgaben*. Sie rufen damit das Programmvorgabenfenster auf. Hier aktivieren Sie den Eintrag PDF und geben *Sofort destillieren* an. Danach geben Sie mit Hilfe des Buttons *Auswählen ...* den Pfad zum Programm Acrobat

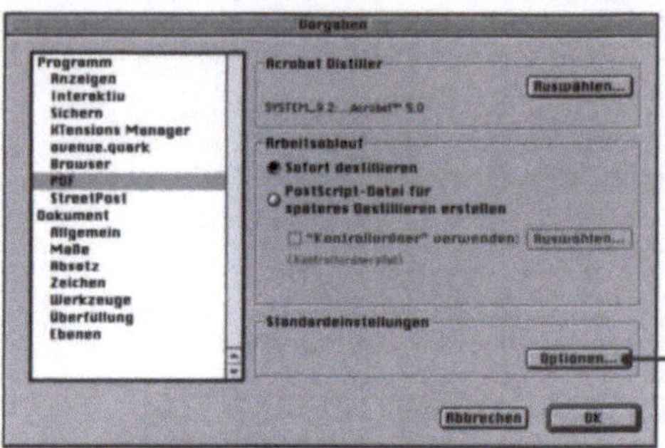

Distiller an. Sie sollten bei der Wahl des Distiller prüfen, ob dieser die richtige Jobeinstellung für Ihre Aufträge hat. Diese Einstellungen können z.B. sein: Jobeinstellung für Highend-Print-PDF oder Screen-optimiertes PDF für Korrekturabzüge. Hier müssen Sie vor dem PDF-Export für Ihre Dateien die richtigen Einstellungen im Distiller treffen.

Wenn Sie eine Datei als PDF exportieren wollen, gehen Sie im Menü auf *Ablage > Export > Dokument als PDF ...* Es erscheint der Sicherndialog. Unter *Optionen* können Sie die benötigten Einstellungen festlegen, die im Folgenden beschrieben werden. Wenn Optionen aktiviert wurde, erscheinen vier Registerkarten, die es einzustellen gilt, wenn Sie ei-

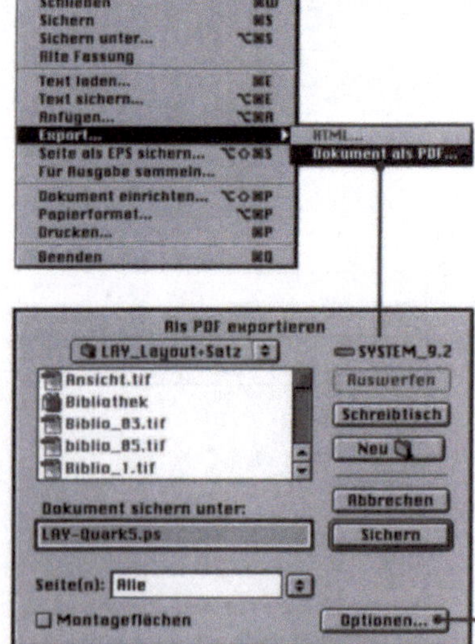

ne PDF-Datei für eine qualitätsvolle Druckausgabe erhalten wollen. Grundsätzlich gilt, dass alle zur Erzeugung einer PDF-Datei relevanten Einstellungen im Programm Acrobat Distiller vorzunehmen sind. Die richtige PDF-Erstellung wird durch die jeweilige Einstellung im Acrobat Distiller sichergestellt.

Registerkarte Dokumentinfo
Hier geben Sie Ihre Daten zum Dokument ein.

Registerkarte Hyperlinks
Diese Optionen sind nicht zu aktivieren, da ein Druckprodukt keine Links kennt.

Registerkarte Joboptionen
Hier sollten keine Checkboxen aktiviert und damit auch keine Einträge vorgenommen werden. Alle Einstellungen, welche auf dieser Registerkarte von QuarkXPress ermöglicht werden, **müssen** im Acrobat Distiller erfolgen. Damit schließt man Übernahme- und Interpretationskonflikte zwischen diesen Einstellungen und den in Acrobat Distiller definierten Einstellungen aus.

Registerkarte Ausgabe
Bei dieser Karte müssen von Ihnen eine Reihe von Einstellungen vorgenommen werden. Wählen Sie immer die Druckerbeschreibung *Acrobat Distiller* aus – auf der Grundlage dieser Beschreibung wollen Sie eine Datei „drucken".

Für die *Farbausgabe* wählen Sie den Einstellungstyp *Auszüge*. Wenn Sie Auszüge für den Vierfarbendruck erstellen wollen, wählen Sie *CMYK* bzw. *zu Vierfarbauszügen konvertieren*. Haben Sie Sonderfarben eingerichtet und wollen diese ausgeben, wählen Sie *Verwendete Prozess- und Volltonfarben*.

Die Checkbox *Leere Auszüge erzeugen* muss nicht aktiviert werden.

Den *OPI verwenden*-Dialog kennen Sie aus dem Standard-Druckmenü. Wird OPI verwendet, muss die Option *Mit Bildern* gewählt werden, falls Sie keinen OPI-Server benutzen. Dies wird bei den meisten Anwendern so der Fall sein.

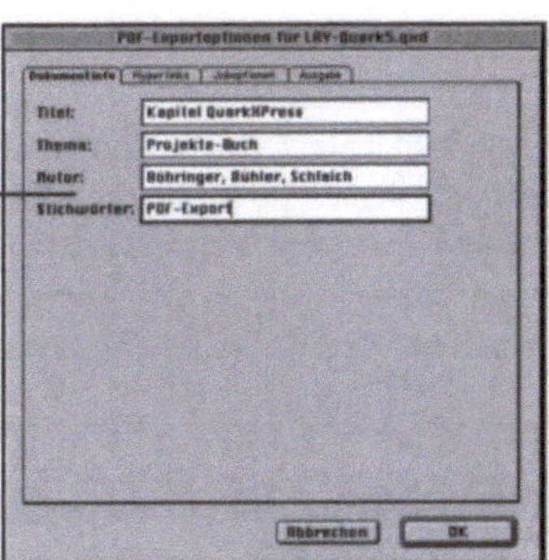
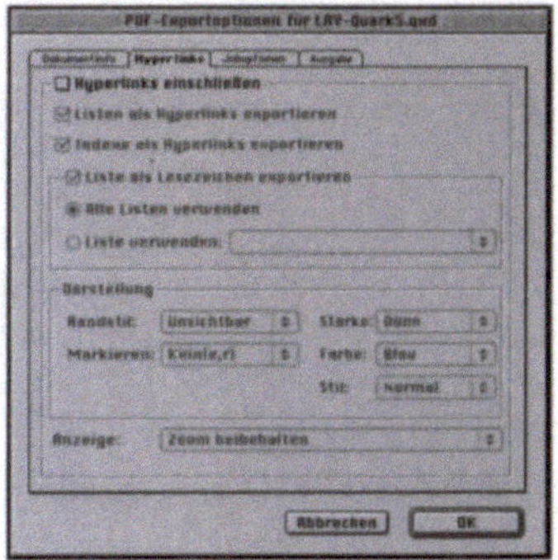
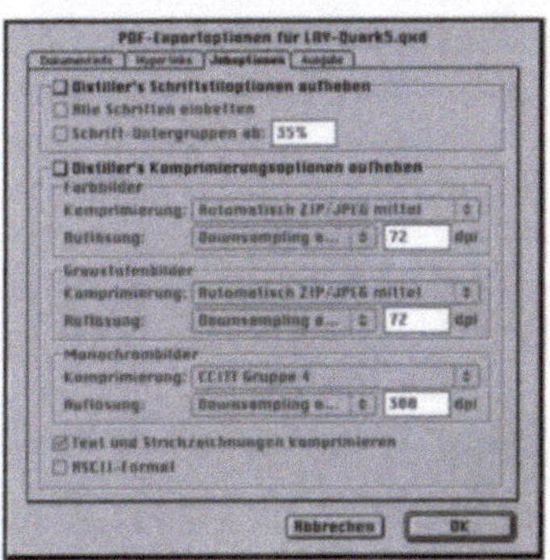
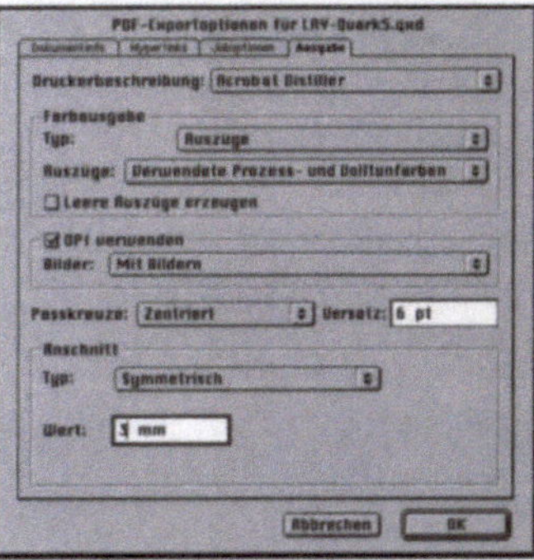

Die Einstellungen für die *Passkreuze* und deren *Versatz* verwenden Sie entsprechend den üblichen Vorgaben im Druckmenü.

Für die Einstellung des *Anschnitts* wählen Sie *Symmetrisch* und den üblichen *Wert* von 3 mm. Dieser Wert findet für randabfallenden Arbeiten üblicherweise in Druckereien bzw. Buchbindereien Verwendung.

Ausgabe mit Distiller
Wenn Sie alle Einstellungen und den Ort der Datenspeicherung bestätigt haben, startet das Programm Acrobat Distiller automatisch. Es werden die PDF-Dateien nach den Vorgaben hier in QuarkXPress und vor allem nach den Voreinstellungen in Acrobat Distiller errechnet.

A 02 @ S. 312

Lernziel
- Sie legen Musterseiten für Ihre Jobs an und nutzen diese.

Aufgaben
- Legen Sie vollständige Musterseiten mit allen Elementen an, die für einen Auftrag notwendig sind.
- Dazu gehört auch das Anlegen der verwendeten Schriften und deren Definition.

Übungsdatei auf DVD
> TUTORIAL > L_LAYOUT > L08

Anlegen einer Musterseite

Nach dem Erstellen eines neuen doppelseitigen Dokumentes im Menü *Ablage > Neu > Dokument* haben Sie die Grundeinstellung für einen vierseitigen Prospekt mit den Format- und Randeinstellungen angelegt und können die benötigten Musterseiten erstellen. Der Befehl *Musterseite einrichten* steht nur zur Verfügung, wenn eine Musterseite gezeigt wird. Diese können Sie durch das Anklicken des Pfeiles unten links neben der Anzeige des Vergrößerungsfaktors erreichen.

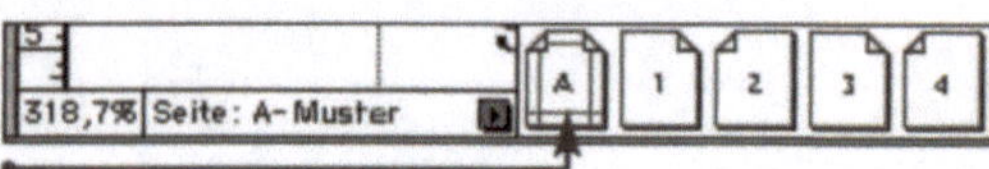

Beim Anklicken erscheint ein Fenster über dem Scrollbalken, der Ihnen die aktiven Seiten des Dokuments anzeigt. Gehen Sie mit der Maus auf die Seite mit dem A, dies ist Ihre Musterseite. Nach dem Loslassen der Maus erscheint die Musterseite, erkennbar an dem Verkettungssymbol links oben in der Seite. Die zweite Möglichkeit, zwischen Musterseite und Dokumentenseite zu wechseln, ist der Aufruf der Musterseite im Menü *Seite > Anzeigen > A-Muster A* bzw. *Dokumentenseite*. Die beiden dargestellten Dialoge ermöglichen einen schnellen Wechsel zwischen Musterseite oder Dokumentenseite.

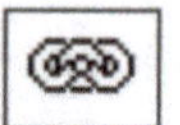

Verkettungssymbol

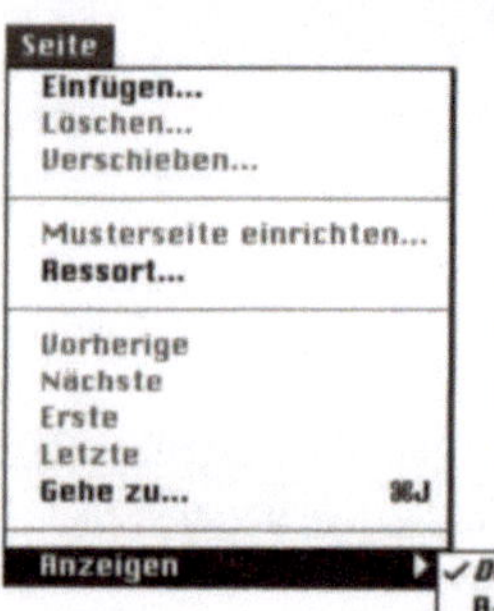

Wenn die Musterseite dargestellt wird, haben Sie jetzt die Möglichkeit mit Hilfe der Dialogbox *Musterseite einrichten* im Menü *Seite*, z.B. die Seitenränder und die Spaltenanzahl zu verändern. Weiter können Sie auf einer Musterseite Elemente einrichten, die auf jeder Seite des Produktes erscheinen sollen. Dies ist die Seitenzahl oder ein Kolumnentitel. In unserem Beispiel steht neben der Seitenziffer immer die Zeile Daimler Chrysler Maybach. Ziehen Sie ein Textfeld an die vorgesehene Position für die Seitenzahl unten links und rechts. Schreiben Sie in dieses Feld mit dem Tastaturbefehl *Befehl(Apfel)* und *3* das Symbol für die Seitenzahlen hinein. Dieses Symbol für die automatische Paginierung sieht wie folgt aus: <#>. An der Stelle dieser Zeichenkombination steht auf der Dokumentenseite fortlaufend die richtige Seitenzahl. Wenn Sie diese Paginierung auf der linken und rechten Seite erstellen, wird Ihr doppelseitiges Werk automatisch fortlaufend nummeriert.

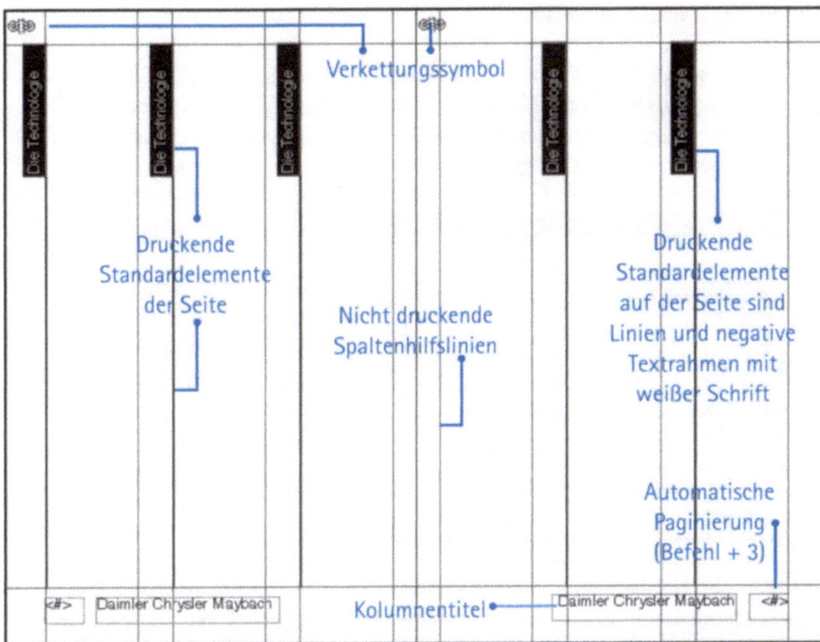

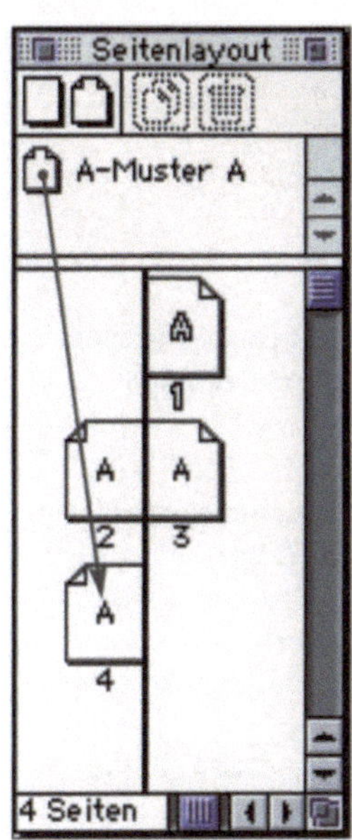

Die obere Abbildung zeigt eine angelegte Musterseite als Doppelseite, so wie sie auf dem Monitor erscheint. Oben links und in der Mitte ist das Verkettungssymbol zu erkennen, das die Seiten als Musterseite ausweist. Die dünnen Linien sind die Seitenhilfslinien, die nicht drucken. Sie helfen bei der Positionierung von Bild- und Textrahmen.

In unserem Beispiel sind drei Spalten eingerichtet, die einen großen Spaltenabstand aufweisen. Die Spaltenhilfslinien bestimmen auf den Musterseiten die Größe, die Position und die Spaltenanzahl von automatischen Textrahmen, wenn diese Funktion beim Einrichten eines neuen Dokumentes gewählt wurde.

In der obigen Abbildung sind Textrahmen erkennbar, die mit Text versehen sind. Diese Rahmen werden durch die Positionierung auf der Musterseite Bestandteil aller Dokumentenseiten, die auf der Musterseite-A aufbauen.

Darf auf einer Dokumentenseite aus gestalterischen Gründen ein solcher Rahmen nicht stehen, kann er auf dieser Seite gelöscht werden.

Wenn über die Dialogbox *Musterseite einrichten* Änderungen vorgenommen werden, sind alle Seiten im Dokument betroffen, die auf der angezeigten Musterseite aufgebaut sind.

Mit der Taste F 10 rufen Sie das Menü *Seitenlayout* auf. Hier haben Sie die Darstellung Ihrer Seitenanordnung. In unserem Beispiel ist die Musterseite-A als Doppelseite angelegt und es sind vier Dokumentenseiten vorhanden. Weitere Seiten können durch das Herunterziehen der Musterseite mit der Maus in den Dokumentenbereich hinzugefügt werden. Das Aktivieren einer Seite und das Betätigen des Papierkorbsymbols löscht eine Seite aus dem Dokument. Sie werden vor dem Löschen gefragt, ob Sie dies wirklich wollen.

Im *Bearbeiten*-Menü findet sich die S&B-Definition. S&B steht für Silbentrennung und Blocksatz und definiert Regeln für die automatische Silbentrennung und Blocksatzparameter für Absätze. Der Befehl S&B ruft die entsprechende Dialogbox auf. Diese Dialogbox muss bearbeitet werden. Wird dies nicht getan, verwendet QuarkXPress die programmseitige Vorgabe „Standard". Diese Standardvorgabe entspricht nicht unserem Typografieverständnis und sollte keine Verwendung finden. Gehen Sie daher auf den Button *Neu* und erstellen Sie eine eigene S&B-Definition. Als Erstes geben Sie Ihrer S&B einen eigenen Namen. Oft wird dazu die Satzbreite eingegeben, zu der diese Definition verwendet werden

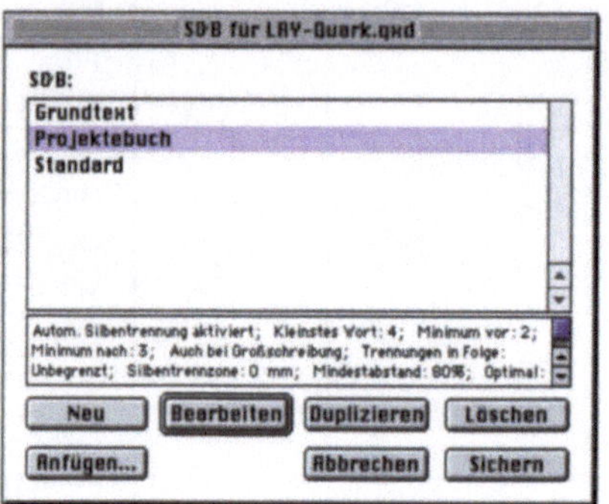

soll – also Normalbreit (ca. 60 Buchstaben/Zeile) oder Schmal (ca. 30 Buchstaben/Zeile). Wird für eine S&B ein eigener Name verwendet, kann dieser beim Kopieren in ein anderes Dokument eingefügt werden. Beim S&B-Namen Standard geht dies nicht. Verwenden Sie daher für Ihre S&B-Definitionen immer eigene sinnvolle Bezeichnungen.

Automatische Silbentrennung

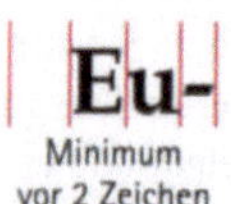

Diese Checkbox muss aktiviert sein, damit eine Silbentrennung durchgeführt werden kann. Das Feld *Kleinstes Wort* legt die Mindestlänge eines Wortes in Buchstaben fest, die zur automatischen Silbentrennung notwendig ist. Bei einer Zeichenanzahl von 60 Zeichen/Zeile kann hier ein Wert zwischen 3 bis 6 Buchstaben eingegeben werden. Das Minimum vor und nach einer Trennung sollte auf 2 Zeichen begrenzt werden. Die Trennaufforderung *Auch bei Großschreibung* muss immer aktiviert werden, es sei denn wir setzen in englischer Sprache wie die „Erfinder" von QuarkXPress. Die *Anzahl der Trennungen in Folge* sollte aus typografischen Gründen auf drei begrenzt werden. Nur schmale Satzbreiten benötigen vier bis fünf Trennungen in direkter Zeilenfolge. Die *Silbentrennzone* gilt für den Flattersatz. Je größer der eingegebene Wert, desto stärker „flattern" die einzelnen Zeilenenden zueinander.

Blocksatzmethode

Ein im Blocksatz gesetzter Text erstreckt sich innerhalb der Rahmenbegrenzung vom linken zum rechten Rand. Eine derartige Ausrichtung auf die Außenkante des Rahmens wird dadurch erreicht, dass die Wortzwischenräume und die Zeichenzwischenräume vergrößert oder

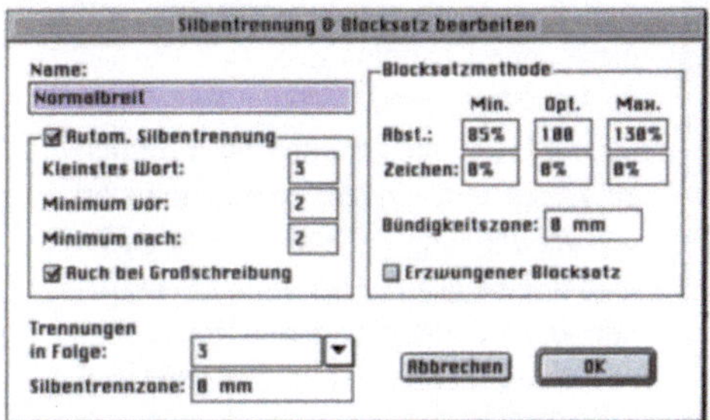

verkleinert werden. Die Werte in den Feldern *Minimum*, *Optimum* und *Maximum* für die Wortbehandlung legen den prozentualen Spielraum für eine Veränderung von den Wort- und Buchstabenabständen fest. Je größer dieser Spielraum ist, umso besser werden die Trennungen. Grundsätzlich sollten Sie bei Optimum 100% eintragen, denn eigentlich sollte die Schrift so gesetzt werden, wie sie der Schriftkünstler geschaffen hat. Abweichungen vom Optimum sollten sich in Grenzen halten, 85% bei Min. und 130–145% bei Max. sollten für einen guten Satz ausreichend sein.

Die Veränderung der Zeichenabstände wird von Typografen als Todsünde betrachtet, stellen Sie also hier alle drei Werte auf Null. Muss ein Zeichenabstand verändert werden, so sollte dies in denn Stilvorlagen definiert werden.

Die Bündigkeitszone steht üblicherweise auf null. Sie legen

L 10 @ S.280

mit dem Wert in der Bündigkeitszone fest, wie groß der Abstand des letzten Wortes eines Absatzes vom rechten Rand sein muss, damit auch diese letzte Zeile als Block ausgerichtet werden muss. Fällt das letzte Wort in die Bündigkeitszone, wird die Zeile mit Hilfe von Wort- und

Nach dem Erstellen eines doppelseitigen Dokumentes im Menü *Ablage > Neu > Dokument* haben Sie die Grundeinstellung für den vierseitigen Prospekt mit Format- und Randeinstellungen angelegt und können die Musterseiten erstellen. Der Befehl *Musterseite einrichten* steht nur zur Verfügung, wenn eine Musterseite gezeigt wird. Diese können Sie durch das Anklicken des Pfeiles unten links neben der Anzeige des Vergrößerungsfaktors erreichen. Beim Anklicken erscheint ein Fenster über dem Scrollbalken, der Ihnen die …

Nach dem Erstellen eines doppelseitigen Dokumentes im Menü *Ablage > Neu > Dokument* haben Sie die Grundeinstellung für den vierseitigen Prospekt mit Format- und Randeinstellungen angelegt und können die Musterseiten erstellen. Der Befehl *Musterseite einrichten* steht nur zur Verfügung, wenn eine Musterseite gezeigt wird. Diese können Sie durch das Anklicken des Pfeiles unten links neben der Anzeige des Vergrößerungsfaktors erreichen. Beim Anklicken erscheint ein Fenster über dem Scrollbalken, der Ihnen die aktiven Seiten des Dokuments anzeigt.

Zeichenzwischenräumen als Block bündig ausgerichtet. Endet das letzte Wort vor der Bündigkeitszone, wird die Zeile nicht als Block ausgerichtet.

Erzwungener Blocksatz sollte nicht aktiviert sein, da sonst der Zeichenabstand variabel ist und einzelne Wörter auf Blocksatzbreite ausgetrieben werden.

In der Box rechts oben sehen Sie einen Textblock ohne S&B-Einstellung, darunter den gleichen Text mit der links eingestellten S&B-Definition. Das Ergebnis ist eindeutig!

Durch die Stilvorlagen werden die Einstellungen für Zeichen, S&B und eventuell Tabulatoren und Linien zu einem Absatzformat zusammengesetzt. Wird
ein Textblock mit einem solchen Absatzformat bzw. Stilformat erstellt und

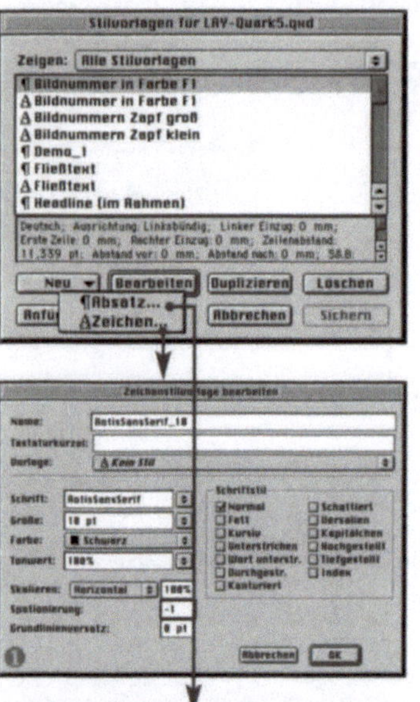

dieses Format im Laufe der Bearbeitung
verändert oder erweitert, so ändern
sich alle Textblöcke automatisch auf
diese neue Einstellung.

Möchte man das Programm
QuarkXPress nur annähernd rationell
einsetzen und nutzen, kommt man an
der Verwendung der Stilvorlagen nicht
vorbei. Eine große Anzahl von Funktionen wie z.B. die Arbeit mit Listen oder
das Erstellen von Inhaltsverzeichnissen
ist nur möglich durch die Definition der
Stilvorlagen.

Bearbeiten und Einstellen
Stilvorlagen werden im Menü *Bearbeiten > Stilvorlagen* aufgerufen, erstellt
oder bearbeitet. Nach dem Aufruf erscheint das links oben abgebildete Dialogfeld. Gehen Sie auf *Neu* und rufen
Sie dort zuerst das Dialogfeld *Zeichenstilvorlage bearbeiten* ❶ auf.

Zeichenstilvorlage bearbeiten ❶
Auffallen wird Ihnen zuerst die *Stilvorlage Normal*, die zwar bearbeitet, aber
nicht gelöscht werden kann. Jedes Dokument hat diese Stilvorlage. Sie ist jedem Text zugewiesen, der in einen neu
angelegten Textrahmen geschrieben
wird. **Wichtig:** Definieren Sie für jeden

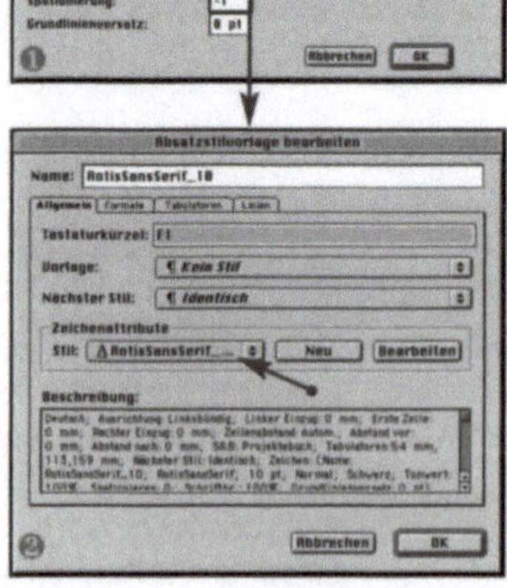

Job eine neue, eigene Vorlage und verwenden Sie nicht die Vorlage Normal.
Im Dialogfeld definieren Sie die Schrift für Ihren Job mit allen Einstellungen wie Größe, Farbe, Stil, Skalierung usw. Geben Sie Ihrer Schrift einen Namen mit Schriftgrad. Geben Sie kein Tastaturkürzel ein. Nachdem die Einstellungen beendet sind, gehen Sie auf *OK* und rufen danach das *Dialogfeld
Absatzstilvorlage bearbeiten* ❷ auf.

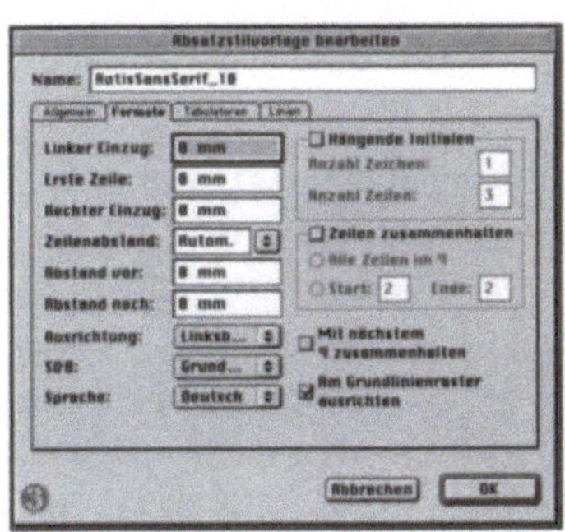

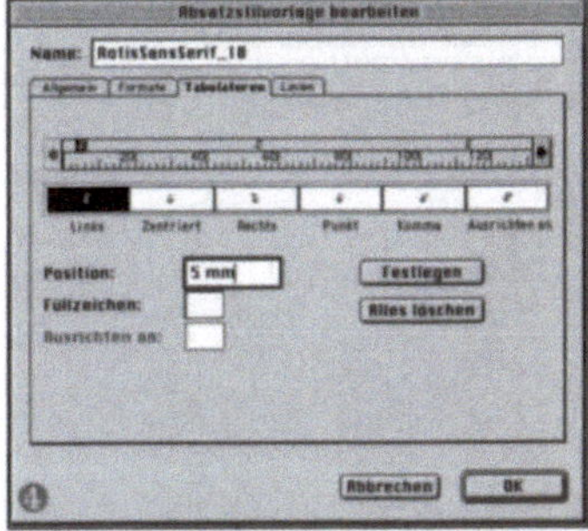

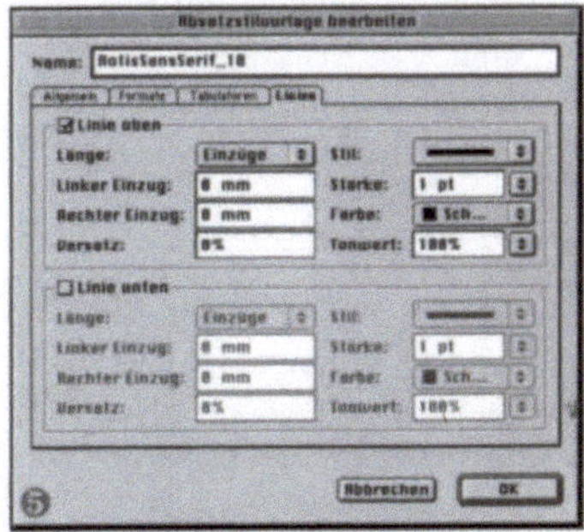

gesehene Taste für das Kürzel, also z.B. die F1-Taste. Dieses Kürzel wird später im Feld *Stilvorlagen* erscheinen und kann zum schnelleren Aufruf der Schrift verwendet werden.

- Rufen Sie die im Dialogfeld *Zeichenstilvorlage* festgelegte Schrift auf. Diese Schrift ist danach Grundlage für alle Einstellungen der neuen Absatzstilvorlage.

Wechseln Sie jetzt in das Register *Formate* ❸. Hier erfolgen üblicherweise die wichtigsten Absatzformateinstellungen. Dazu werden mögliche Einzüge festgelegt, der Zeilenabstand, die Ausrichtung, die vorher im Dialogfeld *Silbentrennung und Blocksatz* eingestellte *S&B-Festlegung* wird aufgerufen und die Ausrichtung am Grundlinienraster wird hier gewählt.

L 11 @ S.282

Außerdem können hier beabsichtigte Initialeinstellungen und deren Zeilenbedarf vorgenommen werden sowie weitere Einstellungen für den Zeilenzusammenhalt. Sind die Einstellungen fertig gestellt, wird mit OK bestätigt und das nächste Register für die Einstellung der *Tabulatoren* ❹ aufgerufen. Werden Einzüge verwendet, sind diese hier festzulegen und zu testen.

In vielen Fällen sind bei der nächsten Registerkarte *Linien* ❺ keine Einstellungen vorzunehmen, da Linien über oder unter dem Text innerhalb eines Lesetextes i.d.R. nicht verwendet werden. Für Tabellenanwendungen sind hier Absatzstilvorlagen denkbar.

Sind alle Festlegungen getroffen, werden diese durch OK bestätigt. Gehen Sie jetzt zum Menü *Ansicht > Stilvorlagen* und rufen diese auf. Es erscheint jetzt die unten abgebildete Palette *Stilvorlagen*, in der die neu erstellte Schrift im oberen Feld als Absatz- und unteren Feld als Zeichenstilvorlage erscheint. Die Absatzstilvorlage enthält außerdem das definierte Tastaturkürzel, mit dem eine markierte Schrift von einem Stil zum anderen durch Tastendruck umformatiert werden kann.

Absatzstilvorlage bearbeiten ❷

Im Register *Allgemein* ❷ sind drei Einstellungen wichtig:

- Sie legen den *Namen* der Absatzstilvorlage fest. Verwenden Sie dazu den gleichen Namen wie für die Zeichenstilvorlage. Damit bilden Sie zusammengehörende Namenspaare.
- Legen Sie das *Tastaturkürzel* fest. Schreiben Sie dies nicht in das Eingabefeld, sondern drücken Sie die vor-

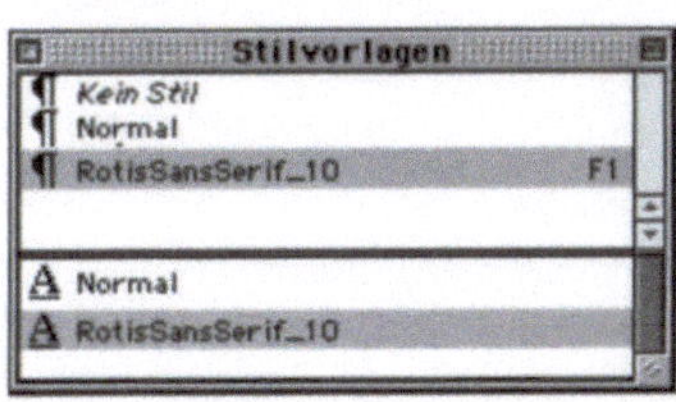

Grundlinienraster

Beim Grundlinienraster handelt es sich um ein nicht mitdruckendes Linienraster für ein ganzes Dokument. An diesem Grundlinienraster werden quer über
Spalten und Textrahmen hinweg Texte an diesen horizontalen Linien ausgerichtet. Das Grundlinienraster kann dargestellt
werden, indem Sie es im
Menü *Ansicht > Grundlinienraster anzeigen* aufrufen. Mit dem Befehl
Grundlinienraster verbergen wird die Seite ohne
Rasterlinien dargestellt.
Damit wird die Lesbarkeit
der Seite am Monitor
verbessert. QuarkXPress
blendet das Grundlinienraster standardmäßig aus.

Richten Sie den Text
zweier nebeneinander liegenden Textspalten an
diesem Raster aus, so weisen die jeweils benachbarten Textzeilen die gleiche
horizontale Grundlinienposition auf. Dies können Sie an den Abbildungen der gegenüberliegenden Seite erkennen. Oben
ist das Grundlinienraster
nicht aktiviert, unten ist

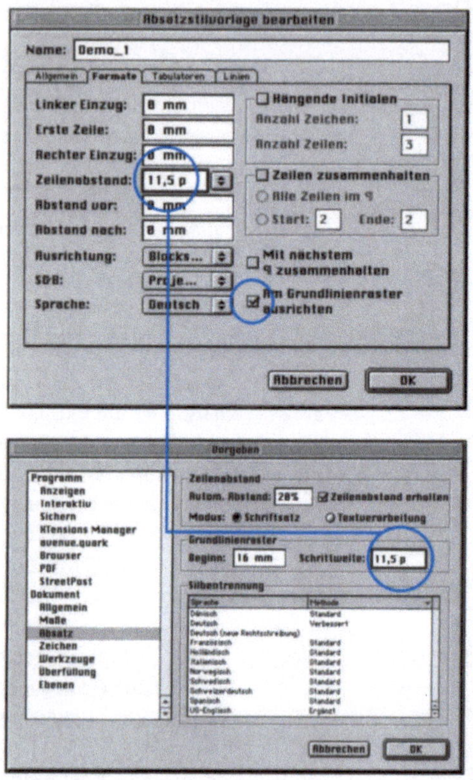

die Funktion *Am Grundlinienraster ausrichten* angewandt und die beiden Textblöcke richten sich exakt horizontal aus. Damit ist innerhalb einer Seite ein horizontaler registerhaltiger Satz möglich.

Einstellungen

Wird eine Absatzstilvorlage erstellt, die sich am Grundlinienraster ausrichten muss, wird der Zeilenabstand z.B. mit 11,5p festgelegt. In den *Dokumentenvorgaben* des Programms finden Sie das *Absatz*-Menü (linke Seite, unteres Bild). Dort wird das Grundlinienraster und seine Funktion definiert.

Feld Beginn

Der Wert im Feld *Beginn* definiert, wie weit entfernt von der oberen Seitenkante die erste Rasterlinie verläuft. Die Standardvorgabe des Programms beträgt 12,7 mm. Hier muss der jeweilige Wert für das zu verarbeitende Satzspiegellayout von Ihnen eingetragen werden.

Feld Schrittweite

Der Wert im Feld *Schrittweite* bestimmt den Abstand der Rasterlinien. Hier beträgt die Standardvorgabe 12 Punkt. Hier müssen Sie den Wert des Zeilenabstandes eintragen, den Sie für die Grundschrift eines Dokumentes ausgewählt und bei den Stilvorlagen festgelegt haben. Die Schrittweite des Grundlinienrasters ist gleich dem Zeilenabstand einer gewählten Grundschrift für ein Dokument.

Stimmen Schrittweite und Zeilenabstand in ihren Einstellungen überein und sollen die Zeilen eines ausgewählten Absatzes danach am Grundlinienraster ausgerichtet werden, müssen Sie unter *Bearbeiten > Stilvorlagen* im Register *Formate* der Dialogbox *Absatzstilvorlagen bearbeiten* die Checkbox *Am Grundlinienraster ausrichten* markieren (siehe Bild links oben auf der

gegenüberliegenden Seite). Sind Ihre Einstellungen korrekt, wird mit dieser Grundlinieneinstellung gearbeitet. Zur Text- und Bildmontage können Sie das Grundlinienraster ausblenden und darauf vertrauen, dass der verarbeitete Text richtig ausgerichtet wird. Nur zur Kontrolle sollten Sie ab und an das Grundlinienraster einblenden.

Projekte
Print
   P01 @ S.74
   P03 @ S.92
   P04 @ S.98

Lernziel
- Sie wissen die Bibliothek in QuarkXPress anzulegen und für Aufträge zu nutzen.

Aufgaben
- Legen Sie für Ihre Arbeiten eine oder mehrere Bibliothek(en) an.
- Verwenden Sie diese für Ihre weiteren Arbeiten.

Übungsdatei auf DVD
> TUTORIAL > L_LAYOUT > L12

Richten Sie bei den oben genannten Projekten jeweils eine Bibliothek ein.

Bibliothek

Die QuarkXPress-Bibliothek ist großartig und wird doch selten genutzt. Es können pro angelegter Bibliothek bis zu 2000 Einträge erfolgen. Es lassen sich alle Rahmen- und Linienelemente ablegen. Erstellt wird eine Bibliothek über den Befehl *Ablage > Neu > Bibliothek.* Es wird ein eigener Dateityp erzeugt, der nur von QuarkXPress gelesen werden kann. Sie erkennen eine Bibliothek in Ihren Dateien am Bibliothekssymbol – eines der gelungensten Logos in der Publishing-Welt.

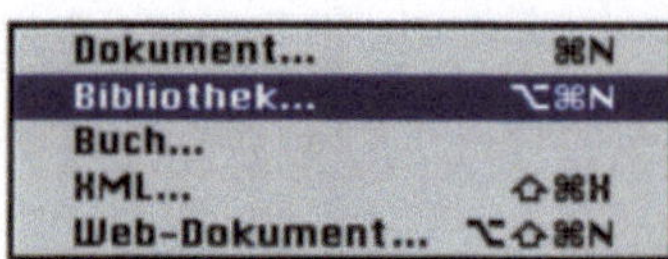

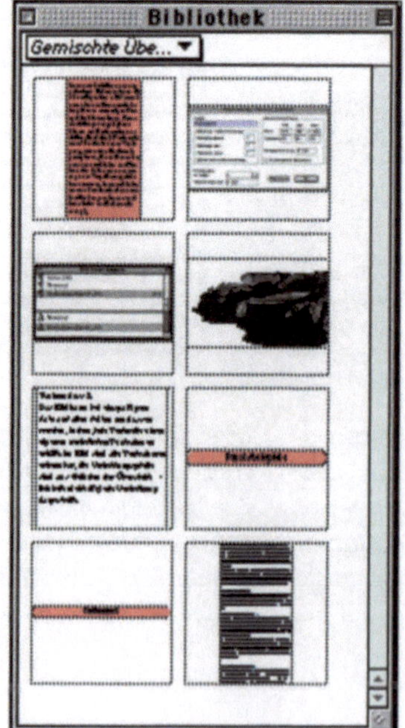

Wollen Sie eine bestehende Bibliothek öffnen, erfolgt dies mit dem üblichen Befehl *Ablage > öffnen.*

Eine digitale Bibliothek wird dazu genutzt, Dateielemente zu sammeln, zu verwalten und einem Nutzer zur Verfügung zu stellen – das Grundprinzip einer jeden Datenbank. Dies genau macht die Quark-Bibliothek auch. Bei einer Bibliothek handelt es sich um eine Datei, die als Palette angezeigt wird, in der QuarkXPress-Objekte gespeichert und abgerufen werden können. Allerdings steht sie jeweils nur einem Nutzer zur Verfügung. Es können nicht mehrere Nutzer gleichzeitig auf eine Bibliothek zurückgreifen. Das ist im Zeitalter von serverbasierter Teamarbeit ein echter Schwachpunkt. Man kann sich bei der gemeinsamen Bibliotheksnutzung nur mit Kopien behelfen, wenn mehrere Nutzer gleichzeitig an einem Projekt arbeiten.

Einfügen eines Objektes
Um von einer Seite aus ein Objekt in die Bibliothek einzufügen, gibt es zwei verschiedene Möglichkeiten:

- Sie fassen das Objekt mit der Maus und ziehen es mit gedrückter Maustaste in die Bibliothekspalette, bis sich die Darstellung des gezogenen Objektes vom Pfeil in ein Brillensymbol ändert. Ist dies der Fall, lassen Sie das Objekt los und es ist in die Bibliothek eingefügt. Das Ziehen eines Objektes mit der Maus in die Bibliothek bewirkt immer das Erstellen einer Objektkopie in die Bibliothek. Das eigentliche Objekt bleibt auf der QuarkXPress-Seite stehen.

- Kopiert man ein Objekt in die Zwischenablage, kann es mit dem Befehl Einfügen in die Bibliothek gestellt werden. Dazu ist vor dem Einfügen so auf einen freien Platz in der Bibliothek zu klicken, bis zwei kleine Pfeile den Platz oben und unten begrenzen. An diese Position zwischen den Pfeilen wird das Zwischenablageobjekt gestellt. Eine Brille erscheint in diesem Fall nicht.

Löschen eines Objektes

Das Löschen erfolgt durch Markieren des gewünschten Objektes. Ist das Objekt markiert, können Sie es mit der *Löschtaste* oder dem Befehl *Ausschneiden* entfernen. In beiden Fällen erfolgt durch das Programm eine Warnmeldung vor dem Löschen des Eintrags.

Darstellung

Die Bibliothek kann in unterschiedlichen Größen dargestellt werden, indem Sie das Fenster einfach vergrößern

oder verkleinern. Das am oberen Rand befindliche Popup-Menü gestattet eine Sortierung nach verschiedenen Kriterien. Sie können den Einträgen Namen geben, indem Sie die Namensbox durch Doppelklick auf ein Objekt öffnen.

Besondere Bibliotheksfunktionen

Bibliotheken sind ein sehr gutes Hilfsmittel in der Produktion. Hier können Logos, Headlines, Gestaltungselemente, Farbbalken und deren Farbdefinitionen u.v.a. abgelegt werden. In Bibliotheken werden die Farben und ihre Definition mitgespeichert und können so von Dokument zu Dokument übertragen werden.

Eine hilfreiche Funktion ist, dass von Textrahmen, die mit S&B sowie mit Stilvorlagen erstellt wurden, diese bei einem Aufruf in ein neues Dokument direkt mit übernommen werden. Auf diese Art lassen sich ganze Einstellungen von einem Dokument zum anderen übertragen. Zu achten hat man darauf, dass die Namen bestehender S&B-Einstellungen und Stilvorlagen nicht identisch sind, da es sonst zu Konflikten kommt.

Die Bibliothek kann komplette Seiten übernehmen. Dazu sind alle Objekte einer Seite zu markieren und in die Bibliothek zu ziehen. Auch die ganze Seite erscheint als

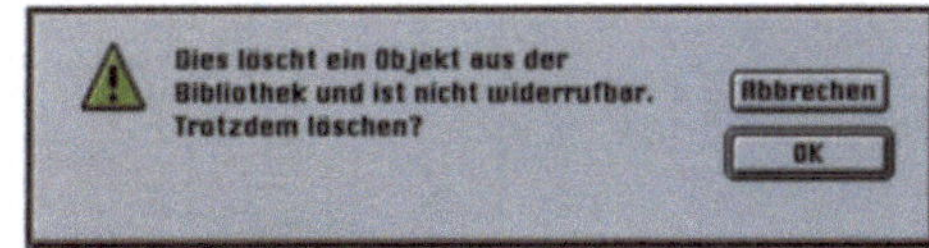

die übliche kleine Darstellung im Bibliotheksfenster. Sind auf solch einer Seite Bilder positioniert, wird nicht das vollständige Bild in die Bibliothek aufgenommen, sondern nur ein Pfad auf den Standort des Bildes gespeichert. Sollten sich auf einer Seite verkettete Textrahmen befinden, können diese in die Bibliothek übernommen werden. Die verketteten Texte sehen Sie in der Bibliothek allerdings nicht.

Was nicht geht …

Bibliotheken, die auf einem Apple Macintosh erstellt wurden, lassen sich auf einem Windows-PC nicht nutzen. Und andersherum gehts leider auch nicht. Schade!

Projekte
Print
    P03 @ S.92
    P04 @ S.98

Lernziel
- Sie verwenden die Textumlauf-funktion für die typografische Optimierung Ihres Textes.

Aufgabe
- Setzen Sie mit Hilfe des Bildma-terials und den Anweisungen dieser Tutorialseite verschiedene Textumläufe um Bilder bzw. Grafiken.

Übungsdatei auf DVD
> TUTORIAL > L_LAYOUT > L13

Textumlauf

Die Umlauffunktion von QuarkXPress ist ein ausgesprochen effektvolles Hilfs-mittel, um in Seiten eine schön und spannend wirkende Text-Bild-Kombina-tion zu ermöglichen. Wie funktioniert das Ganze?

Geben Sie einen Text in einen Textrahmen ein und erstellen Sie ein freige-stelltes Bild mit Hilfe von Photoshop. Dieses freigestellte Bild positionieren Sie in einen Textrahmen und gehen dann im *Objekt*-Menü auf *Modifizieren > Umfluss*. Im Dialogfeld *Umfluss* sehen Sie jetzt eine verkleinerte Darstellung Ihres Bildes im Bildrahmen. Mit *Automati-sche Bildanzeige*, einem *Außen-abstand*, der in etwa Ihrem Spaltenabstand entspricht, und dem Befehl *Neu Scannen* sehen Sie den späteren Textumfluss für Ihr Bild, dargestellt durch die rote Konturlinie im Bild unten. Die verschiedenen Einstell-möglichkeiten, die sich hinter dem Menü *Art* ver-bergen, können Sie testen.

Damit ein Bild oder eine Grafik umflossen werden kann, müssen Sie dieses immer in die vorderste Ebene stellen – sonst klappt das Umfließen nicht. Die-ses Stellen in die vordere oder hintere Ebene wird im *Objekt*-Menü durch die Befehle *Ganz nach vorn* bzw. *Ganz nach hinten* bewirkt. Der Umflussbefehl wie hier beschrieben steht ausschließlich für Bildrahmen zur Verfügung, Textrah-men kennen nur die Einstellung *Um-fluss um ein Objekt* oder *Keiner*.

Eine weitere Einstellung für den Textumfluss ist in der Text-Einstellung des *Modifizieren*-Menüs versteckt. Die Funktion *Text alle Seiten umfließen las-sen* ermöglicht eine Darstellung, wie in der mittleren Abbildung der gegen-überliegenden Seite dargestellt. Diese Einstellung ist erst ab der Quark-Ver-sion 4.x möglich.

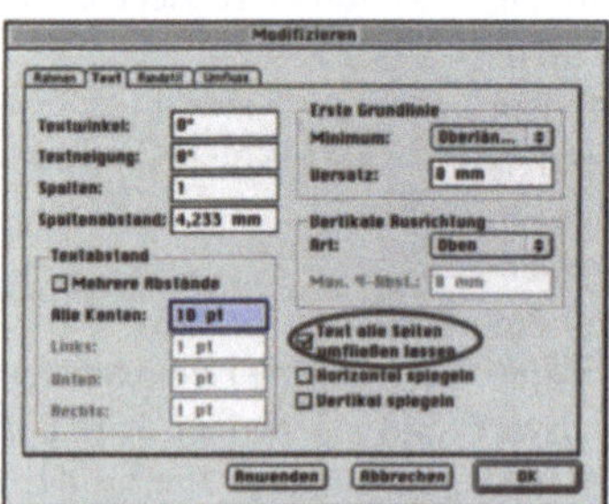

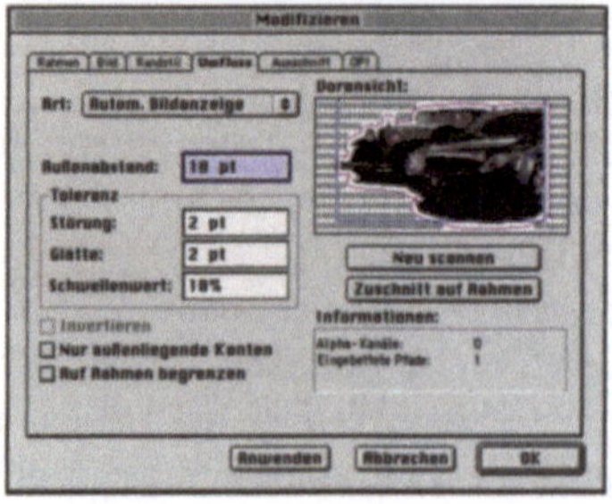

Textumfluss 1

Das Bild kann, in der Mitte eines Textblocks positioniert, bei einspaltigem Satz und der programmseitigen Grundeinstellung nicht automatisch an zwei Seiten umflossen werden. Der Text wird immer auf der Seite umflossen, auf der insgesamt mehr Platz zur Verfügung steht.

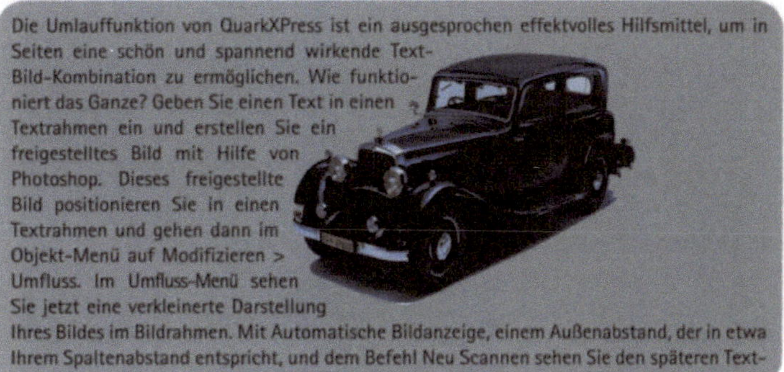

Textumfluss 2

Das Bild kann bei einspaltigem Satz auf allen Seiten umflossen werden, indem im Menü *Objekt > Modifizieren > Text > Checkbox Alle Seiten umfließen lassen* aktiviert wird. Diese Einstellung gehört nicht zur Grundeinstellung und muss extra im *Modifizieren*-Menü aktiviert werden.
Siehe Abbildung auf der gegenüberliegenden Seite links unten.

Textumfluss 3

Das Bild kann, in der Mitte eines zweispaltigen Textblocks positioniert, auf zwei Seiten umflossen werden. Der Text wird in jeder Spalte separat nach links oder rechts um das freigestellte Bild geführt.

Lernziel
- Sie setzen, löschen und wenden Tabulatoren für Satzarbeiten an.

Aufgaben
- Setzen Sie die nebenstehenden Tabellen mit Hilfe der Tabulatoren nach.
- Verwenden Sie die Funktionen des Füllzeichens für eine der erstellten Tabellen, um eine Leseerleichterung für das Erfassen der Aufzählung zu erreichen.

Übungsdatei auf DVD
> TUTORIAL > L_LAYOUT > L14

Tabulatoren

Tabulatoren sind Positionen im Text, die mit Hilfe der Tabulatortaste erreicht werden können und an denen der Text innerhalb einer Zeile positioniert wird. Es ist möglich, den Text unterschiedlich auszurichten durch die Verwendung verschiedener Tabulatorzeichen. Im *Stil*-Menü können Sie die *Tabulatoren ...* aufrufen und anwenden. Es stehen die links abgebildeten Tabulatoren zur Verfügung: Tab mit Textausrichtung links, Tab mit Textausrichtung zentriert, Tab mit Textausrichtung rechts, Tab mit Ausrichtung am Punkt z.B. an einer Preisliste, Tab mit Ausrichtung am Komma z.B. an einer Aufzählung mit Prozentwerten und Ausrichten an beliebigen Zeichen.

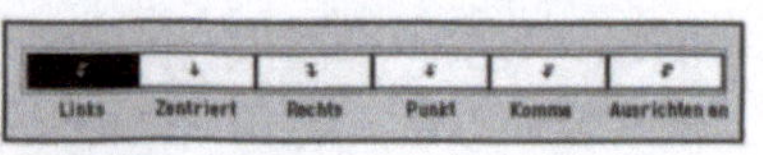

Tabs setzen und löschen

Nachdem Sie das *Tabulatoren*-Dialogfeld aufgerufen haben, erscheint über dem ausgewählten Text ein Lineal. Durch Klicken in dieses Lineal werden die Tabs an die gewünschte Position gesetzt. Der gesetzte Tab erscheint mit seinem Symbol im Tab-Lineal wie links dargestellt. Ist ein Tab versehentlich falsch gesetzt, kann er mit der Maus noch oben aus

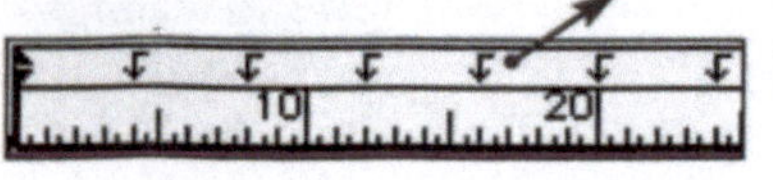

dem Tab-Lineal herausgezogen werden (siehe Pfeil nach oben). Sollen alle Tabs auf einmal gelöscht werden, klickt man bei gedrückter Alt-Taste in das Lineal. Alle gesetzten Tabs werden im Lineal angezeigt und können nach Bedarf beliebig verschoben werden. Die ausgerichteten Texte werden nach Möglichkeit nachgeschoben, allerdings kann dabei auch der Umbruch vollständig verändert werden.

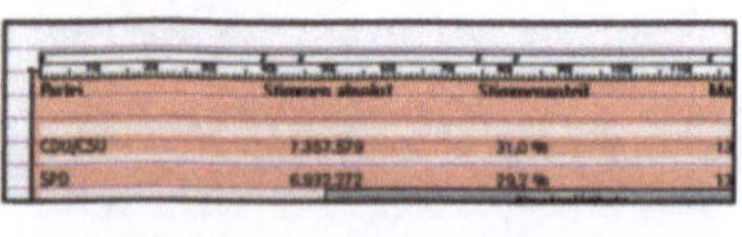

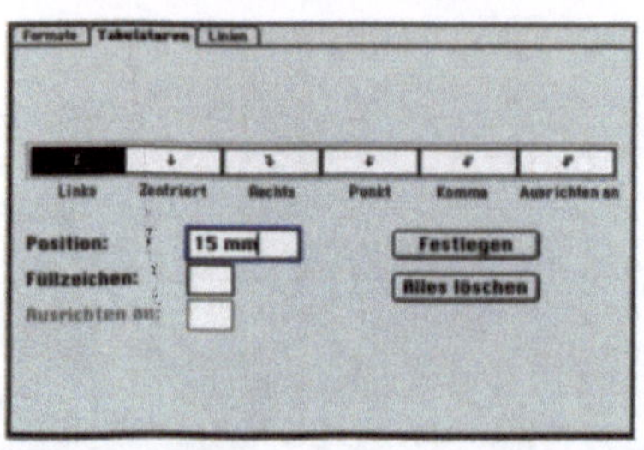

Die exaktere Methode, Tabs zu definieren, erfolgt über das *Tabulatoren*-Menü. Hier geben Sie die exakte Position des Tabs im Feld *Position* an. Mit dem Button *Festlegen* wird die Position fixiert und es können weitere Tabs definiert werden. In diesem Menü kann auch die Art der Tabs ausgewählt werden. In unserem Bild ist der Links-Tab ge-

Partei	Stimmen absolut	Stimmenanteil	Mandate
CDU/CSU	7357579	31,0%	139
SPD	6932272	29,2%	131
FDP	2788653	11,9%	52
KPD	1360443	5,7%	15
Bayern-Partei	986606	4,2%	17
Deutsche Partei*	940088	4,0%	17
Zentrum*	727343	3,1%	10
WAV*	691981	2,9%	12
Deutsche Rechtspartei	214475	0,9%	3
Deutsche Konservative P.	214475	0,9%	3
SSW	75387	0,3%	1
Parteilose	1140257	4,8%	3

wählt. Je nach Auswahl erscheint das gezeigte Symbol im Tab-Lineal über dem Textrahmen.

Um Tabulatoren für eine tabellarische Darstellung exakt zu setzen, sollte eine genaue Arbeitsvorbereitung durchgeführt werden. Die AV definiert die Positionen der einzelnen Tabs numerisch. Aus der AV heraus werden die Tabs mit Hilfe der abgebildeten Eingabemaske numerisch eingegeben. Dabei gehen Sie wie folgt vor:

- Definieren des ersten Tabs im Feld *Position*
- Mit dem Button *Festlegen* wird die Position in das Lineal übernommen.
- Definieren des zweiten Tabs im Feld *Position*
- Mit dem Button *Festlegen* wird die zweite Position in das Lineal übernommen.
- usw.
- Sind alle Tabs festgelegt, wird die Eingabe durch OK bestätigt.

Preisliste in Euro

Angebot A:	Festplatte 60 GB	400.–
Angebot B:	Festplatte 60 GB	350.–
Angebot C:	Festplatte 60 GB	330.–
TFT-Monitor 17"		650.–
TFT-Monitor 15"		450.–

Füllzeichen

Mit Hilfe des Füllzeichens kann z.B. eine Preisliste oder ein Inhaltsverzeichnis übersichtlich gestaltet werden. Ein Füllzeichen wie z.B. ein Punkt kann in das Feld *Füllzeichen* im links abgebildeten Dialogfeld eingegeben werden. Bei der Setzung des Tabs zwischen dem letzten Zeichen des Textes und z.B. einer Zahl am rechten Rand wird der Zwischenraum mit dem Füllzeichen ausgefüllt (siehe Bild oben). Um dies exakt durchführen zu können, müssen Sie hier am rechten Rand einen *Rechts-Tab* setzen.

Tabelle anlegen

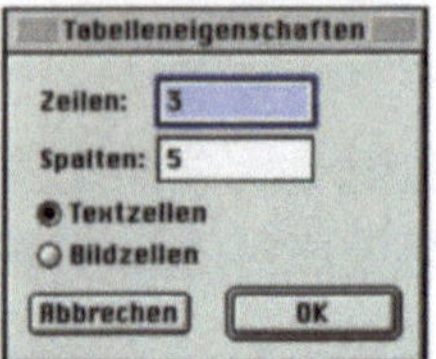

QuarkXPress erlaubt ab der Version 5.0 das Anlegen von Tabellen mit Hilfe eines eigenen Werkzeuges. Tabellen ermöglichen das Ordnen von Daten in Zeilen und Spalten. Sie können sogar Tabellen anfertigen, die Bilder oder Rahmen ohne Inhalt enthalten.

Tabellen werden mit dem Tabellenwerkzeug der Werkzeugpalette erstellt. Nach dem Aufziehen einer Tabelle erscheint eine Dialogbox, in welcher die benötigten Zeilen und Spalten definiert werden. Danach erscheint die Tabelle auf der Seite und ist nun zu modifizieren. Dazu gehen Sie im *Objekt*-Menü auf *Modifizieren* oder auf *Tabelle*. Die Tabelle muss dazu immer markiert sein.

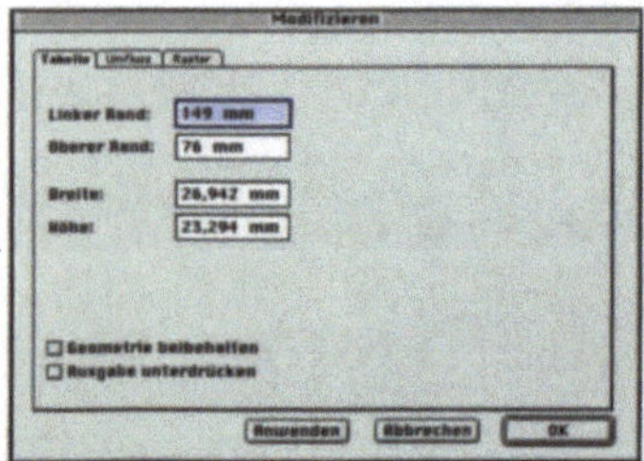

Tabelle modifizieren

Durch die Dialogbox *Modifizieren* oder mit bestimmten Optionen des *Objekt*-Menüs (*Objekt* > *Tabelle*) lässt sich das Aussehen der Tabelle bestimmen. Das Register *Tabelle* der Dialogbox *Modifizieren* ist verfügbar, wenn eine Tabelle mit dem Objektwerkzeug ausgewählt wird. Die Einstellungen im Register *Tabelle* erlauben Angaben zu Position, Größe und Geometrie. Auch die Ausgabe einer Tabelle kann unterbunden werden.

Mit Hilfe der Checkbox *Geometrie beibehalten* im Register *Tabelle* wird festgelegt, ob die Größe der Tabelle durch das Einfügen von Zeilen und Spalten verändert wird. Wenn die Checkbox aktiviert ist, bleibt die äußere Begrenzung der Tabelle erhalten – Zeilen und Spalten werden den Änderungen entsprechend angepasst. Ist *Geometrie beibehalten* deaktiviert, vergrößert oder verkleinert sich die Tabelle durch das Einsetzen von Spalten und Zeilen.

Das Register *Raster* definiert die Linien der Tabelle. Es sind horizontale und vertikale Linien getrennt

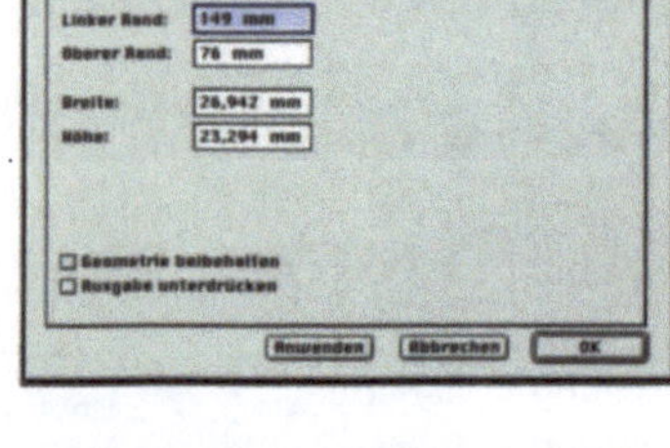

Tabellenbeispiel: Ergebnisse der Wahl zum ersten Deutschen Bundestag 1949

Partei	Stimmen absolut	Stimmenanteil	Mandate
CDU/CSU	7357579	31,0%	139
SPD	6932272	29,2%	131
FDP	2788653	11,9%	52
KPD	1360443	5,7%	15
Bayern-Partei	986606	4,2%	17
Deutsche Partei*	940088	4,0%	17
Zentrum*	727343	3,1%	10
WAV*	691981	2,9%	12
Deutsche Rechtspartei	214475	0.9%	3
Deutsche Konservative P.	214474	0.9%	3
SSW*	75387	0,3%	1
Parteilose	1140257	4,8%	3

* nicht in allen Ländern zur Wahl angetreten

und gemeinsam definierbar. Weiter kann die Linienstärke und Linienfarbe ausgewählt werden. **Ein wichtiger Hinweis: Wenn Sie zwischen dem Objektwerkzeug und dem Inhaltswerkzeug wechseln, erscheinen jeweils andere Register für die ausgewählte Tabelle.**

Von Bedeutung ist das Register *Zelle*. Hier legen Sie die Farben der einzelnen Zellen fest. Aktivieren Sie eine Zelle und stellen Sie die gewünsche Farbe ein. Soll z.B. der Kopf eine eigene Farbe erhalten, aktiveren Sie alle Zellen einer Reihe und legen die Farbe fest.

Gehen Sie nach diesen Festlegungen in das Register *Text* und geben Sie die Texteinstellungen ein. Für eine einfache Tabelle ist hier vor allem der Textabstand zu den Linien festzulegen. Aber auch Textwinkel, Textneigung, Grundlinienversatz und die Ausrichtung der Texte in der jeweiligen Zelle werden hier definiert. Dies können Sie jeweils für eine Zelle durchführen oder durch das Aktivieren **aller** Zellen mit dem Cursor für die gesamte Tabelle.

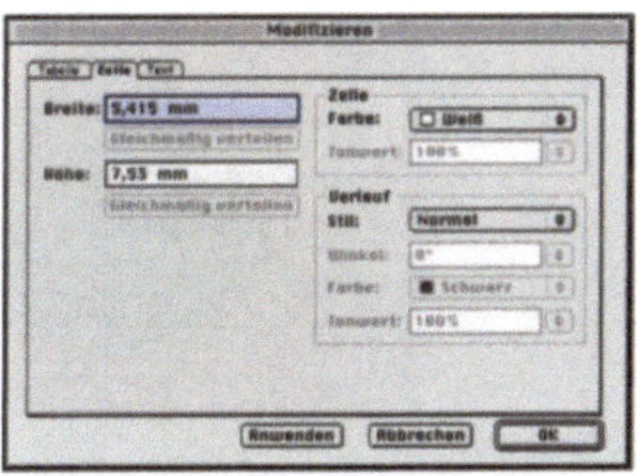

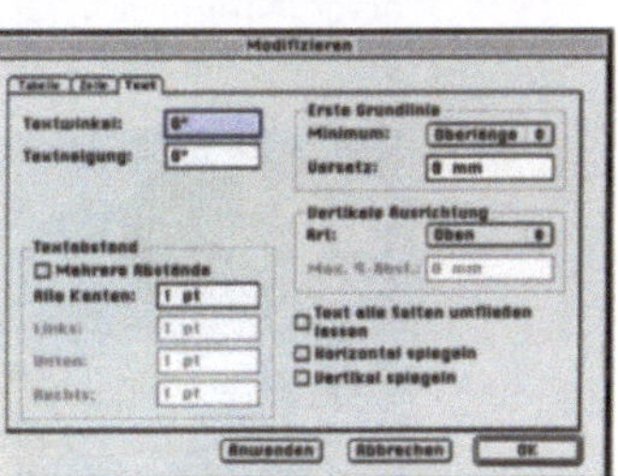

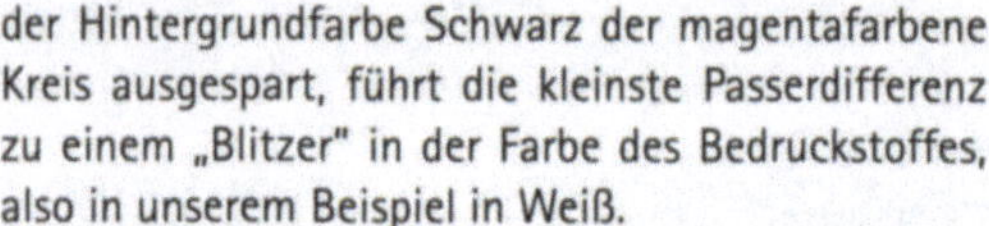

Überfüllung definieren

In einer Druckmaschine werden die Druckbogen mit hoher Geschwindigkeit bedruckt. Dabei kann es durch Papierverzug und andere drucktechnische Beeinflussungen zu so genannten Passerdifferenzen kommen. Dies sind kleine Blitzer an aneinander grenzenden Farbflächen, die unser Auge sofort wahrnimmt. In der Abbildung wird dies deutlich vergrößert dargestellt. Wird bei

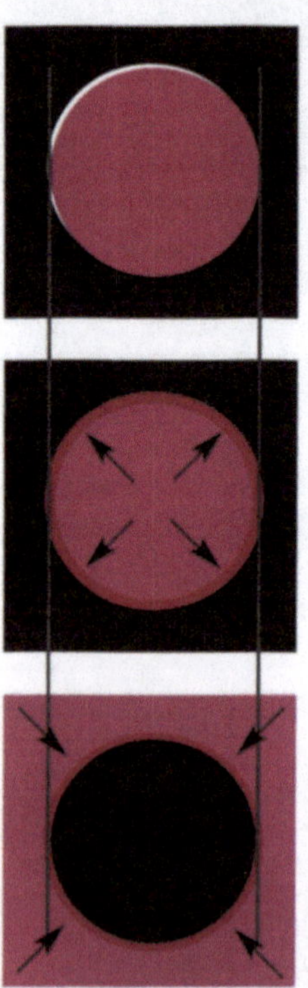

der Hintergrundfarbe Schwarz der magentafarbene Kreis ausgespart, führt die kleinste Passerdifferenz zu einem „Blitzer" in der Farbe des Bedruckstoffes, also in unserem Beispiel in Weiß.

Um dieses Problem zu lösen, muss der magentafarbene Kreis vergrößert werden, damit die Ränder des Kreises den Bereich des Blitzens überdecken. QuarkXPress löst dieses Vergrößern des Kreises durch die Überfüllenoption. Diese Überfüllenoption erzeugt automatisch einen Objektrand mit einem überlappenden Bereich. Dieser Bereich verhindert zuverlässig die Bildung eines Blitzers durch das Größerwerden des Objektes. Sie erkennen diesen Objektrand in der mittleren Abbildung. Überfüllt wird dann, wenn der Farbton des Vordergrundes heller ist als die Farbe des Hintergrundes, da dessen Form optisch weniger stark verändert wird.

Unterfüllung definieren

Das Gegenteil ist Unterfüllen. Dies wird dann durchgeführt, wenn der Hintergrund heller ist als der Vordergrund. Dabei wird der ausgesparte Bereich des Hintergrundes nach innen verkleinert und die Vordergrundform druckt auf diesen Bereich und verhindert so zuverlässig das Blitzen beim Druck.

Überdrucken

Ist die Funktion „Überdrucken" aktiviert, bedeutet dies, dass zwei Farben direkt aufeinander gedruckt werden. Es wird keine Aussparung angelegt. In unserem Beispiel bedeutet dies, dass der kleine linke, ei-

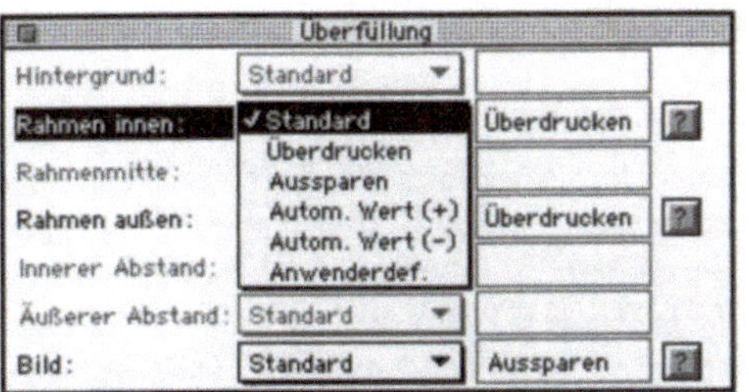

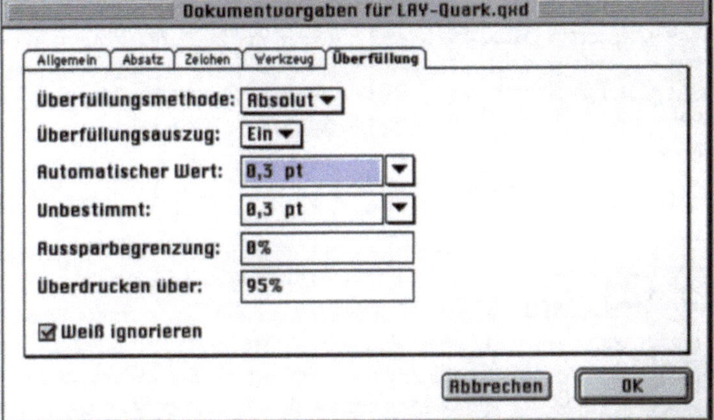

gentlich gelb gedruckte Kreis in Ihrem Buch grün erscheint, da die zwei lasierenden Druckfarben Cyan und Gelb die Farbe Grün ergeben. Der rechte kleine Kreis ist ausgespart gedruckt worden. Das bedeutet, dass der Farbe Gelb kein Blau hinterlegt ist, Gelb wird direkt in den ausgesparten weißen Kreis gedruckt. Dabei muss Gelb überfüllt werden, um ein Blitzen zu vermeiden. Die Einstellung zum Überdrucken, Überfüllen usw. wird mit dem *Überfüllungs*-Menü durchgeführt, das im *Ansicht*-Menü bei aktiviertem Objekt aufgerufen wird.

Die Standardwerte zum Überfüllen ergeben sich aus den Einstellungen in den Programmvorgaben. Die Grundeinstellung liegt bei einem automatischen Wert von 0,3 pt. In der Praxis werden Sie hier Werte zwischen 0,2 und 0,5 pt eingeben müssen, um zufrieden stellende Ergebnisse zu erhalten.

QuarkXPress bietet noch weitere Einstellungsmöglichkeiten, um die Überfüllung zu bearbeiten. Im Menü *Bearbeiten > Farben ...* rufen Sie das *Farben bearbeiten*-Fenster auf und gehen dort auf *Überfüllung bearbeiten*. Sie erhalten dann das nebenstehend abgebildete Fenster mit der Möglichkeit, für jede Farbe einen eigens definierten Überfüllungswert einzugeben und so zu optimierten Ausgabeergebnissen zu gelangen. Allerdings ist hier Vorsicht geboten – die Einstellungen sollten getestet und mit Ihrer Druckerei abgesprochen werden.

Tipp: Machen Sie daher vor jeder Film- oder Plattenausgabe einen Ausgabetest auf Papier, um die korrekten Überfüllungseinstellungen zu prüfen.

Mit QuarkXPress ins Web

Ab der Version 5.0 ermöglicht QuarkXPress das Herstellen von HTML-Seiten. Der Schritt lag nahe und ist folgerichtig. Viele klassische Layouter, die mit der Herstellung von Printprodukten beschäftigt waren, stehen vor dem Problem, dass die Seite des Printmediums ins Netz zu stellen ist – und dies ohne große Umwege über ein Werkzeug wie Dreamweaver, GoLive oder ähnliche. Dies war bislang nicht möglich. Unter *Ablage > Neu > Web-Dokument…* kann jetzt eine

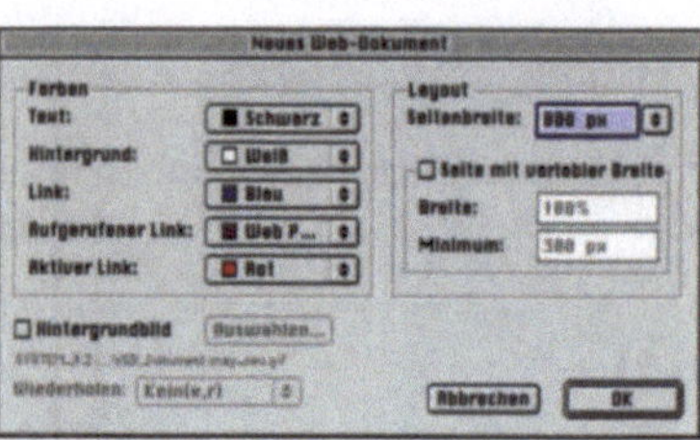

Internetseite angelegt werden. Nach dem Aufruf dieses Befehls erscheint das Dialogfeld für das Anlegen eines neuen Web-Dokumentes. Web-Dokumente können nicht doppelseitig sein. Daher kann bei Layout nur die Seitenbreite in Pixeln angegeben werden. QuarkXPress verwendet bei der Definition der Breite automatisch als Maßeinheit den Pixel. Wenn sich die spätere Internetseite automatisch an die Breite der Browser anpassen soll, muss die Checkbox *Seite mit variabler Breite* aktiviert werden.

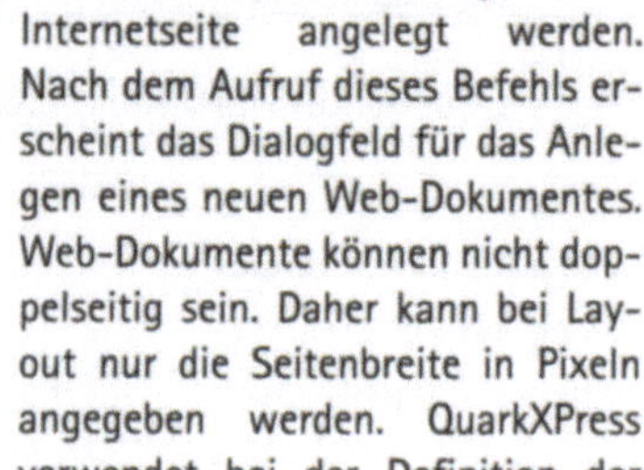

Die Angabe *100%* bei *Breite* legt fest, dass das Browserfenster vollständig mit der Seite ausgefüllt werden soll. Wenn Sie hier den Wert 80% eingeben, wird die Seite in der Breite nicht vollständig, sondern nur zu 80% angezeigt. Der Nutzer muss sich die restlichen 20% erscrollen.

Der Wert für *Minimum* definiert, ab welcher Browserbreite sich die Seite nicht mehr anpasst.

Auf der linken Seite des Dialogfeldes legen Sie die *Farboptionen* für Ihre Seite fest. Diese können Sie später noch ändern, wenn eine Musterseite angelegt wird. Die Farbeinstellungen müssen Sie testen.

Soll die Seite mit einem Hintergrundbild versehen werden, wählen Sie dieses hier aus. Für die Auswahl des Hintergrundbildes sind nur Bilder in den Dateiformaten GIF, JPEG und PNG möglich. Im angelegten Web-Dokument selbst können auch andere Dateiformate wie TIF oder EPS verwendet werden. Die Bildformate der einzelnen Seiten werden beim späteren Exportieren der Quarkseiten in HTML-Seiten in internetfähige Bildformate konvertiert.

Ist die Seitenvorgabe bestätigt, erscheint auf dem Desktop die Arbeitsoberfläche zur Herstellung der Web-Dokumente. In der Abbildung rechts ist diese

mit einer fertigen Seite zu sehen. Alle bekannten XPress-Werkzeuge sind vorhanden. Werkzeuge, Paletten und Befehle können wie gewohnt genutzt werden. Zusätzlich ist die Palette für die Web-Werkzeuge links darunter zu sehen. Diese Palette enthält die Werkzeuge zur Herstellung einer Imagemap. Dies sind Bereiche innerhalb eines Bildes, die mit diesen Werkzeugen bearbeitet werden und Links zu anderen Seiten herstellen. Die Formularwerkzeuge werden zur Herstellung derselben verwendet.

Die Maßpalette zeigt als Maßeinheit jetzt Pixel (px) an. Links neben der Maßpalette ist ein kleines Weltkugel-symbol zu erkennen. Hier wird die HTML-Voransicht aktiviert, und zwar mit dem im Menü *Bearbeiten > Vorgaben > Vorgaben > Browser* eingestellten Standard-Web-Browser. Mit dem Aufklappmenü lässt sich jeder vorhandene Browser auswählen.

Damit kann ein Dokument mit den in den Programmvorgaben (>Seite 296) angegebenen Browsern dargestellt und getestet werden. Dies ist, wie bei HTML-Editoren üblich, in QuarkXPress auch notwendig. Jede erstellte Seite **muss** im Browser geprüft werden.

N 03 @ S. 148

Projekte
Nonprint

Lernziel
- Sie stellen im Vorgaben-Menü die Browsernutzung für Ihr Programm QuarkXPress ein.

Aufgabe
- Stellen Sie die Browservorgaben in QuarkXPress so ein, dass Sie mit Ihrem Programm jederzeit einen Browser aufrufen können.

Browservorgaben

Wie auf der vorherigen Seite beschrieben, muss eine in QuarkXPress erstellte Webseite in möglichst vielen Browsern auf ihre Funktionsfähigkeit und Darstellung getestet werden. Um dies schnell zu ermöglichen, müssen unter *Bearbeiten > Vorgaben > Vorgaben ...* des Programms die Browsereinstellungen vorgenommen werden. Im unten dargestellten Dialogfeld fügt man die auf einem Rechner vorhandenen Browser in die Liste *Verfügbare Browser* und markiert einen in der Liste als Standard. Dieser Browser wird durch ein Häkchen gekennzeichnet.

Auf der vorherigen Seite 295 ist das Dokumentenfenster abgebildet. Unten im Fenster sieht man das Symbol einer Weltkugel. Klickt man auf die Weltku-

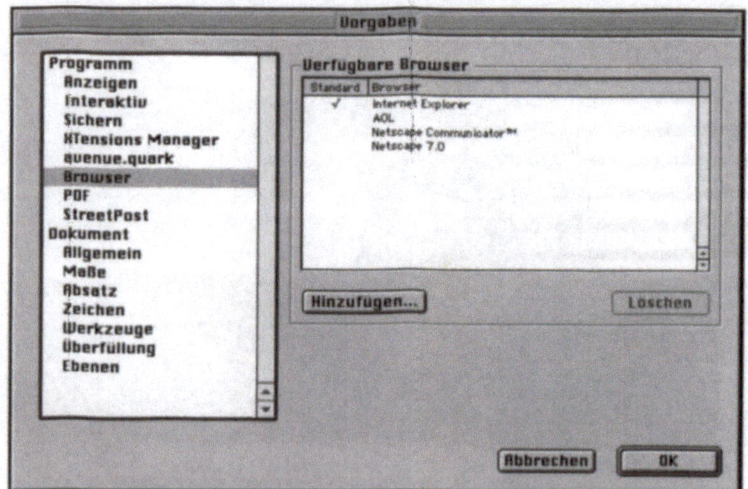

gel, wird der Standardbrowser aktiviert und die Seite wird als HTML-Dokument dargestellt. Da die erstellte Seite auch in anderen

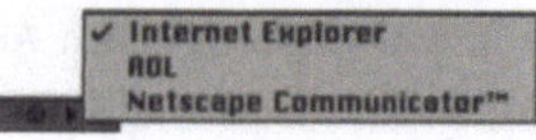

Browsern betrachtet werden muss, geht man auf die Weltkugel, hält die Maustaste gedrückt, öffnet das Aufklappmenü und wählt den gewünschten Browser aus der Vorgabenliste aus.

Die Überprüfung einer Seite bezieht sich auf die Darstellung der Schriften, der Farben, Bilder und Grafiken sowie der Seitengrößen. Die Funktionsfähigkeit der Navigation, angelegte Rollover und ähnliche Funktionalitäten werden getestet.

Text in Web-Dokumenten

Die Herstellung und „Programmierung" von Internetseiten unterliegt völlig anderen Regeln wie das Erstellen von Printprodukten. Der Mediengestalter, der in die Feinheiten von QuarkXPress eingetaucht ist und hier gute Dokumente gestaltet und ausgibt, muss sich bei der Webseitenerstellung mit neuen Dingen, die in QuarkXPress auftauchen, auseinander setzen.

Hierzu gehört die Einschränkung bei der Schriftwahl und Einschränkungen verschiedener Funktionalitäten der Schriftbearbeitungswerkzeuge. Textrahmen müssen immer rechteckig sein, alle anderen Textrahmenformen werden beim Export in eine Grafik konvertiert.

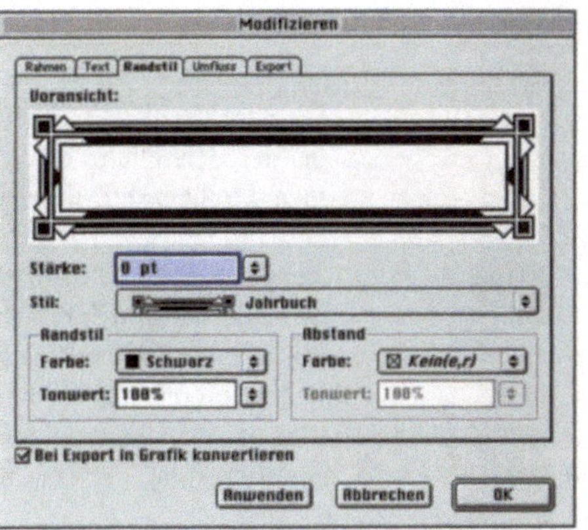

Textrahmenlinien sind im Normalfall nur als Standardlinie oder als 3D-Linie verfügbar. Linienstärken lassen sich nur in ganzzahligen Stärken definieren. Ist im *Modifizieren*-Menü die Checkbox *Bei Export in Grafik konvertieren* aktiviert, sind alle Quark-Linienstile verfügbar. Dabei werden dann Text und Bild beim späteren Export in eine Grafik konvertiert.

Stilvorlagen

Richtige Stilvorlagen zu erstellen ist immer mit Arbeit verbunden. Bei der Übernahme von Texten aus einem Printdokument, welche mit Stilvorlagen erstellt wurden, gehen deren Einstellungen verloren. Erstellt man in einer Webseite Stilvorlagen, werden die nicht mit HTML kompatiblen Stilelemente mit einem * gekennzeichnet.

Schriftgrade lassen sich nur in ganzzahligen Schriftgrößen definieren, Zwischenwerte sind nicht zulässig. Weitere Einschränkungen gelten für folgende Textformatierungen und -einstellungen. Nicht möglich sind: Blocksatz, Silbentrennung, konturierter und schattierter Text, Indexziffern, Kapitälchen, wortweise unterstrichener Text, Unterschneidung, Spationierung, verzerrter Text, Grundlinienversatz, Ausrichtung am Grundlinienraster, Tabulatoren, zweiseitiger Textumfluss und noch eine Reihe anderer Einstellungen. Soll eine der genannten Funktionen erhalten bleiben, **muss** der Text als Grafik exportiert werden.

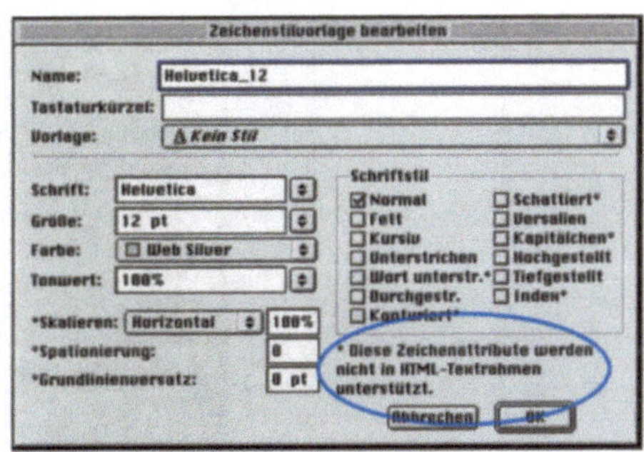

Textimport aus Printdokumenten und Textverkettung

Soll ein Textrahmen aus einem Printdokument in ein Web-Dokument übernommen werden, gehen die nicht Web-kompatiblen Einstellungen aus dem Printdokument verloren. Dies kann vermieden werden, wenn die Funktion *Bei Export in Grafik konvertieren* aktiv ist. Dies gilt ebenso für die Übernahme von Tabellen aus einem Print- in ein Web-Dokument. Dies bedeutet, dass die Textübernahme zwar möglich ist, aber ein Teil der Einstellungen nicht übernommen wird. Daher ist bei der Textübernahme aus Printdokumenten die Textkontrolle und Korrektur des Web-Umbruchs unbedingt notwendig.

Die Verkettung von Textrahmen innerhalb einer Seite ist genau so durchzuführen wie bei einem Printdokument. Verkettungen mehrerer Textrahmen von einer HTML-Seite zu einer anderen Seite ist nicht möglich, da jede Seite als eigenes HTML-Dokument exportiert wird.

Lernziel
• Sie wissen die nutzbaren Bildformate für die Web-Nutzung von QuarkXPress.

Aufgabe
• Stellen Sie die unterschiedlichen Bildkonvertierungen und Exportvorgaben für das Programm QuarkXPress ein.

Bildformate

Die Bildbehandlung, der Bildimport und die Positionierung von Bildern werden bei der Herstellung einer Webseite Quark-typisch wie gewohnt mit Bildrahmen durchgeführt. Bei der Nutzung von Bildformaten unterliegen Sie keinen Einschränkungen. Für die Herstellung der Seiten können alle Bildformate verwendet werden, die QuarkXPress importieren kann. Das Gleiche gilt für die Farbpaletten und Farbräume. Auch hier kann ohne Einschränkungen auf Gewohntes zurückgegriffen werden.

Im unteren Bild ist dies zu erkennen. Aus dem hochaufgelösten Print-TIFF wird nach der Konvertierung z.B. ein Bild im 72-dpi-PNG-Format. Die einzige Einschränkung, der man bis zu einem gewissen Grad unterliegt, ist die Nut-

zung von CMYK-Bildern. Deren Umrechnung in den RGB- bzw. Web-Farbraum ist diffus – hier ist es besser, für Webseiten nur mit RGB-Bildern zu arbeiten. Eventuell notwendige Modusänderungen von CMYK zu RGB sollten mit Hilfe von Photoshop durchgeführt werden.

Problemlos werden bei der Bildkonvertierung Pfade und Freistellungen übernommen und im Web-Bild korrekt dargestellt. Sie können dies auf Seite 295 am Bildbeispiel erkennen.

Bildformate und deren Behandlung

Für Web-Dokumente können alle in Quark nutzbaren Bildformate für die Herstellung verwendet werden. Diese Bilder werden bei der Konvertierung der Quark-Seite in ein HTML-Dokument umgerechnet. Dabei sind drei Konvertierungsformate möglich. Im Feld *Alternativtext* sollte ein hinweisgebender Text eingegeben werden. Dieser Text erscheint im Browser, wenn das Bild noch geladen wird. In unserem Beispiel ein Winterbild, bei dem das Suffix noch angepasst werden muss.

JPEG

QuarkXPress konvertiert Pixelbilder immer in das JPEG-Format, sofern dem Bild keine andere Umrechnung zugewiesen wird. Soll ein Bild im JPEG-Format mit einer bestimmten Einstellung konvertiert werden, kann dies im *Modifizieren*-Menü > *Export* eingestellt werden. Die Bildqualität wird im Pulldown-Menü festgelegt. Soll das Bild im Browser in mehreren Schritten aufgebaut werden, müssen Sie die Checkbox *Progressiv* aktivieren.

GIF

Beim GIF-Format kann die Farbpalette gewählt werden. Es stehen vier Möglichkeiten zur Verfügung. Dies sind die Farbpaletten für Macintosh und Windows-PC, die Palette für Web-Farben mit 216 Farben sowie eine selbstanpassende Palette. Das bedeutet, dass für jedes Bild eine eigene, optimierte Palette angelegt wird. Dies führt zu deutlich verbesserten Ergebnissen in der Wiedergabe der Bilder. Aktivieren Sie die Checkbox *Dithering verwenden*, so wird verhindert, dass nicht vorhandene Bildfarben durch die Web-Palette simuliert werden. Die Checkbox *Interlacing verwenden* sorgt für den schrittweisen Aufbau des Bildes im Browser.

PNG

Der PNG-Export unterscheidet zwischen Echtfarben und Indizierten Farben. Bei der Checkbox *Interlacing verwenden* wird der schrittweise Aufbau des Bildes von unscharf zu scharf im Browserfenster unterstützt. Wird die Einstellung *Indizierte Farben* gewählt, stehen die gleichen Einstellmöglichkeiten wie für das GIF-Format zur Verfügung.

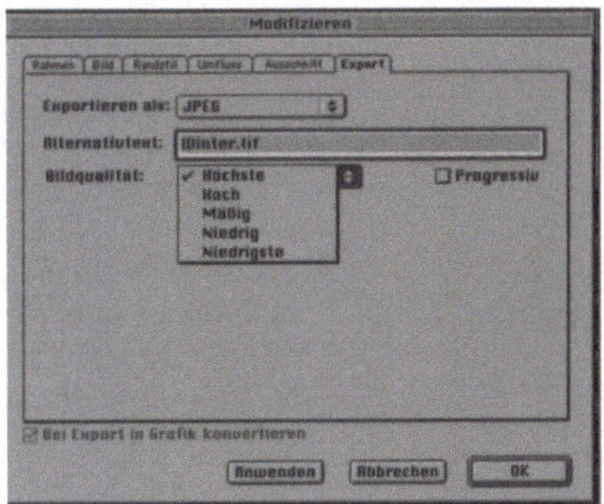

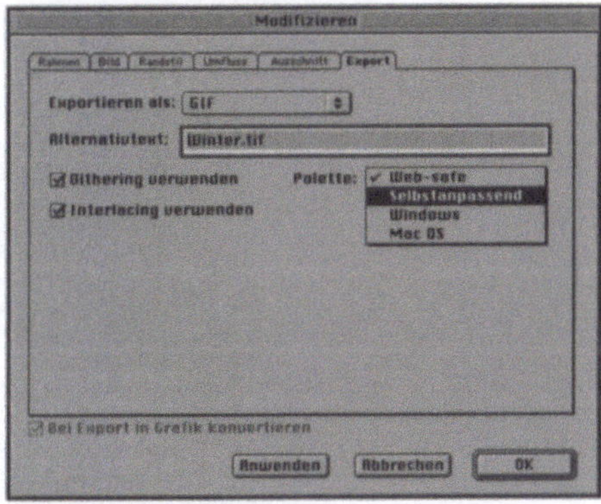

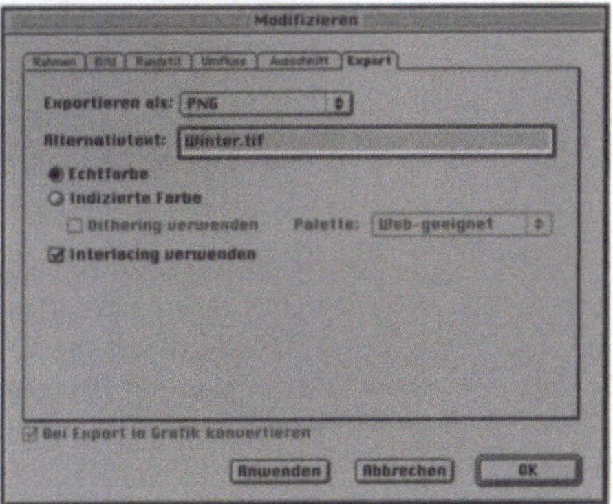

Die verschiedenen Bildexport-Einstellungen

Lernziel
- Sie nutzen die Anker- und Hyperlinkfunktion und wenden die verschiedenen Einstellungen an.

Aufgaben
- Legen Sie in Ihrem Dokument Ankerpunkte an.
- Verwenden Sie diese, um Verlinkungen innerhalb der Seite oder Verlinkungen zwischen Seiten anzulegen.

Anker und Hyperlinks

Um Links, also Verknüpfungen zwischen den einzelnen Elementen einer Webseite oder zwischen einzelnen Webseiten, zu erstellen, sind in QuarkXPress so genannte Anker und Hyperlinks anzulegen. In der Abbildung unten ist eine Seite in zwei verschiedenen Versionen dargestellt. Die hintenliegende Seite zeigt ein Web-Dokument im Quark-Fenster. Links unten sind die verschiedenen Buttons zu erkennen, die auf andere Seiten verweisen. Mit dem Menübefehl *Ansicht > Sichtzeichen zeigen* ist bei den Buttons das Symbol für eine solche Verknüpfungsoption zu sehen. In der oberen Browserdarstellung sind dann nur noch die Buttons zu erkennen, die mit einem Hyperlink hinterlegt sind.

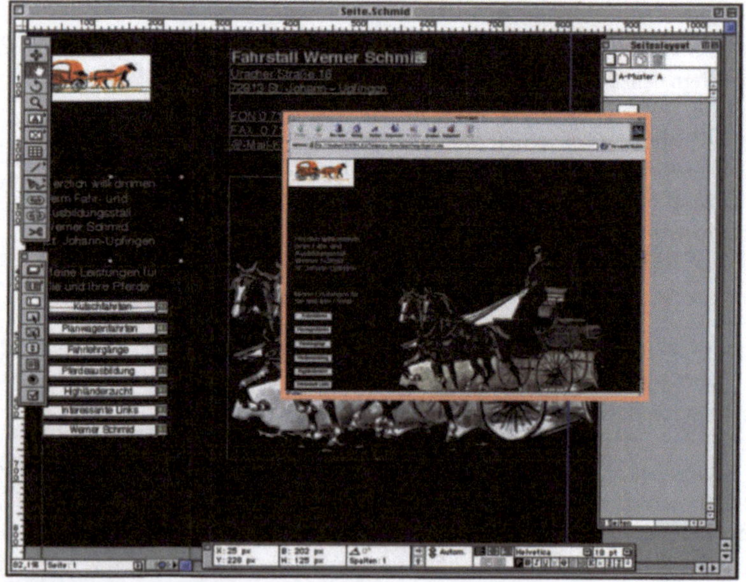

Anker im Dokument setzen

Damit innerhalb eines Dokumentes verschiedene Stellen miteinander verknüpft werden können, müssen von Ihnen zuerst die Ziele innerhalb einer Seite oder eines Dokumentes festgelegt werden. Dies erfolgt mit Hilfe von Ankern. Auf diese Anker gelangt der Nutzer später per Mausklick. Sie aktivieren das Zielelement (Text, Bild, Grafik, Linie) und rufen dann im Menü *Ansicht > Hyperlinks zeigen* die Hyperlink/Ankerpalette auf. In dieser Palette können Sie sowohl neue Anker (Ankersymbol) als auch neue Hyperlinks (Verkettungssymbol) anlegen. Zum Anlegen eines neuen Ankers an einem aktivierten Element klicken Sie auf das Ankersymbol. Es erscheint ein *Dialogfeld*, durch welches Sie

aufgefordert werden, dem Anker einen Namen zu geben.
Dies müssen Sie unbedingt tun, damit die Anker bzw.
Links später eindeutig identifiziert werden können. Der
Name des Ankers darf keine Klammern oder Leerzeichen
beinhalten. Haben Sie den Anker gesetzt, erscheint bei
dem aktiven Element ein Ankersymbol – bei Bildern als
kleines Bild (siehe Abbildung oben), bei Texten als kleines
Pfeilsymbol.

Hyperlink setzen

Da sich Anker und Hyperlink in der gleichen Palette
verwalten und setzen lassen, ist das Anlegen eines
Hyperlinks vergleichbar mit dem Ankersetzen. Ein Sei-
tenelement muss aktiviert werden, danach wird die
Hyperlink-Palette aufgerufen und das Verkettungssym-
bol aktiviert. Nun erscheint ein Dialogfeld, in dem die
URL ausgewählt werden kann. Hier wählen Sie die
Adresse oder einen angelegten Anker aus. Im Dialogfeld
Ziel geben Sie die Art der Dokumentenöffnung an:

_blank   = stellt eine Webseite in einem neuen Brow-
serfenster dar.

_self   = stellt eine Webseite im gleichen Fenster wie
die Webseite mit dem Link dar.

_parent = stellt eine Webseite in einem übergeordne-
ten Fenster dar. Voraussetzung ist, dass
mindestens zwei Fenster geöffnet sind.

_top   = stellt den Inhalt einer Seite fensterfüllend
dar.

Hyperlink ins WWW setzen

Um einen Link ins Internet zu setzen, wählt man wie oben
beschrieben das Dialogfeld für die Auswahl einer URL. Mit
Hilfe des Ausklappmenüs aus der URL-Zeile wählt man eines der vier vorhandenen Protokolle (http://, https://, ftp://
und mailto:) aus und gibt anschließend die gewünschte
Internetadresse ein. In der Hyperlink-Palette erscheinen
Links ins Internet mit dem Symbol einer *Weltkugel*.

Um eine Mail-Funktion einzubauen, muss ein Bildelement für dieses Protokoll ausgewählt werden. Auf dieses
Mail-Bild kann dann das mailto-Protokoll gelegt werden,
welches dann das jeweilige E-Mail-Programm des Browsers startet.

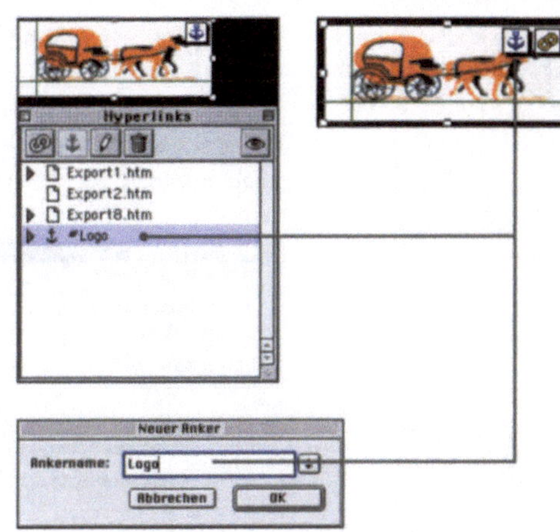

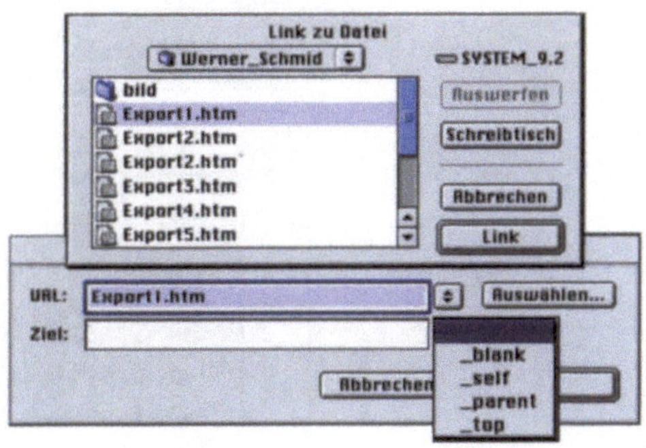

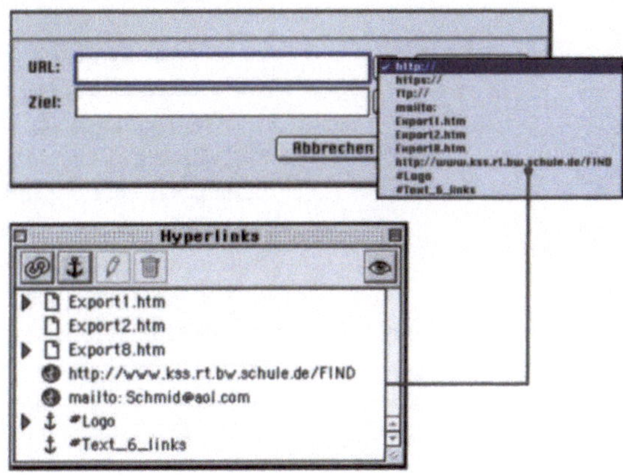

Lernziel
- Sie lernen verschiedene Zusatz-funktionen wie Metainformatio-nen, Rollover-Effekte und die Exportfunktion kennen.

Aufgaben
- Setzen Sie die Funktionen, die auf dieser Doppelseite angeführt sind, auf Ihrer Seite praktisch um.
- Exportieren Sie Ihr Dokument als HTML-Seite.

ctrl-Tastenfunktion

Wenn Sie sich mit der Maus in bzw. über einem Text- oder Bildrahmen oder dem Seitenhintergrund befinden und dabei die *ctrl-Taste* drücken, erscheint je nach Rahmen oder Seitenhintergrund ein Menüsymbol neben dem Cursor.

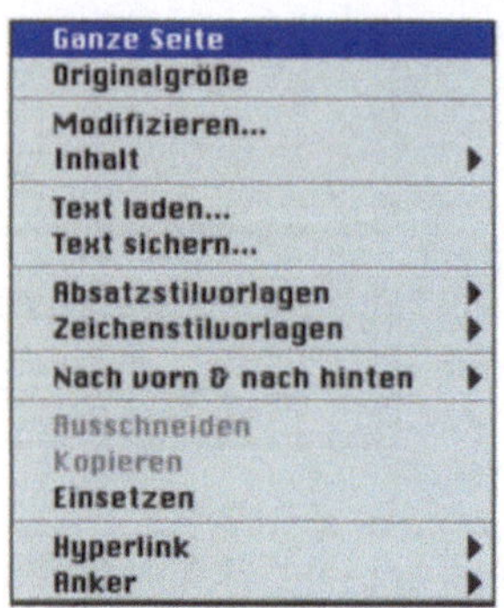

Wird die Maustaste gedrückt, öffnet sich ein Arbeitsmenü, in dem die verschiedensten Ein-stellungen vorgenommen werden können. Rechts sehen Sie zwei solcher Menüs abgebil-det. Mit diesen Menüs können z.B. Stilvorla-gen, Hyperlinks, Rollover oder Anker aufgeru-fen und bearbeitet werden.

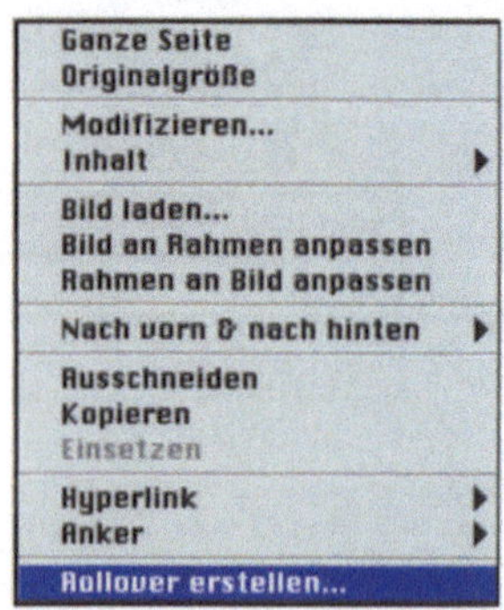

Metainformationen

Bei der Bearbeitung einer Internetseite soll-ten Sie so genannte Meta-Tags erfassen und in die Vorgaben für Ihr Web-Dokument ein-tragen. Meta-Tags bzw. Metainformationen ermöglichen es Suchmaschinen, Ihre Seite zu finden. Suchmaschinen suchen bei Anfragen Seiten nach Schlagwörtern ab und ordnen Sie dann bestimmten Suchergebnissen zu. Die Suche erfolgt nach den Schlagwörtern im Meta-Eintrag einer Seite. Tragen Sie also ru-hig mehrere Stichwörter oder Schlüsselwörter hier ein – umso öfter wird Ihre Seite gesucht und gefunden. Welche Wörter Sie eintragen, ist abhängig vom Thema und Inhalt Ihrer Seite. Vergessen Sie aber nicht, dass im Internet die Hauptsprache Englisch ist – übersetzen Sie ruhig Ihre deutschen Suchbegriffe.

Wie macht man den Eintrag: Bei geöffnetem Web-Dokument gehen Sie in das Menü *Bearbeiten > Meta-Tags ...* Hier erscheint nach dem Aufruf ein Dialog, mit dessen Hilfe Sie eine Meta-Tag-Gruppe für jedes Dokument bzw. jede Seite anlegen können. In einer solchen Meta-Tag-Gruppe können In-halte/Stichwörter mit bis zu 500 Zeichen definiert werden.

Um die Meta-Tags korrekt für Suchmaschinen zu optimieren, sollten Sie sich mit Ihrem Provider zusammensetzen, um die Art und die Anzahl endgül-tig zu klären.

Rollover-Effekte

Um die Rollover-Effekte in der Webseitengestaltung zu nutzen, sind entsprechende Bilder aufzubereiten. Diese Bilder müssen in der Regel immer die gleiche Breite und Höhe aufweisen, damit der Rollover „passt". Sie sehen rechts zwei Rollover-Bilder. Beide Bilder weisen die gleichen Daten bezüglich ihrer Dimension und Auflösung auf.

HTML-Export

Wenn das zukünftige Web-Dokument in QuarkXPress fertig gestellt wurde, muss es noch als HTML-Dokument exportiert werden. Dabei ist von Ihnen im Prinzip nicht viel zu beachten, da Sie die wichtigsten Einstellungen bereits zu Projektbeginn oder bei der Art des Bild- oder Textexports festgelegt haben.

Wenn die Seiten eines Dokuments alle in einem Ordner abgelegt sind, werden die Verlinkungen in der Regel problemlos funktionieren. Schwieriger und dann eventuell nachzuarbeiten sind die Web-Verlinkungen zu anderen WWW-Seiten.

Werden die exportierten Dateien auf einen Webserver übertragen und dort für die Nutzung im Internet bereitgestellt, müssen alle Verlinkungen geprüft werden. Beim Download auf einen Server ist unbedingt darauf zu achten, dass die angelegte Ordner- und Verzeichnisstruktur Ihrer Dokumente bzw. Seiten erhalten bleibt.

Um zu einer sauberen Struktur zu gelangen, sollten Sie sich vor Produktionsbeginn einen Schaltplan erarbeiten. In diesem Schaltplan werden alle Dateinamen und Verlinkungen übersichtlich festgelegt. Wenn Sie sich an diesen Schaltplan und die damit verbundenen Festlegungen halten, kann eigentlich kaum noch ein Fehler bei Ihrer Webseitengestaltung auftauchen!

Quark und HTML

Ein paar Bemerkungen zum Schluss: Quark ist ein Klassiker unter den Layoutprogrammen und in vielen Dingen

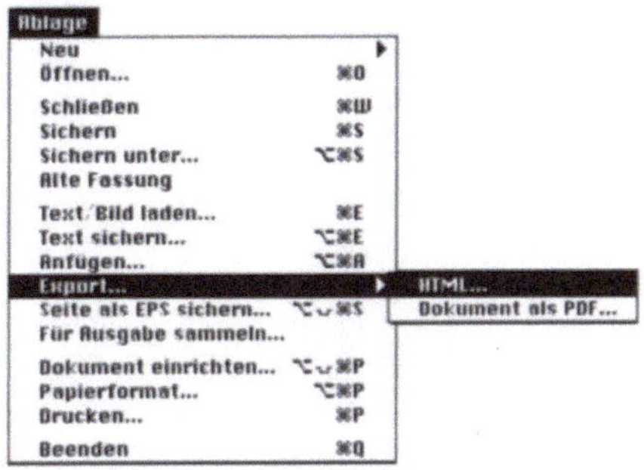

für den Mediengestalter bei der Printproduktion nicht mehr wegzudenken. Derzeit kann QuarkXPress viele Dinge für das Web noch nicht nutzen. Flash-Filme, Videoclips, Animationen oder Shockwave-Dateien lassen sich nicht verarbeiten. Aber ein Anfang ist gemacht. Mit QuarkXPress 5.0 lassen sich ordentlich aufgebaute Webseiten erstellen. Der exportierte HTML-Code ist brauchbar, das können manch andere Web-Editoren nicht in dieser guten Qualität. Das lässt hoffen und erwarten, dass diese Art der Webseitengestaltung für printorientierte Mediengestalter weiterentwickelt wird. Hier kann der geübte QuarkXPress-Spezialist des Printbereichs wirklich schnell lernen, gute Webseiten zu erstellen, ohne sein bisheriges Wissen ad acta zu legen.

Adobe PDF
Adobe
ePAPER
SOLUTIONS

Lernziele
- Sie kennen die wichtigsten Mitglieder der Acrobat-Familie.
- Sie kennen die Funktionalität und Anwendung von Acrobat.
- Sie kennen die Möglichkeiten zur PDF-Erzeugung.

Was ist PDF?

PDF heißt *Portable Document Format*. Es wurde von Adobe zu Beginn der 90er Jahre des vergangenen Jahrhunderts als eigenständiges Dateiformat entwickelt. 10 Jahre später ist PDF der De-facto-Standard für die Publikation elektronischer Dokumente im Internet, als elektronische Bücher, als Präsentationen und im Print-Workflow.

Der Dateiaustausch erfolgt plattformübergreifend. Durch den von Adobe kostenlos verbreiteten Acrobat Reader, der mittlerweile auf fast jedem Computer zu finden ist, kann die Datei angezeigt, gedruckt und in ihr navigiert werden. Außerdem können bei Multimedia-Anwendungen in PDFs Sounds und Movies sowie interaktive Formulare eingebunden werden.

Adobe Acrobat

Adobe Acrobat ist mehr als der Acrobat Reader. Es ist ein Paket aus verschiedenen Programmen zur Erzeugung, Bearbeitung und Betrachtung von PDF-Dateien. Die wichtigsten Mitglieder der Acrobat-Familie sind:

Acrobat Reader
Der Acrobat Reader ermöglicht nur die Betrachtung und meist auch den Ausdruck von PDF-Dokumenten.

Acrobat
Mit dem Acrobat können Sie PDF-Dokumente bearbeiten, z.B. editieren.

Acrobat Maker
Der Acrobat Maker wird bei der Installation von Adobe Acrobat auf dem PC automatisch als Plugin in MS Office installiert. Die Menüleiste wird um die Option „Acrobat" erweitert.

Acrobat Writer
Der Acrobat Writer ist ein Programm zur Erzeugung einfach strukturierter PDF-Dateien ohne EPS-Gafiken für die Geschäftskommunikation auf Computern mit dem Windows-Betriebssystem. Bei der Acrobat-Installation muss der PDF Writer mit installiert werden.

Acrobat Distiller
Der Distiller ist das professionelle Programm zu Erstellung von PDF-Dokumenten aus PostScript-Dateien. Die vielfältigen Einstellungsoptionen ermöglichen eine auf den jeweiligen Anwendungsbereich optimierte Konvertierung.

PDF-Erstellung

In Acrobat können Dokumente nur konvertiert, bearbeitet und publiziert, aber nicht originär erzeugt werden. Die Erstellung eines PDF-Dokuments setzt immer eine bereits existierende Datei aus einem anderen Programm voraus. Sie finden deshalb unter Menü *Datei* auch nicht wie gewohnt als erste Option „Neu ...", sondern „Öffnen ...".

Die PDF-Erstellung besteht aus mehreren Arbeitsschritten:

- Konvertierung einer Quelldatei in PDF
- Bearbeitung der PDF-Datei
- Publikation in einem elektronischen Medium, Belichtung oder digitale Druckausgabe

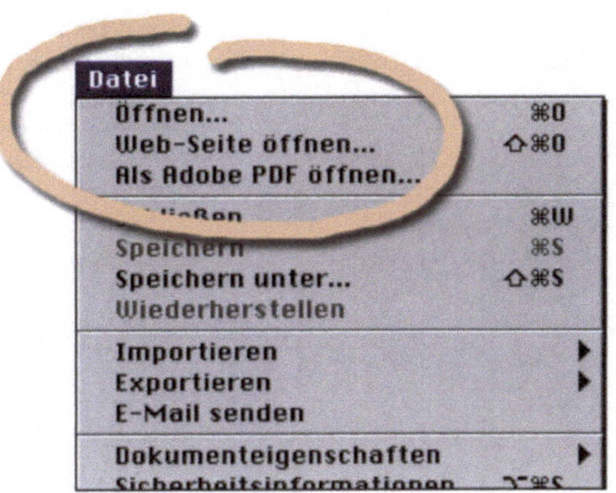

PDF-Konvertierung

Die Konvertierung in PDF kann auf unterschiedlichen Wegen erfolgen.

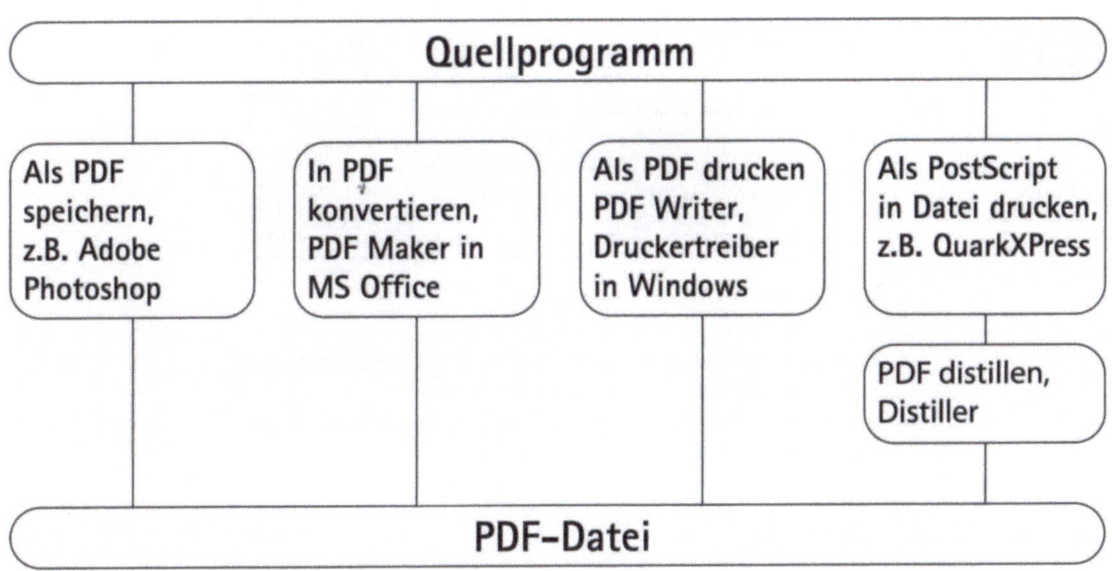

Acrobat Distiller

Der Acrobat Distiller ist die professionellste Möglichkeit, PDFs zu erstellen. Professionell deshalb, weil die umfangreichen Einstellungsoptionen eine optimale Konvertierung bezogen auf die jeweilige Anwendung ermöglichen.

Die grundsätzliche Funktion des Distillers lässt sich einfach beschreiben: Er liest PostScript-Dateien und wandelt diese in PDF-Dateien um.

PostScript-Datei drucken

Der einfachste Weg, aus der Datei eines Anwendungsprogramms eine PostScript-Datei zu machen, ist der, im Druckmenü einen PostScript-Drucker auszuwählen und die Datei nicht auf einem Drucker auszugeben, sondern sie in eine Datei zu drucken. Die entsprechenden Treiber werden bei der Installation von Acrobat automatisch im System des Computers installiert.
Die Auswahl erfolgt über

- **Mac OS**   Menü *Apfel > Auswahl > AdobePS*
- **Windows**   Start *Einstellungen > Drucker > Acrobat Distiller*

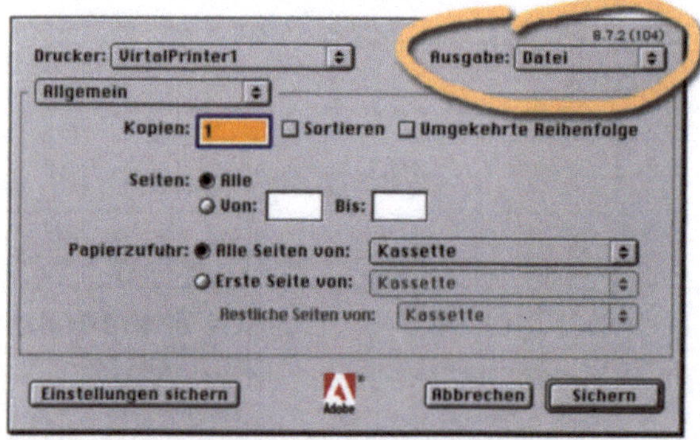

Datei drucken unter Mac OS
- Wählen Sie Menü *Ablage > Drucken …*
- Klicken Sie die Option „Drucker" im Drucken-Dialogfeld.
- Wählen Sie die Ausgabeoption „Datei".
- Sichern Sie die Datei in den Zielordner, empfohlen: „In".
- Starten Sie den Vorgang mit Drucken.

Datei drucken unter Windows

- Wählen Sie Menü *Datei > Drucken ...*
- Wählen Sie die Ausgabeoption „Datei".
- Klicken Sie die Option „Eigenschaften" im Drucken-Dialogfeld.
- Deaktivieren Sie unter „Adobe-PDF-Eigenschaften" die Option „Schriften nicht an Distiller senden".
- Bestätigen Sie zweimal mit OK.
- Sichern Sie die Datei in den von Ihnen gewählten Zielordner, empfohlen: „In".

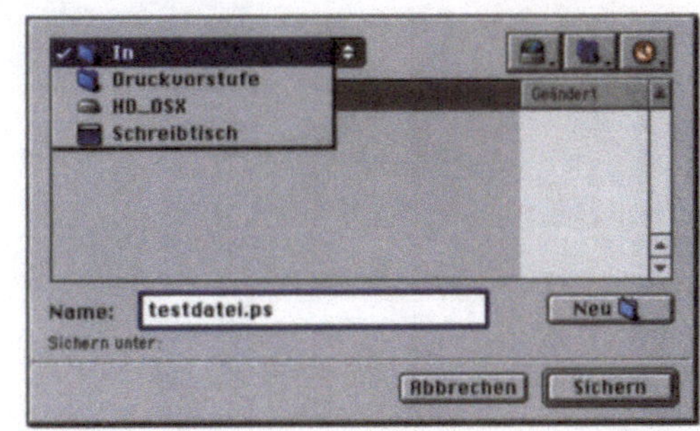

In- und Out-Ordner

Mit Adobe Distiller können Sie die Erstellung Ihrer PDF-Dateien automatisieren. Dies erfolgt durch die Einrichtung spezieller überwachter Ordner.

Sie können für jedes Ihrer PDF-Profile, Internet, Druckausgabe usw., eigene überwachte Ordner anlegen. Beim Abspeichern in den jeweiligen In-Ordner erzeugt der Distiller automatisch das richtige PDF und legt die Datei in den zugehörigen Out-Ordner.

Überwachte Ordner erstellen

- Menü *Voreinstellungen > Überwachte Ordner ...*
- Wählen Sie die Option „Hinzufügen".
- Entweder Sie wählen jetzt einen Zielordner oder Sie erstellen einen neuen Ordner und wählen diesen dann aus.
- Treffen Sie Ihre Einstellungen entsprechend dem gewünschten PDF-Profil.
- Bestätigen Sie mit OK.

Der Distiller hat im ausgewählten Ordner automatisch die beiden überwachten Ordner mit den Namen „In" und „Out" angelegt.

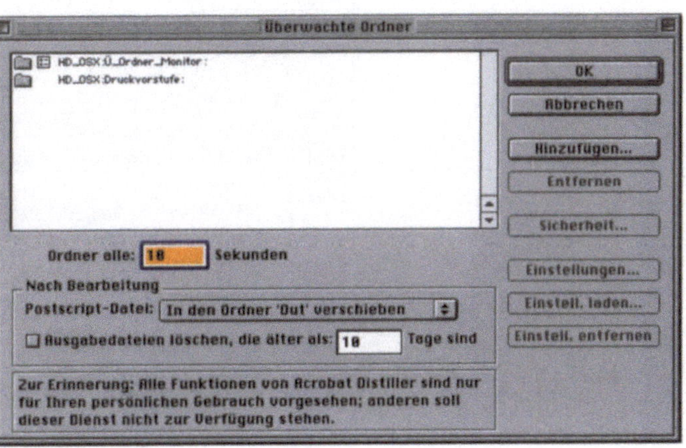

Lernziele
- Sie legen PDF-Profile für überwachte Ordner an.
- Sie optimieren die Standardeinstellungen für Ihre Anwendung.

Aufgaben
- Versehen Sie Ihre überwachten Ordner mit den entsprechenden Einstellungssätzen.
- Erstellen Sie mit diesen Einstellungen PDF-Dateien.
- Bewerten Sie die Ergebnisse und optimieren Sie die Einstellungen.

Übungsdateien auf DVD
> TUTORIAL > A_PDF > A01

Distiller-Einstellungen

Die verschiedenen Nutzungsmöglichkeiten von PDF bedingen unterschiedliche Einstellungen im Distiller bzw. in den jeweiligen überwachten Ordnern.

Sie finden im Distiller bereits definierte Einstellungssätze für die links angegebenen Anwendungen.

Das im Distiller-Fenster ausgewählte Profil überträgt sich automatisch in die Einstellungskarten. Sie können es dann direkt den überwachten Ordnern zuweisen.

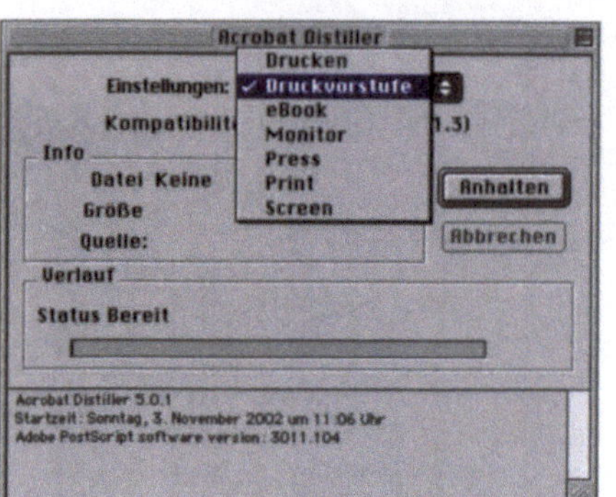

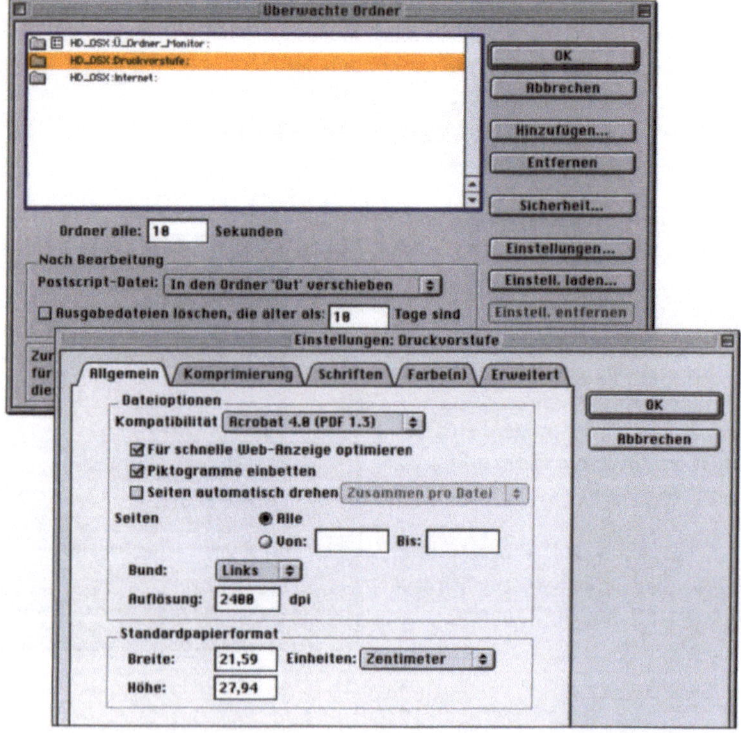

Auflösung

Die Bildauflösung ist vom Ausgabemedium abhängig.

Monitor

Als Bildauflösung wird allgemein 72 ppi gewählt. Die tatsächlich dargestellte Bildgröße ist von der eingestellten Monitorauflösung abhängig.

Druckausgabe

Halbtonbilder und Strichbilder (Schwarzweiß-Bilder) haben in der Druckausgabe unterschiedliche Auflösungen. Für Strichbilder gilt dabei: Bildauflösung = Ausgabegeräteauflösung, mindestens jedoch > 600 ppi.

Die Auflösung der Halbtonbilder müssen Sie je nach Ausgabegrät berechnen:

* Laserdrucker und Belichter
  Für die autotypische Rasterung von Bildern gilt die Grundregel: Bildauflösung = Rasterweite × 2
* Tintenstahldrucker
  Bilder werden im Tintenstrahldruck üblicherweise nicht autotypisch gerastert. Deshalb reicht eine Auflösung von 150 ppi.

Komprimierung – Bildneuberechnung

Die Bildneuberechnung erfolgt entsprechend der eingegebenen Ausgabeauflösung. Im Distiller stehen drei Optionen zur Verfügung. Da die bikubische Neuberechnung zu den besten Ergebnissen führt, wählen Sie diese normalerweise trotz der längeren Berechnungszeiten.

Die Komprimierungsmethode wird vom Distiller mit der Einstellung „Automatisch" nach der Bildcharakteristik optimal gewählt.

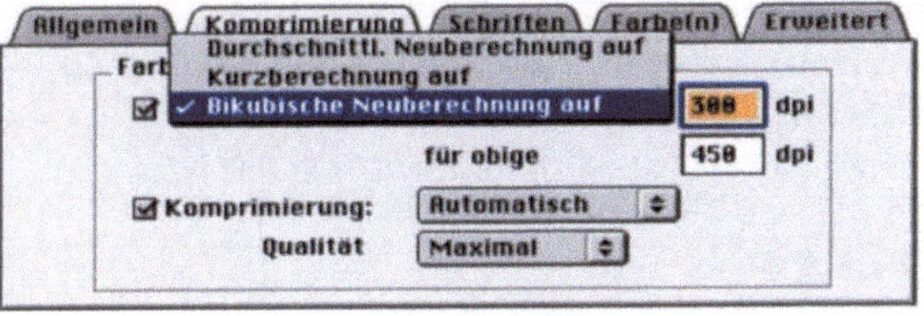

Schriften

Wählen Sie immer die Option *Alle Schriften einbetten*, dadurch werden alle im Dokument verwendeten Schriften eingebettet.

Mit der Option *Untergruppen aller eingebetteten Schriften* legen Sie über den Schwellwert fest, ob die ganze Untergruppe oder nur die in der Datei enthaltenen Zeichen eingebettet werden. Beachten Sie dabei, dass eine nachträgliche Bearbeitung des PDF-Dokuments natürlich auch das Vorhandensein der Zeichen voraussetzt.

Die Schriftverwaltung ermöglicht es auch, einen Font, z.B. aus lizenzrechtlichen Gründen (bei True-Type-Schriften), nicht einzubetten.

Die „Base 14-Schriften" sind die Schriften, die bei der Acrobat-Installation installiert werden. Sie stehen deshalb normalerweise auf allen Systemen zur Verfügung.

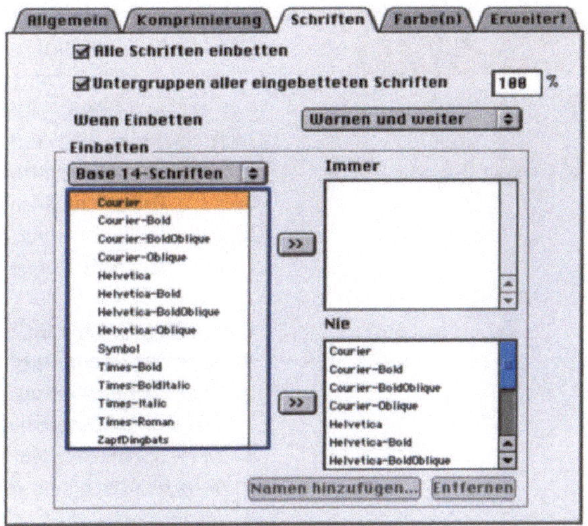

Was ist PDF/X?

PDF/X ist keine weitere Version von PDF, sondern ein Reglement, um einen sicheren PDF-Workflow in der Druckvorstufe bis zur Druckplattenbelichtung zu gewährleisten. Als Basis dient Acrobat 4.0 und PDF 1.3.

PDF/X-Standards
- PDF/X-1a: für separierte Dateien in CMYK (4c) und Sonderfarben, geräteabhängig
- PDF/X-2: zum standardisierten Austausch unvollständiger digitaler Druckvorlagen
- PDF/X-3: der neueste PDF/X-Standard, geräteunabhängig, CMYK-, RGB- und LAB-Farbmodus, ICC-Profil-basiert

PDF/X-3 – der Druckvorstufenstandard

Die beiden Standards PDF/X-1a und PDF/X-3 sind als ISO-Norm 15930-1 und ISO 15930-3 genormt.

Nähere Informationen finden Sie im Internet u.a. auf den Seiten von www.eci.org, www.callas.de, www.prepress.ch und www.pdfx3.org. Auf der letztgenannten URL können Sie den kostenlosen „pdfInspector2 (Freeware)" für Mac und PC herunterladen. Ermöglicht haben dies der deutsche Bundesverband Druck und Medien (bvdm), der internationale Zeitungsverband ifra und die schweizerische Eidgenössische Materialprüfungsanstalt (EMPA) mit dem Berliner Softwarehersteller callas software.

Einige Regeln für PDF/X-3-Dateien
- Alle Schriften müssen eingebettet sein.
- Bilddaten müssen als Bestandteil des PDF enthalten und mit Mitteln einer PDF-Seitenbeschreibung codiert sein.
- OPI-Kommentare sind verboten.
- Transferkurven sind verboten.
- Rastereinstellungen sind erlaubt, müssen aber nicht verwendet werden.
- Die TrimBox muss definiert sein. Sofern Beschnittzugabe vorhanden und für die Produktion relevant ist, muss die BleedBox definiert sein.
- Kommentare und Formularfelder innerhalb der durch TrimBox bzw. BleedBox definierten Seitenflächen sind nicht erlaubt.
- Es muss angegeben sein, ob die Datei bereits überfüllt wurde oder nicht.
- LZW-Kompression ist verboten, die ZIP-Kompression ist erlaubt.
- Verschlüsselung ist ebenfalls verboten.
- Transparenzen sind nicht gestattet, da PDF 1.3 als Basis dient.

PDF/X-3 – Erstellung

Wie im Folgenden dargestellt, ist es sehr einfach, PDF/X-3-Dateien mit dem „pdfInspector2 (Freeware)" zu erzeugen. Allerdings lässt die Freewareversion nur die mitgelieferten Settings zu. Um eigene Standards erstellen zu können, benötigen Sie die kostenpflichtige Vollversion von www.callas.de.

Installation des „pdfInspectors"
- Mac: Dateien in den Plugin-Ordner von Adobe Acrobat ziehen > Neustart
- PC: Dateien installieren

PDF/X-3-Erzeugung
- Distillen der PostScript-Datei im überwachten Ordner oder über Menü *Datei > Öffnen …*
- Öffnen der Datei im Acrobat
- Menü *Zusatzmodule > PDF/X-3 Inspector (Freeware) … > Überprüfen …* beim roten Ampelmännchen > *Als PDF/X-3 sichern …*

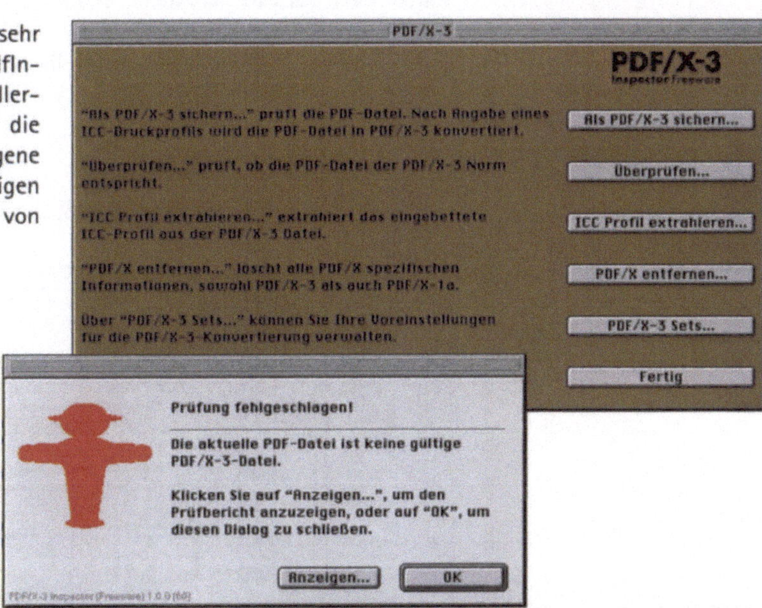

Lernziele
- Sie erstellen in einer PDF-Datei Piktogramme und Lesezeichen.
- Sie verändern die Seitenreihenfolge und kombinieren Seiten aus verschiedenen Dokumenten in einer neuen Datei.
- Sie verlinken Seiten mit Sprungbefehlen.
- Sie erstellen Buttons zur Navigation.

Aufgabe
- Optimieren Sie ein PDF-Dokument mit Lesezeichen, Zoomeffekten und Navigationselementen.

Übungsdateien auf DVD
> TUTORIAL > A_PDF > A03

PDF ist mehr als ein universelles Dokumentenaustauschformat. Mit einfachen Mitteln kann das Dokument für die Betrachtung am Bildschirm optimiert werden. So können Sie z.B. Verknüpfungen erstellen, um mit einem Mausklick im Dokument oder zwischen einzelnen PDF-Dokumenten zu navigieren. Des Weiteren ermöglicht Ihnen Acrobat Movies und Sounds in das Dokument einzubinden.

Mit Piktogrammen strukturieren

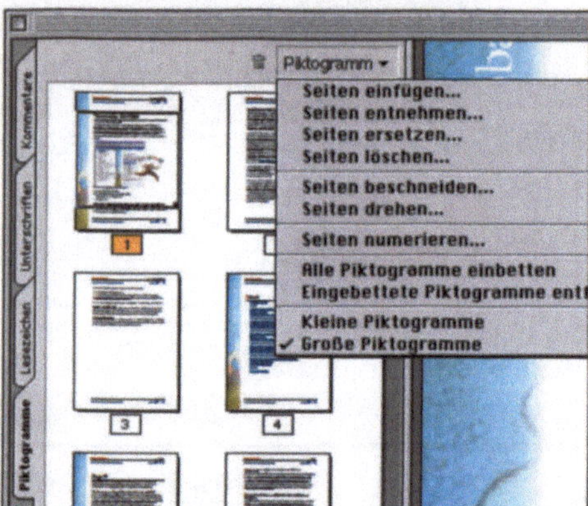

Piktogramme sind Miniaturdarstellungen der einzelnen Seiten.

Navigieren
Durch einfaches Anklicken springt die Ansicht auf die gewählte Seite.

Seiten verschieben – Dokumente zusammenfassen
Eine weitere Anwendung der Piktogramme ist die Änderung der Seitenreihenfolge im Dokument oder die Zusammenführung einzelner Seiten aus verschiedenen Dokumenten zu einer Datei einfach durch die Verschiebung der Seiten per Drag & Drop.

Seiten löschen
Das Löschen eines Piktogramms löscht auch die entsprechende Seite aus dem Dokument!

Piktogramme einbinden
Die Dateigröße wird kleiner, wenn Sie die Piktogramme nicht einbinden. Durch Anklicken der Registerkarte *Piktogramme* werden dann vom Programm im wieder geöffneten Dokument automatisch neue Piktogramme erstellt.

Mit Lesezeichen strukturieren

Lesezeichen werden üblicherweise benutzt, um das Inhaltverzeichnis als Navigationsstruktur abzubilden.

Lesezeichen erstellen

- Gehen Sie zu der Stelle, die Sie mit dem neuen Lesezeichen ansprechen wollen.
- Markieren Sie den Text, er wird bei der Erstellung des Lesezeichens automatisch in das Lesezeichen übernommen.
- Erstellen Sie das Lesezeichen.

Lesezeichen strukturieren

Durch einfaches Drag & Drop können Sie Lesezeichen verschieben und z.B. Untergruppen bilden.

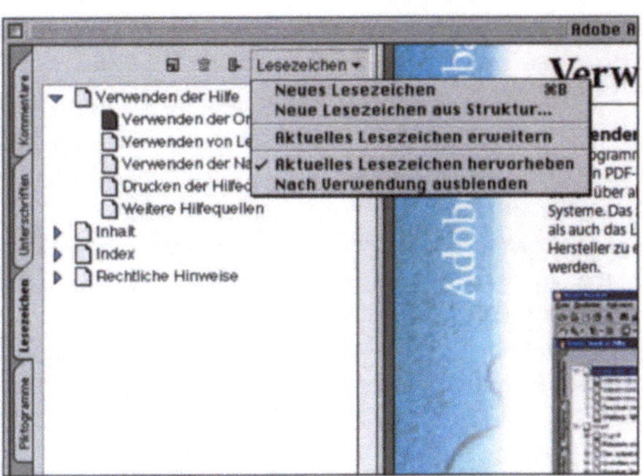

Mit internen Verknüpfungen strukturieren

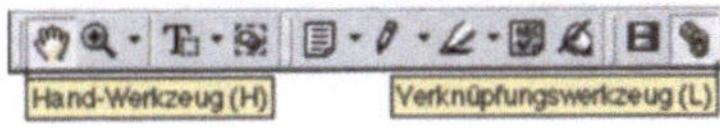

Mit dem Verknüpfungswerkzeug aus der Werkzeugleiste können Sie Verküpfungen direkt im PDF-Dokument erstellen:

- Ziehen Sie mit dem Verknüpfungswerkzeug einen Rahmen um den zukünftigen Link.
- Definieren Sie im Dialogfeld das Aussehen und den gewünschten Vorgang.

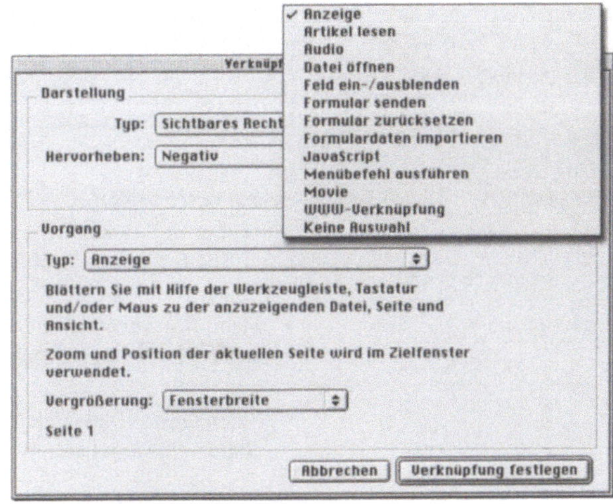

Sprungbefehl

Für einen Sprungbefehl wählen Sie *Typ: Anzeige*, blättern dann bis zur gewünschten Stelle im Dokument und bestätigen die Verknüpfung mit *Verknüpfung festlegen*.

Verknüpfung testen

Zum Testen der Verknüpfung schalten Sie auf das Hand-Werkzeug. Der nachfolgende Klick auf die Verknüpfung sollte den Vorgang auslösen.

Verknüpfung bearbeiten

Doppelklick mit dem Verknüpfungswerkzeug auf die zu bearbeitende Verknüpfung führt Sie zum Dialogfeld.

Verknüpfung löschen

Wählen Sie die Verknüpfung mit dem Verknüpfungswerkzeug aus und drücken Sie die Rück-Taste oder die Entf.-Taste.

Lernziele
- Sie erstellen in einer PDF-Datei Piktogramme und Lesezeichen.
- Sie verändern die Seitenreihenfolge und kombinieren Seiten aus verschiedenen Dokumenten in einer neuen Datei.
- Sie verlinken Seiten mit Sprungbefehlen.
- Sie erstellen Buttons zur Navigation.

Aufgabe
- Optimieren Sie ein PDF-Dokument mit Lesezeichen, Zoomeffekten und Navigationselementen.

Übungsdateien auf DVD
> TUTORIAL > A_PDF > A03

Die Seitenansicht festlegen

Seiten an die Bildschirmgröße anpassen

Sie können unter Menü *Datei > Dokumenteigenschaften > Optionen zum Öffnen von Dateien …* festlegen mit welcher Bildschirmdarstellung Ihr Dokument geöffnet wird.

Alternativ dazu können Sie die Seitengröße auch im Anzeigebereich der Werkzeugleiste einstellen.

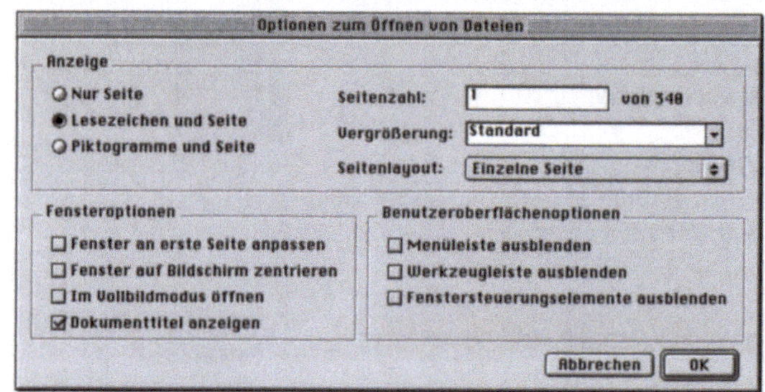

Seiten beschneiden

Mit dieser Option können Sie den darzustellenden Ausschnitt einer Seite frei wählen:

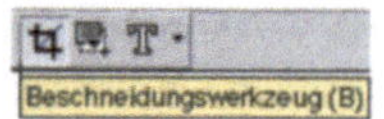

- Menü *Dokument > Seiten beschneiden …* oder
- Legen Sie mit dem Beschneidungswerkzeug den gewünschten Ausschnitt fest.
- Rufen Sie das Dialogfeld mit einem Doppelklick in die Auswahl auf und bestätigen Sie den Beschnitt.

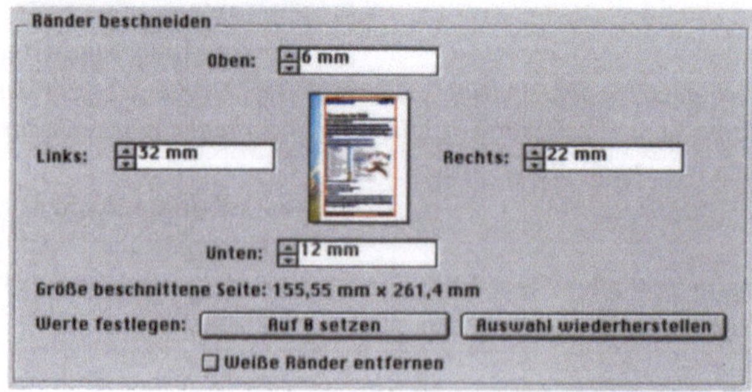

Buttons erstellen

Interaktive Buttons werten eine Bildschirmapplikation nicht nur auf, sie verbessern auch die Navigation und Bedienerfreundlichkeit.

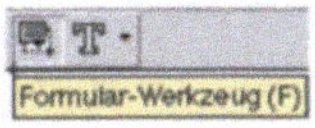

Schaltfläche erstellen

Ziehen Sie den Feldrahmen mit dem Formularwerkzeug.

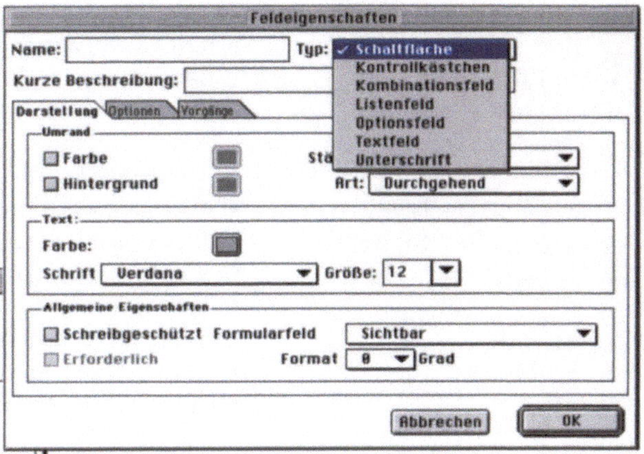

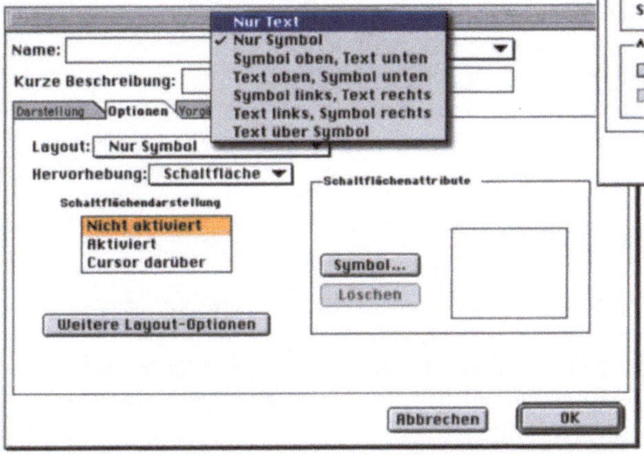

Einstellen und Bearbeiten

Treffen Sie Ihre Einstellungen in den Registerkarten. Zur Bearbeitung bereits vorhandener Felder machen Sie mit dem Formularwerkzeug einen Doppelklick auf das Formularfeld.

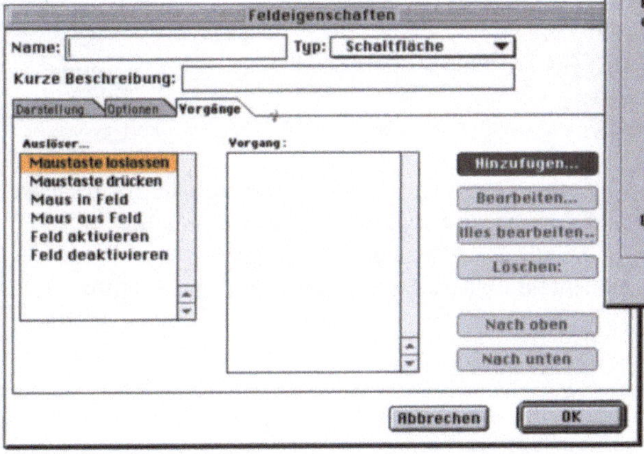

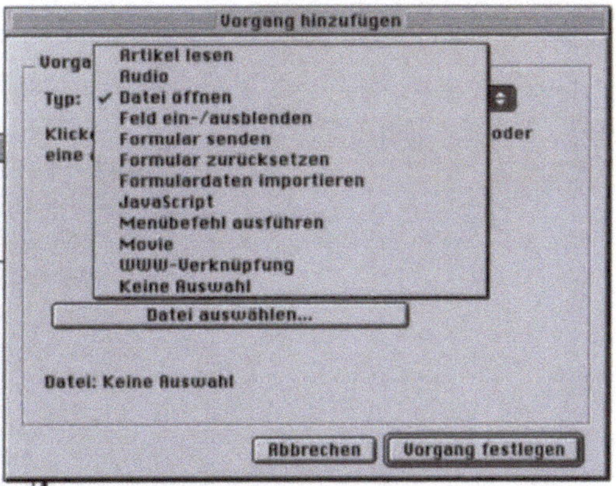

Löschen

Wählen Sie das Feld mit dem Formularwerkzeug aus und drücken Sie die Rück-Taste oder die Entf.-Taste.

Lernziele

- Sie erstellen auf der Basis einer im Layoutprogramm erstellten Formularvorlage ein PDF-Formular.
- Sie kennen und nutzen die verschiedenen Möglichkeiten der Feldtypen und Validierung.

Aufgabe

Erstellen Sie ein Formular mit folgenden Inhalten:

- Auswahl der Anrede über Optionsfelder
- Vorname und Nachname
- Adresse mit Telefonnummer
- Datum
- Mitteilungsfeld
- Button „Zurücksetzen"
- Button „Drucken"
- Button „mailto"

Übungsdateien auf DVD
> TUTORIAL > A_PDF > A04

Formulare konzipieren

Fomulare, die funktionieren, haben neben der gestalterischen Qualität vor allem eine klare, verständliche Struktur.

Die Fragen geben Ihnen Anregung und Hilfestellung bei der Analyse und Formularkonzeption.

- Welchem Zweck dient das Formular?
- Wer nutzt das Formular?
- Gibt es gedruckte oder digitale Vorbilder?
- Welche Informationen müssen gegeben werden?
- Welche Informationen müssen erfasst werden?
- Brauchen Formularfelder eine Plausibilitätsprüfung?
- Müssen Teile automatisiert werden?
- Wie wird das Formular versendet?

Formularfeldtypen

Die Erfassung der Daten in den passenden Feldtypen erhöht die Benutzerfreundlichkeit.

Nachdem Sie mit dem Formularwerkzeug einen Rahmen gezogen haben, erscheinen automatisch die Registerkarten. Die Optionen ändern sich kontextabhängig je nach gewähltem Feldtyp.

- **Schaltfläche**: Button zur Auslösung bestimmter Vorgänge, Gestaltung mit Text und/oder Grafik
- **Kontrollkästchen**: Gruppenauswahl mit Markierungskästchen
- **Kombinationsfeld**: Pulldown-Menü zur Auswahl einer Option

- **Listenfeld**: Liste mit der Möglichkeit, mehrere Einträge auszuwählen
- **Optionsfeld**: Auswahl einer Option mit Markierungsbutton
- **Textfeld**: zur Eingabe alphanumerischer Zeichen
- **Unterschriftenfeld**: Feld zur Erstellung digitaler Unterschriften

Feldnamen vergeben

Jedes Feld braucht seinen Namen. Er wird im Dialogfeld *Feldeigenschaften* vergeben. Der Feldname ist unabhänig vom Feldinhalt und wird nur in der Formulararbeitsumgebung angezeigt. Für die Namensgebung gelten die gleichen Konnventionen wie für die Benennung von Dateien: Wählen Sie sinnvolle sprechende Namen, z.B. „nachname" für das Feld zur Eingabe der Nachnamens.

Optionsfelder, die sich gegenseitig ausschließen, müssen alle den gleichen Namen haben.

Feldreihenfolge festlegen

In digitalen Formularen ist es allgemein üblich, dass mit der Tab-Taste die einzelnen Felder in der logischen Reihenfolge der Eingabe ausgewählt werden. Die Reihenfolge der Erstellung bestimmt die *Tab-Reihenfolge*. Das Verschieben von Felder im Layout oder das Kopieren und Einsetzen machen es notwendig, die Feldreihenfolge nachträglich zu verändern.

So legen Sie die Reihenfolge fest:

- Wählen Sie das Formularwerkzeug aus.
- Gehen Sie unter Menü *Werkzeuge > Formulare > Felder > Tab-Reihenfolge*.
- Die Formularfelder zeigen die derzeitige Tab-Reihenfolge an. Klicken Sie jetzt die Felder in der von Ihnen gewünschten Reihenfolge an.

Feldinhalte prüfen

Die Validierung ermöglicht es, zu überprüfen, ob die Die Validierung ermöglicht es, zu überprüfen, ob die Eingabe korrekt erfolgte. So können Sie z.B. bei der Felderstellung die Zeichenanzahl oder den Datentyp festlegen.

Bei falscher Eingabe erscheint automatisch ein Warnhinweis.

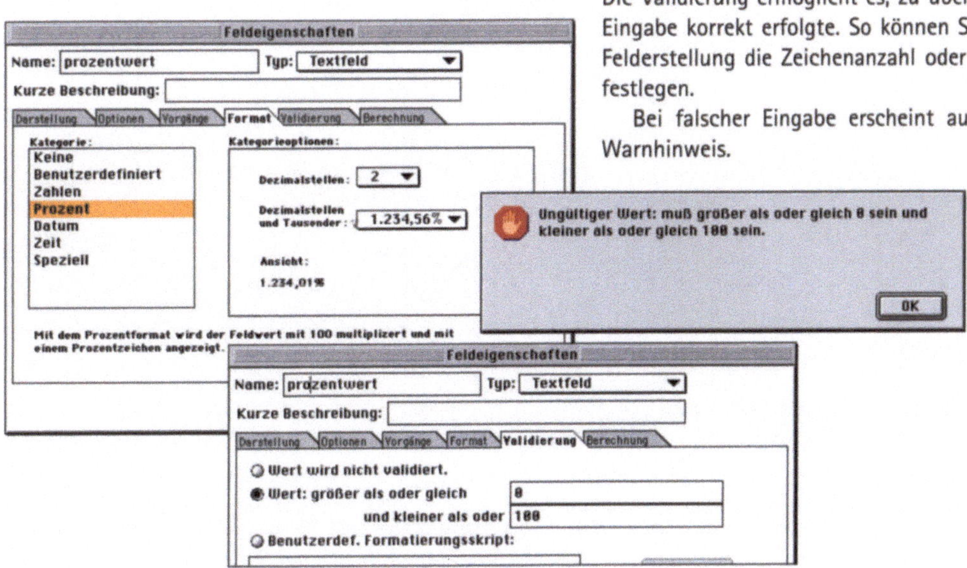

Adobe® Premiere® 6.5

Projekte
Nonprint
   N 07 @ S. 190

Lernziel
• Sie lernen Adobe Premiere ken-
  nen und orientieren sich in der
  Programmoberfläche.

Aufgaben
• Erstellen Sie ein neues Premiere-
  Projekt.
• Betrachten und testen Sie die Ar-
  beitsoberfläche des Programms
  Adobe Premiere.
• Orientieren Sie sich im Pro-
  gramm.

Übungsdateien auf DVD
> TUTORIAL > V_VIDEO > VBa

Grundeinstellungen

Nach dem ersten Start des Programms Adobe Premiere werden Sie gefragt, in welchem Arbeitsbereich Sie normalerweise arbeiten wollen. Sie erhalten zwei Modi zur Auswahl: „A/B-Bearbeitung" und „Einzelspurbearbeitung". Je nachdem, welche Art der Bearbeitung Sie wählen, wird Ihr Programm in Zukunft mit dieser Einstellung starten.

Da Sie am Anfang hauptsächlich Clips aus dem Projektfenster in das Schnittfenster ziehen werden, wählen Sie den Arbeitsbereich „A/B-Bearbeitung" aus. Sollten Sie später in den Bereich „Einzelspurbearbeitung" wechseln, ist dies jederzeit möglich.

Neues Projekt anlegen

• Starten Sie Adobe Premiere.
• Wählen Sie *Datei (Windows)* bzw. *Ablage (Mac OS) > Neues Projekt*.
• Es wird das Dialogfeld *Projekteinstellungen laden* angezeigt. Suchen Sie eine der vorhandenen Projekteinstellungen aus, wählen Sie den für Ihr vorgesehenes Projekt passenden Eintrag aus der Liste der verfügbaren Vorgaben aus und klicken dann auf OK.

In den Projekteinstellungen werden fünf Parameter festgelegt, die für jeden Clip von Bedeutung sind:

Kompressor: Gibt den Codec (Kompressor/Dekompressor) an, der in Premiere beim Erstellen einer Vorschau des Schnittfensters angewendet werden soll. Der Codec für die Ausgabe des geschnittenen Clips wird im Ausgabedialog festgelegt.

Framegröße: Gibt die Breite×Höhe in Pixel für die Einzelbilder bzw. Frames an, wenn Sie ein Video aus dem Schnittfenster abspielen. Wenn möglich, sollte die Framegröße des Projekts mit der Framegröße des verwendeten Videoclips übereinstimmen. Das Seitenverhältnis wird an das Ausgangsmaterial angepasst. Dies ist entweder 4:3 wie beim analogen Videobild oder 16:9 wie beim digitalen Videobild. Seitenverhältnisse können nicht „gemischt" werden.

Framerate: Gibt die Anzahl der Frames (Bilder) pro Sekunde für die Wiedergabe aus dem Schnittfenster an. Sie sollten hier einen Wert eingeben, der mit der Framerate des endgültigen Videos übereinstimmt. Zur schnelleren Vorschauverarbeitung können Sie einen niedrigeren Wert eingeben. Beim Heruntersetzen der Framerate müssen Sie darauf achten, dass die niedrigere Framerate glatt durch die ursprüngliche teilbar ist. Beispiel: Die ursprüngliche Framerate beträgt 29,97 fps. Teilen Sie durch 2. Dies ergibt dann 14,985 fps.

Projekteinstellungen laden
Verfügbare Vorgaben
DV - NTSC
DV - NTSC Echtzeitvorschau
DV - PAL
DV - PAL Echtzeitvorschau
Multimedia
NTSC 640x480
NTSC 720x480
PAL
Beschreibung
OK
Abbrechen
Benutzerdefiniert...
Löschen
Öffnen...
Hilfe...
Wenn Sie nicht sicher sind, welche Vorgaben Sie auswählen sollen, wählen Sie die Vorgabe aus, die am ehesten Ihrem Aufnahmegerät entspricht.

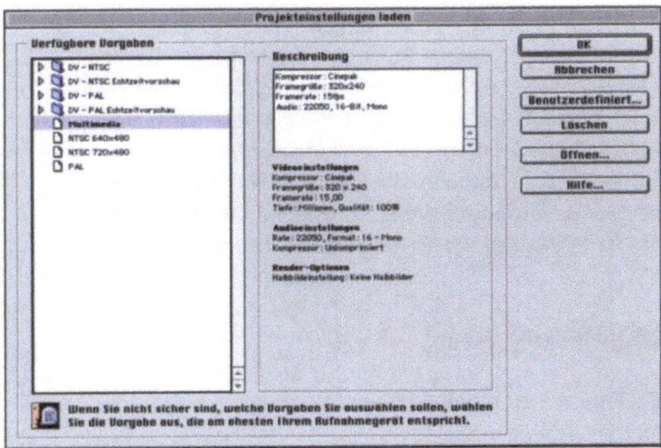

Die Abbildung links zeigt das Dialogfeld Projekteinstellungen laden. *Verwenden Sie für die Übungen diese vorgegebenen Einstellungen für Multimedia. Über den Button Benutzerdefiniert lassen sich eigene Einstellungen vornehmen und speichern. Diese Vorgabedateien werden auf der Festplatte unter „Premiere" im Ordner „Einstellungen" gespeichert, damit Sie nach Belieben im Öffnen-Dialog aufgerufen werden können.*

Die Abbildung unten zeigt die Bildschirmdarstellung nach dem Bestätigen der Projekteinstellungen laden *mit OK.*

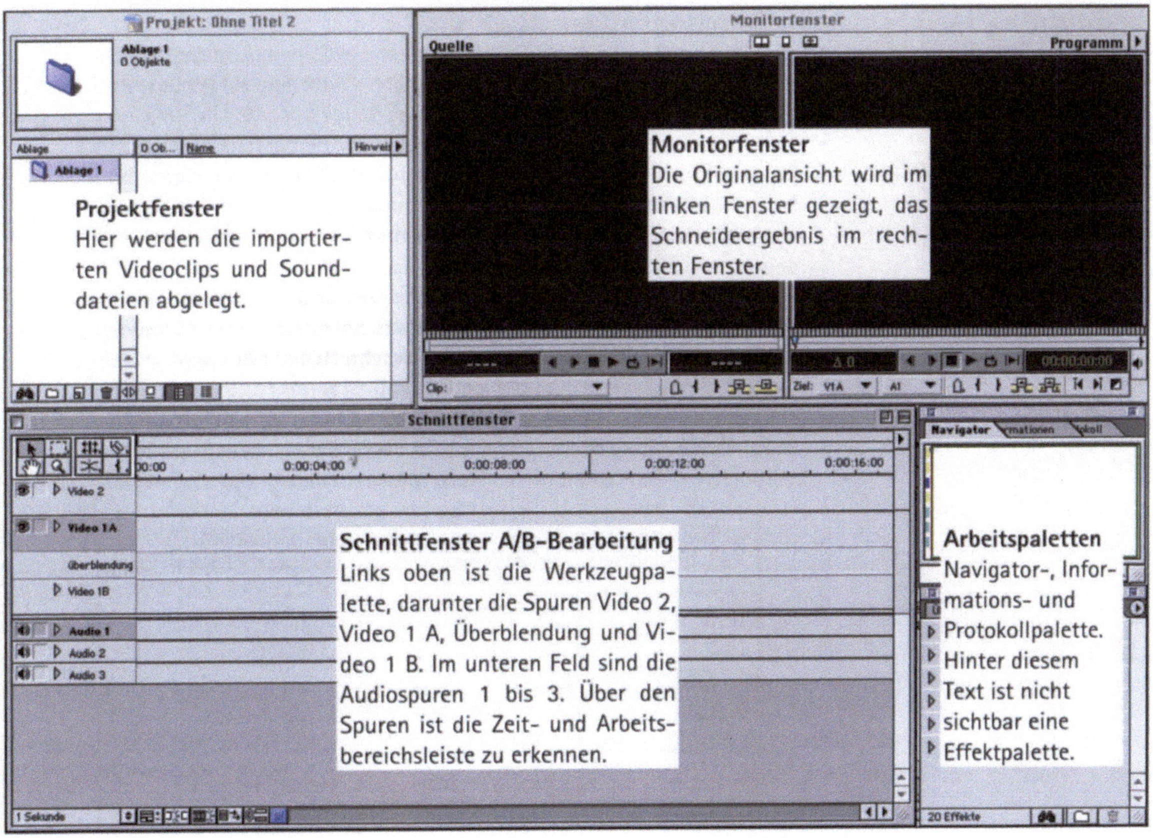

Projekt: Ohne Titel 2
Ablage 1
0 Objekte
Projektfenster
Hier werden die importierten Videoclips und Sounddateien abgelegt.
Monitorfenster
Quelle
Programm
Monitorfenster
Die Originalansicht wird im linken Fenster gezeigt, das Schneideergebnis im rechten Fenster.
Schnittfenster
Video 2
Video 1A
Überblendung
Video 1B
Audio 1
Audio 2
Audio 3
Schnittfenster A/B-Bearbeitung
Links oben ist die Werkzeugpalette, darunter die Spuren Video 2, Video 1 A, Überblendung und Video 1 B. Im unteren Feld sind die Audiospuren 1 bis 3. Über den Spuren ist die Zeit- und Arbeitsbereichsleiste zu erkennen.
Navigator
Arbeitspaletten
Navigator-, Informations- und Protokollpalette. Hinter diesem Text ist nicht sichtbar eine Effektpalette.
1 Sekunde
20 Effekte

Audioeinstellungen: Hier verwenden Sie die Vorgaben Ihrer Ausgangsmaterialien. Welche Audioeinstellungen welche Qualitäten ergeben, lesen Sie bitte im *Kapitel Soundbearbeitung Seite 379* nach. Welche Vorgaben für den Export einzustellen sind, ist abhängig von den erwarteten Qualitätsvorstellungen und den Wiedergabemöglichkeiten und wird bei den Aufgaben vorgegeben.

Renderoptionen: Diese Optionen steuern die Frame-Eigenschaften, wenn Sie eine Videovorschau im Schnittfenster erstellen (rendern) und daraus abspielen. Verwenden Sie für Ihre ersten Arbeiten die Standardvorgaben.

Einstellungskontrolle

- Wählen Sie *Menü > Projekt > Einstellungsübersicht*.
- Vergleichen Sie Ihre Einstellungen und stellen Sie sicher, dass sie in den verschiedenen Kategorien übereinstimmen. Nicht übereinstimmende Einstellungen werden rot dargestellt.
- Um die Einstellungen der im Projekt verwendeten Clips anzuzeigen, wählen Sie einen Clip aus der Clipüberschrift, welche gleichzeitig ein Popup-Menü darstellt.
- Muss eine Einstellung geändert werden, klicken Sie auf deren Überschrift (z.B. auf Projekteinstellungen) und suchen Sie in dem nun gezeigten Dialogfeld nach der entsprechenden Einstellung (hierzu müssen Sie gegebenenfalls in einem Dialogfeld zu verschiedenen Fenstern navigieren). Ändern Sie die Einstellung und bestätigen Sie mit OK.
- Bestätigen Sie mit OK, wenn der Vergleich der Einstellungen abgeschlossen ist. Beachten Sie die folgende Erkenntnis aus der untenstehenden Abbildung: **Eine optimale Leistung erzielen Sie mit identischen Einstellungen für Aufnahme, Projekt und Clip. Dies sollte bei Ihren Projekteinstellungen die Richtschnur sein!**
- Beachten Sie den folgenden Hinweis: Die Projekteinstellungen sind jederzeit änderbar. Sie sollten diese aber **nicht** mehr ändern, wenn Sie bereits

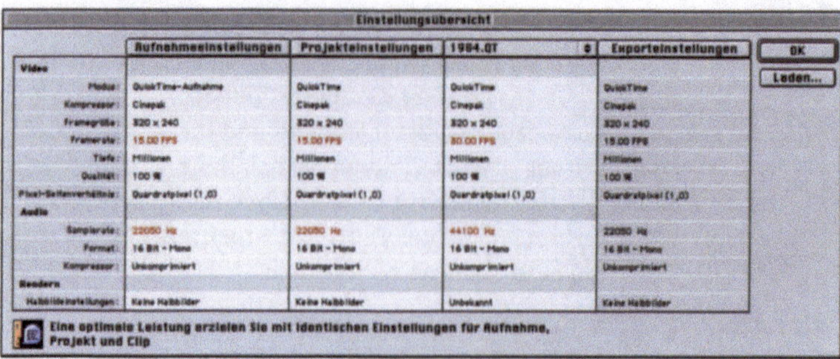

Einstellungsübersicht	Aufnahmeeinstellungen	Projekteinstellungen	1984.QT	Exporteinstellungen
Video				
Modus:	QuickTime-Aufnahme	QuickTime	QuickTime	QuickTime
Kompressor:	Cinepak	Cinepak	Cinepak	Cinepak
Framegröße:	320 x 240	320 x 240	320 x 240	320 x 240
Framerate:	15.00 FPS	15.00 FPS	30.00 FPS	15.00 FPS
Tiefe:	Millionen	Millionen	Millionen	Millionen
Qualität:	100 %	100 %	100 %	100 %
Pixel-Seitenverhältnis:	Quadratpixel (1,0)	Quadratpixel (1,0)	Quadratpixel (1,0)	Quadratpixel (1,0)
Audio				
Samplerate:	22050 Hz	22050 Hz	44100 Hz	22050 Hz
Format:	16 Bit - Mono	16 Bit - Mono	16 Bit - Mono	16 Bit - Mono
Kompressor:	Unkomprimiert	Unkomprimiert	Unkomprimiert	Unkomprimiert
Rendern				
Halbbildeinstellungen:	Keine Halbbilder	Keine Halbbilder	Unbekannt	Keine Halbbilder

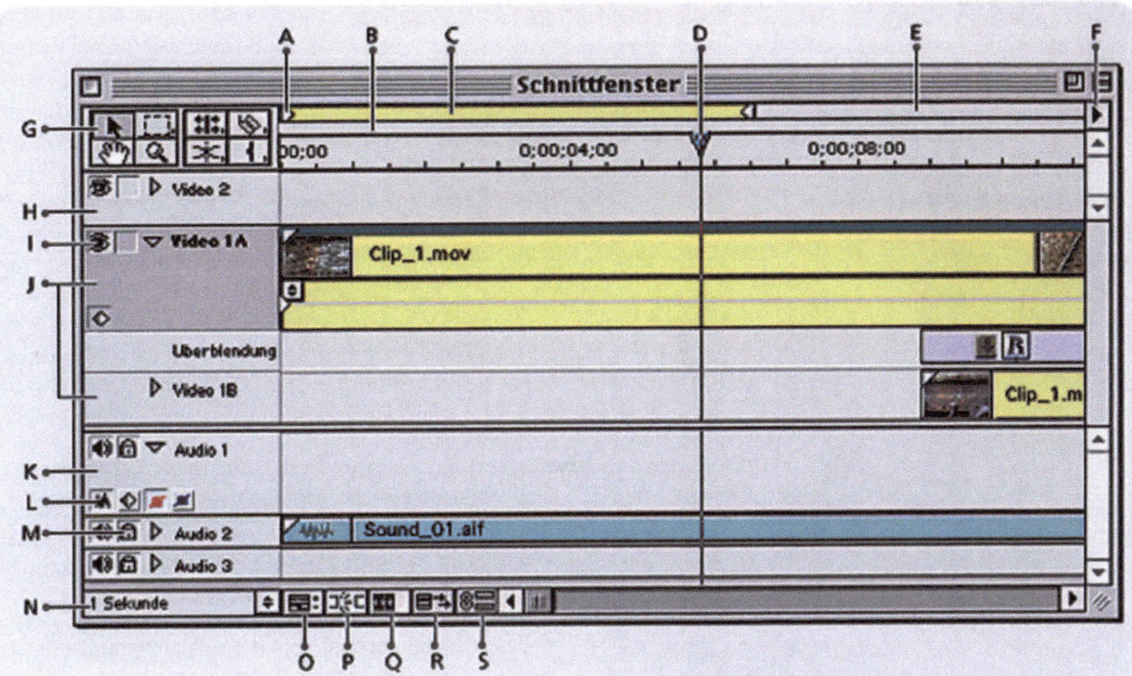

Bearbeitungen im Schnittfenster durchgeführt haben. Eine Änderung der Projekteinstellungen hätte
Änderungen an den im Schnittfenster befindlichen
Dateien zur Folge. Daraus entstehen hohe Rechenzei-
ten für eventuelle Konvertierungen und deutliche Qua-
litätseinbußen durch Umrechnungen.

• Kontrollieren Sie Ihre Einstellungen daher immer vor
Ihrem Schnittbeginn.

Weitere Werkzeuge siehe Seite 327.

**Das Schnittfenster und seine
Arbeitskomponenten**

A. Arbeitsbereichsmarken
B. Vorschaubereich
C. Arbeitsbereichsleiste
D. Schnittpositionsmarke
E. Arbeitsbereichslinie
F. Schnittfenster-Menü
G. Auswahlwerkzeug in Werkzeugpalette
H. Spur überlagern
I. Symbol für Spurausgabe aktivieren/deaktivieren
J. Videospur 1
K. Audiospur
L. Schaltflächen Spur-Header
M. Schlosssymbol
N. Popup-Fenster für Zeit-Zoomfaktor
O. Schaltfläche für Spuroptionen-Dialogfeld
P. Schaltfläche „An Kanten ausrichten aktivieren/
deaktivieren"
Q. Schaltfläche „Clipgrenze anzeigen aktivieren/
deaktivieren"
R. Schaltfläche „Optionen zum Bewegen von
Clips auf Spuren aktivieren/deaktivieren"
S. Schaltfläche „Synchronisierungsmodus akti-
vieren/deaktivieren"

Lernziel

- Sie lernen die Bedeutung eines Codecs kennen und sind in der Lage, für Ihre ersten Projekte den geeigneten Codec zu verwenden.

Codec

Unter einem Codec verstehen wir in der digitalen Videotechnik die Verschlüsselung eines Videobildes oder eines Tones. Der Begriff Codec ist ein Kunstwort – es setzt sich zusammen aus den Wörtern **codieren** und **decodieren**. Dies beschreibt anschaulich die Aufgabe eines Codecs.

Wird ein Videoclip exportiert, müssen Sie einen Codec festlegen, um die Informationen für die Speicherung (z.B. auf einer CD-ROM oder DVD) festzulegen. Der Clip wird mit Hilfe des Codecs komprimiert und beim erneuten Abspielen wieder dekomprimiert. Durch die Komprimierung bzw. Dekomprimierung von Videoclips wird eine fließende Wiedergabe durch PCs erreicht.

Codecs sind in großer Auswahl verfügbar, weil kein Codec die Ideallösungen für alle Anforderungen darstellt. So eignen sich Codecs, mit denen sich bei Zeichentrickfilmen sehr gute Komprimierungsergebnisse erzielen lassen, oft nur bedingt für realitätsnahe Videoaufnahmen.

Für die Verwendung eines Codecs gilt: Der von Ihnen ausgewählte Codec muss allen denkbaren PC- oder Mac-Nutzern zur Verfügung stehen. Sollten Sie beispielsweise einen Codec verwenden, der nur für eine bestimmte Digitalisierungskarte erhältlich ist, müssten die späteren Nutzer die gleiche Aufnahmekarte installiert haben – dies ist in der Praxis nicht möglich!

Die Wahl von Komprimierungseinstellungen ist immer ein Kompromiss, der sich nach dem verfügbaren Videomaterial, dem gewünschten Ausgabeformat und der Anwendung richtet. Oftmals finden Sie die günstigsten Komprimierungseinstellungen durch mehrmaliges Testen.

Um Codecs für die Nutzung für Multimedia-CDs richtig einzusetzen, müssen die verwendeten Codecs z.B. auf Macintosh und PC verfügbar sein. Dies sind in der Regel folgende Codecs: Cinepak, Motion JPEG A und B, MPEG-4, Video und Sorenson Video.

Wichtig ist bei der Auswahl der Codecs vor dem Beginn eines größeren Projektes: Testen Sie die gewählten Codecs auf mehreren Systemen, um für eine spätere Multimedia-Produktion z.B. für CD-ROM oder DVD die Lauffähigkeit Ihrer Videoclips sicherzustellen.

BMP
Cinepak
DV – PAL
DV/DVCPRO – NTSC
DVCPRO – PAL
Foto – JPEG
H.263
Motion JPEG A
Motion JPEG B
MPEG-4 Video
Keine
PNG
Animation
Component Video
Grafiken
Video
H.261
JPEG 2000
Planar RGB
Sorenson Video 3
Sorenson Video
TGA
TIFF

Werkzeugpalette des Schnittfensters

Hinter jedem Werkzeugsymbol, das an der rechten unteren Ecke einen kleinen Pfeil aufweist, verbergen sich weitere Werkzeuge.
Die Buchstaben hinter den Werkzeugen geben die Wechseltaste an.

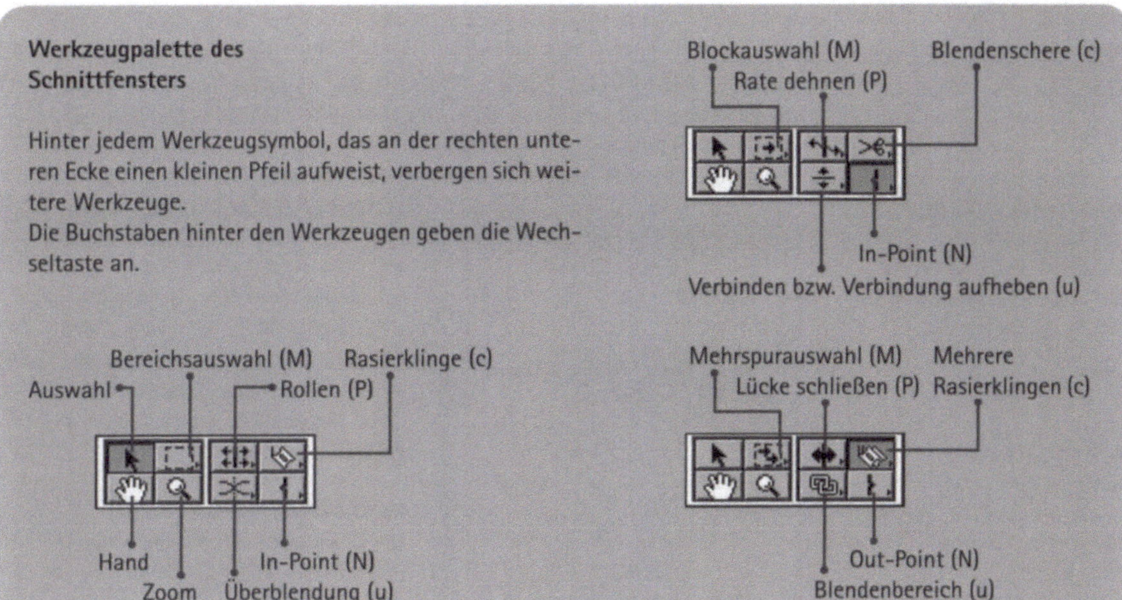

Einstellungen, Codecs und Formate für Videoclips für die wichtigsten PC-Multimedia-Anwendungen

Ausgabemedium	Videoquelle	Eingabe auf PC Format in Pixel Karten-Codec	Auflösung und Format in Pixel	Codec	Anwendung
CD-ROM	VHS und besser DV	320×240 Karten-Codec	320×240 und größer	MPEG-4 Cinepak Sorenson Video MOV	CD-ROM-Videoclip
DVD	DV/S-VHS und besser	320×240 Karten-Codec	320×240 und größer	MPEG-4 MOV	DVD-Video
Web	VHS und besser DV	320×240 Karten-Codec	320×240	MPEG-4 MOV QuickTime	Web-Download
Web	VHS und besser DV	320×240 Karten-Codec	320×240	RM,ASF, WMF MOV	Web-Streaming

Projekte
Nonprint
N 07 @ S. 190

Lernziele
- Import eines Videoclips oder von Standbildern mit Hilfe des Storyboards kennen lernen.
- Dabei müssen Points verwendet und die automatische Übertragung in das Schnittfenster genutzt werden.

Aufgaben
- Anlegen eines Projektes
- Aufruf des Storyboards
- Übertragung von Clips in das Schnittfenster

Übungsdateien auf DVD
> TUTORIAL > V_VIDEO > V01

Import in das Projektfenster

Um die zu bearbeitenden Daten ins Projektfenster zu bekommen, rufen Sie im Menü *Ablage > Importieren > Datei/Ordner/Projekt* auf und importieren die gewünschten Daten in das Projektfenster. Die gewählten Dateien werden dann in das Projektfenster aufgenommen und stehen zur weiteren Verarbeitung zur

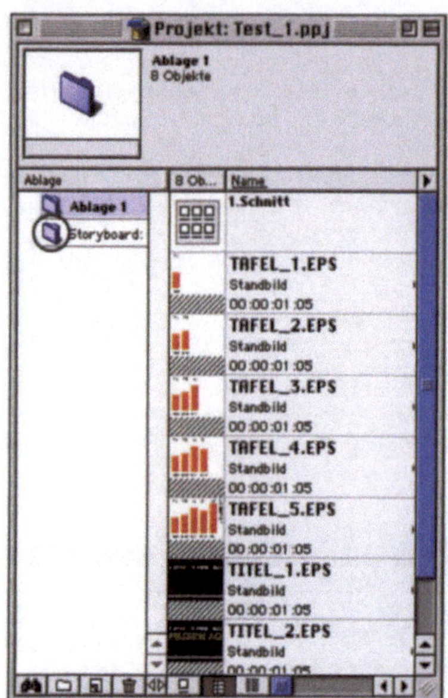

Verfügung. Die importierten Dateien können durch einen Doppelklick im Clipviewer betrachtet werden. Wenn Ihre Oberfläche im Doppelmonitorbetrieb läuft, wird der gewählte Clip im linken Fenster angezeigt, Standbilder und Sounddateien werden in einem eigenen Fenster dargestellt.

In-/Out-Point setzen

Die Clips im Projektfenster können durch Doppelklick im Viewer betrachtet und für den Schnitt vorbereitet werden. Setzen Sie dazu beim geplanten Abspielbeginn einen In-Point (Klammer links) und am Ende einen Out-Point. Das richtige Setzen dieser Punkte kann mit der Taste *Von In bis Out abspielen* betrachtet werden. Korrekturen der gesetzten Punkte sind mit der Maus durch Verschieben der Points jederzeit nachträglich möglich. Kontrollieren Sie die Points exakt auf Clipeinstieg und -ausstieg.

Diese Vorarbeit ist hilfreich. Mit den festgelegten In- und Out-Punkten ist es möglich, ein Storyboard im entsprechenden Fenster vorzudefinieren und den späteren Erst- oder Rohschnitt per Knopfdruck durchzuführen.

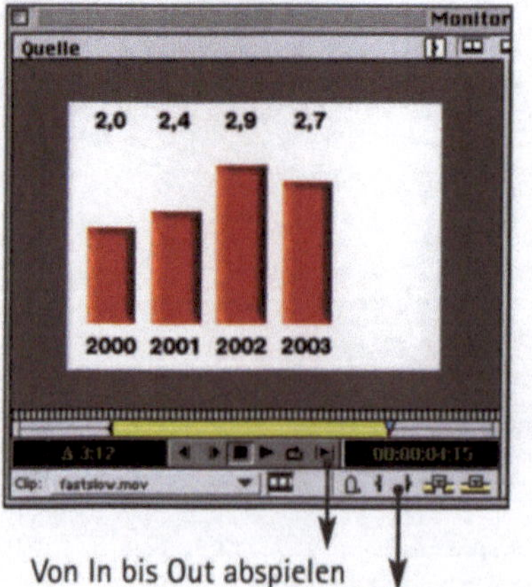

Von In bis Out abspielen
In/Out-Point setzen

Storyboard

Rufen Sie ein leeres Storyboard im Menü *Ablage > Neu > Storyboard* auf – es erscheint ein leeres Fenster. Sichern Sie dieses Fenster sofort mit einem sinnvollen Namen. Das Storyboard erscheint nun im Projektfenster als Ordnersymbol.

Nun werden die für den Schnitt benötigten Clips in das Storyboardfenster gezogen. Alle Clips werden fortlaufend nummeriert und können in ihrer Reihenfolge jederzeit durch Verschieben geändert werden. Hinter jedem Bild ist ein Pfeil zu erkennen. Dieser Pfeil gibt die Abspielrichtung und die Reihenfolge der Clips an.

Sind die Clips in der richtigen Reihenfolge, wird durch das Betätigen des Buttons *Automatisch zum Clipfenster* der gesamte Inhalt des Storyboards in das Schnittfenster übertragen. Dabei werden die Clips im A/B-Modus mit Standardüberblendungen in das Schnittfenster exportiert. Lassen Sie für die ersten Versuche die angezeigten Grundeinstellungen des Programms bei diesem Import einfach stehen. Korrekturen sind später immer noch möglich. Spielen Sie Ihr Projekt jetzt als Vorschau ab, indem Sie die *Return-Taste* betätigen.

Der Button *Auf Video ausgeben* wird noch nicht benötigt und kann derzeit vernachlässigt werden.

An diesem ersten Rohschnitt eines Projektes können von Ihnen jetzt noch Korrekturen und Feinarbeiten vorgenommen werden. Sie können Blendeneffekte verändern oder Sound hinzufügen. Es ist möglich, jeden Clip im Schnittfenster durch einen Doppelklick zu öffnen und zu betrachten. Bei Bedarf kann ein Clip getrimmt werden.

Für längere Filmsequenzen können mehrere Storyboards unter verschiedenen Dateinamen Anwendung finden. Die Inhalte der verschiedenen Storyboards werden dann in der richtigen Reihenfolge hintereinander in das Schnittfenster übertragen und nachgearbeitet.

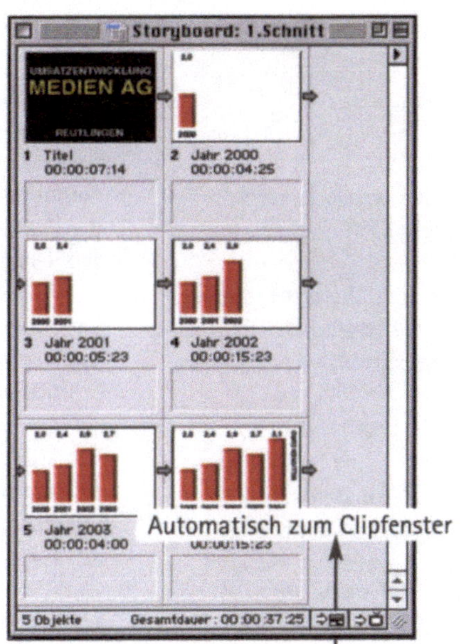

Automatisch zum Clipfenster

Clipverteilung nach dem Export zum Schnittfenster

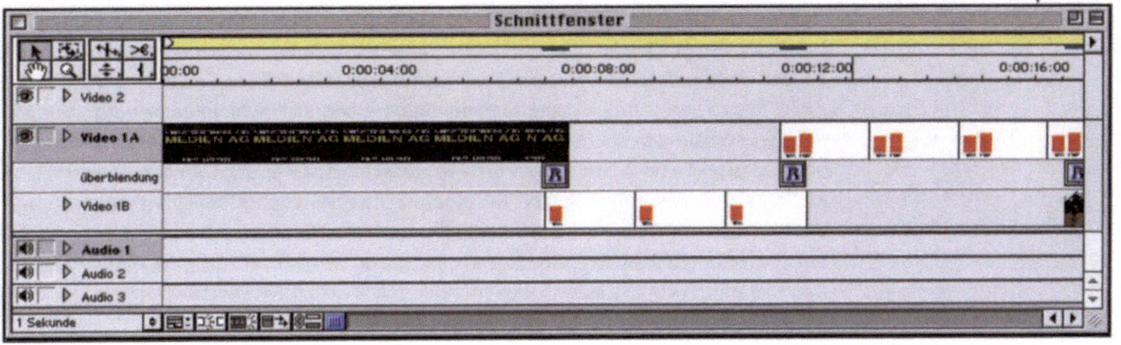

Storyboard

Um die einzelnen Aufnahmen für ein Filmprojekt festzulegen und zu organisieren, können Sie ein Storyboard erstellen. Bei einem Storyboard handelt es sich um eine Sammlung von Skizzen, Beschreibungen oder einer Kombination daraus in einer bestimmten Reihenfolge. Sie kennen dies vielleicht bereits aus der Planung für einen Film. Auch hier werden Storyboards oftmals von Hand skizziert und beschrieben.

Ähnlich funktioniert das Storyboard von Premiere. Sie können Bilder, Clips und Sounds in einem Fenster organisieren, Kommentare und Anweisungen dazugeben, die Schnittreihenfolge festlegen und diese Clips anschließend in das Schnittfenster einfügen, um einen Rohschnitt zu erstellen (Abbildung ❶).

Das Storyboardfenster stellt Clips durch Symbole dar. Eine vergleichbare Darstellung findet sich im Projektfenster, wenn die Symbolansicht ausgewählt ist (Abbildung ❷). Jedes Symbol hat denselben Titel-Frame (so genanntes Plakat), das auch im Projektfenster verwendet wird.

Weitere Informationen finden Sie unter ○ *Anpassen einer Projekt- oder Ablagefensteranzeige*. Sie können aus vier verschiedenen Symbolgrößen auswählen. Jedem Symbol ist eine Zahl zugewiesen, die dessen Platz in der Schnittreihenfolge anzeigt. (Diese Zahl erscheint nur in den beiden größten Symbolen. Abhängig von der von Ihnen ausgewählten Symbolgröße werden weitere Informationen in den Symbolen angegeben. Die Dauer des Clips wird nur in den drei größten Symbolen angezeigt; in das Projektfenster eingegebene Kommentare erscheinen nur in den beiden größten Symbolen.) Im Storyboardfenster befinden sich Pfeile zwischen den Symbolen, um die Reihenfolge anzuzeigen. Darüber hinaus ist das letzte Symbol mit einer Endmarke versehen.

Anmerkungen und Kommentare

Im Projektfenster können die einzelnen Clip- und Sounddateien mit Anmerkungen und Kommentaren versehen werden. Diese Informationen sind bei der Projektorganisation und -vorbreitung des Schnitts hilfreich. Alle Vorgaben und Schnittanweisungen sollten von der AV vorbereitet werden. Die Projektdaten und das Storyboard können dann für den Rohschnitt sowie das Trimmen und Fertigmachen von einem Server auf einen leistungsfähigen Arbeitsplatz kopiert werden. Um hier zu einem eindeutigen Datenhandling zu gelangen, sollten Projektdateien immer das Suffix .ppj, Storyboarddateien .psq erhalten. Dann ist eine Nutzung dieser Dateien auf verschiedenen Rechnerplattformen möglich, wenn die 8.3-Namenskonvention nach ISO 9660 beachtet wird.

Titel-Frame (Plakat)

Kennzahl der Schnittreihenfolge

Dateiname

Clipdauer

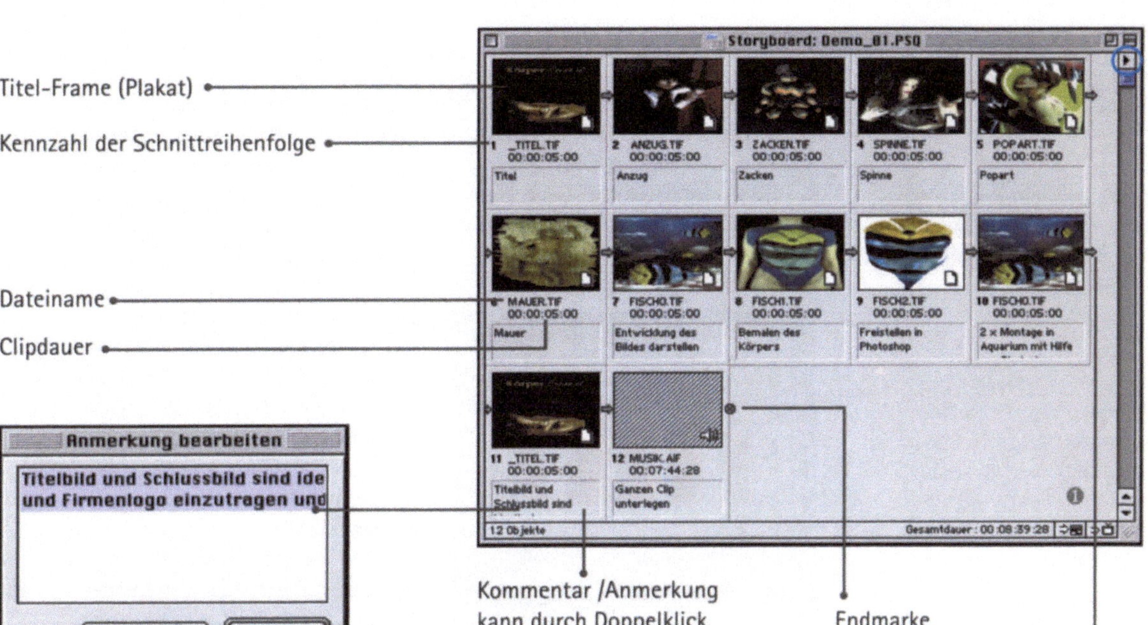

Anmerkung bearbeiten

**Titelbild und Schlussbild sind ide
und Firmenlogo einzutragen und**

Abbrechen   OK

Kommentar /Anmerkung
kann durch Doppelklick
geöffnet und bearbeitet
werden.

Endmarke

Pfeile zur Anzeige der Schnittreihenfolge

Aktuell gewählter Clip mit
technischen Informationen

Angelegte Ordner mit Bild-,
Sound- und Storyboard-
datei. Der Storyboardord-
ner wird automatisch
erzeugt, sobald das Storyboard gesichert wird.

Clip mit technischen Informationen, Hinweisen und
Anmerkungen. In diese Felder kann direkt geschrie-
ben werden.

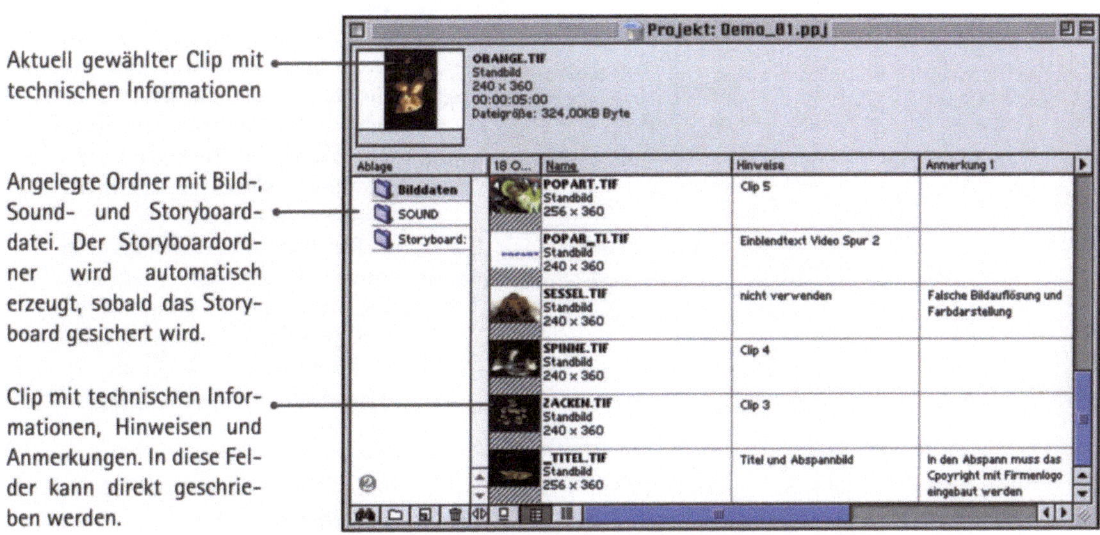

Lernziel
- Sie erkennen, dass die Trimmen-funktion zur exakten Nachbearbeitung des Rohschnitts als Hilfsmittel eingesetzt werden kann.

Aufgabe
- Verwenden Sie diese Funktion bei allen Aufgaben des Tutorials und bei allen Videoprojekten, um die Qualität Ihrer Resultate zu verbessern.

Nachdem z.B. durch das Einsetzen der Rohclips aus dem Storyboard in das Schnittfenster die einzelnen Sequenzen in der richtigen Reihenfolge angeordnet sind, kann mit der Feinarbeit begonnen werden. Diese Feinarbeit wird auch als Trimmen bezeichnet. Nach der Anwahl der zu bearbeitenden Spuren und des dazugehörigen Schnittpunktes erscheinen im Trimmen-Modus zwei Monitorfenster. Das linke Fenster zeigt den Ausstiegspunkt (Out-Point) der Szene im vorne gelagerten Clip und das rechte den Einstiegspunkt (In-Point) der folgenden Clipszene. Durch die Wahl eines oder beider Fenster wird bestimmt, ob die endende, die beginnende oder ob beide Szenen bearbeitet (getrimmt) werden müssen.

Beim Trimmen werden die Filmsequenzen durch das Verschieben der In- oder Out-Points verändert. Sie bemerken diese Veränderung dadurch, dass sich die Clips im Schnittfenster verschieben können. Durch das Trimmen kann sich die Länge eines Clips und damit die Länge des Gesamtfilmes um mehrere Frames verlängern oder verkürzen. Um die Synchronität des Schnitts zu gewährleisten, ist es sinnvoll, mit der Funktion *Löschen und Lücke schließen* im Schnittfenster-Menü zu arbeiten.

Die Trimmenfunktion muss geübt werden, da deren Effekte oft nicht mit der ersten Übung sichtbar funktionieren. Bei eventuellen Unklarheiten schauen Sie in der Premiere-Hilfe unter dem Stichwort „Trimmen" nach – hier werden noch einige nützliche Hinweise zu dieser hilfreichen und oft benötigten Funktion gegeben.

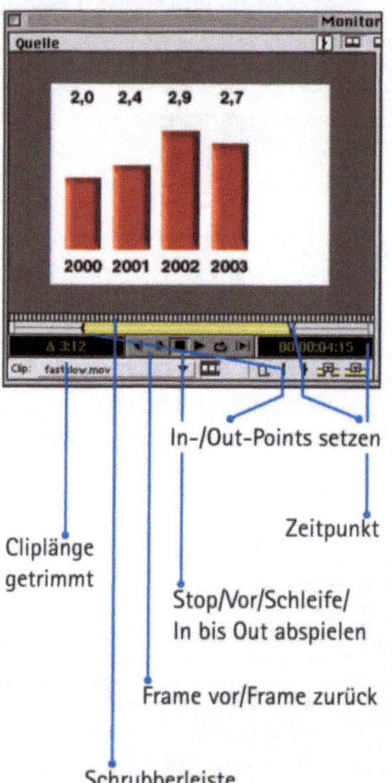

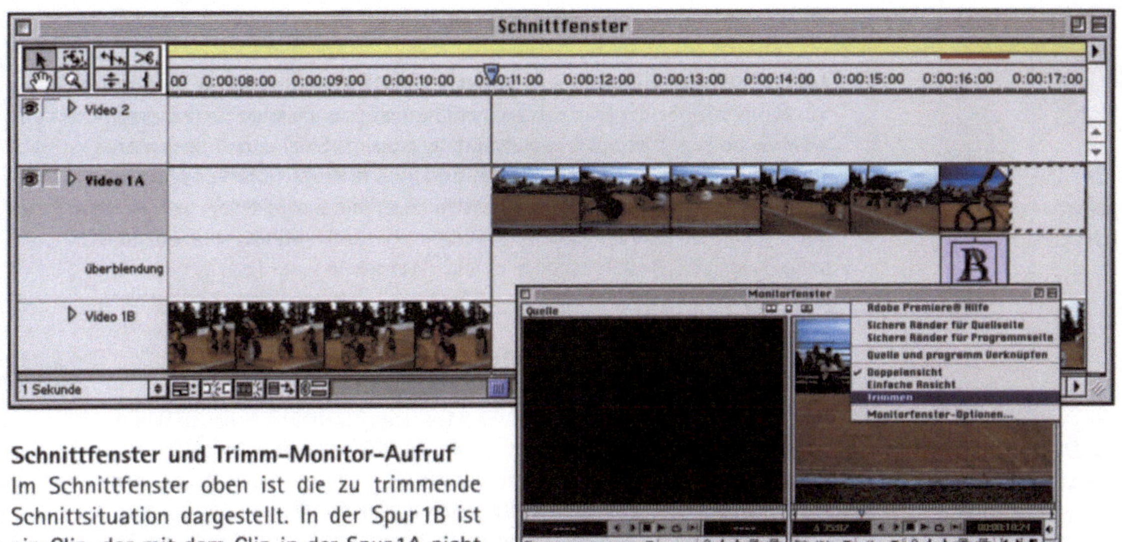

Schnittfenster und Trimm-Monitor-Aufruf

Im Schnittfenster oben ist die zu trimmende Schnittsituation dargestellt. In der Spur 1B ist ein Clip, der mit dem Clip in der Spur 1A nicht exakt für einen harten Schnitt übereinstimmt. Dies ist im rechten oberen Monitorfenster erkennbar. Das linke Fenster ist schwarz (= ohne Clipanschluss), im rechten Fenster ist der Clip aus der Spur 1A zu erkennen. Im Monitorfenster oben rechts wird das Menüfeld und dort der Befehl *Trimmen* aufgerufen.

Es erscheint nun ein verändertes Monitorfenster (Bild rechts unten) mit den Trimmfunktionen. Mit den Funktionen *1* bzw. *5 Frame nach links* und *1* bzw. *5 Frame nach rechts* können die beiden Clips so zueinander getrimmt werden, dass die Übergänge von einem Clip zum anderen exakt stimmen. Die gewünschte Clipposition ist im Bild dargestellt – beide Filme sind im Monitorfenster erkennbar. Hinweis: Beim Trimmvorgang bewegen sich die Filme im Schnittfenster!

Monitorfenster im Trimm-Modus
Die Werkzeuge links haben ihre Entsprechung auf der rechten Monitorseite

- Clip-Out-Zeitanzeige
- Clip-Out-Dauer
- Videoziel auswählen
- Audioziel auswählen
- Vorheriges Edit
- Fokus links einstellen
- Fokus beidseitig einstellen
- Nächstes Edit
- 1 Frame nach links
- 5 Frame nach links

Projekte
Nonprint
  N 07 @ S.190

Lernziel
- Sie wenden die Änderung des Seitenformates für einen Standbild-Videoclip an.

Aufgaben
- Sie erstellen einen Clip.
- Ändern Sie dabei das Seitenverhältnis in ein Hochformat.

Übungsdateien auf DVD
> TUTORIAL > V_VIDEO > V04

Änderung der Seitenverhältnisse

Mit Premiere ist es möglich, aus den Standardseitenverhältnissen von 4:3 bzw. 16:9 (Breite:Höhe der Framegröße) herauszugehen und eigene Seitenverhältnisse zu nutzen. Dies setzt voraus, dass geeignetes Bild- oder Videomaterial vorhanden ist, das ein anderes Seitenverhältnis in Breite:Höhe vorweist. Dies lässt sich gut bei Bildern vorstellen, die für eine Slideshow oder Animation für das Internet oder für die CD/DVD-Nutzung verwendet werden soll. Videoformate haben i.d.R. feststehende Seitenverhältnisse.

Änderung des Verhältnisses Breite:Höhe

Die Änderung des Seitenverhältnisses muss beim Starten eines neuen Projekts vorgenommen werden. Gehen Sie folgenden Pfad: *Ablage > Neues Projekt > Projekteinstellungen laden > Benutzerdefinierte Einstellungen*, es erscheint das Dialogfeld *Neue Projekteinstellungen > Videoeinstellungen*. Das Dialogfeld *Videoeinstellungen* ist in der Abbildung ❶ dargestellt. Ändern Sie hier die Framegröße auf die gewünschte Pixelgröße, z.B. 240×320 Pixel. Wichtig ist, dass Sie **vor** der Zahleneingabe die Checkbox *4:3 Seitenverhältnis* deaktivieren. Ist dies nicht der Fall, wird dieses Seitenverhältnis immer verwendet, wenn Sie die erste Zahl für die Breite eines Frames eingeben.

Neues Einstellungsformat speichern

Ist die Einstellung getätigt, können Sie dieses neue Format mit dem *Sichern*-Dialog abspeichern und es steht Ihnen dann bei den Projekteinstellungen als eigenes Format in der Auswahlliste bei jedem Projektstart zur Verfügung. Geben Sie als Formatnamen „Hochformat 240×320 Pixel" ein. Mit diesem Namen lässt sich Ihr neues Format eindeutig identifizieren.

Darstellungsprobleme

Ein Projekt, das im Hochformat bearbeitet wird, lässt dies in den verschiedenen Paletten bzw. Werkzeugen nicht erkennen. Wie in den Abbildungen ❸, ❹ und ❺ dargestellt ist, werden die hochformatigen Bilder bzw. Frames im Querformat gezeigt. **Erst** im Monitorfenster ❷ werden die Schneideergebnisse im eingestellten, also korrekten Bildformat sichtbar angewendet. Alle Bilder oder Clips in den Abbildungen der gegenüberliegenden Seite sind im Hochformat – dies kann **nur** im Monitorfenster ❷ dargestellt werden.

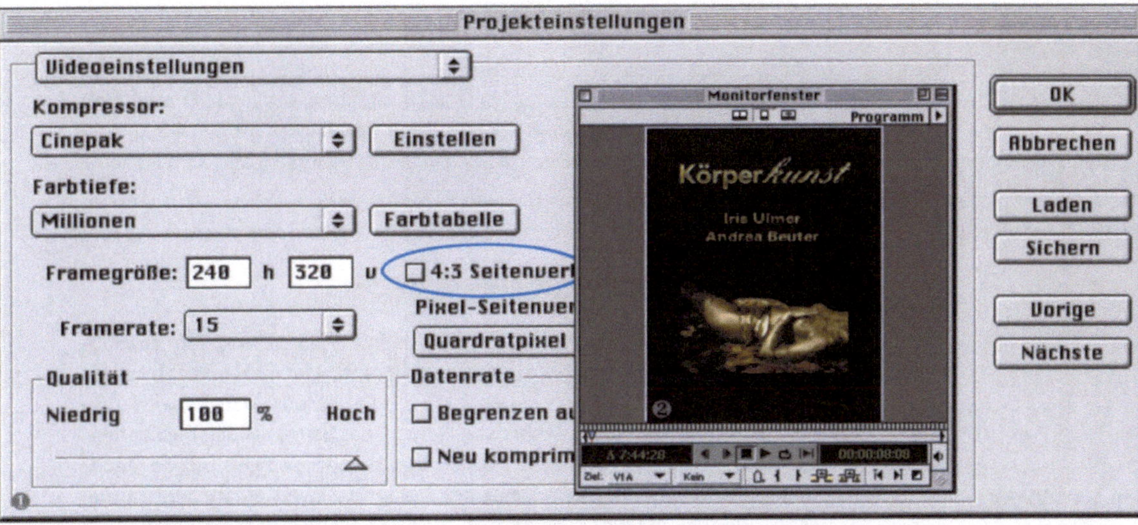
Projekteinstellungen
Videoeinstellungen
Kompressor:
Cinepak
Einstellen
Farbtiefe:
Millionen
Farbtabelle
Framegröße: 240 h 320 v 4:3 Seitenver
Pixel-Seitenver
Framerate: 15
Quardratpixel
Qualität
Niedrig 100 % Hoch
Datenrate
Begrenzen au
Neu komprim
Monitorfenster
Programm
Körperkunst
Iris Ulmer
Andrea Beuter
OK
Abbrechen
Laden
Sichern
Vorige
Nächste

Projekt: Demo_01.ppj
Storyboard: Demo_01.PSQ
11 Objekte
Ablage 11 O... Name
Bilddaten
SOUND
Storyboard
ANZUG.TIF
Standbild
240 × 360
FISCH0.TIF
Standbild
267 × 360
FISCH0.TIF
Standbild
267 × 360
FISCH1.TIF
Standbild
189 × 283
FISCH2.TIF
Standbild
Storyboard: Demo_01.PSQ
1 _TITEL.TIF   00:00:05:00   Titel
2 ANZUG.TIF   00:00:05:00   Anzug
3 ZACKEN.TIF   00:00:05:00   Zacken
4 SPINNE.TIF   00:00:05:00   Spinne
5 POPART.TIF   00:00:05:00   Popart
6 MAUER.TIF   00:00:05:00   Mauer
7 FISCH0.TIF   00:00:05:00   Entwicklung des Bildes darstellen
8 FISCH1.TIF   00:00:05:00   Bemalen des Körpers
9 FISCH2.TIF   00:00:05:00   Freistellen in Photoshop
10 FISCH0.TIF   00:00:05:00   2 x Montage in Aquarium mit Hilfe
11 _TITEL.TIF   00:00:05:00   Titelbild und Schlussbild sind
12 MUSIK.AIF   00:07:44:28   Ganzen Clip unterlegen
12 Objekte   Gesamtdauer: 00:08:39:28
Video 2
00:00   0:00:04:00
Video 1A
Überblendung
Video 1B
Audio 1   MUSIK.AIF   MUSIK.AIF
Audio 2
1 Sekunde

Projekte
Nonprint
  N 07 @ S. 190

Lernziel
- Sie verwenden die grundlegenden Arbeitstechniken zum
  Soundimport und zur Soundbearbeitung.

Aufgaben
- Importieren Sie die Übungs-
  sounds.
- Bearbeiten Sie diese nach den
  Vorgaben dieser Doppelseite.

Übungsdateien auf DVD
> TUTORIAL > V_VIDEO > V05

Um einen Überblick zur Soundbearbeitung zu erhalten, gehen Sie zu
folgenden Seiten:

  S 02 @ S. 386
  S 03 @ S. 388

Soundclip importieren

Mit der Befehlsabfolge *Ablage > Datei > Importieren > Datei* lassen sich
Soundclips in den Dateibestand des Projekts einfügen. Abbildung ❶ zeigt zwei
Sounddateien in unterschiedlichen Dateiformaten. Klicken Sie einen Sound im
Projektfenster an, dann werden die genauen Informationen zum Clip im Fens-
ter oben links angezeigt.

Soundclip darstellen und Points setzen

Je nach Einstellung Ihres Monitorfensters sind zwei Darstellungsformen möglich. Ist das Monitorfenster mit Doppelansicht aktiv, wird die Sounddatei durch
einen Doppelklick im Projektfenster durch das linke Monitorfenster wiedergegeben. Sie erkennen dies in Abbildung ❷ durch das Soundsymbol. Die Bearbeitungsmöglichkeiten entsprechen denen des Soundclipviewers, der in Abbildung ❸ dargestellt ist. Die Anzeige des Soundclipviewers erhalten Sie nur im
Monitorbetrieb mit einfacher Ansicht. Die Möglichkeit, den Monitorbetrieb zu
ändern, ist in Abbildung ❷ beschrieben.

Der Soundclipviewer zeigt den Clip in Wellendarstellung. Der Sound kann
hier abgehört und punktgenau mit den eventuell notwendigen Markierungen
versehen werden. Um In- und Out-Points zu setzen, verwenden Sie die gleichen Werkzeuge wie bei den Videoclips. Die nach links geschweifte Klammer
markiert den In-Point, die nach rechts geschweifte Klammer den Out-Point.
In- und Out-Point werden noch durch unterschiedliche Farben, wie in Abbildung ❸ zu erkennen ist, dargestellt.

Die Symbole für Einsetzen bzw. Einfügen entsprechen dem Einfügemodus
der Videobearbeitung. Das erste Symbol bedeutet, dass für den Soundclip Platz
geschaffen wird, das zweite Einfügesymbol legt den Clip über bereits vorhan-
denes Material in eine neue Spur. Gesetzte Points lassen sich mit der Maus
verschieben. Interessant ist noch das in Abbildung ❸ dargestellte Marken-
menü. Mit dessen Hilfe lassen sich falsch gesetzte Marken löschen, es lassen
sich Marken aufsuchen usw.

Soundclip in Schnittfenster ziehen

Aus dem Projektfenster kann der bearbeitete und mit In- und Out-Points versehene Soundclip direkt per Drag & Drop in die Audiospuren des Schnittfensters gezogen werden. Abbildung ❹ zeigt einen so in das Schnittfenster gezogenen Soundclip. Die weiteren Bearbeitungsmöglichkeiten des Sounds im
Schnittfenster werden Ihnen auf den folgenden Seiten gezeigt.

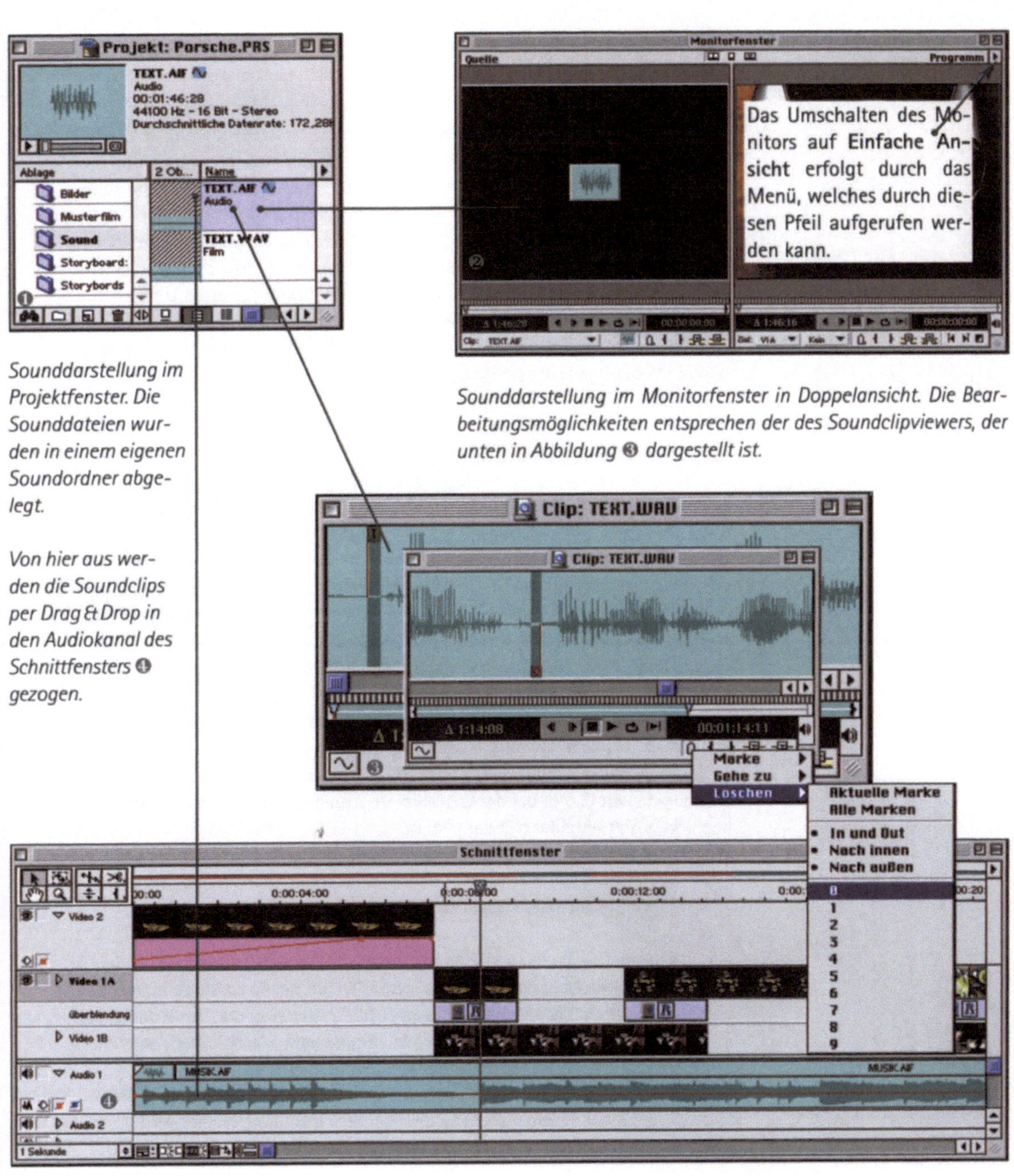

Sounddarstellung im Projektfenster. Die Sounddateien wurden in einem eigenen Soundordner abgelegt.

Von hier aus werden die Soundclips per Drag & Drop in den Audiokanal des Schnittfensters ❹ gezogen.

Sounddarstellung im Monitorfenster in Doppelansicht. Die Bearbeitungsmöglichkeiten entsprechen der des Soundclipviewers, der unten in Abbildung ❸ dargestellt ist.

V 05

Lautstärkeregelung Grundlagen

Bei einer aufgeklappten Audiospur sind zwei Regelbereiche anzuwählen: Der rote Schalter ermöglicht das Arbeiten mit der Lautstärkepegellinie, der blaue Schalter zeigt die Panoramalinie. Ist die rote Schaltbox aktiviert, wird die Steuerung und Anpassung der Lautstärke mit Hilfe der durchgehenden roten Lautstärkelinie möglich. Die rote Linie stellt den Lautstärkepegel dar. Standardmäßig ist der Pegel auf die mittige 100%-Linie eingestellt, nach oben kann der Pegel bis auf 200% angehoben werden, unten liegt die 0%-Einstellung. Um den Pegel zu verändern, wird durch Anklicken der roten Linie an einer beliebigen Stelle ein Griffpunkt erzeugt. Mit Hilfe dieses Punktes kann der Lautstärkepegel mit gedrückter Maustaste nach oben oder unten, wie in Abbildung ❷ gezeigt, eingestellt werden.

Panoramaregelung Grundlagen

Durch das Aktivieren der blauen Schaltbox wird eine blaue Schwenklinie sichtbar, außerdem ist vor der Tonspur die Information für den linken (L) und rechten (R) Kanal eingeblendet. Standardmäßig ist der Panoramawert immer auf die Mitte ausgerichtet. Dieser 50%-Wert liegt also immer zwischen zwei Stereolautsprechern, das Tonsignal wird demzufolge gleichmäßig nach links und rechts ausgegeben. Der Betrachter eines Videoclips kann einen Ton mit einem Panoramaschwenk z.B. von links nach rechts verfolgen. So ist es möglich, bei einer Person, welche von links nach rechts in einer Szene auftritt, das Schrittgeräusch entsprechend der Laufrichtung vom linken Kanal über die Mitte zum rechten Kanal akustisch „mitgehen" zu lassen.

Das Einstellen erfolgt mit der blauen Schwenklinie über frei gewählte Griffpunkte, wie Sie es bei der Lautstärkeregelung bereits kennen gelernt haben und wie in Abbildung ❸ dargestellt.

Tonüberblendungswerkzeug

Um zwei Soundclips aneinander zu setzen, genügt es nicht, diese in einer Spur analog einem harten Schnitt zusammenzufügen. Dies kann zu unschönen Tonaussetzern führen, die wir als „Knackgeräusch" hören. Um dies zu vermeiden, müssen zwei Clips über eine Tonblende miteinander verschmolzen werden. Dazu verwenden Sie das rechts abgebildete Tonüberblendungswerkzeug. Um das Werkzeug anzuwenden, müssen die beiden Soundclips in zwei Audiospuren entsprechend der Abbildung ❹ positioniert werden. Es muss eine ausreichende Überlappung der beiden Spuren vorhanden sein, um

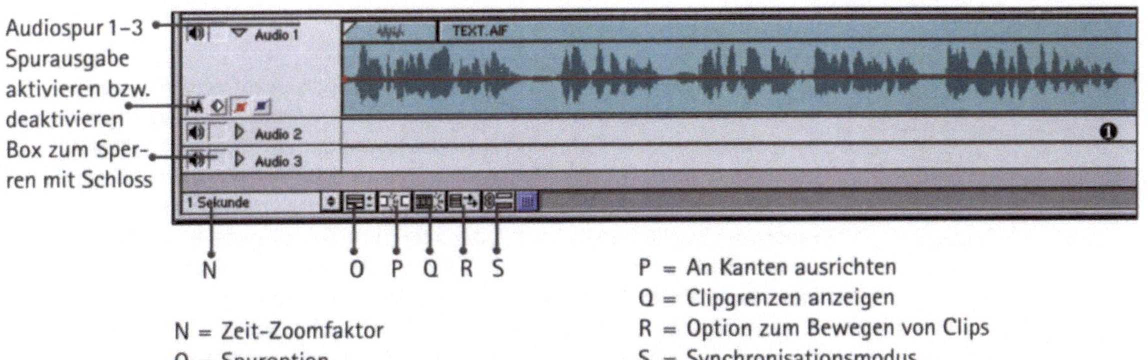

P = An Kanten ausrichten
Q = Clipgrenzen anzeigen
R = Option zum Bewegen von Clips
S = Synchronisationsmodus

N = Zeit-Zoomfaktor
O = Spuroption

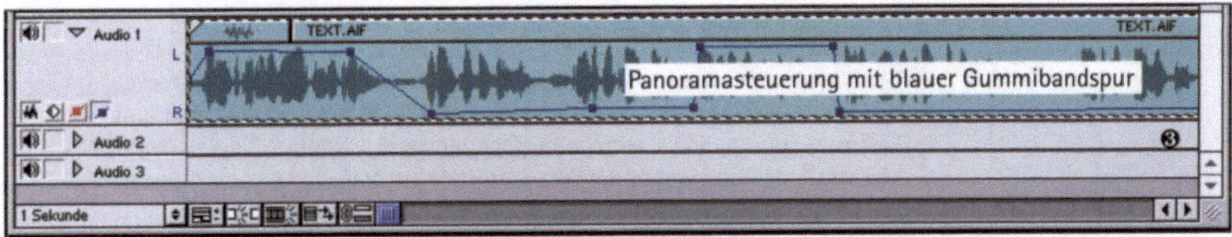

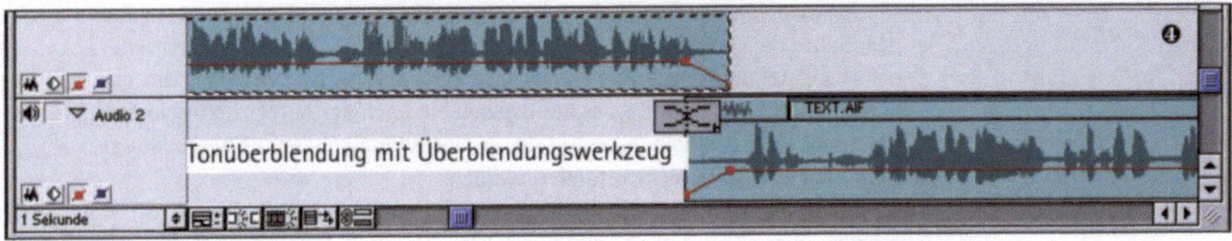

eine Verschmelzung zu ermöglichen. Ist die Überlappung gegeben, müssen die beiden Soundclips nacheinander in der Überlappungszone angeklickt werden. Die jeweilige Überlappungszone des oberen und unteren Clips blitzt kurz rot auf und stellt dabei auf der Länge der Überlap-

pung einen passenden Lautstärkepegel ein. Diese Pegeleinstellung ist in der Abbildung ❹ erkennbar. Soundschnitte und -übergänge lassen sich so fehlerfrei und ohne Nebengeräusche herstellen.

Projekte
Nonprint
N 07 @ S. 190

Lernziele

- Sie lernen das Arbeiten mit dem Soundmixer kennen.
- Sie wenden dieses Hilfsinstrument an.

Aufgabe

- Steuern Sie zwei Sounds in verschiedenen Audiospuren mit Hilfe des Soundmixers.

Übungsdateien auf DVD
> TUTORIAL > V_VIDEO > V06

Audio-Mixer

Der Audio-Mixer wird im Menü *Fenster > Audio-Mixer ein* aufgerufen und erscheint nach einer kurzen Wartezeit auf dem Desktop. Adobe Premiere hat in der Grundeinstellung drei Audiospuren im Schnittfenster geschaltet – diese drei Spuren finden sich im Audio-Mixer wieder. Jede Tonspur ist im Mixer gleichartig aufgebaut. Es befindet sich im oberen Drittel ein Drehregler für die Panoramaeinstellungen (L) und (R). Darunter ist ein Schieberegler für die Steuerung des Lautstärkepegels. Rechts außen ist der so genannte Masterregler. Damit lässt sich die Lautstärke über alle Kanäle hinweg steuern.

Unterhalb der Kanalnummern sind drei Schalter angeordnet: Automatisierung lesen, schreiben und aus. Ist *Automatisierung lesen* gewählt, werden alle Lautstärkeeinstellungen nur wiedergegeben, eine Veränderung findet nicht statt. Bei der Einstellung *Automatisierung schreiben* werden alle Pegeleinstellungen, die mit Hilfe der Schieber durchgeführt werden, aufgezeichnet und festgehalten. Damit kann eine zuvor getestete Einstellung gespeichert werden. Die Einstellung *Automatisieren aus* ist zum Testen möglicher Einstellungen gedacht. Bei dieser Einstellung werden keine Aufzeichnungen oder Veränderungen gespeichert.

Aufzeichnung im Audio-Mixer starten

Zum Testen einer Einstellung mit *Automatisieren aus* setzen Sie den *Lesekopf* im Schnittfenster an die zu bearbeitende Position. Starten Sie die Einstellung, indem Sie die Audiowiedergabe mit der Leertaste starten – Sie können die Maustaste dadurch bereits vor dem Start auf dem Schieberegler positionieren und sofort nach dem Start durch die Leertaste mit der Aussteuerung beginnen. Haben Sie Ihre Einstellung gefunden, wechseln Sie in den Modus *Automatisierung schreiben* und versuchen, Ihre getestete Audiosteuerung aufzuzeichnen. Sollte dies beim ersten Mal nicht funktionieren, kann die nicht befriedigende Einstellung durch nochmaliges Schreiben verbessert werden. Um die Einstellung zu testen und zu sichern, gehen Sie nach der Aufzeichnung in den Modus *Automatisierung lesen*. Mit dieser Einstellung können die bearbeiteten Clips abgehört, aber nicht verändert werden.

Haben Sie eine Spur korrekt aufgezeichnet und für gut befunden, ist es möglich, diese Spur auf Stumm zu schalten. Dadurch kann die nächste Spur einzeln bearbeitet werden. Die Stummschaltung erreichen Sie, indem die Wahl zwischen Stumm (= Spur aus) und Solo (= Spur aktiv) im Kopf jedes Reglers von Ihnen getroffen wird.

Die Verkopplung von Spuren zur gemeinsamen Regelung ist möglich, indem gemeinsame Verknüpfungsnummern für jeden Kanal aufgerufen werden.

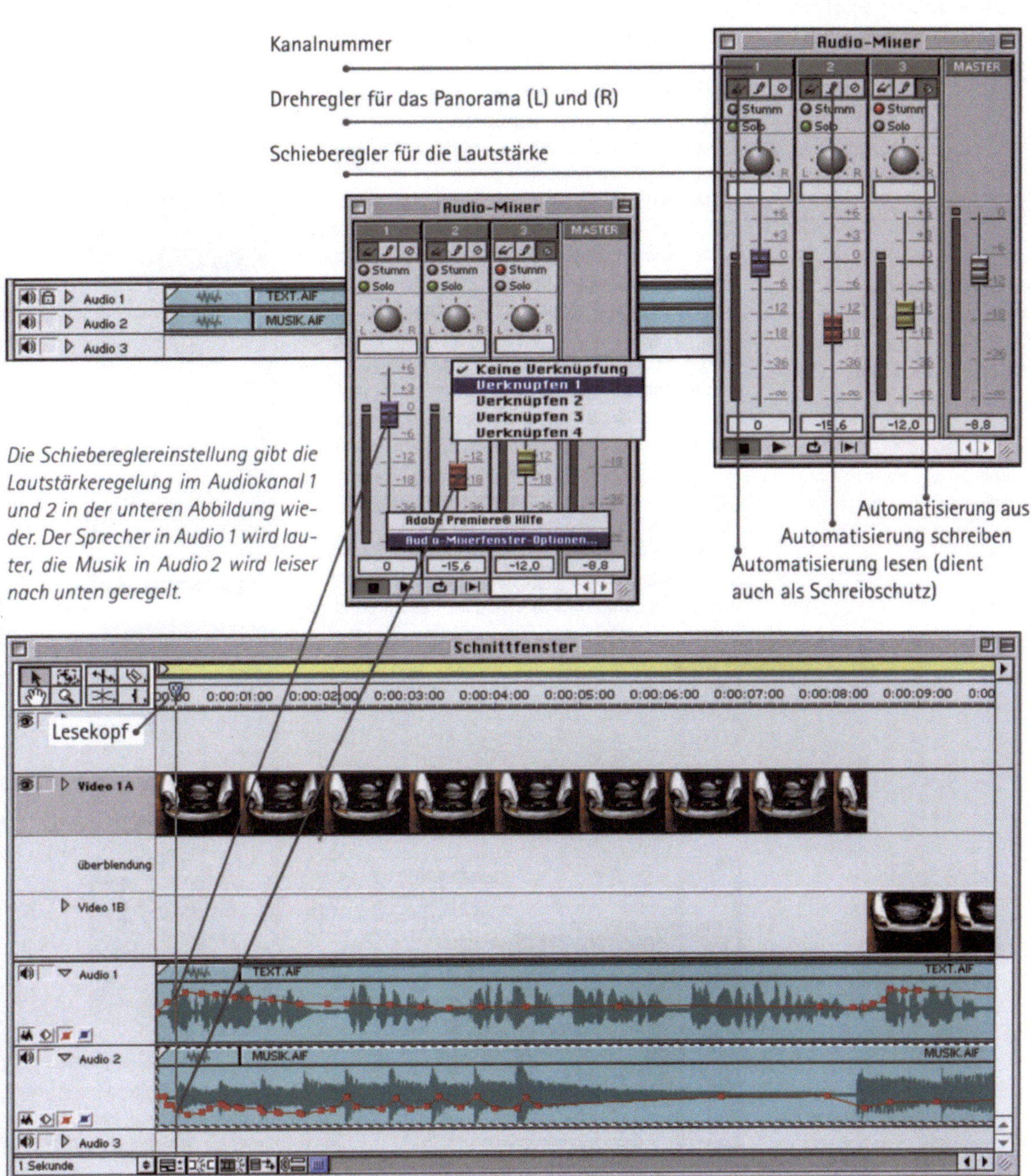

Die Schiebereglereinstellung gibt die Lautstärkeregelung im Audiokanal 1 und 2 in der unteren Abbildung wieder. Der Sprecher in Audio 1 wird lauter, die Musik in Audio 2 wird leiser nach unten geregelt.

Video und Audio aufnehmen

Nachdem eine Aufnahme „im Kasten ist" und somit das Schwierigste bei der Herstellung eines Videoclips beendet wurde, müssen die aufgenommenen Videodaten auf die Festplatte des Rechners, an dem die weitere Verarbeitung durchgeführt werden soll.

Moderne PCs sind dafür bestens gerüstet: Die IEEE-1394-Firewire-Schnittstelle ist in der Regel „on Board" und Premiere stellt als Software das digitale Aufnahmetool Movie Capture zur Videoübernahme zur Verfügung. Um einen nichtlinearen Schnitt vorzunehmen, müssen die digitalen Videodaten auf die Festplatte übernommen werden. Dazu ist bei der Datenübernahme von Kamera/Recorder zu PC im Prinzip nur ein Kabel notwendig, um die Datenquelle (= Kamera oder Recorder) mit dem PC zu verbinden. Über die IEEE-Schnittstelle kann auch die Steuerung der Zuspielkamera bzw. des -recorders aktiviert und genutzt werden.

Um die Aufnahme durchzuführen, wird der Aufnahmedialog wie folgt gestartet: *Ablage > Aufnehmen > Filmaufnahme*. Es erscheint das unten abgebildete Dialogfeld zur Filmaufnahme. Unter dem *Reiter Einstellungen* bekommen Sie einen schnellen Überblick mit allen technischen Angaben zur Bildübertragung. Müssen noch Veränderungen z.B. des Kompressors vorgenommen werden, ist dies mit dem Button *Bearbeiten* möglich.

Wichtig ist, dass Sie bei den Voreinstellungen angeben, wohin die eingespielten Daten übertragen

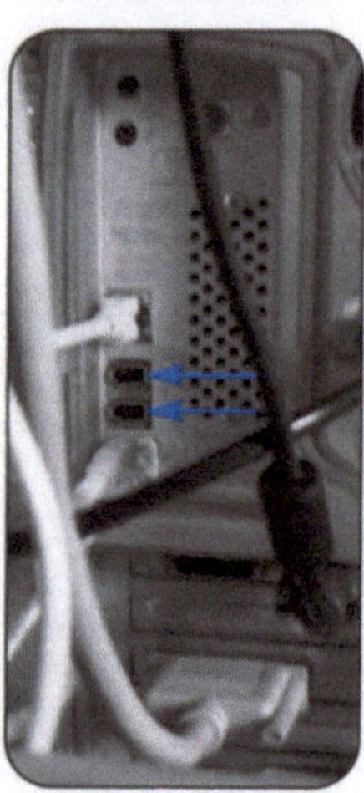

Firewire-IEEE Schnittstelle an einer Digital-Videokamera (oben) und am Apple G-4-Rechner.

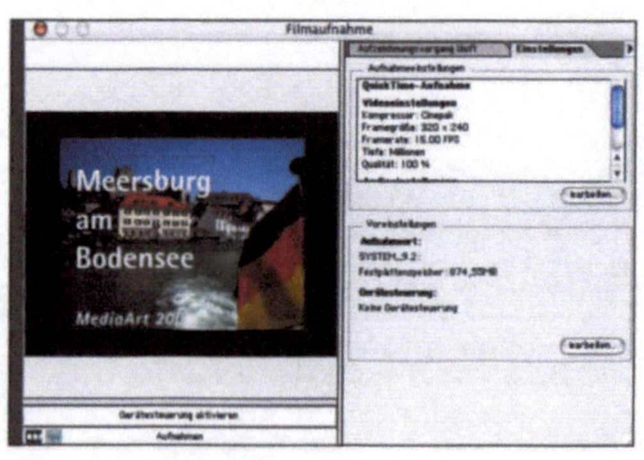

werden sollen. Standard ist hier der Ordner, in dem Premiere abgelegt wurde. Wählen Sie hier durch den Button *Bearbeiten* das Dialogfeld und legen Sie den Speicherort fest.

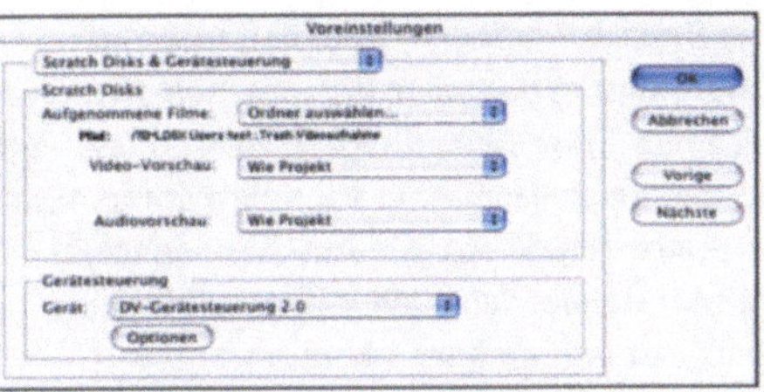

Bei den Optionen für die Gerätesteuerung wählen Sie wenn möglich Ihre Gerätemarke und Ihr Modell aus. Mit dem Button *Status prüfen* lassen sich alle Vorgaben testen und anzeigen.

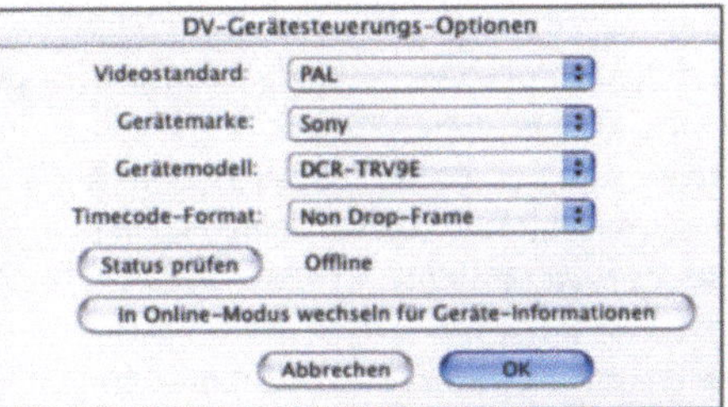

Sind Ihre Einstellungen korrekt, können Sie mit der Aufnahme beginnen, indem die Aufnahme-Schaltfläche betätigt wird. Nach dem Aktivieren beginnt sofort die Aufnahme. Alles was im Vorschaufenster zu sehen ist, wird auf die Festplatte geschrieben. Der Status der Aufnahme kann von Ihnen durch die Anzeige jederzeit überprüft werden.

Soll die Aufzeichnung beendet werden, gibt es drei Möglichkeiten:

- ECC-Taste drücken.
- Klick mit der Maus in das Aufnahmefenster.

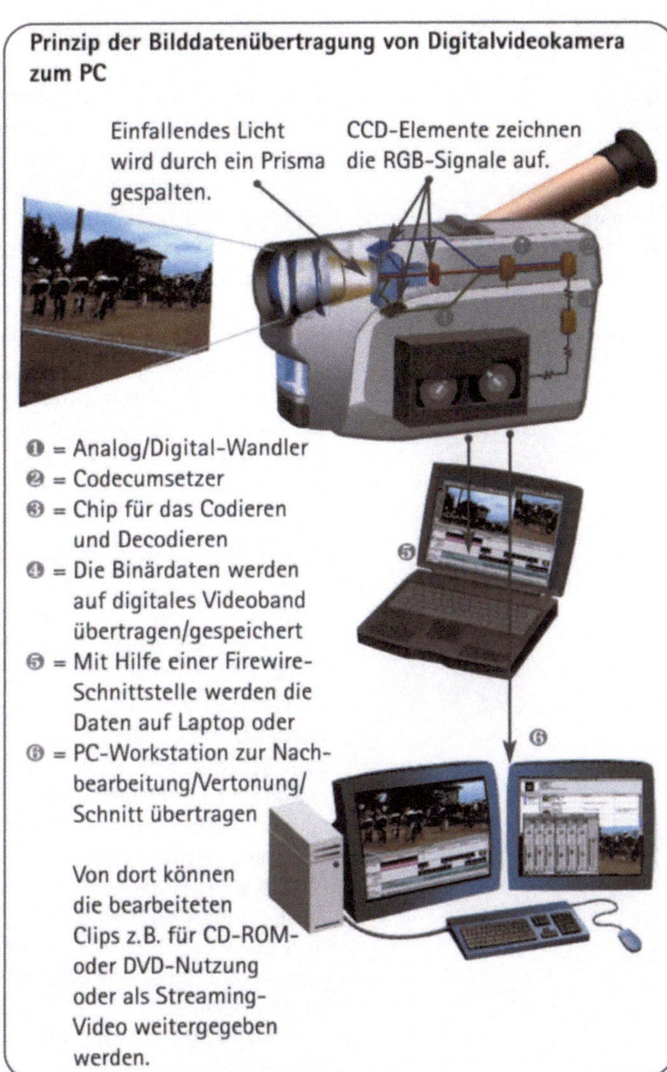

- Klick auf die Stopp-Taste bei vorhandener Gerätesteuerung.

Nach dem Beenden der Aufnahme muss in das erscheinende *Sichern*-Dialogfeld der Dateiname für den Clip eingegeben werden.

Projekte
Nonprint
N 07 @ S.190

Lernziele
- Sie lernen die Verarbeitung von Bewegtbildern kennen.
- Sie üben diese Technik.

Aufgabe
- Erstellen Sie einen Videoclip nach den Storyboardvorgaben des rechten Bildfensters und in der Reihenfolge der unten angegebenen Clips.

Übungsdateien auf DVD
> TUTORIAL > V_VIDEO > V08

Videomaterial verarbeiten

Nachdem die für ein Projekt benötigten Videoclips, Sounds und eventuell notwendigen Grafikdateien z.B. für Titel im Projektordner (Abbildung ❶) „gesammelt" wurden, ist ein neues Storyboard über *Datei > Neu > Storyboard* aufzurufen. Die für den Schnitt vorgesehenen Dateien werden vom Projektfenster in das Storyboard gezogen und erhalten dort automatisch eine Referenznummer zugeteilt, welche die Clipreihenfolge angibt. Diese Reihenfolge lässt sich jederzeit durch Verschieben der Clips verändern. In jeden Clip kann eine Information z.B. zum Schnitt oder zur Vertonung eingefügt werden. Sie kennen diese Funktion bereits aus Ihrer Arbeit mit Standbildern. Jeder Clip im Storyboard kann durch einen Doppelklick geöffnet und im linken Monitorfenster – bei Doppelmonitorbetrieb – betrachtet und mit In-/Out-Points versehen werden (Abbildung ❷). Setzen Sie für jeden Videoclip die notwendigen In-/Out-Points, bevor Sie die Clips automatisch in das Schnittfenster transferieren.

Videoclips im Schnittfenster

In der Timeline des Schnittfensters (Abbildung ❸) stehen die einzelnen Clips jetzt in der Reihenfolge, die durch die Storyboardnummerierung vorgegeben ist. Die Darstellung erfolgt im A/B-Modus. Wenn Sie die Grundeinstellungen des Einfügemodus nicht verändert haben, wird bei jedem Spurwechsel eine Standardüberblendung zwischen den Clips eingefügt. Diese Überblendung kann gegen andere Effekte ausgetauscht oder entfernt werden. Dadurch könnte ein harter Schnitt anstelle der Überblendung erfolgen.

Jeder Clip kann aus dem Schnittfenster heraus geöffnet und getrimmt werden. Sollen Szenen eines Clips entfernt werden, können diese auch mit dem Werkzeug Rasierklinge ausgeschnitten und entfernt werden.

Ist der Rohschnitt im Schnittfenster angeordnet, können Sie das Ergebnis im rechten Monitorfenster (Abbildung ❹) betrachten. Der mitlaufende Abspielbalken zeigt Ihnen dabei immer die aktuelle Wiedergabeposition im Schnittfenster an.

Aus dem Schnittfenster heraus kann mit Hilfe der Return-Taste eine Vorschaudarstellung aufgerufen werden. Voraussetzung für das Funktionieren der Vorschaudarstellung ist die Sicherung des Projektes auf die Festplatte.

Sind Sie mit dem ersten Ergebnis der Schnittzusammenstellung zufrieden, können Sie diesen ersten Schnitt bereits zu diesem Zeitpunkt auf Band ausgeben oder als Videoclip für die multimediale Anwendung exportieren.

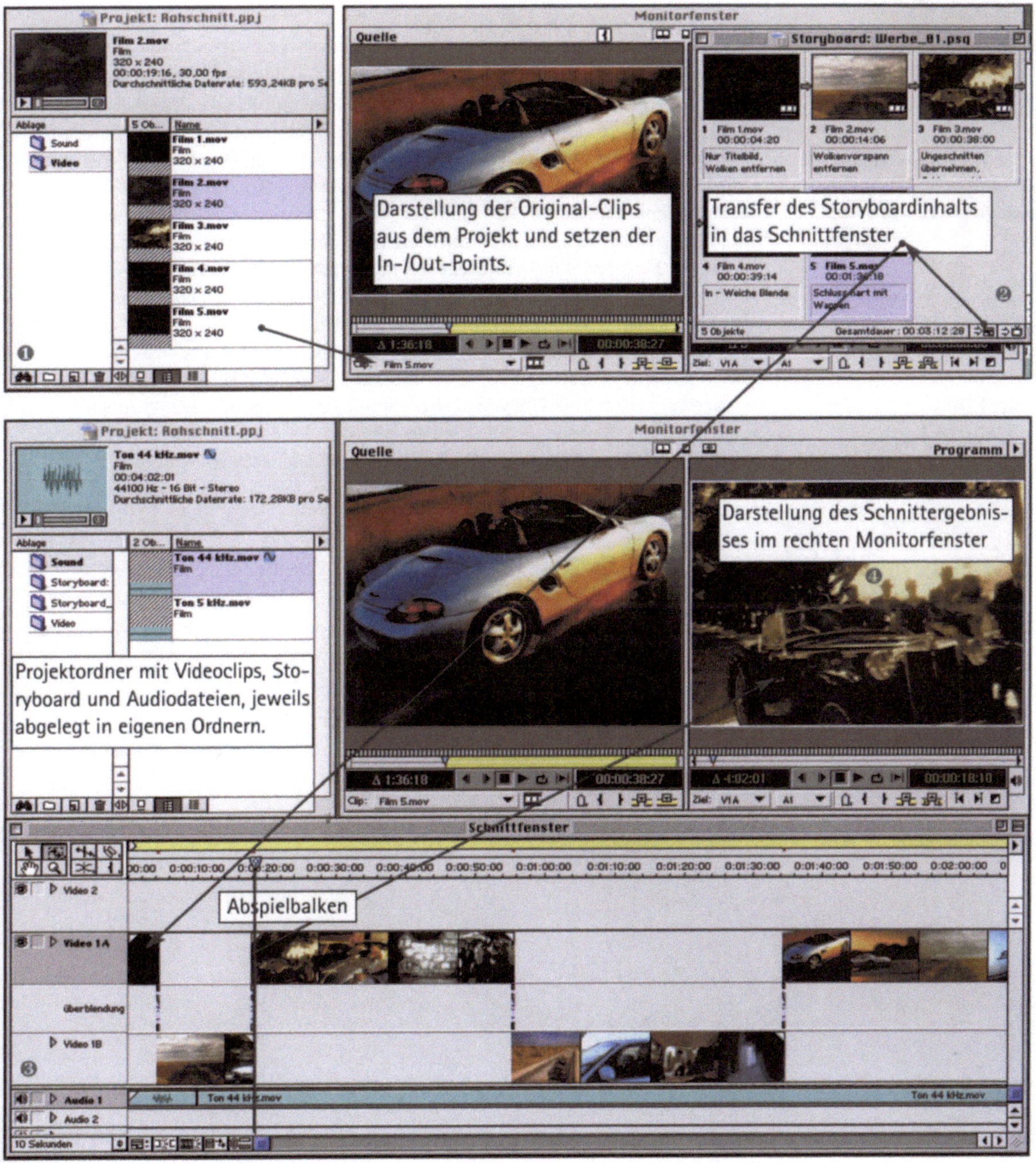
Projekt: Rohschnitt.ppj
Monitorfenster
Quelle
Storyboard: Werbe_01.psq
Darstellung der Original-Clips aus dem Projekt und setzen der In-/Out-Points.
Transfer des Storyboardinhalts in das Schnittfenster
Programm
Darstellung des Schnittergebnisses im rechten Monitorfenster
Projektordner mit Videoclips, Storyboard und Audiodateien, jeweils abgelegt in eigenen Ordnern.
Schnittfenster
Abspielbalken

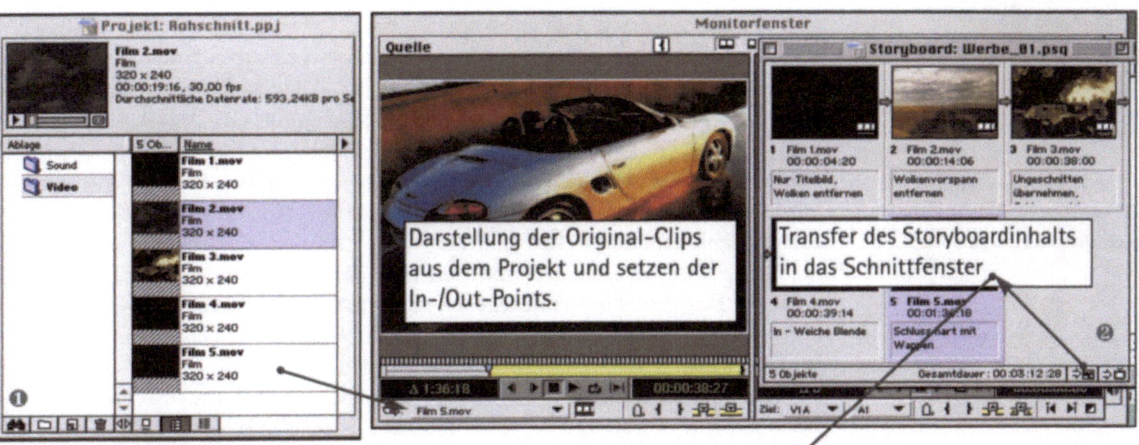

Videoclip-Ausgabe auf Band

Nachdem die Videoclips im Storyboard zusammengestellt und bearbeitet wurden, besteht die Möglichkeit, die Zusammenstellung auf Band mitzunehmen. Klicken Sie dazu auf das kleine Symbol unten rechts im Storyboardfenster (Abbildung ❶) mit der Funktion *Auf Video ausgeben*. Daraufhin erscheint die in Abbildung ❷ dargestellte Dialogbox. Hier können Sie Farbbalken und Schwarzbilddauer definieren.

Durch das Bestätigen mit OK spielt Premiere die Clips im Storyboard in der durch die Nummerierung vorgegebenen Reihenfolge in einem Vollbildmodus (Abbildung ❸) am Monitor ab. Dabei werden die Vorgaben, welche Sie durch das Setzen der In-/Out-Points gegeben haben, berücksichtigt. Sie können sich den ersten Rohschnitt also bereits vor der Übergabe in das Schnittfenster ansehen – eine feine Sache für die erste optische Kontrolle eines Videoclips.

Verfügen Sie mittels Firewire über einen funktionsfähigen Anschluss zu einem Recorder, so können Sie diesen Film mit Hilfe der dargestellten Funktion direkt auf Videoband ausgeben. Damit kann z.B. eine sehr schnelle Projektpräsentation erstellt und vorgeführt werden.

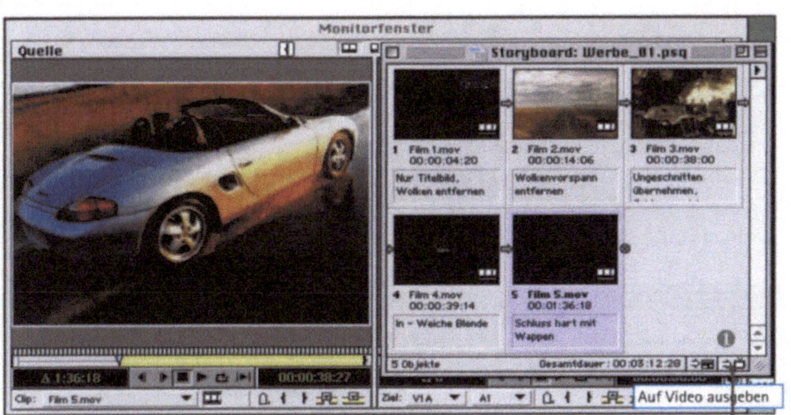

Darstellung der Storyboardclips durch die Funktion Auf Video ausgeben *in einer Vollbilddarstellung auf dem Computermonitor. Der Rahmen um das Videobild kann auch weiß sein.*

Videoclip-Ausgabe als Moviedatei

Nachdem die Videoclips im Schnittfenster getrimmt wurden, kann die Ausgabe als Moviedatei erfolgen. Unter *Ablage > Schnittfenster exportieren > Film* rufen Sie das abgebildete Fenster *Film exportieren* auf. In diesem Fenster sehen Sie unten alle wichtigen Einstellungen für die Exportberechnung des Clips. Optimalerweise müssen diese Einstellungen mit Ihren Projekteinstellungen übereinstimmen. Ist dies nicht der Fall, müssen hier mit Hilfe des Buttons *Einstellungen …* Änderungen vorgenommen werden. Dies geschieht mit den Dialogfeldern *Einstellungen für den Filmexport*. Mit Hilfe dieser fünf Dialogfelder können Sie alle Einstellungen vornehmen, die für die korrekte Erstellung einer Filmdatei notwendig sind.

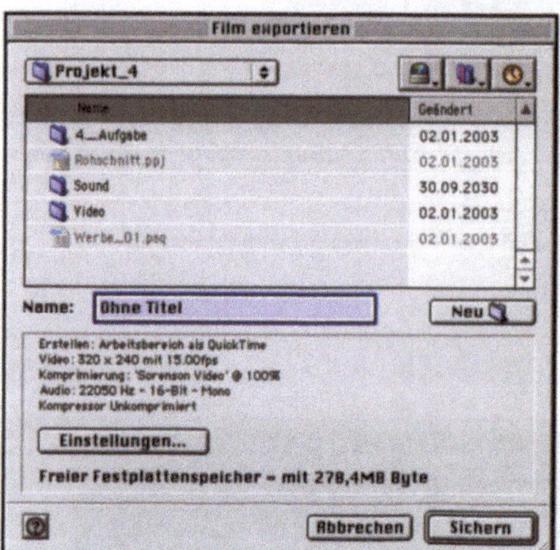

Die Abbildung ❶ zeigt die Grundeinstellungen für den Export. Hier ist vor allem auf folgende Dinge zu achten: Die Wahl des *Dateityps* definiert die spätere Verwendung des erstellten Videoclips. Soll der Clip für eine Multimedia-Anwendung erstellt werden, wählen Sie hier QuickTime. Die Festlegung, ob der Film nur aus dem *Arbeitsbereich*, also einem Ausschnitt des Schnittfensters, oder als das *Gesamte Projekt*, also das vollständige Schnittfenster, errechnet wird, legen Sie hier fest. Welche Wahl Sie hier treffen, hängt von Ihrer Arbeitsweise und dem gewünschten Ergebnis ab. Die Option *Fertige Datei öffnen* sollte markiert werden – Sie sehen dann nach dem Berechnen des Clips sofort das Ergebnis.

In Abbildung ❷ wird das Fenster für die Wahl des Kompressors bzw. Codecs gezeigt. Wählen Sie hier einen Codec entsprechend der späteren Verwendung. Der gezeigte Codec *Sorenson Video* ist für die plattformübergreifende Nutzung eines Videoclips sehr gut geeignet – verwenden Sie diesen für Ihre ersten Arbeiten. Weiter können Sie hier Framegröße (sollte der Größe des Ausgangsmaterials entsprechen) und die Kompressionsqualität festgelegen. Beim letzten Punkt sollten Sie einfach ein paar Berechnungen mit verschiedenen Einstel-

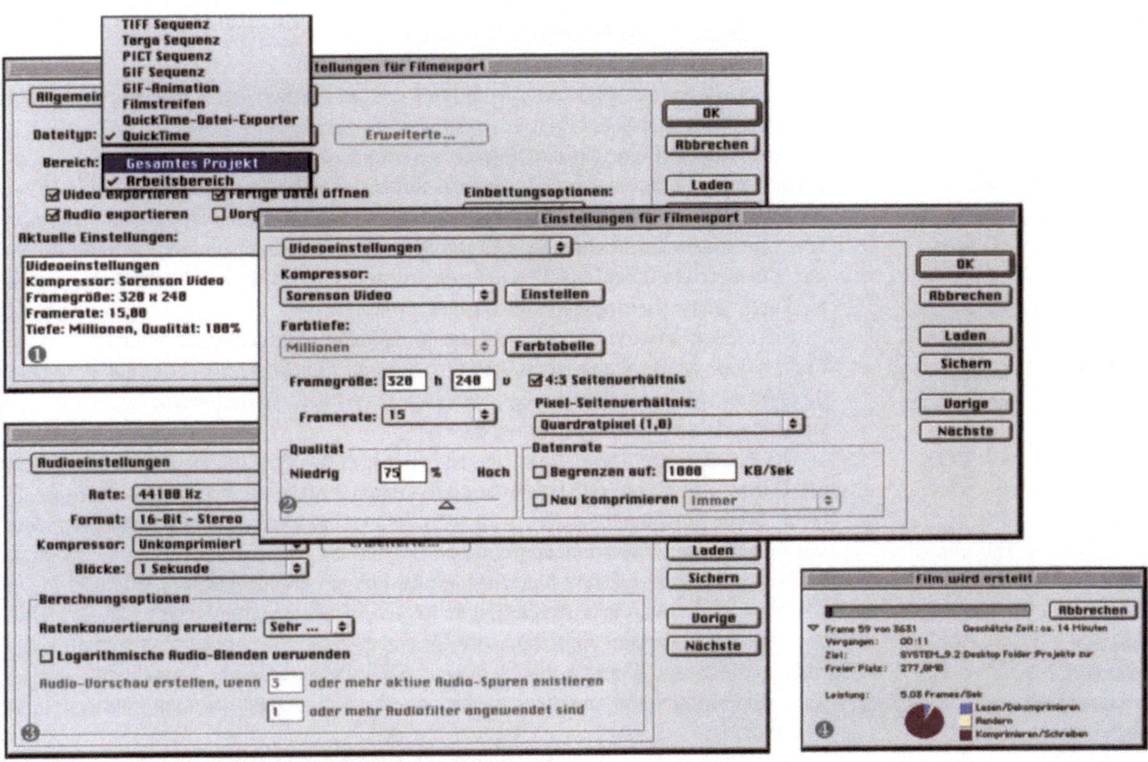

lungen durchführen. Sie erkennen dann schnell die unterschiedlichen Qualitäten des Clips in der Wiedergabe und die verschiedenen Dateigrößen.

Abbildung ❸ zeigt das Fenster für die Audioeinstellungen. Hier sollten die Werte der im Projekt verwendeten Audiodateien eingesetzt werden. Dies ist gegebenenfalls im Projektfenster nachzuschauen.

Wenn Sie auf den Button *Nächste* klicken, erscheinen noch zwei weitere mögliche Einstellungsfenster, die hier nicht abgebildet sind. Bei beiden Fenstern muss für Ihre ersten Projekte nichts verändert werden. Lassen Sie die Grundeinstellungen, die Adobe Premiere hier vorgibt, einfach stehen und gehen Sie auf *OK* (Abbildung ❹).

Sie müssen zum Schluss noch einen Dateinamen vergeben und gehen dann auf *Sichern*. Danach erscheint das Arbeitsfenster *Film wird erstellt* (Abbildung ❹). Hier wird Ihnen angezeigt, wie der Film berechnet wird. Interessantester Punkt ist hier die Angabe zur geschätzten Erstellungszeit. Ist die Zeit so hoch wie in der Abbildung ❹, machen Sie eine Erholungspause.

Projekte
Nonprint
  N 07 @ S. 190

Lernziel
- Sie lernen einen Videoclip für die plattformübergreifende Nutzung auf Mac und PC aufzubereiten.

Aufgabe
- Exportieren Sie alle Ihre Videoclips so, dass eine plattformübergreifende Nutzung auf Mac und PC möglich ist.

Übungsdateien
Alle Videodateien, die mit Hilfe des Tutorials erstellt wurden und als Clip bzw. Moviedatei exportiert werden.

Programme auf DVD
> PROGRAMM > TOOLS
  > Movie Converter Mac
  > QuickTime 6.0 Mac + PC

Konvertieren der Premiere-Clips zu QT

Sie haben Ihren Videoclip fertig berechnet und im Abspielfenster betrachtet und sind mit dem Ergebnis zufrieden. So weit, so gut.

Um den erstellten Clip plattformübergreifend zu nutzen, ist es sinnvoll, diesen in ein Format zu konvertieren, das auf Macintosh und Windows-PC zu nutzen ist. Das QuickTime-Format hat sich hier in weiten Bereichen durchgesetzt. Um aus unserem Videoclip, der sich bereits im QuickTime-Format befindet, einen echten QuickTime-Clip mit entsprechendem Header zu erstellen, ist ein kurzer Konvertierungsgang notwendig.

Hierfür sind zwei Programme gut geeignet, die auf fast jedem Rechner zu finden sind: Movie Converter (Abbildung ❶) und QuickTime-Player (Abbildung ❷). Beide Programme ermöglichen das Konvertieren der unterschiedlichsten Videodateien in andere Formate.

Der etwas ältere Movie Converter erstellt ausschließlich QT-Videos, wobei die Option *Abspielbar auf Fremdcomputersystemen* aktiviert sein **muss**. An dieser Stelle muss auch das Suffix .mov an die Videodatei angehängt werden, um eine korrekte Programmzuordnung auf dem PC zu ermöglichen.

Apples QuickTime-Player bietet ein weites Konvertierungsspektrum an. Zu erkennen ist dies in Abbildung ❸. Hier sollte der Mediengestalter wissen, welches Format für welche Plattform und für welchen Einsatzzweck notwendig ist. Für die ersten Projekte reicht die in Abbildung ❷ gezeigte Einstellung (QuickTime Film, Sorenson Video), da dieser Codec auf allen Plattformen funktionsfähig ist.

Das Ergebnis dieser Konvertierungen ist nicht beim Abspielen des Filmes erkennbar, sondern an der Datei auf dem Desktop wie in Abbildung ❶ zu sehen. Aus dem Premiere-Clip mit der dateitypischen Darstellung mit Premiere-Logo wird nach dem Konvertieren die charakteristische QuickTime-Datei mit dem allseits bekannten QT-Logo.

Vorschaudateien

Alle in Abbildung ❹ dargestellten Dateien entstehen bei der Produktion eines Auftrages. Sound- und Videoordner enthalten die Arbeitsdateien, die .ppj- und .psq-Datei enthält Projektdaten und Storyboard. Darunter erkennen Sie Videoclips im Premiere- und QT-Format. Links befinden sich die *Vorschaudateien*. Diese Dateien werden bei jeder mit der Return-Taste aufgerufenen Vorschau errechnet und in den Ordner Vorschaudateien abgelegt. Dieser Ordner wird von Premiere automatisch erstellt und immer in den Ordner gestellt, in welchem das Projekt gesichert wurde. Zum Ende eines Projektes können Sie diesen Ordner löschen – dies gibt einiges an Speicherplatz wieder frei!

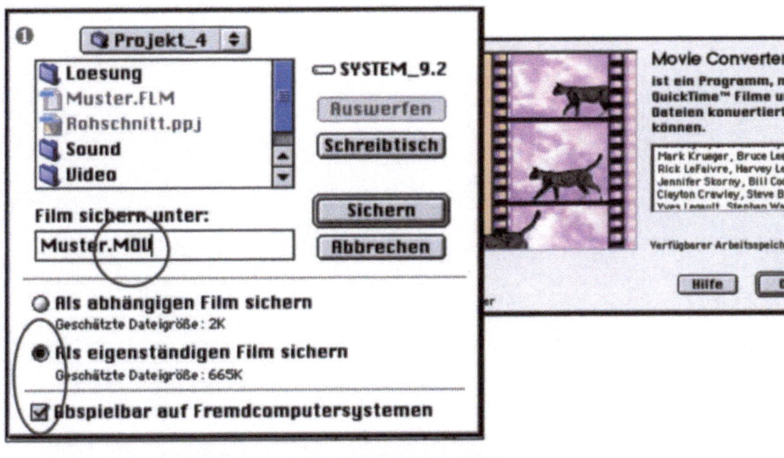

Der abgebildete Movie Converter ist ein einfach zu handhabendes Programm, das in der Lage ist, QuickTime-Movie auf dem Macintosh zu erstellen. Das Suffix .MOV wird an der gekennzeichneten Stelle eingegeben. Außerdem muss der Clip mit Als eigenständigen Film sichern *und* Abspielbar auf Fremdcomputersystemen exportiert werden (nur Mac OS 9.x).

V

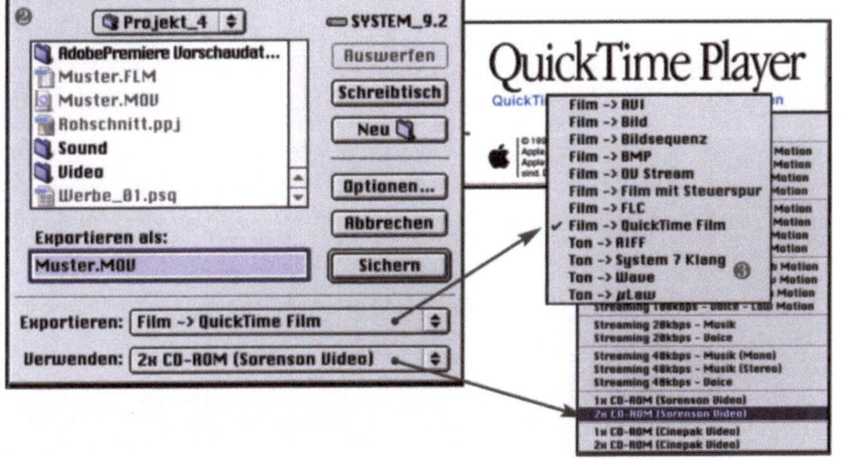

Apples QuickTime-Player ermöglicht die unterschiedlichsten Konvertierungseinstellungen für Movies. Beim Export ist darauf zu achten, dass die gewünschte Konvertierung gewählt und berechnet wurde. Testen Sie daher jeden konvertierten Film auf dem Zielsystem bzw. der Zielplattform auf seine Funktionsfähigkeit.

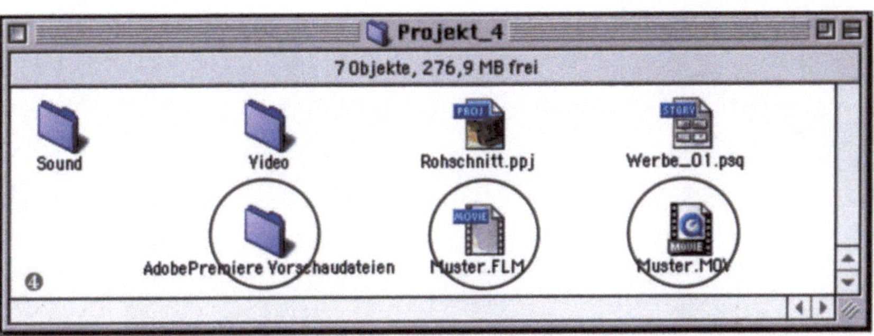

Die Abbildung zeigt den Weg eines Videoclips von der Projektdatei .ppj über die Storyboarddatei .psq zur Premiere-Filmdatei .FLM und der zum Schluss erstellten Quick-Time-Moviedatei .MOV.

QuickTime VR Authoring Studio

Lernziel

* Sie verstehen das Prinzip eines Panoramafilmes und seine Herstellung.

Aufgaben

* Verdeutlichen Sie sich das Herstellungsprinzip des Panoramafilmes.
* Betrachten Sie fertige Panoramafilme von der DVD und machen Sie sich mit deren Nutzung und Funktionalität vertraut.

Übungsdateien auf DVD
> TUTORIAL > Q_VIRTUE > QBA

Prinzip des Panoramafilmes

Der Panoramafilm ermöglicht einen Rundumblick um 360 Grad, ausgehend von einem festen Standpunkt des Betrachters. Damit ist ein Rundblick auf ein Stadt- oder Landschaftspanorama ebenso möglich wie der Rundblick innerhalb eines Raumes. Videostandbilder, digitalisierte Fotografien und 3D-Renderings können als Ausgangsmaterial Verwendung finden. Typischerweise werden in den meisten Fällen digitale Fotografien verwendet.

Eine einfache Vorgehensweise für die Aufnahmeerstellung ist folgende: Der Fotograf platziert seine Digitalkamera auf einem Stativ und erstellt eine Reihe von Aufnahmen in einer bestimmten Intervallreihenfolge. Er betätigt alle 30 Grad den Auslöser und erhält als Ergebnis eine Serie von 12 Aufnahmen. Zusammen ergeben diese 12 Aufnahmen im 30-Grad-Abstand einen Bildervollkreis von 360 Grad.

Als Nächstes kommen diese Einzelbilder in die später noch anzusprechende Panorama-Stitcher-Software. Diese Software projiziert die Einzelbilder an die Innenwand einer imaginären zylindrischen Form. Dabei wird eine Krümmungsberechnung, das so genannte Warping, durchgeführt, um die Einzelbilder anhand zueinander passender Übergänge zu einem später drehbaren Panoramafilm zusammenzufügen.

Dieser Stitching-Prozess verbraucht sehr viel Arbeitsspeicher. Der Berechnungsprozess für einen Panoramafilm kann bis zu 100 MB Arbeitsspeicher benötigen. Glücklicherweise verstehen sich hier QuickTime und die Verwaltung des virtuellen Arbeitsspeichers bestens. Aktivieren Sie daher den virtuellen Arbeitsspeicher Ihres Macintosh und setzen Sie ihn auf einen großzügig bemessenen Wert von 130 MB. Die Verwendung des virtuellen Speichers verlangsamt zwar den Stitching-Prozess, aber dies ist ein geringer Preis. Mit Hilfe des virtuellen Speichers lassen sich selbst auf Rechnern mit wenig Arbeitsspeicher große Panoramabilder berechnen. (Diese Information gilt nur für System 9.x.)

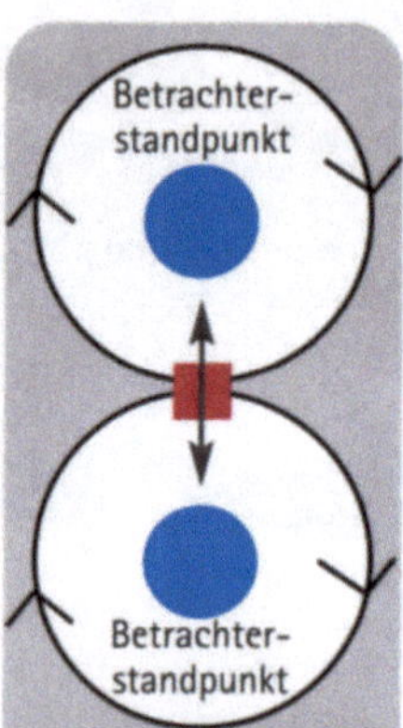

Prinzip des Panoramafilmes und der Hot-Spot-Technik: Der virtuelle 360-Grad-Film dreht sich um den Betrachter. So genannte Hot Spots ermöglichen es, dass durch eine virtuelle Öffnung von einem digitalen zylindrischen Panorama zum nächsten Panoramafilm „gewandert" werden kann.

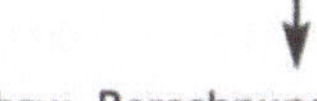

Schema der Panoramafilmherstellung

Einzelbildaufnahmen mit einer QTVR-Panoramakamera. Auf dieser Seite rechts ist eine derartige Kamera abgebildet.

Auf einem Stativ stehend kann mit einer solchen Kamera eine Bildserie in verschiedenen Grad- und Objektiveinstellungen vorgenommen werden.

Herstellung bzw. Berechnung eines Panoramabildes mit Hilfe eines Stitcher-Programms wie QTVR-Panorama-Stitcher, PhotoVista Panorama Stitcher oder The VR Worx.

Das erstellte Bild wird im nächsten Arbeitsschritt in eine zylindrische Form berechnet.

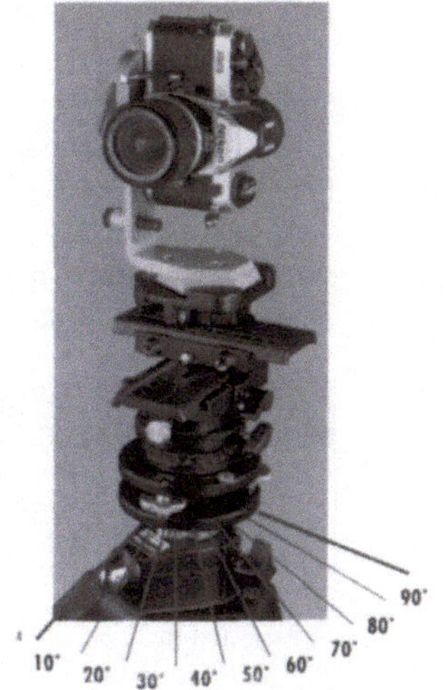

QTVR-Kamera mit motorisch unterstütztem Drehkopf

Panoramafilmherstellung: Aus dem berechneten Panoramabild wird ein Panoramafilm erstellt. Dabei wird das plane Bild auf eine zylindrische Wand projiziert und an den linken und rechten Enden des Bildes zusammenberechnet.

Der Panorama Maker erzeugt den Panoramafilm zur Darstellung eines virtuellen Rundumblickes z.B. in einen Raum oder eine Landschaft.

Scene Maker verknüpft mehrere Panoramafilme zu einer virtuellen Welt. „Hot Spots" machen es möglich, durch virtuelle Öffnungen, welche der Mediengestalter selbst erzeugen muss, einen Weg von einem Panoramafilm zum nächsten zu erstellen.

Dadurch können verschiedene Panoramafilme zu einer komplexen virtuellen Welt zusammengestellt werden. Der Gang durch eine Gebäude oder durch eine Landschaft ist mit Hilfe dieser Technik virtuell möglich.

Herstellen einer Navigations- oder Orientierungshilfe für den Gang durch komplexe virtuelle Welten mit Hilfe eines Grafikprogramms und eines Erweiterungstools für QTVR-Filme.

Vertonen eines QTVR-Filmes durch das Anlegen einer separaten Soundspur. Dadurch ist eine gezielte Sound- oder Sprachunterlegung eines QTVR-Filmes möglich.

Werkzeuge und Fenster

Starten Sie das Programm QTVR Authoring Studio. Kurz nach dem Programmstart erscheint die Menüleiste. Über den Öffnen-Dialog können Sie folgende Programme starten: *Object Maker* zur Herstellung von drehbaren 3D-Objekten, *Panorama Maker* zur Panoramafilmherstellung, *Panorama Stitcher* zur Herstellung von Panoramabildern. Aus diesen Bildern werden im Panorama Maker zylindrische Pan-Filme erstellt. Der *Project Manager* organisiert größere Projekte zur Herstellung virtueller Welten. Im *Scene Maker* werden die einzelnen zylindrischen Panoramafilme durch so genannte Hot Spots zu virtuellen Welten verknüpft.

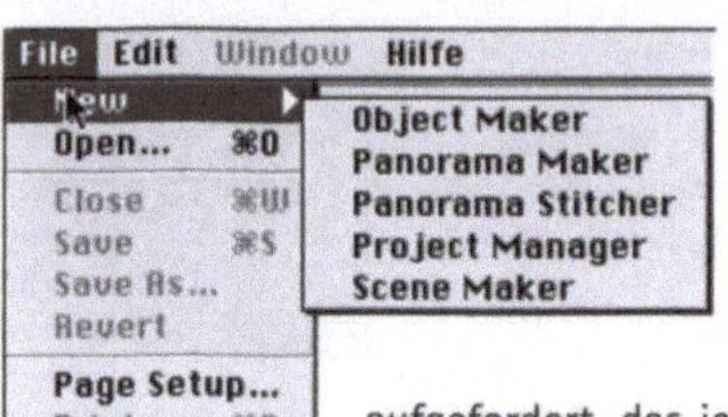

Nach dem Start eines der genannten Programme werden Sie aufgefordert, das jeweilige Projekt zu sichern. Erst wenn dies geschehen ist, können Sie mit Ihrer gewünschten Tätigkeit beginnen.

Üblicherweise starten Sie dann das Programm Panorama Stitcher, wenn Einzelbilder vorliegen, die zusammengerechnet werden müssen. Dies ist in der Abbildung unten dargestellt. Ist das Ausgangsbild ein Panoramabild, wird der Panorama Maker gestartet. Dieser errechnet aus dem planen Panoramabild einen zylindrischen Panoramafilm.

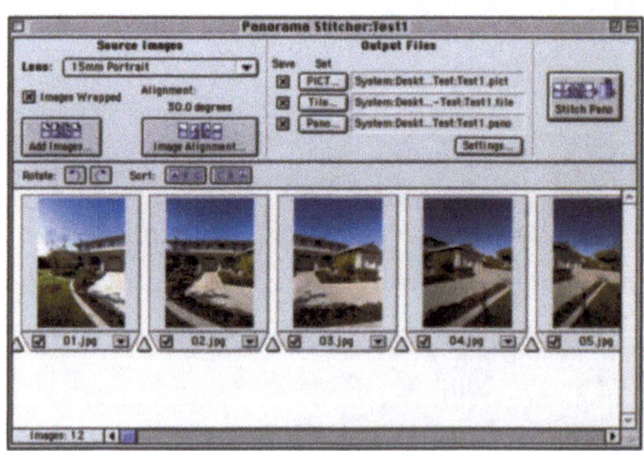

Die Einzelbilder werden durch *Add Images* ... in den Panorama Sticher geladen und mit Hilfe der *Rotate-Pfeile* in die richtige Position gedreht. Durch den Befehl *Stitch Pano* wird die Berechnung ausgeführt. Durch einen Doppelklick auf die kleinen Dreiecke unten zwischen den Bildern lassen sich noch Standkorrekturen zwischen den Bildern zur Panorama-Optimierung durchführen.

Panoramaberechnung

Die Berechnung eines Bildpanoramas durchläuft mehrere Rechenoperationen, die am Bildschirm angezeigt werden. Dazu gehören Prozesse wie Überlappungen berechnen, Bildschärfen und das Schreiben des Filmes. Nach der Berechnung erhält man einen fertigen und verarbeitungsfähigen Panoramafilm.

Die unten dargestellte Filmberechnung zeigt die verschiedenen Berechnungsstufen jeweils in einem Zwischenstadium, also noch nicht fertig berechnet. Die Helligkeitsunterschiede im unten dargestellten Panoramafilm zwischen dem linken und rechten Bildteil werden bei der Schlussberechnung noch korrigiert und ausgeglichen.

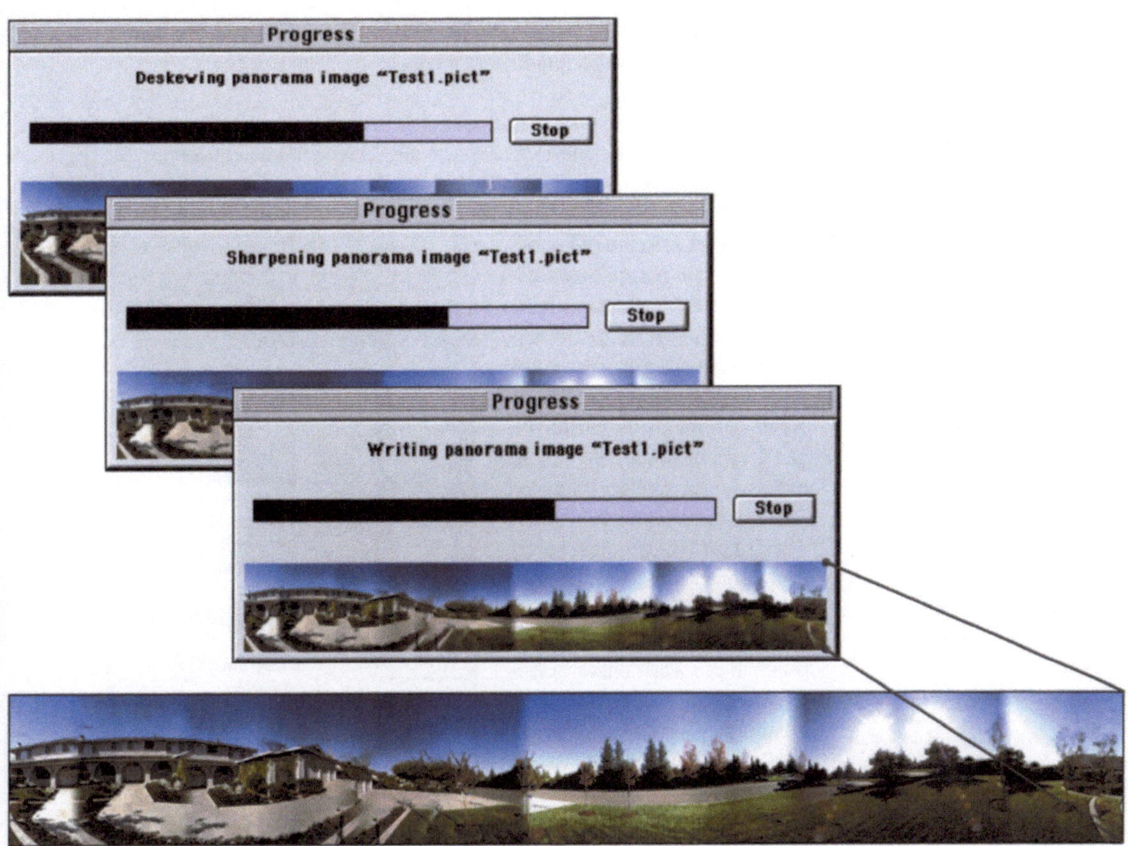

Erstellen eines Panoramafilmes

1. Starten Sie den Panorama Stitcher und sichern Sie Ihren Film.

2. Mit Hilfe des Buttons *Add Images ...* laden Sie die Bilder aus dem Aufgabenordner in den Stitcher. Achten Sie jetzt darauf, dass bei der Linse (Lens)
   die Wahl auf 20 mm Landscape steht.

3. Stellen Sie die Bilder hochformatig in das Arbeitsfenster.

4. Mit dem Button *Stitch Pano* starten Sie die Berechnung des Panoramabildes.
   Danach wird aus dem Bild im Panorama Maker der Film berechnet.

5. Bei den vorgegebenen Bildern dürfte es zu keinem Rechenproblem kommen.
   Sollte dies der Fall sein, notieren Sie sich die Fehlermeldung und ändern Sie
   die Einstellungen entsprechend den Angaben unter dem Button *Settings*.

6. Betrachten Sie sich den erstellten Film. Sind Sie mit der Qualität nicht einverstanden, müssen Sie den Film neu berechnen.
   Zuvor können Sie die Bilder
   noch untereinander anpassen,
   indem Sie manuelle Einstellungen vornehmen. Dazu klicken Sie
   in das kleine Dreieck △ am
   Fuß zwischen den einzelnen Bildern. Es öffnet sich nach kurzer
   Zeit ein Fenster, mit dessen
   Hilfe Sie die Bilder besser zueinander positionieren können.
   Durch diese Positionsverbesse-
   rung erleichtern Sie dem Programm die Berechnung von einem Bild zum anderen, da die
   Übereinstimmungen   zwischen
   den Bildrändern leichter gefunden werden.

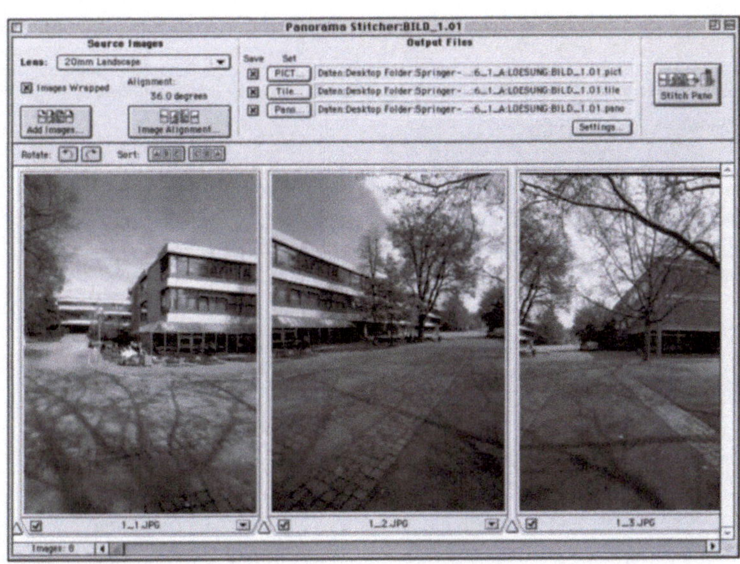

Die Bilder aus dem Aufgabenordner werden alle in den Panorama Stitcher mit Hilfe des Buttons *Add Images ...* geladen. Normalerweise ist bei einem neu geöffneten Programm die Linse *20 mm Landscape* aktiv. Ist dies nicht der Fall, sollten Sie diese Einstellung dahingehend ändern.

Weiter gehende Einstellungen sind nicht vorzunehmen. Die acht Bilder liegen beim Importieren in der richtigen Reihenfolge im Panorama Sticher. Vor dem Berechnen sollten die Bilder noch mit Hilfe der *Rotate*-Buttons hochformatig im Arbeitsfenster erscheinen.

Aktivieren Sie nun die Berechnung durch den Button *Stitch Pano*. Danach werden Sie Zeit für eine kleine Pause haben, bis der Panoramafilm berechnet ist.

Importfenster – Berechnungsmodus

Panorama-Movie

Das Ergebnis Ihrer Berechnung ist ein Panoramafilm. Dieser Film ist nach links, rechts und oben/unten drehbar. Die Drehrichtung wird durch kleine Pfeile angezeigt. Die Lupe ermöglicht das Vergrößern und Verkleinern eines Ausschnittes aus dem Film.

Projekte

–

Lernziel

- Sie lernen die Verknüpfungstech-
  nik kennen, mit der verschiedene
  Panoramafilme zu einer virtuellen Szene verbunden werden.

Aufgaben

- Berechnen Sie mehrere Panoramafilme als Material für die ge-
  plante Hot-Spot-Szene.
- Erstellen Sie aus den berechneten Panoramafilmen eine komplexe Hot-Spot-Szene, um eine
  vollständig virtuelle Darstellung
  eines Gebäudekomplexes zu erhalten, durch den der Anwender
  hindurchgehen kann.

Übungsdateien auf DVD
> TUTORIAL > Q_VIRTUE > Q02

Erstellen einer Hot-Spot-Szene

1. Starten Sie im Programm QTVR den Scene Maker und sichern Sie Ihre Szene in einen neuen Ordner.

2. Stellen Sie das Arbeitsfeld und den Ordner mit den Panoramafilmen nebeneinander auf Ihren Desktop. Nur wenn diese beiden Arbeitsbereiche nebeneinander stehen, können Sie die Dateien in das Arbeitsfeld des Scene Makers per Drag & Drop setzen.

3. Ziehen Sie den ersten, zweiten und dritten Panoramafilm auf das Arbeitsfeld des Scene Makers. Positionieren Sie die Filme entsprechend der gegenüberliegenden Abbildung.

4. Setzen Sie vom ersten zum zweiten Film einen Dual Link, indem Sie den Button für *Set Dual Link* aktivieren, den ersten Film aktivieren und die Linkverbindung zum zweiten Film durch ein einfaches Ziehen auf die Datei herstellen. Ihre Arbeitsfläche mit den verlinkten Filmen muss dann wie in der Abbildung gegenüber dargestellt aussehen.

5. Gehen Sie mit gedrückter Maustaste auf Film 1 und warten Sie auf das Erscheinen des Menüs *Edit Hot Spots*. Wählen Sie diese Option. Jetzt erscheint ein Dialogfeld zur Erstellung der Hot-Spot-Öffnung, der Hot Spot Editor.

6. Der Hot Spot Editor besteht, wie in der Abbildung auf Seite 363 zu sehen ist, aus zwei Elementen: Dem Panoramafilm, in den ein Fenster hineingelegt werden soll, und dem eigentlichen Editor.

7. Wählen Sie aus dem Editor das rote, rechteckig unterlegte Auswahlwerkzeug aus. Suchen Sie sich im Film die Stelle aus, durch die Sie in einen anderen Film gehen wollen, also eine Tür, eine Baumgruppe usw. Legen Sie auf diese Stelle mit Hilfe des Auswahlwerkzeuges die Öffnung in beliebiger Größe an. Sie erscheint als farbige Fläche mit der Farbe, die als Hot Spot Color im Editor definiert ist. Die Hot-Spot-Öffnung sollte so groß gewählt werden, dass der spätere Nutzer diese Öffnung auch leicht findet. Er erkennt die Öffnung folgendermaßen: An der von Ihnen definierten farbigen Fläche wechselt der Steuerpfeil beim Abspielen des Filmes in einen dicken weißen Hot-Spot-Pfeil. Ist die Öffnung sehr klein, leuchtet dieser Pfeil nur kurz auf und ist daher schlecht erkennbar.

Weiter auf Seite 362

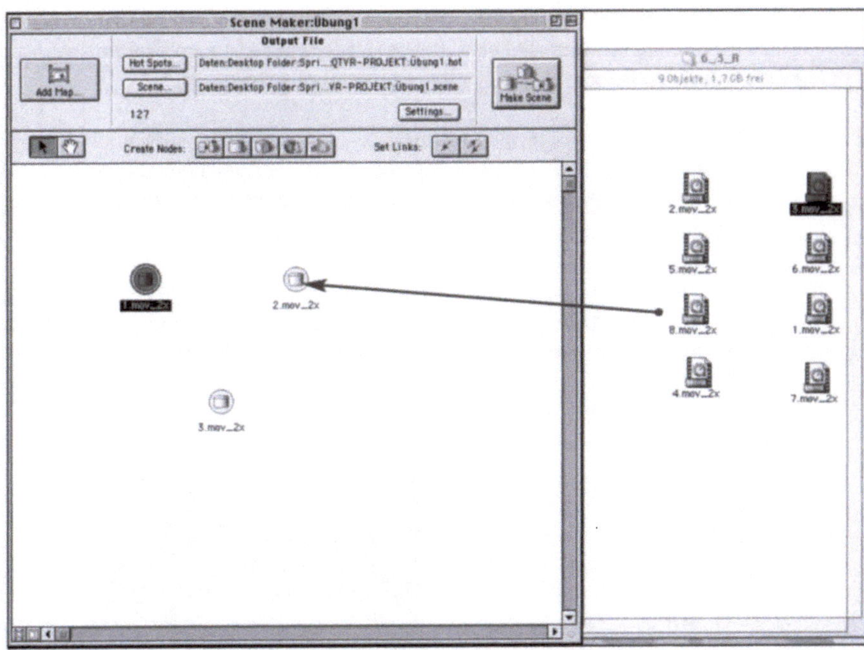

Der Scene Maker erscheint nach dem Sichern des Projektes mit einem leeren Arbeitsfeld. Stellen Sie das Arbeitsfeld und den Ordner mit den Panoramafilmen nebeneinander auf Ihren Desktop. Nur so können Sie die Dateien per Drag & Drop in das Arbeitsfeld des Scene Makers setzen.

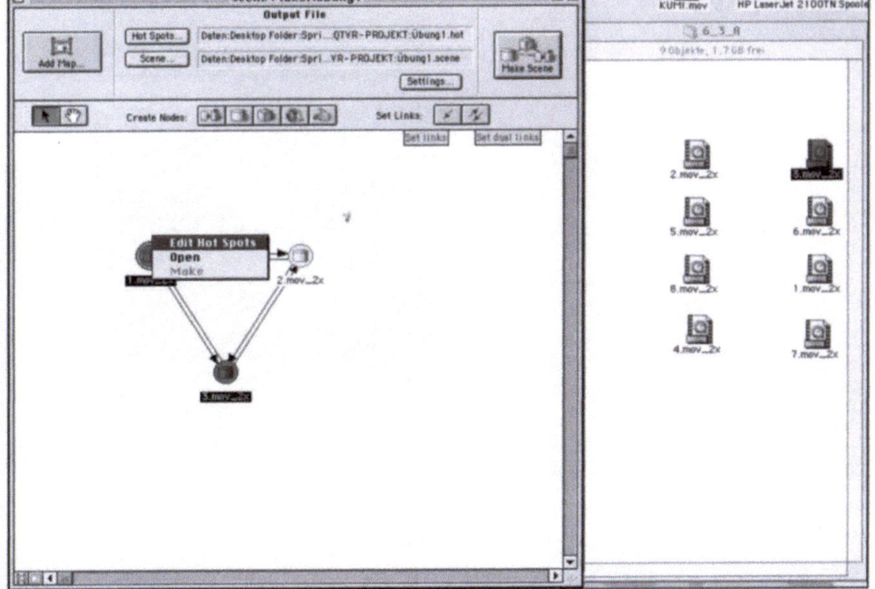

Filme verlinken

Mit *Set Links* und *Set Dual Links* werden die Filme miteinander verknüpft, indem der entsprechende Button gedrückt wird, der erste Film aktiviert und aus diesem heraus die Verbindung zum zweiten Film gezogen wird. Es bleiben dann sichtbare Verbindungslinien mit Pfeilen stehen.

Um den Hot Spot zu setzen, bleibt man mit der Maus so lange auf einem Filmsymbol mit gedrückter Taste stehen, bis das gezeigte Menü mit dem Befehl *Edit Hot Spots* erscheint. Danach kann die Maustaste gelöst werden.

8. Im gezeigten Beispiel sind zwei Hot Spots anzulegen, die mit unterschiedlichen Farben gekennzeichnet sind. Der rote Hot Spot führt zum Film mit dem Dateinamen 2.mov_2x, der grüne führt zum Film 3.mov_2x.

9. Um für die anderen Filme jeweils die Rücksprünge zu erstellen, müssen für jeden ebenfalls zwei Hot Spots angelegt werden. Ist dies geschehen, kann sich der Nutzer durch diese drei Welten bewegen, nachdem die Szene berechnet wurde.

10. Die Berechnung wird durch den Button *Make Scene* aufgerufen. Da es sich um bereits fertige Panoramafilme handelt, die jetzt zu einem neuen Film berechnet werden, kommt es in aller Regel zu keinen Problemen.

11. Betrachten Sie Ihr Ergebnis und verbessern Sie gegebenenfalls das Setzen Ihrer Hot Spots hinsichtlich Größe, Form und Farbe.

12. Bei fertigen Filmen einer Szene lassen sich mit dem *Show Hot Spots* die Fenster zu einem anderen Raum so zeigen, wie sie im Scene Maker mit dem Auswahlwerkzeug angelegt wurden.

Hot Spot Editor

Der Hot Spot Editor besteht aus zwei Elementen: Dem Panoramafilm und dem eigentlichen Editor. Im Panoramafilm wird die Position des oder der Hot-Spot-Fenster definiert. Die Position wird mit Hilfe des roten Auswahlwerkzeuges des Editors als geometrische Form festgelegt.

In der Abbildung ist eine runde und eine rechteckige Hot-Spot-Öffnung zu erkennen.

Die Öffnungen werden immer in der „Hot Spot Color" angelegt und später im fertigen Film auch so angezeigt.

Im Hot Spot Editor befinden sich verschiedene Auswahlwerkzeuge, ein Cursor und ein Schiebewerkzeug. Mit den Auswahlwerkzeugen werden die Öffnungen erstellt. Sie sind wie in Grafikprogrammen anzuwenden.

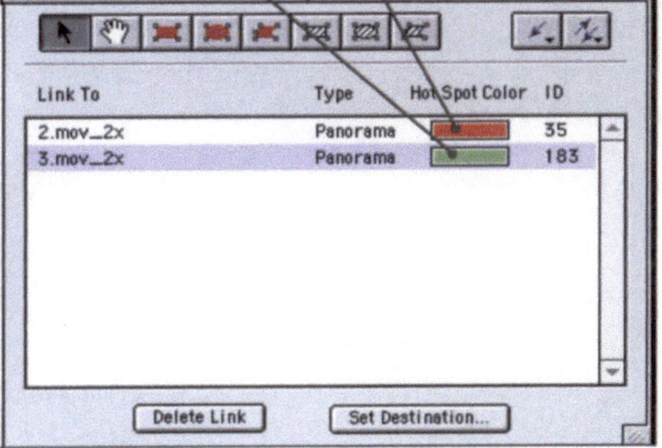

Lernziele

- Sie lernen den Einbau einer Navigationshilfe in eine Hot-Spot-Szene kennen.
- Sie führen diesen Einbau durch.

Aufgaben

- Erstellen Sie für den Panorama-Szene-Film „Schulhof" einen Orientierungsplan für den Außen- und Innenbereich.
- Die Pläne für diese Bereiche sind in den Abbildungen auf Seite 365 und 367 dargestellt und können als Vorlage verwendet werden.
- Innerhalb des Orientierungsplanes muss ein Navigationspfeil die Blickrichtung und die Laufrichtung verdeutlichen.

Übungsdateien auf DVD

> TUTORIAL > Q_VIRTUE > Q03

Das Programm maspaVR ist in der Macintosh-Version auf der DVD verfügbar.

> Q_VIRTUE > Q03 > SOFTWARE

Erstellen einer Hot-Spot-Szene

Eine ausgesprochen hilfreiche und übersichtliche Sache ist der Einbau einer Orientierungskarte oder einer Navigationshilfe in Panoramen. Wie Sie in der vorherigen Übung erkannt haben, ist die Herstellung einer komplexen virtuellen Welt nicht allzu schwierig. Wenn ein Nutzer durch diese Anwendung geht, hat er vielleicht Schwierigkeiten, sich zu orientieren. Ein Lageplan mit der Angabe zu seiner aktuellen Position ist hier hilfreich.

Dazu gibt es ein nützliches kleines Programm, das diese Orientierungshilfe relativ leicht erstellen kann. mapsaVR kommt aus den USA und befindet sich auf der DVD im Ordner Q03 > SOFTWARE. Sie können dieses Programm nutzen, allerdings werden beim Speichern immer bestimmte Fehler eingebaut, die Sie in einer mangelnden Optik erkennen können. Es fehlt einmal ein Stück Lageplan oder der Pfeil wird nicht dargestellt. Dieses Problem können Sie beheben, wenn Sie sich bei der angegebenen Internetadresse registrieren lassen. Dann steht hochwertigen Navigationshilfen nichts mehr im Weg. Für unsere Übung ist aber das mitgelieferte Testprogramm gut geeignet.

Making of …

1. Erstellen Sie die beiden Pläne in der Größe 80×80 mm mit Hilfe des Programms Photoshop oder Illustrator und speichern Sie die Dateien im PICT-Format ab.

2. Starten Sie das Programm mapsaVR und legen Sie die Position des Orientierungsplanes fest. In der Abbildung oben auf der rechten Seite sind die Einstellungsoptionen dargestellt.

3. Importieren Sie den Film SCHULE.MOV, also das Ergebnis Ihrer letzten Übung. Der Film wird in der Arbeitsfläche links dargestellt.

4. Importieren Sie mit Hilfe des Buttons Add … die beiden erstellten Karten. Durch Anklicken der Dateinamen im Map-Fenster laden Sie die gewünschte Karte in den rechten Teil der Arbeitsfläche.

Weiter auf Seite 366

Filmoptionen

Hier wird das Format und die Position des Panoramafilmes mit Navigationstool festgelegt. Im gezeigten Beispiel befindet sich die Navigationsübersicht rechts vom Panoramafilm.

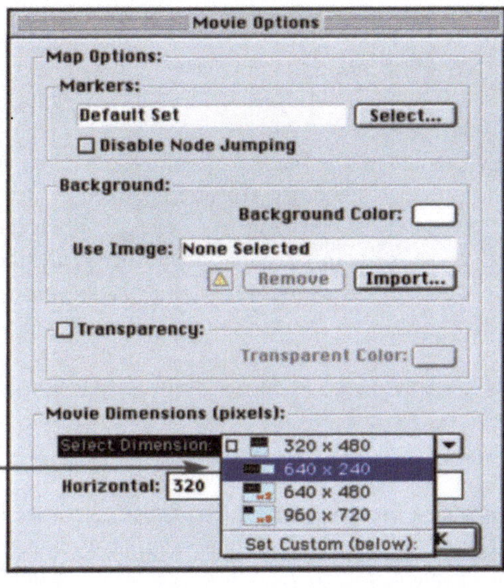

Lageplan

Als Navigationshilfe kann der obige Übersichtsplan in Photoshop, Freehand oder Illustrator gezeichnet werden. Die Originalgröße des Lageplans ist 80× 80 mm.

Q 03

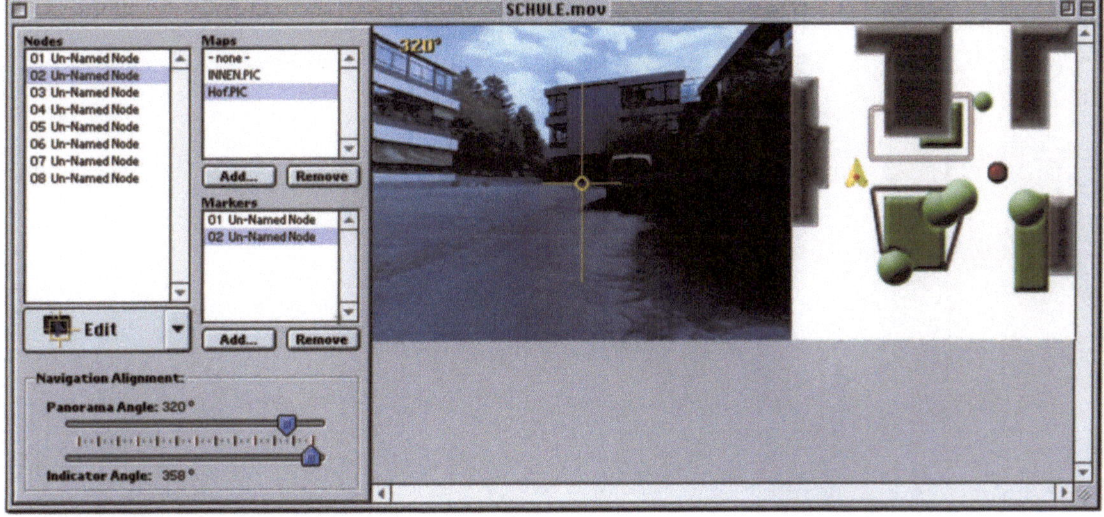

Arbeitsoberfläche ...

des Programms mapsaVR. Rechts ist die zweigeteilte Arbeitsfläche zu sehen, links finden Sie die Import- und Einstellungsoptionen.

Weiter Seite 367

5. Im Fenster der Karte auf der Arbeitsfläche erscheint links oben ein gelber Pfeil. Ziehen Sie diesen Pfeil an die Position Ihres Standortes. Dies ist in der Regel in der Mitte Ihres Panoramafilmes.

6. Verschieben Sie nach der ersten Positionierung des Pfeils die beiden Schieberegler links unten. Der obere Regler führt Sie durch den Panoramafilm, der untere Regler dreht den Orientierungspfeil in der Karte in die gewünschte Position. Ist eine Position festgelegt, verschieben Sie den oberen Regler für die nächste Orientierung, drehen den Pfeil mit dem unteren Regler nach usw. Für jede Drehung wird ein Positionspunkt in das Listenfeld eingetragen.

7. Sind Sie mit einer Szene fertig, wechseln Sie vom Edit-Modus in den Preview-Modus und springen durch den angelegten Hot Spot zur nächsten Szene und legen dort für den neuen Raum die Orientierungspfeile an.

8. Ist dies für alle Szenen durchgeführt, sichern Sie Ihren Film und schauen sich Ihr Ergebnis an. Ist die Orientierung nicht ganz eindeutig und klar, müssen Sie einen zweiten Versuch zur Verbesserung der Orientierungsgrafik wagen.

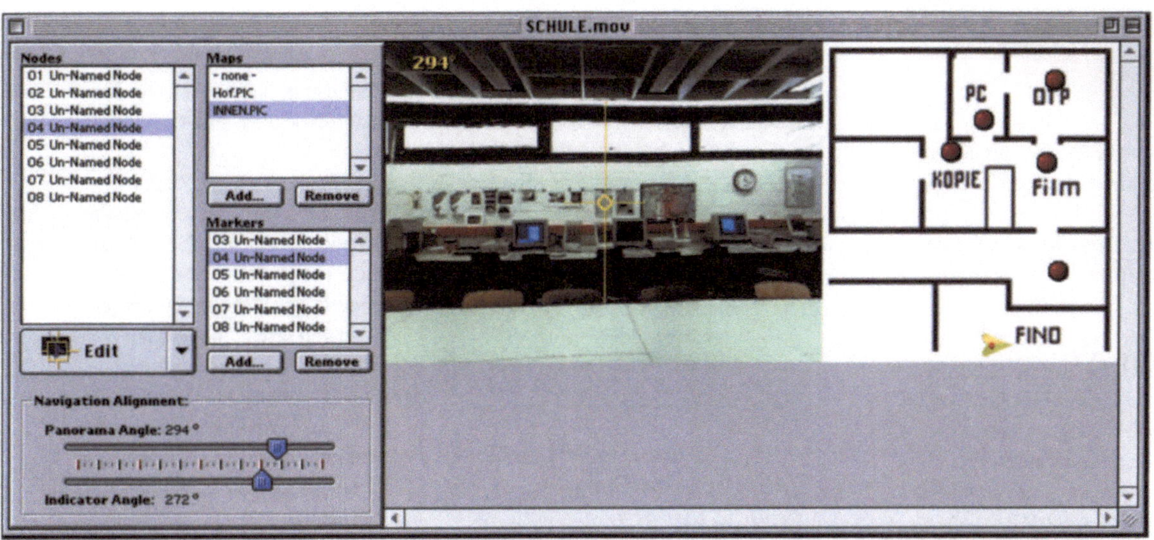

Arbeitsoberfläche
Die roten Punkte in der Karte zeigen die Standpunkte des Betrachters an. Sie sind später im Film zu sehen.

Panoramafilm mit Karte
Deutlich ist die Standortmarkierung und der gelbe Pfeil zu erkennen, der auf die Tür zeigt. Die Tür ist gleichzeitig Hot-Spot-Öffnung zum nächsten Raum. Jeder Raum wird durch einen Panoramafilm dargestellt. Alle Filme sind durch den Scene Maker zu einem Film berechnet worden. Die Einbindung eines Planes dient der Orientierung beim Gang durch die verschiedenen Bereiche des Gebäudes und des Hofes.

Sound in QTVR-Movies

Normalerweise enthalten QTVR-Movies keine Soundspur. Dies führt dazu, dass der Sound zum QTVR-Movie z.B. im Programm Director über eine Lingo-Programmierung gesteuert werden muss.

Mit Hilfe des Programms „soundsaVR" ist die Möglichkeit gegeben, in ein QTVR-Movie eine eigenständige Soundspur anzulegen. Die auf der gegenüberliegenden Seite abgebildete Oberfläche des Programms erklärt sich von selbst: Sie müssen den oder die Sounds importieren und an den entsprechenden Gradeinstellungen den jeweiligen Sound als Anspielpunkt definieren.

Spuren im QTVR-Movie
Vorhandene Tracks in einem VR-Movie nach dem Soundimport.

Ist dies geschehen, wird der Film neu berechnet und Sie haben jetzt einen QTVR-Film mit den in der kleinen Abbildung links gezeigten Spuren.

Das Programm befindet sich auf der DVD im Ordner Q04 > SOFTWARE. Die dortige Demoversion wird den importierten Sound nur in einem Bereich von 260–360 Grad abspielen. Sie können sich wie bei dem Programm „mapsaVR" bei der angegebenen Internetadresse registrieren lassen, um die volle Funktionalität des Programms zu nutzen. Um die Möglichkeiten des Programms kennen zu lernen, reicht die Demoversion aber aus.

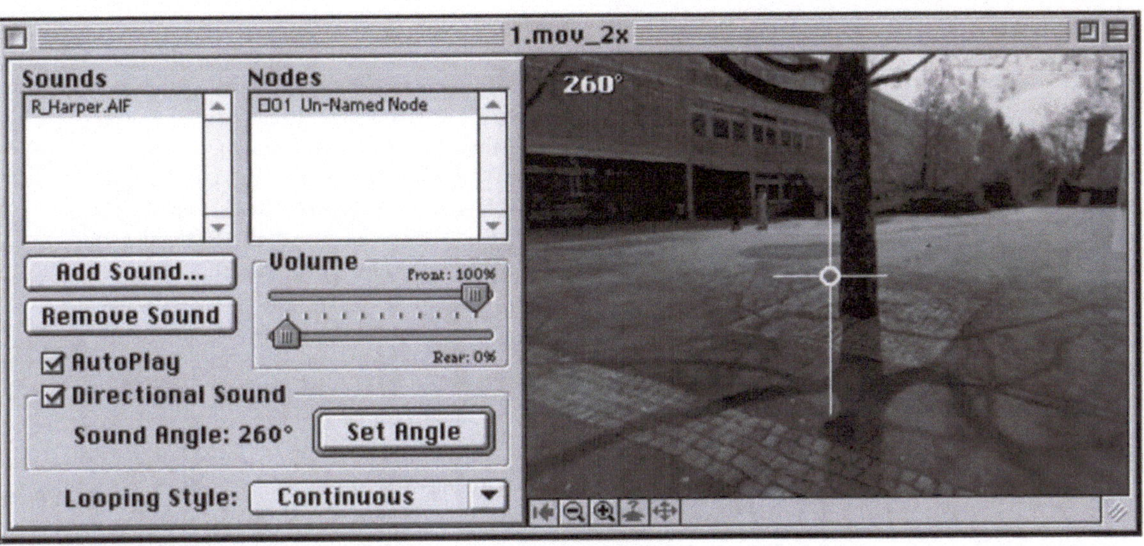

Q 04

Arbeitsoberfläche

Das Programm soundsaVR ermöglicht mit obiger Arbeitsoberfläche das Anlegen einer Soundspur.

Links oben ist das Fenster mit der Information über die eingespielten Sounddateien, rechts das Fenster über die Anzahl der Nodes im QTVR.

Mit den darunter befindlichen Buttons können Sounds geladen bzw. entfernt werden.

Die weiteren Einstellmöglichkeiten auf dieser Arbeitsoberfläche ergeben sich aus dem Text. Sie müssen dieses kleine Programm nur noch testen ...

Hinweis

Beachten Sie bitte, dass es im beigefügten Demoprogramm auf der DVD des Buches nur möglich ist, in einem Bereich von 260–360 Grad Sound abzuspielen. Um den Sound vollständig im Bereich von 360 Grad abzuspielen, benötigen Sie die Vollversion des Herstellers.

QuickTime Player Vollversion

Weder der Stitcher noch das QTVR Panorama Utility erstellen ein Panorama-Movie, das unter Windows abgespielt werden kann. Deshalb ist eine Konvertierung notwendig. Diese ist sehr einfach in der Durchführung.

Öffnen Sie das Movie im QuickTime Player von Apple und wählen Sie dort *Ablage > Sichern unter.* Im darauf folgenden Feld klicken Sie dort auf die *Option Als eigenständigen Film sichern.* Wichtig: Geben Sie dem Movie einen Namen nach der ISO-9660-Konvention – also maximal 8 Zeichen und das Suffix .MOV.

Eine weitere Möglichkeit: Exportieren Sie den Film aus dem Quick-Time Player heraus als QTVR-Movie. Dazu aktivieren Sie im *Ablage*-Menü die Option *Exportieren.* Im danach folgenden Menü exportieren Sie den QTVR-Film als *Film – Fast Start QuickTime VR ...* mit der Einstellung *Standardeinstellungen.* Beachten Sie dabei die Namenskonvention nach ISO 9660.

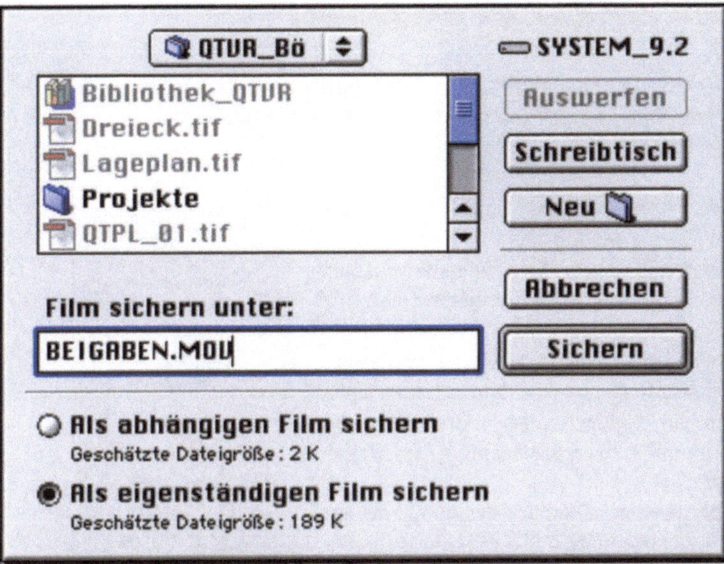

Die so konvertierten QuickTime-Movies sind auf anderen Computersystemen mit der dem jeweiligen System angepassten Systemerweiterung QuickTime abspielbar.

Dialogfeld Sichern
Die Abbildung zeigt das Einstellungsfeld für das Sichern eines eigenständigen Filmes in der QuickTime Player-Version 5.

Dialogfeld Exportieren
Die Abbildung zeigt das Einstellungsfeld für das Exportieren eines eigenständigen QTVR-Movies in der QuickTime Player-Version 5.

Projekte
—

Lernziele
- Sie wissen, wie ein QTVR-Objekt aufgebaut wird.
- Sie können ein solches Objekt herstellen.

Aufgabe
- Aus vorhandenen Bilddateien erstellen Sie ein QTVR-Objekt.

Übungsdateien auf DVD
> TUTORIAL > Q_VIRTUE > Q06

QuickTimeVR-Objekt

Die QTVR-Objekt-Technologie ermöglicht die schnelle Herstellung eines digitalen Objektes. Dazu müssen von dem Objekt acht bis 12 Aufnahmen erstellt werden. Dabei muss

- bei jeder Aufnahme das Objekt jeweils um 30 Grad gedreht werden oder
- die Kamera in einem Kreisbogen jeweils um 30 Grad um das Objekt bewegt werden.

Entscheidend dabei ist, dass die Aufnahme jeweils im gleichen Abstand und mit dem gleichen optischen Mittelpunkt erstellt wird. Außerdem ist auf eine immer gleichmäßige Ausleuchtung des Objektes zu achten.

Die Bilder werden i.d.R. nach der Aufnahme mit Photoshop nachbearbeitet. Die exakte Positionierung der Aufnahmen in der Bildmitte muss kontrolliert und angepasst werden. Weiter ist auf die Herstellung eines einheitlichen Hintergrundes bei allen Aufnahmen zu achten.

Sind die Bilder zur Objekterstellung aufbereitet, werden Sie in der richtigen Reihenfolge in den *Object Maker* des Programms *QTVR Studio* geladen. Gehen Sie dazu folgendermaßen vor:

1. Starten Sie das Programm *QTVR Authoring Studio* und rufen Sie den *Object Maker* auf.

2. Gehen Sie auf *Define Object ...* und stellen Sie das zu berechnende Objekt ein. In unserem Beispiel ist dies eine Bildreihe mit 12 Bildern.

3. Importieren Sie die Bilder mit *Add Files ...*

4. Kontrollieren Sie die richtige Reihenfolge der Bilder im Arbeitsfenster.

5. Lösen Sie die Berechnung des Objektes durch den Button *Make Object* aus.

6. Begutachten Sie das fertige Ergebnis.

Prinzip des QTVR-Objektfilmes: Das virtuelle Objekt, z.B. ein Buch, eine Person oder ein Auto, dreht sich vor dem an einem Punkt stehenden Betrachter um seine eigene Achse. Das Objekt kann vom Nutzer mit Hilfe einer Hand bewegt werden. Sind entsprechende Bilder mit einem 3D-Scanner erstellt worden, kann das Objekt auch von oben betrachtet werden.

VR-Objekte in der Autowerbung

Um dem Autokäufer einen ersten Eindruck von einem neuen Auto zu geben, wird in der Online-Werbung verstärkt zu virtuellen Objekten gegriffen. Der Nutzer kann sich rundherum ein Bild von einem neuen Produkt machen, er kann es vergrößern, verkleinern und drehen.

Durch entsprechende Einstellungen ist ein automatisches Drehen des Objektes möglich oder ein ausschließliches Bewegen nur durch den Anwender am Monitor.

Oberfläche des Object Makers

Zuerst ist immer das zu erstellende Objekt zu definieren. Die Anzahl der Reihen ist in der Regel 1, wenn kein 3D-Scanner zur Verfügung steht.

Die Anzahl der Bilder ist abhängig von der Aufnahmenserie. Bei einfachen Aufnahmen zur Übung genügen 6 bis 8 Bilder, um zu einem Ergebnis zu gelangen. Bei höheren Ansprüchen sind kleinere Drehwinkel bei der Aufnahme anzuwenden und man erhält dadurch mehr Aufnahmen. Mit 12 Aufnahmen pro Objekt sind bereits gute Ergebnisse zu erreichen.

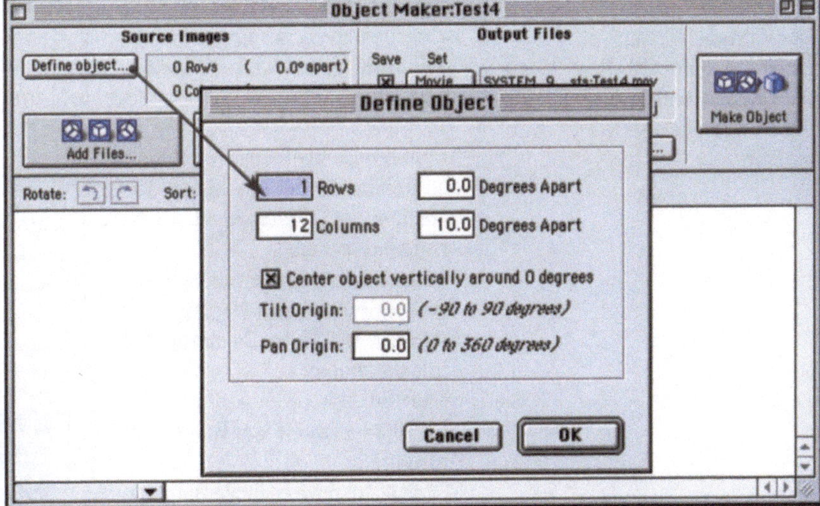

Um Bilder für QTVR-Objekte zu erhalten, gibt es zwei Möglichkeiten:

1. Bild-Capture mit QTVR-Studio mit Hilfe einer angeschlossenen Videokamera.
2. Aufnahmen mit der Digitalkamera und überspielen der Bilder auf den Rechner.

In beiden Fällen wird eine Nachbearbeitung der Bilder mit einem Bildbearbeitungsprogramm notwendig sein.

Bild-Capture mit QTVR-Studio

1. Anschließen einer Videokamera an der Firewire-Schnittstelle oder dem Videoeingang z.B. einer Digitalisierungskarte.

2. Aufruf des Programms QTVR-Studio. Nachdem das Arbeitsfenster offen ist, definieren Sie als Erstes Ihr Objekt mit Hilfe des Menüs *Define Object…*

3. Aktivieren Sie den Button *Capture…* und bearbeiten Sie das nun geöffnete *Capture Controls*-Menü (siehe Abbildung rechts).
Digitizer: Schnittstelle für Videokamera muss eingestellt werden.
Format: z.B. S-Video, Composite Video oder andere
Signal: PAL
Size: Hier haben Sie vier Größen zur Auswahl.
Mit den folgenden Reglern haben Sie die Möglichkeit, die Aufnahme zu verbessern. Gezieltere Korrekturen sind allerdings mit Photoshop besser zu erreichen.

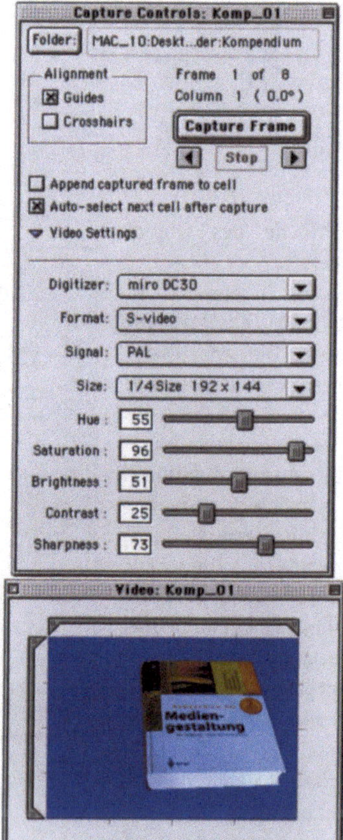

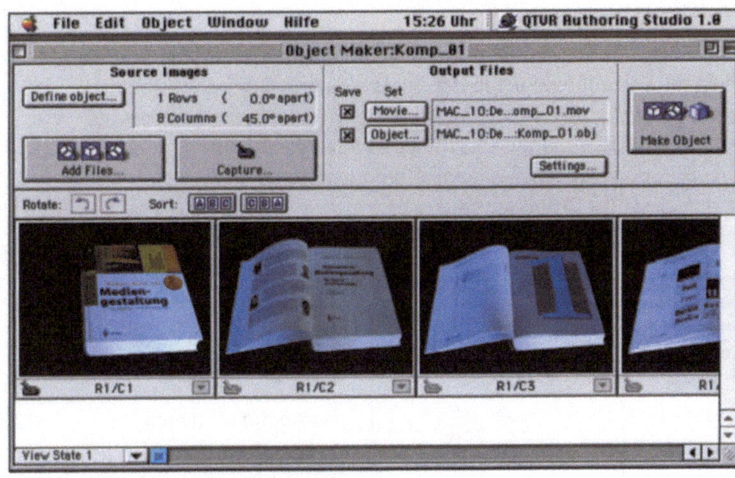 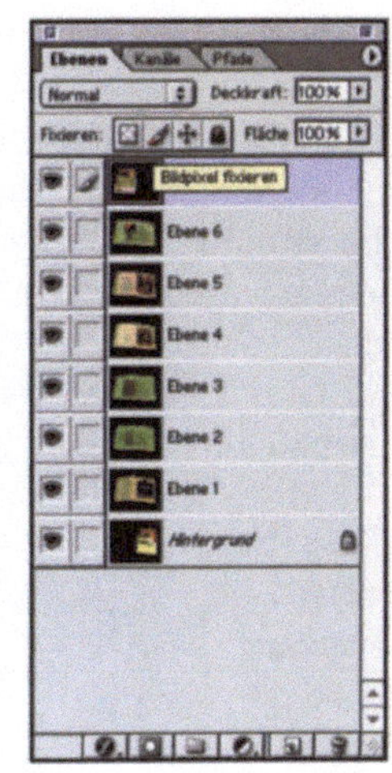

4. Wenn Ihre Capture-Einstellungen korrekt sind, erscheint im Videofenster die Bilddarstellung Ihrer Aufnahme (siehe Abbildung Seite 374). Diese Aufnahme wurde in einer BlueBox erstellt, daher der blaue Hintergrund.

5. Durch die Betätigung der Taste *Capture Frame* wird die Aufnahme übertragen und gespeichert. In unserem Beispiel wird die erste von acht Aufnahmen durch Betätigen der Taste übertragen und in dem Ordner als Bild abgelegt, in den das Projekt zu Beginn gesichert wurde. Alle aufgenommenen Bilder werden also im Arbeitsfenster von QTVR-Studio dargestellt und gleichzeitig zur späteren Verarbeitung in den Arbeitsordner abgelegt.

6. Sind alle Aufnahmen übertragen und im Arbeitsfenster enthalten, kann die Berechnung des Objektes durch die Taste *Make Object* gestartet werden.

7. Ist das Ergebnis nicht befriedigend, liegt dies häufig an den aufgenommenen Bildern. Nehmen Sie diese und korrigieren Sie mit Photoshop eventuelle Fehler.

Sollte das Objekt nicht exakt zentriert sein, kann dies in Photoshop korrigiert werden. Dazu legen Sie eine Datei an, in der sich alle Bilder in Photoshop-Ebenen befinden. Durch entsprechende Verschiebungen kann dieser Fehler leicht kontrolliert werden.

8. Soll der Objektfilm in einer Internetseite oder auf einer CD-ROM abgespielt werden, ist es oftmals sinnvoll, den Filmhintergrund des Objektes an die Hintergrundfarbe z.B. der Bühne anzupassen. Dadurch wird der Eindruck erweckt, dass z.B. die Buchdarstellung direkt freigestellt auf der Bühne gedreht werden kann.

Bühne einer MM-Applikation mit QTVR-Buch zum Blättern

Lernziel
- Sie lernen das Programm VR Worx kennen und anwenden.

Aufgaben
- Verknüpfen Sie Panoramafilme und QTVR-Objekte.
- Kombinieren Sie dazu die Möglichkeiten der Programme QTVR Authoring Studio und VR Worx.

Übungsdateien auf DVD
> TUTORIAL > Q_VIRTUE > Q08

Das Programm kann über folgende Internetseiten in einer Demoversion für Mac und PC geladen werden:

www.innotech-soft.com
www.vrtodbox.com/downloads.html

The VR Worx

Interessant ist die Verknüpfung durch Hot Spots zwischen QTVR-Objektfilmen und Panoramafilmen. Es ist möglich, ein Objekt (z.B. ein Buch), das in einem Panoramafilm erscheint, durch einen Hot Spot auszuwählen und zu betrachten und von dort aus wieder zum Panoramafilm zurückzugehen.

Leider kann das QTVR Authoring Studio dies nicht ohne fremde Hilfe bewerkstelligen. Um im Scene Maker einen Objektfilm so zu positionieren, dass ein Hot Spot zu einem Panoramafilm angelegt werden kann, muss eine Konvertierung in ein lesbares QTVR-Panoramaformat durchgeführt werden.

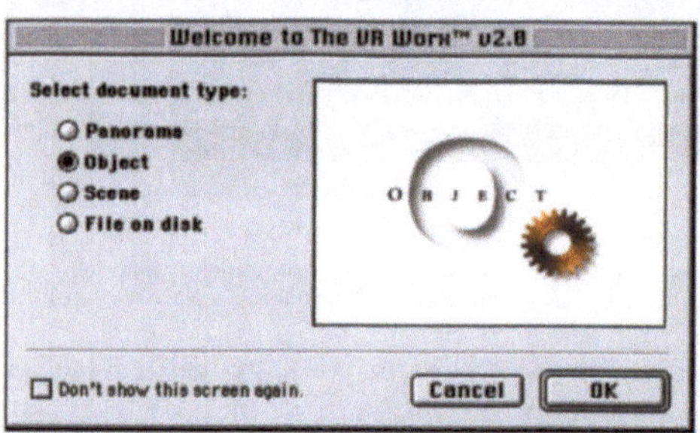

Dazu benötigen Sie ein Programm wie *The VR Worx*, um den Objektfilm zu konvertieren oder nochmals im richtigen Format zu erstellen. Nur wenn der Film dort im QTVR-Format erstellt wurde, kann er im Scene Maker mit einem Panoramafilm verknüpft werden.

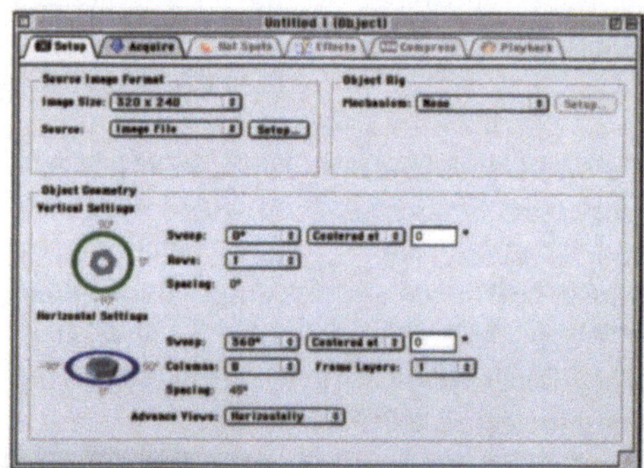

Das Programm VR Worx ist hier mit drei Abbildungen gezeigt. Das erste Bild zeigt den Startscreen, bei dem die Art der virtuellen Darstellung gewählt wird. Nach der Wahl erscheint eine Programmoberfläche im Karteikartenlook. Jeder einzelne Reiter muss bearbeitet werden. Dies ist relativ einfach aufgebaut und man kann, richtiges Bildmaterial vorausgesetzt, problemlos Panoramafilme und Objekte er-

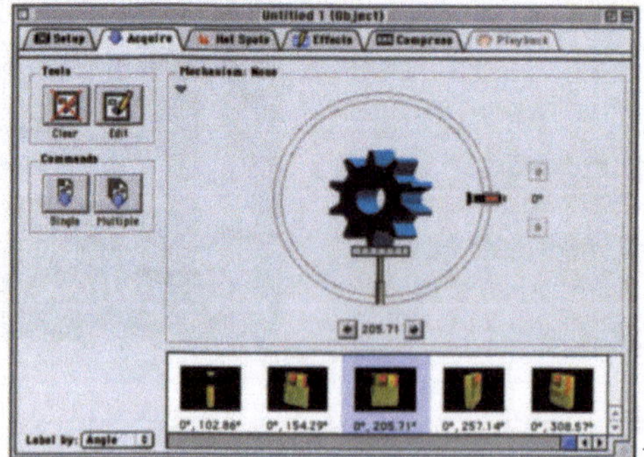

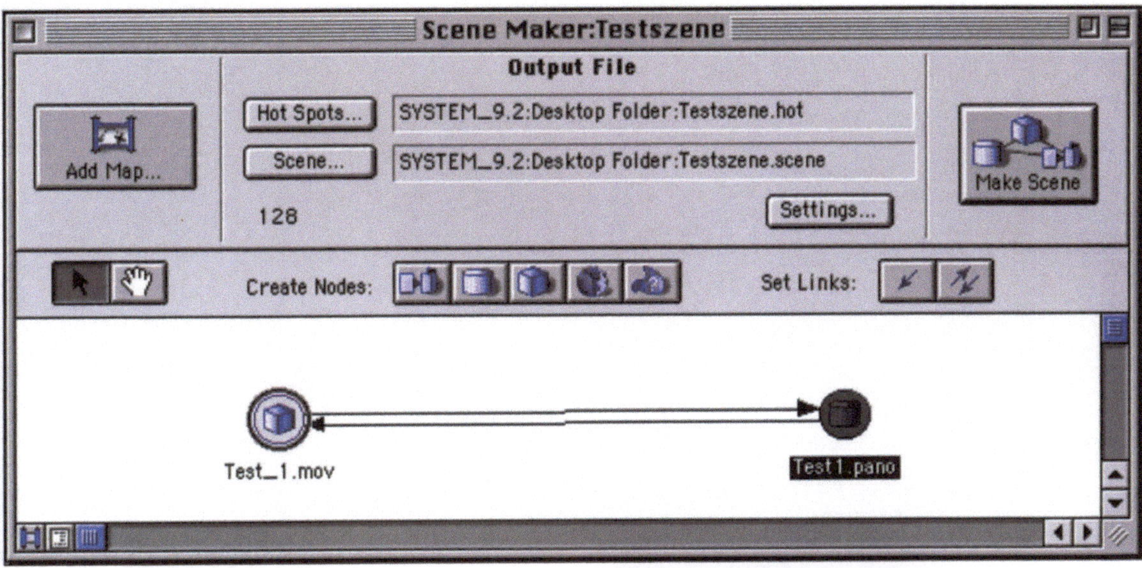

stellen. Diese Filme lassen sich dann im QTVR–Studio zu komplexen Szenen zusammensetzen.

In der oberen Abbildung ist die Arbeitsoberfläche des QTVR Scene Maker zu erkennen. Die Datei Test_1.mov ist ein Objektfilm, die Datei Test1.pano ist ein Panoramafilm. Bei der angesprochenen korrekten Aufbereitung der Filme ist es möglich, diese beiden Filmtypen miteinander zu kombinieren und damit effektvolle Szenen herzustellen.

Die Verarbeitung und Herstellung der Hot Spots erfolgt wie unter Q 02 Seite 360 beschrieben. Nur der Objektfilm erhält, wie in der rechten Abbildung zu sehen ist, ein anderes Abspielfenster. In diesem Abspielfenster können die Einstellungen für das Hineinspringen in das Objekt festgelegt werden.

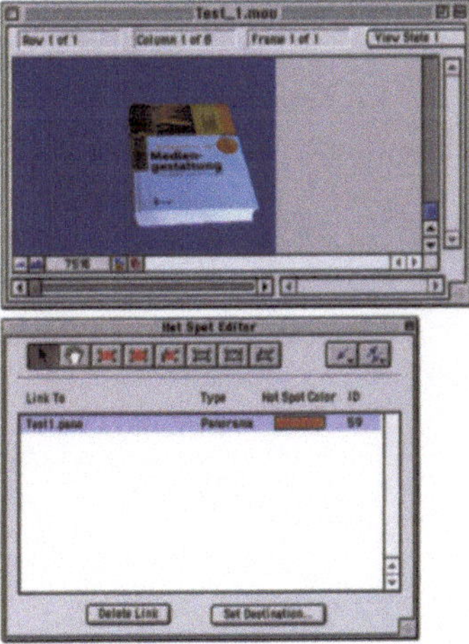

SOUND XP STUDIO 5.0
FORGE
DIGITAL AUDIO EDITOR
SONIC FOUNDRY

Audio-Hardware und -Software

In der Multimedia-Branche stellt das Medium „Sound" eine wesentliche Komponente einer Produktion dar. Sowohl bei Präsentationen und Multimedia-CD-ROMs als auch zunehmend im Internet trägt der „richtige" Sound wesentlich zum Erfolg eines Produktes bei.

Die professionelle Aufnahme, Bearbeitung und Wiedergabe eines Sounds ist nur in einem Tonstudio mit entsprechend ausgebildetem Personal möglich. An diesen Personenkreis richtet sich dieses einführende Kapitel nicht. Heutige PCs ermöglichen es auch dem Laien, eigene Sounds in relativ hoher Qualität zu produzieren und sie in multimedialen Produkten einzusetzen.

Wer nicht im Besitz eines – wie im Kompendium der Mediengestaltung beschriebenen – Tonstudios ist, benötigt hardwareseitig folgende Mindestausstattung:

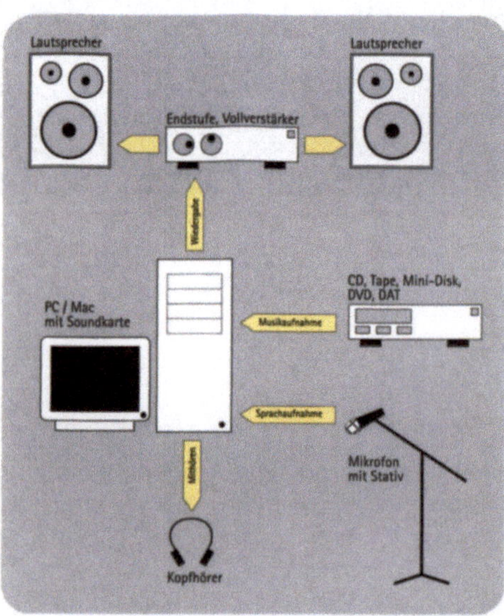

- PC oder Mac
- CD-ROM- oder DVD-Laufwerk zum Abspielen von Audio-CDs
- Soundkarte oder -chip zur Wiedergabe und Aufnahme von Sound
- Mikrofon mit Stativ
- Endstufe und Abhörlautsprecher (Verwendung der Stereoanlage ist empfehlenswert)
- Kopfhörer

Zur Bearbeitung von Sound gibt es eine Vielzahl von Editoren, die teilweise als „Shareware" kostengünstig zu erwerben sind. Ein einheitlicher Standard für Mac und PC hat sich leider bislang nicht etabliert.

Im vorliegenden Tutorial wird der Audioeditor *Sound Forge XP Studio* von Sonic Foundry vorgestellt. Es handelt sich dabei um eine kostengünstige „Lightversion" der Profisoftware Sound Forge. Auf DVD steht bereits eine Demoversion der aktuellen Version *Sound Forge Studio 6.0* zur Verfügung. Diese unterscheidet sich jedoch nur geringfügig von der in diesem Tutorial beschriebenen Version .

Die nachfolgenden Übungen können ohne weiteres mit einem anderen Audioeditor durchgeführt werden. Für Mac-User empfiehlt sich beispielsweise die Software *Soundedit* von Macromedia.

Audiodaten

Die Qualität eines (unkomprimierten) Sounds ist von drei Kennwerten abhängig:

Abtastfrequenz (f_A)

Die Abtastfrequenz gibt an, wie oft ein analoges Soundsignal bei der Digitalisierung pro Sekunde abgetastet (gemessen und gespeichert) wird. Sie wird in Kilohertz (kHz) angegeben. In der Praxis sind folgende Abtastfrequenzen von Bedeutung:

- 192 kHz sehr hohe Qualität, Studio, Audio-DVD
- 96 kHz hohe Qualität, Studio, Audio-DVD
- 44,1 kHz hohe Qualität, Audio-CD, Multimedia
- 22,05 KHz mittlere Qualität, evtl. Multimedia

Auflösung (A)

Die Auflösung gibt die Stufenzahl an, mit der die abgetasteten Soundwerte digitalisiert werden. Einheit der Auflösung ist Bit. In der Praxis kommen folgende Auflösungen zum Einsatz:

- 24 Bit sehr hohe Qualität, Studio, Audio-DVD
- 16 Bit hohe Qualität, Audio-CD
- 8 Bit niedere Qualität, evtl. für Sprache

Kanalzahl (K)

Die Kanalzahl bestimmt die Anzahl an parallel aufgezeichneten Audiosignalen. Üblicherweise kommen Mono- (ein Kanal) oder Stereoaufnahmen (zwei Kanäle) zum Einsatz.

Die Datenmenge in Bit eines Sounds ergibt sich aus dem Produkt der genannten Kennwerte mit der Zeit:

$$D = A \times f_A \times K \times t$$

A: Auflösung in Bit
f_A: Abtastfrequenz in Hz
K: Kanalzahl
t: Aufnahmezeit in s

Beispiel:
Dreiminütige Aufnahme in CD-Qualität (44,1 kHz, 16 Bit, Stereo, 180 s)

$$D = 16\,\text{Bit} \times 44\,100\,\text{Hz} \times 2 \times 180\,\text{s} = 254\,016\,000\,\text{Bit}$$
$$= 31\,752\,000\,\text{Byte} = 31\,007,8\,\text{KB} = 30,3\,\text{MB}$$

Das Beispiel zeigt, wie groß die Datenmengen von (unkomprimierten) Sounds sind. Für Multimedia-Produktionen und erst recht für den Einsatz im Internet ist eine starke Reduktion der Datenmengen unerlässlich.

Audioformate

Bei den Audioformaten wird zwischen verlustfreien und verlustbehafteten Formaten unterschieden. Bei letzteren nimmt die Soundqualität bei der Kompression des Sounds ab.

WAV (Wave)

In WAV-Dateien werden die Sounddaten im PCM-Format unkomprimiert und deshalb verlustfrei gespeichert. Vergleichbar mit TIF-Dateien bei Bildern lassen sich WAV-Sounds durch alle gängigen Programme importieren. Ihr Nachteil ist die große Datenmenge (vgl. obiges Beispiel).

Für kurze Sounds könnten WAV-Dateien, die mittels verlustfreiem Kompressionsverfahren ADPCM abgespeichert werden, eine Alternative zu MP3 darstellen. Die Datenmenge wird hierbei immerhin um Faktor 4 reduziert.

AIF (Audio Interchange Format)

Das vorwiegend am Mac eingesetzte AIF-Format speichert Sounds ebenfalls unkomprimiert und damit verlustfrei. Die Datenmengen entsprechen den WAV-Dateien.

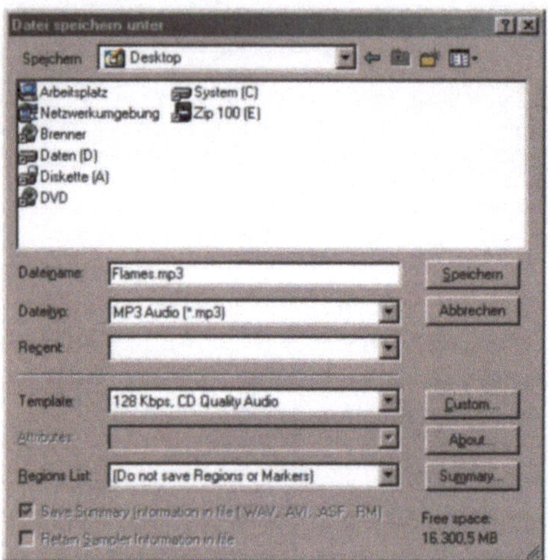

MP3 (MPEG Layer 3)

MPEG ist aus dem Bereich des Digitalfernsehens und -videos bekannt. Bei MP3 handelt es sich um den Audioanteil dieses Kompressionsverfahrens. Der Algorithmus war derart erfolgreich, dass er sich als neues Dateiformat in der Musikbranche etabliert hat. Kennzeichen einer MP3-Datei ist, dass sie – wie bei JPG-Dateien – in verschiedenen Qualitätsstufen erzeugt werden kann. Je höher die Qualität ist, umso höher ist zwangsläufig auch die Datenmenge. Letztere wird immer auf eine Sekunde bezogen angegeben: Ein 128-Kbps-MP3 besitzt also eine Datenmenge von 128 KBit oder 16 KB pro Sekunde. Gängige Datenraten sind:

- 192 Kbps   Audio-CD-Qualität
- 128 Kbps   nahezu Audio-CD-Qualität
- 96 Kbps   für Multimedia oft ausreichend
- 64 Kbps   deutlich hörbare Qualitätsverluste

Zum Erzeugen von MP3s wird ein Encoder und zur Wiedergabe ein Decoder (MP3-Player) benötigt. Beachten Sie, dass auch der Webbrowser über ein entsprechendes Plugin verfügen muss, wenn er ein MP3 abspielen soll. Eine Alternative stellt die Verwendung von Flash dar, da dort die Sounds importiert und damit in den Film eingerechnet werden können.

WMA (Windows Media Audio)

Ähnlich wie bei MP3 lassen sich auch WMA-Dateien in variabler Qualität und damit in unterschiedlicher Datenmenge erzeugen. WMA-Dateien können allerdings weder in Flash noch in Director importiert werden, so dass deren Einsatzmöglichkeiten für Multimedia-Produktionen relativ beschränkt sind.

Editorfenster

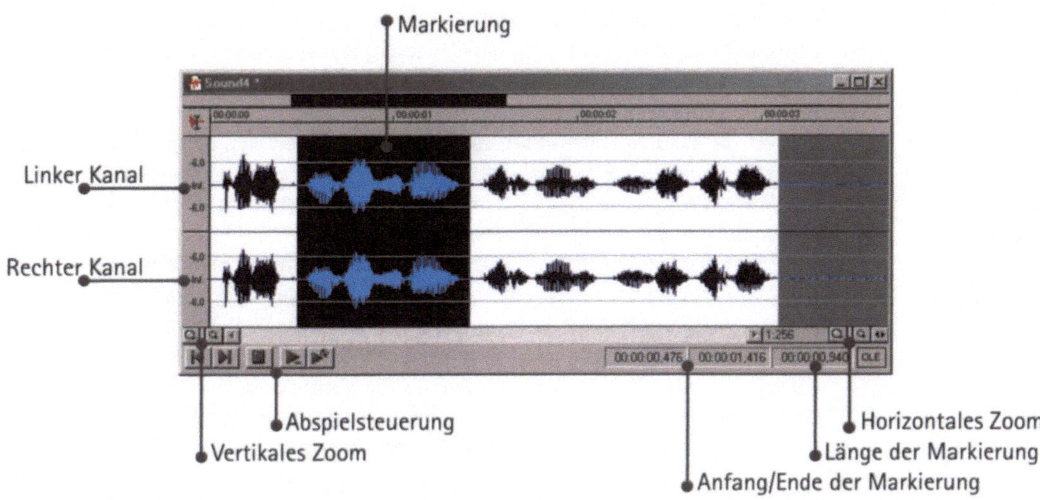

Jeder (digitalisierte) Sound wird im abgebildeten Editorfenster angezeigt. Bei Stereoaufnahmen entspricht dabei die obere Hälfte dem linken und die untere Hälfte dem rechten Kanal des Sounds.

Die Handhabung der Steuerbuttons ist vom CD-Player her bekannt und damit selbsterklärend. Zur Bearbeitung eines bestimmten Soundbereichs muss dieser zuvor mit Hilfe der Maus markiert werden.

Mittels horizontalen Zooms lässt sich der Verlauf des Pegels stark vergrößert darstellen und somit problemlos auch im Bereich von Millisekunden editieren.

Pegel

Zur richtigen Aussteuerung eines Sounds ist die Pegelanzeige (Play Meters) von großer Bedeutung. Der Pegel entspricht der Höhe des Audiosignals und hängt damit direkt mit der Lautstärke des Sounds zusammen. Stereoaufnahmen besitzen zwei getrennte Pegel für den linken und rechten Kanal.

Als Pegelmaß hat sich in der Audiotechnik die logarithmische Einheit Dezibel (dB) durchgesetzt. Vereinbarungsgemäß wurde die Aussteuergrenze auf 0 dB gelegt. Alle Pegel unterhalb dieser Grenze besitzen negative Werte, wobei −6 dB einer Halbierung des Pegels, −12 dB einer Änderung auf 25% entspricht, usw.

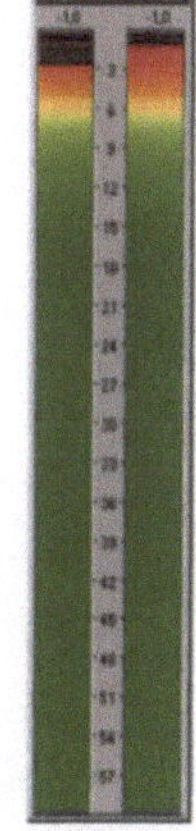

Beim Auspegeln eines Sounds muss eine Übersteuerung durch Überschreiten der 0-dB-Grenze vermieden werden, da es in diesem Fall zum Abschneiden (Clipping) des Signals kommt. Andererseits ist es wichtig, dass das Audiosignal einen möglichst hohen Pegel und somit genügend Abstand zum unvermeidlichen (Grund-)Rauschen besitzt.

Grundsätzlich gilt bei der Produktion von Sounds die gleiche Grundregel, die auch bei der Bildproduktion Gültigkeit hat: Achten Sie bereits bei der Aufnahme (beim Scannen) auf optimale Qualität, dann ersparen Sie sich bei der späteren Bearbeitung aufwändige Korrekturen ...

Aufstellen der Hardware

Entscheidend für die Qualität der Aufnahme ist, dass Sie Ihr Mikrofon an einem möglichst ruhigen Ort aufstellen. Hintergrundgeräusche wie Straßenlärm oder Lüftergeräusche Ihres Computers lassen sich später kaum mehr aus der Aufnahme entfernen. Weiterhin ist zu beachten, dass sich Ihr Mikrofon keinesfalls *vor*, sondern immer *hinter* den Lautsprechern befindet, da nur in diesem Fall die gefürchteten Rückkopplungen vermieden werden. Diese äußern sich in Form eines schrillen Pfeiftones, der eine Lautsprechermembran oder – im Extremfall – das Trommelfell zerstören kann.

Die Lautsprecher sollten so platziert und ausgerichtet werden, dass sich mit Ihrem Arbeitsplatz in etwa das gezeigte gleichseitige Dreieck ergibt. Verwenden Sie nicht die in der Regel an einem Computer angeschlossenen Multimedia-Lautsprecher, da diese keine ausreichende Qualität zur Beurteilung der Aufnahme besitzen. Wesentlich besser ist die Verwendung einer Stereoanlage mit Vollverstärker und Zwei- oder Drei-Wege-Lautsprecher. Zum Mithören der Aufnahme ist ein Stereokopfhörer empfehlenswert.

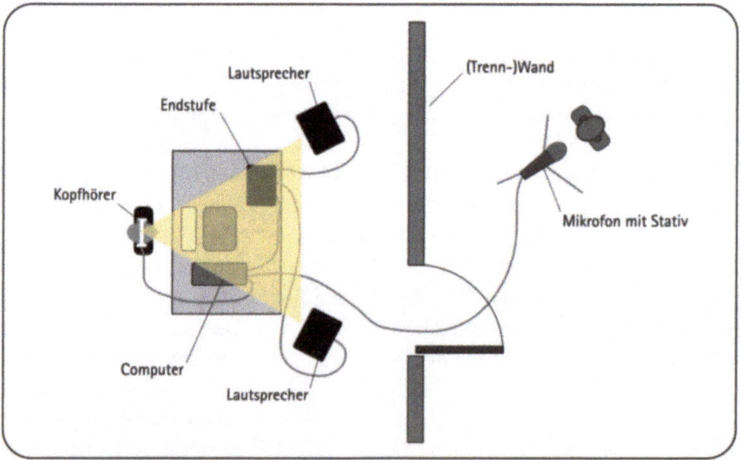

Anschluss der Hardware

1. Schließen Sie Ihr Mikrofon am Mic-Eingang der Soundkarte an. Einfachere Soundkarten besitzen normalerweise 3,5-mm-Klinkenbuchsen, Mikrofone hingegen 6,3-mm-Klinkenstecker oder im Profibereich XLR-Stecker, so dass Sie einen Adapter benötigen. Fragen Sie gegebenenfalls im Hi-Fi-Geschäft nach.

2. Verbinden Sie einen Line-Eingang Ihres Verstärkers mit dem Line-Ausgang der Soundkarte. Sie benötigen hierfür einen Adapter von 3,5-mm-Klinke (Stereo) auf die beiden Cinch-Buchsen Ihres Verstärkers.

3. Schließen Sie den Kopfhörer am Speaker-Ausgang der Soundkarte oder – falls vorhanden – am Kopfhörer-Ausgang Ihres Verstärkers an.

Durchführung der Aufnahme

1. Starten Sie das Windows-„Mischpult", das z.B. bei Windows ME und 98 im Ordner *Programme > Zubehör > Unterhaltungsmedien > Lautstärkeregelung* zu finden ist. Geben Sie unter „Aufnahme" ❶a den Mikrofon-Eingang ❶b der Soundkarte frei. Schließen Sie das Fenster nicht, da der Schieberegler zum Auspegeln der Aufnahme benötigt wird.

2. Starten Sie Sound Forge XP Studio. Klicken Sie auf den roten Aufnahmeknopf links oben.

3. Bitten Sie Ihren Sprecher um eine Sprechprobe am Mikrofon und beobachten Sie dabei die grüne Pegelanzeige des Aufnahmefensters ❷. Um eine gute Aufnahme zu erhalten, sollten sich die beiden Pegelanzeigen in der Nähe der oberen 0-dB-Grenze bewegen, ohne diese zu überschreiten (Clipping). Eine Änderung des Aufnahmepegels kann mittels Schieberegler am „Mischpult" (vgl. Punkt 1) oder durch Variation des Sprechabstands zum Mikrofon erzielt werden.

4. Klicken Sie auf den Button *New ...* und überprüfen Sie die Einstellung der Aufnahmeparameter. Nehmen Sie in Audio-CD-Qualität auf: 44 100 Hz, 16 Bit, Stereo.

5. Starten Sie Ihre Aufnahme durch Anklicken des roten Aufnahmebuttons ❷. Hören Sie die Aufnahme über Kopfhörer mit.

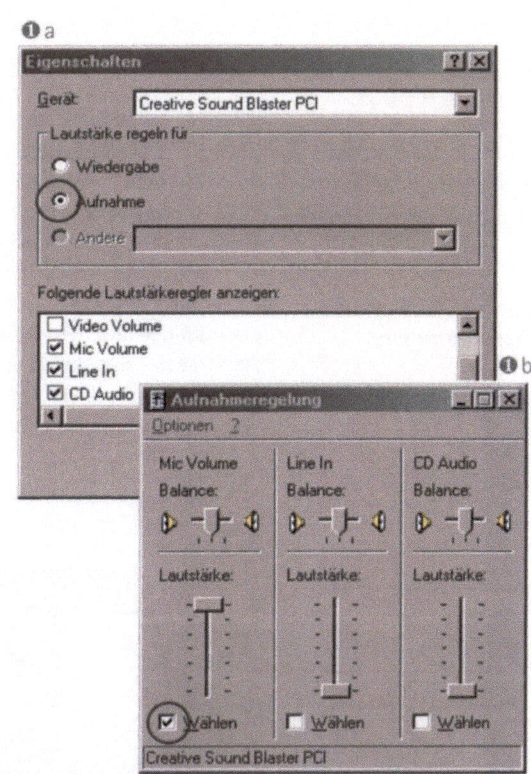

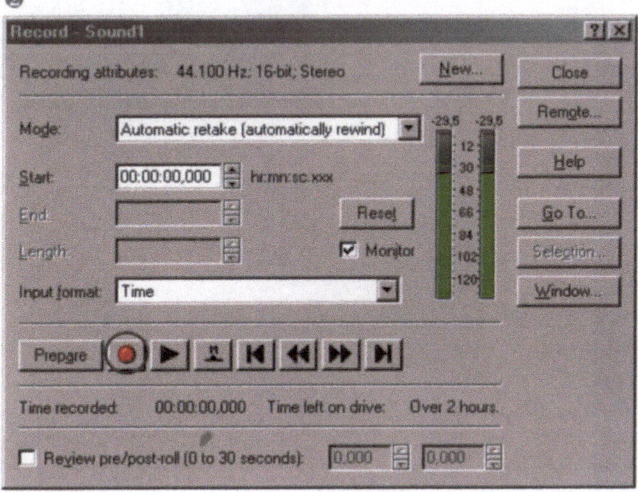

Audio-Grabbing

Im Unterschied zu einer analogen Sprachaufnahme sind die Musikdaten auf einer Audio-CD bereits in digitaler Form vorhanden. Das Dateiformat einer Audio-CD (CDA) unterscheidet sich allerdings von den Audioformaten, wie sie im Multimedia-Bereich eingesetzt werden. Ein einfaches Kopieren von Audio-Tracks auf die Festplatte ist aus diesem Grund nicht möglich.

Der Vorgang des Übertragens von Audio-Tracks auf eine Festplatte wird als Audio-„Grabbing" bezeichnet. Es handelt sich dabei um eine Konvertierung des Audio-CD-Formats in „computerlesbare" Audiodaten. Diese können dann im gewünschten Audioformat (z.B. WAV, MP3) abgespeichert und im Multimedia-Produkt eingesetzt werden.

Beachten Sie an dieser Stelle unbedingt die rechtliche Lage: Die kommerzielle Nutzung von Musik, die nicht selbst produziert wurde, stellt eine Urheberrechtsverletzung dar und kann mit hohen Strafen geahndet werden. Nähere Informationen hierzu finden Sie im „Kompendium zur Mediengestaltung" und auf der Website der hierfür zuständigen „Gesellschaft für musikalische Aufführungs- und mechanische Vervielfältigungsrechte" – besser bekannt als GEMA: www.gema.de

Sounds aufzeichnen und speichern

1. Legen Sie eine Audio-CD Ihrer Wahl in das CD-ROM-Laufwerk Ihres Computers.

2. Starten Sie Sound Forge XP Studio und wählen Sie im Menü *Tools > Extract Audio from CD ...*
Hinweis: Bei Verwendung der Demoversion von der DVD finden Sie diesen Menüpunkt unter: *File > Extract Audio from CD*

3. Entscheiden Sie durch Anklicken der jeweiligen Option, ob Sie

   - einzelne Tracks (Read by tracks) oder
   - die ganze CD (Read entire CD) oder
   - einen Zeitabschnitt (Read by range)

   übertragen möchten.
   Hinweis: Mit gedrückter Strg-Taste lassen sich auch mehrere Tracks markieren.

4. Nach Bestätigung der Eingabe mit OK werden die Daten übertragen.

5. Speichern Sie die Aufnahme im Menü *File > Save* ab. Die Auswahl des Dateiformats hängt vom Verwendungszweck Ihres Sounds ab. Lesen Sie noch einmal die *Basics* zu diesem Tutorial und beantworten Sie für sich die folgenden Fragen:

   - Ist eine möglichst geringe Datenmenge – zum Beispiel für eine Website – wichtig?
   - Soll die Qualität so hoch wie möglich sein?
   - Kann das Dateiformat durch die Software importiert werden, mit der das multimediale Produkt erstellt wird?

Beachten Sie zusätzlich, dass Sie bei einigen Formaten wie zum Beispiel bei „MP3" unter „Template" die gewünschte Kompressions- bzw. Qualitätsstufe auswählen müssen.
Hinweis: Speichern Sie Ihre Aufnahme mehrmals (*File > Save as ...*) in verschiedenen Formaten mit unterschiedlichen Qualitäten und führen Sie einen Hörvergleich durch. Finden Sie heraus, welchen Qualitätsanspruch Sie an „Ihre" Sounds stellen. Dabei sollte Ihr Motto sein: *Qualität so hoch wie möglich – Datenmenge so gering wie möglich!*

S Ba @ S.380

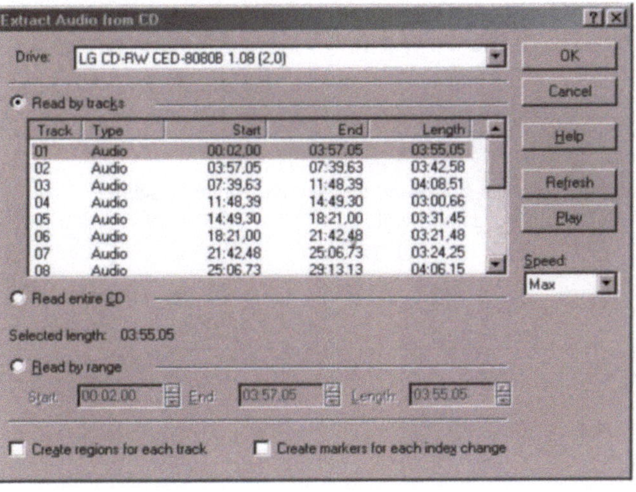

Normalisieren

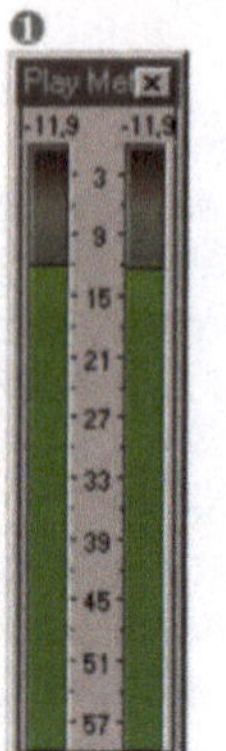

Für eine Multimedia-Produktion werden in der Regel mehrere Sounds benötigt. Diese sollten in der Lautstärke aufeinander abgestimmt sein, damit der Anwender nicht ständig am Lautstärkeregler „drehen" muss.

Beim „Normalisieren" eines Sounds werden die Soundpegel angehoben, ohne dass es dabei zur Übersteuerung und damit zum Abschneiden (Clipping) von Abtastwerten kommt:

1. Starten Sie Sound Forge XP Studio und öffnen Sie im Menü *File > Open* die Datei „S03_01.WAV".

2. Spielen Sie den Sound ab, indem Sie die *Leertaste* betätigen oder auf die *Play-Taste* klicken. Bei Betrachtung der Pegelanzeige sehen Sie, dass sich die Soundpegel weit unterhalb der Aussteuergrenze von 0 dB bewegen ❶. Der Dynamikbereich des Sounds wird also nicht ausgenutzt, vergleichbar mit einem Bild, bei dem auf einen Teil der Farben verzichtet wird.

3. Wählen Sie im Menü *Process > Normalize …* und stellen Sie den Schieberegler auf 0 dB ein. Bestätigen Sie mit OK.

4. Spielen Sie den Sound erneut ab. Wie Sie an der Pegelanzeige sehen, reichen die Pegel nun bis an die 0-dB-Grenze heran ❷, ohne den Sound zu übersteuern und damit Abtastwerte abzuschneiden (Clipping) ❸.

5. Speichern Sie den Sound unter neuem Namen „schneiden.wav" auf Ihrer Festplatte ab.

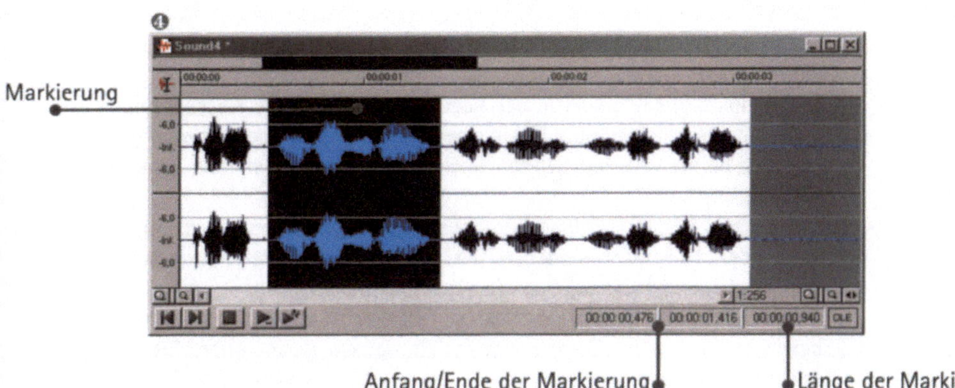

Schneiden

Das „Handling" der Werkzeuge zum Markieren, Schneiden, Kopieren und Einfügen von Sounds entspricht dem Handling dieser Werkzeuge in jedem Textverarbeitungsprogramm und bedarf keiner großen Erklärung mit Ausnahme der Übersetzung der Begriffe. Die wichtigsten Werkzeuge im Menü *Edit* sind:

- *Cut*: Ausschneiden und kopieren des markierten Bereichs in die Zwischenablage (Clipboard).
- *Copy*: Kopieren des markierten Bereichs in die Zwischenablage.
- *Paste*: Einfügen der Zwischenablage an der aktuellen Cursorposition.
- *Trim/Crop*: Zuschneiden des Sounds auf den markierten Bereich.
- *Delete*: Löschen des markierten Bereichs.

1. Öffnen Sie – falls notwendig – erneut den bereits normalisierten Sound „schneiden.wav".

2. Entfernen Sie die Pausen am Anfang und Ende des Sounds. Markieren Sie hierzu den Sound von 2,000 bis 18,000 Sekunden. Wählen Sie nun im Menü *Edit > Trim/Crop*: Die Bereiche außerhalb der Markierung werden abgeschnitten.
   Hinweis: Die Markierung eines Zeitbereichs kann auch unter *Edit > Selection…* nummerisch erfolgen.

3. Kopieren Sie den markierten Sound in die Zwischenablage (*Edit > Copy*). Heben Sie die Markierung auf und positionieren Sie den Cursor exakt am Ende des Sounds. Fügen Sie nun über *Edit > Paste* die Zwischenablage an dieser Stelle ein. Beim Abspielen ist das Rockschema nun zweimal zu hören.

4. Speichern Sie die Änderungen ab.

Faden

„Fader" dienen zum Ein- und Ausblenden eines Sounds. Das Einblenden verhindert, dass der Zuhörer durch das abrupte Einsetzen eines Sounds erschreckt. Ausblenden ist vor allem dann sinnvoll, wenn ein Sound kein definiertes Ende hat.

1. Markieren Sie die ersten zweieinhalb Sekunden Ihres Sounds „schneiden.wav". Wählen Sie im Menü *Process > Fade > In*.

2. Markieren Sie die letzten zweieinhalb Sekunden Ihres Sounds. Wählen Sie im Menü *Process > Fade > Out*.

3. Hören Sie sich Ihren fertig bearbeiteten Sound an und speichern Sie die Änderungen ab.

Soundloops

Multimediale Produkte sind in der Regel interaktiv. Für die Nachvertonung heißt dies, dass die benötigte Länge eines Sounds nicht vorherbestimmt werden kann, da die Verweildauer auf einem bestimmten Screen vom Benutzer abhängig ist.

Um dieses Problem zu umgehen, müssen Anfang und Ende eines Sounds aufeinander abgestimmt werden, so dass der Sound als Schleife (Loop) abgespielt werden und damit beliebig oft wiederholt werden kann.

Ein weiterer und wichtiger Vorteil von Soundloops besteht darin, dass die Sounddatei eine geringe Datenmenge besitzt, weil nur wenige Takte Musik gespeichert werden müssen.

Zur Produktion von geloopten Sounds gibt es spezielle Software, wie zum Beispiel das ebenfalls von Sonic Foundry vertriebene Programm *Acid* ❶. Für diese Software sind CD-ROMs erhältlich, auf denen sich Tausende von Drum-, Gitarren-, Bass- und Synthesizer-Loops befinden, die sich über mehrere Spuren zu Songs zusammenstellen lassen. Auf diese Weise ist eine Produktion eigener Sounds möglich, die vielleicht qualitativ nicht an professionelle Produktionen heranreichen, aber die zumindest keine Urheberrechtsprobleme zur Folge haben werden.

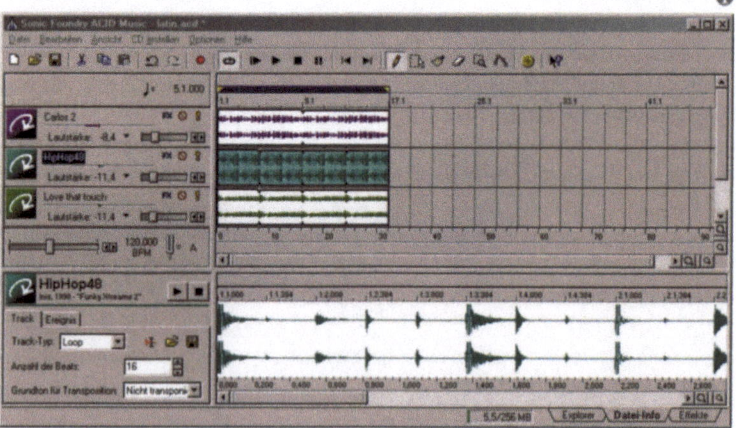

Das Loopen eines Sounds ist – mit etwas Geduld und einem nicht ganz unmusikalischen Gehör – auch mit Hilfe eines „normalen" Audioeditors wie Sound Forge XP Studio möglich.

Loopen eines Sounds

1. Öffnen Sie die Datei „S04_01.WAV" und spielen Sie den Sound ab. Wie zu hören ist, handelt es sich um ein instrumental gespieltes achttaktiges Schema, das sich mehrmals wiederholt. Ihre Aufgabe ist die Verkleinerung der Datei, so dass sich das Schema nicht mehr wiederholt. Beim Abspielen als Schleife darf jedoch kein Übergang zwischen Anfang und Ende zu hören sein.

2. Markieren Sie zunächst grob einen Bereich und spielen Sie den markierten Bereich als Loop ab. Verändern Sie den markierten Bereich während des Mithörens am linken und rechten Rand. Der Übergang vom Ende zum Anfang des Schemas muss nahtlos aneinander passen – orientieren Sie sich an den Percussion-Instrumenten.

3. Um den markierten Bereich nicht durch versehentliches Klicken zu verlieren, können Sie ihn im Menü *Special > Create Region* mit zwei Markierungen versehen ❷. Die Auswahl des markierten Bereichs geschieht nun einfach durch einen Doppelklick zwischen die Markierungen.

4. Verwenden Sie das Zoomwerkzeug, um eine vergrößerte Ansicht Ihrer Markierung zu erhalten, da auch der Kurvenverlauf zur Beurteilung des Sounds dienen kann. Nehmen Sie letzte Feinkorrekuren an Ihrer Schleife vor.

5. Schneiden Sie die Bereiche links und rechts der Markierung ab (*Edit > Trim/Crop*).

6. Speichern Sie Ihre Soundschleife unter neuem Namen „schleife.wav" auf Festplatte ab.

Hinweis: Da der Beispielsound mit 120 Takten pro Minute produziert wurde, dauert das achttaktige Schema genau vier Sekunden. Prüfen Sie, ob Ihre Loop eine Länge von etwa vier Sekunden besitzt. Wenn ja: Gratulation zu Ihrem guten Gehör – wenn nein: Zurück zu Punkt 1 …

Sequenzer

Zum Abmischen mehrerer Sounds, zum Beispiel der Schlagzeug-, Bass-, Gitarren- und Gesangsspur einer Band, sind Programme notwendig, die mit mehreren Spuren arbeiten und die als Sequenzer bezeichnet werden. Profiprogramme wie *Cubase* von Steinberg oder *Logic Audio* von Emagic eignen sich zur Produktion komplexer Arrangements und ersetzen in Tonstudios zunehmend Mischpult und Mehrspurmaschine.

Sound Forge XP Studio ist vorwiegend zur Bearbeitung einzelner Sounds und nicht zum Mischen mehrerer Sounds vorgesehen. Allerdings besteht die Möglichkeit des Ineinandermischens *zweier* Sounds. Dies kann zum Beispiel genutzt werden, um eine Sprecherstimme mit einer Musik zu hinterlegen oder um zwei nacheinander aufgenommene Sounds zu einem zu verbinden. Sollen mehr als zwei Spuren gemischt werden, so muss dies nacheinander geschehen. Dies ist zugegeben keine sonderlich elegante Lösung, aber immerhin eine Möglichkeit des Abmischens mehrerer Sounds.

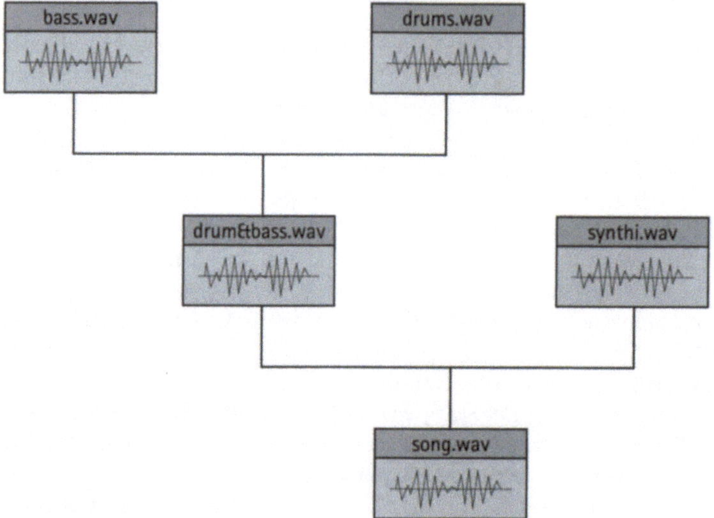

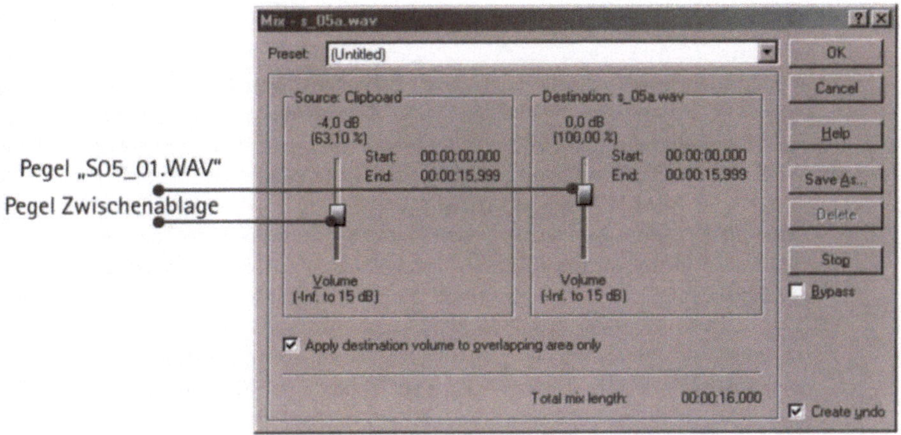

Sounds mischen

Im vorliegenden Tutorial werden nacheinander drei Sounds zu einer neuen „Komposition" verbunden.

1. Öffnen Sie die Dateien „S05_01.WAV", „S05_02.WAV" und „S05_03.WAV" und hören Sie sich die Sounds an.

2. Im ersten Schritt werden die Schlagzeug- und die Bassspur ineinander gemischt:

   - Markieren Sie mit Hilfe der Maus oder mittels Tastenkombination *Strg + A* die komplette Bassspur („S05_02.WAV").
   - Kopieren Sie den markierten Bereich über *Edit > Copy* in die Zwischenablage.
   - Markieren Sie nun den gesamten Inhalt der Schlagzeugspur („S05_01.WAV").
   - Wählen Sie *Edit > Paste Special > Mix …*
   - Klicken Sie auf den Button *Preview*, um den gemischten Sound vorhören zu können. Verändern Sie die Schieberegler, um die Lautstärke der

Sounds aneinander anzupassen. Beobachten Sie auch die Aussteuerungsanzeige (Play Meters) und vermeiden Sie ein Übersteuern der Sounds.
   - Nach Betätigung des OK-Buttons werden die Sounds zu einem neuen Sound verrechnet.

3. Hören Sie sich Ihren neuen Sound an und speichern Sie ihn unter dem Namen „drum&bass.wav" auf Festplatte ab.

4. Im zweiten Schritt wird der neue Sound um die Synthesizerklänge aus Datei „S05_03.WAV" ergänzt. Wiederholen Sie hierzu Punkt 2.

5. Speichern Sie erneut und hören Sie sich Ihre Komposition an. Da sich das Schema insgesamt vier Mal wiederholt, wäre ein Loopen des Sounds und damit eine Reduktion auf ein Viertel der Datenmenge sinnvoll.

S04 @ S.390

Filter, Filter, Filter

Digitale Daten lassen sich nach Belieben manipulieren. Wer bereits mit der Bildverarbeitungssoftware „Photoshop" gearbeitet hat, kennt die unendlichen Anwendungsmöglichkeiten digitaler Filter. Auch wenn vieles unter die Rubrik „Spielerei" eingeordnet werden kann, lassen sich durch einen geschickten Einsatz der Filter sehr schöne Effekte erzielen.

Was für den Bildbereich gilt, kann gleichermaßen für die Welt der Töne gesagt werden. Für Sounds stehen eine riesige Anzahl an Filtern von der Simulation von Kratzern auf alten Schallplatten bis zu mehrfachen Echos zur Verfügung.

Sound Forge XP Studio bietet eine begrenzte Auswahl an Filtern an und verweist bei einigen Menüpunkten auf die Vollversion Sound Forge. Zum Experimentieren mit Filtern ist das Angebot von Sound Forge XP Studio jedoch ausreichend. In diesem Tutorial wird auf die Anwendung eines Filters eingegangen. Anschließend wird eine Auswahl an häufig benötigten Filtern kurz vorgestellt. Ansonsten gilt: Kopfhörer auf und ausprobieren!

Anwendung eines Filters

Die Struktur und damit auch die Bedienung der Filter ist immer gleich und damit leicht zu erlernen:

1. Öffnen Sie einen Sound. Zum Experimentieren mit Filtern empfiehlt sich insbesondere die Verwendung einer Sprach- oder Gesangsaufnahme.

2. Wählen Sie den gewünschten Filter in den Menüs *Process* oder *Effects* aus.

3. Klicken Sie auf den *Preview*-Button – müsste eigentlich „Prehear" heißen ;-) –, um ein „Vorhören" des Filtereffekts zu erzielen. Verändern Sie die Filterparameter während des Abhörens. Unter *Preset* können Sie auch voreingestellte Parameter laden.

4. Klicken Sie auf *Bypass*, um den Sound vergleichsweise ohne Filter anhören zu können.

5. Die Option *Create undo* speichert die ungefilterte Version mit, so dass Sie auch nach Anwendung des Filters durch Anklicken des Undo-Buttons wieder zur Originalversion zurückkehren können.

6. Durch Betätigung des *OK*-Buttons wird der Filter auf den markierten Bereich des Sounds angewandt.

Menü Process

EQ (Equalizer)

Equalizer befinden sich an jeder Stereoanlage und ermöglichen ein gezieltes Verändern von bestimmten Frequenzbereichen. So können beispielsweise tiefe Frequenzen (Bässe) verstärkt und hohe Frequenzen (Höhen) abgesenkt werden.

Fade

Der Fader wurde bereits im Tutorial S 03 vorgestellt. Er ermöglicht das Ein- oder Ausblenden eines Sounds. Unter *Graphic …* kann eine Kurve zur gezielten Änderung der Lautstärke vorgegeben werden.

S 03 @ S. 388

Insert Silence

An der aktuellen Cursorposition wird eine Pause mit vordefinierter Länge eingefügt.

Mute

Im Unterschied zu *Insert Silence* wird der Sound bei *Mute* im markierten Bereich gelöscht. Vorsicht: Wenn nichts markiert ist, löscht das Programm den kompletten Sound!

Normalize …

Normalize hebt die Pegel des Sounds an, ohne den Sound zu übersteuern.

S 03 @ S. 388

Pan

Der Pan- oder Panorama-Filter bestimmt die Verteilung eines Stereosounds auf den linken und rechten Kanal. Auch ein Überblenden von links nach rechts ist möglich.

Reverse

Reverse spielt einen Sound rückwärts ab.

Time Stretch

Mit Hilfe des Time-Stretch-Filters lässt sich die Abspielzeit eines Sounds verändern, ohne dass sich dabei gleichzeitig die Tonhöhe ändert. Der Filter eignet sich zum Beispiel, um die Länge eines Sounds an eine Animation oder an ein Video anzupassen.

Volume

Dieser Regler ist als Lautstärkeregler der heimischen Stereoanlage bekannt. Beachten Sie, dass es bei einer Erhöhung der Lautstärke nicht zur Übersteuerung (Clipping) des Sounds kommen darf. Verwenden Sie zur Verstärkung eher den Normalize-Filter.

Menü Effects

Chorus und Reverb

Chorus und Reverb sind vermutlich die am häufigsten angewandten Filter, wenn es um die Verbesserung einer Sprach- oder Gesangsaufnahme geht. Da diese Aufnahmen akustisch „trocken", also in einer schalldichten und -absorbierenden Umgebung aufgenommen werden, klingen diese im Original nüchtern und steril.

Chorus fügt dem Original ein in der Tonhöhe modifiziertes und leicht zeitversetztes Signal hinzu. Dies bewirkt, dass die Stimme (klang-)voller klingt.

Reverb simuliert die Schallreflexionen innerhalb eines Raumes. Es lassen sich eine Reihe von typischen Raumklängen von einer Konzerthalle (Rich Hall) bis zum Metalltank (Metal Tank) auswählen.

Delay

Ein Delay (Echo) wiederholt einen Sound ein- oder mehrfach mit zeitlicher Verzögerung.

Pitch Bend

Der Pitch-Bend-Filter ermöglicht die Änderung der Tonhöhe in Halbtönen. Über die Grafik lässt sich der Verlauf der Tonhöhenänderung einstellen. Wenn Sie einen Sound kontinuierlich um eine bestimmte Anzahl an Halbtönen anheben oder absenken wollen, muss die Kurve parallel zur horizontalen Achse verlaufen.

Merkmale einer Audio-CD

Um Ihre Sounds in einem (Audio-)CD-Player abspielen zu können, müssen diese in das Audio-CD-Format konvertiert werden. Im Unterschied zu Daten-CDs müssen Audio-CDs in einer einzigen Session geschrieben werden. Die einzelnen Titel der CD werden als „Tracks" bezeichnet, zwischen denen jeweils eine Pause von einigen Sekunden eingefügt wird. Für die Informationen über Titel und Interpret wird für jeden Track eine Datei mit der Endung CDA erzeugt. Diese ist nur wenige Byte groß und enthält keine Audiodaten! CD-Player mit entsprechendem Display zeigen beim Abspielen der Sounds diese Informationen an.

❶

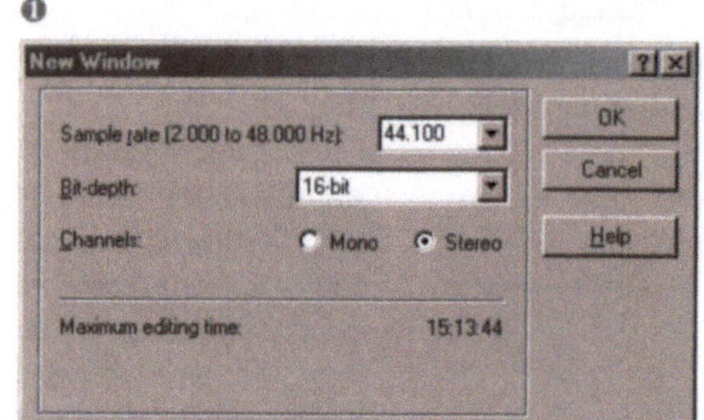

Auf eine (einmalig beschreibbare) CD-R passen etwa 650 MB an Daten. Wenn Sie sich als Faustregel merken, dass eine Minute Sound etwa 10 MB an Daten benötigt, so lassen sich auf der CD-ROM etwa 65 Minuten an Sound archivieren. Beachten Sie, dass es hierbei keine Rolle spielt, ob Ihre Originale als MP3- oder als WAV-Dateien vorliegen, da aus den Audiodaten ein kontinuierlicher Datenstrom erzeugt wird, dessen Datenmenge lediglich von der Länge der Sounds abhängig ist. Beim Zusammenstellen Ihrer Audio-CD können Sie aus diesem Grund auch verschiedene Formate kombinieren. Dabei müssen die Soundparameter allerdings mit denen einer Audio-CD übereinstimmen (44,1 kHz, 16 Bit, Stereo) ❶. Wenn Sie Sounds mit anderen Parametern „brennen" wollen, erscheint eine entsprechende Warnmeldung.

Leider haben auch bei korrekter Vorgehensweise einige – vor allem neuere – CD-Player Schwierigkeiten beim Lesen von gebrannten CDs. Dies liegt daran, dass die Erhöhungen und Vertiefungen (Pits und Lands) zur Speicherung der digitalen Informationen bei gepressten Scheiben ein anderes Reflexionsverhalten besitzen als gebrannte Scheiben.

Um eine Audio-CD umgekehrt in bearbeitbare WAV-Dateien umzuwandeln, muss der kontinuierliche Datenstrom der Audio-CD in einzelne Dateien zerlegt werden. Dieser als Audio-Grabbing bezeichnete Vorgang ist in Tutorial S02 beschrieben.

S02 @ S.386

Audio–CD herstellen

Dieses Tutorial können Sie nur durchführen, wenn Ihr Computer über einen CD-Brenner verfügt! Prüfen Sie im Menü *Options > Preferences > Create CD*, ob Sound Forge XP Studio den Brenner erkannt und ausgewählt hat.

1. Öffnen Sie alle Sounds, die Sie auf Ihre Audio-CD brennen wollen. Zu Testzwecken können Sie alternativ auch die Lösungsdateien dieses Tutorials verwenden. Ordnen Sie die Sounds in der gewünschten Reihenfolge im Editorfenster an. Wählen Sie den ersten Sound durch Anklicken aus.

2. Legen Sie eine unbeschriebene CD-R in Ihren CD-Brenner ein. Verwenden Sie keine CD-RW, da diese Medien teurer sind und ein mehrfaches Beschreiben bei Audio-CDs ohnehin nicht möglich ist.

3. Wählen Sie im Menü *Tools > Create CD* ❷. Wenn Sound Forge XP Studio Ihren Brenner erkannt hat und eine CD eingelegt ist, müsste der Button *Add Audio* aktiv sein. Ist dies nicht der Fall, dann wurde entweder kein Brenner oder kein beschreibbares Medium erkannt. Klicken Sie auf *Add Audio*, um den ersten Sound auf die CD zu schreiben.

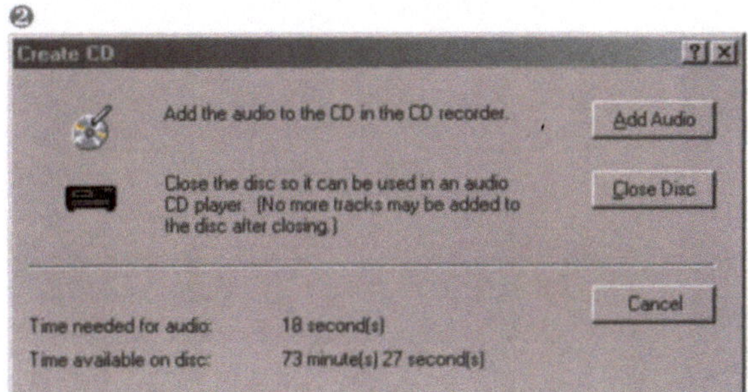

Hinweis: Diese Funktion wird durch die Demoversion leider nicht zur Verfügung gestellt.

4. Wählen Sie durch Anklicken den zweiten Sound im Editorfenster aus und wiederholen Sie Schritt 3. Im unteren Teil des Dialogfensters wird Ihnen die verfügbare Restzeit auf Ihrer CD angezeigt (Time available on disc).

5. Wiederholen Sie die Schritte 3 und 4, bis alle gewünschten Sounds auf die CD gebrannt sind. Schließen Sie den Brennvorgang ab, indem Sie auf den Button *Close CD* klicken. Danach kann die CD im Audio-CD-Player abgespielt werden.

macromedia®
DIRECTOR®
SHOCKWAVE®
STUDIO
macromedia®
what the web can be.™

Das Programm Macromedia Director

Das Autorensystem Macromedia Director stammt von dem Animationsprogramm VideoWorks der Firma Macro Mind ab und wurde 1985 erstmals vorgestellt. Die Programmphilosophie als zeitbasiertes Autorensystem ist deshalb konsequenterweise eine Analogie zur Welt des Films bzw. des Theaters. Autorensysteme sind mit Layoutprogrammen wie InDesign, PageMaker oder QuarkXPress vergleichbar. Nur geht es hier nicht nur um die Text-Bild-Integration am Bildschirm für eine Printausgabe, sondern es kommen zu Text und Bild noch Sound, Video, Animation und vor allem Interaktion dazu. Das Ausgabemedium ist die CD-ROM oder das Web mit entsprechenden Playern.

Lingo

Die Director-eigene objektorientierte Programmiersprache Lingo ermöglicht eine vielfältige Gestaltung und Steuerung der zu erstellenden Medien für CD/DVD und Web. So genannte XTras, die z.B. in C++ programmiert werden, erweitern die Möglichkeiten fast ins Grenzenlose. So können beispielsweise externe Programme oder auch Datenbanken aus einem Director-Film heraus direkt gestartet und in interaktive Medien eingebunden werden.

Bühne, Besetzung, Drehbuch

Director besteht im Wesentlichen aus drei funktionellen Teilen, nämlich Bühne, Besetzung und Drehbuch. Um diese drei Hauptwerkzeuge gruppiert sich eine Reihe zusätzlicher Werkzeuge. Sie werden auf den folgenden Seiten näher beschrieben.

Gliederung dieses Tutorial über MM-Director

Das Tutorial gliedert sich in zwei Teile. Im ersten Teil werden die Grundlagen von Director beschrieben. Der zweite Teil bietet verschiedene Übungen zur Einarbeitung an konkreten Aufgabenstellungen. Diese Übungen sind zum Teil verknüpft zu anderen Aufgabenstellungen und Übungen in diesem Buch. Da ein Teil der Darsteller nicht in Director selbst erstellt werden kann, muss ein solcher Querverweis erfolgen.

Die Arbeit im Tutorial ist individuell verschieden. Je nach Vorkenntnissen und Interesse können Sie chronologisch vorgehen oder bestimmte Themen und Aufgabenstellungen mit den jeweils dazugehörigen Übungsdateien zur Bearbeitung auswählen. Ergänzende Informationen zu allen Aufgabenstellungen finden Sie in der wirklich guten Online-Hilfe von Director.

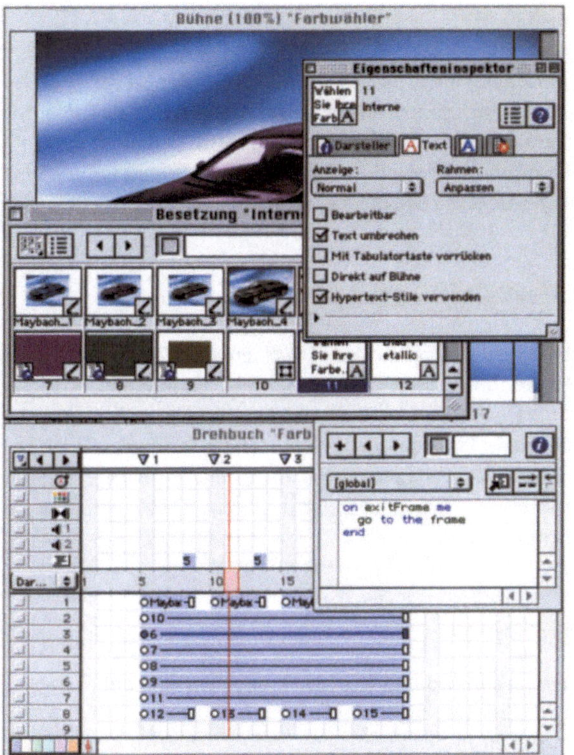

Die wichtigsten Werkzeuge

Die Abbildung oben zeigt die wichtigsten Werkzeuge von Director. Diese Werkzeuge werden Ihnen in der Regel beim Programmstart angezeigt, selbstverständlich ohne die abgebildeten Darsteller.

Sie erkennen von oben nach unten die folgenden Fenster: Bühne (stage), Eigenschafteninspektor, Besetzung (cast), Skriptfenster und Drehbuch (score). In allen Fenstern sind Darsteller abgebildet. Auf der Bühne ist ein Teil des Darstellers Maybach_2 aus der Besetzung in der Mitte zu sehen. Im Drehbuch unten ist der Maybach_2 an der Position zu finden, in welcher sich der rote Abspielkopf des Drehbuches befindet. In der Besetzung werden alle Darsteller „versammelt", die in unserem Film agieren. Die zeitliche Abfolge der Auftritte bzw. Abgänge von jedem Darsteller werden im Drehbuch gesteuert. Sie erkennen im Bild unten, dass manche Darsteller nur kurz eingeblendet werden (z.B. Darsteller 12, 13, 14, 15), manche Darsteller (z.B. Darsteller 6, 7) sind dagegen über das ganze abgebildete Stück des Drehbuches auf der Bühne sichtbar.

Das kleine Fenster über dem Drehbuch zeigt ein Skriptfenster. Hier werden notwendige Skripte in der objektorientierten Skriptsprache Lingo geschrieben. Lingo ist die Programmiersprache von Director. Mit ihr wird der Ablauf des Filmes weitaus flexibler gestaltet, als es ausschließlich über das Drehbuch möglich wäre.

Das in oberster Ebene dargestellte Fenster zeigt den Eigenschafteninspektor. Mit diesem zentralen Werkzeug wird eine Vielzahl von Einstellungen vorgenommen. Sie werden diesen Inspektor in der Regel immer auf Ihrem Desktop geöffnet haben.

Die Bühne

Die Bühne ist der sichtbare Teil eines Filmes. Das Aussehen der Bühne, also der Screen-Oberfläche, verändert sich im zeitlichen Ablauf des Filmes durch das unterschiedliche Auftreten der Darsteller. Im Eigenschafteninspektor, der durch *Modifizieren > Film > Eigenschaften ...* aufgerufen wird, werden die Parameter eingestellt. Die rechte Abbildung zeigt die Einstellungsmenüs der Bühne.

Darsteller

Ein Darsteller ist jedes beliebige Mediaelement (Media) in einem Film. Zu Darstellern zählen Bitmaps, Vektorformen, Text, Skripte, Sounds, Flash-Filme, QuickTime- und AVI-Videos u.v.m. Um Darsteller zu erstellen, benötigen Sie die verschiedensten Programme wie Photoshop, Illustrator, Flash, QTVR-Studio, Sound Forge u. Ä. Die Bearbeitungsmöglichkeiten für die unterschiedlichen Medientypen sind in Director zwar gegeben, aber eine qualitätsvolle Nachbearbeitung ist i.d.R. nicht möglich.

Sprites

Sprites sind Objekte, die steuern, wann, wo und wie Media in einem Film auf der Bühne erscheinen. Die den Sprites zugeordneten Media sind die Darsteller. Sie stehen in der Besetzung. Ihr Auftreten wird durch das Drehbuch koordiniert.

D Ba @ S.408

Sprites erstellen

Die Erstellung eines Sprites als Stellvertreter eines Darstellers auf der Bühne erfolgt in zwei Schritten:

Drehbuch
- Klicken Sie im Drehbuch in das Bild, in dem das Sprite beginnen soll.

Besetzung (3 Möglichkeiten)
- Ziehen Sie einen Darsteller auf die Bühne.
- Ziehen Sie einen Darsteller zum Drehbuch. Das neue Sprite erscheint in der Mitte der Bühne.
- Ziehen Sie einen Darsteller mit gedrückter Alt-Taste (PC) oder Optionstaste (Macintosh), um ein Sprite zu erstellen.

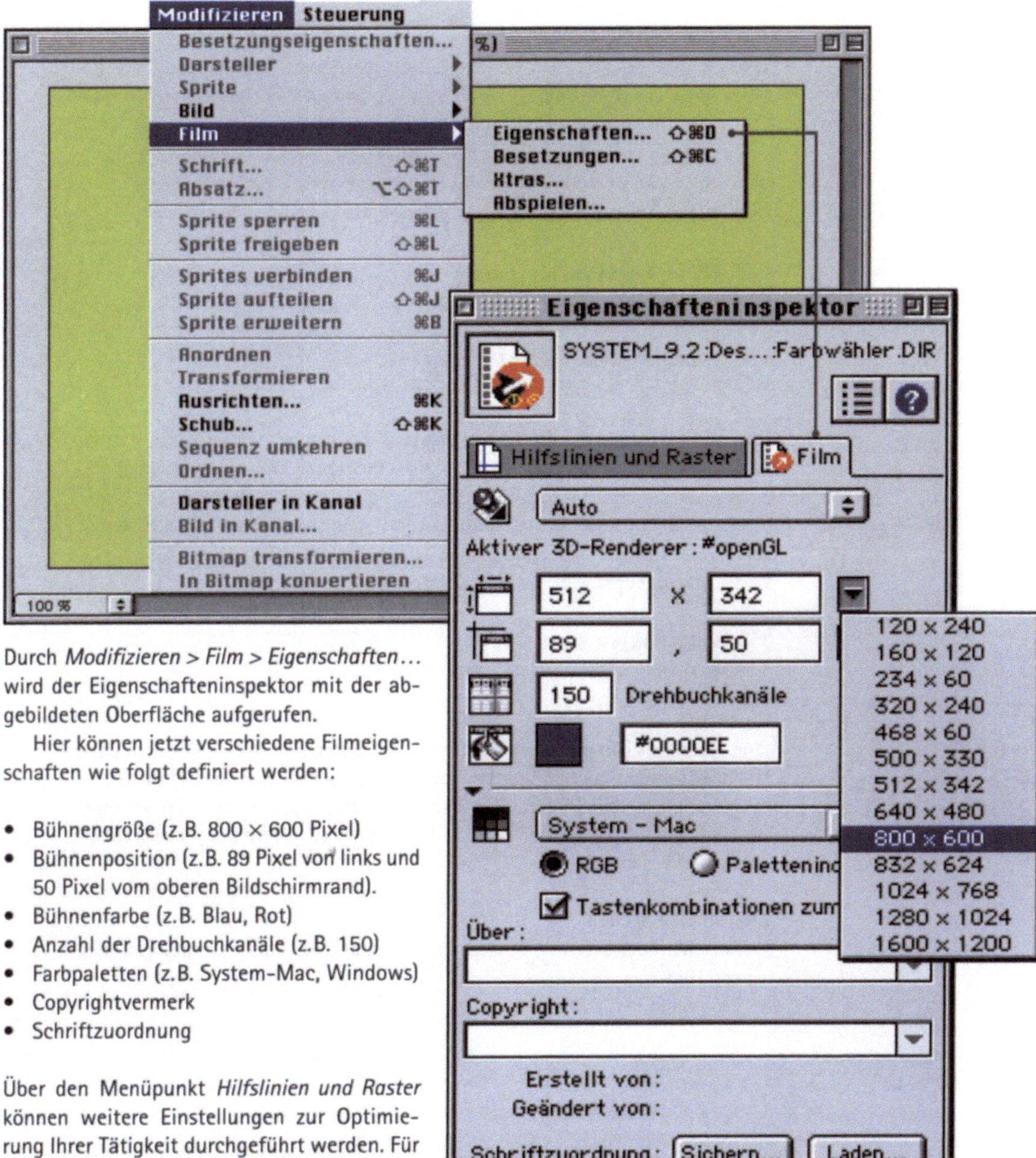

Durch *Modifizieren > Film > Eigenschaften...*
wird der Eigenschafteninspektor mit der abgebildeten Oberfläche aufgerufen.

Hier können jetzt verschiedene Filmeigen-
schaften wie folgt definiert werden:

- Bühnengröße (z.B. 800 × 600 Pixel)
- Bühnenposition (z.B. 89 Pixel von links und
  50 Pixel vom oberen Bildschirmrand).
- Bühnenfarbe (z.B. Blau, Rot)
- Anzahl der Drehbuchkanäle (z.B. 150)
- Farbpaletten (z.B. System-Mac, Windows)
- Copyrightvermerk
- Schriftzuordnung

Über den Menüpunkt *Hilfslinien und Raster*
können weitere Einstellungen zur Optimierung Ihrer Tätigkeit durchgeführt werden. Für
Ihre ersten Übungen sind diese Einstellungen
noch nicht zu berücksichtigen.

Besetzung

In der Besetzung (engl. cast) sind alle Darsteller/Media eines Filmes wie Grafiken, Bilder, Sounds, Videos, Texte, Buttons, Skripte usw. gespeichert. In der englischen Director-Version und in Lingo heißen die Darsteller „member".

Eine einzelne Besetzung kann maximal 32000 Darsteller enthalten. Jedoch ist es besser, für den jeweiligen Film Medien wie Text, Schaltflächen und Grafiken in getrennten Besetzungen zu verwalten.

Neue Besetzung erstellen

- Menü: *Datei > Neu > Besetzung…*

Besetzungseigenschaften ändern

- Menü: *Modifizieren > Besetzungseigenschaften*

Eine externe Besetzung ist eine separate Datei, die mit dem Film verknüpft werden muss, um die Darsteller aus dieser Besetzung verwenden zu können. Bei auf Datenträgern gespeicherten Filmen muss sich die Besetzung an derselben Ablageposition in Relation zum Film befinden, an der sie sich auch beim Erstellen befand. Bei Shockwave-Filmen im Internet muss die Besetzung an der angegebenen URL gespeichert werden.

Besetzungen verknüpfen

- Menü: *Modifizieren > Film > Besetzungen…*

Bibliothek

Eine Bibliothek ist eine unverknüpfte externe Besetzung. Wenn Sie einen Darsteller aus einer externen Besetzungsbibliothek auf die Bühne oder ins Drehbuch ziehen, kopiert Director den Darsteller automatisch in eine der internen Besetzungen des Films. Bibliotheken dienen dem Speichern häufig verwendeter Darsteller jeder Art.

Bibliothek erstellen

- Speichern der externen Besetzung im Ordner „Libs" im Anwendungsordner von Director.
- Programm neu starten.

Besetzungsfenster mit Darstellern. Das Bild erklärt die Bedeutung der verschiedenen Symbole und Funktionen des Fensters.

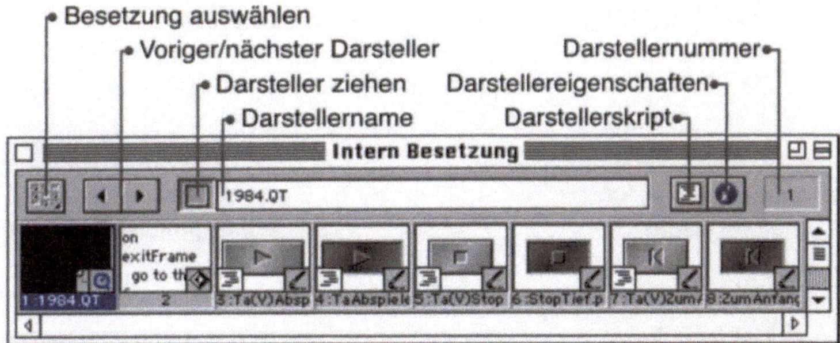

Diese Symbole können bei einem Darsteller im Besetzungsfenster erscheinen. Jedes Symbol steht für eine bestimmte Eigenschaft des Darstellers. Diese verschiedenen Symbole erscheinen immer unten links oder rechts bei einem Darsteller im Fenster. Sie können dies in der Abbildung oben erkennen.

Der erste Darsteller ist ein Quick-Time-Video, der zweite ein Verhaltens- bzw. Lingo-Skript, der dritte Darsteller ist eine Bitmap-Grafik usw. Sie werden sich an diese Symbole schnell gewöhnen.

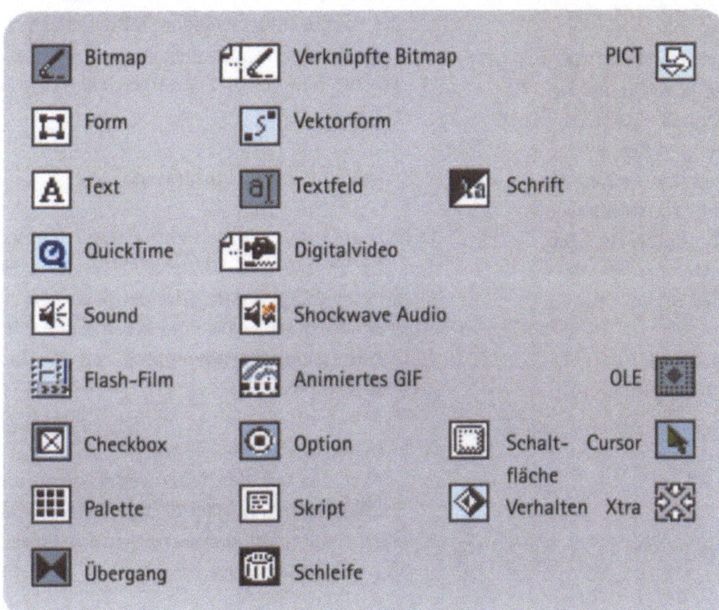

Drehbuch

Im Drehbuch wird der Ablauf eines Filmes festgelegt. Die wichtigsten Bestandteile des Drehbuchs sind die Frames/Bilder, die Kanäle und der Abspielkopf.

Frames und Kanäle

Die jeweils horizontal aufeinander folgenden Bühnenbilder (Frames) stehen in den einzelnen Spalten des Drehbuchfensters. Alle senkrecht in einem Frame stehenden Elemente agieren zeitgleich.

Die Kanäle sind die Reihen im Drehbuch. Im oberen Bereich des Drehbuchs sind die sechs Effektkanäle. Sie enthalten sowohl Verhalten als auch Steuerungen für Tempo, Paletten, Übergänge und Sounds.

Markierungen

Der Kanal über den Effektkanälen und den Sprite-Kanälen enthält Markierungen, die bestimmte Stellen im Drehbuch identifizieren, wie z.B. den Anfang einer neuen Szene. Markierungen sind nützlich, um schnell zu bestimmten Positionen in einem Film zu springen. Frames können durch Markierungen mit Namen bezeichnet werden und damit zur Navigation direkt über Lingo angesteuert werden.

Markierung erstellen
- Klicken Sie auf den Markierungskanal, um eine Markierung zu erstellen. Rechts neben der Markierung erscheint eine Texteinfügemarke.
- Geben Sie einen kurzen Namen für diese Markierung ein. Verwenden Sie keine Umlaute.

Markierung löschen
- Ziehen Sie die Markierung nach oben oder unten aus dem Markierungskanal heraus.

Framenummern

Im Kanal zwischen den Effektkanälen und den Sprite-Kanälen werden die Framenummern angezeigt. Sie können wie die Markierungen direkt über Lingo angesteuert werden. Spätere Änderungen sind allerdings mit Markierungen einfacher zu realisieren.

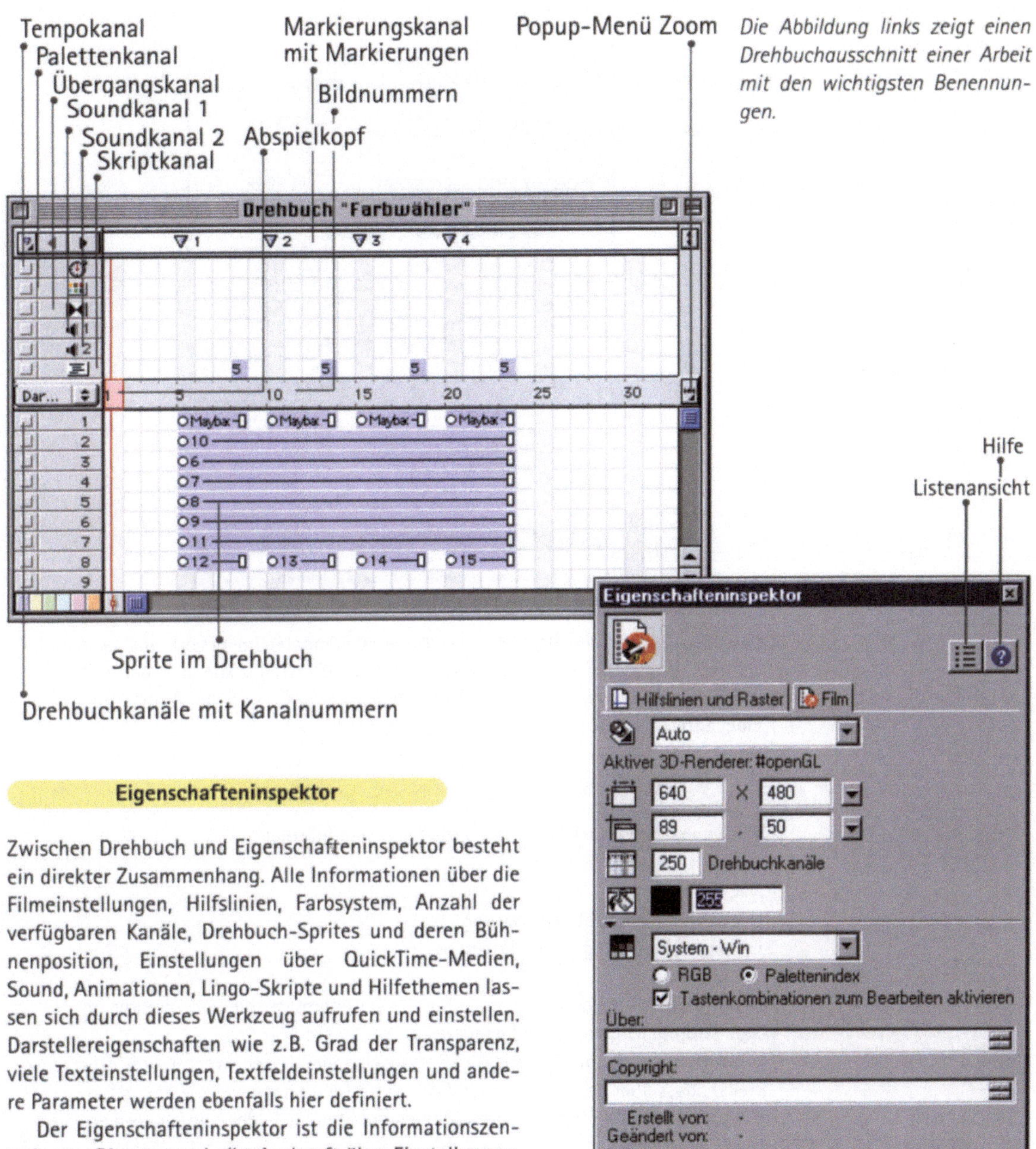

Die Abbildung links zeigt einen Drehbuchausschnitt einer Arbeit mit den wichtigsten Benennungen.

Eigenschafteninspektor

Zwischen Drehbuch und Eigenschafteninspektor besteht ein direkter Zusammenhang. Alle Informationen über die Filmeinstellungen, Hilfslinien, Farbsystem, Anzahl der verfügbaren Kanäle, Drehbuch-Sprites und deren Bühnenposition, Einstellungen über QuickTime-Medien, Sound, Animationen, Lingo-Skripte und Hilfethemen lassen sich durch dieses Werkzeug aufrufen und einstellen. Darstellereigenschaften wie z.B. Grad der Transparenz, viele Texteinstellungen, Textfeldeinstellungen und andere Parameter werden ebenfalls hier definiert.

Der Eigenschafteninspektor ist die Informationszentrale von Director und gibt Auskunft über Einstellungen. Der Button *Listenansicht* ermöglicht die Darstellung als Liste.

D

Darsteller importieren

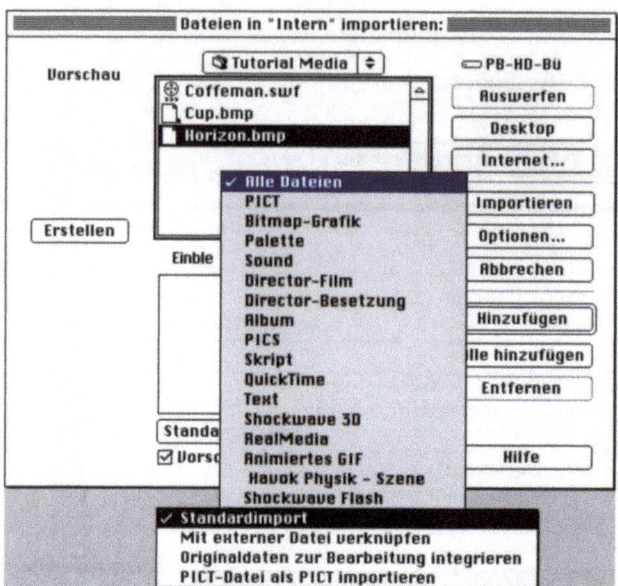

Darsteller können als Datei in eine Director-Filmdatei importiert und dort als Darsteller in der Besetzungsliste erscheinen. Darsteller können auch mit der Filmdatei verknüpft werden. Dies geschieht zum Beispiel bei Audio- und Videodateien, die auf der Bühne abgespielt werden sollen.

Vorteile einer Verknüpfung sind:
- Kürzere Ladezeit
- Dynamische Änderungen, z.B. direkt aus dem Internet

Nachteile sind:
- Aufwändigere Dateiverwaltung
- Keine Einbindung in den Projektor

In der obigen Abbildung erkennen Sie die Dateiformate, die von Director im Standardimport geladen und damit verarbeitet werden können.

Wenn Sie sich intensiv mit Director auseinander setzen, werden Sie feststellen, dass über das Einfügen- und das Xtras-Menü noch weitere Importformate möglich sind. Weitere Informationen erhalten Sie in der empfehlenswerten Director-Hilfe.

Werkzeugpaletten und Menüleiste

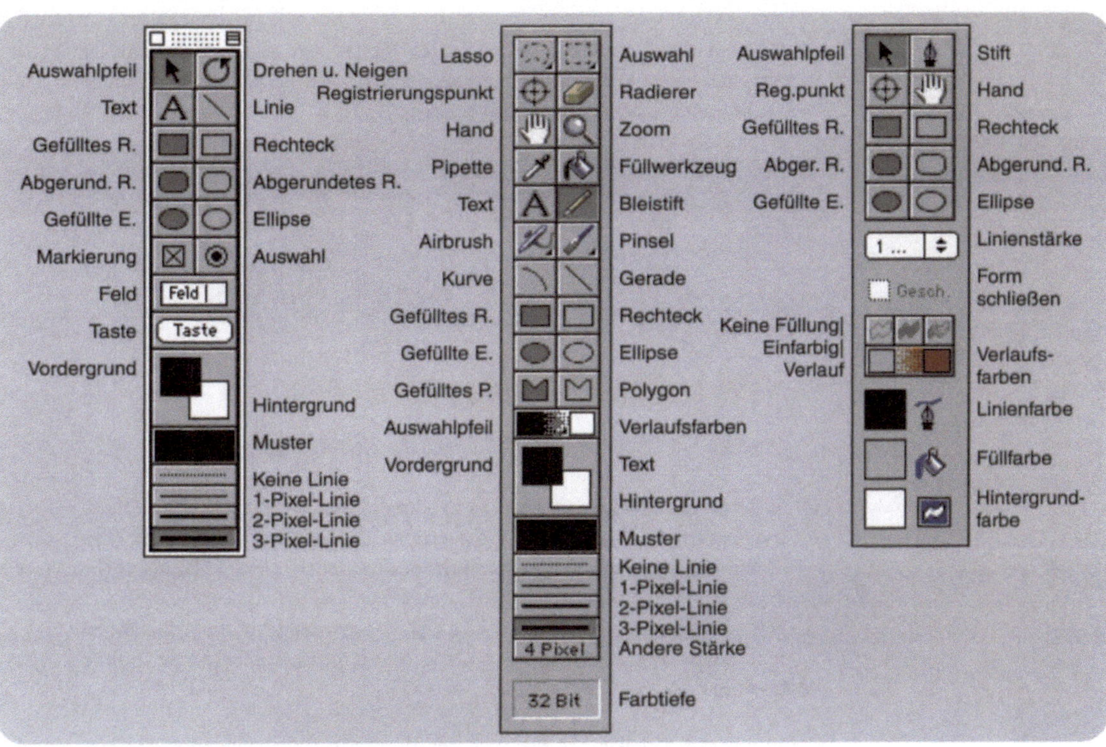

Abbildung oben von links nach rechts:

- *Werkzeugpalette, Menü: Fenster > Werkzeugpalette*
- *Werkzeugleiste Malfenster, Menü: Fenster > Malen*
- *Werkzeugleiste Vektorformfenster, Menü: Fenster > Vektorform*

Abbildung unten:

- *Menüleiste bzw. Symbolleiste und die Bedeutung der einzelnen Schaltflächen. Die einzelnen Funktionen können auch über Tastaturbefehle aufgerufen werden.*

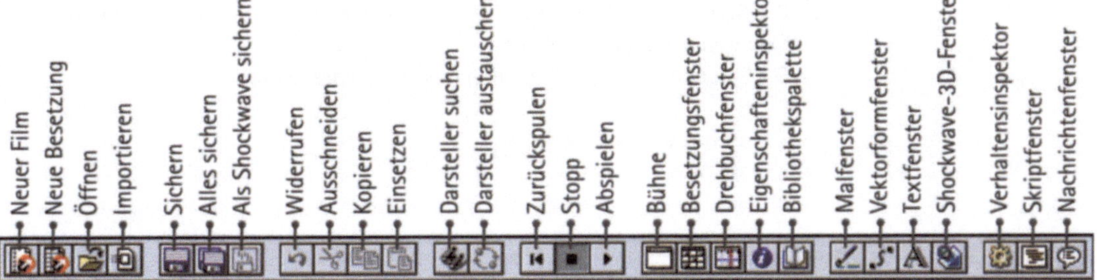

Projekte
Nonprint
N 06 @ S. 180

Lernziel
- Sie lernen die Navigationsprogrammierung für eine lineare, selbstablaufende Präsentation zu erstellen.

Aufgaben
- Erstellen Sie eine selbstablaufende Präsentation, in der fünf Frames nacheinander auf dem Monitor erscheinen.
- Die Präsentation läuft als endlose Schleife.
- Jedes Bild soll drei Sekunden stehen.
- Der Bildwechsel erfolgt mit einem frei gewählten Übergang.

Übungsdatei auf DVD
> TUTORIAL > D_DIRECT > D01

Schaltplan

Vor Beginn der Programmierarbeit ist ein Schaltplan zu erstellen, der die Screens mit den Screen-Bezeichnungen enthält. Die Navigationsrichtungen werden durch eindeutige Pfeile angegeben.

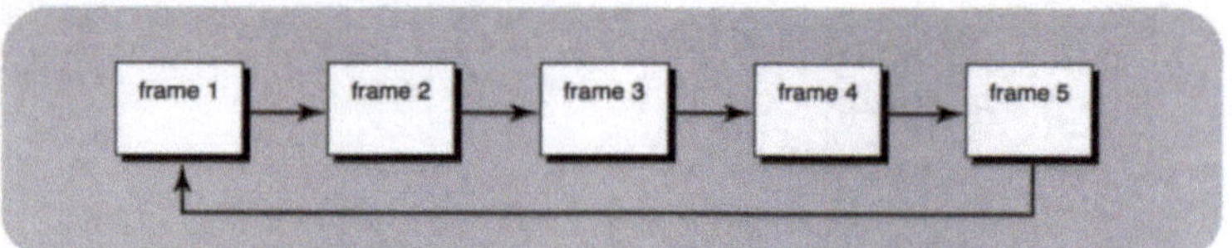

Lösung

1. Erstellen Sie einen Film mit Menü: *Datei > Neu > Film*.

2. Setzen Sie fünf Markierungen und benennen Sie diese mit „f1" bis „f5". Lassen Sie zwischen den Darstellern 01–05 Abstand entsprechend der rechten Abbildung. Beginnen Sie im Drehbuch grundsätzlich in Frame Nummer 5.

3. Erstellen Sie die Darsteller mit Hilfe des Textwerkzeugs mit dem folgenden Text: Frame 1, Frame 2 usw. Positionieren Sie die Darsteller auf der Bühne für Frame „f1" bis „f5".

4. Mit einem Doppelklick in die Zelle des Zeitkanals im jeweiligen Frame legen Sie die Wartezeiten von 3 Sekunden fest. Ziehen Sie das Sprite mit gedrückter Alt-Taste von „f1" bis zu „f5".

5. Den Übergang wählen Sie mit einem Doppelklick in der Zelle des Übergangskanals.

6. Die Sprünge von Markierung „f1" bis Markierung „f5" werden durch ein Skript im Skriptkanal gesteuert.
Die Sprünge „f1" bis „f5" erhalten nachfolgendes Skript:

```
on exitFrame me
  go next
end
```

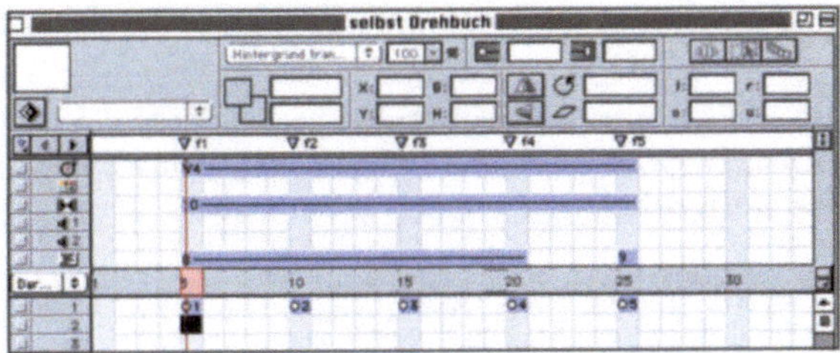

Der Sprung „f5" zu „f1" erhält folgendes Skript:

```
on exitFrame me
  go "f1"
end
```

7. Nach der Fertigstellung testen Sie Ihre Navigation.

8. Stellen Sie Grafiken und Bilder nach eigenem Ermessen auf die einzelnen Screens.

Um die Textdarsteller auf die Eigenschaft „Hintergrund transparent" zu stellen, ist es notwendig, den Eigenschafteninspektor aufzurufen und diese Einstellung, wie im Bild rechts gezeigt, vorzunehmen. Der Eigenschafteninspektor kann durch Klick auf das _i_ oder _i_ unterhalb des Darstellers auf der Bühne aufgerufen werden (siehe unten).

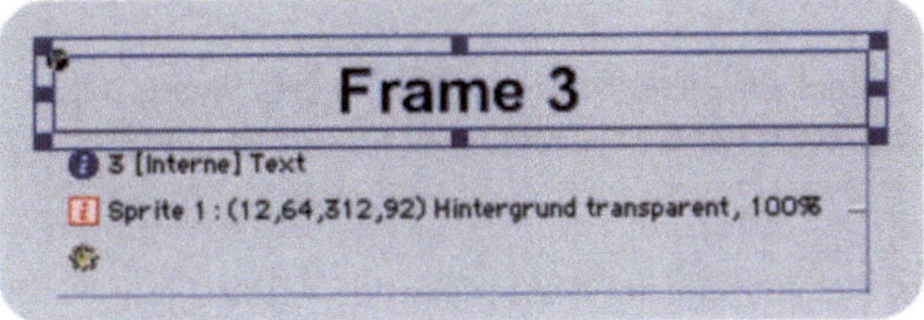

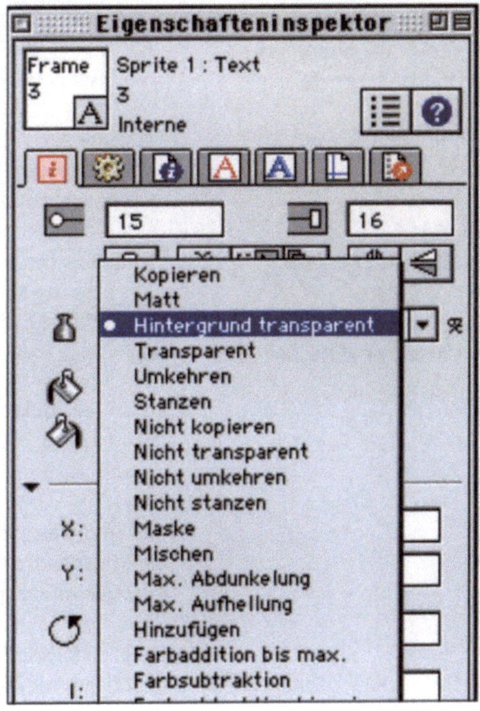

Vor Beginn der Programmierarbeit ist immer ein Schaltplan zu erstellen, der
die Screens mit den notwendigen Screen-Bezeichnungen enthält. Weiter müssen die Navigationsrichtungen durch eindeutige Pfeile angegeben werden.

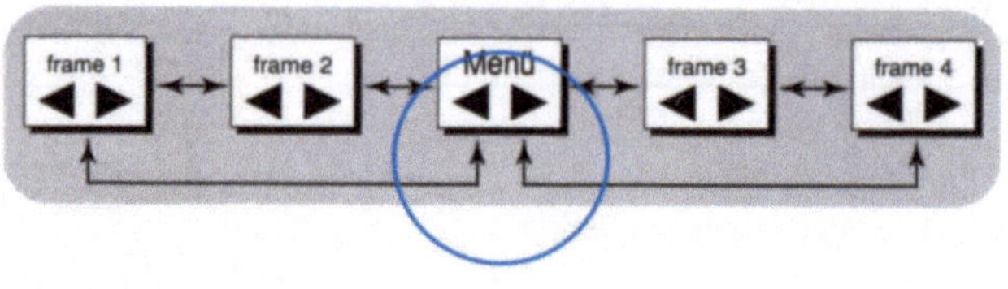

1. Erstellen Sie einen Film mit Menü: *Datei > Neu > Film*.

2. Setzen Sie fünf Markierungen und benennen Sie sie mit „f1" bis „f4" und
   „M". Lassen Sie zwischen den Darstellern 01–05 Abstand entsprechend der
   Darstellung auf der gegenüberliegenden Seite. Beginnen Sie im Drehbuch
   grundsätzlich in Frame Nummer 5.

3. Erstellen Sie die Darsteller mit Hilfe des Textwerkzeugs mit dem Text Menü,
   Frame 1, Frame 2 usw. Positionieren Sie die Darsteller auf der Bühne für
   Frame „f1" bis „f4" und „M" für das Menü.

4. Schreiben Sie das Verhaltensskript für alle Frames. Dieses Skript sorgt dafür, dass der Film bis zum Tastenklick im jeweiligen Frame stehen bleibt.
   Dieses kurze Skript ist eines der am häufigsten benötigten Skripte in Director.

```
on exitFrame me
  go to the frame
end
```

Ziehen Sie das Sprite mit gedrückter Alt-Taste von „f1" bis zu „f4". Damit
bleibt der Film im jeweiligen Frame stehen, bis er durch Mausklick an eine
andere Position springt.

5. Erstellen Sie die Tastendarsteller mit Hilfe der *Werkzeugpalette > Taste*. Sie
   benötigen vier Tasten für das Hauptmenü, um von dort zu den einzelnen
   Screens zu gelangen. Weiter ist eine Taste zu erstellen, um von den einzelnen Screens zum Menü zurückzuspringen.

Die notwendigen Darstellerskripte für die verschiedenen Tasten sind:

```
on MouseUp
  puppetTransition 9,8
  go to "f1"
end


on MouseUp
  puppetTransition 9,8
  go to "M"
end
```

Diese Skripte werden jeweils in das Skriptfeld der Tasten
eingetragen.

6. Damit der Film immer in Frame "M" startet, müssen
Sie noch ein Filmskript erstellen (Skriptfenster aufrufen und auf „+" klicken).

```
on StartMovie
  go "M"
end
```

7. Testen Sie Ihren Film und stellen Sie eigenes Bildmaterial in diese Arbeit, um ihn optisch und grafisch zu
verbessern.

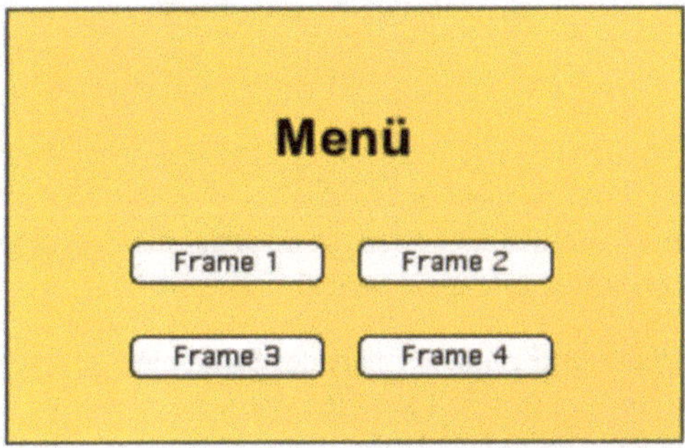

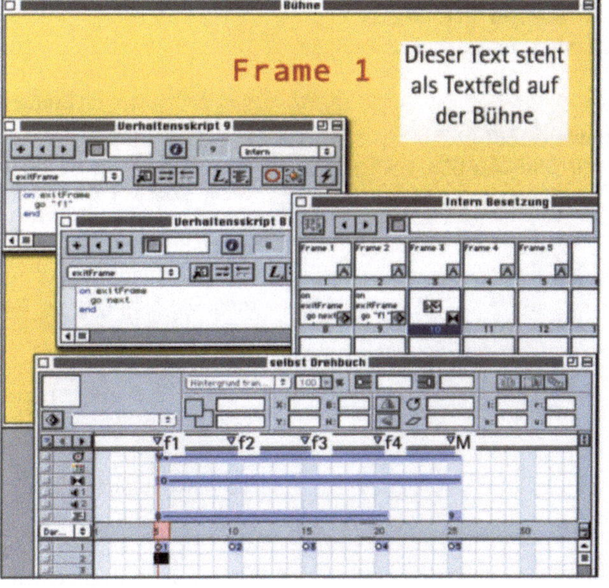

Vor Beginn der Programmierarbeit ist ein Schaltplan zu erstellen, der die
Screens mit den Bezeichnungen enthält. Weiter müssen die Navigationsrich-
tungen durch eindeutige Pfeile angegeben werden. Bei der Navigation von
Film zu Film ist es sinnvoll, bereits bei der Navigationsplanung die späteren
Dateinamen für die einzelnen Filme zu vergeben. Im Muster ist der erste Da-
teiname Film_Fil.DIR und der zweite Dateiname Schluss.DIR.

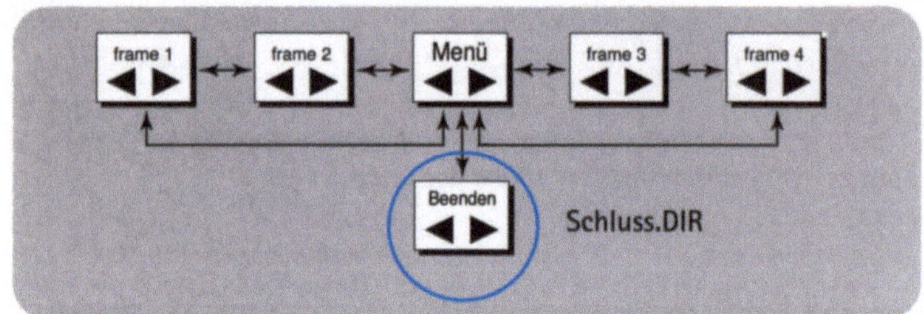

1. Erweitern Sie die Datei aus der vorherigen Übung. Setzen Sie dazu auf den
   Menü-Screen einen weiteren Button mit dem Text „Beenden".

2. Geben Sie in das Skriptfenster des Buttons „Beenden" folgendes Skript ein.
   Das Skript verweist auf einen anderen Film und dort auf die erste Markierung. Das Skript für die Navigation von Film zu Film lautet:

```
on MouseUp
   go to Frame "Ende" of movie "Schluss.DIR"
end
```

Die Markierungen „Ende" und „Schluss.DIR" sind variabel und müssen je
nach Markierungsname eingesetzt werden. Die Abbildungen rechts zeigen
den Zusammenhang. Durch den Beenden-Button ausgelöst (MouseUp)
springt der Nutzer zu dem neuen Film mit dem Dateinamen „Schluss.DIR".
Da sich in diesem Film der Frame „Ende" befindet, wird dieser angesteuert.
Der Anwender bleibt auf diesem Frame mit der Frage „Wollen Sie wirklich
beenden?" stehen. Hier muss die Entscheidung „Ja" oder „Nein" getroffen
werden. „Ja" führt zur Markierung „Abspann". Auf dieser Markierung steht
der Film etwa 5 Sekunden, um danach mit dem Skript

```
on ExitFrame me
  quit
end
```

die Anwendung zu beenden.

Ist die Nutzerentscheidung auf dem Screen „Nein", so wird durch einen erneuten Sprungbefehl auf den Hauptfilm mit dem Hauptmenü zurückverwiesen.

3. Testen Sie Ihre erstellten Filme.

Derartige Verlinkungen von Director-Filmen ermöglichen einen modularen Aufbau einer Multimedia-Applikation. Es können einzelne Module leicht ausgetauscht und aktualisiert werden. Voraussetzung ist, dass die Dateinamen und die Markierungsnamen beibehalten werden.

Diese modulare Struktur einer CD-ROM/DVD ermöglicht viele kleine Filmdateien, zwischen denen der Nutzer unbemerkt hin und her navigiert. Diese Filmdateien erlauben kurze Ladezeiten, der Anwender muss bei einem Seitenwechsel nicht lange auf die neue Seitendarstellung warten.

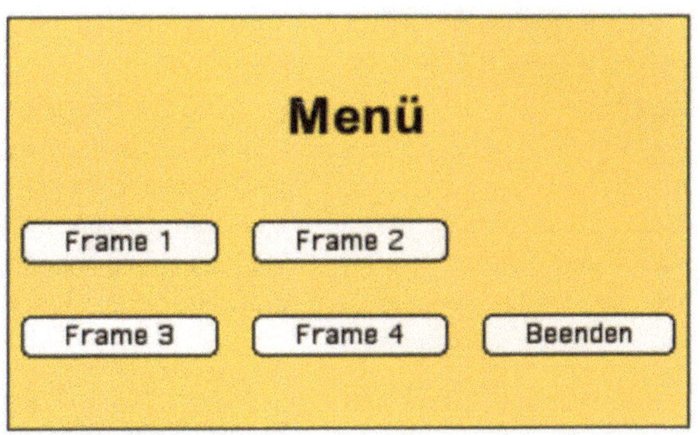

Oben: Hauptmenü mit den verschiedenen Buttons zu den Screens und dem Beenden-Film. Das Drehbuch mit dem im Schaltplan festgelegten Dateinamen „Schluss.DIR" ist unten links abgebildet, unten rechts sind die Screens des Beenden-Dialogs und Abspanns mit ©-Vermerk dargestellt.

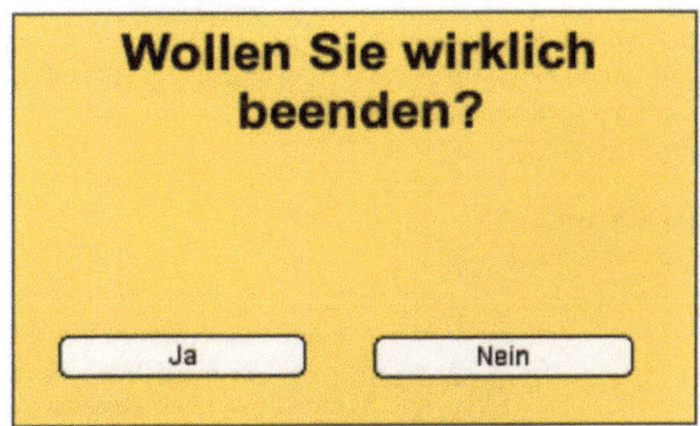

Projekte
Nonprint
  N06 @ S.180

Lernziele
- Sie bauen eine so genannte Intro-Datei in eine Applikation.
- Der Startfilm enthält eine automatische Weiterleitung zum Hauptmenü.

Aufgaben
- Erstellen Sie einen Intro-Film. Lassen Sie in diesem Film einen digitalen Videoclip ablaufen.
- Erstellen Sie einen automatischen Übergang zum Hauptmenü nach dem Abspielen des Videoclips.
- Ermöglichen Sie dem Nutzer einen Rücksprung zum Intro-Film, um sich den Videoclip bei Bedarf nochmals zu betrachten.

Übungsdateien auf DVD
> TUTORIAL > D_DIRECT > D03_2

Schaltplan

Die Erweiterung des Films durch einen so genannten Intro-Film findet im rechts dargestellten erweiterten Schaltplan seinen Niederschlag. Der Intro-Film ist eine eigene Filmdatei. Dieser Film bekommt den folgenden Dateinamen: Intro____.DIR. Wie die Pfeile der Erweiterung zeigen, soll vom Menü aus ein Rücksprung zum Intro möglich sein. Der Rücksprung erfolgt per Tastendruck, der Sprung vom Video zum Hauptmenü geschieht automatisch.

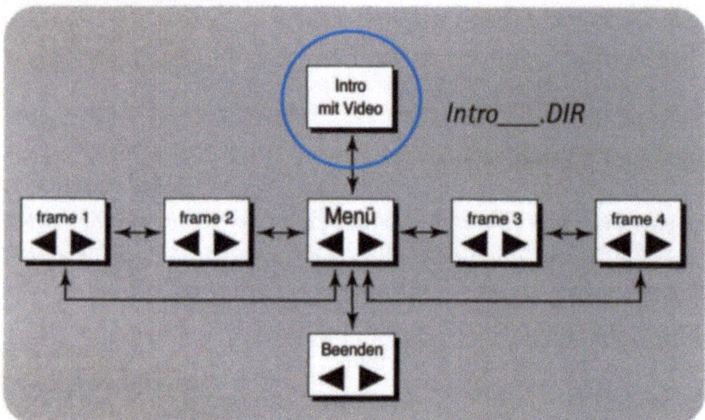

Lösung

1. Erstellen Sie einen neuen Director-Film. Positionieren Sie den auf der DVD beigefügten QuickTime-Videoclip mit dem Namen „VIDEO.MOV" auf die Bühne. Legen Sie den Director-Film nach nebenstehendem Muster an. Die für diese Dateianlage notwendigen Dateien sehen Sie im rechts abgebildeten Besetzungsfenster dargestellt.

2. Sie erstellen jetzt *zwei Skripte* für den Sprung von Film zu Film nach folgendem Muster. Erstes Skript:

```
on exitFrame me
  go to frame "M" of movie "Film_Fil.DIR"
end
```

Dieses Skript wird in den Drehbuchkanal als Verhaltensskript geschrieben. Ist der Film beendet, wird von hier aus durch dieses Skript (im Bild = Darsteller 2) der Sprung zum Hauptmenü veranlasst.

Zweites Skript als Mausereignis:

```
on mouseUp
    go to frame "M" of movie "Film_Fil.DIR"
end
```

Dieses Skript wird dem Videoclip als Verhaltensskript gegeben. Hat der Nutzer den Intro-Film schon mehrfach betrachtet, kann er ihn durch einen Mausklick abbrechen und gelangt dadurch direkt zum Menü. In der Abbildung ist am Skript-Symbol erkennbar, dass der QuickTime-Clip ein Lingo-Skript erhalten hat.

3. Erweitern Sie Ihr Hauptmenü nach dem unten stehenden Muster um einen Button, welcher das Abspielen des Videoclips ermöglicht. Dazu muss auf den Intro-Film zurückgesprungen werden. Der Videobutton erhält dazu folgendes Skript:

```
on mouseUp
    go to frame "Start" of movie¬
    "Intro___.DIR"
end
```

4. Die Zeiteinstellung für den Videoclip erfolgt im obersten Effektkanal. Der Ablauf des Director-Films muss so lange gestoppt werden, bis das Digitalvideo abgelaufen ist. Der auf der DVD vorliegende Videoclip hat eine Abspieldauer von 60 Sekunden. Diese Zeit muss als Wartezeit im Eigenschaftskanal eingestellt werden. Dazu ist der Schieber „Warten" auf 60 Sekunden zu stellen.

Zur Erinnerung:
Der Bildeigenschaftenkanal ist der oberste Effektkanal im Drehbuch!

5. Testen Sie Ihr Arbeitsergebnis!

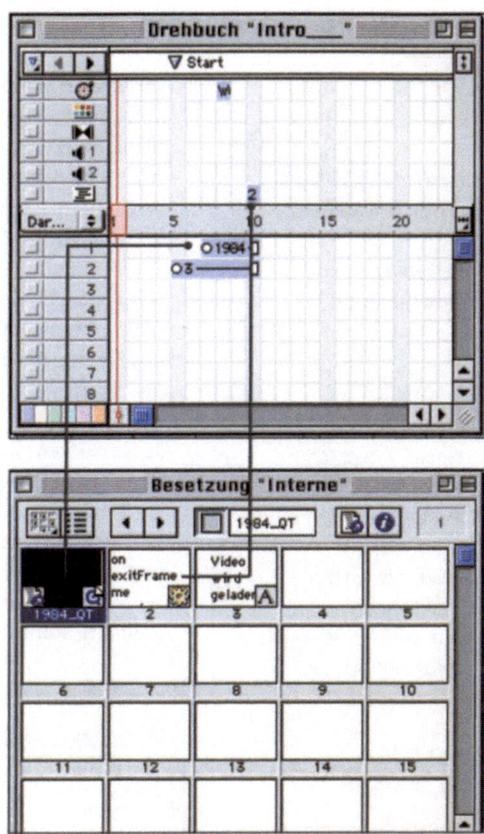

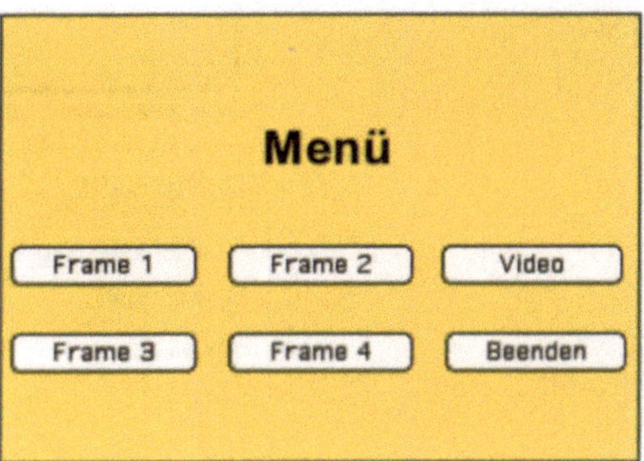

Projekte
Nonprint
N 06 @ S. 180

Lernziele

- Sie Errechnen eine Projektor-Datei aus den bisher erstellten Filmen.
- Sie erkennen die Notwendigkeit eigener Projektoren für Mac und PC.

Aufgaben

- Erstellen Sie mit den richtigen Einstellungen einen Projektor, mit dem die Applikation im Vollbildmodus abgespielt werden kann.
- Lernen Sie, wie Projektoren für Macintosh und Windows-PC erstellt werden und welche Voraussetzungen dafür notwendig sind.

Übungsdatei auf DVD
> TUTORIAL > D_DIRECT > D04

Projektor erstellen

1. Verwenden Sie die drei aus den letzten Übungen erstellten Director-Filme (Intro-Film, Hauptfilm und Schluss-Film), um einen Projektor für dieses kleine Projekt zur Navigation zu erstellen.
   Je nachdem, ob Sie Projektoren für Windows-PC oder Macintosh erstellen möchten, müssen Sie mit der Windows- bzw. Macintosh-Version von Director arbeiten.

2. Wählen Sie im Dateimenü *Projektor erstellen*. Es erscheint das unten abgebildete Menü. Die Abbildung zeigt das Macintosh-Menü, das PC-Menü weist genau die gleiche Funktionalität auf, sieht optisch aber etwas anders aus.

3. Doppelklicken Sie auf den Film „Intro___.DIR", den Sie in das Projektor-Menü aufnehmen möchten. Die anderen Filme werden **nicht** in das Projektor-Menü aufgenommen. Die Lingo-Skripte der einzelnen Buttons rufen die Filme auf und spielen diese mit Hilfe des Projektors ab. Dies funktioniert, auch ohne dass der spätere Anwender das Programm Director besitzt. Der Projektor ist ein von Director erstelltes eigenständiges Abspielprogramm für Director-Filme.

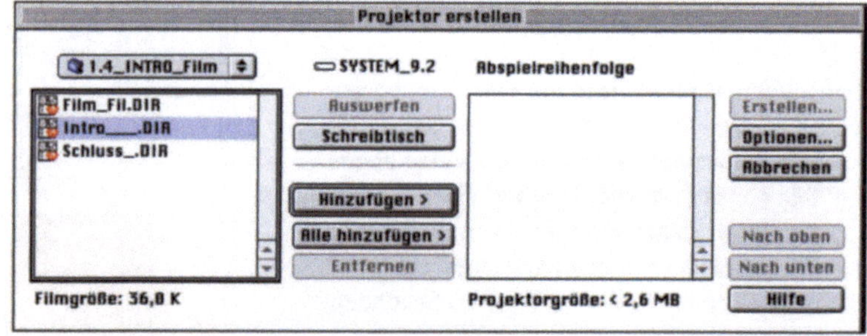

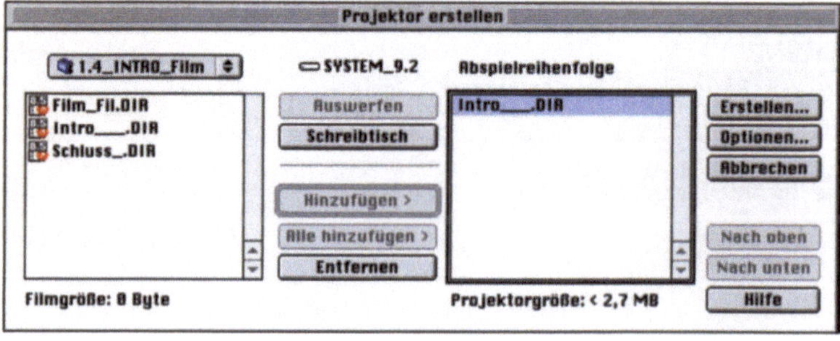

4. Klicken Sie auf „Optionen". Director behält die von Ihnen definierten Optionseinstellungen so lange bei, bis
sie von Ihnen für ein anderes Projekt neu eingestellt
werden müssen.

5. Wählen Sie die Abspieloptionen aus, um anzugeben,
wie die Filme mit dem Wiedergabesystem interagie-
ren sollen. Für diesen ersten Projektor verwenden Sie
bitte die rechts abgebildeten Einstellungen. Diese sollen Ihnen kurz vorgestellt werden:

Vollbild: Die Option bewirkt, dass der Film den gesamten Bildschirm einnimmt, wobei die Menüleiste
(sofern vorhanden) am oberen Bildschirmrand angezeigt und der Desktop vollständig ausgeblendet wird.
Falls ein Menü vorhanden ist, überlagert es den oberen Teil der Bühne.

Filmeinstellungen verwenden: Mit dieser Option
wird die Bühne in der Größe des neuen Films angezeigt oder an die Größe des aktuellen Films angepasst.

Die Option „Zentrieren" bedeutet, dass die Bühne in
der Mitte des Monitors angezeigt wird. Diese Einstellung ist sinnvoll, wenn die Bühne kleiner als der Bildschirm ist. Wenn Sie diese Option deaktivieren, wird
der Film an seiner ursprünglichen Bühnenposition abgespielt. Auf Windows-PC sind Projektoren immer
zentriert.

Die Player-Option „**Standard**" errechnet den Player-
Code unkomprimiert in die Projektordatei. Wenn Sie
die Standardoption wählen, startet der Film schneller
als mit den anderen Einstellungen. Allerdings wird mit
der Standardeinstellung die größte Projektordatei erzeugt. Hier wird man einfach, je nach Startdatei testen müssen, welche Einstellung die beste ist.

6. Nach diesen Einstellungen gehen Sie auf „**OK**" und
folgen danach dem weiteren Dialog. Sie werden jetzt
gefragt, wo Sie diese Projektordatei ablegen wollen.
Hierbei ist es wichtig, dass die Director-Filme, Digital-

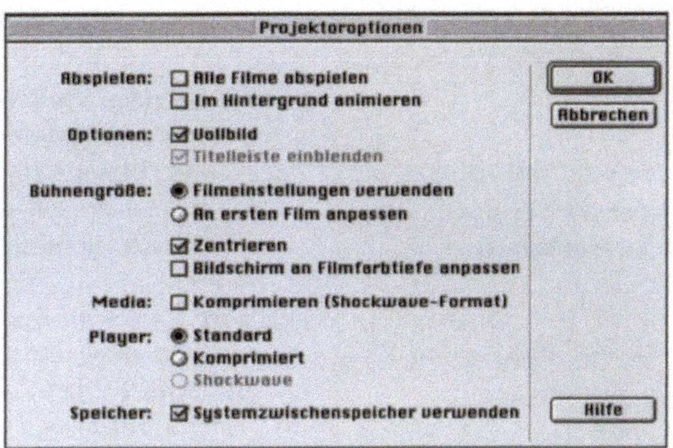

videos, andere Medien (Sound, Animationen) und der
erstellte Projektor im gleichen Zielordner abgelegt
werden. Nur wenn dies der Fall ist, findet der Projektor alle zu einem Projekt gehörenden Dateien zur
Wiedergabe am Monitor.

Director speichert die Filme, die Besetzungen und alle
integrierten Xtras in einer gemeinsamen Projektordatei.

Die Auswahl und das Einbinden der benötigten Xtras
erfolgt automatisch (ab Director-Version 8.5).

7. Testen Sie Ihren Projektor. Brennen Sie von Ihrer Arbeit eine CD-ROM und spielen Sie Ihr Arbeitsergebnis
auf einem Rechner ab, der das Programm Macromedia Director nicht installiert hat.

Lernziel
• Sie lernen die Veröffentlichungseinstellungen für das Internet
  kennen und anwenden.

Aufgaben
• Erstellen Sie einen Farbwähler
  für das gezeigte Auto.
• Exportieren Sie diesen Film so,
  dass er als Animation ins Internet gestellt werden kann.

Übungsdateien auf DVD
> TUTORIAL > D_DIRECT > D05

Shockwave-Veröffentlichung

Wenn Sie einen Shockwave-Film erstellen wollen, müssen Sie den Befehl *Datei > Veröffentlichen* aufrufen. In den Standardeinstellungen dieses Befehls erstellt Director eine DCR-Datei sowie eine HTML-Datei mit allen erforderlichen
Tags für die Anzeige Ihres DCR-Film in einem Browser.
Wird solch ein Film veröffentlicht, geschehen folgende Schritte:

1. Director erstellt eine DCR- und eine HTML-Datei in dem Verzeichnis, in
   dem sich die Quelldatei (DIR) Ihres Director-Films befindet. Hinweis: Director erstellt eine CCT-Datei für eine
   externe Besetzung und speichert sie
   standardmäßig im gleichen Ordner
   wie die DCR-Datei. Einen anderen
   Speicherort können Sie angeben, indem die Alt-Taste (Windows) bzw.
   Wahltaste (Macintosh) gedrückt wird,
   wenn Sie den Befehl *Datei > Veröffentlichungseinstellungen* wählen.
   Wenn Sie diese Tasten weiterhin gedrückt halten, bekommen Sie den
   Zugriff auf Dialogfelder, in denen
   Sie sowohl für Ihre DCR- als auch
   für die CCT-Datei einen Pfad festlegen können.

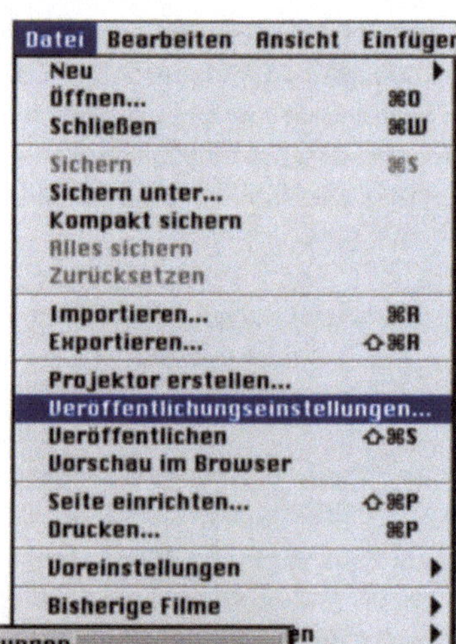

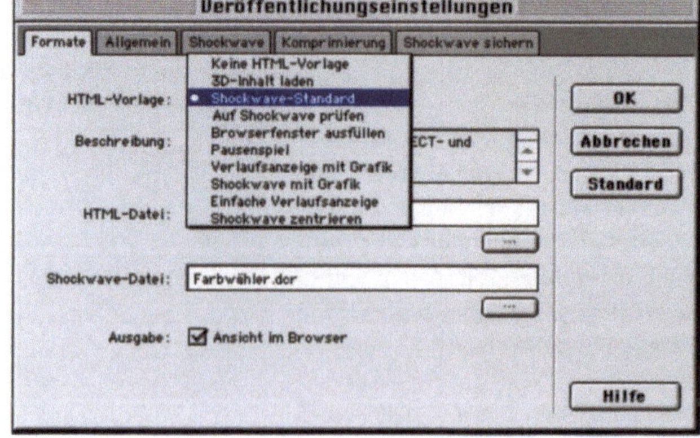

Die Abbildung links zeigt die Directorbühne. Unten ist ein Screen aus diesem Film als HTML-Datei im Browser zu erkennen.

2. Director weist Ihrer DCR- und HTML-Datei den Namen Ihrer DIR-Datei mit der entsprechenden Erweiterung zu (z.B. Filme.dcr und Filme.html).

3. Director stellt die Breite und Höhe des DCR-Films auf das Format des DIR-Films ein.

4. Director konfiguriert den DCR-Film und die HTML-Datei so, dass der DCR-Film das Format der ursprünglichen DIR-Datei auch dann noch beibehält, wenn der Benutzer die Größe des Browserfensters ändert.

5. Director verwendet beim Laden Ihres DCR-Films die Bühnenfarbe als Hintergrundfarbe.

6. Director komprimiert Bitmap-Grafiken und Sounds mit Hilfe der JPEG-Komprimierung. Bitte beachten Sie, dass die Komprimierungseinstellungen für die Grafiken einzelner Darsteller die in den Veröffentlichungseinstellungen für den gesamten Film gewählten Einstellungen außer Kraft setzen.

Projekte
Nonprint
N06 @ S.180

Lernziele
- Sie lernen die Navigation zwischen Bildern oder ähnlichen Elementen im Grundaufbau kennen.
- Sie erstellen eine schnelle Bildwechselmöglichkeit.

Aufgaben
- Erstellen Sie eine Datei, mit der ein schneller Bildwechsel zwischen drei Bildern ermöglicht wird.
- Erstellen Sie einen ähnlichen Bildwechsel mit eigenen Bilddateien und binden Sie diesen in das bestehende Projekt als zusätzliche Datei ein.

Übungsdateien auf DVD
> TUTORIAL > D_DIRECT > D06

Vorbemerkung

Die Navigation zwischen verschiedenen Elementen einer Multimedia-Applikation ist ein häufiger Arbeitsauftrag an einen Multimedia-Designer. Eine der einfachsten Formen, um solch einen Bildwechsel zu erstellen, ist die Navigation mit den bereits bekannten go-to-Befehlen, die von Markierung zu Markierung springen. Damit lassen sich schnelle und sicher funktionierende Wechsel herstellen. In Verbindung mit geeigneten Übergangseffekten sind wirkungsvolle Präsentationen in kurzer Zeit zu realisieren.

Bildwechsel

Der Bildwechsel soll durch einen Klick auf das Bild erfolgen. Das Bild ist also aktive Schaltfläche und löst den Sprung zum nächsten Bild (= Markierung) aus. Sie erkennen in der unteren Abbildung in der Besetzung die Darsteller dieser kleinen Übung.

Zuerst ist der Textdarsteller zu erkennen, danach folgen die drei Bilddarsteller und ein Lingo-Skript. Die drei Bilddarsteller sind jeweils mit einem Skript versehen, welches der Navigation dient.

Auf der gegenüberliegenden Seite ist das Drehbuch oben links abgebildet. Hier sind die Markierungen 1, 2, 3 erkennbar. Die Navigationsskripte der einzelnen Bilder führen zu diesen Markierungen, wobei von Bild 3 der Sprung zu Bild 1 zurück erfolgt.

Im Drehbuchkanal liegt das Skript, das den Ablauf des Filmes an dieser Stelle stoppt. Die Skripte dazu sind im Einzelnen auf der folgenden Seite 423 dargestellt.

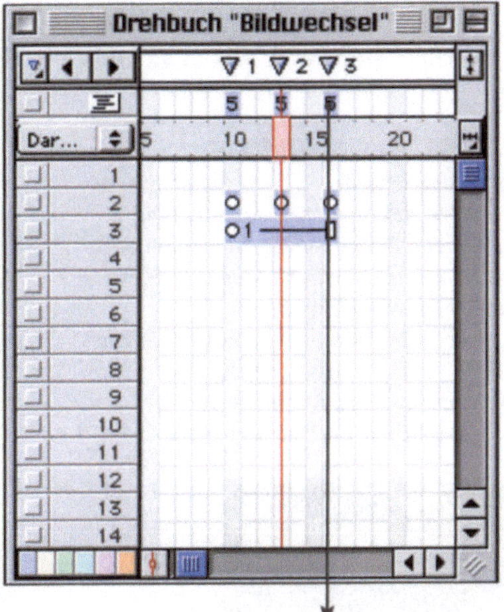

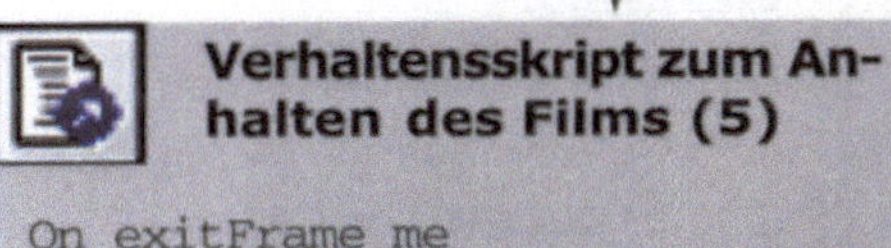

Verhaltensskript zum Anhalten des Films (5)

```
On exitFrame me
   go to the frame
end
```

Navigationsskript zum Wechsel der Bilder

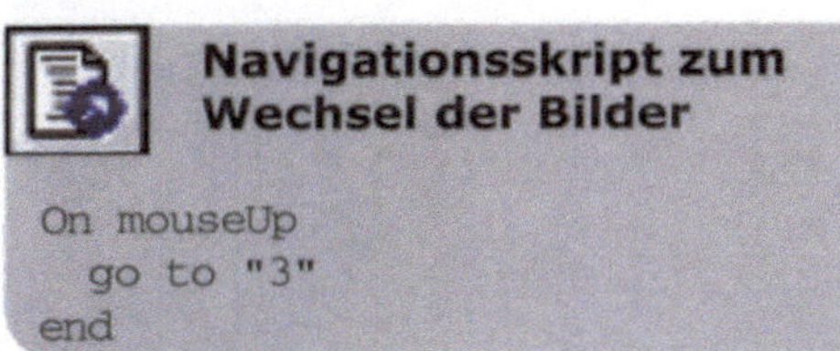

```
On mouseUp
   go to "3"
end
```

Navigationsskript zum Wechsel der Bilder

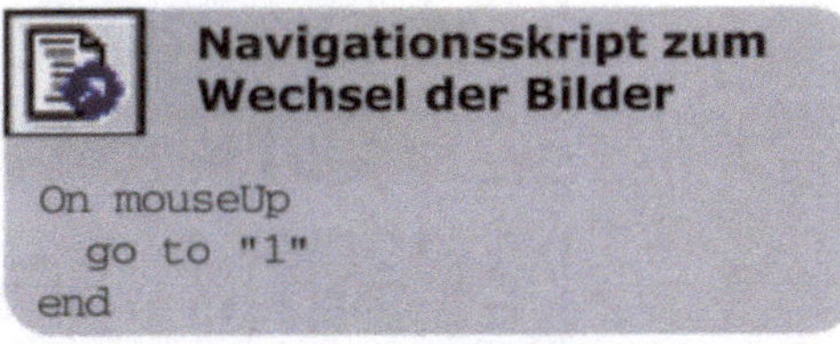

```
On mouseUp
   go to "1"
end
```

Navigationsskript zum Wechsel der Bilder

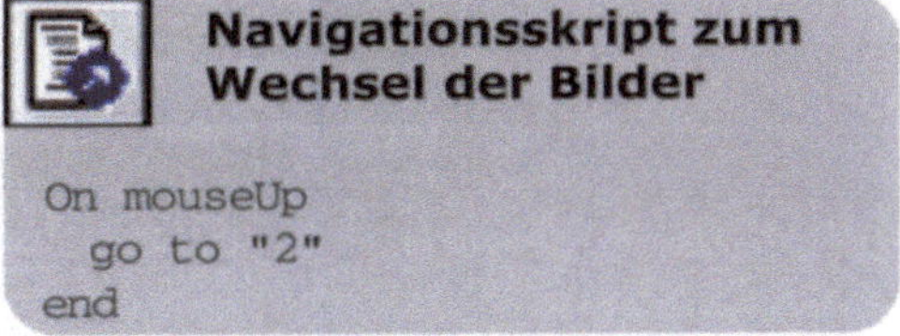

```
On mouseUp
   go to "2"
end
```

Der Bildwechsel erfolgt durch einen Klick auf die Bilder!

Testen Sie Ihre erstellte Datei mit eigenen Bildern.

Projekte
Nonprint
N 06 @ S.180

Lernziele
- Sie lernen die Rollover-Technik kennen und verwenden sie als Navigationsoptimierung.
- Sie kennen die dazugehörigen Lingo-Skripte und können sie anwenden.

Aufgaben
- Erstellen Sie mit den dazugehörigen Dateielementen einen Hauptmenü-Screen.
- Belegen Sie alle Tasten des Menüs mit einer Rollover-Funktion und anschließender Navigation auf einen anderen Screen.

Übungsdateien auf DVD
> TUTORIAL > D_DIRECT > D07

Hinweis
Um diese Aufgabe zu lösen, müssen Sie mit Hilfe von Photoshop die Buttons erstellen, die in der Datei D07_01.PSD vorbereitet sind.

B 12 @ S.224

Die unten stehende Abbildung zeigt ein Hauptmenü mit fünf Tasten, die zu anderen Seiten führen. Die Taste „Vollblüter" ist gedrückt. Dies ist an zwei Punkten erkennbar: Die Farbe der Schrift hat gewechselt und der Button ist optisch tief eingedrückt.

Derartige Rollover haben für den Nutzer eine Reihe von Vorteilen. Sie signalisieren, dass hier eine Aktion stattfindet. Bewegliche Elemente animieren den Nutzer zur Interaktion. Weiter können Informationen ausgetauscht, ergänzt, aufgerufen oder ausgeblendet werden, Bilder können aufgerufen oder Videos mit Hilfe eines Rollovers gestartet werden. Die Nutzungsmöglichkeiten des Rollover-Befehls sind außerordentlich vielfältig.

Das Grundprinzip einer Rollover-Funktion ist einfach: Man tauscht ein Bild in einem Kanal gegen ein anderes Bild aus, indem das zuerst sichtbare Bild durch ein zweites Bild überdeckt wird. Dies soll Ihnen die Anordnung der Darsteller in der Besetzungsliste bereits verdeutlichen. Die oben stehenden Tasten

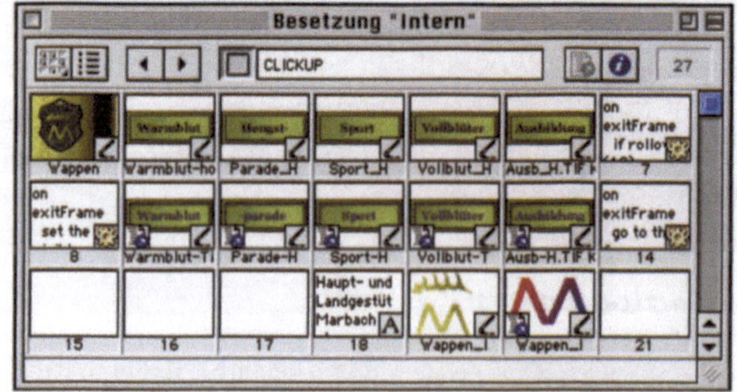

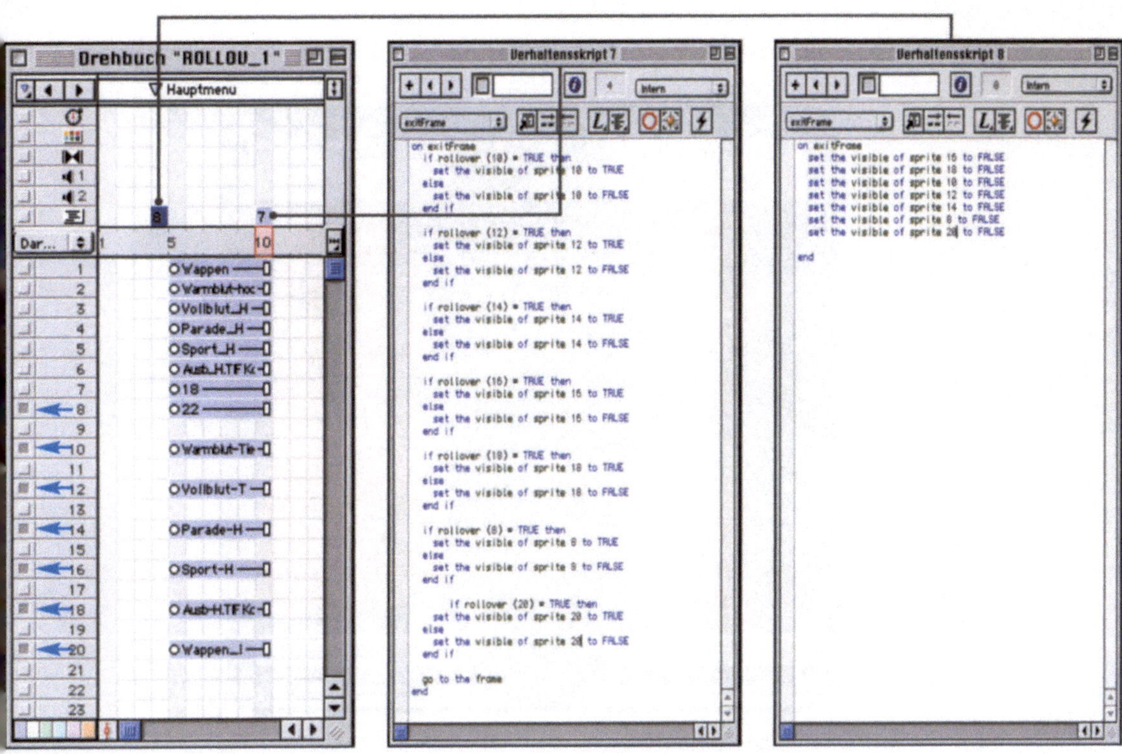

sind die immer sichtbaren, die unten abgebildeten Tasten die Rollover-Tasten, welche die sichtbaren Tastenelemente beim Rollover überdecken. Sie können dies im oben abgebildeten Drehbuch gut erkennen.

In den Kanälen 2 bis 6 liegen die sichtbaren Tasten. Die unsichtbaren Tasten liegen in den Kanälen 10, 12, 14, 16, 18 und 20. Dies ist an den ausgeschalteten Knöpfen ◄— vor der Kanalnummer zu erkennen. Bei einem Rollover z.B. über die Taste Vollblüter wird der Kanal 12 eingeschaltet und überdeckt mit seinem Darsteller „Vollblut-T" den Darsteller in Kanal 3. Diese beiden Darsteller in Kanal 3 und 12 sind gleich groß, allerdings mit unterschiedlicher grafischer Ausprägung. Die gleiche Größe in Breite und Höhe ist Bedingung, damit ein Tasten-Rollover optisch gut funktioniert.

Das Rollover-Skript ist lang und wird in den Skriptkanal geschrieben. In unserem Musterbeispiel ist dies der Darsteller Nummer 7. Das bedeutet, dass für jeden ausgeschalteten Kanal ein Skript existieren muss, das den Kanal bei einem Rollover mit der Maus einschaltet – also sichtbar macht.

Im dargestellten Beispiel sind sieben Kanäle ausgeschaltet, also müssen sieben Rollover-Befehle diese Kanäle ansprechen, um sie im Bedarfsfall einzublenden.

Im Drehbuch erkennen Sie, dass das gesamte Menü sechs Frames lang ist (5–10). Bei einem Rücksprung auf das Hauptmenü gelangt der Nutzer auf den Frame 4 unseres Drehbuches.

In diesem Frame befindet sich ein Skript, das alle Kanäle ausschaltet, in denen Rollover-Bilder positioniert sind. Ist dieses Skript nicht vorhanden, so werden alle Rollover-Bilder kurz sichtbar – sie blinken auf, bis sie von Skript Nr.7 in Frame 10 ausgeschaltet werden.

QTVR-Objekt-Film

Die Abbildung zeigt auf der linken Seite der Bühne einen QTVR-Objekt-Film. Dies ist eindeutig an der für QTVR-Filme typischen Steuerleiste erkennbar. Diese Steuerleiste ermöglicht das Ein- und Auszoomen (–)(+) sowie das Navigieren um das Objekt herum. Beim Navigieren erscheint über dem Bild eine Hand. Mit dieser Hand wird die manuelle Steuerung des Objektes durch den Nutzer durchgeführt.

QT-Videoclip

Auf der rechten Bühnenhälfte ist ein aus der gleichen Datei berechneter QT-Videoclip zu sehen. Deutlich erkennbar ist dies an der eingeblendeten Steuerleiste. Dieser Film ist ein zeitbasierter Videoclip. Dies bedeutet, dass der Film nur vorwärts oder rückwärts abgespielt werden kann. Ein Steuern wie beim QTVR-Clip ist nicht möglich.

Durch entsprechende Einstellungen im Eigenschafteninspektor können Sie bestimmte Funktionen für einen digitalen Videoclip festlegen. Durch das Definieren einer Schleife im Eigenschafteninspektor ist es möglich, den Film endlos abzuspielen. Ebenso kann der Regler ein- oder ausgeblendet oder der Sound ein- oder ausgeschaltet werden.

Einstellung QT-Eigenschaften

Das Importieren einer QT-Datei erfolgt wie üblich. Nachdem ein QT-Film im Drehbuch positioniert wurde, sollte man sich einige Informationen über dieses Medium beschaffen. Dies geschieht über den Aufruf der Informationstaste im Eigenschafteninspektor. Hier werden eine große Menge an Informationen und Einstellmöglichkeiten für diesen Medientyp bereitgehalten.

Zuerst kann festgelegt werden, ob ein Clip mit oder ohne Sound abgespielt werden soll. Bei Digitalvideoclips kann die Framerate zur Wiedergabe festgelegt werden. Bei einem QTVR-Film ist dies nicht möglich, da die Wiedergabe- bzw. Drehgeschwindigkeit vom Nutzer abhängt.

Die Einstellung „Zentrieren" ist nur in Verbindung mit der Option „Zuschneiden" verfügbar. Sie gibt an, ob ein Darsteller bei Transformationen innerhalb des Sprite-Begrenzungsrechtecks zentriert dargestellt oder seine linke obere Ecke an der linken oberen Ecke des Sprites ausgerichtet werden soll.

„Skalieren" bewirkt, dass der Film in das Begrenzungsrechteck eingepasst wird.

Mit Hilfe der Optionen unter der Mittellinie des Fensters kann die Wiedergabe von Videos festgelegt werden.

Die Option „Video zeigen" bewirkt, dass die im Digitalvideo enthaltenen Videodaten auf der Bühne angezeigt werden. Wird diese Option deaktiviert, werden die Videodaten nicht dargestellt. Wenn diese Option so eingestellt und die Option „Sound abspielen" aktiviert ist, werden nur die in einem Videoclip enthaltenen Audiodaten wiedergegeben.

Die Option „Sound abspielen" bewirkt, dass die im Digitalvideo enthaltenen Audiodaten vollständig abgespielt werden.

„Regler einblenden" (ist nur für QuickTime-Videos wirksam) bedeutet, dass am Videoclip unten eine Steuerungsleiste angezeigt wird, wenn zusätzlich die Option „Direkt auf Bühne" ausgewählt wurde.

Eine wichtige Option ist „Pause". Diese Option sorgt dafür, dass ein Digitalvideo auf der Bühne nicht abgespielt wird. Wenn für einen Videoclip eine Steuerungsmöglichkeit durch den Nutzer so eingebaut wird, dass er den Film selbst starten, stoppen oder spulen kann, dann **muss** der Film auf „Pause" eingestellt werden. Ist dies nicht der Fall, startet der Videoclip beim ersten Erscheinen auf der Bühne automatisch.

Soll ein Video nach dem Erreichen des Dateiendes von vorne beginnen, muss die Option „Schleife" von Ihnen aktiviert werden.

Die „Streaming"-Option bewirkt, dass eine Videowiedergabe bereits gestartet wird, wenn Director erst einen kleinen Teil der Videodatei von ihrer Quelle heruntergeladen hat. Dies gilt ausschließlich für QuickTime-Videos.

„Entladen" steuert die Art, wie ein Darsteller aus dem Speicher entfernt werden soll, wenn nicht mehr genügend Arbeitsspeicher verfügbar ist.

Die unten abgebildete einfache Oberfläche eines Videorecorders soll Ihnen Vorlage zu Ihrer Arbeit sein. Die Funktionstasten müssen nicht beschriftet werden – die entsprechende Symbolik ist eindeutig. Für jedes Tastenelement sind zwei Darsteller für die gewünschten Rollover-Effekte anzulegen. (Die Abspieltaste rechts zeigt gerade die Rollover-Farbe.)

Um einen Videorecorder zu erstellen, gehen Sie wie folgt vor:

- Erstellen der Steuerungstasten
- Erstellen des Textes für den Screen, z.B. Videorecorder
- Importieren des Videoclips und Einstellungen vornehmen
- Anbringen der Lingo-Steuerung an die einzelnen Darsteller
- Funktionstest

Die Digitalvideo-Sprite-Eigenschaft steuert die Geschwindigkeit, mit der ein Digitalvideo in einem bestimmten Kanal des Drehbuchs abgespielt wird. Die Wiedergabe des Digitalvideos wird durch die eingestellte Abspielgeschwindigkeit bestimmt.

Der Wert 1 bedeutet normales Abspielen, -1 steht für Zurückspulen mit normaler Geschwindigkeit und der Wert 0 führt zum Anhalten des Videos.

Höhere und niedrigere Werte sind möglich. Der Wert 0.5 bewirkt, dass ein Digitalvideo langsamer als normal wiedergegeben wird. Der Wert 2 sorgt für eine schnellere Abspielrate. Wenn der Einstellwert 1 übersteigt, kann es vorkommen, dass Bilder bei der Wiedergabe übersprungen werden.

Wie viele Bilder übersprungen werden, hängt von verschiedenen Faktoren ab, zum Beispiel der Leistung des Computers, auf dem der Film abgespielt wird, und davon, ob das Digitalvideo-Sprite gestreckt oder aus einem Sprite heraus abgespielt wird.

Der Wert -2 bedeutet, dass der Videoclip schneller rückwärts abläuft. Dies kann z.B. zum schnelleren Rücklauf eines Videoclips verwendet werden. Werden hierbei Bilder ausgelassen, hat dies für den Nutzer keine realen Auswirkungen – er will ja nur zurück zum Anfang. Testen Sie auch höhere Werte aus – das ergibt nette Effekte bei der Wiedergabe.

Zur Steuerung benötigen Sie folgende Skripte, die in unserem Fall immer auf das nicht sichtbare Rollover-Element gelegt werden müssen:

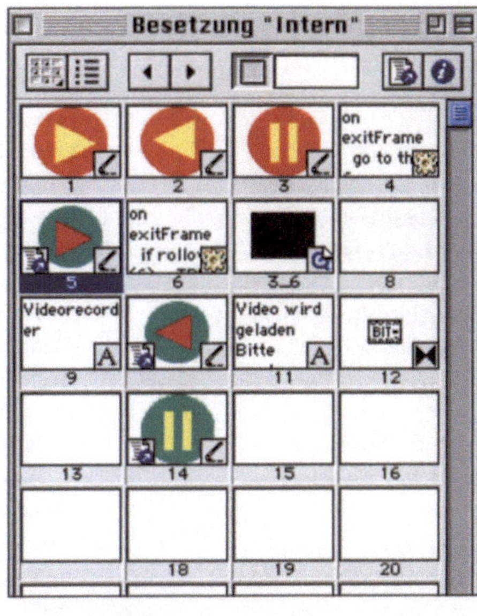

Skripte für die Tasten

```
-- Video abspielen Vorwärtstaste

on mouseUp
    sprite(9).movieRate = 1
end
```

Sprite 9 ist der Kanal, in dem ein Digitalvideoclip im Drehbuch liegt.

```
-- Video stoppen Stopptaste

on mouseUp
    sprite(9).movieRate = 0
end
```

```
-- Video zurückspulen Rückwärts-
-- taste

on mouseUp
    sprite(9).movieRate = -1
end
```

**Drehbuchskript
für Tasten-Rollover**

```
on exitFrame me
  if rollover (1) = TRUE then
   set the visible of sprite 1 to TRUE
  else
   set the visible of sprite 1 to FALSE
  end if
  if rollover (3) = TRUE then
   set the visible of sprite 3 to TRUE
  else
   set the visible of sprite 3 to FALSE
  end if
  if rollover (5) = TRUE then
   set the visible of sprite 5 to TRUE
  else
   set the visible of sprite 5 to FALSE
  end if
  go to the frame
end
```

Importieren einer Sounddatei

Über den Befehl *Dateien > Importieren* laden Sie eine Sounddatei in die Besetzungsliste. Von dort ziehen Sie den importierten Sound in einen der beiden verfügbaren Drehbuchkanäle.

Sofern die Soundkanäle des Drehbuchs nicht mit einem Verhalten oder einer Lingo-Anweisung außer Kraft gesetzt werden, wird der Sound im Soundkanal nur so lange gespielt, wie sich der Abspielkopf über den Darstellern befindet, in denen dieser Sound enthalten ist. Ist der Abspielkopf aus dem Bereich des geladenen Sounds hinausgefahren, wird dieser gestoppt. Nach dem Beginn der Wiedergabe wird ein Sound stets mit der ihm eigenen Geschwindigkeit abgespielt. Director kann Sounds nicht beschleunigen oder verlangsamen. Sounds werden immer mit den vorgegebenen Einstellungen z.B. von SoundEdit wiedergegeben. Wenn ein Sound nicht auf die Wiedergabe in einer Schleife eingestellt ist, endet die Wiedergabe mit dem Ende der Datei, selbst wenn für das Sprite eine längere Dauer festgelegt

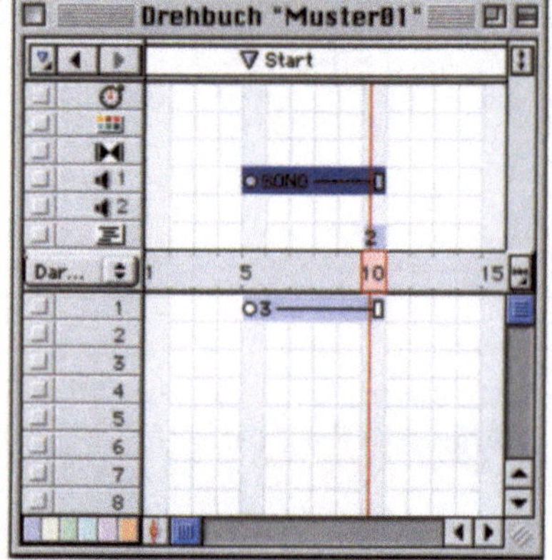

wurde. Wollen Sie einen Sound als Endlosschleife abspielen, müssen Sie dem Sound diese Eigenschaft im Eigenschafteninspektor zuweisen. Im Eigenschafteninspektor können noch weitere Informationen zu den Eigenschaften eines Sounds abgerufen werden. Sie sehen dies auf der rechten Bildleiste der Seite 431.

Neben den beiden Standard-Soundkanälen im Drehbuch kann Director gleichzeitig bis zu sechs weitere nicht sichtbare Soundkanäle bedienen. Diese imaginären Kanäle lassen sich allerdings nur per Lingo oder über Verhalten steuern.

Sound im Drehbuch platzieren

1. Ziehen Sie einen Sounddarsteller aus dem Besetzungsfenster in den Soundkanal 1 oder 2.

2. Ziehen Sie den Sound auf die erforderliche Anzahl von Frames. Orientieren Sie sich dabei an den Bildern auf dem Screen, zu denen der Sound abge-

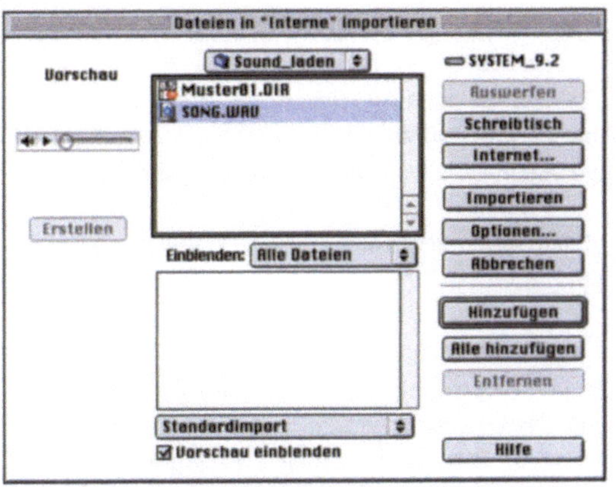

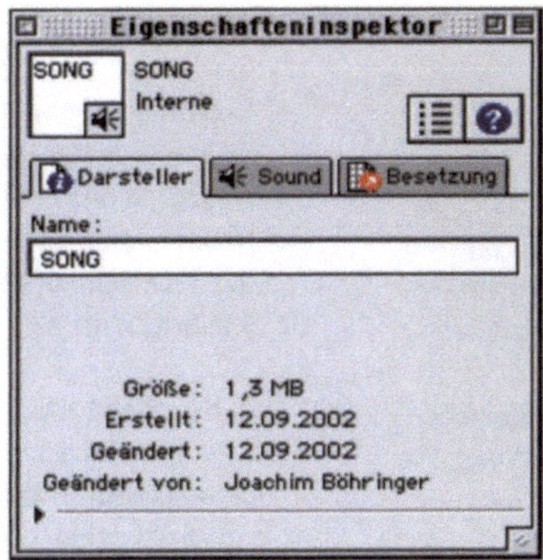

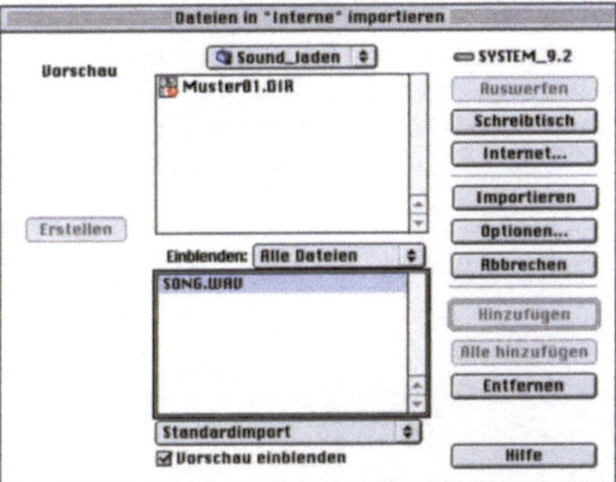

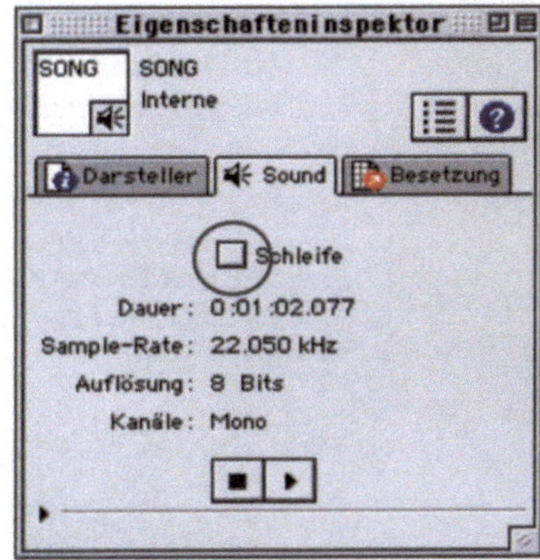

spielt werden soll. Oftmals müssen Sie die Anzahl der Bildframes im unteren Teil des Drehbuches nachträglich anpassen, damit es möglich wird, dass der Sound vollständig abgespielt werden kann.

3. Eine andere Möglichkeit, Sound und Bilddarstellung auf dem Screen zu synchronisieren, besteht darin, die Tempoeinstellung so zu ändern, dass der Abspielkopf erst nach dem Ende der Soundwiedergabe zum nächsten Frame (Bild) springt.

4. Weitere Informationen finden Sie bei der Director-Hilfe: Stichwort Media synchronisieren.

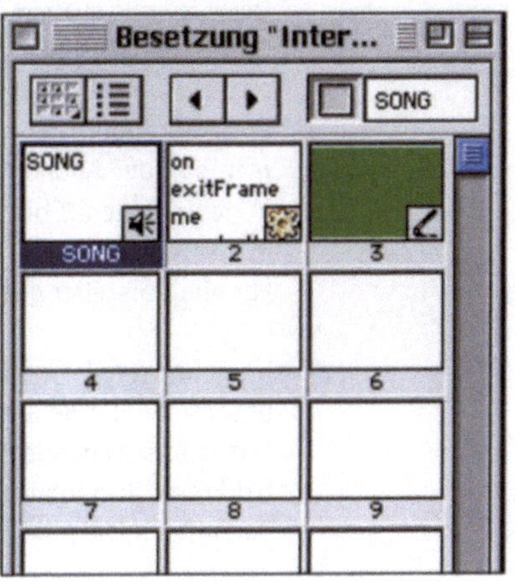

Bau eines Lautstärkereglers mit Tasten

Ein Tastenregler ist in Multimedia-Applikationen oft leicher und grafisch effektvoller einzusetzen als ein Schieberegler. Mit einem Tastenregler lässt sich Sound nicht in feinen Abstufungen regeln – die wenigen Level reichen aber oft und funktionieren sicher.

Bauen Sie den auf Seite 433 abgebildeten Regler mit Rollover-Funktion für die fünf Tasten nach.

1. Sie benötigen dazu fünf gelbe und fünf blaue Tasten mit der jeweiligen Lautstärkebezeichnung. Die gelben Tasten befinden sich an der Bühnenoberfläche, die blauen Rollover-Tasten werden erst sichtbar, wenn eine Lautstärkeregelung gewünscht wird. Demzufolge liegen die Skripte zur Lautstärkeregelung auf den blauen Tasten.

2. Die Lautstärke wird mit der Befehlssyntax „the soundLevel" gesteuert. Dabei greift Director in die Soundeinstellung des Systems ein und stellt die Lautstärke des PC-Lautsprechers entsprechend ein. Bei Windows-PCs kann die Lautstärke unterschiedlich ausfallen, je nach Grundeinstellung des Lautsprechers. Die Werte für die Lautstärke liegen zwischen 0 = kein Sound und 7 = Maximallautstärke.
Die folgende Anweisung stellt die Soundstufe für eine Rollover-Taste auf den Wert 6:

```
on mouseUp
    set the soundLevel to 6
end
```

Dieses Skript müssen alle Tasten erhalten, wobei der Wert für die jeweilige Lautstärke zwischen 0 und 7 variiert.

3. Die Anordnung der einzelnen Darsteller für den Tastenregler sehen Sie rechts in der Abbildung Drehbuch „Tastenregler". Die gelben Tasten liegen in den Kanälen 2 bis 7, die blauen Tasten für die Rollover-Funktion liegen in den Kanälen 10 bis 14.
Für alle Darsteller gilt die Länge von Frame 5 bis Frame 10.

4. Im Soundkanal 1 und 2 liegen zwei Sounds, wobei hier nur ein Sound für unseren Regler genutzt wird.
Das rechts stehende Skript für die Rollover-Funktion ist in den Skriptkanal bei Frame 10 einzutragen. Ergänzt wird der Screen noch durch den Textdarsteller mit der Aufforderung, die Lautstärke zu regeln!

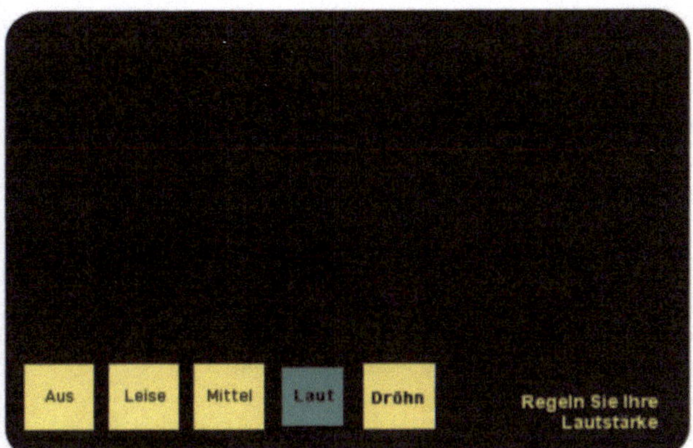

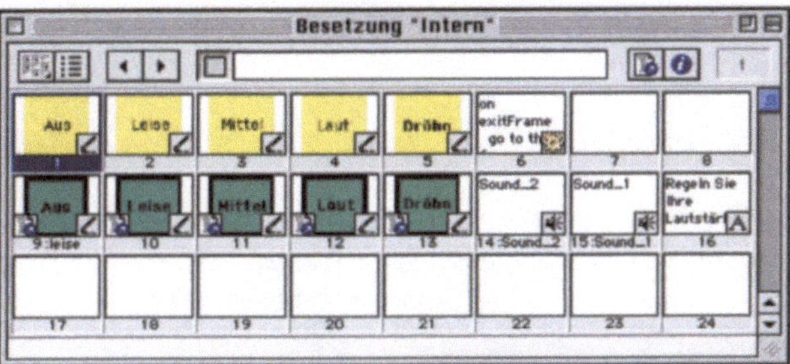

5. Testen Sie Ihren Tastenregler und übertragen Sie die Funktionalität auf andere Anwendungen.

Übrigens:
Bei solchen Arbeiten tragen Profis Kopfhörer – dann werden die Arbeitskollegen an den Nachbarrechnern nicht gestört!

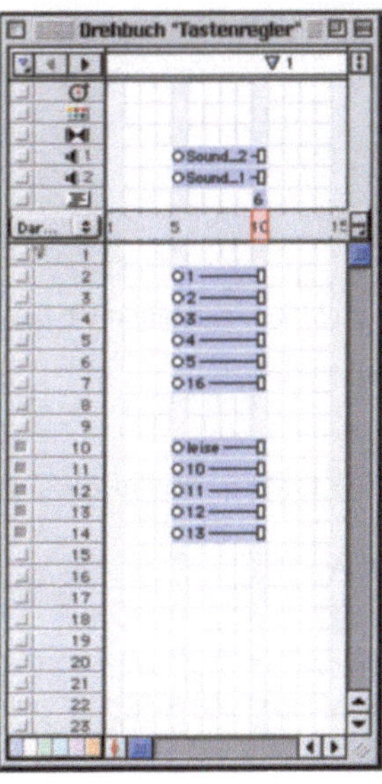

Skript für die Rollover-Funktion des Tastenreglers

```
on exitFrame
  go to the frame
  if rollover (2) = TRUE then
    set the visible of sprite 10 ¬
      to TRUE
  else
    set the visible of sprite 10 ¬
      to FALSE
  end if
  if rollover (3) = TRUE then
    set the visible of sprite 11 ¬
      to TRUE
  else
    set the visible of sprite 11 ¬
      to FALSE
  end if
  if rollover (4) = TRUE then
    set the visible of sprite 12 ¬
      to TRUE
  else
    set the visible of sprite 12 ¬
      to FALSE
  end if
  if rollover (5) = TRUE then
    set the visible of sprite 13 ¬
      to TRUE
  else
    set the visible of sprite 13 ¬
      to FALSE
  end if
  if rollover (6) = TRUE then
    set the visible of sprite 14
      to TRUE
  else
    set the visible of sprite 14
      to FALSE
  end if
end
```

D 1

Projekte
Nonprint
   N 06 @ S.180

Lernziele
- Sie erstellen einen Schieberegler, der sich mit Hilfe der Maus in verschiedene Stellungen zur Lautstärkesteuerung verwenden lässt.
- Die dazu notwendige Herstellung der Darsteller und deren Programmierung soll geübt werden.

Aufgabe
- Erstellen Sie eine Soundsteuerung mit Schieberegelung.

Übungsdateien auf DVD
> TUTORIAL > D_DIRECT > D11_2

Darsteller für Schieberegler erstellen

Auf der gegenüberliegenden Seite sind alle Elemente dargestellt, die für die Herstellung eines Schiebereglers benötigt werden. Im Einzelnen sind das:

- Führungsschiene, 255 Pixel hoch, 1 Pixel breit. Die Führungsschiene ist exakt nach dieser Vorgabe in Photoshop herzustellen. Der später verwendete Befehl `the volume of sound` hat einen Wertebereich von 0 (= Stille) bis 255 (= maximale Lautstärke). Um diesen Steuerungsbereich ausschöpfen zu können, muss die Schiene exakt 255 Pixel hoch sein. Ist die Schiene breiter als 1 Pixel, wackelt später der Reglerknopf nach links und rechts.
- Schieberegler als Rechteck 20 × 10 Pixel groß.
- Es kann ein beliebiger Rahmen erstellt werden, auf den später die Führungsschiene gelegt wird. Der Rahmen hat nur eine optische Bedeutung, für die Funktion ist er nicht verantwortlich.

Die Skripte und deren Funktion

Das zu erstellende Filmskript enthält zwei Mausereignisse. Es müssen dafür zwei Variable für den Stand des Schiebers und das Volume (Lautstärke) definiert werden: `global Stand` und `Volume`. Das Skript ist rechts dem Filmskript 2 zu entnehmen.

Im Skriptkanal steht wie üblich der Stopp-Befehl, um den Film anzuhalten.

Die Regler-Darsteller sind in den folgenden Kanälen:

- Kanal 3: Reglerrahmen
- Kanal 4: Schieber
- Kanal 5: Führungsschiene

Der Schieber lässt sich mit gedrückter Maustaste bewegen:

```
on mouseDown
```

Der Schieber ist in Kanal 5 = sprite 5. Er wird zur Puppe:

```
the puppet of sprite
```

Er wird beweglich:

```
the movableSprite of Sprite
```

Er muss im Bereich der Führungsschiene bleiben:

```
the constraint of sprite
```

Die Maustaste wird losgelassen:

```
on mouseUp
```

Die vertikale Position des Schiebers wird abgefragt und der Variablen Stand zugewiesen:

```
put the locV of sprite 5 into Stand
```

Aus der Position wird der Volumewert (0 bis 255) berechnet und der Variablen Volume zugewiesen.
Die Lautstärke wird eingestellt:

```
the volume of sound
```

Sound ein- und ausschalten

Es gibt noch eine Reihe von Befehlen, die Sounds auf die verschiedensten Arten ein- und ausschalten können. Diese Befehle sind mit Hilfe einer Sounddatei leicht zu üben.

Der unten stehende Befehl beendet das Abspielen eines Sounds im angegebenen Kanal:

```
Sound (1).Stop ()
```

Die folgende Anweisung prüft, ob ein Sound in Soundkanal 1 spielt, und stoppt den Sound, sollte dies der Fall sein:

```
if soundBusy(1) then sound(1).stop()
```

soundEnabled bestimmt, ob ein Sound ein- oder ausgeschaltet ist. True bedeutet, dass der Sound eingeschaltet ist. Dies ist die Standardeinstellung. Wird die Eigenschaft auf False gesetzt, ist der Sound nicht mehr zu hören:

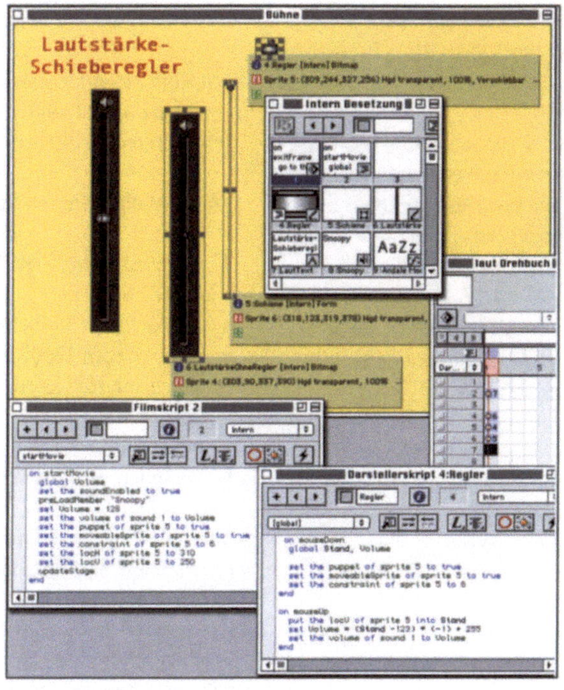

```
the soundEnabled = False
```

Um ein Musikstück ein- oder auszublenden, werden die fadeOut- und fadeIn-Befehle verwendet. Wenn Ticks (Zeiteinheit in Director) angegeben sind, kann der Sound über einen bestimmten Zeitraum hinweg gesteuert werden:

```
Sound fadeOut which Channel
Sound fadeIn which Channel
```

Information

Die Zeiteinheit von Director ist das Tick. Diese Systemeigenschaft gibt die aktuelle Zeit in Ticks (1 Tick = 1/60 Sekunde) zurück. Ticks werden von dem Moment an gezählt, an dem die Director-Anwendung gestartet wurde.

D

Animationspfad

Mit Hilfe von Animationspfaden lassen sich wirkungsvolle Animationen erstellen. In der Abbildung unten ist ein erstellter Pfad als gerade Linie von links unten nach rechts oben zu erkennen.

Wie wird dieser Animationspfad erzeugt:

- Erstellen Sie mit dem Mal-/Grafikwerkzeug einen Kreis mit einer beliebigen Farbe.
- Ziehen Sie den erstellten Darsteller in das Drehbuch.
- Positionieren Sie den ersten Frame in das linke untere Eck der Bühne.
- Gehen Sie zum letzten Frame des Darstellers, fassen ihn in der Mitte an und positionieren Sie diesen in das rechte obere Eck. Dabei entsteht der abgebildete Animationspfad.
- Verändern Sie den Verlauf der Animationskurve.

Das erste Bild der Animation wird als so genanntes Schlüsselbild bezeichnet – es bestimmt die Ausgangslage bzw. Anfangsposition der Animation. Die dazwischenliegenden Positionen definieren den Verlauf der Animation bis zum letzten Bild, dem so genannten Stoppbild. In jede der abgebildeten Positionen kann frameweise eingegriffen werden und die Ablaufposition der Animation z.B. mit Hilfe einer Kurve verändert werden. Dies ist im Bild unten rechts deutlich erkennbar. Bei dieser Art des Animationspfades bleibt der Darsteller in seiner Größe und Form unverändert – ein Kreis bleibt ein Kreis.

Die Animation kann mit Hilfe des Animationspfades in ihrer Ausrichtung und Bewegung verändert werden. Dazu wählen Sie einen entsprechenden Frame aus und gehen in den Mittelpunkt des Bildes. Dabei ändert sich die Farbe des Cursors und Sie können den Animationspfad in jede Richtung ändern.

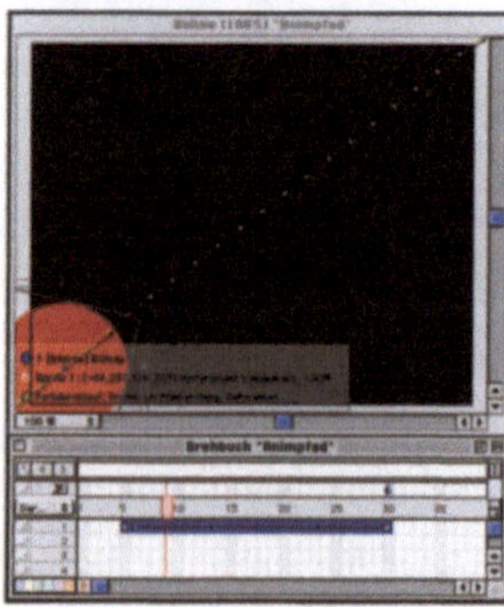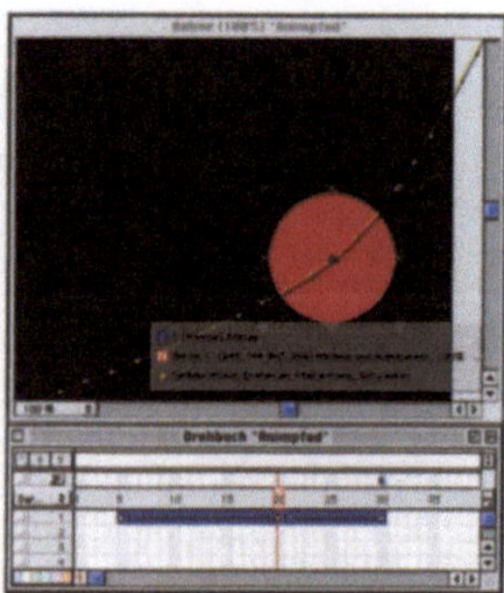

Bibliothekspalette

Um die noch recht einfache Animation zu optimieren, rufen Sie im *Fenster*-Menü die *Bibliothekspalette* auf. Hier sind unter dem Stichwort Animation eine Reihe von Effekten gegeben, die sich auf jede Animation anwenden lassen.

Wenden Sie die Animation „Farbdurchlauf" an, indem Sie das Symbol für diesen Effekt direkt auf Ihren Darsteller im Drehbuch ziehen. Dieser übernimmt automatisch den Effekt.

Ablaufgeschwindigkeit

Die Ablaufgeschwindigkeit der Animation kann beeinflusst werden. Im Menü *Modifizieren > Sprite > Twenning* können verschiedene Parameter zum Ablauf der Animation eingestellt und getestet werden. Sie sehen unten das Einstellfenster zum Sprite-Twenning. Testen Sie die Möglichkeiten.

Kontrollieren bzw. Entfernen des Effektes ist mit Hilfe des Verhaltensinspektors möglich. Durch die Tasten + und – können Sie neue Effekte hinzufügen bzw. Effekte wieder entfernen. Sie erhalten über den Verhaltensinspektor eine ausführliche Beschreibung des gewählten Animationseffektes.

Zu den Abbildungen: Die Bibliothekspalette enthält eine Reihe von Animationsvorschlägen. Eine kurze Beschreibung ist immer durch einen Mousover zu erhalten. Ebenso ist eine Effektbeschreibung im Verhaltensinspektor zu finden.

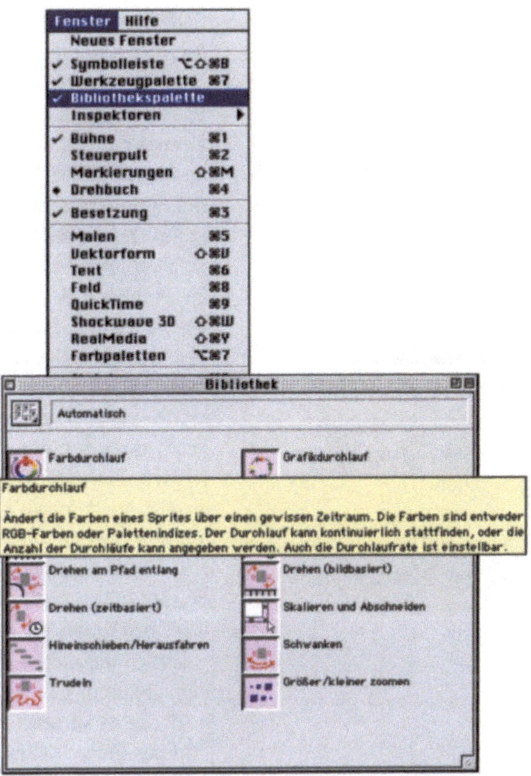

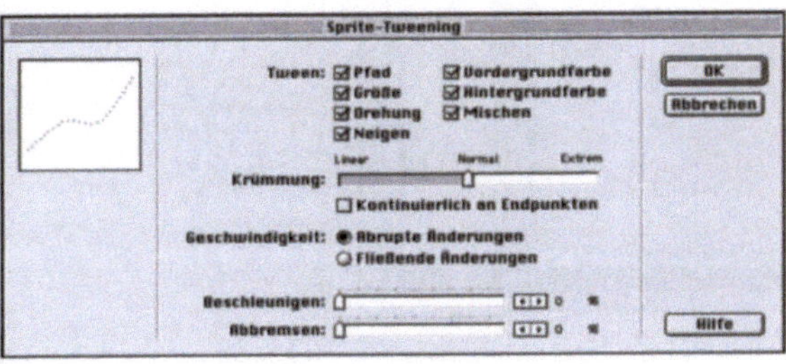

Erstellen einer Animation aus Einzelbildern

Aus den nebenstehenden Bildern eines galoppieren-
den Pferdes soll eine Animation entstehen. Das
Pferd soll von links nach rechts in einer natürlichen
Bewegung über die Bühne laufen.

Die Bildfolge von oben nach unten zeigt den
richtigen Bewegungsablauf eines Galoppsprunges.
Die einzelnen Bilder werden in die Besetzungsliste
geladen und in der unten dargestellten Reihenfolge
im Drehbuch positioniert. Die Länge (= Zeitdauer)
des einzelnen Darstellers darf drei Frames nicht
überschreiten. Die Position der einzelnen Pferdedar-
steller muss von Bild zu Bild um ein Stück nach
rechts verschoben werden. Der Verschiebungsbe-
reich kann aus den Abbildungen rechts ermessen
werden. Ziel ist es, bei der Verschiebung keine zu
großen Abstände zu bekommen, da sonst der Bewegungsablauf nicht als natürlich empfunden wird.
Hier kann kein festes Maß angegeben werden – Sie
müssen dies aus dem Gefühl für die Bewegungsab-
läufe der Tieranimation testen.

Wenn die ersten sechs Bilder im Drehbuch stehen, beginnt der Bewegungsablauf von vorne –
nach rechts versetzt. Sie können dies aus der Position des Pferdes in den Bildern auf dieser Seite erkennen. Durch die Position des roten Abspielkopfes
ist die Weiterentwicklung der Bewegung gut zu er-

❶

❷

❸

❹

❺

❻

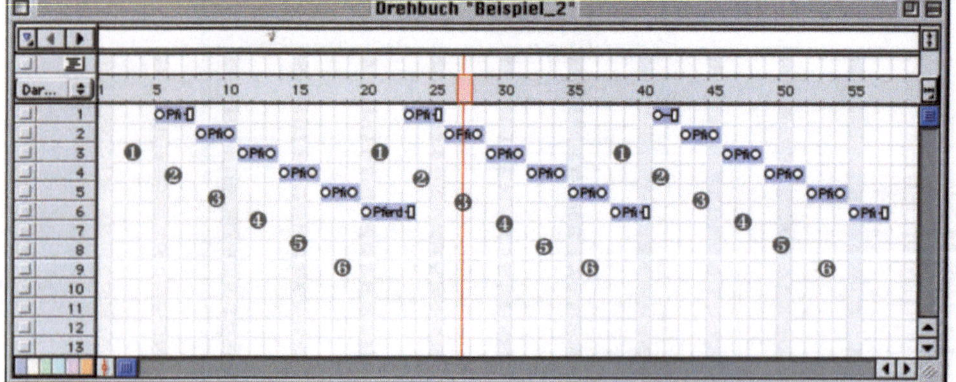

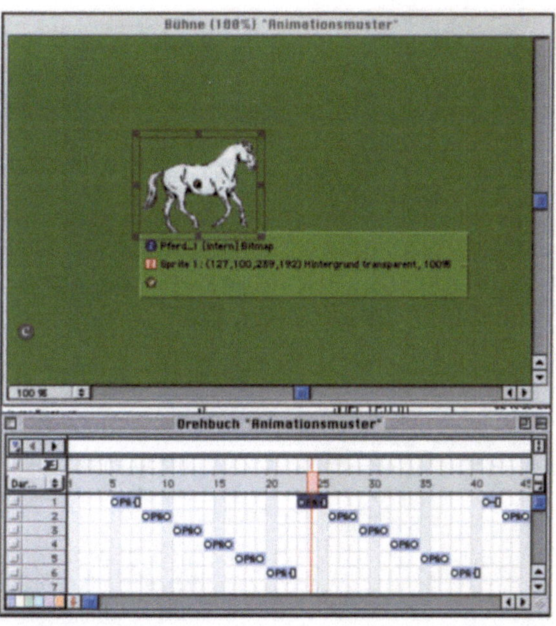

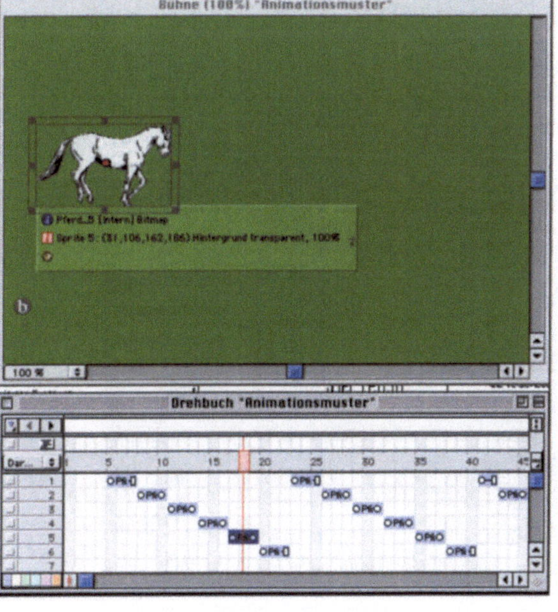

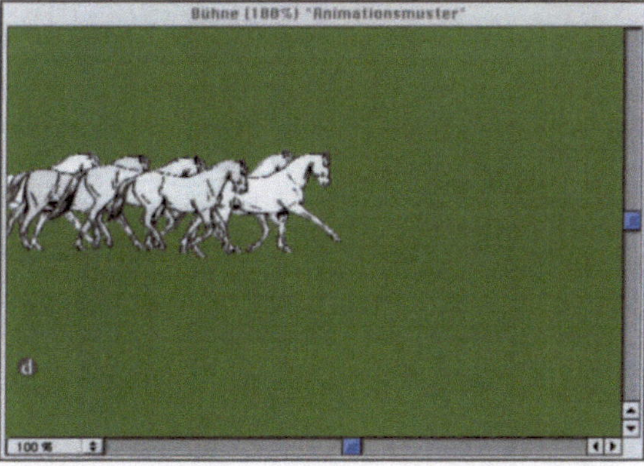

kennen. Das Bild ⓓ zeigt die Bewegungsabstände mit allen Darstellern – so sieht man es normalerweise nicht! Die Animation muss jetzt so oft wiederholt werden, bis das Pferd aus der rechten Bühnenseite hinausläuft. Damit hat man eine relativ lange Animation über viele Frames hinweg erstellt.

D 1

Steuern einer Animation mit einer Lingo-Zeitschleife

Die Animation des galoppierenden Pferdes ist Ihnen voraussichtlich gelungen. Allerdings besteht nun das Problem, dass Sie diese Animation nur einmal betrachten können. Bei einem zweiten oder dritten Ablauf muss die Animationsfolge mehrmals in das Drehbuch kopiert werden. Damit wird die Animation sehr lang und belegt entsprechend viele Frames und damit Speicherplatz. Mit der Herstellung einer Filmschleife und einer Zeitsteuerung per Lingo lässt sich dieses Problem elegant beheben.

Erstellen einer Filmschleife

• Markieren Sie im Drehbuch alle Darsteller für einen kompletten Animationsdurchlauf über die Bühne.
• Sind alle Darsteller markiert, rufen Sie im Menü *Einfügen > Filmschleife* auf.
• Es erscheint das Dialogfeld *Filmschleife erstellen* und Sie werden aufgefordert, einen Dateinamen einzugeben. Dieser sollte einen Bezug zu der Filmschleife aufweisen. Nach dem „OK" erscheint im Besetzungsfenster die Filmschleife mit dem entsprechenden Symbol.
• Stellen Sie die Filmschleife in das Drehbuch und reduzieren Sie deren Länge auf 10 Frames.
• Testen Sie die Lauffähigkeit der Filmschleife. Stellen Sie dabei im Steuerpult „Schleife abspielen" ein. Dadurch wird die Animation mehrmals angespielt und Sie erkennen Abspiel- und Bewegungsfehler leichter.

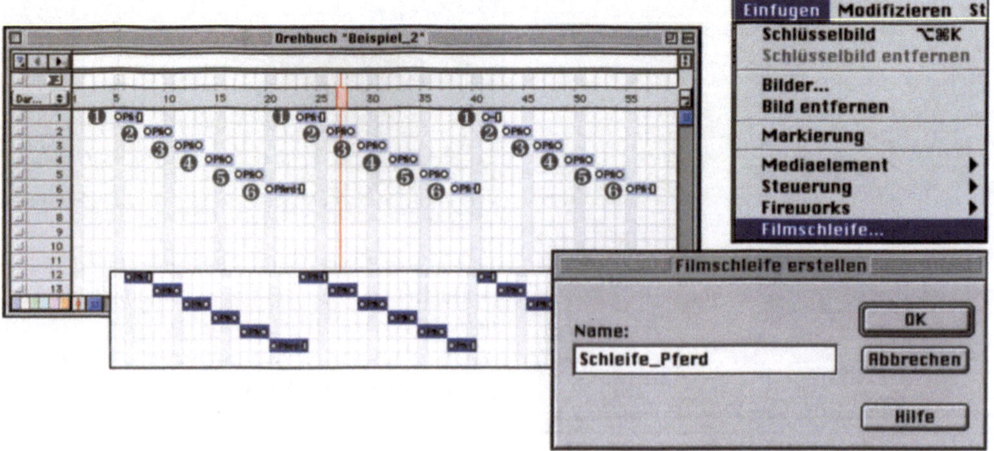

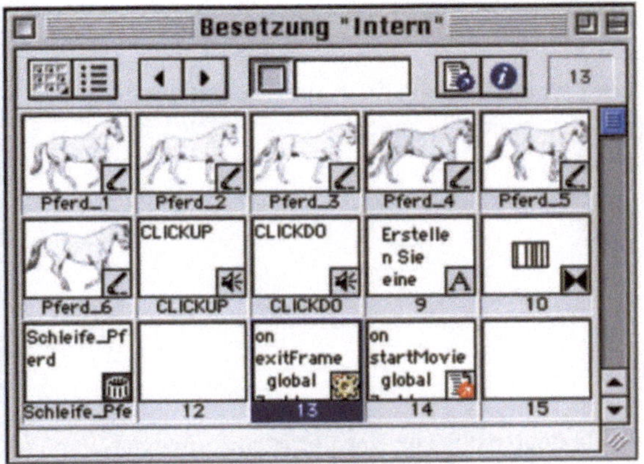

Wichtig: Löschen Sie niemals einen Darsteller, der in einer Filmschleife verwendet wird. Geschieht dies, werden Sie feststellen, dass in der Animation eine Lücke auftaucht, da die Besetzung fehlt. Die Grundanimation kann im Drehbuch gelöscht werden, nicht aber die Darsteller, da diese für die Filmschleife gebraucht werden.

- Erstellen Sie nun ein Filmskript, welches den internen Zähler von Director auf null setzt, wenn der Animationsfilm aufgerufen wird (→ Filmskript). Das Filmskript befindet sich nur in der internen Besetzung (im Beispiel Darsteller 14), nicht im Drehbuch. Ein Filmskript rufen Sie im Skriptfenster der Menüleiste auf.
- Schreiben Sie das Darstellerskript direkt in den Lingokanal. Dieses Skript steuert die Laufdauer der Animation. In diesem Skript befinden sich zwei Variable (rot dargestellt). Die Variable „250" steuert die Laufdauer der Animation und kann beliebig verändert werden:

    niedrigere Zahl = kürzere Laufdauer,
    höhere Zahl = längere Laufdauer.

Die Variable „48" gibt an, zu welchem Frame der Abspielkopf gehen soll, wenn die Animation beendet wird.
Beide Variablen müssen individuell bestimmt werden.
- Testen Sie Ihre Animation.

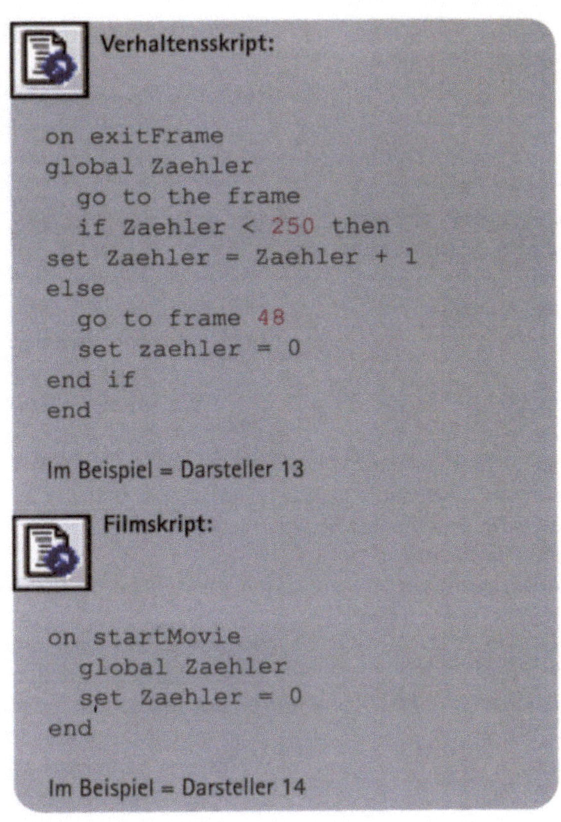


```
on exitFrame
global Zaehler
  go to the frame
  if Zaehler < 250 then
set Zaehler = Zaehler + 1
else
  go to frame 48
  set zaehler = 0
end if
end
```

Im Beispiel = Darsteller 13

Filmskript:

```
on startMovie
  global Zaehler
  set Zaehler = 0
end
```

Im Beispiel = Darsteller 14

Information

Die Zeiteinheit von Director ist das Tick. Diese Systemeigenschaft gibt die aktuelle Zeit in Ticks (1 Tick = 1/60 Sekunde) zurück. Ticks werden von dem Moment an gezählt, an dem die Director-Anwendung gestartet wurde. Durch einen Skriptaufruf wie oben dargestellt kann dieser Zähler bei einem Film wieder auf null gesetzt werden.

D 14

Darsteller erstellen

Vor Beginn der Programmierarbeit ist die Uhrengrafik in einzelne Funktionsteile zu zerlegen. Die spätere Programmierung spricht immer einzelne Bestandteile der Uhr an und animiert diese.

Die Uhr muss in folgenden Teilen als jeweils einzelner Darsteller zur Verfügung stehen:

- Uhr ohne Zeiger
- Minutenzeiger
- Sekundenzeiger (Zeiger klein)
- Stundenzeiger
- Datumsanzeige (Dies ist ein Textdarsteller mit einer beliebigen Zahlenkombination, jeweils nach zwei Ziffern durch einen Punkt getrennt)
- Ein Knopf, der später die Enden der Zeiger im Drehpunkt in der Mitte der Uhr abdeckt

Programmierung

- Im abgebildeten Besetzungsfenster sehen Sie die einzelnen Darsteller. Der Darsteller mit der Nummer 8 ist ein kleiner zusätzlicher Sekundenzeiger, der die Funktion einer Art Stoppuhr übernimmt. Sie können dies an den Screen-Abbildungen der beiden Uhren rechts erkennen. Die jeweiligen Zeiger sind an unterschiedlichen Positionen.
- Importieren Sie Ihre einzelnen Darsteller so, dass Sie Ihre Dateien im Besetzungsfenster abrufen können.
- Ziehen Sie die einzelnen Darsteller auf die Bühne bzw. in das Drehbuch.
- Die Reihenfolge der Darsteller in den einzelnen Kanälen entnehmen Sie der Abbildung rechts unten. Sie sollten diese Reihenfolge beibehalten, da das rechts stehende Skript die einzelnen Darsteller in der Kanälen anspricht. Bei späteren Variationen können Sie diese selbstverständlich vertauschen.
- Schreiben Sie das unten stehende Skript in den Skriptkanal.
- Testen Sie die erstellte Datei.

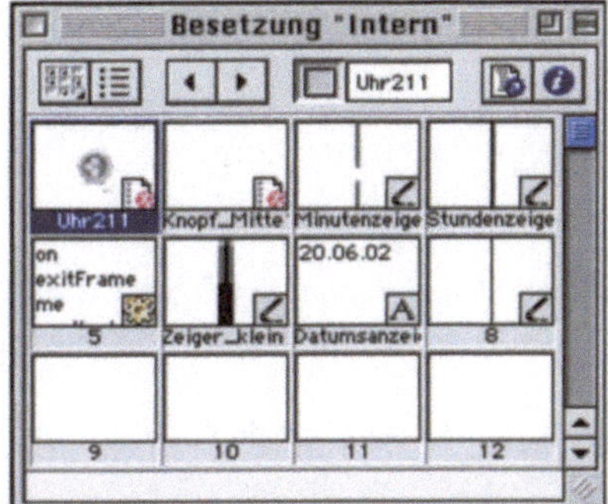

Verhaltensskript im Skriptkanal

```
on exitFrame me
-- the long date.Char[1..2] & " " &
 datum = the short date.char[1..6] & ¬
 the short date.char[9..10]
 put datum into member "Datumsanzeige"

 zeit = the long time

 if offset (":", zeit) = 2 then
  sekunden = value (zeit.char[6..7])
  minuten = value (zeit.char[3..4])
  stunden = value (zeit.char[1])
 else
  sekunden = value (zeit.char[7..8])
  minuten = value (zeit.char[4..5])
  stunden = value (zeit.char[1..2])
 end if

 if stunden > 12 then stunden = stunden - 12
 sprite (4).rotation = Stunden * 30 + minuten/2
 sprite (6).rotation = minuten * 6
 sprite (8).rotation = sekunden * 6
 sprite (3).rotation = sekunden * 6

 go to the frame
end
```

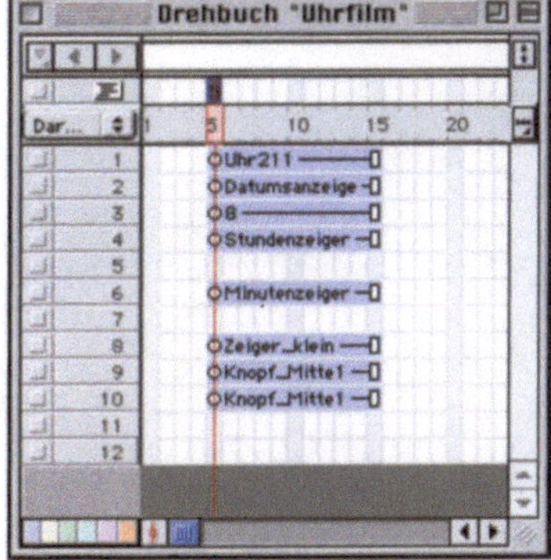

Erläuterungen zum Skript finden
Sie auf den folgenden Seiten.

Erläuterungen zu den Skripten für die animierte Uhr

Syntax:
```
the date, the short date,
the long date,
the abbr date
```

Erklärung: Die Funktion „date" gibt das aktuelle Datum der betriebssystemeigenen Uhr in drei verschiedenen Formen an Director zurück.

Beispiel: Die nachfolgende Anweisung gibt das abgekürzte Datum aus:

`put the abbr date` → Do, 21. Jun. 2003

Die nachfolgende Anweisung gibt das lange Datum aus:

`put the long date` → Donnerstag, 21. Juni 2003

Die nachfolgende Anweisung gibt das kurze Datum aus:

`put the short date` → 21/06/2003

Syntax: `char`

Erklärung: Dieses Schlüsselwort identifiziert ein Zeichen oder einen Zeichenbereich in einem Chunk-Ausdruck. Ein Chunk-Ausdruck ist ein Zeichen, Wort, Gegenstand oder eine Zeile in einer beliebigen Textquelle (wie z. B. Felddarsteller, Textdarsteller), die einen String enthält.
Zeichen können Buchstaben, Zahlen, Satzzeichen, Leerzeichen und Steuerzeichen wie Tabulator und Eingabetaste sein.

Syntax: `offset`

Erklärung: Diese Funktion gibt einen Wert, z. B. das Datum, an einen Darsteller zurück. Der Darsteller kann über die Kanalnummer oder als Member angesprochen werden.

Syntax: `value (stringExpression)`

Erklärung: Diese Funktion gibt den Wert eines Strings zurück. Der String kann ein beliebiger Ausdruck sein, den Lingo versteht. Wenn value() aufgerufen wird, parst Lingo den angegebenen Ausdruck (stringExpression) und gibt dessen logischen Wert zurück. In unserem Uhrenbeispiel ist dies die Zeit.

Syntax:
```
the time, the short time,
the long time,
the abbr time
```

Erklärung: Diese Funktion gibt die aktuelle Zeit der Systemuhr als String in einem von drei Formaten zurück: short, long oder abbreviated.

Beispiel: Die folgenden Anweisungen zeigen die Zeit in verschiedenen Formaten im Nachrichtenfenster an.

```
put the short time → 1:30:24
put the long time → 01:30:24
```

Syntax:
```
member(whichQuickTimeMember).rotation
sprite(whichSprite).rotation
```

Erklärung: Diese Darsteller- und Sprite-Eigenschaft steuert die Drehung eines QuickTime-Film-, animierten GIF-, Flash-Film- oder Bitmap-Sprites innerhalb des Begrenzungsrechtecks des Sprites, ohne dass dabei das Rechteck oder (im Falle von QuickTime) der Sprite-Regler gedreht wird. Das Begrenzungsrechteck des Sprites fungiert praktisch als ein Fenster, durch das Sie den Flash- oder QuickTime-Film betrachten können.

3D-Programmierung

Eine der eindrucksvollsten Neuerungen ab Director 8.5 ist die Möglichkeit, 3D-Objekte zu erzeugen. Dazu sind allerdings sehr gute Kenntnisse der Programmiersprache Lingo erforderlich, da fast alles im 3D-Bereich „von Hand" programmiert werden muss. Dieser kleine Exkurs in die 3D-Programmierung soll Ihnen Lust auf mehr machen – dazu ist dann allerdings das Studium spezieller Literatur zur 3D-Programmierung erforderlich.

Der drehbare Würfel

Ihre Aufgabe besteht nun darin, einen drehbaren Würfel zu erstellen. Gehen Sie dazu wie folgt vor:

1. Erzeugen Sie ein 3D-Sprite, indem Sie ein 3D-Fenster öffnen. Dies geschieht dadurch, dass Sie in der Director-Arbeitsleiste auf den Shockwave-3D-Button klicken. Dabei geht ein Fenster auf, in welchem sich allerdings noch kein Darsteller befindet. Es ist ein virtueller Darsteller erstellt, dessen Inhalt erst noch programmiert werden muss.

2. Schreiben Sie ein Startskript als Filmskript. Dieses Skript liegt nur in der Besetzung, nicht im Drehbuch und erzeugt die Einstellungen für die Generierung des Würfels und die Übernahme der Textur auf die Außenflächen. Das komplette Skript sehen Sie rechts im Bild „Filmskript 2".

3. Schreiben Sie ein Verhaltensskript in den Skriptkanal des Drehbuchs zur Steuerung der Würfeldrehung.

```
global gCube
on exitFrame me
-- Rotation des Würfels um Mittelpunkt bzw.
-- Referenzpunkte
-- Punkte können auch in den Minusbereich
-- variiert werden, testen Sie andere Werte.
   gCube.rotate(10,8,7)
   go to the frame
end
```

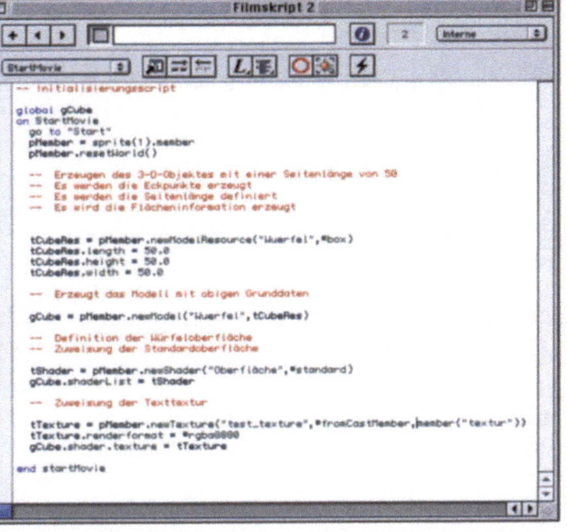

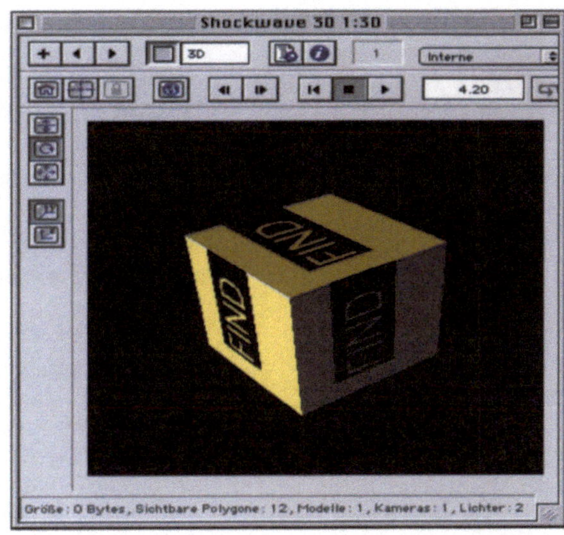

4. Erstellen Sie ein Texturbild, das später an die Außen-
wand des Würfels projiziert wird. Dies ist eine Pixelgrafik, die Sie im Malfenster von Director erstellen
und nachbearbeiten können.

5. Sie haben nun alle Darsteller erzeugt und müssen
diese nun im Drehbuch positionieren. Dies geschieht
nach dem Muster in Bild „Drehbuch 3D_Objek". Erstellen Sie die Markierung „Start", geben Sie eine
Überblendung ein und ziehen Sie den 3D-Darsteller
von Frame 5 bis Frame 10. Der Darsteller 3 muss sich
bereits im Skriptkanal befinden.

6. Testen Sie Ihre Arbeit und verändern Sie Rotation und
Oberfläche des Würfels.

Dieses kleine Programmierbeispiel zeigt bereits, welche
komplexen Zusammenhänge bei der Herstellung von 3D-
Objekten vorliegen. Bei dieser Arbeit wurde nur auf Standardeinstellungen für die Objekt- und die Oberflächen-
generierung zurückgegriffen. Für tiefer gehende Objekte
müssen Sie sich in diese 3D-Programmierung einarbei-
ten, um zufrieden stellende Ergebnisse zu erhalten. Dies
ist viel Arbeit – bringt aber Spaß!

Formularerstellung

Erstellen Sie die Darsteller für das unten gezeigte Formular in der folgenden Reihenfolge:

1. Textdarsteller für Name, Vorname, Wohnort, Straße, Telefon, Fax

2. Erstellen Sie zu den obigen Textdarstellern jeweils einen Felddarsteller mit dem Werkzeug aus der Werkzeugpalette.

3. Erstellen Sie mit Hilfe des Tastenwerkzeuges zwei Darsteller für „Formular drucken" und das „Neu ausfüllen" des Formulars.

4. Erstellen Sie drei Auswahlknöpfe mit Hilfe des Auswahlwerkzeuges aus der Werkzeugpalette. Dazu erstellen Sie die passenden Texte wie z. B. Prospekte über Reutlingen usw.

5. Benennen Sie Ihre Darsteller exakt so, wie sie in der → Besetzungsliste rechts abgebildet sind. Nur wenn dies so durchgeführt wird, funktionieren die dazugehörenden Skripte.

6. Positionieren Sie Ihre Darsteller so, wie in der → Abbildung des Drehbuches rechts dargestellt. Erstellen Sie auch die Markierung 1, wie rechts im Drehbuch auf Seite 449 zu erkennen ist.

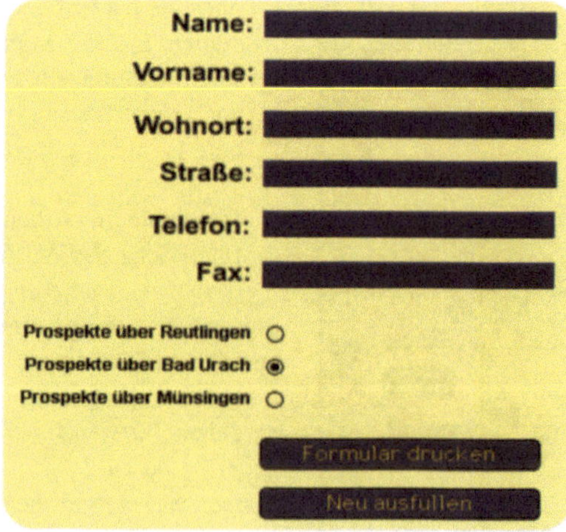

Manuskript für Formular

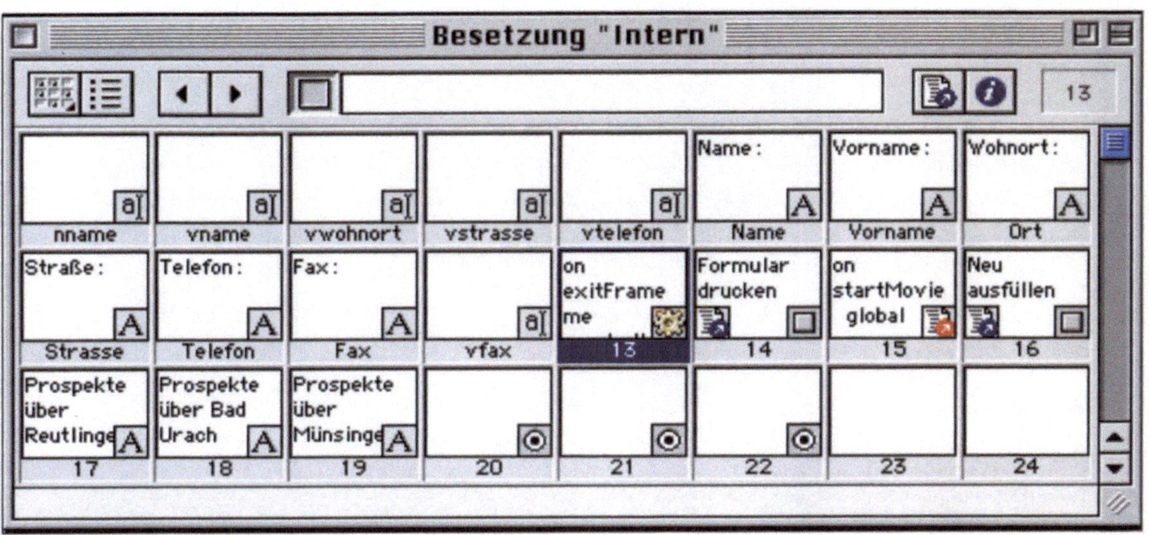

7. Auf die Taste „Neu ausfüllen" muss das Skript zum Löschen der Textfelder übertragen werden.

8. Auf die Taste „Formular drucken" muss das Skript zum Drucken der Textfelder übertragen werden.

9. Schreiben Sie das Filmskript, um die Felddarsteller zu definieren und beim Aufruf der Datei die Darsteller von eventuellen Inhalten zu leeren.

10. Testen Sie Ihre angelegte Datei und begeben Sie sich auf die Fehlersuche, wenn es nicht sofort funktioniert.

11. Erweitern oder verändern Sie Ihre erstellte Datei auf die Bedürfnisse Ihrer Produktion.

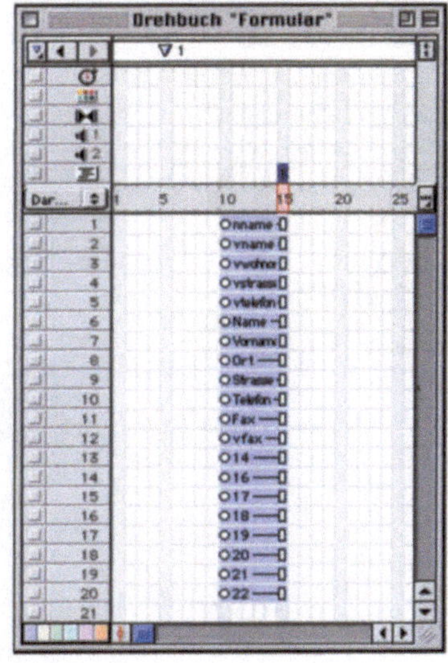

Wichtiger Hinweis

Alle benötigten Skripte befinden sich auf den folgenden Seiten.

D 1

Darstellerskript für Taste „Neu ausfüllen"

```
on mouseUp
 go to "1"

 set g_nname = EMPTY
 put g_nname into member "nname"

 set g_vname = EMPTY
 put g_vname into member "vname"

 set g_vwohnort = EMPTY
 put g_vwohnort into member "vwohnort"

 set g_vstrasse = EMPTY
 put g_vstrasse into member "vstrasse"

 set g_vtelefon = EMPTY
 put g_vtelefon into member "vtelefon"

 set g_vfax = EMPTY
 put g_vfax into member "vfax"

end
```

Drehbuchskript zum Anhalten des Films im Frame

```
on exitFrame me
 go to the frame
end
```

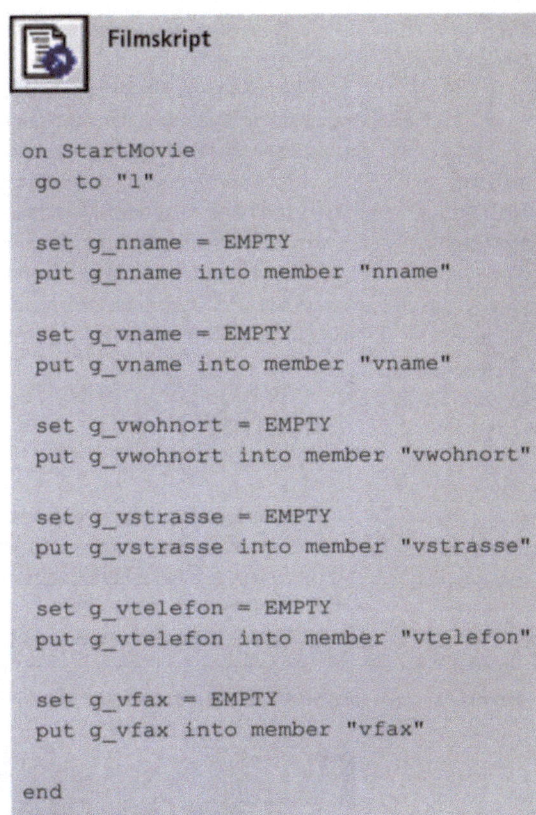

Filmskript

```
on StartMovie
 go to "1"

 set g_nname = EMPTY
 put g_nname into member "nname"

 set g_vname = EMPTY
 put g_vname into member "vname"

 set g_vwohnort = EMPTY
 put g_vwohnort into member "vwohnort"

 set g_vstrasse = EMPTY
 put g_vstrasse into member "vstrasse"

 set g_vtelefon = EMPTY
 put g_vtelefon into member "vtelefon"

 set g_vfax = EMPTY
 put g_vfax into member "vfax"

end
```

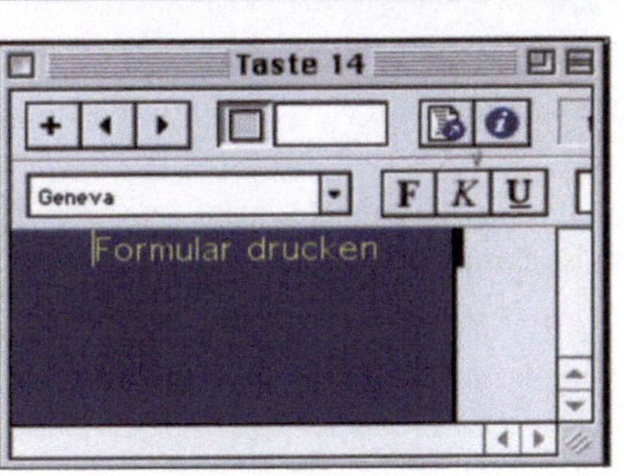

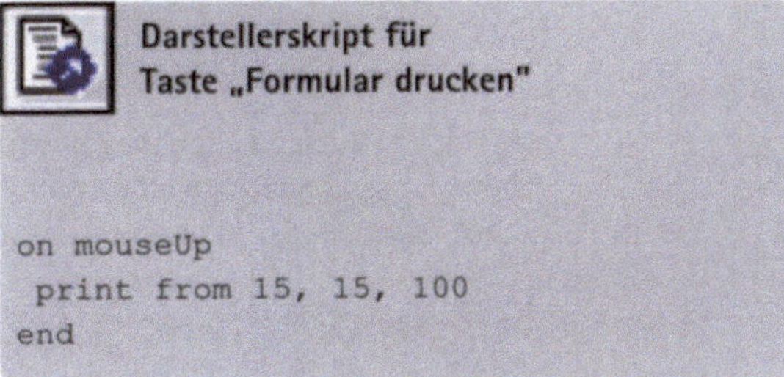

**Darstellerskript für
Taste „Formular drucken"**

```
on mouseUp
 print from 15, 15, 100
end
```

D 17

Kontrollkästchen und hilite-Befehl

Erstellen Sie nach dem nebenstehenden Muster mehrere Screens mit Fragen und den Antwortmöglichkeiten. Dafür sind die Kontrollkästchen aus der Werkzeugpalette zu verwenden. Bei einer falschen Auswahl durch den Benutzer soll die Meldung „Falsch" erscheinen und das Kontrollkästchen geleert werden.

Beim Start der Lernkontrolle müssen alle Kästchendarsteller ohne Markierung sein. Das bedeutet, dass die Kästchen auf den Wert "FALSE" gesetzt werden müssen. Der dazu notwendige Befehl beim Start des Screens lautet:

```
member ("Taste_4richtig").hilite = FALSE
```

Für den Ausdruck in Klammer muss das jeweilige Auswahlkästchen eingesetzt werden. Jedes Kästchen ist also ein eigener Darsteller und jeder Darsteller muss für sich auf "FALSE" gesetzt werden (siehe Abbildung Verhaltensskript 7).

Wählt der Nutzer die richtige Antwort aus, wird er eine Bestätigung erhalten, die besagt, dass die Antwort richtig ist (siehe Abbildung rechts oben). Dem Antwortkästchen muss folgendes Skript zugeordnet werden:

```
on mouseUp
  if member ("Taste_4richtig").hilite = TRUE then
  alert ("Richtig")
end if
end
```

Wählt der Nutzer die falsche Antwort aus, wird er eine Warnung erhalten, die besagt, dass seine Antwortauswahl falsch ist. Dazu muss dem Antwortkästchen folgendes Skript gegeben werden:

```
on mouseUp
  if member ("Taste_21falsch").hilite = TRUE then
  alert ("Falsch")
end if
  member ("Taste_21falsch").hilite = FALSE
end
```

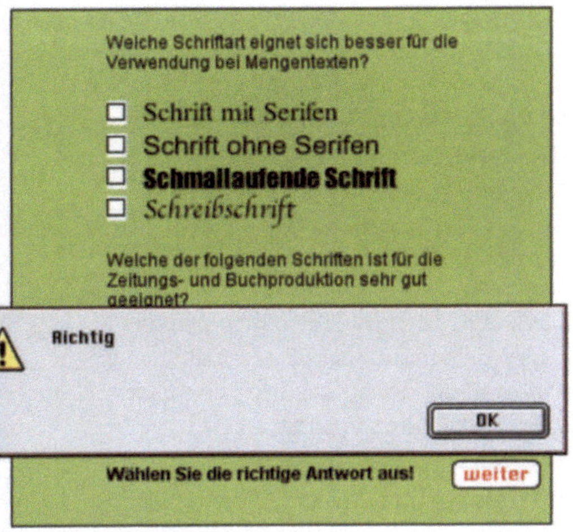

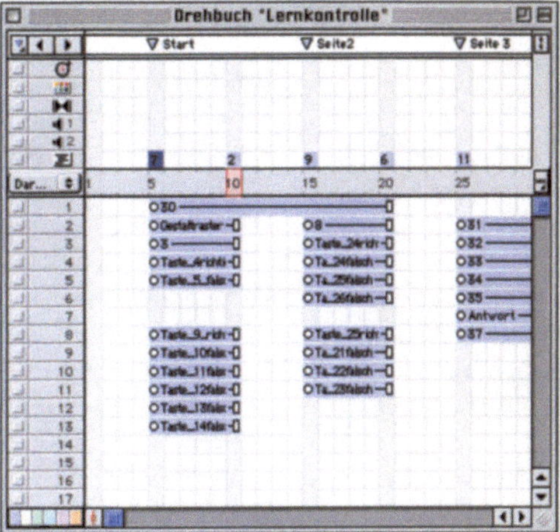

Durch diesen Befehl wird außerdem das vom Nutzer gesetzte Kreuzchen aus dem Kontrollkästchen entfernt.

Mit der Schaltfläche „weiter" kann der Anwender zum nächsten Fragekomplex gelangen, um dort weitere Fragen zu bearbeiten. Sie sehen eine derartige Abfolge an Fragestellungen im oben abgebildeten Drehbuch. Auf diese Weise kann relativ schnell eine Fragestellung abgeprüft und ausgewertet werden.

Um eine solche Arbeit für einen Anwender zu dokumentieren, könnte auf jeder Seite noch ein Druckbefehl eingebaut werden. Dies wäre eine sinnvolle Erweiterung.

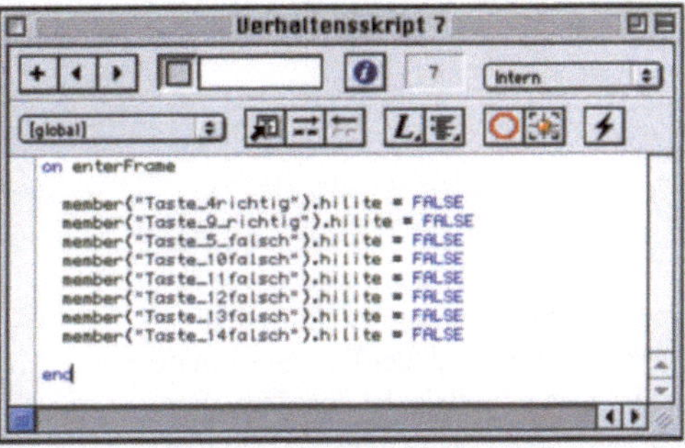

Erklärungen hilite:

Der Befehl: `member(whichCastMember).hilite` bedeutet, dass eine Darstellereigenschaft festgestellt wird. In unserem Fall wird geprüft, ob ein mit dem Schaltflächenwerkzeug erstelltes Kontrollkästchen oder ein rundes Optionsfeld ausgewählt ist (TRUE) oder nicht (FALSE, Standard).

Erklärung alert:

Der Befehl `alert("message")` bedeutet, dass ein Systemwarnton und ein Warndialogfeld ausgegeben werden. Das Warndialogfeld enthält den unter `message` angegebenen Text. Weiter enthält das Dialogfeld eine OK-Schaltfläche, mit welcher der Dialog beendet werden kann.

Erklärungen printFrom

Der Befehl `printFrom fromFrame {,toFrame} {,reduction}` erlaubt keine sehr komfortable Druckausgabe aus Director heraus. Wenn Sie mehr Flexibilität beim Drucken aus einer Director-Anwendung heraus benötigen, sollten Sie sich das Xtra „PrintOMatic Lite" auf dem Director-Installationsdatenträger ansehen.

Dieser Befehl `printFrom` druckt alles, was auf der Bühne dargestellt wird. Dabei ist es unerheblich, ob sich Bilder oder Texte auf der Bühne befinden. `printFrom` druckt stets alle auf dem Bildschirm angezeigten Daten mit 72 Punkten pro Zoll (dpi) und im Hochformat als Bitmap aus. Texte erscheinen dadurch in einer nicht sehr gleichmäßigen und guten Qualität.

Optional können Sie auch `toFrame` und die Skalierung (`reduction`) in den Stufen 100%, 50% oder 25% angeben.

Die folgende Anweisung druckt alles auf Frame 20 in einer Größe von 100% (siehe Abbildung „Darstellerskript 48"):

```
printFrom 20, 20, 100
```

Um die einzelnen Seiten der Lernkontrolle auszudrucken, muss für jeden einzelnen Screen ein eigener Druckbutton erstellt werden. Jeder Button kann nur einen Bereich zum Ausdrucken definieren – also zum Beispiel den Bereich des Frames 20 (siehe Abbildung „Drehbuch Lernko_2"). Wird hier der *Drucken*-Button aktiviert, wird diese Seite so ausgedruckt, wie es auf der rechten Seite oben zu sehen ist.

Im Drehbuch sind in Kanal 14 jeweils die zu jeder Seite gehörenden Buttons 47 und 48 zu erkennen. Die entsprechenden Darsteller sind im Bild „Besetzung Intern" als *Drucken*-Buttons mit Skript erkennbar.

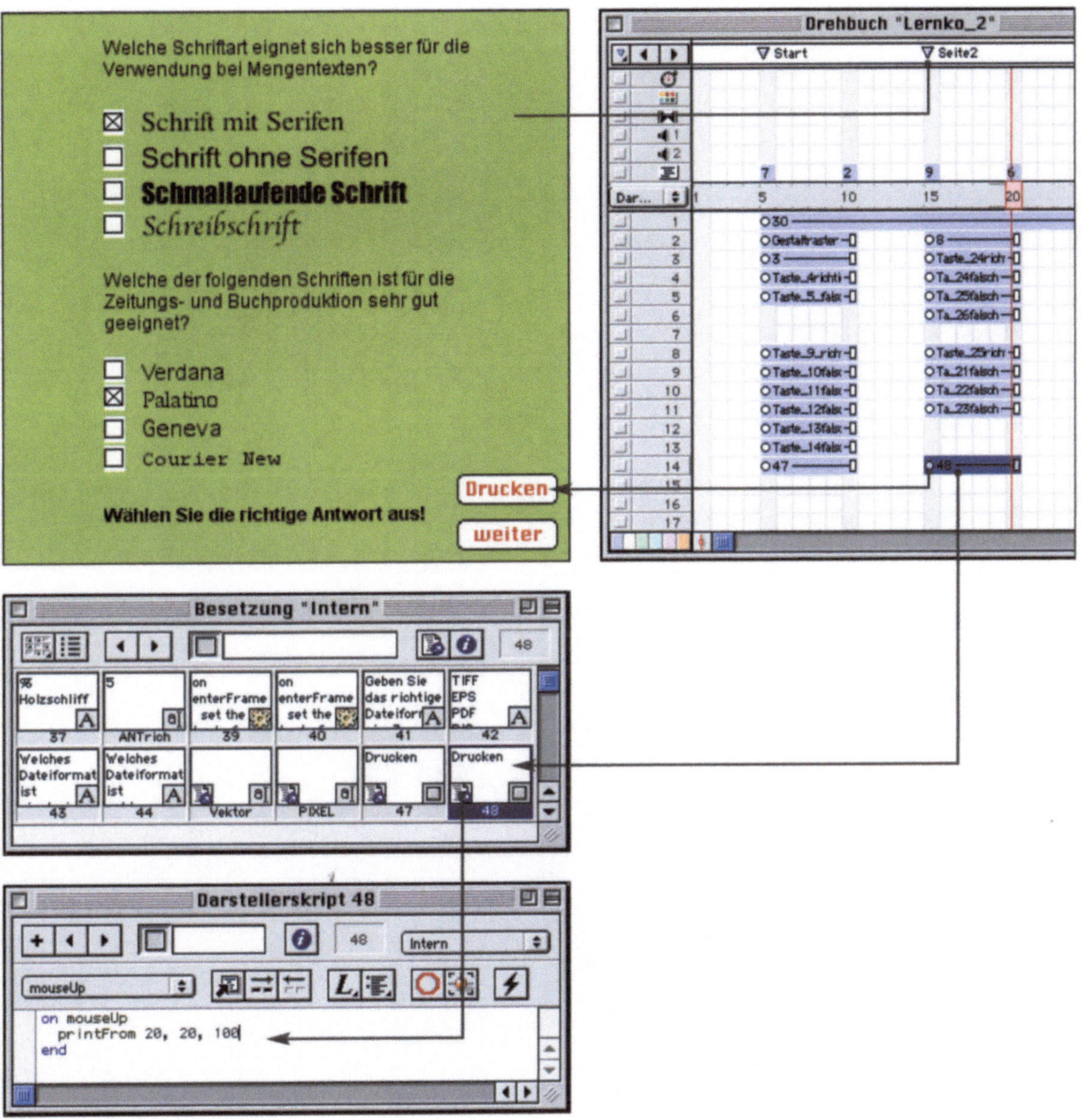
Welche Schriftart eignet sich besser für die
Verwendung bei Mengentexten?
Schrift mit Serifen
Schrift ohne Serifen
Schmallaufende Schrift
Schreibschrift
Welche der folgenden Schriften ist für die
Zeitungs- und Buchproduktion sehr gut
geeignet?
Verdana
Palatino
Geneva
Courier New
Wählen Sie die richtige Antwort aus!
Drucken
weiter
Drehbuch "Lernko_2"
Start
Seite2
Besetzung "Intern"
Holzschliff
ANTrich
on enterFrame set the
on enterFrame set the
Geben Sie das richtige Dateiform
TIFF EPS PDF
Welches Dateiformat ist
Welches Dateiformat ist
Vektor
PIXEL
Drucken
Drucken
Darstellerskript 48
Intern
mouseUp
on mouseUp
  printFrom 20, 20, 100
end

Copyright © 1987 – 2000 Microsoft
Corporation. Alle Rechte vorbehalten.

Microsoft®

PowerPoint

Dieses Anwendungsprogramm ist durch US-amerikanische Urheberrechtsgesetze und internationale Urheberrechtsverträge geschützt. Weitere Informationen finden Sie im Dialogfeld "Über Microsoft PowerPoint".

T

Präsentieren und Visualisieren

Ob in Schule, Universität, Betrieb oder öffentlichem Vortrag: Dem Präsentieren und Visualisieren von Informationen kommt eine große Bedeutung zu. Dabei werden Overheadprojektor, Tafel und Pinnwand in den letzten Jahren mehr und mehr durch Laptop und Datenprojektor (Beamer) abgelöst.

Computererstellte Präsentationen können ausgedruckt und vervielfältigt werden. Alternativ lassen sie sich per Mausklick ins Internet stellen. Mit Hilfe von Animationen können auch komplizierte Zusammenhänge anschaulich und kurzweilig dargestellt werden – der Einsatz von Sound und Video ermöglicht den Ausbau einer Präsentation zur multimedialen Show. Kurz: Eine professionell erstellte Bildschirmpräsentation gehört mittlerweile zum State-of-the-Art!

Im Umkehrschluss heißt dies aber auch: Eine Präsentation, bei der nicht einmal die grundlegenden Regeln zur Erstellung derartiger Produkte beachtet werden, ist unbrauchbar und peinlich. Sie degradiert einen Vortrag zur Lachnummer. Nehmen Sie sich deshalb bitte genügend Zeit zur Erstellung einer Präsentation. Hierzu gehört insbesondere auch die im nächsten Abschnitt besprochene Vorbereitung.

Vorbereitung einer Präsentation

Der Konzeption einer Präsentation ist im „Kompendium der Mediengestaltung" ein ganzes Kapitel gewidmet. Im Rahmen dieses Tutorials werden die wichtigsten Punkte zusammengefasst. Demnach erfolgt die Vorbereitung einer Präsentation nach folgenden fünf Disziplinen:

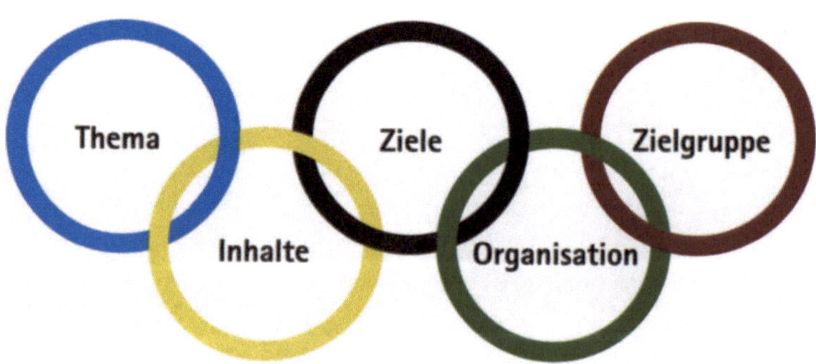

Thema

Lernen Sie bei der Formulierung eines Themas von den Überschriften der täglichen Zeitungslektüre: Eine Headline muss so formuliert werden, dass diese wenigen Worte zum Lesen des Artikels animieren. Headlines übernehmen die Funktion eines „Eyecatchers" – kurz und prägnant ziehen sie die Aufmerksamkeit des Betrachters auf sich.

Ziele

Formulieren Sie die Ziele Ihrer Präsentation. Wollen Sie überzeugen, informieren, verkaufen? Die Zielformulierung wird Sie durch die Ausarbeitung Ihrer Präsentation leiten und Ihnen – im wahrsten Sinne des Wortes – den Weg weisen. Vergleichen Sie hierzu auch die in diesem Buch konsequente Formulierung der Lernziele in der linken Spalte eines jeden Tutorials.

Zielgruppe

Machen Sie sich mit der zu erwartenden Zielgruppe vertraut. Je genauer die Kenntnis Ihres Publikums ist, umso besser können Sie Ihre Präsentation vorbereiten und umso eher werden Sie die Ziele Ihrer Präsentation erreichen.

Inhalte

Wählen Sie Inhalte aus, die Sie auf dem Weg zu den Zielen Ihrer Präsentation unterstützen. Dabei besteht in aller Regel die Notwendigkeit, eine Fülle von Informationen auf einen Bruchteil zu reduzieren. Eine Präsentation dient – sofern es sich nicht um eine selbstablaufende Präsentation handelt – lediglich zur *Veranschaulichung (Visualisierung)* des gesprochenen Wortes. Längere Texte eignen sich für dieses Medium nicht und sollten dem Publikum bei Bedarf in Form eines „Hand-outs" zur Verfügung gestellt werden.

Organisation

Vermeiden Sie böse Überraschungen durch eine gründliche Vorbereitung des organisatorischen Ablaufs Ihrer Präsentation. Ein fehlendes Verlängerungskabel oder ein zu heller Raum kann Ihnen zum Verhängnis werden und eine wochenlange Vorbereitung zunichte machen.

Office 98, 2000, 2001, 2002, X, XP?

Die in diesem Kapitel vorgestellte Präsentationssoftware PowerPoint ist Bestandteil des Office-Paketes aus dem Hause Microsoft. Auch wenn sich viele Computernutzer über die marktbeherrschende Position des Windows-Herstellers ärgern mögen, so werden doch die meisten von ihnen in irgendeiner Weise mit Word und Co. zu tun und das Office-Paket auf ihrem Rechner installiert haben. Für die Erstellung einer Präsentation liegt daher die Verwendung von PowerPoint nahe. Die Programmlogik entspricht in vorbildlicher Weise der Logik der anderen Office-Anwendungen (Word, Excel, Access, Outlook), so dass die Einarbeitung in dieses Programm in sehr kurzer Zeit möglich ist.

Die Programmversion Ihres Office-Paketes hängt von der von Ihnen eingesetzten Hardware, dem Betriebssystem und vom Kaufdatum Ihrer Software ab:

- Mac OS 8.x, 9.x: Office 98, 2001 Macintosh Edition
- Mac OS X: Office X
- Windows 9x, 2000: Office 97, 2000, 2002
- Windows XP: Office XP

Für den Autor dieses Tutorials bestand dabei die Qual der Wahl, sich für eine der genannten Versionen entscheiden zu müssen. Lesen Sie bitte auch weiter, wenn Sie eine andere Version als die hier vorgestellte Version 2001 Macintosh Edition besitzen. Die Umstellung ist sowohl von Mac auf PC als auch von einer Version auf eine andere ohne Schwierigkeiten möglich. Die hier vorgestellten Übungen können Sie auch ohne die gezeigten Screenshots mit einer anderen PowerPoint-Version durchführen!

TB

Die Normalansicht

Das Erstellen der einzelnen Präsentationsfolien empfiehlt sich in der so genannten Normalansicht *(Ansicht > Normal)*. Diese gliedert sich in drei Fenster ❶: Vorschau der aktuellen Folie, Übersicht aller erstellten Folien, Notizfeld.

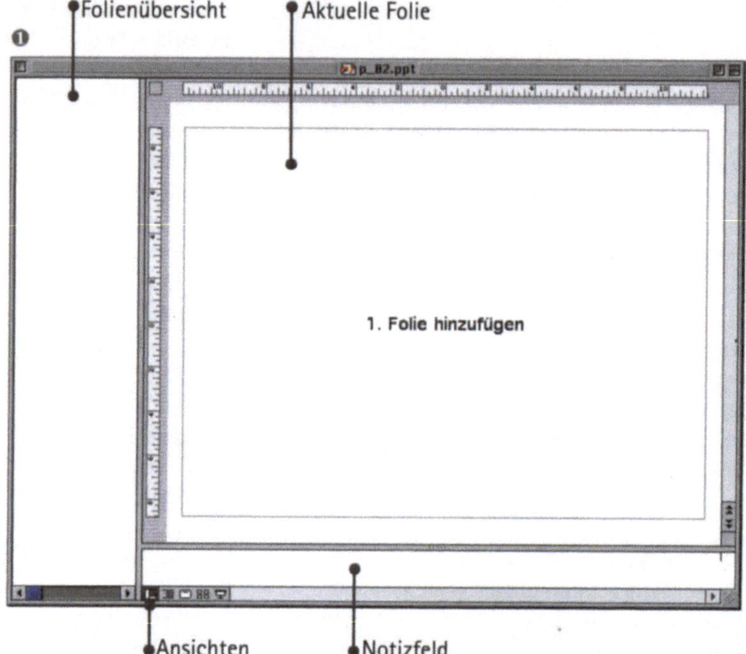

- Die Größe der Fenster lässt sich verändern, indem Sie die Balken zwischen den Fenstern mit gedrückter Maustaste verschieben.
- Die Darstellungsgröße des Fenster*inhalts* lässt sich verändern, indem Sie das jeweilige Fenster anklicken und im Menü *Ansicht > Zoom ...* die gewünschte Größe wählen.
- Die Symbole unter dem Notizfeld ermöglichen einen schnellen Wechsel zwischen den verschiedenen Ansichten.
- Im linken Fenster (Folienübersicht) können Sie durch Verschieben der Foliensymbole die Reihenfolge der Folien verändern. Außerdem lässt sich durch Doppelklick auf die Foliennummer der Text auf der Folie ein- und ausblenden.

Symbolleisten anpassen

Für die Arbeit mit PowerPoint stellt das Programm insgesamt 14 Symbolleisten zur Verfügung. Diese lassen sich im Menü *Ansicht > Symbolleisten ...* ein- und ausblenden.

Wer regelmäßig mit der Erstellung von Präsentationen beschäftigt ist, wird eine individuelle Anpassung der Symbolleisten an die eigenen Bedürfnisse wünschen. Zur Anpassung der Symbolleisten wählen Sie im Menü *Ansicht > Symbolleisten > Anpassen ...* ❷.

Verschieben von Symbolen
- Klicken Sie die Symbolleiste(n) an, die Sie verändern möchten.
- Verschieben Sie Symbole mit gedrückter Maustaste innerhalb der Symbolleiste oder in eine andere Symbolleiste.

Löschen von Symbolen
- Klicken Sie die Symbolleiste(n) an, die Sie verändern möchten.
- Ziehen Sie das zu löschende Symbol mit gedrückter Maustaste aus der Symbolleiste heraus.

Einfügen von Symbolen
- Klicken Sie die Symbolleiste(n) an, die Sie verändern möchten.
- Zum Einfügen eines neuen Symbols wechseln Sie auf die Registerkarte *Befehle* ❸ und wählen Sie den gewünschten Befehl aus.
- Ziehen Sie das Symbol des Befehls auf die Symbolleiste.

Eigene Symbolleiste anlegen
- Wählen Sie „Neu" auf der Registerkarte *Symbolleisten* ❷. Geben Sie der neuen Symbolleiste einen Namen Ihrer Wahl.
- Wechseln Sie auf die Registerkarte *Befehle* ❸ und wählen Sie den gewünschten Befehl aus.
- Ziehen Sie das Symbol des Befehls auf die neue Symbolleiste.

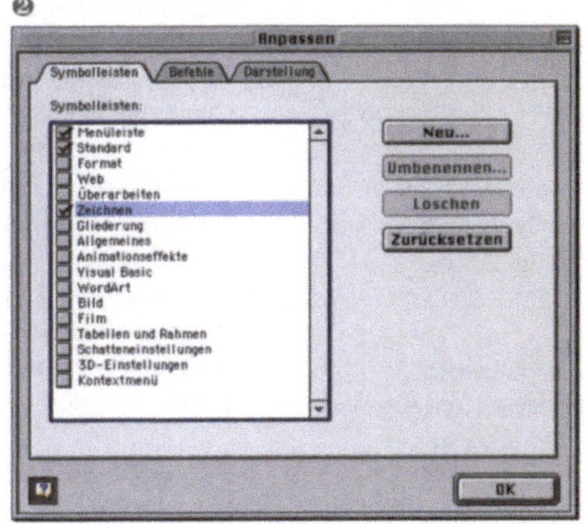

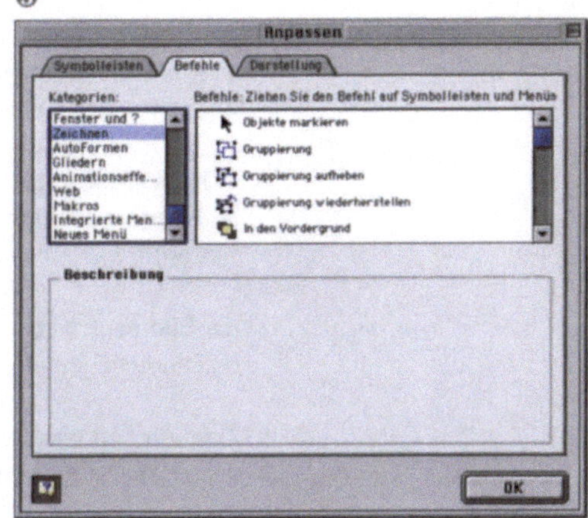

- Wiederholen Sie den Vorgang für alle weiteren gewünschten Symbole.

Symbolleiste zurücksetzen
- Stellen Sie den Originalzustand einer Symbolleiste her, indem Sie auf der Registerkarte *Symbolleisten* den Button „Zurücksetzen" anklicken. Alle individuellen Änderungen werden gelöscht.

Zehn Grundregeln für Screen-Design

1. Planen Sie Ihre Präsentation mit Papier und Bleistift: Die Umsetzung am Computer ist immer erst der zweite Schritt.

2. Arbeiten Sie mit Hilfe eines Gestaltungsrasters: Eine durchgängig einheitliche Gestaltung der Screens ist unbedingt zu gewährleisten.

3. Wichtige, neue Informationen werden oben links erwartet. Platzieren Sie dort Headlines oder andere „Eyecatcher". Statische, unveränderliche Informationen wie Firmennamen oder Logos sollten besser unten oder rechts platziert werden.

4. Wählen Sie lesbare (Bildschirm-)Schriften. Schreib- und Dekoschriften sowie feine, kursive und detailreiche Schriften oder Schriftschnitte eignen sich nicht für die Verwendung auf Screens.

5. Achten Sie auf eine ausreichende Schriftgröße: Sie hängt von der Auflösung des Datenprojektors, von der Größe der Projektionsfläche und vom Betrachtungsabstand ab.

6. Wählen Sie Farben, die einen ausreichenden Kontrast zwischen Vorder- und Hintergrund ermöglichen. Vermeiden Sie leuchtende, grelle Farben im Hintergrund.

7. Ein Bild sagt mehr als tausend Worte: Wählen Sie ansprechende Bilder und achten Sie auf eine geeignete Text-Bild-Zuordnung.

8. Animationen unterstützen eine Präsentation: Setzen Sie Animationen jedoch gezielt und nicht als optische Spielereien ein.

9. Nutzen Sie die „multimedialen" Möglichkeiten einer Bildschirmpräsentation durch Einsatz von Text, Grafik, Bild, Sound, Video, Animation, …

10. Keep it small and simple (KISS).

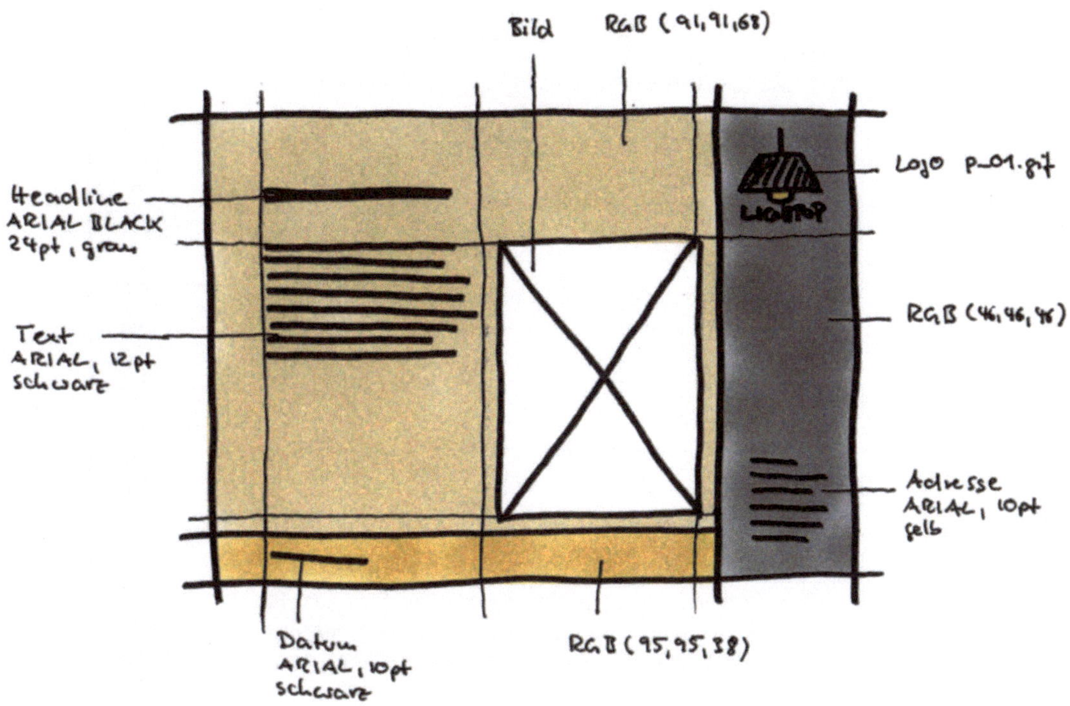

Vom Scribble zur Mustervorlage

Mit dem Screen-Design legen Sie das optische Erscheinungsbild Ihrer Präsentation fest. Dieses trägt maßgeblich zum Erfolg oder Misserfolg Ihrer Präsentation bei. Nehmen Sie sich also Zeit dafür!

Für schnelle Entwürfe und Skizzen (Scribbles) eignen sich Papier und Bleistift besser als Computer. Scribbles können ohne großen Aufwand verglichen, geändert und verworfen werden. Sie liefern eine grobe Vorlage für die spätere Umsetzung und Ausgestaltung des Entwurfs am Bildschirm.

Die Abbildung oben zeigt das Scribble einer Präsentation für einen Leuchtenhersteller, der auf einer Messe die Neuheiten vorstellen will. Die Skizze zeigt das Gestaltungsraster der Präsentation und visualisiert die Platzierung der Text- und Bildelemente. Das Seitenverhältnis beträgt 4:3 und entspricht damit dem Seitenverhältnis des Monitors. Die hier bereits erfolgte Festlegung der Schriftarten und der Farben ist nicht unbedingt erforderlich, da deren Wirkung am Bildschirm besser beurteilt werden kann.

Die Mustervorlage aller Präsentationsfolien wird von PowerPoint als *Folienmaster* bezeichnet. Der Folienmaster enthält alle unveränderlichen Elemente einer Präsentation wie zum Beispiel Logo oder Adresse. Außerdem werden die Schriftattribute und Farben für die späteren Folien festgelegt. Nachträgliche Änderungen des Folienmasters werden auf alle Folien übernommen. In der nachfolgenden Übung setzen Sie das obige Scribble Schritt für Schritt im Folienmaster um.

Projekte
Nonprint
  N 01 @ S. 128

Lernziel
• Sie setzen das Screen-Design als
  Mustervorlage für Ihre Präsen-
  tation um.

Aufgabe
• Erstellen Sie einen „Folienmas-
  ter" für Ihre Präsentation unter
  Beachtung der Vorgaben des
  Screen-Designs.

Übungsdateien auf DVD
> TUTORIAL > T_PRAESE > T01

Folienmaster erstellen

1. Starten Sie PowerPoint und öffnen Sie eine neue (leere)
   Präsentation. Wählen Sie „Abbrechen", falls das Dialogfeld *Neue Folie* erscheint.

2. Öffnen Sie den Folienmaster: *Ansicht > Master > Folienmaster*.

3. Wählen Sie zunächst die hellgelbe Hintergrundfarbe Ihrer Folien: *Format > Folienfarbskala ... > Benutzerdefiniert*. Geben Sie im RGB-Modus die Farbwerte des
   Scribbles (91, 91, 68) ein.

4. Ergänzen Sie das gelbe Rechteck im unteren Bereich der
   Folie:

   • Blenden Sie – falls nicht sichtbar – die Zeichenpa-
     lette ein: *Ansicht > Symbolleiste > Zeichnen*.
   • Zeichnen Sie mit Hilfe des Rechteckwerkzeugs ❶ ein
     schmales Rechteck über die gesamte Breite der Folie
     und platzieren Sie das Rechteck am unteren Rand
     der Folie.
   • Doppelklicken Sie auf das Rechteck und geben Sie
     ihm die dunkelgelbe RGB-Farbe (95, 95, 38).
   • Klicken Sie auf das oberste Werkzeug der Zeichnen-
     Symbolleiste ❷ und wählen Sie *Anordnen > In den
     Hintergrund*, so dass sich das Rechteck hinter den
     Textfeldern befindet.

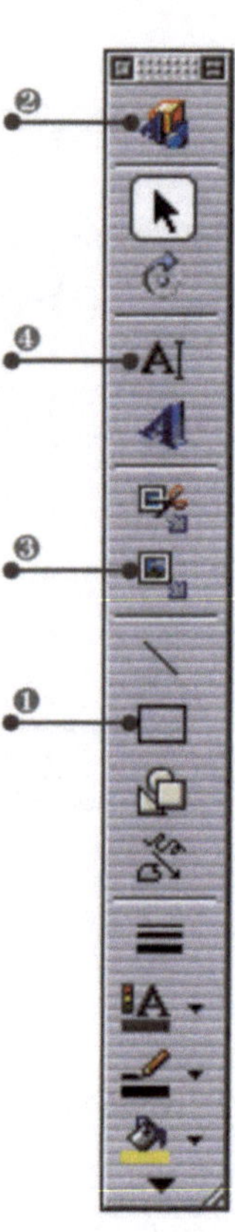

5. Wiederholen Sie Schritt 4 für das graue Rechteck am rechten Rand der Folie.

6. Fügen Sie das Logo über dem grauen Rechteck ein:

   • Laden Sie im Menü *Einfügen > Bild > Aus Datei* das Bild „T01_01.GIF"
     von der DVD. Alternativ können Sie auch auf das entsprechende Werk-
     zeug ❸ der Zeichnen-Symbolleiste klicken.
   • Verkleinern Sie das Bild mit gedrückter Shift-Taste durch Verschieben
     des kleinen Quadrats an einer Ecke. (Die Shift-Taste bewirkt, dass das
     Bild proportional verkleinert wird.)
   • Platzieren Sie das Bild an die im Scribble gezeigte Position.

7. Ergänzen Sie das Adressfeld im unteren Teil des grauen Rechtecks:

   - Wählen Sie das Textwerkzeug ❹ und ziehen Sie mit gedrückter Maustaste ein Textfeld auf.
   - Machen Sie im Menü *Ansicht* die *Formatierungspalette* sichtbar. Wählen Sie die Schrift Arial in der Schriftgröße 10 pt und als Schriftfarbe das Dunkelgelb des unteren Rechtecks.
   - Geben Sie folgende Adresse ein:
     LIGHT-UP, Industriestraße 48, 33335 Gütersloh
     (05209) 123456, info@light-up.de

8. Die Textfelder „Mastertitel", „Mastertext", „Datum", „Fußzeile" und „Nr." sind variable Textfelder. Dies bedeutet, dass sich ihr Inhalt von Folie zu Folie unterscheidet bzw. unterscheiden kann. Für diese Textfelder werden im Folienmaster lediglich die Schriftattribute vorgegeben – der enthaltene Text spielt keine Rolle!

   - Formatieren Sie die Textfelder „Mastertitel", „Mastertext" und „Datum" mit Hilfe der Formatierungspalette nach den Angaben im Scribble.
     Hinweis: Löschen Sie den Text im Datumsfeld nicht, da PowerPoint hier später das aktuelle Datum einfügen soll.
   - Entfernen Sie die Textfelder „Fußnote" und „Nr.".
   - Passen Sie die Größe der Textfelder an und platzieren Sie sie wie abgebildet ❺.

9. Speichern Sie Ihre Präsentation unter dem Namen „light-up.ppt" auf Festplatte ab.

10. Beenden Sie den Folienmaster, indem Sie *Ansicht > Normal* wählen.

11. Fügen Sie unter *Einfügen > Neue Folie ...* eine erste Folie vom Typ „Aufzählung" in Ihre Präsentation ein. Beachten Sie den Unterschied zwischen den unveränderlichen Elementen der Folie und den editierbaren Textfeldern.

❺

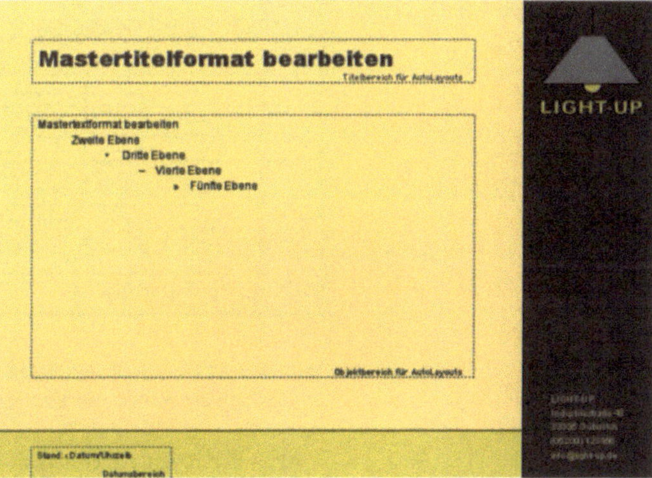

„Drehbuch" schreiben

Wie bei der Planung des Screen-Designs sollten Sie auch bei der inhaltlichen Gliederung Ihrer Präsentation in einzelne Folien zunächst Papier und Bleistift zur Hand nehmen und eine Art „Drehbuch" schreiben. Hierbei ist insbesondere zu beachten, dass die Anzahl der Folien an die Dauer der Präsentation angepasst wird. Bedenken Sie, dass Ihre Zuhörer Zeit benötigen, um die visuellen Informationen der Folien aufzunehmen – schließlich sollen sie gleichzeitig Ihren Worten folgen. Ein zu schneller Folienwechsel überfordert das Publikum.

Folien erstellen

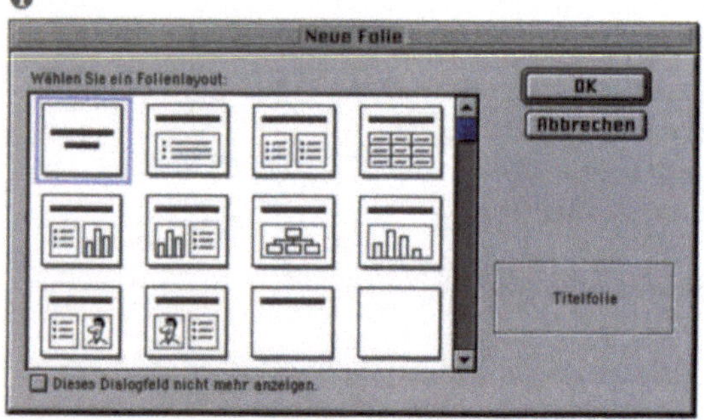

Bevor Sie mit dem Erstellen der einzelnen Folien Ihrer Präsentation beginnen, sollten Sie immer eine als „Folienmaster" betitelte Mustervorlage für Ihre Folien erstellen. Nachträgliche Änderungen auf dieser Vorlage werden automatisch auf alle bereits erstellten Folien übertragen, so dass Sie sich ein mühsames Editieren aller Folien ersparen.

T01 @ S.462

Wenn der Folienmaster erstellt ist, wird das Fertigen der eigentlichen Folien fast zum „Kinderspiel". PowerPoint stellt eine große Zahl an Folienvorlagen zur Verfügung, die sich zügig mit den gewünschten Inhalten „füllen" lassen. Neben Folien, die ausschließlich Text („Aufzählung") enthalten, können Sie Ihre Folien mit Bildern, Diagrammen, Organigrammen, Sounds und Videos versehen. Zugehörige Assistenten erleichtern Ihnen dabei die Dateneingabe.

Folie mit Text

❷

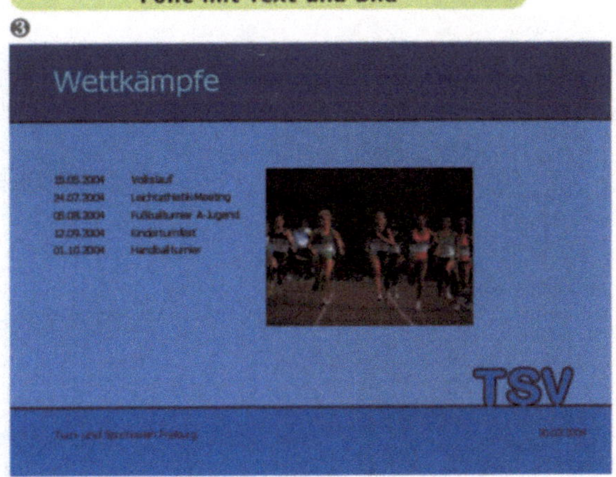

Folie mit Text und Bild

❸

Aufgabe ist die Erstellung einer Präsentation für die Jahreshauptversammlung des Turn- und Sportvereins (TSV) Freiburg. Der Folienmaster ist bereits vorhanden.

1. Öffnen Sie die Datei „T02_01.PPT" von der DVD.

2. Erstellen Sie eine erste Folie durch Anklicken des Feldes „1.Folie hinzufügen" oder im Menü *Einfügen > Folie*. Wählen Sie durch Anklicken das Folienlayout „Aufzählung" ❶.

3. Geben Sie den in Abbildung ❷ gezeigten Text ein. Die Formatierung der Schrift erfolgt (automatisch) wie im Folienmaster vordefiniert.

4. Klicken Sie in die horizontale Linealleiste, um einen Tabulator zur Formatierung des Textfeldes zu setzen.

5. Geben Sie im Menü *Ansicht > Kopf- und Fußzeile ...* das gewünschte Datum sowie den Text „Turn- und Sportverein Freiburg" ein.

6. Speichern Sie Ihre Präsentation unter neuem Namen „tsv-freiburg.ppt" auf Ihrer Festplatte ab.

1. Erstellen Sie eine neue Folie im Menü *Einfügen > Folie*. Wählen Sie durch Anklicken das Folienlayout „Text und Bild".

2. Geben Sie den in Abbildung ❸ gezeigten Text ein und formatieren Sie den Text mit Hilfe eines Tabulators.

3. Doppelklicken Sie auf den Bildrahmen und laden Sie das Bild „T02_02.JPG" von der DVD.
   Hinweis: Die Größe des Bildes lässt sich proportional verändern, indem Sie das Bild anklicken und danach eine Ecke des Bildes mit gedrückter Maustaste verschieben.

4. Speichern Sie Ihre Präsentation.

Fortsetzung auf der nächsten Doppelseite.

Projekte
Nonprint
  N 01 @ S.128

Lernziel
- Sie erstellen und formatieren Folien unterschiedlichen Typs.

Aufgabe
- Fertigen Sie eine Präsentation an, die aus folgenden Folien besteht:
  - Folie mit Text
  - Folie mit Text und Bild
  - Folie mit Tabelle
  - Folie mit Diagramm
  - Folie mit Organigramm

Übungsdateien auf DVD
> TUTORIAL > T_PRAESE > T02

Folie mit Tabelle

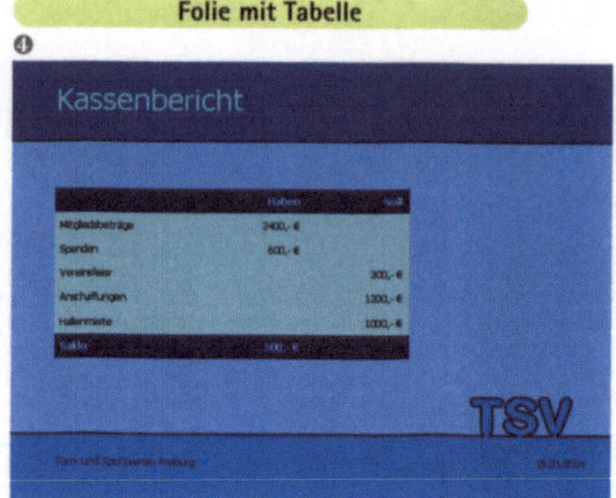

1. Erstellen Sie eine neue Folie mit dem Folienlayout „Tabelle".

2. Doppelklicken Sie auf das Tabellenfeld und erstellen Sie eine Tabelle mit drei Spalten und sieben Zeilen.

3. Geben Sie den in Abbildung ❹ gezeigten Text ein.

4. Formatieren Sie den Tabellentext mit Hilfe der Formatierungspalette (*Ansicht > Formatierungspalette*):

   - Setzen Sie die 1.Spalte links- und die 2. und 3.Spalte rechtsbündig.
   - Setzen Sie den Text der ersten und letzten Zeile in fett und geben Sie ihm eine hellblaue Farbe.

5. Formatieren Sie den Tabellenrahmen im Menü *Format > Tabelle* oder mit Hilfe der Tabellenpalette ❺.

   - Markieren Sie die gesamte Tabelle und entfernen Sie sämtliche Linien der Tabelle.
   - Markieren Sie mit gedrückter Maustaste die erste Zeile und geben Sie dieser Zeile eine dunkelblaue Farbe.
   - Wiederholen Sie den vorherigen Schritt für die anderen Zeilen.

Folie mit Diagramm

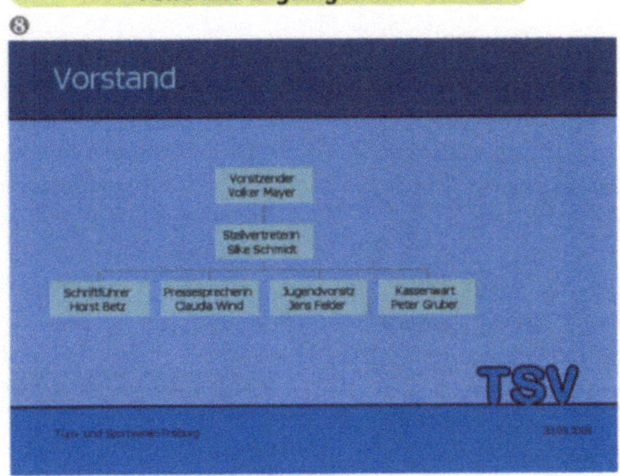

Hinweis: Zur Erstellung von Diagrammen muss die Software „Microsoft Graph" installiert sein. Diese ist Bestandteil des Office-Paketes.

1. Erstellen Sie eine neue Folie mit dem Folienlayout „Diagramm".

2. Doppelklicken Sie auf das Diagrammfeld. Löschen Sie die Daten und geben Sie folgende Daten ein:

		A	B	C	D
		2000	2001	2002	2003
1	Männer	540	570	590	600
2	Frauen	480	495	510	520
3	Jugend	300	320	360	400
4					
5					

3. Formatieren Sie Ihr Diagramm: Doppelklicken Sie auf den zu formatierenden Diagrammbereich (z.B. Größenachse, Datenreihe, Legende) und nehmen Sie die gewünschte Formatierung vor. Alternativ lassen sich alle Formatierungen auch mittels Diagrammpalette vornehmen.

4. Beenden Sie „Microsoft Graph" im Menü *Datei > Beenden und zurückkehren*.

Folie mit Organigramm

Hinweis: Zur Erstellung von Organigrammen muss die Software „Microsoft Organization Chart" installiert sein. Diese ist Bestandteil des Office-Paketes.

1. Erstellen Sie eine neue Folie mit dem Folienlayout „Organigramm".

2. Doppelklicken Sie auf das Organigrammfeld.

3. Erstellen Sie das in Abbildung ⑧ gezeigte Organigramm:

   • Wählen Sie durch Anklicken den gewünschten Feldtyp (z.B. Kollege, Manager) aus.
   • Klicken Sie auf ein bestehendes Feld zum Anfügen des neuen Felds.
   • Geben Sie den Text in das Feld.

4. Formatieren Sie Ihr Organigramm im Menü *Feld* und *Linie*.

5. Kehren Sie zu PowerPoint zurück, indem Sie im Menü *Datei > Beenden und zurückkehren* wählen.

Animationen und Effekte

Mit Hilfe von Animationen lässt sich der zeitliche Ablauf einer Präsentation steuern und an die Wünsche des Vortragenden anpassen. So muss beispielsweise entschieden werden, an welcher Stelle ein Mausklick zur Fortführung der Präsentation gewünscht wird und wo sie selbstablaufend sein soll.

Sinnvoll eingesetzt tragen Animationen zur Bereicherung und Auflockerung der Präsentation bei. Vermeiden Sie jedoch Animationen ohne erkennbare Notwendigkeit. Für „technische Spielereien" wird Ihr Publikum wenig Verständnis haben! Beachten Sie das Motto „Weniger ist mehr!".

Folienübergänge

1. Öffnen Sie die vorbereitete Präsentation „T03_01.PPT" von der DVD.

2. Betrachten Sie die Präsentation, indem Sie im Menü *Bildschirmpräsentation > Bildschirmpräsentation vorführen* wählen. „Blättern" Sie durch die Folien mit Hilfe der Leertaste. Alternativ können Sie auch auf den links unten eingeblendeten Pfeil klicken und dort die Option „Weiter" wählen.

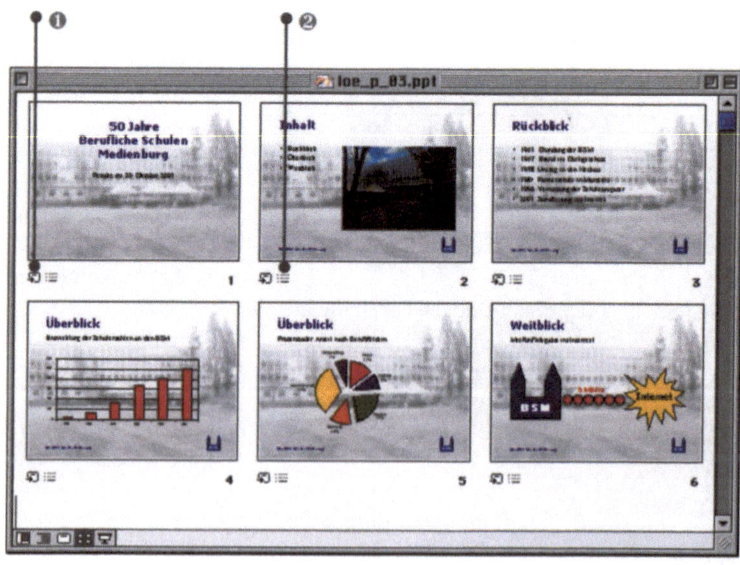

4. Stellen Sie die Animation für die Folienübergänge ein:

- Wählen Sie im Menü *Bildschirmpräsentation > Folienübergang ...* die Animation „Vertikal öffnen".
- Klicken Sie die Option „Bei Mausklick" an, so dass Sie die Präsentation mittels Maus steuern können.
- Klicken Sie auf die Schaltfläche „Für alle Folien übernehmen".

5. Der Folienübergang lässt sich testen, indem Sie auf das kleine Symbol ❶ unter der Folienvorschau klicken.

6. Speichern Sie die Präsentation unter neuem Namen „festakt.ppt" auf Ihrer Festplatte ab.

Animationen

1. Wechseln Sie in die Normalansicht *(Ansicht > Normal)*.

2. Animieren Sie Folie 1:

- Wählen Sie im Menü *Bildschirmpräsentation > Animationen ... > Benutzerdefiniert.*

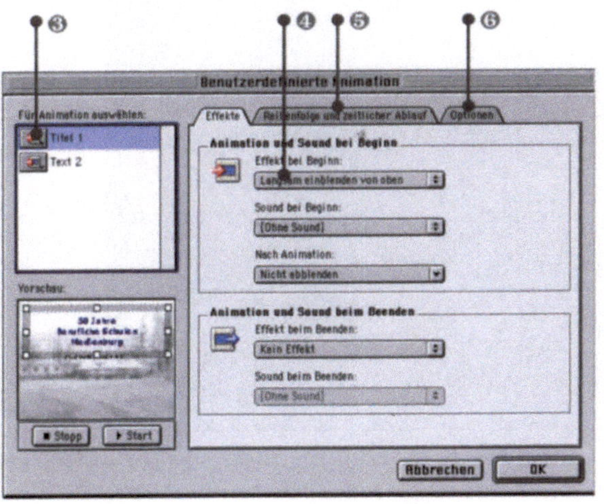

- Klicken Sie im Fenster links oben auf „Titel 1" ❸.
- Wählen Sie einen Animationseffekt ❹ für „Titel 1" aus. Der Effekt kann durch Anklicken des Start-Buttons getestet werden.
- Wiederholen Sie die vorherigen Schritte für „Text 2".
- Wählen Sie die Registerkarte *Reihenfolge und zeitlicher Ablauf* ❺: Belassen Sie die Animationsreihenfolge, stellen Sie jedoch im unteren Teil des Fensters „Automatisch 1 Sekunde nach vorherigem Ereignis" ein.
- Beenden Sie Ihre Eingaben mit OK.

3. Zum Testen Ihrer Animation gibt es zwei Möglichkeiten:

- Menü *Bildschirmpräsentation > Animationsvorschau*
- Anklicken des kleinen Symbols ❷ unter *Ansicht > Foliensortierung.*

4. Animieren Sie Folie 2, so dass der Text zeilenweise im Abstand jeweils nach Mausklick von links hineinbewegt wird.

5. Animieren Sie Folie 3, so dass der Text zeilenweise automatisch im Abstand von einer Sekunde hineinbewegt wird.

6. Animieren Sie das Diagramm auf Folie 4: Damit sich die Säulen des Diagramms nacheinander aufbauen, wählen Sie im Animationsfenster die Registerkarte *Optionen* ❻. Stellen Sie unter *Diagrammelemente einführen* „Nach Kategorie" ein.

7. Animieren Sie das Diagramm auf Folie 5.

8. Animieren Sie Folie 6, so dass sich die Grafik von links nach rechts nacheinander aufbaut: blaues Logo, rote Punkte, gelber Stern.

9. Spielen Sie Ihre Präsentation ab.

Verzweigte Navigation

Obwohl die Präsentationssoftware PowerPoint in den meisten Fällen zur Erstellung von linearen Präsentationen eingesetzt wird, lassen sich die einzelnen „Folien" einer Präsentation auch über Hyperlinks ansteuern. Damit sind multimediale Produkte realisierbar, die die Anmutung von Webseiten oder von Director- oder Flash-Filmen erhalten.

Der Einsatz von verlinkten Buttons hat für den Vortragenden den Vorteil, dass er nicht an die lineare Abfolge der Folien gebunden ist, sondern bei Bedarf zu einem anderen Thema verzweigen kann. Ein Vortrag kann somit flexibel gestaltet werden, um beispielsweise auf Rückfragen aus dem Publikum einzugehen.

Hyperlinks ergänzen

1. Öffnen Sie die vorbereitete Präsentation „T04_01.ppt" von der DVD und betrachten Sie die Folien. Ihre Aufgabe ist die Ergänzung und Verlinkung der in Abbildung ❶ rechts unten dargestellten Buttons im Folienmaster.

❶

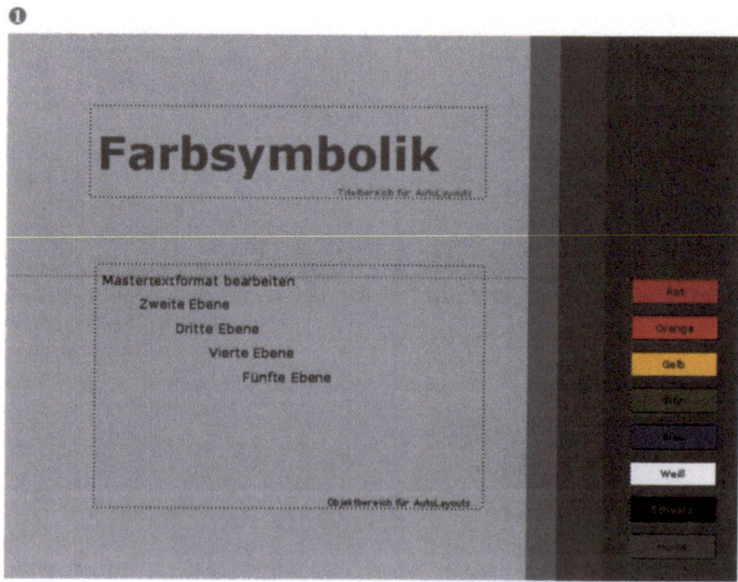

2. Wählen Sie im Menü *Ansicht > Master > Folienmaster*, um die Musterfolie der Präsentation angezeigt zu bekommen. **T01 @ S.462**

3. Erstellen und verlinken Sie den roten Button mit Hilfe der Zeichenwerkzeuge:

   - Blenden Sie – falls nicht sichtbar – die Zeichenpalette ❷ ein: *Ansicht > Symbolleiste > Zeichnen*.
   - Zeichnen Sie ein Rechteck und geben Sie ihm eine rote Füllung.
   - Schreiben Sie den Text „Rot" in das Rechteck, wählen Sie die Schrift Verdana in 10 pt.

   Hinweis: Zum Beschriften des Rechtecks wird das Textwerkzeug nicht benötigt – Sie können bei angeklicktem Button direkt schreiben.

4. Verlinken Sie den roten Button:

   - Wählen Sie den roten Button durch Anklicken aus. Wichtig ist, dass Sie sich nicht mehr im Texteingabemodus befinden!
   - Wählen Sie im Menü *Bildschirmpräsentation > Aktionseinstellungen* …
   - Stellen Sie auf der Registerkarte *Mausklick* den Hyperlink zu Folie … 2 „Rot" ein.

5. Duplizieren Sie den roten Button im Menü *Bearbeiten > Duplizieren*. Ändern Sie die Farbe des Buttons in Orange und den Hyperlink zu Folie „Orange".

6. Wiederholen Sie Schritt 4 für die übrigen Buttons.

7. Beenden Sie den Folienmaster im Menü *Ansicht > Normal*.

8. Starten Sie Ihre Präsentation und testen Sie alle Links.

9. Speichern Sie die Präsentation unter dem neuen Namen „farben.ppt" auf Ihrer Festplatte ab.

❷
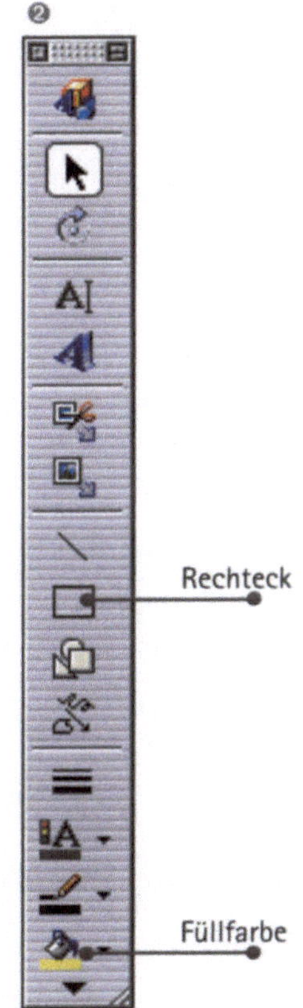

T04

```
<html>
<head>
<title>HTML-Tutorial</title>
</head>
<body>
Hier lernen Sie HTML – ob Sie wollen oder nicht!
</body>
</html>
```

HTML (Hyptertext Markup Language)

Das World Wide Web (WWW) stellt ein hypertextbasiertes Informationssystem dar. Die grundlegende Idee des Hypertextes besteht darin, dass ein digital vorliegender Text nicht unbedingt linear – also von Anfang bis Ende – gelesen werden muss. Durch das Schaffen von Querverbindungen (Links) wird es möglich, von einer Stelle zu einer anderen zu „springen".

Zur Erstellung von verlinkten Webseiten sind Steueranweisungen notwendig. Aus diesem Grund wurde die Auszeichnungssprache *HTML (Hypertext Markup Language)* entwickelt. Diese liegt mittlerweile in der Version 4.01 vor und hat die Aufgabe, alle auf einer Webseite vorkommenden Elemente mit Hilfe von *Tags* (sprich: Tägs) genannten Auszeichnungen zu beschreiben. Ein Tag besitzt die allgemeine Form:

<tag>Inhalt, auf den sich das Tag bezieht</tag>

Ein HTML-Dokument enthält Tags für Absätze, Überschriften und Tabellen. Weitere Tags ermöglichen beispielsweise das Einbinden (Referenzieren) von Bildern sowie das bereits erwähnte Verlinken der Seiten.

Der große Vorteil von HTML-Dateien ist ihre geringe Datenmenge, so dass sie sich hervorragend für die Datenfernübertragung (DFÜ) eignen. Dabei müssen alle sich auf der Webseite befindenden Bilder und Grafiken als externe Dateien vorliegen und ebenfalls übertragen werden.

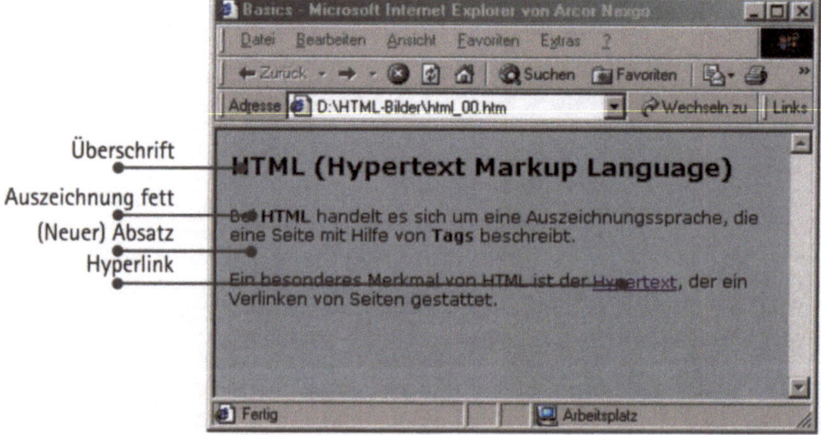

CSS (Cascading Style Sheets)

HTML ist als Auszeichnungssprache für die Beschreibung der Elemente einer Seite zuständig. An die Gestaltung und Formatierung von Seiten, wie dies aus dem Printbereich bekannt ist, war ursprünglich nicht gedacht worden. Dies erklärt, weshalb es zur Formatierung z.B. von Text nur einige rudimentäre Möglichkeiten gibt.

Wegen der zunehmenden Forderung nach Web-„Design" – also nach einer gestalterisch ansprechenden Umsetzung der Seiteninhalte – wurde HTML 1996 durch eine Formatierungssprache ergänzt. Diese Ergänzungssprache mit dem Namen „Cascading Style Sheets", kurz CSS, liegt derzeit in der Version 2.0 vor, Version 3.0 ist demnächst zu erwarten (Stand: 2003).

Das für die Weiterentwicklung des Internets zuständige World-Wide-Web-Konsortium (www.w3.org) stellt mit CSS Version 2.0 zahlreiche Möglichkeiten zur Verfügung, um eine Seite mit Texten und Bildern pixelgenau „layouten" zu können. Erklärtes Ziel dieses Gremiums ist es, dass die Gestaltung von Seiten zukünftig auch ausschließlich mittels CSS erfolgt. Aus diesem Grund wurden einige HTML-Tags als „deprecated" (missbilligt) eingestuft und sollten nicht mehr verwendet werden.

Im Tutorial H 09 über CSS wird Ihnen eine relativ umfangreiche **H 09 @ S. 500** Sammlung an CSS-Eigenschaften „an die Hand" gegeben. Nach einiger Übung werden Sie schnell erkennen, wie praktisch und einfach die Arbeit mit dieser HTML-Erweiterung ist.

beschreibt übersichtlich und detailliert sämtliche Feinheiten von HTML und CSS und bietet seine Seite darüber hinaus zum Download an. Herzlichen Dank an dieser Stelle für sein gelungenes Standardwerk!

HTML und CSS im Internet

Im Rahmen dieses Tutorials ist eine umfassende Beschreibung von HTML und CSS weder gewollt noch möglich. Es handelt sich vielmehr um eine Zusammenfassung der wichtigsten Tags und Eigenschaften. Für weiterführende Informationen sei auf die Internetseite verwiesen, die auch dem Autor dieses Tutorials als wichtigste Informationsquelle gedient hat: SelfHTML von Stefan Münz, zu finden unter www.selfhtml.teamone.de. Stefan Münz

Dateinamen und Dateistruktur

Bei der Mehrzahl der Webserver handelt es sich um Computer, die mit dem Betriebssystem Unix bzw. Linux betrieben werden. Hieraus ergeben sich folgende Forderungen hinsichtlich der Vergabe von Dateinamen:

- Unix-Rechner arbeiten „case-sensitiv", d.h., dass bei Dateinamen zwischen Groß- und Kleinschreibung unterschieden wird: „seite1.htm", „Seite1.htm" und „SEITE1.HTM" sind unterschiedliche Dateien! Um Fehler infolge doppelter Dateinamen zu vermeiden, lautet die Empfehlung: Verwenden Sie bei der Vergabe von Dateinamen *grundsätzlich nur Kleinbuchstaben*.
- Mac-User vernachlässigen oft die Angabe einer Dateiendung, weil bei MacOS die Dateiinformationen im Dateikopf (Header) abgespeichert sind. HTML-Dateien müssen jedoch die *Extension .htm oder .html* besitzen, damit sie auch unter Windows und Unix erkannt werden.
- Da Bild- und HTML-Dateien über Pfadangaben miteinander verbunden sind, ist die (relative) Lage dieser Dateien zueinander von großer Bedeutung. Eine festgelegte Ordnerstruktur darf nachträglich nicht mehr verändert werden! Für relative Pfade zwischen Dateien gelten folgende Regeln:

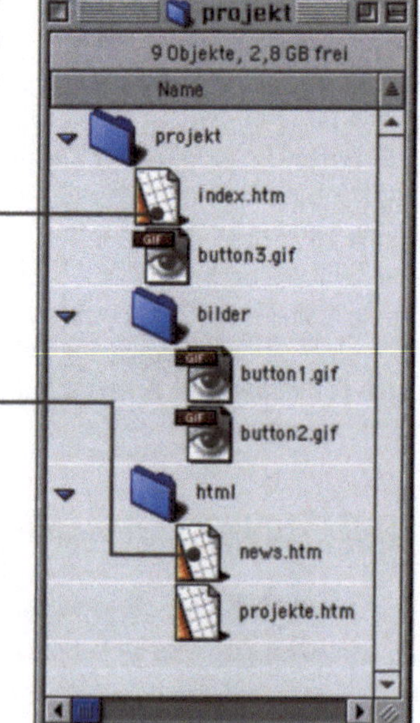

Relative Pfade zu index.htm:
```
button3.gif
bilder/button1.gif
html/news.htm
```

Relative Pfade zu news.htm:
```
projekte.htm
../index.htm
../button3.gif
../bilder/button1.gif
```
Hinweis: Der doppelte Punkt weist auf ein übergeordnetes Verzeichnis hin.

Webbrowser

Zur Betrachtung eines HTML-Dokumentes wird eine Software benötigt, die die HTML-Tags aus dem Text entfernt und die enthaltenen Anweisungen ausführt. Der Vorgang wird als „parsen" bezeichnet. Ein Webbrowser ist eine Software, die einen HTML-Parser zur Darstellung von HTML-Dokumenten besitzt.

Webbrowser sind kostenlos und zahlreich vorhanden. Die größte Verbreitung besitzen der *Internet Explorer* von Microsoft und der *Netscape Communicator* von Netscape. Das Problem besteht nun darin, dass bei unterschiedlichen Browsern auch unterschiedliche HTML-Parser eingesetzt werden. Die Folge ist, dass ein HTML-Dokument in Abhängigkeit vom Browser anders interpretiert und dargestellt wird. Hinzu kommen weitere Einflussfaktoren für die Interpretation des HTML-Dokumentes:

- Browsertyp
  Internet Explorer, Netscape, Mosaic, …
- Browserversion
  Ältere Versionen interpretieren nicht alle Tags.
- HTML-/CSS-Version
  Einige Tags erfordern neue Browserversionen – einige Tags funktionieren nur mit bestimmten Browsern.
- Hardware-Plattform
  Mac, Linux und Windows-PC stellen u.a. Farben und Schriften unterschiedlich dar.

Für den Web-Designer ergeben sich hierdurch nicht unerhebliche Schwierigkeiten! Obwohl zahlreiche Web-Editoren den Entwurf von Webseiten ohne HTML-Kenntnisse versprechen, ist dies in der Praxis weder realistisch noch empfehlenswert.

Die Grundvoraussetzung für das Erstellen von Seiten, die auch überall „funktionieren", sind:

- Gute HTML-Kenntnisse
- Ausgiebiges Testen der Seiten auf verschiedenen Browsern, Browserversionen und Plattformen

Webserver

Im Gegensatz zum Webbrowser, der eine Webseite lediglich herunterladen (downloaden) und darstellen kann, stellt ein Webserver diese Webseite bereit. Notwendige Voraussetzung hierfür ist eine dauerhafte Verbindung mit dem Internet sowie eine eindeutige (IP-)Adresse zur Identifizierung des Servers.

Zum Auffinden der gewünschten Seite gibt der Anwender im Adressfenster seines Webbrowsers eine Adresse (URL) ein. Diese muss den Internetdienst sowie den (Domain-)Namen des Servers enthalten. Beispiele sind „www.springer.de" oder „www.apple.com".

Vielleicht wundern Sie sich darüber, dass in der Adressangabe kein HTML-Dateiname angegeben ist. Dies liegt daran, dass die Webserver im Normalfall so konfiguriert sind, dass bei einer Anfrage *automatisch* nach einer Startdatei „index.htm" bzw. „index.html" gesucht wird. Wenn Sie also planen, Ihren Internetauftritt tatsächlich auch „ins Netz zu stellen", dann sollte die Startseite (Homepage) Ihrer Seiten den Namen „index.htm" erhalten. Beachten Sie auch bitte den vorletzten Abschnitt über Dateinamen und -struktur.

Wer nicht über eine Flatrate verfügt und damit einen eigenen Webserver betreiben kann, der wird sich zur Veröffentlichung seiner Seiten einen Provider suchen müssen. Diese sind via Internet leicht zu finden und stellen Ihnen „Webspace" teilweise sogar kostenlos zur Verfügung. Allerdings müssen Sie dann in der Regel die Einblendung von Werbebannern in Kauf nehmen.

Zur Übertragung Ihrer Dateien auf den Webserver erhalten Sie vom Provider einen Zugangsnamen und ein Kennwort. Mit Hilfe eines FTP-Programms wie z.B. der Shareware „ws_ftp" lassen sich die Dateien auf den Server „uploaden" – und schon sind Sie online!

Lernziele
- Sie kennen die Definition von Farben in HTML.
- Sie verstehen die Probleme, die sich bei der Verwendung von Schriften ergeben.

HTML-Farbdefinition

Die Angabe einer Text- oder Hintergrundfarbe in HTML erfolgt durch das #-Zeichen gefolgt von drei mal zwei Hexadezimalziffern für den Rot-, Grün- und Blau-Anteil der Farbe:

Mit einer zweistelligen Hexadezimalzahl lassen sich je Farbanteil 256 Werte von 0 bis 255 darstellen. Zusammen bildet die sechsstellige Hexadezimalzahl also den RGB-Farbraum von $25 \times 256 \times 256 = 16,7$ Millionen Farben ab.

Zur verbindlichen Darstellung von Farben auf unterschiedlichen Rechnern (Betriebssystem, Grafikkarte, Monitor, …) wurde eine Auswahl von 216 Farben als *websichere Farben* definiert. Wer sich auf diese Web-Palette beschränken will, muss sich bei der Bildung der Hexadezimalzahlen auf die Zahlenpaare *00, 33, 66, 99, CC und FF* beschränken ($6 \times 6 \times 6 = 216$ Farben). Die Abbildung zeigt die Farbauswahl bei „Photoshop".

Laut W3-Konsortium sollen Farben zukünftig nicht mehr über `bgcolor=` definiert werden. Lesen Sie deshalb über die Verwendung von Farben im Tutorial H09 nach.

H09 @ S.500

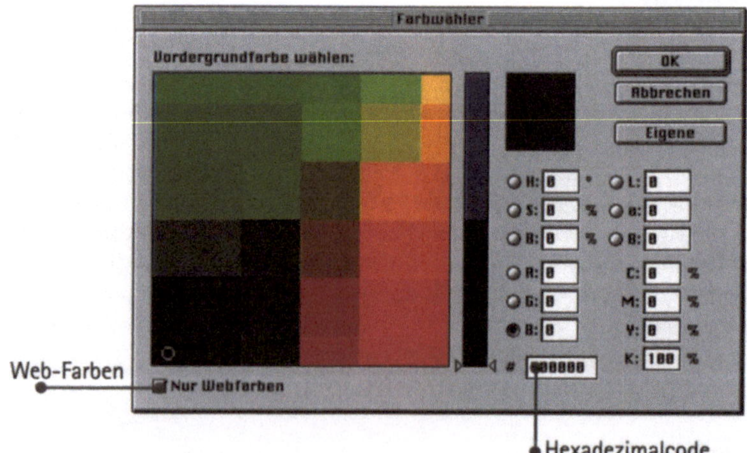

Web-Farben

Hexadezimalcode

Schriftprobleme

In HTML-Dateien lassen sich keine Schriften einbetten. Daraus folgt, dass der Zeichensatz der gewählten Schrift im Betriebssystem installiert sein muss. Außerdem kann der Anwender in den Grundeinstellungen seines Webbrowsers die von ihm bevorzugte Schrift vorgeben. Zu allem Übel kommt hinzu, dass die Schriftdarstellung auf Mac ❶ und Windows-PC ❷ uneinheitlich ist.

Für die Auswahl und Gestaltung von Schriften ergeben sich daraus folgende Regeln:

- Für *Mengentexte* dürfen ausschließlich Systemschriften verwendet werden – beispielsweise die Schriften Arial, Times, Tahoma oder Verdana. Sinnvollerweise sollte eine Schrift verwendet werden, die sowohl am Windows-PC als auch am Mac vorhanden ist.
- Für *Headlines oder kleinere Textmengen* können auch andere Schriften verwendet werden. Zu beachten ist, dass viele Schriften am Monitor wegen dessen geringer Auflösung nicht oder kaum lesbar sind. Der Text muss in einem Bildverarbeitungs- oder in einem Grafikprogramm gesetzt und in eine GIF- oder JPG-Grafik konvertiert werden.
- Das dem einen oder anderen Leser vielleicht bekannte <font>-Tag zur Auswahl und Formatierung einer Schrift wird in diesem Tutorial nicht behandelt, weil es gemäß W3-Konsortium nicht mehr verwendet werden sollte. Lesen Sie zur Formatierung von Schriften das Tutorial H 09 über CSS.

H 09 @ S. 500

❶
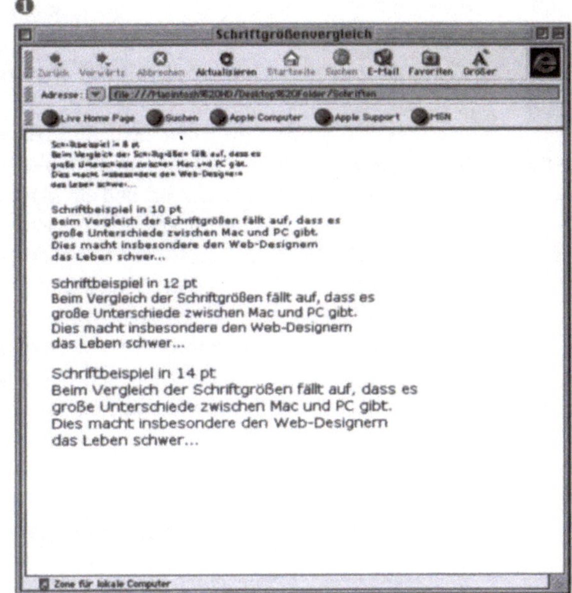

❷
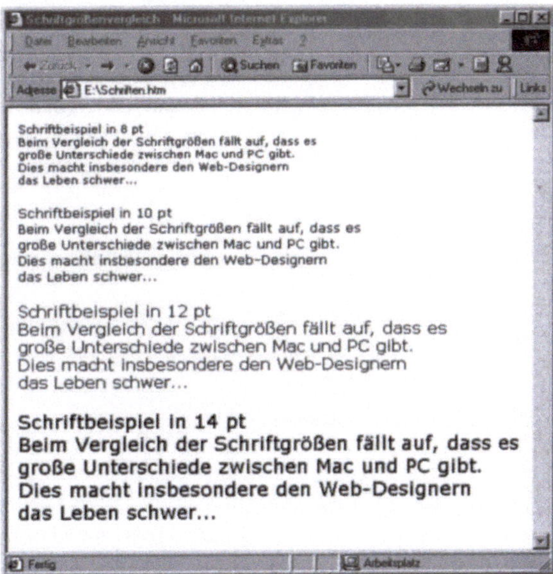

HB

Softwarevoraussetzung

Für das HTML-Tutorial benötigen Sie zwei Programme:

- Einen *Texteditor* zur Erstellung der HTML-Dateien. Dieser wird kostenlos mit jedem Betriebssystem geliefert: Verwenden Sie unter Windows den „Editor" und am Mac das Programm „Simple Text". Alternativ kann auch ein Textverarbeitungsprogramm wie „Word" eingesetzt werden. Allerdings muss beim Speichern darauf geachtet werden, dass die Datei als „Nur Text" abgespeichert wird.
- Einen *Webbrowser* zur Anzeige der HTML-Dateien. Weit verbreitet sind die Browser Internet Explorer von Microsoft und Netscape Communicator von Netscape. Um Darstellungsfehler älterer Versionen zu vermeiden, sollten Sie mit Version 4 oder neuer arbeiten. Aktuelle Versionen genannter Browser stehen im Internet zum Download bereit.

Dateinamen und Dateistruktur

Beachten Sie folgende Grundregeln:

- Verwenden Sie bei der Vergabe von Dateinamen *grundsätzlich nur Kleinbuchstaben.*
- Alle HTML-Dateien müssen die Erweiterung *.htm* oder *.html* erhalten. Fehlt diese, ist eine Anzeige unter Windows und Unix nicht möglich.
- Für alle HTML-, Bild- und Skriptdateien muss zu Beginn eines Projekts eine Datei- und Ordnerstruktur festgelegt werden. Diese darf später nicht mehr verändert werden.

Grundgerüst einer HTML-Datei

```
<html>                      Beginn einer HTML-Datei
<head>                      Beginn des Dateikopfes
<title> … </title>         Titel der Seite
</head>                     Ende des Dateikopfes
<body>                      Beginn des Dateikörpers
…                           Inhalt der HTML-Seite
</body>                     Ende des Dateikörpers
</html>                     Ende einer HTML-Datei
```

Die erste HTML-Datei

1. Erstellen Sie auf Ihrer Festplatte einen Ordner „html-tutorial".

2. Starten Sie einen Texteditor, z.B. „Simple Text" am Mac oder „Editor" am PC.

3. Geben Sie das Grundgerüst einer HTML-Datei ein. Titel der Datei zwischen `<title>` ... `</title>`:

   ```
   Meine allererste Webseite
   ```
   Inhalt der Datei zwischen `<body>` ... `</body>`:
   ```
   <h2>Hallo Welt - ich bin da!</h2>
   ```
   Hinweis: Die Bedeutung von `<h2>` wird im Tutorial H02 erklärt.

   H02 @ S.484

4. Speichern Sie die Textdatei unter dem Namen „erste_seite.htm" ab. Beachten Sie, dass die Dateiendung .htm (oder .html) lauten muss und nicht .txt oder .doc sein darf!

5. Starten Sie einen Webbrowser (Internet Explorer oder Netscape). Laden Sie Ihre Seite:

Internet Explorer: *Datei > Öffnen*
Netscape: *Datei > Seite öffnen …*
Geben Sie im sich öffnenden Dialogfenster den Pfad zu Ihrer HTML-Datei an:
„c:\html-tutorial\erste_seite.htm"
(Alternativ können Sie obige Pfadangabe auch direkt in das Adressfenster Ihres Browsers eingeben.)

6. Kehren Sie zum Texteditor zurück, lassen Sie den Webbrowser jedoch geöffnet. Ändern Sie die Überschriftengröße von `<h2>` in `<h3>` und speichern Sie die Änderung ab. Wechseln Sie nun wieder zum Webbrowser und klicken Sie auf den Button „Aktualisieren" (Internet Explorer) bzw. „Neu Laden" (Netscape). Die Veränderung der Überschrift müsste angezeigt werden.

Zusammenfassung der Vorgehensweise zur Bearbeitung aller weiteren HTML-Tutorials:

- HTML-Datei im Texteditor erstellen bzw. ändern
- Datei abspeichern
- Datei im Webbrowser öffnen bzw. neu laden/aktualisieren

Titel der HTML-Datei (`<title>`)

Aktualisieren der geöffneten Datei
Adressfenster des Webbrowsers

Inhalt der HTML-Datei (`<body>`)

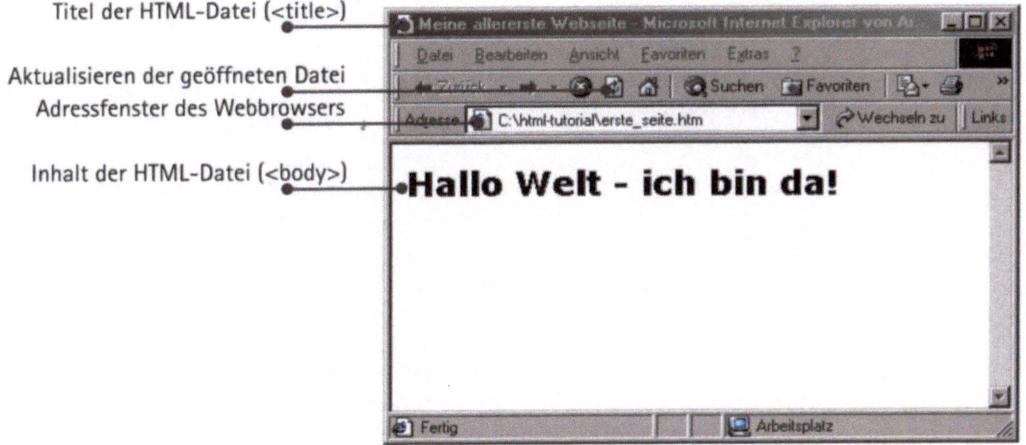

Schriften in HTML

In den „Basics" haben Sie bereits gelesen, dass die Verwendung von Schriften ein großes Problem darstellt, da sich in HTML-Dateien keine Zeichensätze einbetten lassen. Daraus folgt, dass der Zeichensatz der gewählten Schrift im Betriebssystem installiert sein muss. Hinzu kommt, dass der Anwender in den Grundeinstellungen seines Webbrowsers die von ihm bevorzugte Schrift vorgeben kann.

Für die Auswahl einer Schrift folgt daraus, dass für Mengentexte ausschließlich Systemschriften wie Arial, Times, Tahoma oder Verdana verwendet werden dürfen. Für Headlines oder kleinere Textmengen können andere Schriften benutzt werden, die dann allerdings in eine Grafik konvertiert werden müssen.

Das dem einen oder anderen Leser vielleicht bekannte <font>-Tag zur Formatierung einer Schrift wird hier mit Absicht nicht mehr behandelt, weil es durch das W3-Konsortium abgelehnt wurde und nicht mehr verwendet werden sollte. Lesen Sie zur Formatierung von Schriften das Tutorial H09.

H09 @ S.500

HTML-Tags zur Textstrukturierung

Überschriften

`<h1> ... </h1>`	sehr große Überschrift
`<h2> ... </h2>`	große Überschrift
...	...
`<h7> ... </h7>`	sehr kleine Überschrift

Absatz

`<p> ... </p>`	Absatz
` `	Zeilenumbruch
`<nobr>`	Zeilenumbruch verhindern

Physische Textauszeichnungen

`<b> ... </b>`	fetter Text
`<i> ... </i>`	kursiver Text
`<u> ... </u>`	unterstrichener Text
`<s> ... </s>`	durchgestrichener Text
`<sup> ... </sup>`	hochgestellter Text
`<sub> ... </sub>`	tiefgestellter Text

Listen

`<ul>`	Beginn Aufzählungsliste
`<li> ... </li>`	Listenelement
`</ul>`	Ende Aufzählungsliste
`<ol>`	Beginn nummerierte Liste
`<li> ... </li>`	Listenelement
`</ol>`	Ende nummerierte Liste

Trennlinie

`<hr>`	horizontale Trennlinie

Absatz, Auszeichnung, Listen

1. Öffnen Sie die Datei „H02_01.HTM" im Texteditor.

2. Strukturieren und formatieren Sie den vorgegebenen Text wie in der Abbildung dargestellt.
   Hinweis: Überschrift in `<h3>`

3. Speichern Sie die formatierte Datei im Ordner „html-tutorial" unter dem Namen „text.htm" ab.

4. Öffnen Sie die Datei „text.htm" in einem Webbrowser wie auf der vorherigen Seite beschrieben. Prüfen Sie, ob die Darstellung mit der Abbildung übereinstimmt.
   Hinweis: Wenn Ihr Browser eine andere Schriftart anzeigt, dann ist in Ihrem Browser als Standardschrift nicht die hier dargestellte „Verdana" eingestellt.

5. Verändern, speichern und betrachten Sie Ihre HTML-Datei, bis Ihr Ergebnis exakt mit der Darstellung rechts übereinstimmt.

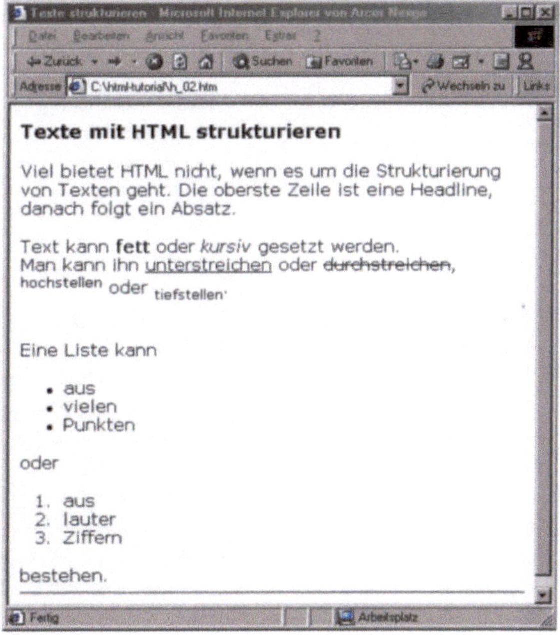

H 0

Die Funktion von Meta-Tags

Meta-Tags befinden sich im Kopf (<head>) einer HTML-Datei und sind daher
für den Anwender nicht sichtbar. Vielmehr enthalten sie nützliche Informationen für

• den Webbrowser,
• den Webserver,
• die Aufnahme der Seite in die Datenbanken von Suchprogrammen.

Eine sinnvolle und überlegte Auswahl wichtiger Meta-Tags ist also für den Erfolg einer Seite unerlässlich!

Kennzeichen aller Meta-Tags ist, dass sie kein End-Tag benötigen. Eine
Auflistung mehrerer Meta-Tags untereinander ist zulässig.

Übersicht wichtiger Meta-Tags

Angaben für Suchprogramme

Zugriff durch Suchprogramme verbieten
```
<meta name="robots" content="noindex">
```

Zugriff durch Suchprogramme gestatten
```
<meta name="robots" content="index">
```

Beschreibungstext
```
<meta name="description" content=" ... ">
```

Schlüsselwörter
```
<meta name="keywords" content=" ...,...,... ">
```

Autorenangabe
```
<meta name="author" content=" ... ">
```

Datumsangabe
```
<meta name="date" content="JJJJ-MM-TT">
```

Angabe des HTML- bzw. Web-Editors
```
<meta name="generator" content=" ... ">
```

Angaben für Webbrowser/Webserver

Angabe des westeuropäischen Zeichensatzes
```
<meta http-equiv="content-type"
content="text/html;
charset=ISO-8859-1">
```

Seite von Webserver laden, nicht aus Browser-Cache:
```
<meta http-equiv="expires"
content="0">
```

Weiterleitung zu einer anderen Adresse:
```
<meta http-equiv="refresh"
content="5; URL=http://... ">
```
(Weiterleitung nach 5 s)

Erstellen Sie eine Mustervorlage bestehend aus dem HTML-Grundgerüst und einigen wichtigen Metaangaben. Die Mustervorlage können Sie für spätere Seiten öffnen, unter neuem Namen abspeichern und bearbeiten.

1. Starten Sie Ihren Texteditor und geben Sie folgende Vorlagendatei ein:
```
<html>
<head>
<title>Seitentitel</title>                            Titel der Seite (erscheint im oberen Balken)
<meta name="description" content="Inhalt">            Kurzbeschreibung des Seiteninhalts
<meta name="keywords" content="Wort,Wort">            Stichworte zum Inhalt (dazwischen Kommas)
<meta name="author" content="Name">                   Ihr Name als Seitenautor
<meta name="date" content="JJJJ-MM-TT">               Datum in der angegebenen Form
<meta http-equiv="content-type"
content="text/html; charset=ISO-8859-1">              Angabe des westeuropäischen Zeichensatzes
</head>
<body>
...
</body>
</html>
```

2. Speichern Sie die Datei im Ordner „html-tutorial" unter dem Namen „vorlage.htm" auf Ihrer Festplatte ab.

ASCII

Bevor das Internet international und global wurde, war es auf das Gebiet der USA beschränkt. Insofern ist es nicht verwunderlich, dass der zur Datenübertragung genormte und standardisierte Zeichensatz von den Amerikanern entwickelt wurde. Es handelt sich hierbei um den berühmten ASCII (American Standard Code for Information Interchange). Für die europäischen Sprachen fehlen im ASCII leider etliche Buchstaben – im Deutschen die Umlaute ä, ü und ö sowie das ß. Auch wichtige Sonderzeichen wie z.B. europäische Währungssymbole sind im Zeichensatz nicht enthalten.

Damit die von Ihnen eingegebenen Umlaute und Sonderzeichen in Japan richtig angezeigt werden, sollten Sie zwei Grundregeln beachten:

- Angabe des westeuropäischen Zeichensatzes als Meta-Tag

  H 03 @ S.486
- „Maskieren" aller Umlaute und Sonderzeichen mit Hilfe der hierfür vorgesehenen HTML-Zeichenreferenz (siehe Liste)

HTML-Tags für Sonderzeichen

Umlaute und „ß"

`ä`	ä
`Ä`	Ä
`ö`	ö
`Ö`	Ö
`ü`	ü
`Ü`	Ü
`ß`	ß

Wichtige Sonderzeichen

` `	Leerzeichen
`£`	£
`€`	€
`©`	©
`§`	§
`°`	°
`&`	&
`<`	<
`>`	>

Sonderzeichen und Umlaute

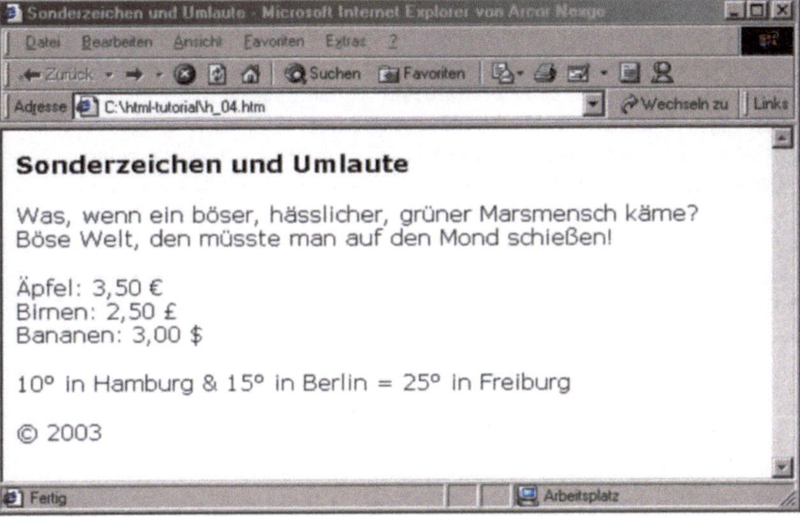

1. Öffnen Sie die Datei „H04_01.HTM" im Texteditor.

2. „Maskieren" Sie sämtliche Umlaute im Text mit Hilfe der links angegebenen Tabelle.
   Beispiele:
   Aepfel wird zu Äpfel
   schiessen wird zu schießen

3. Ergänzen Sie die in der Abbildung oben gezeigten Währungssymbole (£, €) und Sonderzeichen (°, ©, &).

4. Speichern Sie die veränderte Datei im Ordner „html-tutorial" unter dem neuen Namen „umlaute.htm" ab.

5. Betrachten Sie die Datei „umlaute.htm" im Webbrowser und überprüfen Sie, ob alle Umlaute und Sonderzeichen korrekt angezeigt werden.
   Hinweis: Vielleicht haben Sie bemerkt, dass die Umlaute durch Ihren Webbrowser auch ohne Maskierung korrekt angezeigt werden. Bedenken Sie jedoch, dass die Webbrowser in anderen Ländern für die dortige Landessprache konfiguriert sind.

H 04

Die große Bedeutung von Tabellen

In HTML gibt es weder Tabulatoren noch Texteinzüge am linken oder rechten Seitenrand. Für die Gestaltung von Webseiten stellen Tabellen daher ein wichtiges Hilfsmittel dar. Die Zeilen und Spalten einer Tabelle ergeben eine Art Gestaltungsraster, wie dies bei der Printproduktion gang und gäbe ist. In die Tabellenzellen lassen sich Texte oder Bilder platzieren. Wird als Linienstärke des Rahmens um diese Zellen „0" (Pixel) gewählt, dann ist die Tabelle beim Betrachten der Webseite nicht sichtbar. Alternativ kann es gestalterisch aber auch erwünscht sein, dass einzelne Spalten, Zeilen oder die gesamte Tabelle Linien oder eine Hintergrundfarbe erhalten.

Auch bei formal korrekter Definition einer Tabelle stellen Webbrowser diese nicht immer richtig dar. Dies gilt insbesondere für leere Tabellenzellen. Aus diesem Grund sollten in diesen Zellen *blinde" GIFs* platziert werden: Es handelt sich dabei um GIF-Dateien der Größe 1×1 Pixel, deren Farbe als „transparent" definiert wurde. Die benötigte Größe der Grafik wird über die Attribute `width` und `height` eingegeben.

HTML-Tags für Tabellen

Definition einer Tabelle

```
<table>                 Beginn der Tabelle
<tr>                    Erste Tabellenreihe
 <td> ... </td>         Linke Datenzelle
 <td> ... </td>         Rechte Datenzelle
</tr>

<tr>                    Zweite Tabellenreihe
 <td> ... </td>         Linke Datenzelle
 <td> ... </td>         Rechte Datenzelle
</tr>
</table>                Ende der Tabelle
```

Formatierung einer Tabelle

```
<table border="...">        Tabellenrahmen in Pixel
<table cellspacing="...">    Zellenabstand in Pixel
<table cellpadding="...">    Zelleninnenabstand in Pixel
```

```
    <table width="...">      Breite¹⁾ in Pixel oder
auch <tr> und <td>           Prozent
    <table height="...">     Höhe¹⁾ in Pixel oder
auch <tr> und <td>           Prozent
    <tr align="...">         Horizontale Textausrich-
auch <td>                    tung¹⁾: left, center, right
    <tr valign="...">        Vertikale Textausrichtung¹⁾:
auch <td>                    top, middle, bottom
    <td colspan="...">       Spalten verbinden
    <td rowspan="...">       Zeilen verbinden

Hinweis: Attribute können kombiniert werden!
```

1) Sollte bevorzugt mit CSS realisiert werden

Tabellen zur Formatierung von Text

1. Öffnen Sie die Datei „H05_01.HTM" im Texteditor.

2. Formatieren Sie den Text mit Hilfe einer Tabelle unter Berücksichtigung folgender Angaben:

Tabellenrahmen:	1
Zellenabstand:	5
Zelleninnenabstand:	10
Breite der 1. Spalte:	100
Breite der 2. Spalte:	200
Breite der 3. Spalte:	50

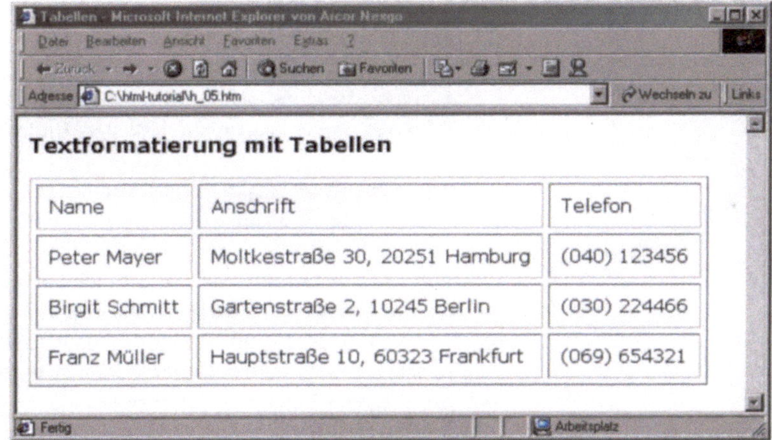

3. Speichern Sie Ihre Datei im Ordner „html-tutorial" unter dem Namen „tabelle.htm" ab.

4. Öffnen Sie die Datei im Webbrowser und vergleichen Sie die Darstellung mit der Abbildung. Nehmen Sie gegebenenfalls Korrekturen vor.

5. Testen Sie auch die anderen genannten Tabelleneigenschaften.

Projekte
Nonprint
    N 02 @ S. 136
    N 05 @ S. 166

Lernziel
• Sie verwenden Bilder und Grafiken auf Webseiten unter Beachtung der Unterschiede bezüglich
  Qualität und Datenmenge.

Aufgabe
• Binden Sie mehrere GIF- und
  JPG-Dateien auf einer Webseite
  ein und vergleichen Sie deren
  Qualität.

Übungsdateien auf DVD
> TUTORIAL > H_HTML > H06

Einbinden von Bildern und Grafiken

Im Unterschied zu Flash werden Bilder und Grafiken bei HTML nicht in die
HTML-Datei eingebunden, sondern lediglich der Pfad zu den Bilddateien abgespeichert. Hieraus folgt, dass sämtliche Bilder und Grafiken auf dem Webserver vorhanden sein müssen. Empfehlenswert ist es, zu Beginn eines Projektes
einen Unterordner „bilder" anzulegen. Ein späteres Verschieben der Dateien ist
zu vermeiden, da dann die Verweise auf diese Bilder nicht mehr stimmen.

Dateiformate und Dateigröße

GIF (Graphics Interchange Format)
GIF-Dateien eignen sich wegen ihrer beschränkten Anzahl von max. 256 Farben für Grafiken, Buttons, Strichzeichnungen und Text. Weitere Kennzeichen
bzw. Optionen von GIF sind:

• Bild wird beim Laden nach und nach schärfer (Interlaced)
• Freistellungen durch Transparenz einer Farbe
• Animierte Bildfolge (Animated GIF)
• Simulation von Halbtönen (Dithering)

JPEG (Joint Picture Expert Group)
JPEG- oder JPG-Dateien eignen sich ideal für Bilder mit vielen Farben wie Fotografien, Verläufe, weiche Schatten usw., da der Algorithmus mit Echtfarben
(16,7 Mio. Farben) komprimiert. Weitere Optionen sind:

• Frei wählbare Qualität bzw. Datenmenge
• Interlacter Bildaufbau bei „Progressiv JEPG"

Auf die Dateiformate PNG bzw. SVG wird an dieser Stelle nicht eingegangen,
weil sie derzeit eine untergeordnete Bedeutung besitzen.
  Da die Übertragungsdauer der Seiten maßgeblich von der Datenmenge abhängig ist, muss diese so klein wie möglich gehalten werden. Hierbei muss ein
akzeptabler Kompromiss zwischen Qualität und Datenmenge gefunden werden. Als Faustregel gilt, dass eine Bilddatei nicht größer als 30–40 KB sein
sollte. Bei einer durchschnittlichen Übertragungsrate eines ISDN-Kanals von
3 KB benötigt der Download für diese Datei dann bereits 10–13 Sekunden!

HTML-Tags für Bilder

Bildreferenzen

Bildreferenz zu Datei im selben Verzeichnis
```
<img src="bild.gif">
```

Bildreferenz zu Datei im Unterverzeichnis „bilder"
```
<img src="bilder/bild.gif">
```

Bildreferenz zu Datei im übergeordneten Verzeichnis
```
<img src="../bild.gif">
```

Eigenschaften von Bildern

Bildbreite und -höhe (sollte angegeben werden!)
```
<img src="bild.gif" width="200"
height="100">
```

Alternativer Text für Browser ohne Bildanzeige
```
<img src="bild.gif" alt="Firmenlogo">
```

Hinweis: Die Ausrichtung von Bildern zum Text sollte mit Hilfe von CSS erfolgen!

Bilddateien referenzieren

1. Legen Sie in Ihrem Ordner „html-tutorial" einen Unterordner „bilder" an und kopieren Sie die sechs Bilddateien des Tutorials in diesen Ordner.

2. Öffnen Sie die Datei „H06_01.HTM" im Texteditor und speichern Sie die Datei unter neuem Namen „bilder.htm" im Ordner „html-tutorial" auf Festplatte ab.

3. Ersetzen Sie die angegebenen Dateinamen der Bilddateien durch Links zu den Bildern im Ordner „bilder".

4. Öffnen Sie die Datei im Webbrowser und vergleichen Sie die unterschiedliche Qualität und Datenmenge der Bilder.

5. Ergänzen Sie im Texteditor folgende Angaben für alle Bilder:
Bildbreite/-höhe: je 200 (Pixel)
Text (alt="..."):   Kurzbeschreibung
Hinweis: Die Breiten- und Höhenangabe beschleunigt den Seitenaufbau. Das Bildformat sollte hierdurch *nicht* geändert werden!

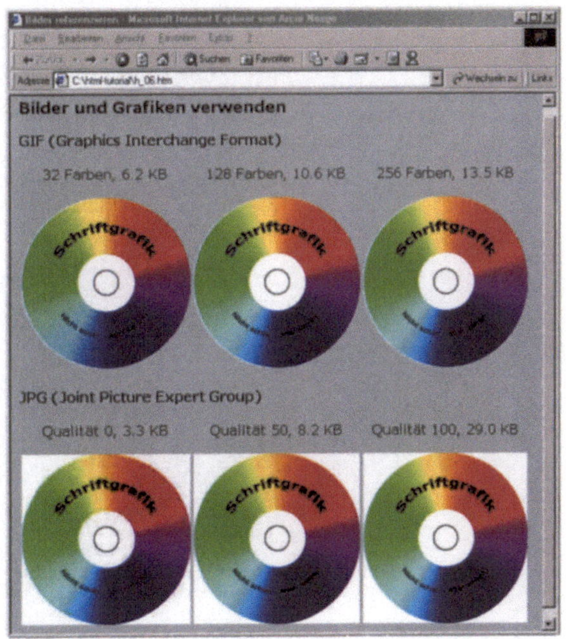

Hypertext und Hypermedia

Wie bereits der Name sagt ist Hypertext der zentrale Inhalt der „Hypertext Markup Language" (HTML). Es handelt sich dabei um die Möglichkeit des Verlassens der linearen Struktur eines Textes mit Hilfe von *Hyperlinks* oder kurz Links. Der Anwender kann hierdurch per Mausklick an eine beliebige Stelle des Dokuments oder in ein völlig anderes Dokument gelangen. Erfolgt diese Navigation durch das Anklicken eines Wortes spricht man von *Hypertext*. Im Falle, dass Buttons oder andere grafische Elemente verwendet werden, ist *Hypermedia* treffender.

Mittels Hyperlink lässt sich auch auf einfache Weise ein E-Mail-Link auf einer Webseite einbauen. Weiterhin können beispielsweise PDF-Dateien zum Download angeboten werden.

HTML-Tags für Hyperlinks

Hyperlinks zu externen Dateien

Hyperlink zu externer Adresse (URL)

```
<a href="http://www.springer.de/">
Springer-Verlag</a>
```

Hyperlink zu externer Adresse in neuem Browserfenster

```
<a href="http://www.springer.de/" target=_blank>
Springer-Verlag</a>
```

Hyperlink zu externer Adresse im selben Browserfenster

```
<a href="http://www.springer.de/"
target=_self>Springer-Verlag</a>
```

E-Mail-Link

```
<a href="mailto:paul@abc.de">Paul</a>
```

Hyperlink mit Grafik (ohne Rahmen)

```
<a href="http://www.springer.de/">
<img src="bild.gif" border="0"></a>
```

Hyperlink zum Download einer Datei

```
<a href="http://www.springer.de/inhalt.pdf">
PDF-Download</a></p>
```

Hyperlinks zu internen Dateien

Hyperlink zu Datei im selben Verzeichnis

```
<a href="home.htm">Zur Homepage</a>
```

Hyperlink zu Datei im Unterverzeichnis „texte"

```
<a href="texte/home.htm">Zur Homepage</a>
```

Hyperlink zu Datei im übergeordneten Verzeichnis

```
<a href="../home.htm">Zur Homepage</a>
```

Hyperlinks innerhalb von Dateien

Hyperlink mit Ziel in der gleichen Datei (#-Kennzeichnung)

```
<a href="#unten">nach unten</a>
... Text oder andere Elemente ...
<a name="unten">hier ist unten</a>
```

Erklärung: Das #-Zeichen weist auf ein Sprungziel innerhalb der Datei hin. Das Ziel wird mit `name=` gekennzeichnet und muss denselben Namen wie der Link jedoch ohne # erhalten.

HTML-Dateien verlinken

1. Öffnen Sie die Datei „H07_01.HTM" im Editor.

2. Ergänzen Sie in den jeweiligen Zeilen folgende Hyperlinks:
   a. Textlink zur Datei „text.htm"
   b. Grafik-Link zur Datei „grafik.htm"
   c. Link zur PDF-Datei „hyperlink.pdf". Geben Sie hier `target=_blank` für das Öffnen in einem neuen Browserfenster an.
   d. E-Mail-Link zu Ihrer eigenen E-Mail-Adresse.
   Speichern Sie die geänderte Datei im Ordner „html-tutorial" unter dem neuen Namen „home.htm" ab.

3. Kopieren Sie die Datei „H07_01.PDF" und die Grafiken „H07_01.GIF" und „H07_02.GIF" in den Ordner „html-tutorial" auf Festplatte. Benennen Sie die PDF-Datei in „hyperlink.pdf" um.

4. Öffnen Sie die Datei „H02_02.HTM" im Texteditor und ergänzen Sie bei „Homepage" einen Textlink zu „home.htm" . Speichern Sie die geänderte Datei im Ordner „html-tutorial" unter „text.htm" ab.

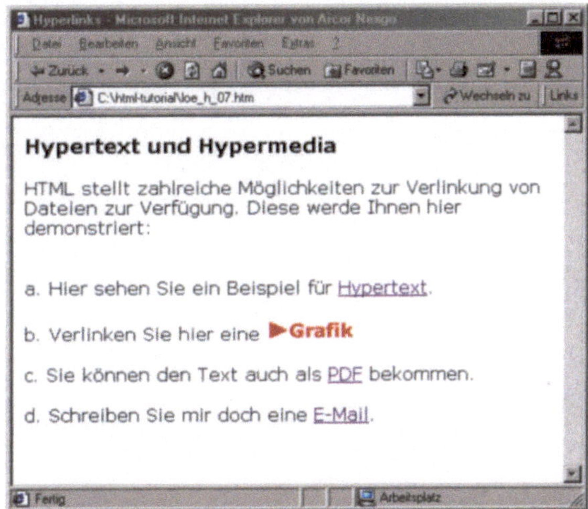

5. Öffnen Sie die Datei „H07_03.HTM" im Texteditor und ergänzen Sie bei der Grafik einen Link zu „home.htm". Speichern Sie die geänderte Datei im Ordner „html-tutorial" unter „grafik.htm" ab.

6. Öffnen Sie die Datei „home.htm" im Webbrowser und testen Sie alle Links.

Strukturierung mit Frames

Mit Hilfe eines so genannten Framesets lässt sich eine Webseite in horizontale und/oder vertikale Bereiche aufteilen. Jedem Bereich wird eine eigene HTML-Datei zugeordnet, so dass zum Aufbau des gesamten Bildschirms immer mehrere Dateien notwendig sind. Vorteil dieser Vorgehensweise ist, dass beim Seitenwechsel nicht immer der gesamte Bildschirm neu geladen und aufgebaut werden muss. Weiterhin bleibt beim Scrollen innerhalb eines Frames die restliche Seite unverändert sichtbar. So könnten sich in einem Frame die (statische) Buttonleiste und im anderen Frame der (variable) Inhalt befinden.

Frames sind wegen der starken Verbreitung dynamischer Webseiten in heutiger Zeit ziemlich „aus der Mode" gekommen. Ihre Nachteile bestehen darin, dass ein Frameset keinen Inhalt besitzt und deshalb auch von Suchmaschinen nicht indiziert wird. Weiterhin bleibt die Adresse einer Webseite mit Frames immer gleich, verändert sich also nicht in Abhängigkeit von der gewählten Unterseite. Hierdurch wird die Indizierung durch Suchmaschinen ebenfalls erschwert, außerdem ist ein Platzieren eines Lesezeichens (bookmark) auf einer Unterseite nicht möglich.

Für kleinere Web-Auftritte, deren Inhalte weitgehend unverändert bleiben, kann der Einsatz von Frames durchaus sinnvoll sein. Framefähig sind Netscape-Browser ab Version 2.0 und Internet Explorer ab Version 3.0.

Y @ S.577

HTML-Tags zu Framesets

Definition eines Framesets

Vertikales Frameset

```
<frameset cols="100,500">
 <frame src="left.htm" name="links">
 <frame src="right.htm" name="rechts">
 <noframes>
 Ihr Browser ist nicht framefähig!
 </noframes>
</frameset>
```

Das Frameset *ersetzt* den <body> der Datei. Zeile 1 definiert zwei Spalten der Breite 100 bzw. 500 Pixel. Alternativ ist die Angabe in Prozent oder ein "*" als Platzhalter für die verbleibende Breite des Browserfensters möglich.

Die Zeilen 2 und 3 ordnen jedem Frame eine Datei und einen Namen zu. Letzterer wird für die Zielangabe (siehe nächste Seite) benötigt.

Die <noframes>-Angabe wird durch den Browser angezeigt, wenn dieser nicht framefähig ist.

Horizontales Frameset

```
<frameset rows="20%,80%">
 <frame src="top.htm" name="oben">
 <frame src="bottom.htm" name="unten">
</frameset>
```

Verschachteltes Frameset

```
<frameset cols="200,*">
 <frame src="left.htm" name="links">
 <frameset rows="15%,*">
  <frame src="top.htm" name="oben">
  <frame src="bottom.htm" name="unten">
 </frameset>
</frameset>
```

Eigenschaften von Framesets

Frameset ohne Rahmen

```
<frameset cols="..." frameborder="0"
 framespacing="0" border="0">
```

Hinweis: Alle drei Angaben sind erforderlich, um die Rahmen bei Netscape *und* Internet Explorer auszublenden.

Frameset mit farbigem Rahmen

```
<frameset cols="..." bordercolor=
 "#000000">
```

Frame ohne Bildlaufleiste

```
<frame src="left.htm" name="links"
 scrolling="no">
```

Hinweis: Fehlt die scrolling-Angabe, dann erscheint eine Bildlaufleiste, sobald der Seiteninhalt nicht komplett in den Frame passt.

Horizontaler bzw. vertikaler Randabstand in Pixel

```
<frame src="left.htm" name="links"
 marginwidth="..." marginheight="...">
```

Unveränderliche Fenstergröße

```
<frame src="left.htm" name="links"
 noresize>
```

HTML–Tags zur Verlinkung von Frames

Hyperlink zur Verlinkung von Frames

```
<a href="home.htm" target="rechts"> ... </a>
<a href="buttons.htm" target="links"> ... </a>


<frameset cols=" ... ">
 <frame src="left.htm" name="links">
 <frame src="right.htm" name="rechts">
</frameset>
```

Erklärung: Um eine Datei in einem Frame zu öffnen, muss bei der Definition
des Hyperlinks eine Zielangabe `target= ...` erfolgen. Als Ziel wird einer
der Namen angegeben, die bei der Definition des Framesets für jeden
Frame vergeben wurden.

Hyperlink mit vordefinierten Zielangaben

Hyperlink zur Anzeige im Zustand des Browserfensters *vor* dem Frameset
```
<a href="home.htm" target="_parent"> ... </a>
```

Hyperlink zur Anzeige im gesamten Browserfenster
```
<a href="home.htm" target="_top"> ... </a>
```

Hyperlink zur Anzeige in neuem Browserfenster
```
<a href="home.htm" target="_blank"> ... </a>
```

Hinweis: Beachten Sie, dass der Unterstrich _ mit angegeben werden muss!

Ein Frameset erstellen

1. Kopieren Sie folgende Dateien in den Ordner „html-tutorial" auf Ihre Festplatte:

   „H08_01.HTM"   Datei mit Frameset
   „H08_02.HTM"   Datei mit Buttonleiste
   „H08_03.HTM"   Datei „Willkommen"
   „H08_04.HTM"   Datei „News"
   „H08_05.HTM"   Datei „Über mich"
   „H08_06.HTM"   Datei „Kontakt"

   Heben Sie den Schreibschutz der Dateien auf, so dass Sie Änderungen abspeichern können:
   Windows: Klick mit rechter Maustaste auf Dateinamen > *Eigenschaften > Dateiattribut „Schreibschutz" aufheben.*
   Mac: Datei anklicken > ⌘ + i > *„Geschützt" aufheben.*

2. Öffnen Sie die Datei „H08_01.HTM" im Texteditor. Ergänzen Sie ein vertikales Frameset mit folgenden Kennwerten:
   Linker Frame:

Breite:	120 Pixel
Quelldatei (src =…):	H08_02.HTM.htm
Name (name =…):	links

   Rechter Frame:

Breite:	* (variabel)
Quelldatei (src =…):	H08_03.HTM.htm
Name (name =…):	rechts

   Geben Sie auch ein `<noframes>`-Tag für Browser an, die nicht framefähig sind. Speichern Sie die Änderungen unter dem neuen Namen „index.htm" ab.

3. Öffnen Sie die Datei „index.htm" im Webbrowser. Das Frameset, bestehend aus zwei Frames, müsste nun sichtbar sein. Verändern Sie die Größe des Browserfensters und achten Sie auf die Scrollbalken.

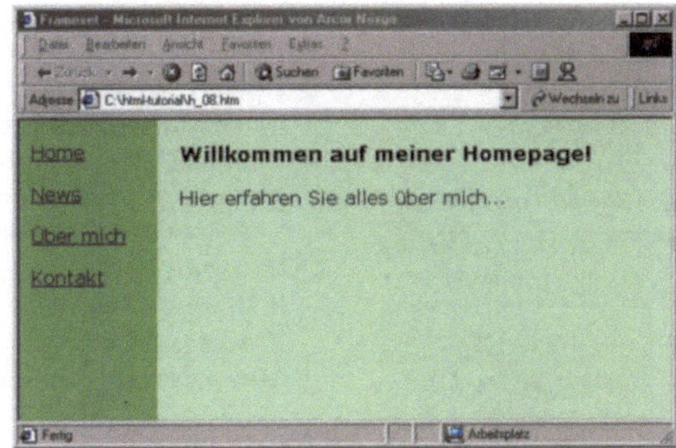

4. Ergänzen Sie im Texteditor folgende Frameset-Eigenschaften:
   Linker Frame:
   Feste Größe, Kein Scrollbalken, Randabstand horizontal: 10 Pixel, vertikal: 20 Pixel
   Rechter Frame:
   Scrollbalken, Randabstand horizontal: 20 Pixel, vertikal: 20 Pixel.
   Weiterhin soll zwischen den Frames keine Linie angezeigt werden.

5. Öffnen Sie die Datei „H08_02.HTM.htm" im Texteditor. Ergänzen Sie folgende Hyperlinks:

Klick auf…	*Link zu…*
Home	H08_03.HTM
News	H08_04.HTM
Über mich	H08_05.HTM
Kontakt	H08_06.HTM

   Beachten Sie, dass alle Links die Zielangabe `target="rechts"` enthalten. Speichern Sie die Änderungen und testen Sie die Links im Browser.

Projekte
Nonprint
  N 05 @ S. 166

Lernziel
- Sie nutzen CSS zur Gestaltung und Formatierung von Webseiten.

Aufgabe
- Verändern Sie das Screen-Design einer gegebenen HTML-Datei durch Einbinden einer externen CSS-Datei und mit lokalen CSS-Eigenschaften.

Übungsdateien auf DVD
> TUTORIAL > H_HTML > H09

Cascading Style Sheets (CSS)

Ziel der Entwicklung von HTML Ende der 80er Jahre war es, die textlichen Elemente einer Bildschirmseite (Überschriften, Absätze, Tabellen) zu beschreiben und damit übertragbar zu machen. Gestalterische Fragen standen im Hintergrund, zumal es zu dieser Zeit noch wenig grafische Benutzeroberflächen gab.

Heute hat die *gestalterische Umsetzung* von Webseiten wegen der rasanten Entwicklung des Internets eine zentrale Bedeutung erlangt. Ergänzend zu HTML wurde aus diesem Grund eine Formatierungssprache mit dem Namen „Cascading Style Sheets" geschaffen. Ziel des für die Weiterentwicklung von HTML verantwortlichen W3-Konsortiums (www.w3.org) ist, dass zukünftig mit

- HTML nur noch Seiteninhalte beschrieben werden und
- mit CSS die Gestaltung und Formatierung erfolgt.

Etliche HTML-Tags wie z.B. `<font face=…>`, `<p align=…>`, `<body bgcolor=…>`, `<td height=…>` sind als „deprecated" (to deprecate: missbilligen) eingestuft und sollten durch CSS-Elemente ersetzt werden!

CSS liegt derzeit in der Version 2.0 vor – Version 3.0 ist in Arbeit und wird demnächst erscheinen (Stand: 2003). Zur vollständigen Unterstützung von CSS 2.0 sind neuere Webbrowser (Internet Explorer 5.x bzw. Netscape 6) erforderlich. Wenn Sie ältere Browser einsetzen, wird unter Umständen das eine oder andere CSS-Element nicht funktionieren.

Hinweise zu diesem Tutorial

Die „Cascading Style Sheets" stellen ein mächtiges und umfangreiches Werkzeug zur Gestaltung und Formatierung von Webseiten dar. Im Rahmen dieses Tutorials sind auf den folgenden beiden Seiten die drei Möglichkeiten der CSS-Definition sowie etliche CSS-Eigenschaften zusammengefasst, um Ihnen eine kompakte Referenz mitzugeben.

Bitte beachten Sie, dass die nachfolgenden Seiten keinen Anspruch auf Vollständigkeit erheben. Es handelt sich hierbei lediglich um eine durch den Autor getroffene Auswahl. Für weitere Informationen sei einmal mehr auf Stefan Münz´ SelfHTML verwiesen (www.selfhtml.teamone.de).

CSS-Definition

Externe Definition in CSS-Datei

Werden die gewünschten CSS-Eigenschaften in einer externen Datei definiert, dann kann auf diese Datei von beliebig vielen HTML-Dateien aus zugegriffen werden. Auf diese Weise lässt sich das Design eines kompletten Internetauftritts sehr elegant realisieren.

Der Aufruf der CSS-Datei (im Beispiel: "layout.css") muss im *Dateikopf* erfolgen:

```
<link rel="stylesheet" type=
"text/css" href="layout.css">
```

Die CSS-Datei enthält alle gewünschten CSS-Eigenschaften (siehe Seite 502) in der allgemeinen Form:

```
element {eigenschaft1: wert1; eigen-
schaft2: wert2; …}
```

"element" bezeichnet das HTML-Tag *ohne* spitze Klammer, auf das die Eigenschaften in geschweifter Klammer angewendet werden. Beispiele:

```
body {background-color: #333333}
p {font-family: VERDANA; font-size: 12px}
td {width: 200px; border-style: none}
```

Zur Formatierung von Hyperlinks sind folgende so genannte „Pseudoformate" von Bedeutung:

```
a:link { … }        (Unbesuchter) Hyperlink
a:visited { … }     Besuchter Hyperlink
a:hover { … }       Hyperlink bei „Rollover"
a:active { … }      Aktiver Hyperlink
```

Zentrale Definition im Dateikopf

Die zentrale CSS-Definition im Dateikopf erfolgt mit Hilfe des `<style>`-Tags:

```
<style type="text/css">
<!-- … CSS-Eigenschaften … -->
</style>
```

Alle CSS-Eigenschaften wurden durch `<!-- -->` als Kommentar gekennzeichnet. Browser, die CSS nicht interpretieren können, ignorieren diesen Bereich. Die Definition der CSS-Eigenschaften erfolgt wie oben beschrieben.

Lokale Definition im HTML-Tag

Zur lokalen – und damit einmaligen – Anwendung von CSS-Eigenschaften können diese innerhalb eines HTML-Tags definiert werden:

```
<tag style="eigenschaft1: wert1; ei-
genschaft2: wert2; …"> … </tag>
```

CSS-Eigenschaften werden nur interpretiert, wenn das abschließende Tag vorhanden ist. Beispiele:

```
<h1 style="color:blue">Blauer
Text</h1>
<p style="font-family:ARIAL"> … </p>
```

In HTML sind zwei Tags speziell für den Einsatz von CSS definiert, die ansonsten keine Wirkung haben:

```
<span style= …>hier steht Text
</span>
<div style= …>… HTML-Tags …</div>
```

Beispiel:

```
<div style="color:blue">
<h3>Farbige Texte</h3>
<p>Dieser Text ist blau, aber hier
ist er <span style="color:red">rot
</span></p>
</div>
```

Kombination von CSS-Definitionen

Werden CSS-Definitionen kombiniert, dann gilt bei der Ausführung folgende Priorität: lokal vor zentral vor extern!

Lernziel
- Sie nutzen CSS zur Gestaltung und Formatierung von Webseiten.

Aufgabe
- Verändern Sie das Screen-Design einer gegebenen HTML-Datei durch Einbinden einer externen CSS-Datei und mit lokalen CSS-Eigenschaften.

Übungsdateien auf DVD
> TUTORIAL > H_HTML > H09

CSS-Eigenschaften

Schrift	Beispiele	Bedeutung
`font-family: …;`	Verdana, Arial	Schriftart
`font-style: …;`	normal, italic	Schriftstil
`font-weight: …;`	bold, bolder, lighter	Schriftschnitt
`font-stretch: …;`	wider, narrower	Laufweite
`font-size: …;`	12 pt, 14 px, 5 mm	Schriftgröße
`font: …,…,…;`	italic 12 pt Arial	Schrift allg.
`word-spacing: …;`	3 pt, 2 px, 2 mm	Wortabstand
`letter-spacing: …;`	2 pt, 1 px, 0.3 mm	Zeichenabstand
`text-decoration:…;`	none, underline	Auszeichnung
`color: …;`	#330066, blue	Textfarbe

Absatz	Beispiele	Bedeutung
`text-indent: …;`	10 pt, 15 px, 4 mm	Einzug 1.Zeile
`line-height: …;`	20 px, 120%, 15 pt	Zeilenabstand
`text-align: …;`	left, right, justify	Satzart
`vertical-align: …;`	top, middle, bottom	Ausrichtung

Rand/Innenabstand	Beispiele	Bedeutung
`margin-top: …;`	30 pt, 45 px, 40 mm	Oberer Rand
`margin-bottom: …;`	30 pt, 45 px, 40 mm	Unterer Rand
`margin-left: …;`	30 pt, 45 px, 40 mm	Linker Rand
`margin-right: …;`	30 pt, 45 px, 40 mm	Rechter Rand
`margin: …;`	30 pt, 45 px, 40 mm	Randabstand
`padding-top: …;`	10 pt, 20 px, 20 mm	Oberer Innenabstand
`padding-bottom: …;`	10 pt, 20 px, 20 mm	Unterer Innenabstand
`padding-left: …;`	10 pt, 20 px, 20 mm	Linker Innenabstand
`padding-right: …;`	10 pt, 20 px, 20 mm	Rechter Innenabstand
`padding: …;`	10 pt, 20 px, 20 mm	Innenabstand

Rahmen	Beispiele	Bedeutung
`border-width: …;`	2 pt, 3 px, 0.5 mm	Rahmenstärke
`border-style: …;`	none, dotted, solid	Rahmentyp
`border-color: …;`	#99CCFF, red	Rahmenfarbe
`border: …,…,…;`	1 px solid blue	Rahmen allg.

Hintergrund	Beispiele	Bedeutung
`background-color:…;`	#333333, yellow	Farbe
`background-image:…;`	url(backg.gif)	Bild (backg.gif)
`background-position:…;`	top, center, bottom	Bildposition

Positionierung	Beispiele	Bedeutung
`top: …;`	20 px, 30 pt, 50 mm	Pos. von oben
`bottom: …;`	20 px, 30 pt, 50 mm	Pos. von unten
`left: …;`	20 px, 30 pt, 50 mm	Pos. von links
`right: …;`	20 px, 30 pt, 50 mm	Pos. von rechts
`width: …;`	200 px, 80 mm	Breite
`height: …;`	200 px, 80 mm	Höhe
`float: …;`	left, right, none	Textumfluss

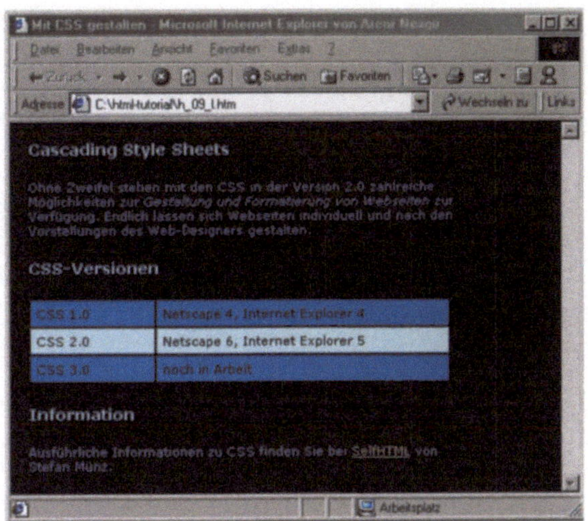

Mit CSS formatieren

1. Betrachten Sie die Datei „H09_01.HTM" im Webbrowser. Ziel ist die Formatierung der Seite wie rechts dargestellt mit Hilfe einer externen CSS-Datei.

2. Öffnen Sie die CSS-Datei „H09_01.CSS" im Texteditor und ergänzen Sie drei weitere Zeilen zur Formatierung des Hyperlinks:

```
a:link {color:#FFFF66}
a:visited {color:#FFFFFF}
a:hover {color:#FF6666}
```

Speichern Sie die geänderte CSS-Datei im Ordner „html-tutorial" unter dem neuen Namen „layout.css" auf Festplatte ab.

3. Öffnen Sie die Datei „H09_01.HTM" im Texteditor. Ergänzen Sie im Dateikopf folgende Zeile zur Einbindung der CSS-Datei:

```
<link rel="stylesheet" type=
"text/css" href="layout.css">
```

Speichern Sie die geänderte Datei im Ordner „html-tutorial" unter dem neuen Namen „css.htm" auf Festplatte ab.

4. Betrachten Sie die Datei „css.htm" im Webbrowser. Die CSS-Datei müsste nun eingebunden sein!

5. Öffnen Sie die Datei „css.htm" erneut im Texteditor und geben Sie folgende lokale CSS-Eigenschaften ein:

- Textauszeichnung kursiv im oberen Absatz:
```
<span  style="font-style:italic">
Gestaltung und Formatierung von Web-
seiten</span>
```
- Spaltenbreite 100 bzw. 250 Pixel (nicht mit Netscape 4.x):
```
<td style="width:100px">
<td style="width:250px">
```
- Andere Hintergrundfarbe in der 2. Tabellenzeile:
```
<td style="background-color:
#CCFFFF">
```

Speichern Sie Ihre Ergänzungen und testen Sie die Datei!

Projekte
–

Lernziel
- Sie setzen einen HTML-Editor zur
  Erstellung von Webseiten ein.

Aufgabe
- Installieren und testen Sie den
  auf DVD zur Verfügung gestellten HTML-Editor „Phase 5".

Übungsdatei
Beliebige HTML-Seiten

HTML- und Web-Editoren

Software zur Erstellung von Webseiten gibt es in Hülle und Fülle, wobei sich grob zwei Gruppen unterscheiden lassen:

Programme, die das Erstellen von Internetseiten in der so genannten WYSIWYG-Ansicht ermöglichen, erfordern keine oder wenig HTML-Kenntnisse, da alle benötigten Objekte einer Seite sich per Drag & Drop mit Hilfe der Maus platzieren lassen. Der HTML-Quellcode wird im Hintergrund automatisch erzeugt und kann nach Belieben editiert werden. Vertreter dieser eher als Web-Editoren zu bezeichnenden Software sind das in diesem Buch beschriebene Programm „Dreamweaver" von Macromedia oder Adobes „Golive".

Textbasierte HTML-Editoren sind hingegen zur direkten Eingabe des Quellcodes gedacht. Um diesen Code effektiv und zügig eingeben zu können, stellen diese Programme entsprechende Tools zur Verfügung. Letztere erleichtern auch das Testen und die Fehlersuche im Quellcode. HTML-Editoren gibt es in großer Zahl, neben kommerziellen Produkten wie zum Beispiel „Homesite" ist im Internet auch Share- und Freeware zu finden. Dieses Tutorial stellt eine Freeware vor, die professionelle Qualität besitzt. Es handelt sich um Ulli Meybohms HTML-Editor „Phase 5", der (leider nur) für Windows-PC zur Verfügung steht. Einen herzlichen Dank an den Autor, dass er sein Programm auf der DVD dieses Buches zur Verfügung stellt. Alternativ können Sie sich das Programm auch auf seiner Website www.meybohm.de herunterladen.

Für Mac-Nutzer ist das Angebot an HTML-Editoren nicht ganz so groß wie für Windows-PC. Dennoch werden Sie im Internet nach Eingabe der Stichworte „HTML-Editor" und „Macintosh" eine geeignete Software finden …

Installation von „Phase 5"

1. Legen Sie einen Ordner „HMTL-Editor" auf Ihrer Festplatte an.

2. Kopieren Sie das gezipte Programm aus dem Ordner „tryout/htmledit" in den eben erzeugten Ordner auf Ihre Festplatte.

3. Entpacken Sie Editor mit Hilfe eines Entpack-Programms wie „Winzip".

4. Starten Sie den Editor durch Doppelklick auf die Datei „htmledit.exe".

Benutzung von „Phase 5"

Die Benutzung von „Phase 5" bedarf keiner ausführlichen Erklärungen, da das Progamm nahezu selbsterklärend ist. Die Benutzeroberfläche gliedert sich in einen Dateimanager (links) und das eigentliche Editorfenster (rechts). Die Fensterbreite lässt sich mit Hilfe der Maus variieren.

Die für die Erstellung Ihrer Webseite benötigten Elemente finden Sie in übersichtlicher Registerkarten-Anordnung über den beiden Fenstern. Nach dem Anklicken einer Registerkarte – in der Abbildung unten ist es *Text* – werden alle Elemente eingeblendet, die zu dem jeweiligen Thema gehören.

Eine große Hilfe beim Erstellen von Webseiten ist die farbige Kennzeichnung im HTML-Code, da hierdurch fehlende oder fehlerhafte Tags sofort „ins Auge springen". Wie zu sehen ist, sind HTML-Tags blau, HTML-Attribute rot, Zahlen grün und Text schwarz gesetzt.

Zur Vorschau einer HTML-Datei kann per Mausklick zur Browseransicht gewechselt werden. Ein umständliches Öffnen der Datei im Webbrowser ist nicht notwendig.

HTML-Guru Stefan Münz empfiehlt „Phase 5" auf seiner Website SelfHTML: „Der HTML-Editor erweist sich in der täglichen Praxis als stabil laufendes, speicherfreundliches Programm." Und in der ihm eigenen ironischen Art stellt er fest: „Nach einer Weile werden Sie sich vielleicht fragen, weshalb so etwas Hervorragendes nichts kostet." Eine bessere Referenz könnte das Programm wohl kaum erhalten …

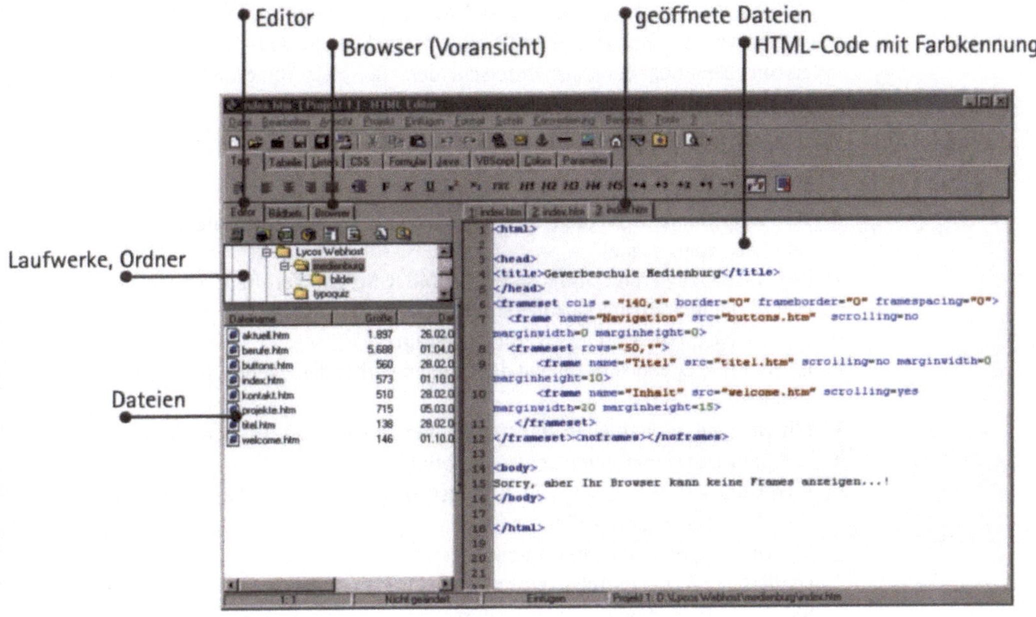

Projekte
Nonprint
N 05 @ S.166

Lernziel
- Sie stellen Ihr Web-Projekt ins Internet.

Aufgaben
- Informieren Sie sich über „Webhosting"-Angebote im Internet.
- Nutzen Sie eine FTP-Software zum Upload Ihrer Dateien auf einen Webserver.

„Live"-Bedingungen

Das Erstellen von Webseiten macht nur dann Sinn, wenn sie nach Fertigstellung auch „ins Internet gestellt" werden. Erst unter diesen „Live"-Bedingungen können Sie letztlich feststellen, ob Ihr Internetauftritt funktioniert. Was auf Ihrem Rechner (lokal) problemlos klappen mag, kann sich auf einem Webserver als fehlerhaft erweisen. Vor allem Dateinamen, Hyperlinks, Datenmengen und Ladezeiten stellen eine häufige Fehlerquelle dar, die lokal nicht unbedingt erkannt wird.

Zur Veröffentlichung müssen Sie sich – falls Sie nicht einen eigenen Webserver betreiben – einen Provider suchen, der ein entsprechendes „Webhosting" kostenlos oder kostenpflichtig anbietet. Eine kostenloses Webhost-Angebot beinhaltet natürlich gewisse Einschränkungen, zum Beispiel knapp bemessenen Speicherplatz oder die Einblendung von Werbebannern. Zum Testen von Seiten sind diese Einschränkungen aber akzeptabel. Empfehlenswert ist das kostenlose Angebot von Lycos (www.tripod.lycos.de) mit derzeit 50 MB Speicherplatz. Lycos bietet als einer der Wenigen auch die Möglichkeit, mit Datenbanken (MySQL), PHP und Perl zu arbeiten.

Wer sich für ein kostenpflichtiges Angebot entscheidet, sollte einen Preisvergleich vornehmen. Im Internet finden Sie zahlreiche Anbieter, die sich in Preis und Leistung durchaus unterscheiden. Beispiele für große Webhost-Anbieter sind 1&1 (www.puretec.com), Freenet (www.freenet.de), Strato (www.strato.de) und Schlund (www.schlund.de). Zur Entscheidung für einen Webhosting-Anbieter sollten Sie folgende Fragen klären:

- Wie viele Domains werden benötigt und welcher Art sollen die Domains sein (.de, .com, .name)?
- Wie viel Speicherplatz (Webspace) in MB wird zur Veröffentlichung der Website(s) gebraucht? Kalkulieren Sie eine großzügige Reserve ein.
- Wie viele E-Mail-Accounts werden benötigt?
- Ist ein FTP-Zugang zum Upload der Dateien vorhanden (siehe nächster Abschnitt)?
- Mit welchem monatlichen Transfervolumen in GB ist zu rechnen?
- Welche Zusatzfunktionen werden benötigt:
  PHP, Perl: Skriptsprachen, z.B. zur Auswertung von Formularen oder für den Zugriff auf eine Datenbank
  MySQL: Datenbankmanagementsystem
  Logfiles: z.B. zur Protokollierung der Benutzerzugriffe
  SSL: Technologie zur verschlüsselten und damit sicheren Übertragung sensibler Daten

FTP-Software

Wenn Sie sich für einen Webhost-Anbieter entschieden und sich bei diesem angemeldet haben und eine DFÜ-Verbindung eingerichtet haben, erfolgt im zweiten Schritt ein so genanntes Upload aller Dateien Ihres Web-Auftritts auf den Webserver. Der Transfer geschieht mit Hilfe des Internetdienstes FTP (File Transfer Protocol) und erfordert eine spezielle Software. Im Falle, dass Ihr Anbieter diesen Dienst auf seiner Website *nicht* zur Verfügung stellt, sind Sie auf eine separate FTP-Software angewiesen. Auch diese Programme stehen zahlreich im Internet zum Download zur Verfügung.

Als bewährter Klassiker einer FTP-Software sei hier auf „WS_FTP Pro" hingewiesen. Der Download einer 30 Tage gültigen Testversion kann unter www.ipswitch.com erfolgen. Das Programm besticht durch seine einfache Bedie-

nung. Nach Installation und Start des Programms erleichtert Ihnen ein Assistent die Einrichtung eines neuen Server-Profils (Button *Server-Profil erstellen*). Hierfür benötigen Sie drei Angaben, die Sie nach der Anmeldung von Ihrem Webhost-Anbieter erhalten:

- Servername (meistens mit ftp ... beginnend)
- Benutzername
- Kennwort

Nach der Einrichtung des Profils wird über den Button *Verbinden* die Verbindung zum FTP-Server hergestellt und der Upload Ihrer Daten kann beginnen. Die Software zeigt hierfür im linken Fenster den eigenen Rechner und im rechten Fenster den Webserver. Mittels grüner Pfeiltasten ist ein Kopieren der Dateien in die eine oder andere Richtung möglich.

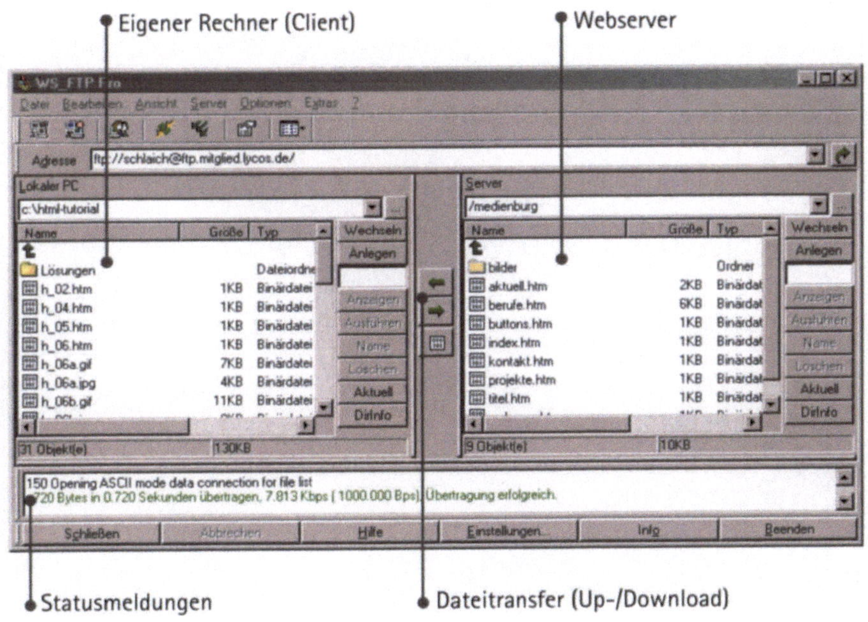

W

Lernziel

- Sie kennen die Struktur und die Funktionalität von Macromedia Dreamweaver.

Programmbeschreibung

Dreamweaver wird im Allgemeinen als HTML- oder Web-Editor bezeichnet. Er ist allerdings mehr als nur ein einfacher Editor zur Erstellung von Internetseiten. Die Arbeitsweise von Dreamweaver ist mit WYSIWYG-Layoutprogrammen vergleichbar. WYSIWYG steht für „What You See Is What You Get", d.h., Ihre Arbeitsumgebung zeigt die erstellte Seite in ihrer späteren Form. Da die Darstellung von Internetseiten aber von vielen Faktoren, wie z.B. der Browserversion, abhängt, gelingt dies nur annähernd.

Können Sie HTML?

Für die Arbeit mit Dreamweaver ist die Kenntnis von HTML nicht zwingend, aber nützlich. Sie können im geteilten Arbeitsfenster direkt den von Dreamweaver erstellten HTML-Code nachvollziehen bzw. modifizeren. Doch keine Angst, HTML-Grundkenntnisse reichen.

Programmeinstellungen

In den Programmeinstellungen werden grundlegende Voreinstellungen gemacht. Sie erhalten die Dialogfelder zur Einstellung über

- Menü *Bearbeiten > Voreinstellungen* ...

Vorschau im Browser

Zur Kontrolle ist die Vorschau im Browser notwendig. Mit Menü *Vorschau in Browser* oder der Taste F12 laden Sie die Dreamweaver-Datei direkt in den Browser zur Voransicht.

Sie können weitere Browserarten bzw. -versionen zur Vorschau definieren:

- Menü *Bearbeiten > Voreinstellungen* ...
- Menü *Vorschau in Browser > Browserliste bearbeiten* ...
- Durch Anklicken des Buttons in der Steuerleiste des Arbeitsfensters

Kategorie

Allgemein
Codeformat
Codeumschreibung
Codierungsfarben
CSS-Stile
Dateitypen / Editoren
Ebenen
Fenster
Layoutansicht
Markierung
Quick Tag Editor
Schriften / Kodierung
Site
Statusleiste
Unsichtbare Elemente
Vorschau in Browser

Arbeitsumgebung

Die Arbeitsumgebung ist in Dreamweaver frei konfigurierbar.

Die einzelnen Fenster können unter Menü *Fenster* oder im Launcher ein- bzw. ausgeblendet werden.

bare Elemente, Zeichen) auswählen. Diese können durch eigene Objekte ergänzt werden.

Eigenschafteninspektor

Der Eigenschafteninspektor ist kontextsensitv, d.h., er ändert abhängig vom aktiven Element seine Inhaltsstruktur.

Steuerleiste

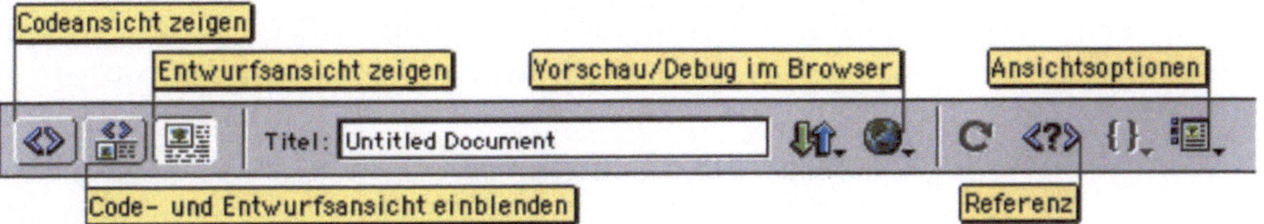

Objektepalette

In der Objektepalette finden Sie Objekte, die Sie per Drag & Drop auf die Arbeitsfläche ziehen können. Über das Popup-Menü lassen sich die einzelnen Objektegruppen (Allgemein, Formulare, Frames, Head, Spezial, unsicht-

Am Anfang einer Website steht immer die Planung, Konzeption und Gestaltung. Dreamweaver unterstützt dieses strukturierte Vorgehen durch die Funktion der Sitemap.

Stammordner und Site definieren

Im Stammordner werden alle Elemente einer zukünftigen Site gespeichert. Legen Sie deshalb für jede Site einen eigenen Stammordner an. Damit ist gewährleistet, dass beim späteren Upload alle relativen Links und Verknüpfungen erhalten bleiben.

1. Erstellen Sie auf dem Desktop einen neuen Ordner mit dem Namen „Tutorial".

2. Öffnen Sie den Dialog zur Sitedefinition mit Menü *Site > Neue Site ... > Lokale Infos.*

3. Geben Sie als Sitename „Tutorial_Site" ein.

4. Bestimmen Sie den Ordner „Tutorial" als lokalen Stammordner. Durch Anklicken des Ordnersymbols neben dem Eingabefeld können Sie den Pfad einfach festlegen.

index.html

Die meisten Webserver interpretieren den Dateinamen „index.html" als Startseite bzw. Homepage einer Website.

1. Öffnen Sie den Dialog zur Sitedefinition mit Menü *Site > Neue Site ... > Sitemap-Layout.*

2. Geben Sie als Name der Homepage „index.html" ein. Dreamweaver erstellt, wenn „index.html" noch nicht vorhanden ist, automatisch eine Datei dieses Namens. Sie kann anschließend bearbeitet werden.

Dateiname – Seitentitel

- Dateiname ist der Name, unter dem die Datei gespeichert wird. Dabei sind u.a. die Groß- und Kleinschreibung zu beachten.
- Seitentitel können frei vergeben werden und erscheinen beim User in der Titelleiste des Browserfensters.

Bei der Sitedefinition kann unter Sitemap-Layout festgelegt werden, ob in der Sitemap der Dateinamen oder der Seitentitel angezeigt wird.

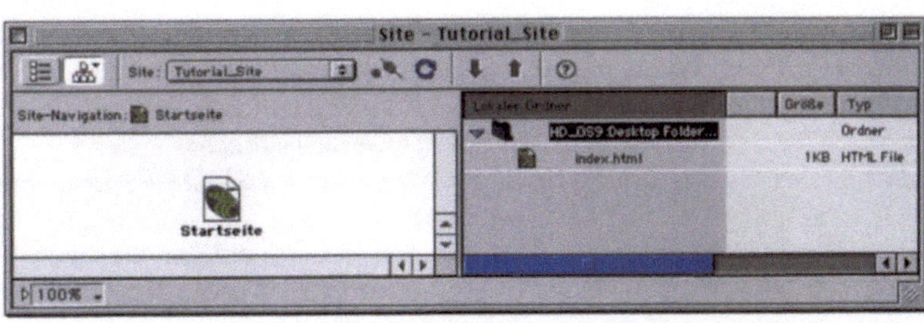
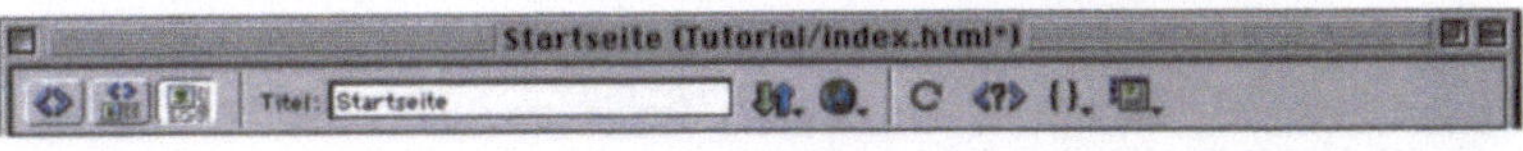

Neue Dateien und Ordner anlegen

Neue Dateien und Ordner können in der Site auf verschiedene Art und Weise erstellt werden:

- Menü *Datei > Neu* (Neue Datei)
- Menü *Site > Ansicht der Site-Dateien > Neue Datei*
- Menü *Site > Ansicht der Site-Dateien > Neuer Ordner*

Dateien verschieben

Wenn Sie eine Datei oder einen Ordner innerhalb einer lokalen Site verschieben oder umbenennen, kann Dreamweaver sämtliche Hyperlinks von und zu diesem Dokument aktualisieren.

- Menü *Bearbeiten > Voreinstellungen > Allgemein*

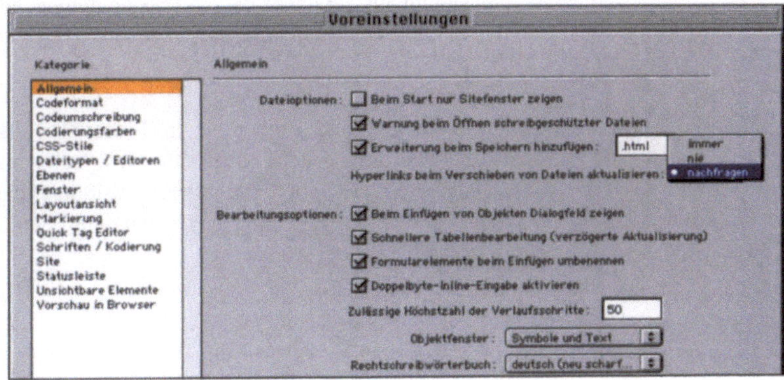

Neue Seite anlegen

Seite im Sitefenster erstellen und speichern

1. Öffnen Sie Ihre Site mit Menü *Site > Site öffnen*.

2. Erstellen Sie die neue Seite:
   Menü *Site > Ansicht der Site-Dateien > Neue Datei*

3. Geben Sie der Datei im Sitefenster einen Namen. Der Dateiname erscheint rechts im Fenstertitel neben dem Ordnernamen. Ein im Titelfeld eingegebener Seitentitel erscheint links.
   Wenn Sie unter Menü *Datei > Speichern* abspeichern, dann legt Dreamweaver eine neue Datei an.

Seite außerhalb der Site erstellen und in die Site speichern

1. Erstellen Sie die neue Seite:
   Menü *Datei > Neu*

2. Speichern Sie die Seite unter Menü *Datei > Speichern* im Siteordner. Der Dateiname erscheint rechts im Fenstertitel neben dem Ordnernamen. Ein im Titelfeld eingegebener Seitentitel erscheint links.

Lineale und Raster

Lineale

Die Lineale am linken und oberen Rand der Arbeitsfläche dienen als Orientierungshilfe beim Seitenlayout. Zusätzliche Hilfslinien können leider nicht erstellt werden. Zur Festlegung eines eigenen Nullpunkts wird der Linealursprung aus der linken oberen Ecke an den neuen Nullpunkt gezogen.

Die Linealeinstellungen erfolgen im Menü *Ansicht > Lineale*.

Raster

In Dreamweaver können Sie das Raster als Hilfsmittel zur exakten Layouterstellung verwenden. Dabei kann das Raster als visuelles Hilfsmittel dienen oder über die Option *Einrasten* als Positionierungshilfe.

Die Rastereinstellungen erfolgen unter Menü *Ansicht > Raster > Raster bearbeiten*.

Seiteneigenschaften festlegen

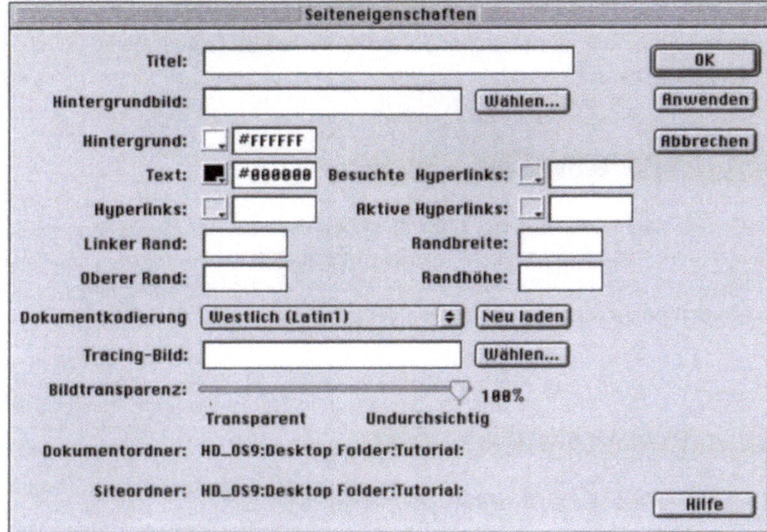

Im Dialogfeld *Seiteneigenschaften* werden die einzelnen Seitenoptionen festgelegt.

Menü *Modifizieren > Seiteneigenschaften ...*

Die hier eingestellten Eigenschaften beziehen sich jeweils nur auf die aktuelle Seite.

Titel
Eingabe des Seitentitels, analog zur Eingabe im Dokumentenfenster.

Hintergrundbild
Hier kann ein Hintergrundbild für die Seite festgelegt werden. Das Bild wird mit der Seite verknüpft.

Hintergrund
Definition der Hintergrundfarbe. Die Hintergrundfarbe wird vom Hintergrundbild überdeckt.

Text /Hyperlinks
Farbdefinition für Text und Textlinks. Defaultwerte sind die Einstellungen im Browser des Users.

Ränder
Definition der Seitenränder im <body>-Tag

- Microsoft IE: Linker Rand und Oberer Rand
- Netscape Navigator: Randbreite und Randhöhe

Dokumentkodierung
Legt den Zeichensatz fest, der im Dokument verwendet wird. Wählen Sie für Deutsch und andere westeuropäische Sprachen die Einstellung „Westlich (Latin1).

Tracing-Bild
Tracing-Bilder sind in einem Grafik- oder Bildverarbeitungsprogramm erstellte Screen-Designs. Sie werden als JPEG-, GIF- oder PNG-Bild im Hintergrund des Dokumentfensters platziert. Ein Tracing-Bild ist nur in Dreamweaver sichtbar. Es wird in einem Browser nicht angezeigt.

Bildtransparenz
Einstellung der Transparenz des Tracing-Bildes.

Dokumentordner
Zeigt den Pfad zum aktuellen Ordner der Seite.

Siteordner
Zeigt den Pfad zum lokalen Stammordner der Site.

Text eingeben

Text einzugeben ist in Dreamweaver genauso einfach wie in einem Textverarbeitungsprogramm: Sie beginnen an der Stelle der blinkenden Einfügemarke mit der Texteingabe.

Text importieren

Der Import von Texten aus anderen Programmen, nicht nur aus Word, ist in Dreamweaver mit Menü *Datei > Import > Word-HTML importieren …* möglich.

Sie sollten den Text vor dem Import als *.html oder *.htm abspeichern, da sonst die Formatierung beim Import verloren geht.

Text editieren

Sie können Text analog Ihrer Textverarbeitung editieren.

Text formatieren

Nach der Auswahl des zu bearbeitenden Textes erfolgt das Formatieren durch die Optionen in Menü *Text* oder im Eigenschaftsinspektor.

Die Stilformatierung ist nur im Textmenü möglich.

- Verwenden Sie nur einen definierten Schriftfont. Der Text wird sonst beim User nach der dort eingestellten Standardschrift formatiert.
  Empfehlung: Verdana, Arial, Helvetica, sans-serif
- Beachten Sie die variable Auflösung der Monitore und die damit verbundene unterschiedliche Größendarstellung der Schrift.
- Achten Sie auf einen günstigen optischen Kontrast zwischen Hintergrund und Schrift, um eine gute Lesbarkeit zu ermöglichen.

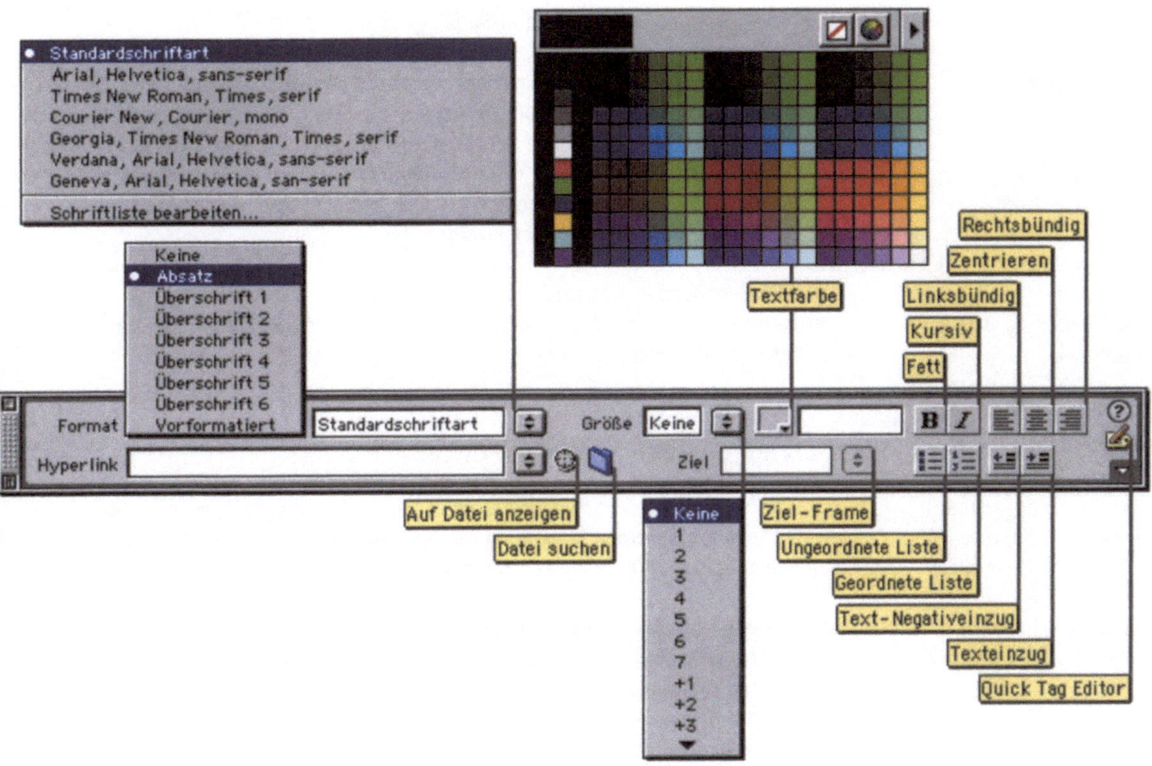

Rechtschreibprüfung

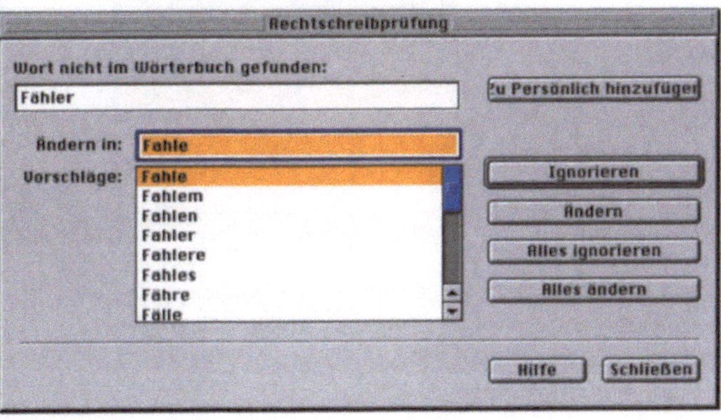

Dreamweaver besitzt eine integrierte Rechtschreibprüfung. Ihre Funktionalität entspricht der üblicher Textverarbeitungssoftware. Die Einstellungen erfolgen unter Menü *Text > Rechtschreibung prüfen*.

Lernziele
- Sie fügen Bilder in Seiten ein.
- Sie verknüpfen Bilder miteinander.

Aufgaben
- Fügen Sie das Bild W04_01.JPG in eine Webseite ein.
- Platzieren Sie das Thumbnail W04_02.JPG in einer Seite und verknüpfen Sie es mit dem Bild W04_01.JPG bzw. W04_03.JPG.
- Variieren Sie die verschiedenen Möglichkeiten der Darstellung des Originalbildes.

Übungsdateien auf DVD
> TUTORIAL > W_WEBEDI > W04

Grafiken und Bilder einfügen

Dreamweaver kann Pixelbilder mit den Dateiformaten GIF, JPEG und PNG in eine Datei einfügen. Vektorgrafiken können als Flash-Objekte eingebunden werden. Die Bilddateien werden nur mit der HTML-Datei verknüpft. Es ist deshalb sinnvoll, im Stammordner einen Unterordner „images" oder „bilder" anzulegen, in dem alle verknüpften Abbildungen abgelegt sind.

Das Einfügen der Abbildungen erfolgt mit

- Menü *Einfügen > Bild* oder
- Anklicken des Symbols *Bild einfügen* bzw. *Flash einfügen* in der Objektepalette (Allgemein).

Bilder verknüpfen

Dreamweaver bietet verschiedene Möglichkeiten, wie Bilder mit anderen Objekten verknüpft werden können. In diesem Tutorial lernen Sie exemplarisch an einem Beispiel drei Techniken kennen.

Verlinkung mit einem neuen Browserfenster
Durch Mausklick auf ein Thumbnailbild soll das Originalbild in einem neuen definierten Browserfenster geöffnet werden.

1. Fügen Sie das Thumbnailbild „W04_02.JPG" in die Seite ein.

2. Verlinken Sie das Thumbnail „W04_02.JPG" mit dem Bild „W04_01.JPG".

- Menü *Fenster > Verhalten > + > Browserfenster öffnen*
- Bild verknüpfen
- Fenstergröße festlegen, hier 356 Pixel × 356 Pixel
- Fensterelemente auswählen
- Fensternamen eingeben
- Mit OK bestätigen

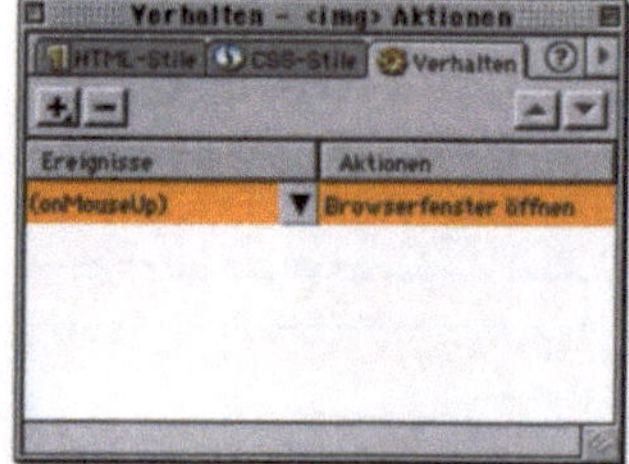

3. Ändern Sie den automatisch in den Seitencode eingefügten JavaScript-Befehl `onMouseOver` in `onMouseUp`. Das neue Browserfenster öffnet sich nun durch einen Mausklick auf das Thumbnailbild.

Die **Bildgröße** in Pixel wird
beim Einfügen automatisch
eingetragen.
   Diese Angabe beschleunigt
den Seitenaufbau im Browser.

Ausrichten von Bild
und Text auf einer Linie

Qu. (Quelldatei) des Bildes

Alt. (Alternativtext)
wird anstelle des Bildes
im Browser angezeigt

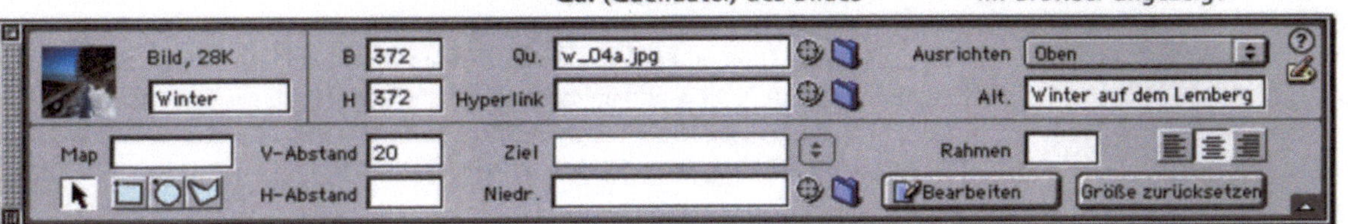

**Werkzeuge zur
Erzeugung
von Hot Spots
im Imagemap**

**Vertikaler und
Horizontaler Abstand**
des Bildes von der
linken oberen Fenster-
ecke

Niedr. (Niedrige Quelle) gibt
das Bild an, das vor dem Haupt-
bild (Qu.) geladen werden soll.

Bildrahmenbreite
in Pixel

Zentriert das
Bild vertikal
im Fenster

Das **Ziel** gibt den Frame oder das Fenster an,
wo die verlinkte Seite geladen werden soll.

_blank   neues Browserfenster
_parent übergeordnetes Frameset oder Fenster des Frames
_self   Frame oder dasselbe Fenster wie die Seite mit dem
           Hyperlink, **Standardziel**
_top   das ganze Browserfenster, alle Frames werden entfernt

Verlinkung ins gleiche Browserfenster
Die Verlinkung des Thumbnails mit dem Originalbild über
den Eigenschafteninspektor öffnet mit dem `_self`-Tag
(Ziel) das neue Bild im Browserfenster.

Bilder im Browserfenster austauschen
1. Fügen Sie das Thumbnailbild „W04_02.JPG" in die
   Seite ein.

2. Geben Sie dem Bild das Verhalten „Bild austauschen".

3. Wählen Sie bei *Quelle einstellen auf* die Bilddatei
   „W04_03.JPG".

4. Testen Sie die Datei im Browser und vergleichen Sie
   die Ab-messungen der beiden Bilddateien mit der
   Größe der Bild-schirmdarstellung im Browser.

Absolute Links

Absolute Links führen zu einer absoluten URL (Uniform Resource Locator), also einer vollständigen Internetadresse, z.B. „http://www.springer.de".

Relative Links

Relative Links führen zu URLs bzw. Dateien innerhalb einer Site, z.B. „index.html". Zur Verlinkung innerhalb der Site, d.h. innerhalb des Stammordners, genügt die Angabe der relativen URL. Die Angabe der absoluten URL ist nur bei der Verlinkung von außerhalb notwendig.

Anker

Anker sind Hyperlinks zu bestimmten Stellen innerhalb einer Seite.

1. Setzen Sie die Einfügemarke an der Stelle, an der der Anker gesetzt werden soll.

2. Fügen Sie den Anker ein:

   - Menü *Einfügen > Unsichtbare Tags > Benannter Ankerpunkt* oder
   - Objektepalette *Unsichtbare Elemente > Benannten Anker einfügen*

3. Geben Sie dem Anker einen Namen.
   Beim Verlinken muss vor den Namen ein # gesetzt werden. Anker in anderen Dateien werden mit „Dateiname.html#Ankername" verlinkt.

Textlinks

Das Erstellen von Textlinks ist in Dreamweaver sehr einfach. Die URL definieren Sie im Eigenschafteninspektor. Die Linkfarben legen Sie im Dialogfeld Seiteneigenschaften an.

1. Markieren Sie die zu verlinkende Textpassage.

W 03 @ S.516

2. Definieren Sie die Verlinkung im Eingabefeld „Hyperlink" des Eigenschafteninspektors durch

- direkte Eingabe über die Tastatur
  oder
- Durchsuchen und Aufbau des Pfads durch Anklicken des Ordnersymbols
  oder
- Ziehen der Verlinkung mit dem Kreissymbol auf die geöffnete Zieldatei.

Die Quelldatei und die Zieldatei müssen natürlich gesichert sein, da sonst kein Pfad aufgebaut werden kann.

3. Geben Sie das Ziel an.

Bildlinks

In Tutorial W 04 haben Sie gelernt, Bilddateien miteinander zu verknüpfen. Die Verlinkung einzelner Internetseiten über Bildlinks erfolgt grundsätzlich gleich. Sie geben, wie bei den Textlinks, die URL und das Ziel im Eigenschafteninspektor an.

W 04 @ S.518

Imagemap – Hot Spot

Eine Imagemap ist ein Bild, das in einen oder mehrere Bereiche, so genannte „Hot Spots", unterteilt ist. Wenn Sie auf einen Hot Spot klicken, wird eine Aktion ausgeführt.

Im Bildeigenschafteninspektor befinden sich die Werkzeuge zur Erstellung einer Imagemap. Die Einstellungen von Hyperlink und Ziel erfolgen im Imagemap-Eigenschafteninspektor.

1. Fügen Sie das Bild in die Seite ein.

2. Wählen Sie das Bild aus.

3. Erstellen Sie den Hot Spot.
   Die Wahl des Werkzeuges ist durch die gewünschte geometrische Form bestimmt.

4. Benennen Sie den Hot Spot und geben Sie den Hyperlink und das Ziel im Eigenschafteninspektor oder als Verhalten an.

5. Geben Sie bei *alt* den Text ein, der angezeigt werden soll, wenn die Maus im Browserfenster auf dem Hot Spot steht.

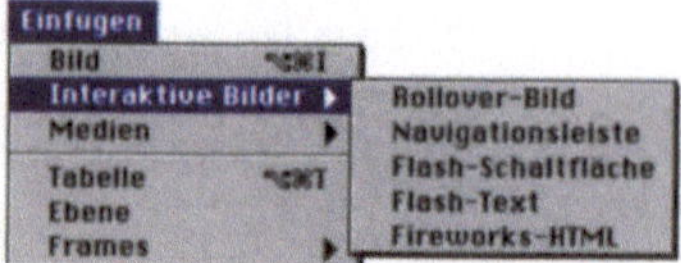

Dreamweaver bietet unter Menü *Einfügen > Interaktive Bilder* eine einfache Möglichkeit, attraktive Navigationselemente zu erstellen.

Rollover-Bild

Rollover sind Flächen, die ihr Erscheinungsbild verändern, wenn der Cursor
darüber bewegt wird. Sie können dies als optischen Effekt nutzen oder als
Schaltfläche mit Verlinkung. Ohne Link muss bei URL ein # als so genannter
leerer Link gesetzt werden.

Die Einstellungen können später im Eigenschafteninspektor modifiziert
werden.

Navigationsleiste

Die Navigationsleiste beinhaltet eine Reihe von Bildern. Die Bilder wechseln
abhängig von der Useraktivität. Navigationsleistenelemente können vier Zustände annehmen. Deshalb müssen Sie vor dem Einfügen der Navigationsleiste für jedes Navigationselement und für jeden Status jeweils ein Bild erstellen.
Sie können sich auch auf „mouseUp" und „mouseDown" beschränken.

Eine einmal erstellte Navigationsleiste können Sie auf andere Seiten kopieren und dort modifizieren.

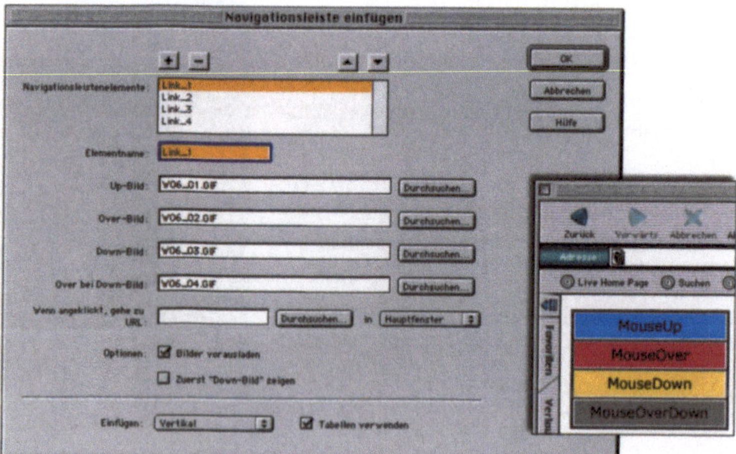

Flash-Schaltfläche

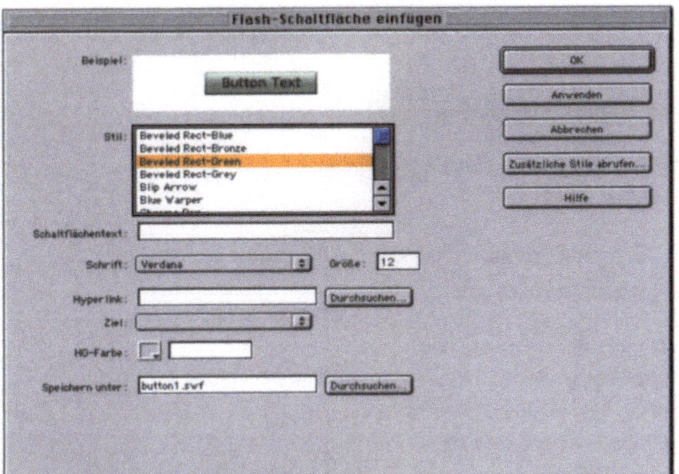

Dreamweaver bietet eine große Auswahl an vorgegebenen Flash-Buttons. Die Auswahl und Definition erfolgt im Dialogfeld.

Sie können den Button nach dem Einfügen im Eigenschafteninspektor modifizieren.

Flash-Text

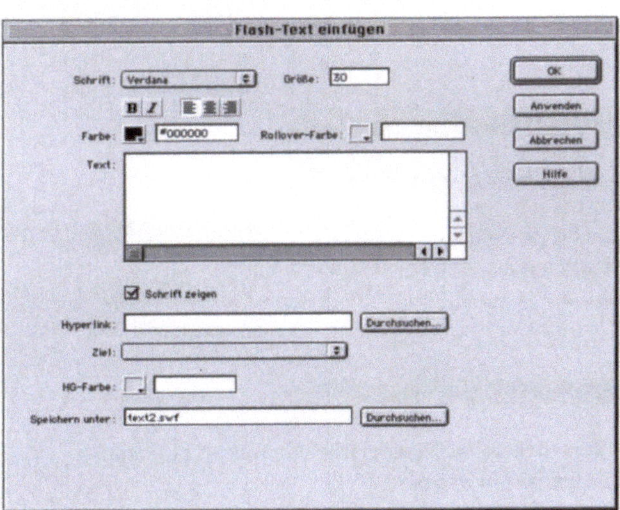

Mit dem Flash-Textobjekt erstellen Sie Flash-Filme, die nur aus Text bestehen. Durch die Speicherung als Vektorgrafik ist die bei der Erstellung gewählte Schrift vom Zielrechner unabhängig darstellbar.

Die Einstellungen und die Texteingabe erfolgen bei der Erstellung des Objekts im Dialogfeld. Die anschließende Modifizierung ist im Eigenschafteninspektor möglich.

Mit einem Doppelklick auf das Flash-Textobjekt im Arbeitsfenster öffnen Sie das ursprüngliche Dialogfeld, um beispielsweise Textänderungen vorzunehmen.

Projekte
Nonprint
  N 02 @ S.136

Lernziele
- Sie kennen die Aufgabe und Funktion von Tabellen für ein konsistentes Layout einer HTML-Seite
- Sie erstellen auf Ihrer Seite Tabellen und fügen Objekte ein.
- Sie modifizieren Tabellen nach Ihren Layoutvorgaben.

Aufgaben
- Modifizieren Sie die Übung W 03.
- Optimieren Sie das Layout hinsichtlich Lesbarkeit und Übersichtlichkeit.

Übungsdateien auf DVD
> TUTORIAL > W_WEBEDI > W07

Tabellen waren die erste Möglichkeit, das Seitenlayout verbindlich zu gestalten. Sie sind bis heute das verbreitetste Layoutwerkzeug, da Tabellen grundsätzlich von allen Browsern korrekt dargestellt werden können.

Tabellen erstellen

1. • Objektepalette (Allgemein) > *Tabelle einfügen*
   • Menü *Einfügen > Tabelle*

2. Definieren Sie die Tabelle im Dialogfeld. Die Modifizierung der Tabelle ist später jederzeit noch möglich.

   - Zeilen: Anzahl der Zeilen in der Tabelle
   - Zellauffüllung: Abstand zwischen Zelleninhalt und Zellenrand
   - Spalten: Anzahl der Spalten Ihrer Tabelle
   - Zellenabstand: Abstand der Zellen
   - Breite
     - Prozent: Gibt an, wie viel Prozent des aktuellen Browserfensters die Tabelle einnimmt.
     - Pixel: absolutes Maß in Pixel. Die visuelle Größe variiert je nach eingestellter Monitorauflösung.
   - Rahmen: Rahmenstärke der Zellen, kein Rahmen: 0

In die Tabelle einfügen

1. Klicken Sie in die zu bearbeitende Zelle.

2. Fügen Sie das Objekt in die Zelle ein.
   Die Zellengröße passt sich automatisch an die Größe des eingefügten Inhalts an.

W 03 @ S.516

W 04 @ S.518

Tabelle markieren

Die Auswahl erfolgt mit dem Pfeilcursor. Dieser erscheint automatisch, wenn Sie den Cursor an den Tabellenrand bewegen.

- Zeile: Klicken Sie auf den linken Zeilenrand.
- Spalte: Klicken Sie auf den oberen Spaltenrand.
- Tabelle: Klicken Sie eine Tabellenecke an.

Tabelleneigenschaften modifizieren

Die Modifikation der Tabelle erfolgt, wie in Dreamweaver üblich, im Eigenschafteninspektor. Dieser ändert sich kontextsensitiv, d.h. abhängig von Ihrer Auswahl. Die einzelnen Eigenschaften sind meist selbsterklärend.

Eine der wichtigsten Optionen für ein konsistentes Layout ist die Einstellung „Kein Umbruch" im Eigenschafteninspektor. Die Tabellenzelle bleibt dadurch, unabhängig von der Browserfenstergröße, immer in der definierten Größe. Der Zelleninhalt wird nicht umbrochen.

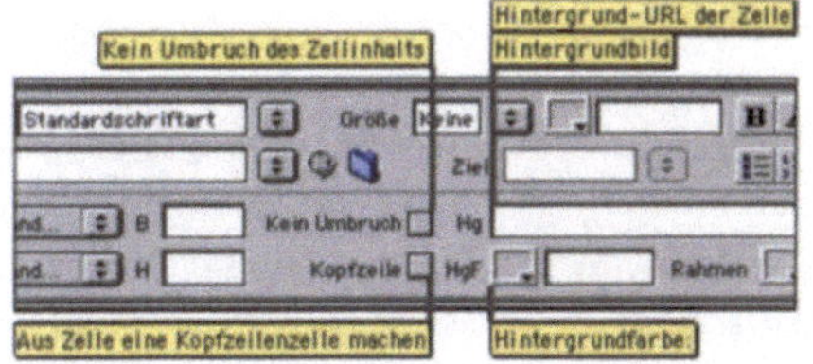

Verbinden, teilen, einfügen und löschen

Spalten und Zellen können in einer bestehenden Tabelle verbunden, geteilt, hinzugefügt oder gelöscht werden. Die entsprechenden Dialogfelder erhalten Sie, nach der Auswahl der zu bearbeitenden Tabellenbereiche, über Menü *Modifizieren > Tabelle*.

Schalten Sie die Option „Schnellere Tabellenbearbeitung (Verzögerte Aktualisierung)" unter Menü *Bearbeiten > Voreinstellungen > Allgemein* aus! Nur so sehen Sie die Tabelle in der Form, wie sie als aktuelle Version auch auf Ihrem Bildschirm erscheint.

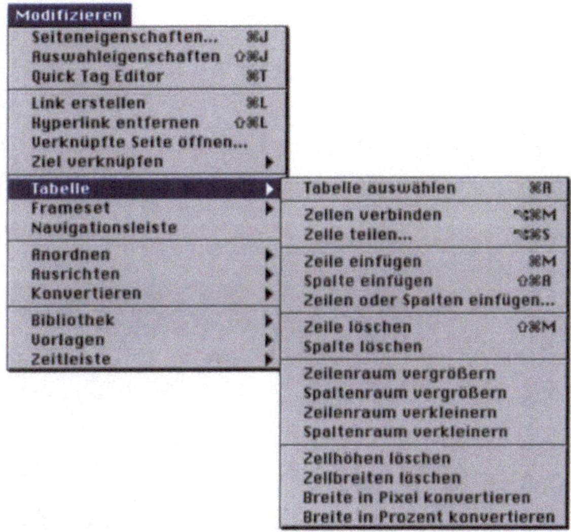

Tabellen verschachteln

Sie können in jede Tabellenzelle eine Tabelle einfügen. Eine verschachtelte Tabelle wird wie jede andere Tabelle konfiguriert. Ihre Größe ist durch die sie beinhaltende Zelle begrenzt.

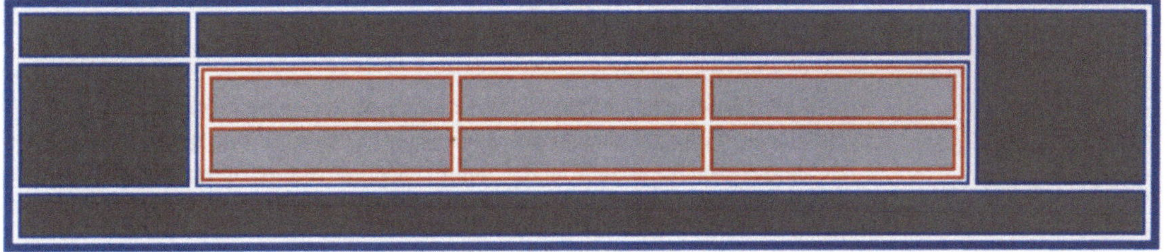

blind.gif

Eine leere Zelle verhält sich in allen Browsern unberechenbar. Um Kontrolle über das Seitenlayout zu behalten, müssen Sie deshalb eine vermeintlich leere Zelle mit unsichtbarem Inhalt füllen. Dies geschieht üblicherweise durch ein so genanntes „blind.gif", ein 1 × 1 Pixel großes transparentes GIF-Bild.

Die Formatierung der mit dem „blind.gif" gefüllten Zelle erfolgt im Eigenschafteninspektor, z.B. durch die Veränderung des horizontalen und des vertikalen Abstands.

Layouttabellen

Layoutabellen bieten die Möglichkeit, viel freier und intuitiver als mit konventionellen Tabellen zu arbeiten. Sie müssen dazu nur die Ansicht in der Objektepalette auf Layout umstellen.

Beim ersten Arbeiten mit dem Layoutmodus bietet Dreamweaver eine kleine Einführung:

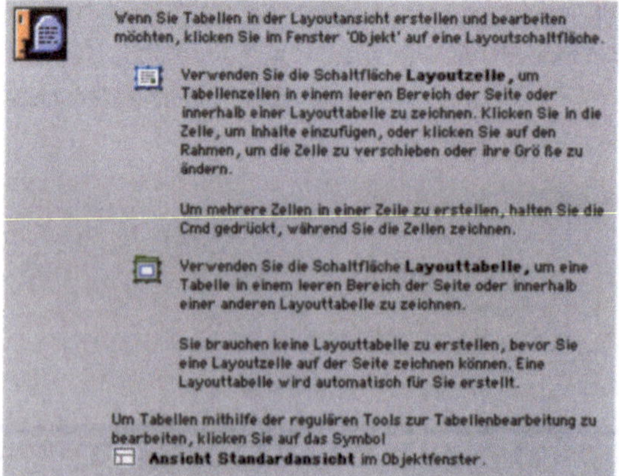

Die Grundeinstellungen erfolgen im Menü *Bearbeiten > Voreinstellungen ... > Layoutansicht*. Dort wird auch der Pfad zur Datei „blind.gif" angegeben. Sollten Sie noch keines erstellt haben, dann erzeugt Dreamweaver automatisch ein Platzhalterbild, wenn Sie die Tabellenbreite auf automatisch gestreckt stellen.

Mit Layoutzellen arbeiten

Wenn Sie eine Layoutzelle zeichnen, dann erzeugt Dreamweaver automatisch eine Layouttabelle.

Die ausgewählte Layoutzelle kann an den Anfassern in ihrer Größe beliebig verändert werden.

Für verschachtelte Tabellen gelten die gleichen Regeln wie für einzelne Zellen.

Layouttabellen in Tabellen konvertieren

Durch einfaches Umschalten in der Objektepalette von der Layoutansicht in die Standardansicht werden Layouttabellen in Standardtabellen konvertiert. Sie können dort modifiziert werden. Ein erneutes Umschalten der Ansicht wandelt die Tabellen wieder in Layouttabellen.

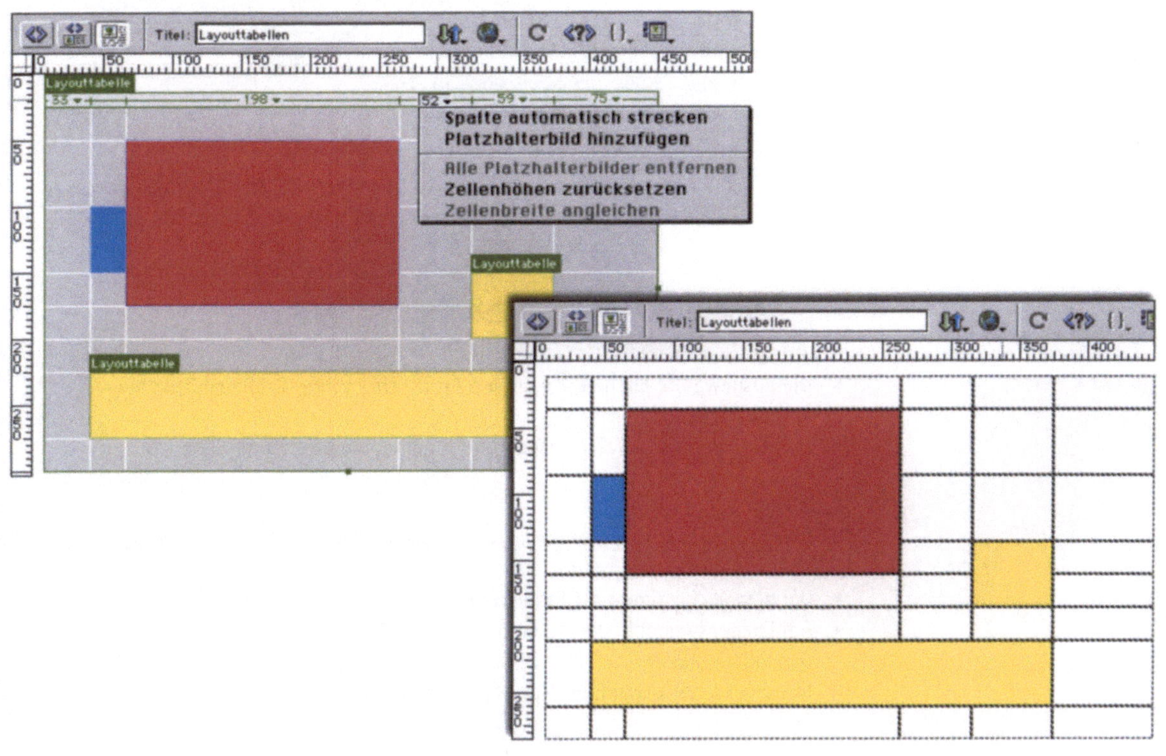

W

Mit Ebenen positionieren Sie ab den Browserversionen 4.x Objekte und Texte pixelgenau auf einer Seite. Ebenen werden neben der Positionierung mit xy-Koordinaten auch mit der z-Koordinate gestapelt, d.h., es ist möglich, dass sich Ebenen überlappen.

Ebenen können mit Verhalten versehen und über die Zeitleiste animiert werden.

Ebenen erstellen

1. • Objektepalette (Allgemein) > *Ebene einfügen*
   Wählen Sie das Ebenensymbol aus und zeichnen Sie die Ebene auf Ihrer Seite.
   oder
   • Menü *Einfügen* > *Ebene*

2. Definieren Sie die Ebene im Eigenschafteninspektor. Als Standardeinstellung für das Tag wählen Sie „DIV", die Sichtbarkeit stellen Sie auf „default". Die Modifizierung der Ebene ist später jederzeit noch möglich.

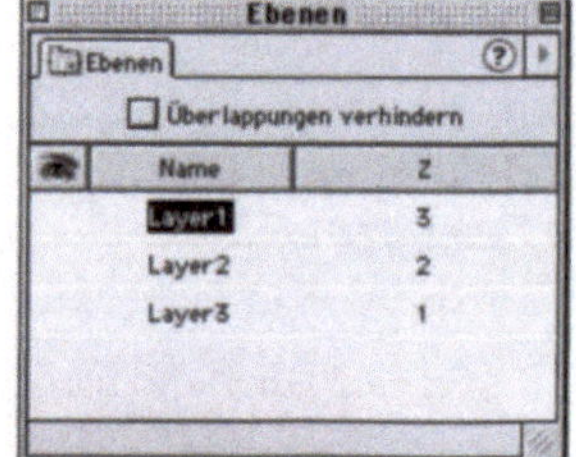

3. Verwalten Sie Ihre Ebenen im Ebeneninspektor.

Ebenen modifizieren

Größe
- Die ausgewählte Ebene kann an den Anfassern in ihrer Größe beliebig verändert werden.
- *B* und *H* im Eigenschafteninspektor definieren die Breite und Höhe.

Position
- *L* und *O* im Eigenschafteninspektor definieren den linken und den oberen Abstand vom Fensterrand.
- Der *z-Index* bestimmt die Stapelreihenfolge.
- Am Ebenensymbol in der linken oberen Ecke fassen Sie die Ebene zur Positionsänderung.
- Mit den Cursortasten ist ein pixelgenaue Bewegung möglich.

Ebenen in Tabellen konvertieren

Ebenen können, z.B. zur Erhaltung der Kompatibilität mit den 3.x-Browsern, in Tabellen konvertiert werden.

Überlappende Ebenen werden von Dreamweaver nicht konvertiert. Die Modifikation einer Seite mit gestapelten Ebenen ist nur mit sehr viel Aufwand möglich. Dies muss schon in der Entwurfsphase berücksichtigt werden. Unbeabsichtigte Überlappungen bei der Erstellung verhindern Sie u.a. mit Menü *Modifizieren > Anordnen > Ebenenüberlappungen verhindern.*

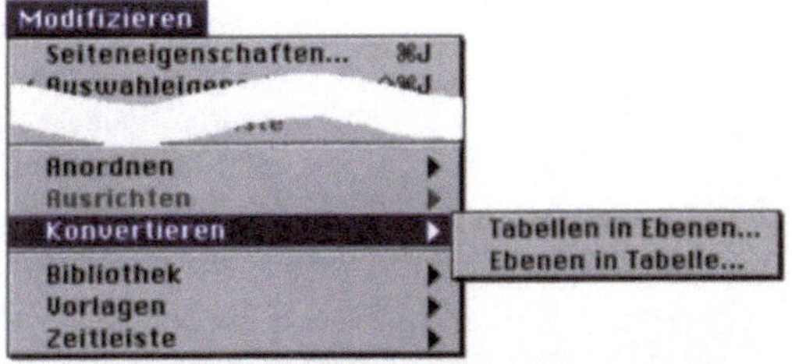

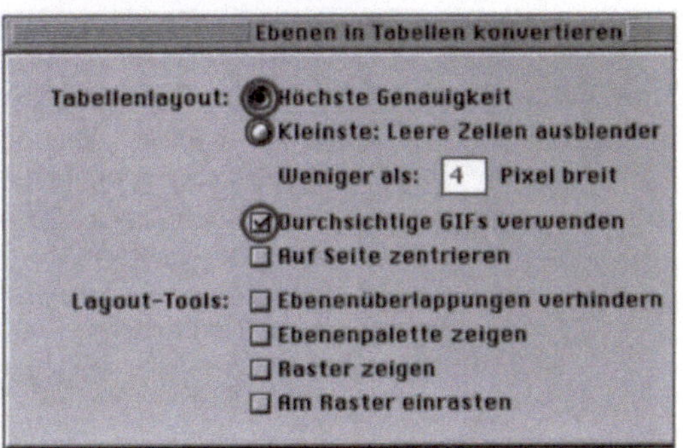

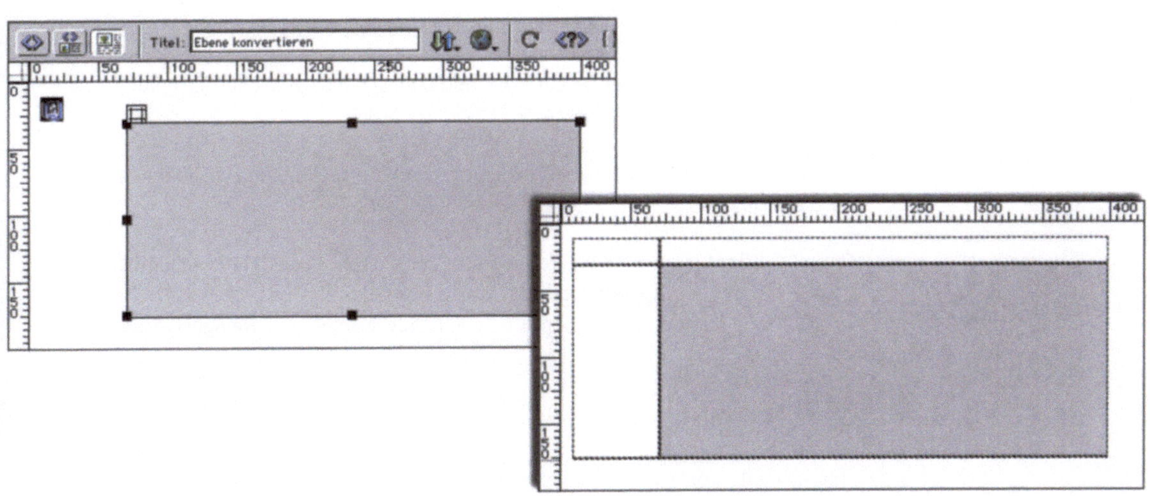

Eine Webseite in Frames zu unterteilen ist seit Netscape 2.0 eine weit verbreitete Technik, das Layout von Webseiten zu strukturieren. Der Vorteil eines so genannten Framesets ist die Möglichkeit, das Browserfenster in mehrere Bereiche (Frames) zu unterteilen und in diese, unabhängig voneinander, Dateien zu laden.

Der Hauptvorteil des Framesets liegt darin, dass die Webseite aus mehreren Dokumenten zusammengesetzt ist. So sind Navigation und Content immer parallel sichtbar. Wenn z.B. in der Navigationsstruktur ein Punkt verändert werden soll, dann reicht die Modifikation der Navigationsdatei.

Der Nachteil von Framsets liegt vor allem in der mangelhaften Unterstützung durch Suchmaschinen. Meist wird nur die Hauptseite des Inhaltsframes indiziert. Beim Laden des Links aus der Suchmaschine wird also nicht das Frameset geladen, sondern nur die Datei des Hauptfensters. Die Navigation fehlt, da die Navigation im Frameset über eine separate Datei im Navigationsframe realisiert wird.

Frameset erstellen

Erstellen Sie ein Frameset immer in einem leeren Dokument.

1. Teilen Sie das Fenster in Frames mit einer der folgenden Techniken:

   - Wählen Sie aus der Objektepalette (Frames) die gewünschte Aufteilung.
   - Menü *Einfügen > Frames*

2. Definieren Sie das Frameset im Eigenschafteninspektor und im Frameinspektor.

   - Größe: Sie können die Framegröße auch direkt durch Verschieben der Trennlinie mit gedrückter Maustaste verändern.
   - Framenamen: Verwenden Sie sprechende Namen wie Navigation und Inhalt.
   - Rahmen
   - Scrollbalken

Sie können ausgewählte Frames weiter unterteilen. Die Verschachtelung von Frames sollte aber sehr zurückhaltend erfolgen. Die Strukturierung des Layouts erfolgt besser über Tabellen und Ebenen.

Frame und Frameset speichern

Ein Frameset besteht aus dem Frameset und seinen Frames. Dementsprechend müssen auch alle Frames und das Frameset gespeichert werden.

Die zu speichernden Frames müssen im Arbeitsfenster ausgewählt sein.

Inhalte einfügen – Targets definieren

Um die Frames mit Inhalt zu füllen, müssen immer das Zieldokument und das Zielfenster (Target) definiert sein. Sonst führt der Link im Navigationsfenster nicht dazu, dass die neue Inhaltsdatei im Fenster „Inhalt" geladen wird, sondern im Navigationsfenster.

1. Wählen Sie das Zielframe im Frameinspektor aus.

2. Geben Sie im Eigenschafteninspektor die Datei an, die angezeigt werden soll.

3. Wiederholen Sie die Schritte, bis alle Frames mit Inhalten gefüllt sind.

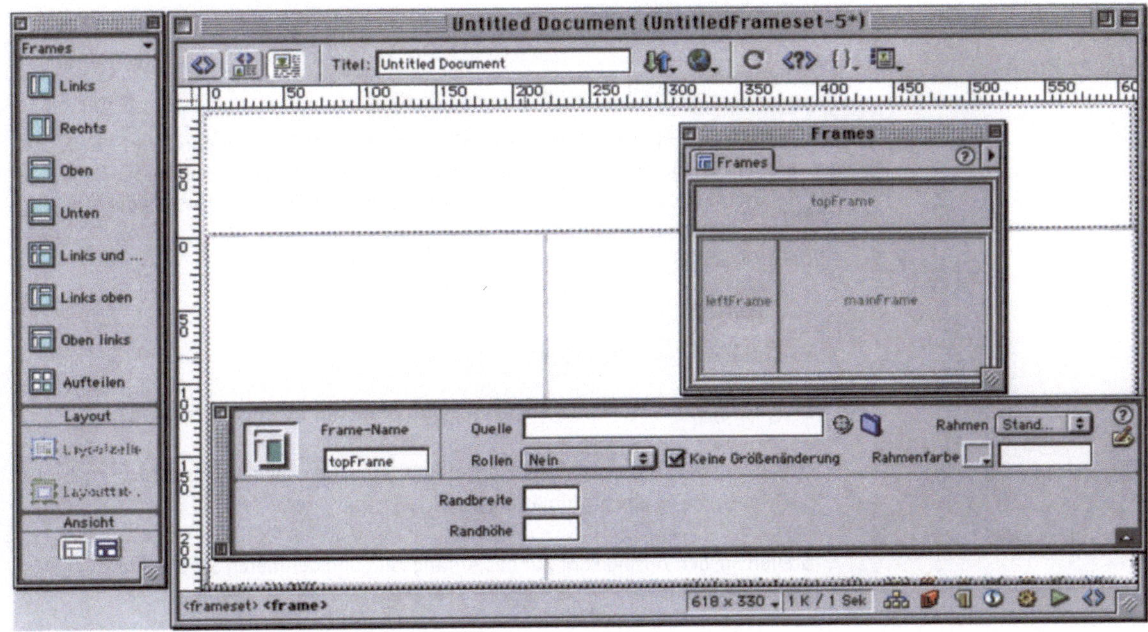

Zeitleisten ermöglichen die Animation von Ebenen mit deren Objekten ohne ein Browse-Plugin. Der Aufbau und die Funktionalität der Zeitleiste ist analog zu den anderen Macromedia-Programmen Director und Flash.

Animierbare Attribute

Ebenenattribute
- X- und Y-Ausrichtung
- Z-Index
- Breite und Höhe
- Sichtbarkeit
- Bildaustausch

Verhaltensweisen

Im Verhaltensweisenkanal können Sie den einzelnen Schlüsselbildern Verhaltensweisen zuordnen.

Schlüsselbilder

Schlüsselbilder sind speziell definierte Bilder in der Zeitleiste, die durch Definition ihrer Eigenschaften und Verhaltensweisen die Animation beeinflussen. Das Anfangs- und Endbild ist immer ein Schlüsselbild. Weitere Schlüsselbilder definieren Sie an der Position des Abspielkopfes über Menü *Modifizieren > Zeitleiste > Schlüsselbild hinzufügen*.

Animation erstellen

1. Erstellen und benennen Sie die Ebene mit Inhalt, die Sie animieren wollen.

2. Öffnen Sie den Zeitleisteninspektor und ziehen Sie die Ebene mit gedrückter Maustaste in einen Animationskanal.

3. Stellen Sie den Abspielkopf auf das Anfangsbild und definieren Sie die Bildeigenschaften.

4. Stellen Sie nun den Abspielkopf auf das Endbild und definieren Sie auch dessen Bildeigenschaften.

Bewegung animieren

Lineare Bewegung

1. Wählen Sie in der Zeitleiste das Endbild aus.

2. Ziehen Sie die Ebene an ihre neue Position. Dreamweaver berechnet den linearen Pfad und die dazugehörigen Zwischenbilder automatisch.

Nichtlineare Bewegung

1. Definieren Sie die Anfangs- und Startposition der Ebene.

2. Setzen und definieren Sie die Schlüsselbilder.

Andere Möglichkeit:

1. Wählen Sie Menü *Modifizieren > Zeitleiste > Pfad der Ebene aufzeichnen* und verschieben Sie die Ebene nach Ihren Vorstellungen. Dreamweaver erstellt automatisch einen Bewegungspfad mit den notwendigen Schlüsselbildern.

Dauer der Animation steuern

Sie können die Dauer einer Animation durch einfaches Verlängern oder Verkürzen der Animationsleiste einer Ebene in der Zeitleiste durch Ziehen mit der Maus verändern. Eine zweite Möglichkeit ist die Veränderung der Framerate bzw. Bildrate (Standard ist 15 Bps).

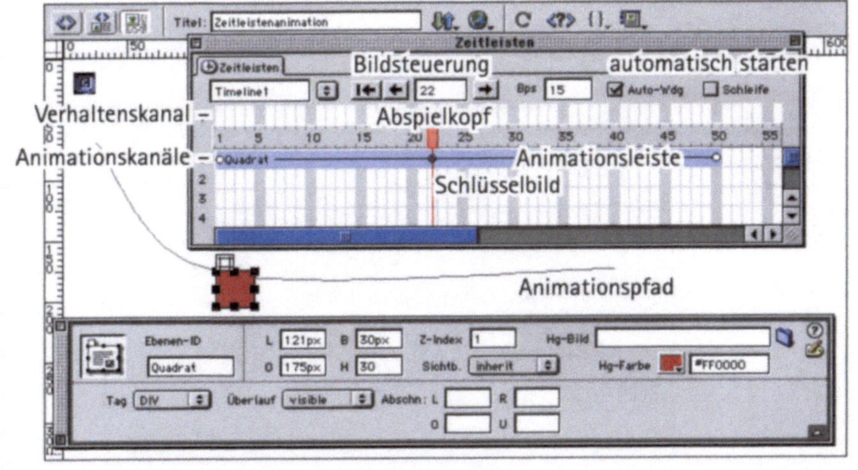

Die Modifizierung der Animation erfolgt im:

- *Zeitleisteninspektor*
- *Eigenschafteninspektor der Ebene*
- *Verhaltensinspektor (nicht abgebildet)*

W 1

Ähnlich wie die Stilvorlagen in einem Textverarbeitungs- oder Layoutprogramm ist es auch in Dreamweaver möglich, Stile zu definieren.

In einer Datei geschieht dies über die HTML-Stile mit Menü *Text > HTML-Stile.*

Die zweite, komplexere Variante, die Definition so genannter CSS, Cascading Style Sheets, hat gegenüber einem HTML-Stil den Vorteil, dass durch die Verknüpfung mit mehreren Dokumenten bei einer Aktualisierung oder Änderung eines CSS-Stils die Formatierung sämtlicher Dokumente, die auf diesem Stylesheet basieren, ebenfalls automatisch aktualisiert wird.

CSS-Stile definieren und bearbeiten

CSS-Stile können Sie entweder über Menü *Text > CSS-Stile* oder im CSS-Inspektor neu erstellen bzw. bearbeiten.

Im Fenster „Stildefinition" legen Sie die Eigenschaften fest. Selbstverständlich können die Einstellungen zu jeder Zeit modifizert werden.

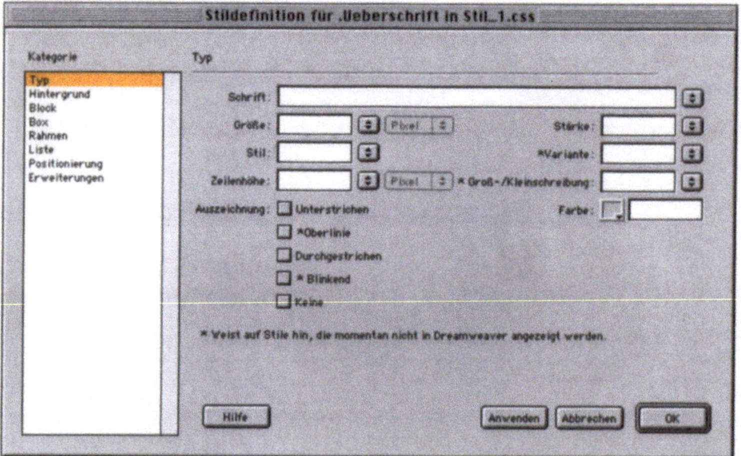

CSS-Stile verknüpfen oder importieren

Verknüpfte CSS-Stile

Sie können CSS als eigene Datei in den Stammordner Ihrer Site abspeichern. Damit besteht die Möglichkeit, ihn mit mehreren HTML-Dateien zu verknüpfen und somit die Formatierung generell anzuwenden.

Importierte CSS-Stile

Diese CSS sind direkt im „head" einer HTML-Datei gespeichert. Ein Vorteil dieser Form liegt darin, dass das CSS direkt verbunden ist und somit kein Pfad verloren gehen kann. Nachteilig wirkt sich die Beschränkung auf eine Datei aus.

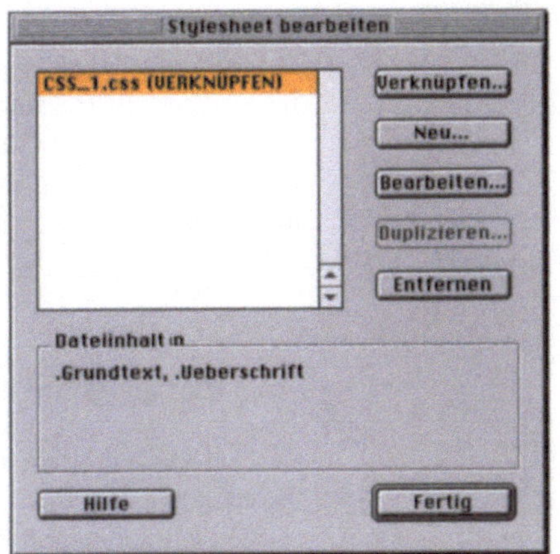

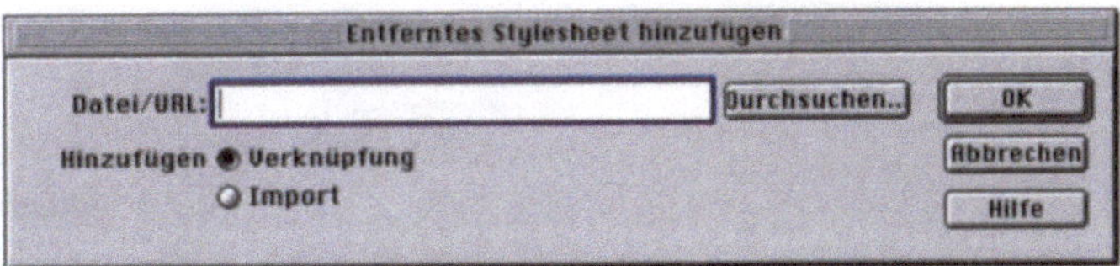

CSS-Stile anwenden

1. Wählen Sie den zu formatierenden Bereich aus.

2. • Klicken Sie im Fenster „CSS-Stile" den gewünschten Stil an
   oder
   • Menü *Text > CSS-Stile*.

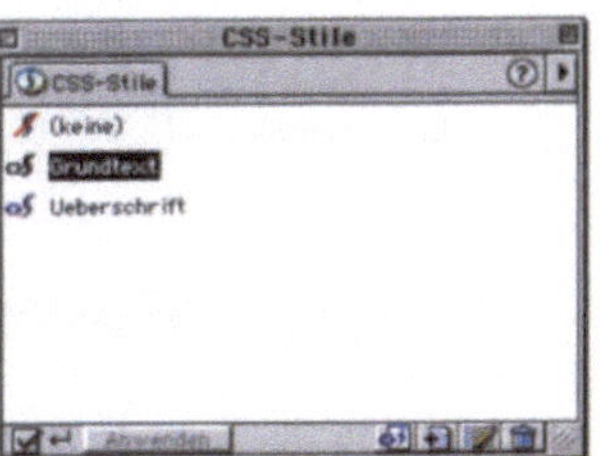

CSS-Stile zurücknehmen

1. Wählen Sie den zu formatierenden Bereich aus.

2. • Klicken Sie im Fenster „CSS-Stile" auf „keine"
   oder
   • Menü *Text > CSS-Stile > Keine*.

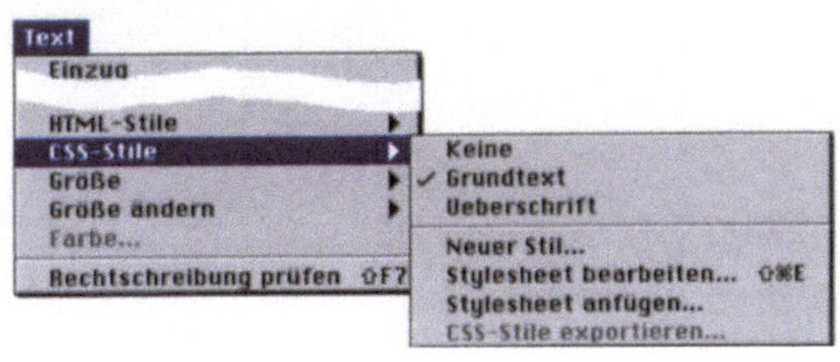

Dreamweaver-Templates bzw. -Vorlagen sind Musterseiten mit bearbeitbaren und gesperrten Bereichen. Die Arbeit mit Vorlagen bietet mehrere Vorteile. Beim Öffnen einer neuen Seite sind die unveränderlichen Elemente schon vorhanden. Die Grundstruktur Ihrer Seiten bleibt erhalten, da die gesperrten Bereiche immer gleich bleiben. Bei der Bearbeitung der Vorlage werden alle Änderungen sofort auf die von der Vorlage aus erstellten und mit ihr verknüpften Seiten übertragen.

Vorlage erstellen

HTML-Datei als Vorlage definieren
Sie können jede HTML-Datei unter Menü *Datei > Als Vorlage speichern …* als Musterseite definieren. Die Datei wird mit dem Suffix *.dwt (Dreamweaver Template) im automatisch angelegten Ordner Templates gespeichert.

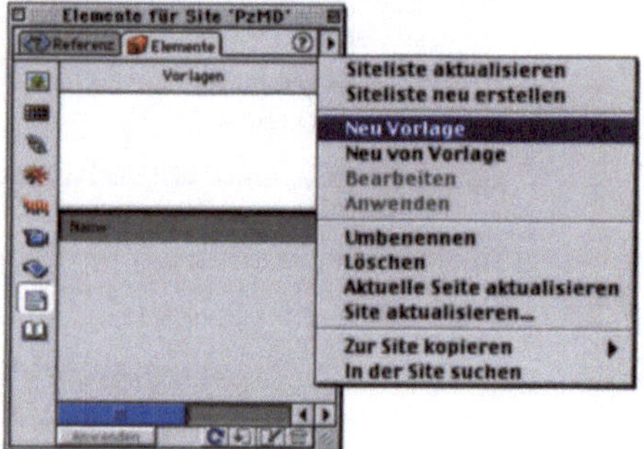

Leere Seite als Vorlage
Im Elementfenster können Sie eine neue Seitenvorlage anlegen.

Seite von der Vorlage erstellen

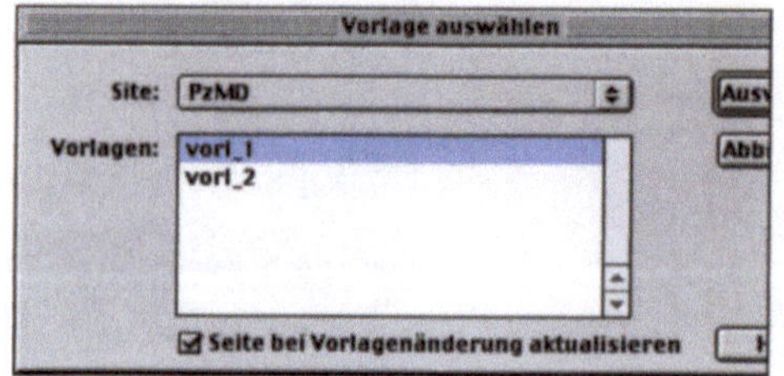

Eine neue Seite können Sie unter Menü *Datei > Neu von Vorlage* erstellen. Alle bearbeitbaren Bereiche der Vorlage stehen zu Ihrer Verfügung.

Vorlage modifizieren

Vorlage bearbeiten

Alle Seitenelemente der Vorlage sind nach dem Erstellen standardmäßig nicht bearbeitbar. Sie können aber über Menü *Modifizieren > Vorlagen > Neuer bearbeitbarer Bereich ...* ausgewählte Bereiche zur Bearbeitung freigeben. Anschließend müssen Sie dem Bereich einen Namen geben. Beachten Sie dabei, dass nur nicht bearbeitbare Elemente automatisch aktualisiert werden.

Seiten, die Sie mit Menü *Datei > Neu von Vorlage* erstellt haben, können unter Menü *Modifizieren > Vorlage > Von Vorlage lösen* vom Template gelöst werden.

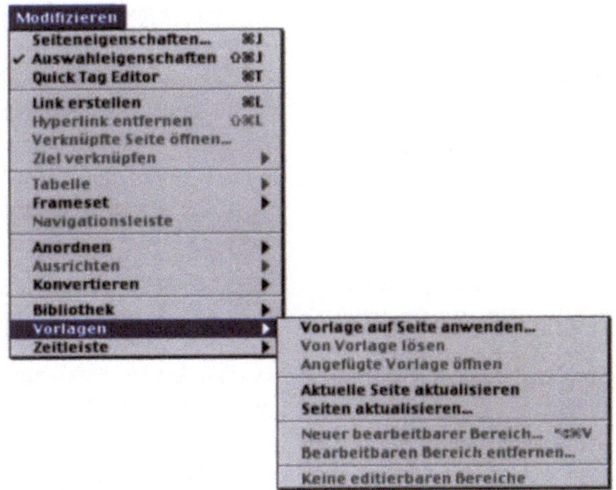

HTML-Seiten aktualisieren

Wenn Sie Ihre Vorlage verändert haben, dann müssen Sie natürlich auch die verknüpften Seiten aktualisieren.

1. Öffnen Sie eine der verknüpften Seiten.

2. Rufen Sie unter Menü *Modifizieren > Vorlagen > Seiten aktualisieren ...* auf.

3. Wählen Sie den zu aktualisierenden Bereich der Site.

4. Starten Sie die Aktualisierung der gesperrten Bereiche.

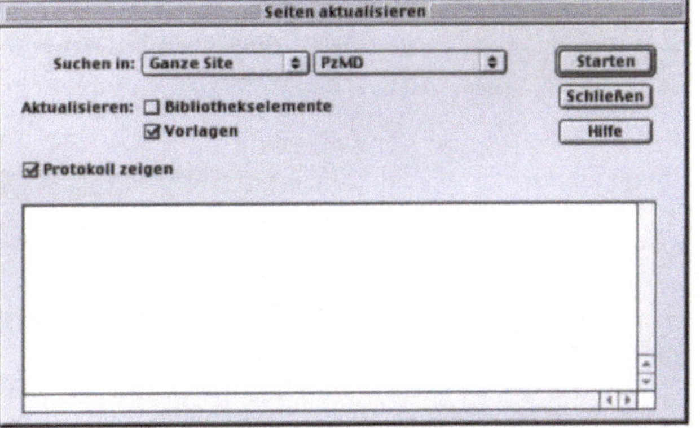

W 1

Lernziele

- Sie kennen die einzelnen Feldtypen und ihre Funktion.
- Sie erstellen ein Fomular.
- Sie versenden Ihr Formular per E-Mail.

Aufgabe

- Erstellen Sie ein Formular mit folgenden Inhalten:
  - Auswahl der Anrede über Optionsfelder
  - Vorname und Nachname
  - Adresse mit Telefonnummer
  - Datum
  - Mitteilungsfeld
  - Button „Zurücksetzen"
  - Button „Drucken"
  - Button „mailto"

Mit Fomularen wird dem User der Internetseite direkt die Möglichkeit des Feedbacks gegeben.

Die zweite Anwendung auf Internetseiten ist die Verwendung von Formularen, z.B. als Formularmenüs, zur Navigation.

Formularobjekte

- *Textfelder:* Felder zur Eingabe alphanumerischer Zeichen
- *Schaltfläche:* Name, Beschriftung und Aktion sind einstellbar
- *Kontrollkästchen:* Auswahl einer oder mehrerer Stichpunkte
- *Optionsschalter:* Auswahl immer nur einer Option, alle Optionsschalter einer Gruppe müssen den gleichen Namen haben
- *Listen:* mehrere Auswahlmöglichkeiten und mehrere Optionen
- *Menü:* Popup-Menü mit mehreren Auswahlmöglichkeiten, aber nur einer Option
- *Bildfeld:* Eigene Grafiken werden als Schaltfläche eingefügt

Jedes Formularobjekt muss über seinen Namen und seinen Wert eindeutig identifizierbar sein.

Formular erstellen

1. Erstellen Sie einen Formularrahmen:

   - Objektepalette (Formulare) > *Formular einfügen*
     oder
   - Menü *Einfügen > Formular*

2. Strukurieren Sie Ihr Formular mit Tabellen.

3. Fügen Sie die Formularobjekte ein:

   - Objektepalette (Formulare) > *Formularobjekt einfügen*
     oder
   - Menü *Einfügen > Formularobjekte*

4. Definieren Sie die Formularobjekte jeweils mit dem Eigenschafteninspektor.

Formular verarbeiten

Die Verarbeitung eines Formulars kann clientseitig über JavaScript oder serverseitig als manuelle E-Mail-Auswertung bzw. datenbankgestützt erfolgen.

Im Eigenschafteninspektor des Formulars wird bestimmt, in welcher Form die Daten verschickt werden.

1. Geben Sie dem Formular einen Namen ohne Leer- und Sonderzeichen.

2. Wählen Sie die Aktion:

   - Pfad und Datei zur Datenbank Ihres Providers für die Datenbankauswertung
   - mailto: E-Mail-Adresse, wenn Sie den Formularinhalt als E-Mail versenden wollen

3. Wählen Sie die Methode:

   - GET (abrufen) fügt die Formularwerte an die URL an und sendet Sie dann an den Server, max. 8192 Zeichen.
   - POST (veröffentlichen) sendet die Werte in einer Nachricht an den Server, Einstellung, wenn Sie die Daten per E-Mail verschicken.
   - STANDARD sendet die Formularwerte mit der Standardmethode des Browsers, meist GET.

mailto

Wenn Sie auf einen E-Mail-Link klicken, dann öffnet sich im Browser ein E-Mail-Fenster. Die im E-Mail-Link angegebene Adresse wird automatisch eingefügt.

Erstellen einer E-Mail-Verknüpfung

- Wählen Sie Menü *Einfügen > E-Mail-Verknüpfung*
  oder
- Objektepalette (Allgemein) > *E-Mail-Verknüpfung einfügen.*
  Geben Sie im Feld Text den Text Ihres E-Mail-Links ein.
  Im Feld E-Mail tragen Sie die E-Mail-Adresse (ohne `mailto`) ein, an die das Feedback geschickt werden soll,
  oder
- Sie geben im Feld „Hyperlink" des Eigenschafteninspektors `mailto:`E-Mail-Adresse (ohne Leerstelle) ein.

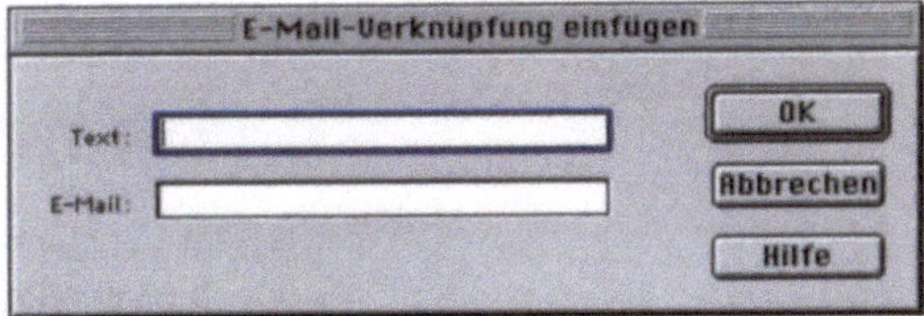

Mit Dreamweaver können ganz unterschiedliche externe Medienobjekte in eine Internetseite eingefügt werden: Java-Applets, QuickTime-Filme, Shockwave-Filme, Flash-Filme oder -Objekte, ActiveX-Steuerelemente, Audio- oder Videoobjekte.

Zur Wiedergabe dieser Medienobjekte sind meist spezielle Plugins oder Player notwendig.

Medienobjekte einfügen

Zum Einfügen von z.B. Shockwave- und Flash-Objekten stehen vorgegebene Schaltflächen in der Objektepalette (Allgemein und Spezial) zur Verfügung. Sie können diese Objekte aber auch über Menü *Einfügen > Medien* in Ihre Seite einfügen.

Andere Objekte werden einfach durch einen Hyperlink aufgerufen oder benötigen ein spezielles Plugin zum Import.

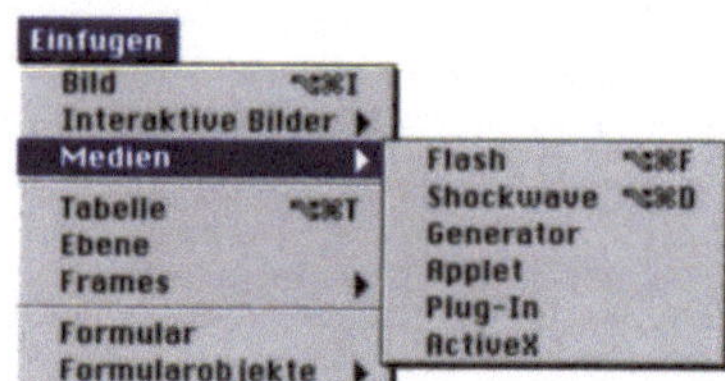

Medienobjekte einstellen und steuern

Die meisten Medienobjekte können Sie im Eigenschafteninspektor konfigurieren und über die Verhaltensweisen steuern.

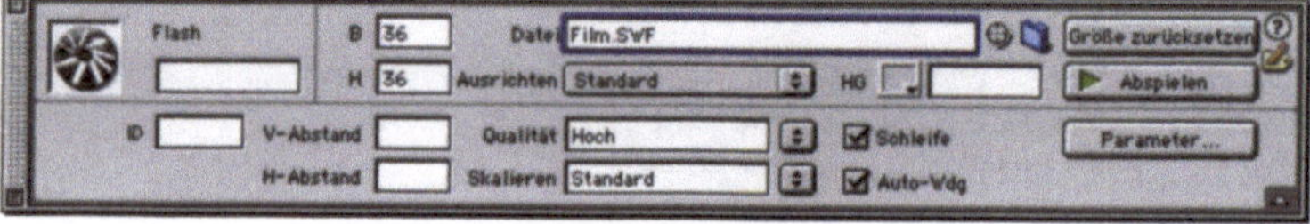

Audioobjekte

Audiodateiformate werden von unterschiedlichen Browsern verschieden wiedergegeben. Sie erzielen eine einheitlichere und berechenbare Wiedergabe durch ein Abspeichern im Flash-Dateiformat *.swf.

Audiodateien einfügen
Geben Sie im Eigenschafteninspektor im Feld *Hyperlink* den Namen der Audiodatei ein.

Audiodateien abspielen
Die einfachste Möglichkeit ist die Verknüpfung mit der Verhaltensweise „Audio abspielen".

Audiodateien einbetten
Beim Einbetten von Audiodateien wird der Player der Audiodatei direkt in die Seite integriert. Dies garantiert die beste Wiedergabe und Steuerung der Datei. Voraussetzung ist allerdings das Plugin auf dem Zielrechner.

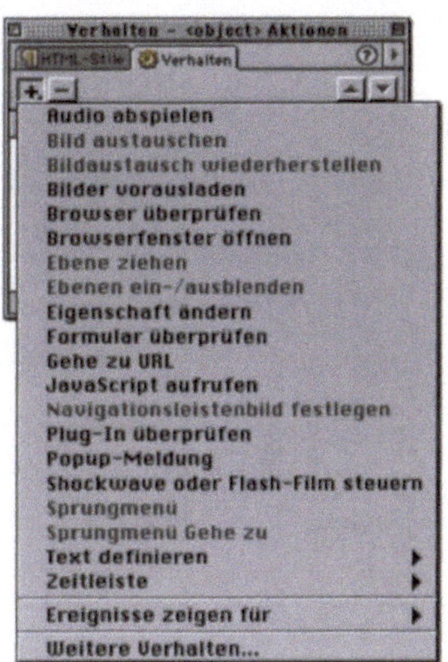

Wozu Flash?

Obwohl die Überschrift dieses Tutorials den – falschen – Eindruck erwecken könnte: Flash ist wesentlich mehr als eine Software zur Erstellung von animierten Webseiten. Durch die Möglichkeit des Imports von Bildern, Grafiken, Sounds und Videos stellt Flash – durchaus vergleichbar mit Director – mittlerweile ein komplettes Autorensystem zur Produktion multimedialer Produkte dar. Die integrierte Programmiersprache ActionScript ermöglicht die Realisation komplexer Anwendungen wie zum Beispiel Spiele oder dynamische Webseiten.

Flash ist nicht nur im Internet einsetzbar. Alternativ kann aus einem Flash-Film auch ein „Player" erzeugt werden, der sich per Doppelklick ohne zusätzliche Software (Webbrowser) starten lässt. Die Hauptanwendung von Flash ist allerdings nach wie vor im Bereich der Online-Anwendungen zu finden. Flash überzeugt hier durch geringe Datenmengen bei beachtlicher Qualität. Mit Flash lassen sich Webseiten gestalten, von denen im HTML-Bereich nur geträumt werden kann ...

Voraussetzungen

Die hier vorgestellte Version Flash MX steht für Windows-PCs ab Windows 95 und für Apple-Computer ab Mac OS 8.6 zur Verfügung. Im Hinblick auf dieses Tutorial besteht der wesentliche Unterschied zwischen den Betriebssystemen in der Handhabung der Maus, da am Mac die rechte Maustaste fehlt. Als Mac-User können Sie die rechte Maustaste jedoch simulieren, indem Sie beim Mausklick die ctrl-Taste gedrückt halten.

Um einen Flash-Film im *Webbrowser* abspielen zu können, muss der Flash Player ❶ als Browser-Plugin installiert sein. Dies ist bei Netscape ab Version 4 und bei Microsoft Internet Explorer ab Version 5 möglich. Download und Installation des Players ist unter www.macromedia.com/downloads/ kostenlos möglich.

❶

Übersicht

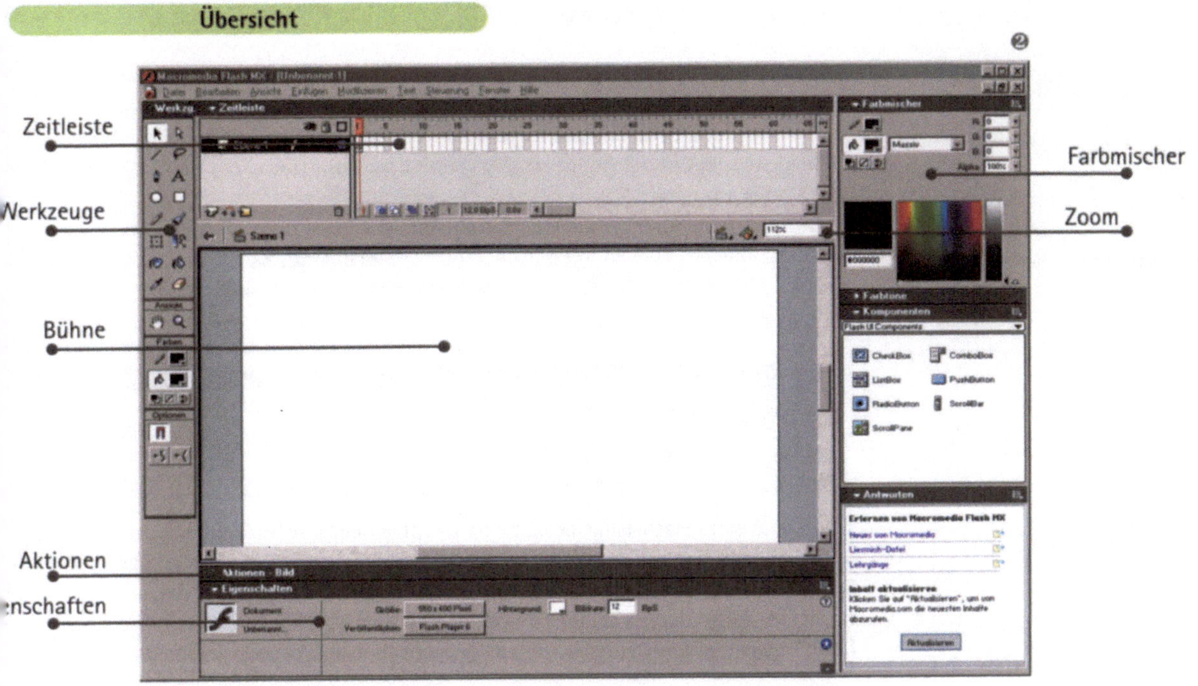

Nach dem Starten präsentiert sich Flash mit der oben dargestellten Standard-Oberfläche ❷. Die auf den ersten Blick zahlreichen Fenster werden im Laufe dieses Tutorials erklärt und sind nur anfänglich verwirrend!

Bühne

Die als Bühne bezeichnete weiße Fläche stellt den eigentlichen Ort des Geschehens dar. Ihre Größe entspricht der Breite und Höhe Ihres Flash-Films. Auf der Bühne können Sie zeichnen oder importierte Darsteller platzieren.

Werkzeuge/Farbmischer

Zur Erstellung und Bearbeitung von grafischen Objekten und von Texten dient die Werkzeugpalette. Die zahlreichen Werkzeuge werden durch den Farbmischer rechts oben ergänzt, mit dessen Hilfe beispielsweise Farbverläufe erzeugt werden können.

Zeitleiste

Mit Hilfe der Zeitleiste legen Sie fest, in welcher zeitlichen Abfolge die Elemente Ihres Flash-Films wiedergegeben werden. Beim Abspielen bewegt sich der rote Abspielkopf von links nach rechts über die nummerierten Bilder Ihres Films.

Eigenschaften

Das Eigenschaftenfenster stellt eine großartige Neuerung gegenüber Flash 5 dar: Das Fenster zeigt in Abhängigkeit vom angeklickten Objekt eine Übersicht aller Objekteigenschaften.

Aktionen

Mit Aktionen werden bei Flash die ActionScripts bezeichnet, mit deren Hilfe eine Steuerung des Flash-Films möglich wird.

Zeitleisten

Wie der Name sagt, dienen Zeitleisten ❶ zur zeitlichen Strukturierung des Flash-Films. Eine Zeitleiste besteht aus einer waagrechten Achse mit durchnummerierten Bildern. In Abhängigkeit von der eingestellten Geschwindigkeit bewegt sich der Abspielkopf über die Bilder und stellt zum Beispiel 15 Bps (Bilder pro Sekunde) dar.

Die Zeitleiste enthält senkrecht angeordnet so genannte Ebenen. Vergleichbar mit den Ebenen in Photoshop oder Illustrator befinden sich auf den Ebenen die einzelnen Bestandteile des Flash-Films, also z.B. Grafiken, Texte, Sounds oder ActionScripts.

❶

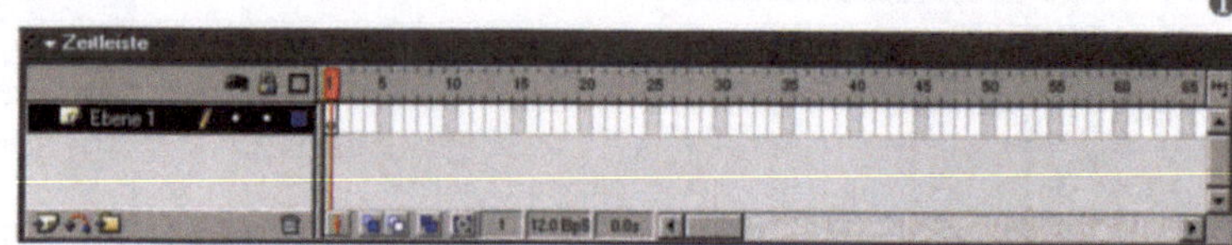

Jede Szene eines Flash-Films besitzt eine Hauptzeitleiste. Jedes Symbol (siehe unten) hat darüber hinaus eine eigene Zeitleiste, die durch Doppelklick auf das Symbol sichtbar wird und bearbeitet werden kann. Die Zeitleiste eines Schaltflächen-Symbols unterscheidet sich von den übrigen Zeitleisten, weil dort die Definition der verschiedenen Schaltzustände des Buttons möglich sein muss.

Symbole und Instanzen

Um ein grafisches Element – zum Beispiel eine Schaltfläche – mehrfach in einem Film verwenden und mit einem ActionScript versehen zu können, muss dieses Element in ein so genanntes *Symbol* konvertiert werden. Flash unterscheidet drei Arten von Symbolen:

Grafik
Ein Grafiksymbol umfasst ein statisches Bild oder eine Animation. Eine Steuerung des Symbols mittels ActionScript ist nicht möglich.

Movieclip
Auch ein Movieclip-Symbol umfasst ein Einzelbild oder beinhaltet ganze Animationen. Ein Movieclip kann mit einem ActionScript versehen werden und ist damit wesentlich flexibler einsetzbar.

Schaltfläche

Schaltflächen-Symbole dienen – wie der Name sagt – zur Erstellung von Buttons. Jede Schaltfläche besitzt drei unterschiedliche Zustände je nach Mausposition und -aktion. So könnte sich zum Beispiel die Farbe der Schaltfläche ändern, wenn sich der Mauszeiger auf der Schaltfläche befindet oder wenn die Schaltfläche angeklickt wird. Weiterhin lassen sich Schaltflächen mit ActionScripts versehen, um ihnen die gewünschten Steuerfunktionen zu verleihen.

Allen Symbolen gemeinsam ist, dass sie in einer zum Film gehörenden Bibliothek (*Fenster > Bibliothek* oder Taste *F11*) gespeichert werden. Von dort aus können sie mit Hilfe der Maus auf ein beliebiges Schlüsselbild des Films bewegt werden. Ein Symbol, das im Flash-Film verwendet wird, bezeichnet Flash als *Instanz.* Aus einem Symbol ❷ lassen sich beliebig viele Instanzen erzeugen.

Diese können sich in Größe, Farbe und Transparenz unterscheiden ❸, darüber hinaus kann jeder Instanz ein eigenes ActionScript zugewiesen werden. Eine Änderung des Symbols wirkt sich auf alle Instanzen des Symbols aus.

Flash oder Director?

Oft wird die Frage gestellt, worin denn nun der wesentliche Unterschied zwischen Flash und dessen „großem Bruder" Director besteht. In beiden Fällen handelt es sich um eine als Autorensystem bezeichnete Software zur Erstellung multimedialer Produkte. Ärgerlicherweise werden jedoch vergleichbare Komponenten der Programme durchweg anders bezeichnet! Dies ist auch deshalb unverständlich, weil beide Programme von ein und derselben Firma (Macromedia) stammen.

Welches Programm eignet sich also besser für welchen Zweck? Im Internet konnte sich Director nie durchsetzen. Dies mag daran liegen, dass das zum Abspielen von Director-Filmen benötigte Shockwave-Plugin deutlich größer ist als der für Flash-Filme erforderliche Player. Vielleicht sind es aber auch die vielfältigen Animationsmöglichkeiten, die Flash im Internet zum Durchbruch verholfen haben. Als weiterer Grund kommt hinzu, dass Flash im Unterschied zu Director vektorbasiert arbeitet und Flash-Filme somit geringere Datenmengen besitzen als Director-Filme.

Director ist seit vielen Jahren der Quasistandard im Bereich der Offline-Präsentationen und CD-Produktionen. Mit Hilfe seiner Skriptsprache Lingo lassen sich nahezu alle gewünschten Funktionalitäten und Steuerungen bis hin zu Datenbankanbindungen und einfachen 3D-Animationen realisieren.

Es bleibt abzuwarten, wie sich die – im Grunde genommen sehr ähnlichen – Programme weiterentwickeln werden. Aus Sicht der Anwender wäre es wünschenswert, wenn beide Programme zu *einer* Software für den On- und Offline-Bereich vereinigt würden. Ob dies allerdings der Produktpolitik von Macromedia entspricht, ist fraglich ...

❷

❸

Lernziel
- Sie bereiten Flash für Ihren ersten Film vor.

Aufgaben
- Ordnen Sie die benötigten Arbeitsfenster übersichtlich auf Ihrem Bildschirm an.
- Wählen Sie die Voreinstellungen (Größe, Bildrate) Ihres Flash-Films.
- Verwenden Sie ein Gestaltungsraster zum exakten Ausrichten der Objekte.

Benutzeroberfläche einrichten

Wie Sie in den „Basics" gelesen haben, besitzt Flash etliche Bedienfelder, die bei ungeschickter Anordnung zu einer unübersichtlichen Benutzeroberfläche führen. Bevor Sie mit der eigentlichen Aufgabe – der Erstellung Ihres ersten Flash-Films – beginnen, lohnt es sich deshalb, einige Minuten zur Vorbereitung der Entwicklungsumgebung zu verbringen. Flash gestattet eine benutzerdefinierte Anordnung der benötigten Bedienfelder, die abgespeichert werden kann. Die *Titelleiste* sämtlicher Bedienfelder besitzt hierzu drei Funktionen:

- Durch Anklicken der Titelleiste klappt der Inhalt des Bedienfeldes auf bzw. zu.
- Durch „Packen" der Titelleiste am linken Rand mit Hilfe der Maus lässt sich das Fenster an eine beliebige Stelle verschieben.
- Durch Anklicken der Titelleiste am rechten Rand öffnet sich ein Menü, das u.a. das Schließen des Bedienfeldes ermöglicht.

1. Starten Sie Flash – falls noch nicht geschehen.

2. Schließen Sie die Bedienfelder *Komponenten* und *Antworten*, da diese vorläufig nicht benötigt werden.

4. Ordnen Sie durch Verschieben die Bedienfelder wie in Abbildung ❶ gezeigt an.

❶
Ausrichten
Bibliothek - Unbenannt-1
Farbmischer
Farbtöne
Info

5. Speichern Sie Ihre neue Benutzeroberfläche ab: *Fenster > Bedienfelder-Layout speichern*. Für zukünftige Flash-Anwendungen können Sie diese Einstellungen im Menü *Fenster > Bedienfeldsätze* laden.

Filmeinstellungen vornehmen

Beim Starten vom Flash wird standardmäßig ein neuer Film mit der Größe 550 × 400 Pixel angelegt, der mit einer Bildrate von 12 Bildern pro Sekunde abgespielt wird. Je höher dieser Wert gewählt wird, umso flüssiger wird eine Animation abgespielt. Zum Vergleich: Unser PAL-Fernsehen arbeitet mit 25 Bildern pro Sekunde. Gehen Sie folgendermaßen vor, um die Voreinstellungen zu ändern:

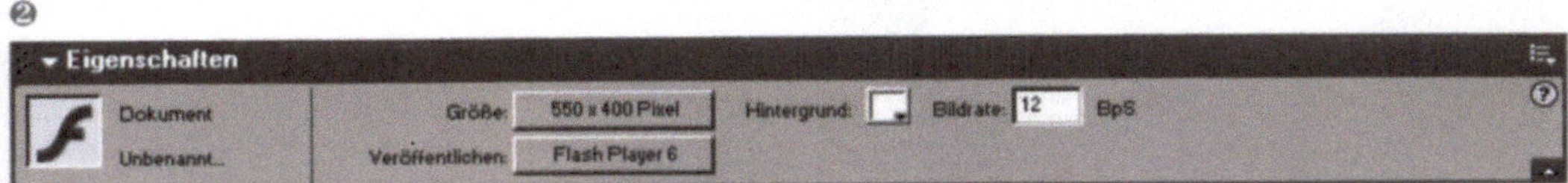

❷

1. Öffnen Sie durch Anklicken das Bedienfeld *Eigenschaften* ❷ falls es aktuell geschlossen ist.

2. Geben Sie die gewünschte Größe, Hintergrundfarbe und Bildrate ein. Weiterhin können Sie wählen, welchen Flash-Player Sie zum Abspielen Ihres Films voraussetzen.

Hilfslinien und Raster einblenden

Um ein exaktes Platzieren der Text- und Bildelemente Ihrer Produktion zu gewährleisten, ist ein Gestaltungsraster unerlässlich.

1. Stellen Sie im Menü *Ansicht > Raster > Gitternetz bearbeiten* den gewünschten Abstand des Rasters ein ❸. Wählen Sie die beiden Optionsfelder *Raster einblenden* und *Am Raster ausrichten* aus. Letztgenannte Funktion ermöglicht ein „Einrasten" der Elemente auf den Rasterlinien und gestattet somit ein rasches Platzieren von gleichartigen Elementen wie zum Beispiel Buttons.

2. Um (zusätzlich) Hilfslinien platzieren zu können, müssen Sie zunächst im Menü *Ansicht > Lineale* das horizontale und vertikale Lineal einblenden. Danach lassen sich die Hilfslinien mit Hilfe der Maus aus diesen Linealen auf die Bühne ziehen. Wie die Rasterlinien können auch die Hilfslinien „magnetisch" gemacht werden, indem Sie im Menü *Ansicht > Hilfslinien > An Hilfslinien ausrichten* wählen.

3. Ein pixelgenaues Platzieren von Elementen wird möglich, wenn Sie im Menü *Ansicht > An Pixeln ausrichten* auswählen. Zur Anzeige des Pixelrasters müssen Sie die Darstellung der Bühne im Menü *Ansicht > Skalierung* auf 400% oder 800% vergrößern.
Hinweis: Das Skalieren der Bühne ist auch mit Hilfe der Zoomfunktion ❹ rechts über der Bühne möglich.

❸

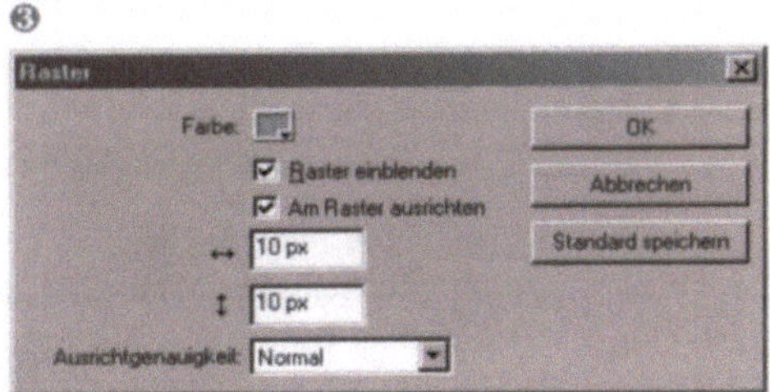

❹

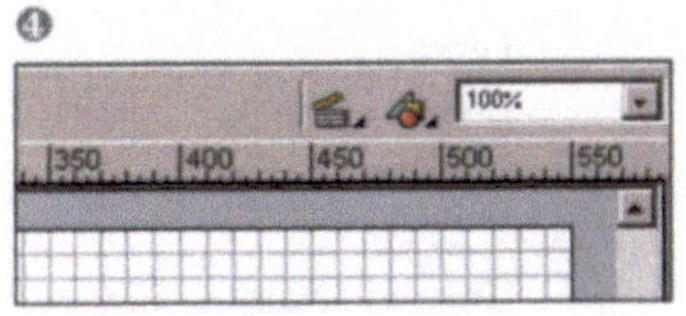

Projekte
Nonprint
  N 04 @ S.156

Lernziel
• Sie kennen den Umgang mit den
  Flash-Werkzeugen.

Aufgabe
• Setzen Sie die Zeichen-, Mal-
  und Textwerkzeuge ein, um ein
  Navigationselement zu entwerfen.

Übungsdateien auf DVD
> TUTORIAL > F_FLASH > F02

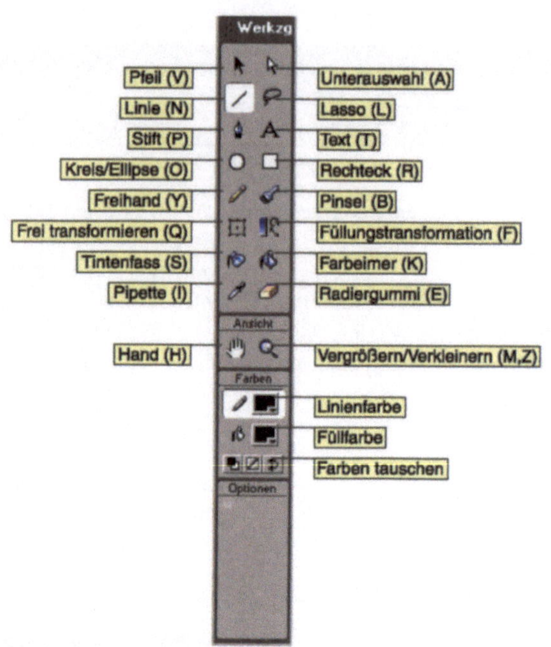

Auswahlwerkzeuge

Pfeil

Der schwarze Pfeil dient zur Auswahl eines Objektes, wobei man auch Füllung
oder Kontur des Objektes allein auswählen kann (vgl. unten). Um gleichzeitig
mehrere Objekte auszuwählen, ziehen Sie mit gedrückter Maustaste ein
Rechteck um die Objekte.

Lasso

Mehrere Objekte lassen sich auch auswählen, indem Sie sie mit gedrückter
Maustaste mit dem Lasso „einfangen".

Unterauswahl

Mit Hilfe des weißen Pfeils werden nach Anklicken eines Objektes dessen Eck-
punkte sichtbar und können bearbeitet werden (vgl. unten).

Textwerkzeug

Text lässt sich – sofern er nicht importiert wird - mittels Textwerkzeug erstellen. Zur Formatierung eines Textes stehen im Fenster „Eigenschaften" zahlrei-

che Möglichkeiten zur Verfügung. Eine weitere Option ist, den Text im Menü *Ansicht > Anti-Alias Text* geglättet darzustellen.

Zeichenwerkzeuge

Linie
Das Linienwerkzeug dient zum Zeichnen gerader Linien. Bei gedrückter Shift-Taste erhalten Sie horizontale, vertikale oder 45°-Linien. Linienstärke und -art lassen sich im Fenster „Eigenschaften" einstellen.

Rechteck/Quadrat
Zeichnen Sie beliebige Rechtecke oder – mit zusätzlich gedrückter Shift-Taste – Quadrate. Unter „Optionen" lassen sich nach Eingabe eines Radius auch abgerundete Rechtecke zeichnen.

Ellipsen/Kreis
Wie bei Rechteck und Quadrat beschränken Sie mittels Shift-Taste die Ellipsen auf Kreise.

Stift (Feder)
Mit Hilfe der Zeichenfeder können Sie komplexe Formen mittels „Bézierkurven" zeichnen. Diese bestehen aus Eckpunkten (Mausklick) und aus gekrümmten Abschnitten (Maus gedrückt halten und ziehen). Der Umgang mit Bézierkurven erfordert einige Übung.

Malwerkzeuge

Freihand
Der Stift dient zum freien Zeichnen. Die Strichstärke des Stiftes lässt sich im Fenster „Eigenschaften" einstellen. Beachten Sie auch, dass Sie unter „Optionen" wählen können, ob Flash die Linie begradigen oder glätten soll.

Pinsel
Auch mittels Pinsel können Sie frei arbeiten. Unter den „Optionen" wählen Sie Pinselform, -stärke und die Art, wie Flash die „übermalten" Objekte behandeln soll.

Farbwerkzeuge

Linienfarbe
Mittels Linienfarbe legen Sie die Farbe des Stiftes, Freihandstiftes oder Pinsels sowie die Konturfarbe von Rechtecken oder Ellipsen fest.

Füllfarbe
Mittels Füllfarbe bestimmen Sie die Farbe der Füllungen in Rechtecken und Ellipsen oder von beliebigen geschlossenen Konturen. Beachten Sie, dass ein Farbverlauf nur im Fenster „Farbmischer" eingestellt werden kann.

Farbeimer
Der Farbeimer dient zum Füllen von geschlossenen Konturen. Bereits gefüllte Objekte lassen sich nachträglich ändern.

Tintenfass
Das Tintenfass ändert per Mausklick die Konturfarbe eines Objektes. Flash gestattet sogar, einen Pinselstrich mit einer Kontur zu versehen.

Werkzeuge zur Bearbeitung

Radiergummi
Experimentieren Sie unter den „Optionen" mit den zahlreichen Möglichkeiten, Konturen und/oder Füllungen zu entfernen.

Frei transformieren
Das Werkzeug gestattet das Skalieren, Verzerren oder Drehen eines ausgewählten Objektes.

Füllungstransformation
Das Werkzeug dient zur gezielten Veränderung eines Farbverlaufs.

Projekte
Nonprint
    N 04 @ S.156

Lernziel
• Sie erlernen den Umgang mit
  den Flash-Werkzeugen.

Aufgabe
• Setzen Sie die Zeichen-, Mal-
  und Textwerkzeuge ein, um ein
  Navigationselement zu entwerfen.

Übungsdateien auf DVD
> TUTORIAL > F_FLASH > F02

Auswahloptionen

Das Auswählen von Objekten ist etwas gewöhnungsbedürftig, weil sich Flash in dieser Hinsicht von Grafikprogrammen unterscheidet. Die Abbildung zeigt die Möglichkeiten bei der Auswahl eines Objektes:

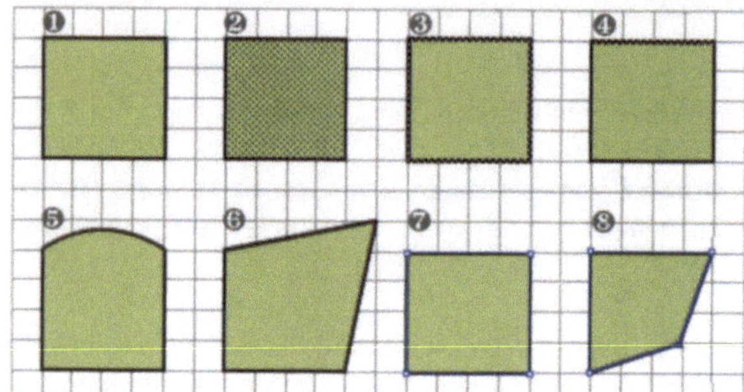

❶ Grundobjekt Quadrat mit Füllung und Kontur.

Pfeil
❷ Anklicken der Füllung markiert diese (ohne Kontur).
❸ Doppelklick auf die Kontur markiert diese komplett.
❹ Anklicken einer Linie der Kontur markiert nur diese Linie.
❺ Klicken und Ziehen der Kontur ermöglicht deren Änderung.
❻ Klicken und Ziehen einer Ecke ermöglicht deren Änderung.

Unterauswahl
❼ Anklicken der Kontur zeigt die Bézierkurve um das Objekt.
❽ Anklicken eines Eckpunktes ermöglicht dessen Änderung.

Hinweise
• Statt Unterauswahl kann auch der Stift verwendet werden. Hierdurch wird ein Entfernen von Eckpunkten möglich.
• Im Unterschied zu den gängigen Grafikprogrammen beeinflussen sich bei Flash überlappende Objekte, wenn sie sich auf derselben Ebene befinden. Testen Sie dies, indem Sie ein Objekt auf ein anderes Objekt ziehen und danach wieder verschieben.

Grafische Navigationselemente

Für die Website eines Malereifachbetriebs ist die dargestellte Farbpalette ❶ zu entwerfen. Sie könnte als Navigationsleiste dienen, wobei der Pinsel auf die aktuell gewählte Seite zeigt.

1. Öffnen Sie im Menü *Datei > Neu* einen leeren Flash-Film und machen Sie im Eigenschaftenfenster folgende Vorgaben:

   - Filmgröße: 300×300 Pixel
   - Hintergrund: #660099
   - Bildrate: 15 BpS (Bilder pro Sekunde)

2. Der Pinselstil lässt sich wie in Abbildung ❷ gezeigt aus zwei Rechtecken zusammensetzen. Die Pinselborsten werden mit Hilfe des Stiftes gezeichnet. Der fertige Pinsel kann mit Hilfe des Frei-Transformieren-Werkzeugs gedreht werden.

3. Zeichnen Sie die Kontur der Palette mit Hilfe des Stiftwerkzeugs. Für die Füllung muss zuvor mit dem Farbmischer ❸ ein linearer Verlauf definiert werden:

   - Wählen Sie im Pulldown-Menü „Linear".
   - Klicken Sie das linke quadratische Farbkästchen an und wählen Sie einen hellbraunen Farbton.
   - Klicken Sie das rechte quadratische Farbkästchen an und wählen Sie ebenfalls einen hellbraunen Farbton.
   - Klicken Sie zwischen die beiden Kästchen, um weitere Farbkästchen zu definieren, und geben Sie diesen abwechselnd einen hell- bzw. dunkelbraunen Farbton.

4. Erstellen Sie die farbigen Buttons auf einer neuen Ebene: *Einfügen > Ebene*. Die Kreise entstehen mit Hilfe des Ellipsenwerkzeugs und gedrückter Shift-Taste. Wählen Sie zur Beschriftung die „Verdana" in einer Größe von 11 Punkt. Zentrieren Sie die Schrift in den runden Farbflächen mit Hilfe des Ausrichtenfensters.

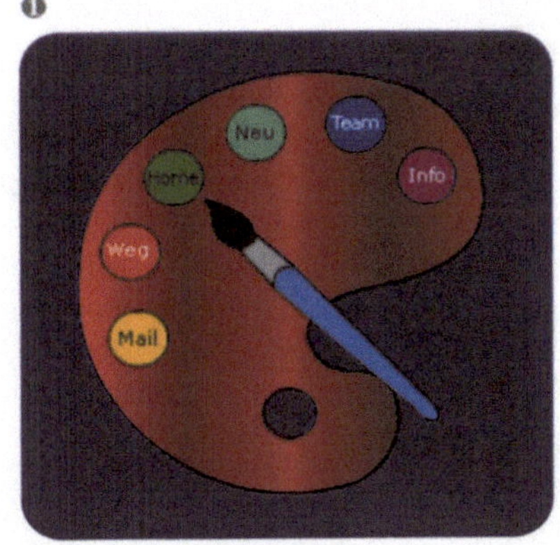

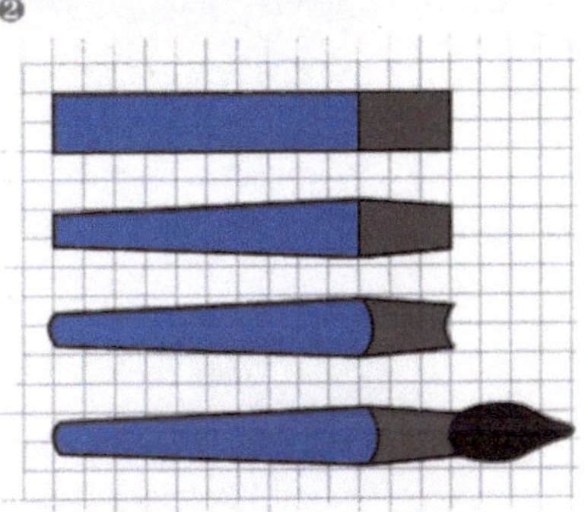

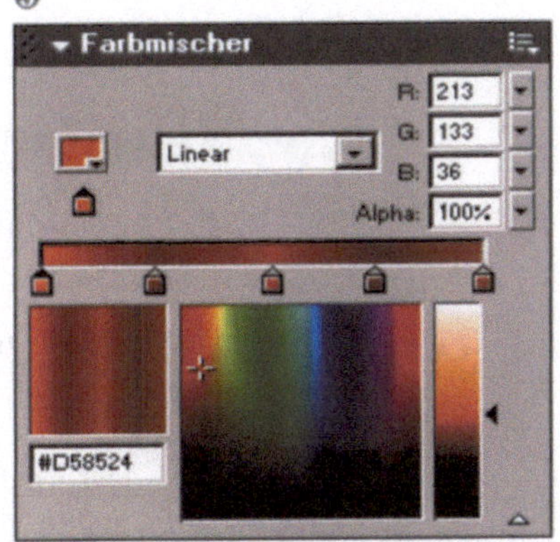

5. Legen Sie auf Ihrer Festplatte einen neuen Ordner mit dem Namen „Flash-Tutorial" an. Speichern Sie Ihren Entwurf unter dem Namen „farbpalette.fla" in diesem Ordner ab.

Projekte
Nonprint
   N 04 @ S.156

Lernziel
- Sie kennen die Animationstechniken mittels Tweening.

Aufgabe
- Erstellen Sie einen Werbebanner für Flash, der aus verschiedenen Animationssequenzen besteht:
  - Lineare Animation
  - Lineare Animation mit Drehung
  - Pfadanimation
  - Animation mit Alphakanal
  - Animation mit Maske
  - Animation mit Filmschleife

Übungsdateien auf DVD
> TUTORIAL > F_FLASH > F03

Animationsprogramm Flash

Flash stellt zahlreiche Möglichkeiten der Animation von Texten und Grafiken zur Verfügung. HTML hingegen hat im Bereich Animation nichts zu bieten, was den großen Erfolg von Flash im Internet erklärt.

Im vorliegenden Tutorial werden am Beispiel eines Werbebanners Schritt für Schritt die wichtigsten Animationstechniken vorgestellt. Betrachten Sie zunächst die Lösung „L_F03_01.FLA", um einen ersten Eindruck von diesen Techniken zu bekommen.

❶

Verzweifeln Sie nicht, wenn Sie am Anfang leise fluchend vor dem Rechner sitzen. Die Logik von Flash wird Ihnen nach einiger Zeit klar werden ... ;-)

Tweening

Tweening stellt die mit Abstand am häufigsten eingesetzte Animationstechnik dar, bei der der Animationspfad eines Objekts mit Hilfe von Schlüsselbildern (key frames) definiert wird. Die Zwischenbilder werden durch Interpolation berechnet.

Lineare Animation

In der ersten Sequenz bewegt sich der Schriftzug „ * * * Die Zeit ist reif: * * * " von rechts nach links bis in die Mitte des blauen Balkens:

1. Öffnen Sie die Datei „F03_01.FLA" und speichern Sie die Datei unter dem neuen Namen „animationen.fla" ab.

2. Öffnen Sie – falls nicht bereits geschehen – die Bibliothek zu Ihrem Film (*Fenster > Bibliothek* oder Taste *F11*). Sie enthält bereits alle zu animierenden Objekte.

Hinweis: Beachten Sie, dass zu animierende Objekte als „Movieclips" vorliegen müssen. Eine Grafik kann im Menü *Einfügen > In Symbol konvertieren* in einen Movieclip umgewandelt werden.

3. Klicken Sie auf das noch leere Schlüsselbild in der Ebene „Lauftext". Ziehen danach mit gedrückter Maustaste das Symbol „Lauftext" aus der Bibliothek auf die Bühne, so dass es sich rechts vom blauen Balken befindet.

4. Klicken Sie auf Bild 40 der Ebene „Lauftext" und fügen Sie über Menü *Einfügen > Schlüsselbild* oder mit Taste *F6* ein leeres Schlüsselbild ein ❷.

5. Verschieben Sie den Text auf der Bühne, so dass er sich genau in der Mitte des blauen Balkens befindet.

6. Klicken Sie auf ein Zwischenbild zwischen Bild 1 und Bild 40 und wählen Sie im Menü *Einfügen > Bewegungs-Tween* erstellen (Alternative: rechte Maustaste). Ein Pfeil deutet die Animation an ❷.

7. Testen Sie Ihren Film (Menü *Film > testen* oder Tasten *Strg + Eingabe*).

8. Die Uhr und das Logo hinter der Uhr sollen während der Animation sichtbar sein. Fügen Sie in den beiden Ebenen bei Bild 40 ebenfalls Schlüsselbilder ein. Alternative: Schlüsselbild anklicken und mit gedrückter Alt-Taste nach rechts ziehen.
Hinweis: Durch die Anzahl der Bilder bestimmen Sie die Dauer der Animation: Bei 40 Bildern ergibt sich bei einer Abspielgeschwindigkeit von 20 Bps eine Dauer von 2 Sekunden.

❷

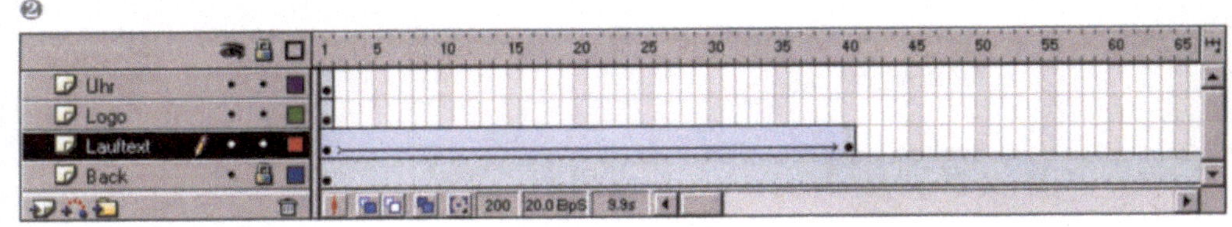

Projekte
Nonprint
N 04 @ S. 156

Lernziel

- Sie kennen die Animationstechniken mittels Tweening.

Aufgabe

- Erstellen Sie einen Werbebanner für Flash, der aus verschiedenen Animationssequenzen besteht:
  - Lineare Animation
  - Lineare Animation mit Drehung
  - Pfadanimation
  - Animation mit Alphakanal
  - Animation mit Maske
  - Animation mit Filmschleife

Übungsdateien auf DVD
> TUTORIAL > F_FLASH > F03

Lineare Animation mit Drehung

In der zweiten Sequenz bewegt sich das hinter der Uhr versteckte Flash-Logo an den rechten Rand des Banners. Dabei dreht es sich zweimal um sich selbst.

1. Fügen Sie in der Ebene „Logo" bei Bild 80 ein Schlüsselbild ein. Verschieben Sie das Logo an den rechten Rand des Banners und erstellen Sie wie im vorherigen Abschnitt unter Punkt 6 beschrieben ein Bewegungs-Tween.

2. Öffnen Sie das Eigenschaftenfenster. Wählen Sie *Drehen > UZS* (Uhrzeigersinn) und geben Sie eine *2* für zwei Umdrehungen ein ❸.
   Hinweis: Klicken Sie auf den kleinen Pfeil rechts unten im Eigenschaftenfenster, falls diese Option nicht sichtbar ist.

❸

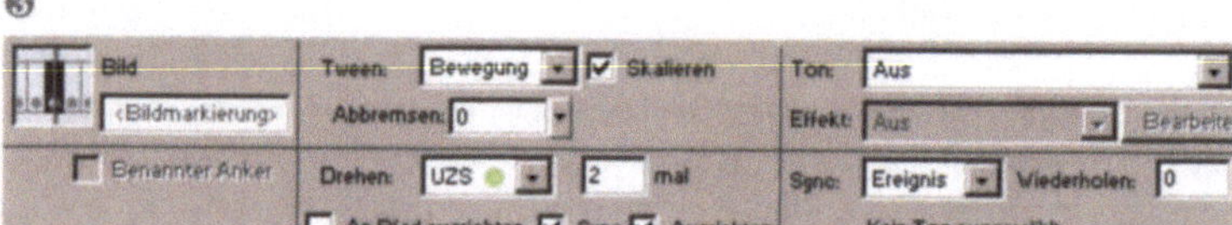

3. Fügen Sie bei Bild 80 Schlüsselbilder für die anderen Objekte (Text, Uhr) Ihres Banners ein.

4. Speichern und testen Sie Ihren Film.

Pfadanimation

In der dritten Sequenz bewegt sich die Uhr an den linken Rand des Banners. Dabei bewegt sie sich entlang eines Pfades wie ein Ball auf und ab.

1. Klicken Sie auf die Ebene „Uhr" und fügen Sie eine Pfadebene ein: Menü *Einfügen > Pfad.*

2. Erstellen Sie einen Animationspfad:

   - Fügen Sie in der Ebene „Pfad: Uhr" bei Bild 80 ein Schlüsselbild ein.

- Zeichnen Sie mit Hilfe des Stiftwerkzeugs einen Animationspfad ❹. Der Pfad ist beim Abspielen des Films nicht sichtbar, sondern dient als Führungslinie für das animierte Objekt.
- Fügen Sie bei Bild 120 ein weiteres Schlüsselbild ein.

3. Verbinden Sie die Uhr mit dem Pfad:

- Platzieren Sie die Uhr bei Bild 80 auf den Pfadanfang. Dieser wirkt „magnetisch" und zieht die Uhr auf den Pfad.
- Fügen Sie in der Ebene „Uhr" bei Bild 120 ein weiteres Schlüsselbild ein und platzieren Sie die Uhr auf das Pfadende.
- Erstellen Sie in der Uhr-Ebene ein Bewegungs-Tween.

4. Testen Sie Ihren Film. Nehmen Sie eventuell eine Feinkorrektur des Animationspfads vor, indem Sie ihn mit dem Unterauswahlwerkzeug anklicken. Danach lassen sich die einzelnen Pfadpunkte verschieben.

5. Ergänzen Sie eine Drehung der Uhr gegen den Uhrzeigersinn.

Animation mit Alphakanal

In der vierten Sequenz wird der Text „FLASH" weich eingeblendet. Auch hierbei handelt es sich um ein Bewegungs-Tween – allerdings in diesem Fall ohne Bewegung.

1. Erstellen Sie über *Einfügen > Ebene* eine neue Ebene „Text" und fügen Sie bei Bild 120 ein Schlüsselbild ein.

2. Platzieren Sie das Symbol „Text" in der Mitte des Banners.

3. Fügen Sie bei Bild 160 ein weiteres Schlüsselbild ein und erstellen Sie ein Bewegungs-Tween.

Projekte
Nonprint
N 04 @ S.156

Lernziel
- Sie kennen die Animationstechniken mittels Tweening.

Aufgabe
- Erstellen Sie einen Werbebanner für Flash, der aus verschiedenen Animationssequenzen besteht:
  - Lineare Animation
  - Lineare Animation mit Drehung
  - Pfadanimation
  - Animation mit Alphakanal
  - Animation mit Maske
  - Animation mit Filmschleife

Übungsdateien auf DVD
> TUTORIAL > F_FLASH > F03

4. Klicken Sie auf Bild 120 der Ebene „Text" und danach auf das Textsymbol im Banner. Wählen Sie danach im Eigenschaftenfenster *Farbe > Alpha*  und stellen Sie 0% ein. Der Text wird hierdurch unsichtbar.

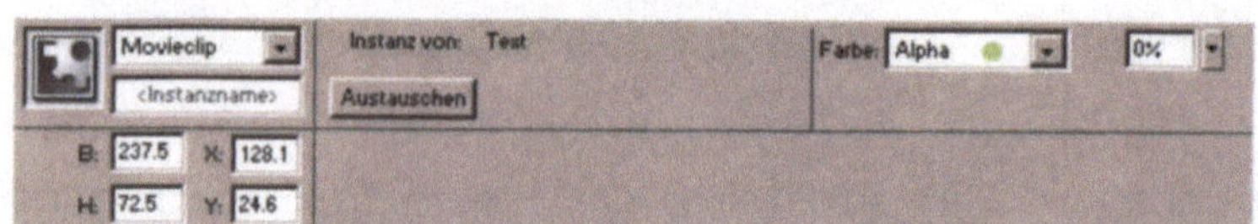

5. Spielen Sie den Film ab: Der Text „FLASH" wird von 0% bis 100% eingeblendet.

Für die fünfte Sequenz wird ein Bewegungs-Tween auf einer Maskenebene erstellt. Beim Abspielen werden die Objekte der darunter liegenden Ebene durch die animierte Maske überdeckt, so dass der Eindruck entsteht, als ob sich die Objekte selbst verändern.

1. Fügen Sie eine neue Ebene „Maske" ein und wandeln Sie diese im Menü *Modifizieren > Ebene > Maske* in eine Maskenebene um. Alternative: rechte Maustaste *Eigenschaften > Maske*.

2. Erstellen Sie ein Bewegungs-Tween für die Maske, so dass sich diese wie ein Vorhang im Theater auf und zu bewegt:

- Fügen Sie bei Bild 160 ein Schlüsselbild auf der Maskenebene ein und ziehen Sie das Symbol „Maske" über den Text „Flash" auf den Banner.
- Fügen Sie bei Bild 180 ein weiteres Schlüsselbild ein und transformieren Sie die Maske (*Fenster > Transformieren*) auf eine Breite von 1%.
- Fügen Sie bei Bild 200 ein Schlüsselbild ein und ändern Sie die Breite der Maske wieder auf die ursprüngliche Größe.
- Erstellen Sie die Bewegungs-Tweens zwischen den Schlüsselbildern ➏.

Hinweis: Die Maske ist beim Abspielen des Films nicht sichtbar.

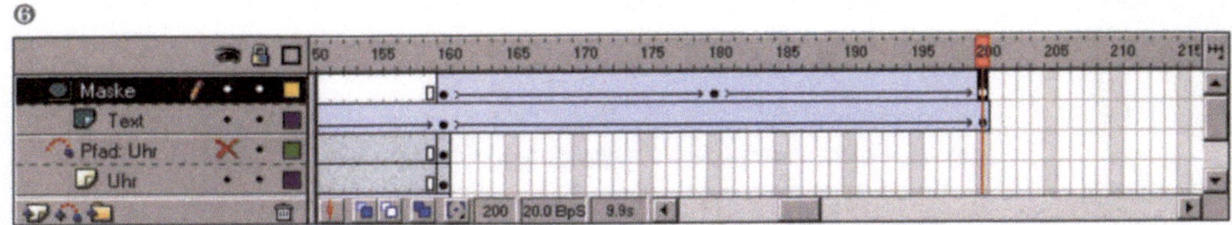

3. Klicken Sie auf die Ebene „Text" und wählen Sie unter *Modifizieren > Ebene* die Option *Maskiert*.

4. Speichern und testen Sie Ihren Film.

Animation mit Filmschleifen

In der sechsten Sequenz werden die Zeiger der Uhr „zum Leben erweckt". Eine der großen Stärken von Flash ist, dass mit Hilfe von Filmschleifen (Movieclips) eine Kombination von Animationen möglich wird. So ist beispielsweise eine Zeigerbewegung der Uhr bei gleichzeitiger Bewegung der gesamten Uhr realisierbar.

1. Doppelklicken Sie auf das Symbol „Uhr", so dass sich eine neue Zeitleiste für dieses Symbol öffnet.

2. Fügen Sie bei Bild 5 ein neues Schlüsselbild ein. Markieren Sie den großen Zeiger und drehen Sie ihn um 30° (*Fenster > Transformieren*) ❼.

3. Wiederholen Sie Schritt 2 bei Bild 10 und drehen Sie den Zeiger um weitere 30°. Setzen Sie diese Vorgehensweise fort, bis sich der große Zeiger auf 11 Uhr befindet.

4. Animieren Sie in gleicher Weise den kleinen Zeiger der Uhr.

5. Kehren Sie zu Szene 1 zurück und testen Sie Ihren Film.

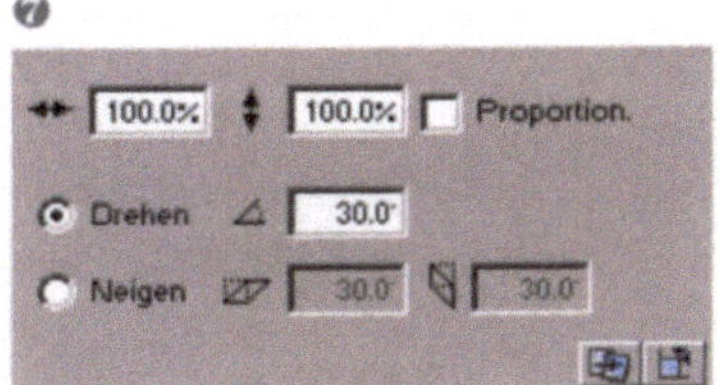

F

Projekte
–

Lernziel
- Sie kennen die Möglichkeit des Form-Tweening.

Aufgabe
- Erstellen Sie einen Flash-Film, bei dem ein Wort buchstabenweise animiert wird, wobei sich die Buchstabenformen ineinander umwandeln.

Übungsdateien auf DVD
> TUTORIAL > F_FLASH > F04

Morphing

Im vorherigen Tutorial haben Sie die verschiedenen Möglichkeiten kennen gelernt, Objekte entlang von Pfaden zu bewegen, zu skalieren, zu drehen oder Farben zu verändern.

Flash ermöglicht über die genannten Animationsarten hinaus auch die Veränderung der *Form* eines Objektes, also beispielsweise die Umwandlung eines Dreiecks in ein Quadrat. Die hierfür benötigte Technik wird im Trickfilm als „Morphing" bezeichnet – Flash spricht bescheidener von „Form-Tweening". In der Tat lassen sich die eingeschränkten Möglichkeiten des „Morphens" von Objekten in Flash nicht annähernd mit einer speziellen Morphing-Software vergleichen. Dennoch lassen sich – mit etwas kreativer Phantasie – auch in Flash ansprechende Animationen realisieren.

Form-Tweening

Ziel ist die Erstellung einer Animation des Wortes „FLASH", bei der sich nacheinander die Buchstaben „F" in „L", „L" in „A" usw. umwandeln. Zusätzlich sollen sich die Farben von Buchstabe zu Buchstabe ändern.

1. Erstellen Sie einen neuen Film der Größe 100×100 Pixel mit Hintergrundfarbe Schwarz und wählen Sie als Bildrate 15 Bps. Speichern Sie den Film unter dem Namen „formtween.fla" in Ihrem Ordner „Flash-Tutorial" ab.

2. Wählen Sie das Textwerkzeug aus und schreiben Sie in Bild 1 ein „F" mit folgenden Attributen: Schrift Verdana, Größe 80 pt bold, Farbe Blau.

3. Ein Form-Tweening lässt sich weder auf Symbole noch auf Texte anwenden. Flash bietet jedoch die Möglichkeit, Texte in Grafiken umzuwandeln: Konvertieren Sie das „F" im Menü *Modifizieren > Teilen* in eine Grafik.

4. Fügen Sie bei Bild 10 ein neues Schlüsselbild ein *(Einfügen > Schlüsselbild oder Taste F6)* und löschen Sie dort das „F". Fügen Sie an gleicher Position ein „L" ein. Konvertieren Sie den Buchstaben ebenfalls in eine Grafik.

5. Klicken Sie auf Bild 1 und wählen Sie im Eigenschaftenfenster die Option *Tween: Form.* In der Zeitleiste ist nun ein symbolischer Pfeil auf hellgrünem Hintergrund sichtbar.

6. Ziehen Sie den roten Abspielkopf mit der Maus von Bild 1 nach Bild 10. Wie zu sehen ist, verändert sich das „F" schrittweise in ein „L". Auf die Art

der Umwandlung können Sie mit Hilfe so genannter „Formmarken" ❶ Einfluss nehmen: Diese werden auf dem Start- und auf dem Zielbild platziert und legen fest, welche Bewegung diese markanten Punkte bei der Animation durchführen sollen. Um eine Formmarke zu erhalten, klicken Sie auf Bild 1 der Animation und wählen Sie *Modifizieren > Form > Formmarke hinzufügen*. Platzieren Sie die Marke auf die gewünschte (Start-)Position. Klicken Sie nun auf Bild 10 und platzieren Sie die Marke auf die gewählte (Ziel-)Position. Wiederholen Sie den Vorgang für weitere Marken, bis die Animation den gewünschten Verlauf annimmt.

7. Flash bietet eine weitere nützliche Option bei der Erstellung von Animationen: den „Zwiebelschaleneffekt". Dieser ebenfalls aus der Trickfilmtechnik stammende Begriff vergleicht die Bilder einer Animation mit den Schalen einer Zwiebel. Werden die „Zwiebelschalen" bzw. die „Zwiebelschalenkonturen" aktiviert ❷, macht Flash die Bilder transparent, so dass Sie mehrere zeitlich nacheinander liegende Bilder *gleichzeitig* sehen können. In der Zeitleiste bestimmen Sie, wie viele Bilder vor bzw. nach dem aktuellen Bild sichtbar sein sollen.

Aktivieren Sie die „Zwiebelschalenkonturen" und betrachten Sie Ihre Animation. Nehmen Sie gegebenenfalls erneut Veränderungen vor.

8. Fügen Sie bei Bild 20 ein neues Schlüsselbild ein. Von Bild 10 bis 20 soll lediglich das „L" sichtbar sein.

9. Fügen Sie bei Bild 30 ein Schlüsselbild ein und wiederholen Sie die Schritte 6 bis 7, so dass sich das „L" in ein „A" verwandelt.

10. Wiederholen Sie Schritt 9 für die Umwandlung von

    - „A" in „S"
    - „S" in „H"
    - „H" in „F".

11. Geben Sie abschließend jedem Buchstaben eine eigene Farbe, so dass bei der Animation auch die Farben ineinander umgewandelt werden.

❷

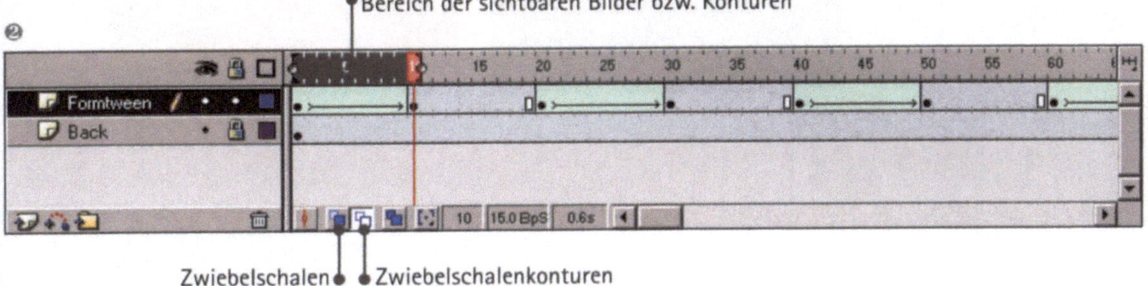

Projekte
Nonprint
N 04 @ S. 156

Lernziel
- Sie verlinken mehrere Flash-Seiten.

Aufgabe
- Erstellen und „programmieren" Sie die Buttons zur Verlinkung eines Films.

Übungsdateien auf DVD
> TUTORIAL > F_FLASH > F05

Autorensystem Flash

Flash ist ein vollwertiges Autorensystem, mit dem sich nicht nur Internetseiten animieren, sondern auch komplette Offline-Präsentationen erstellen lassen. Die Möglichkeit der Navigation von Screen zu Screen mit Hilfe von Hyperlinks bildet eine wesentliche Grundvoraussetzung derartiger Produkte. Flash stellt hierfür eine eigene Skriptsprache zur Verfügung, die als *ActionScript* bezeichnet wird. Eigene Programmierkenntnisse sind jedoch Dank eines brauchbaren Assistenten (bis zu einem gewissen Grad) nicht notwendig.

Navigation in Flash

1. Öffnen Sie die Datei „F05_01.FLA" und speichern Sie diese unter dem neuen Namen „navigation.fla" in Ihrem Ordner „Flash-Tutorial" ab.
   Der Film zeigt in der Ebene „Farben" der Zeitleiste nacheinander vier unterschiedlich farbige Screens, die mit Hilfe von Buttons miteinander verlinkt werden sollen ❶.

❶
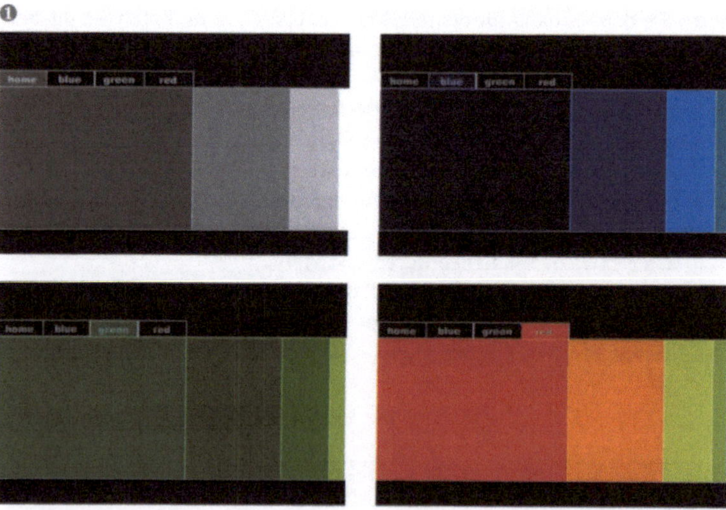

2. Blenden Sie ein Gitternetz von 25×25 Pixel ein (*Ansicht > Raster > Gitternetz bearbeiten*). Wählen Sie die Option *Am Raster ausrichten*.

3. Erstellen Sie im Menü *Einfügen > Ebene* eine neue Ebene. Doppelklicken Sie auf den Ebenennamen und nennen Sie die Ebene „Buttons". Klicken Sie danach auf das noch leere Schlüsselbild in Bild 1 Ihrer neuen Ebene (Kreissymbol).

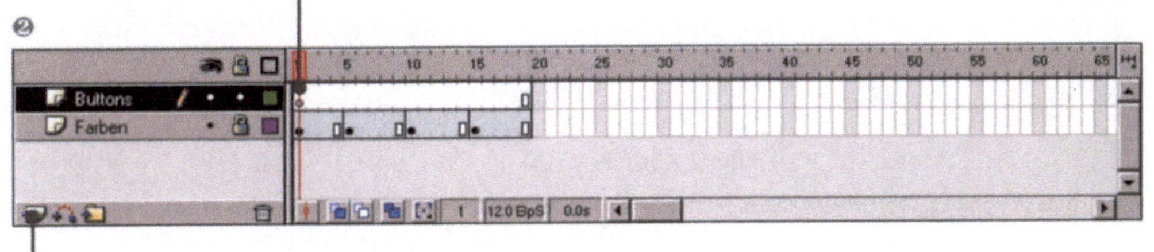

Hinweis: Eine neue Ebene lässt sich auch durch Anklicken des Ebenensymbols in der Zeitleiste erstellen.

4. Erstellen Sie Ihren ersten Button:

- Wählen Sie das Rechteckwerkzeug.
- Stellen Sie als Linienfarbe *Weiß* und als Füllfarbe *Keine Farbe* ein.
- Erstellen Sie auf der vorgesehenen Fläche ein Rechteck der Größe 75×25 Pixel.
- Schreiben Sie mittels Textwerkzeug den Text „home" in einer geeigneten Schrift, Schriftgröße und Farbe.
- Öffnen Sie *Menü > Fenster > Ausrichten* ③. Markieren Sie Rechteck und Text und klicken Sie nacheinander die Symbole zur horizontalen und vertikalen Ausrichtung der Objekte an.

5. Zur Verlinkung des Buttons muss dieser zunächst in ein Symbol umgewandelt werden:

- Markieren Sie den vollständigen Button – also Text mit Rahmen.
- Wählen Sie im Menü *Einfügen > In Symbol konvertieren* oder betätigen Sie die Taste *F8*. Wählen Sie die Option *Schaltfläche* und geben Sie dem Button den Namen „Button home". Bestätigen Sie mit OK.

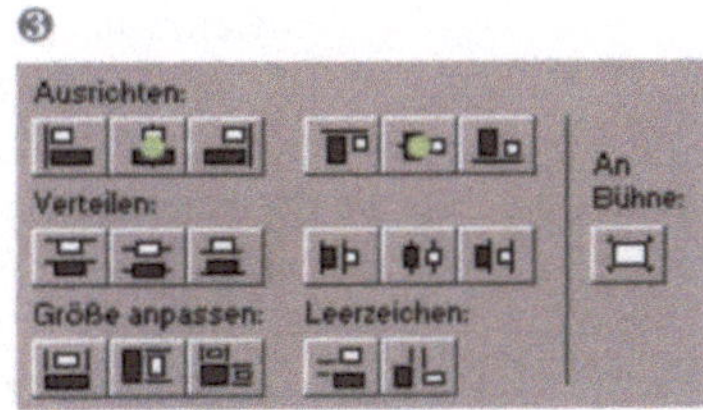

6. Öffnen Sie – falls geschlossen – die Bibliothek zu Ihrem Film (*Fenster > Bibliothek* oder Taste F 11). Sie sehen das Symbol Ihrer soeben erstellten
   Schaltfläche.
   Doppelklicken Sie auf das Symbol des Buttons in der Bibliothek. Die Zeitleiste zeigt die möglichen Schaltzustände des Buttons:

❹

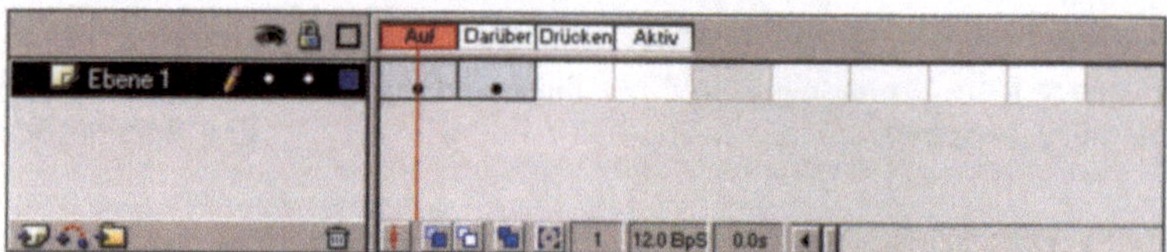

| *Auf:* | Grundzustand des Buttons |
| *Darüber:* | Zustand des Buttons, wenn sich der Mauszeiger über ihm be-
findet („Rollover"). |
| *Drücken:* | Zustand des Buttons bei gedrücktem Mauszeiger. |
| *Aktiv:* | Bereich des Buttons, der auf Mausbewegung/-klick reagiert. |

• Klicken Sie ins leere Feld *Darüber* und fügen Sie im Menü *Einfügen >
  Schlüsselbild* oder mittels Taste *F6* ein Schlüsselbild ein.
• Markieren Sie den Rahmen des Buttons und füllen Sie das Rechteck mit
  der Füllfarbe #666666 (Dunkelgrau).
• Beenden Sie die Bearbeitung des Buttons, indem Sie unterhalb der Zeit-
  leiste auf *Szene 1* klicken ❺.

❺

• Spielen Sie Ihren Film ab, indem Sie im Menü *Film > testen* wählen: Der
  Button zeigt den gewünschten Rollover-Effekt – allerdings bleibt der
  Film noch nicht an der gewünschten Stelle stehen.

7. Im nächsten Schritt erstellen Sie ein ActionScript zur Programmierung des
   Buttons:

• Klicken Sie auf der Bühne den „Button home" an – eine hellblaue Linie
  muss sichtbar sein.

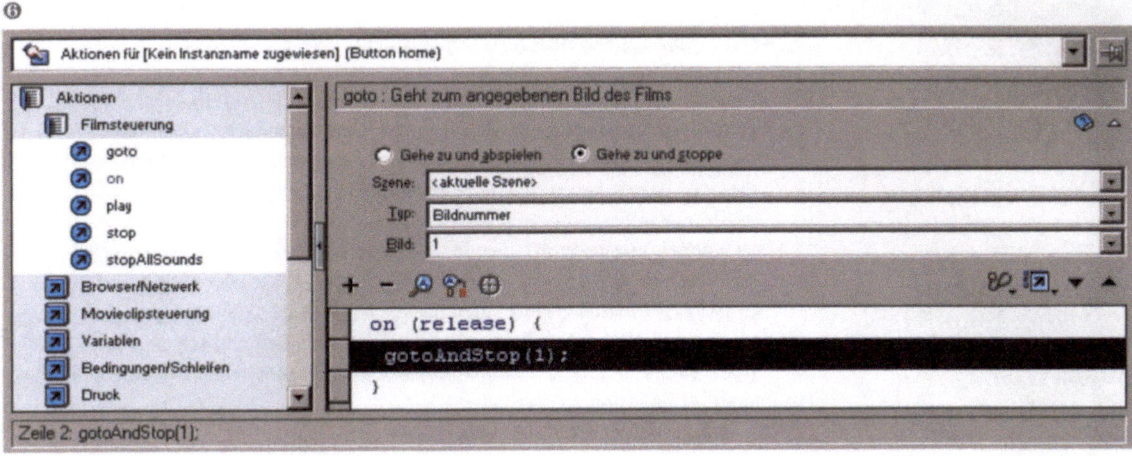

- Öffnen Sie *Fenster > Aktionen*. Klicken Sie dort auf **+** und wählen Sie: *Aktionen > Filmsteuerung > goto*. Die Voreinstellungen des Typs (Bildnummer) und des Bilds (1) sind in diesem Fall richtig. Ändern Sie die Option *Gehe zu und abspielen* jedoch in *Gehe zu und stoppe*, damit der Film nach dem Mausklick anhält ➏.
- Schließen Sie das Aktionenfenster.
- Testen Sie Ihren Film erneut: *Film > testen*. Nach Anklicken des Buttons bleibt der Film auf Bild 1 stehen. (Oder etwa nicht? ;-))

8. Für die weiteren drei Buttons empfiehlt es sich, den bereits erstellten Button zu duplizieren und danach die notwendigen Änderungen vorzunehmen:

   - Klicken Sie mit der rechten Maustaste auf den „Button home" in der Bibliothek und wählen Sie die Option *Duplizieren*. Geben Sie dem Duplikat den Namen „Button blue".
   - Platzieren Sie den neuen Button an der vorgesehenen Stelle auf der Bühne ➊.

- Doppelklicken Sie auf den neuen Button und ändern Sie den Text bei *Auf* und *Darüber* in „blue". Ändern Sie danach die Füllfarbe bei *Darüber* in #231E74.
- Erstellen Sie ein ActionScript für den Button, so dass beim Anklicken zu Bild 5 verzweigt und der Film dort gestoppt wird.

9. Wiederholen Sie Schritt 8 für die letzten beiden Buttons:

Button	Füllfarbe	Bildnummer
green	#00926A	10
red	#E6651A	15

10. Zum Schluss muss noch erreicht werden, dass der Film stoppt, bevor auf einen Button geklickt wird. Klicken Sie in der Ebene „Buttons" auf Bild 1. Weisen Sie diesem Bild ein ActionScript zu: *+ > Aktionen > Filmsteuerung > stop*. Der Buchstabe Alpha über dem Schlüsselbild-Symbol zeigt, dass sich ein Skript auf dem Bild befindet.

Projekte
Nonprint
N 04 @ S.156

Lernziel
• Sie kennen die Bedeutung der drei Arten von Texten.

Aufgabe
• Erstellen Sie einen Flash-Film mit drei Arten von Textfeldern:
  • Statischer Text
  • Dynamischer Text
  • Eingabetext

Übungsdateien auf DVD
> TUTORIAL > F_FLASH > F06

Schrift und Text

Eine der großen Einschränkungen von HTML-Texten ist, dass diese auf die installierten Systemschriften angewiesen sind. Eine typografisch ansprechende Gestaltung und ein kontrollierter Umbruch sind nicht möglich, weil der Web-Designer nicht wissen kann, welche Schriften im jeweiligen Browser als Standardschriften installiert sind.

Flash wandelt alle Texte in Unicode um. Aus diesem Grund kann prinzipiell jede Schrift verwendet werden – vorausgesetzt, dass sie als Bildschirmschrift tauglich ist! Als Nachteil erweist sich, dass Flash Schriften glättet (Antialiasing), so dass vor allem kleine Schriftgrade unscharf werden und schlecht lesbar sind. Es empfiehlt sich gegebenenfalls auf Systemschriften zurückzugreifen und auf Antialiasing zu verzichten.

Flash unterscheidet drei Arten von Textfeldern:

Statischer Text
Unveränderlicher Text, der bei der Wiedergabe nicht bearbeitet oder verändert werden kann.

Dynamischer Text
Dynamischer Text kann beispielsweise aus einer externen Textdatei gelesen und damit nach Belieben verändert werden. Auch ein Scrollen des Textes ist möglich.

Eingabetext
Wie der Name sagt, kann ein Eingabetext durch den Benutzer erstellt oder editiert werden. Eine typische Anwendung ist ein interaktives Formular.

In der folgenden Übung werden alle drei Möglichkeiten der Definition von Textfeldern vorgestellt.

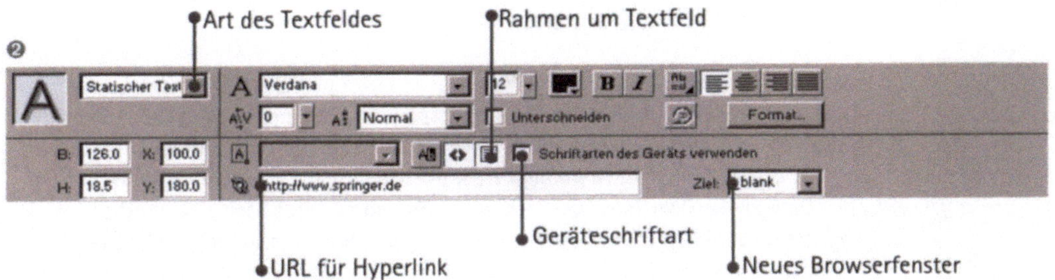

Statischer Text

1. Öffnen Sie die Datei „F06_01.FLA" und speichern Sie den Film unter dem neuen Namen „texte.fla" in Ihrem Ordner „Flash-Tutorial" ab.

2. Fügen Sie eine neue Ebene ein.

3. Geben Sie zunächst die Texte in den orangefarbigen und schwarzen Balken ein ❶:

   - Wählen Sie das Textwerkzeug aus und ziehen Sie mit gedrückter Maustaste einen Textrahmen auf.
   - Geben Sie den gewünschten Text ein.
   - Passen Sie gegebenenfalls die Größe des Textrahmens mit Hilfe des kleinen Quadrats rechts oben an.
   - Formatieren Sie den Text mit Hilfe des Eigenschaftenfensters ❷.

4. Spielen Sie den Film ab. Wie zu sehen ist, stellt Flash alle Texte geglättet dar. Um dies – bei den Texten im orangefarbigen Balken – zu verhindern, wählen Sie die Option *Schriftarten des Geräts verwenden*.

5. Geben Sie den Text für den Hyperlink ein und ergänzen Sie im Eigenschaftenfenster den zugehörigen Link, z.B. http://www.springer.de. ❷

6. Geben Sie den Text für den E-Mail-Link ein und ergänzen Sie den zugehörigen Link, zum Beispiel mailto:paul@panter.de.

Eingabetext

1. Ziehen Sie einen Textrahmen auf und konvertieren Sie das Textfeld im Eigenschaftenfenster in einen Eingabetext. Im Unterschied zu statischen Texten befindet sich das kleine weiße Quadrat nun rechts unten.

2. Formatieren Sie die Schrift so, wie Sie es bei der späteren Texteingabe wünschen. Klicken Sie abschließend die Option *Rahmen um Text zeigen* an ❷.

Dynamischer Text

1. Ziehen Sie einen Textrahmen auf und konvertieren Sie diesen in ein dynamisches Textfeld.

2. Fügen Sie einen Scrollbalken an das Textfeld an: Wählen Sie *Fenster > Komponenten* und ziehen Sie einen „Scrollbar" auf Ihr Textfeld. Der Scrollbalken passt sich automatisch an die Größe Ihres Fensters an. Außerdem wird als Parameter „Target TextField" durch Flash ein Name vergeben, der mit dem Instanznamen des Textfeldes übereinstimmt.

3. Doppelklicken Sie auf das dynamische Textfeld und geben Sie einen mehrzeiligen Text ein.

4. Testen Sie Ihren Film.

Sound und Multimedia

Mit Hilfe von Musik und Sprache kann über das Auge hinaus ein zweites Sin-
nesorgan des Menschen – das Ohr – angesprochen werden. Die Kopplung von
Bild und Ton ergeben unzählige Möglichkeiten des Informationsdesigns. Der
große Erfolg der Fernsehwerbung belegt die Bedeutung dieser Kombination.

Obwohl die Übertragungszeiten seit ISDN und erst recht seit DSL deutlich
kürzer geworden sind, stellt die Übertragung von Sound in akzeptabler Qualität nach wie vor eine hohe Belastung der Verbindung ins Internet dar. Betrachten Sie hierzu folgendes Rechenbeispiel: Download eines dreiminütigen
MP3s in einer Qualität von 128 KBit/s mittels ISDN-Kanal (64 KBit/s):

Datenmenge: $180\,s \times 128\,KBit/s = 23\,040\,KBit$
Downloadzeit: $23\,040\,KBit / 64\,KBit/s = 360\,s = 6\,Minuten$

Wer würde sechs Minuten auf den Download eines Sounds warten?
Aus obiger Überlegung lassen sich einige Forderungen für den Einsatz von
Sounds stellen:

• Wählen Sie möglichst kurze Sounds, die sich als
Schleife (loop) abspielen lassen.　　**S 04 @ S.390**
• Wählen Sie eine möglichst hohe Kompression der Sounddaten bei noch akzeptabler Qualität: Ein 128-KBit-MP3 unterscheidet sich klanglich kaum
von Audio-CD-Qualität!
Hinweis: Die Kompression der Sounddaten lässt sich auch direkt in Flash
vornehmen, so dass kein zusätzlicher Audioeditor notwendig ist.
• Verteilen Sie durch geschicktes Platzieren den Ladevorgang der Sounds, so
dass sich mehrere, aber dafür kürzere Wartezeiten ergeben.
• Beachten Sie die Rechtslage: Die Verwendung eines nicht durch die GEMA
ausdrücklich freigegebenen Sounds auf einer kommerziellen Site ist unzu-
lässig und kann hohe Schadensforderungen zur Folge haben.

Soundsteuerung mittels Flash

Abbildung ❶ zeigt ein typisches
„Steuerpult" für Sounds. Neben
dem Starten und Stoppen eines
Sounds ist eine Lautstärkeregelung wünschenswert. Das vorliegende Tutorial realisiert die
dargestellten Funktionen.

1. Öffnen Sie die vorbereitete Datei „F07_01.FLA" und speichern Sie diese unter dem neuen Namen „sound.fla" in Ihrem Ordner „Flash-Tutorial" ab.

2. Importieren Sie über *Datei > In Bibliothek importieren…* den Sound „F07_02.WAV" in Ihren Film. Alternativ können Sie ein Musikstück Ihrer Wahl importieren.

3. Öffnen Sie – falls noch nicht der Fall – die Bibliothek und klicken Sie mit rechter Maustaste auf den soeben importierten Sound. Wählen Sie den Menüpunkt *Eigenschaften* und testen Sie durch Abhören die verschiedenen Kompressionsverfahren. Wählen Sie eine geeignete Einstellung aus.

4. Klicken Sie erneut mit rechter Maustaste auf den Sound und wählen Sie *Verknüpfung*: Um einen Sound per ActionScript steuerbar zu machen, muss dieser einen so genannten Bezeichner erhalten. Klicken Sie auf „*Export für ActionScript*" und geben Sie als Bezeichner „soundtest" ein.

Skript für den Play-Button

1. Markieren Sie durch Anklicken die Schaltfläche „Play" und öffnen Sie das Aktionenfenster. Stellen Sie den Editor im Menü rechts oben von Normal- auf Expertenmodus um.

2. Geben Sie das in Abbildung ❷ gezeigte ActionScript ein. Ziehen Sie hierfür die benötigten Befehle aus dem Befehlsfenster (links) in das Editorfenster (rechts) und ergänzen Sie die benötigten Parameter.
Beispiele: Der Befehl `on (release)` befindet sich im Ordner *Aktionen > Filmsteuerung*. Die Soundbefehle befinden sich im Ordner *Objekte > Film > Sound*.

Erklärungen zum Skript:

- Der Variablen „musik" wird ein Soundobjekt zugewiesen.
- Der Soundvariablen „musik" wird ein Sound aus der Bibliothek zugewiesen. Dieser besitzt den Bezeichner „soundtest" (siehe oben).
- Der Sound wird abgespielt. Die optionalen Angaben in der Klammer bestimmen, dass der Sound von Anfang an (bei 0 Sekunden) abgespielt und dass er 10-mal wiederholt werden soll.

3. Speichern und testen Sie Ihren Film.

Skript für den Pause-Button

1. Markieren Sie durch Anklicken die Schaltfläche „Pause" und geben Sie folgendes ActionScript ein:

```
on (release) {
    abspielzeit = musik.position/
    1000;
    musik.stop();
}
```

❷

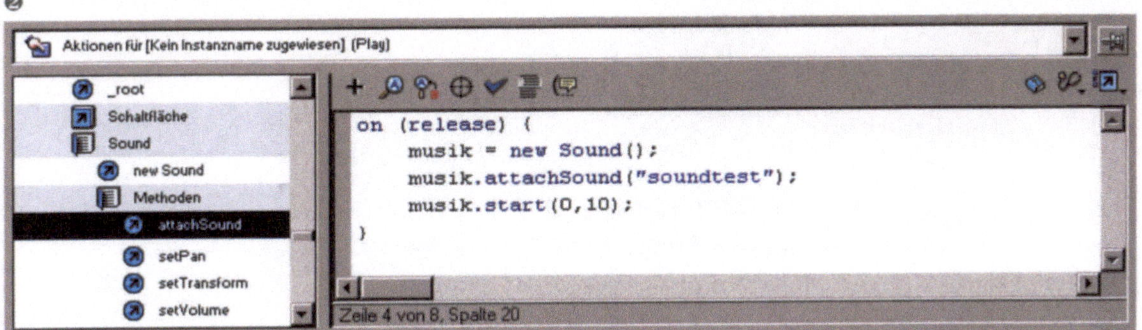

Erklärungen zum Skript:

* Die abgespielte Zeit wird in der Variablen „abspielzeit" gespeichert, damit
  der Sound ab dieser Position weitergespielt werden kann. Da die Zeit in Millisekunden gemessen wird, ist eine Umrechnung in Sekunden erforderlich.
* Das Abspielen des Sounds wird beendet.

2. Um den Sound mittels Play-Taste an der Stelle zu starten, an der er gestoppt wurde, muss das Skript des Play-Buttons wie folgt geändert werden:

```
alt:   musik.start(0,10);
neu:   musik.start(abspielzeit,10);
```

3. Speichern und testen Sie Ihren Film.

Skript für den Stop–Button
1. Klicken Sie auf die Schaltfläche „Stop" und geben Sie folgendes Action-
   Script ein:

```
on (release) {
    abspielzeit = 0;
    musik.stop();
}
```

2. Speichern und testen Sie Ihren Film.

Schieberegler zur Lautstärkesteuerung
Etwas „knifflig" ist die Realisation eines Schiebereglers. Achten Sie auf eine
exakte Ausführung der beschriebenen Arbeitsschritte!

1. Klicken Sie die Schaltfläche „Reglerknopf" an und geben Sie folgendes
   ActionScript ein:

```
on (press) {
    startdrag(this, true, 0, 0, 0, 40);
}
on (release) {
    stopdrag();
}
```

Erklärungen zum Skript:

- Durch die Aktion `startdrag` wird der Reglerknopf innerhalb des über die beiden Koordinaten (0,0) und (0,40) definierten Rechtecks beweglich. Da in diesem Fall die beiden X-Koordinanten null sind, wird das Rechteck zur Linie:

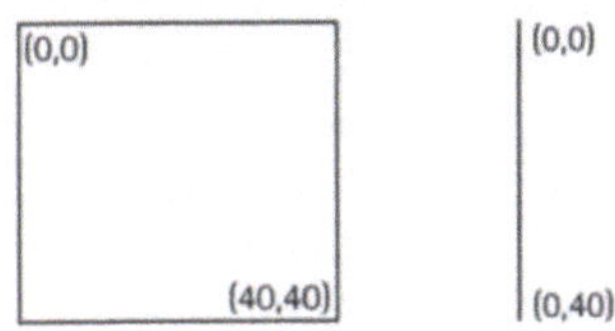

- Der Knopf kann entlang der Linie verschoben werden, solange die Maustaste gedrückt (`press`) wird – nach dem Loslassen (`release`) endet die Aktion.

2. Konvertieren Sie die mit dem Skript versehene Schaltfläche in ein Movieclip (*Einfügen > In Symbol konvertieren* oder Taste F8). Geben Sie dem Movieclip den Namen „Beweglicher Regler".

3. Der soeben erstellte Movieclip erhält nun ein ActionScript, das die Bewegung in eine Lautstärkeregelung umrechnet:

```
onClipEvent (enterframe) {
  _root.musik.setVolume(100-2.5*
  this._y);
}
```

Erklärungen zum Skript:

- Im Unterschied zu den Mausaktionen `press` oder `release` wird dieses Skript unabhängig von einer Mausaktion bei jedem Eintritt des Abspielkopfes in das aktuelle Bild (`enterframe`) ausgeführt. Da der Film als Schleife abgespielt wird, hat dies eine andauernde Wiederholung des Skriptes zur Folge.
- Die komplizierte Zeile in geschweifter Klammer setzt die Y-Koordinate des Reglerknopfes in eine Lautstärke von 0 (kein Ton) bis 100 (maximal) um. Am oberen Ende des Reglers beträgt `this._y` 0, so dass die Rechnung $100-0 = 100$ ergibt. Am unteren Ende des Reglers beträgt `this._y` 40, so dass die Rechnung $100-2.5*40 = 0$ ergibt.
- Die Angabe `_root` weist darauf hin, dass sich der Sound in der Hauptzeitleiste und nicht in der Zeitleiste des Reglerknopfes befindet.

4. Markieren Sie den mit Skript versehenen Movieclip „Beweglicher Regler" und die „Reglerschiene". Konvertieren Sie den kompletten Regler in einen neuen Movieclip „Schieberegler".
Durch mehrfachen Doppelklick auf den Schieberegler gelangen Sie jeweils eine Ebene tiefer. Insgesamt müssten Sie die in Abbildung ❸ gezeigte Struktur erhalten.

5. Testen Sie Ihren Regler. Verzweifeln Sie nicht, wenn er anfänglich nicht so funktioniert, wie Sie es wünschen. Die Arbeit mit ActionScript ist gewöhnungsbedürftig und erfordert viel Übung. Betrachten Sie gegebenenfalls die Musterlösung.

❸

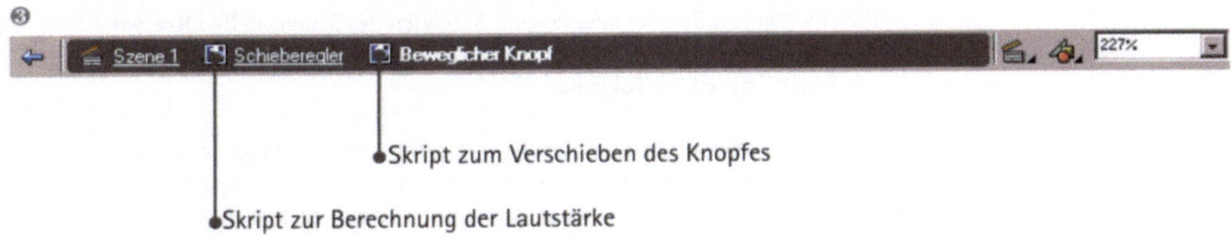

Skript zum Verschieben des Knopfes

Skript zur Berechnung der Lautstärke

F

Lästige Ladezeiten …

Einer der Nachteile von Flash- gegenüber HTML-Seiten ist, dass die Ladezeit einer Flash-Seite in der Regel höher ist als die Ladezeit einer vergleichbaren HTML-Seite. Insbesondere wenn Sounds, größere Fotografien oder gar Videos geladen werden müssen, wird die Geduld des Anwenders strapaziert und die Gefahr des „Wegklickens" steigt mit jeder weiteren Sekunde …

Wenn Wartezeiten schon unvermeidbar sind, dann sollte dem Anwender wenigstens visualisiert werden, wie *lange* er noch warten muss. Dies kann in Form einer Prozentanzeige oder mit Hilfe eines veränderlichen „Ladebalkens" geschehen. Die Chance, dass der Anwender dann die lästige Wartezeit „durchhält", dürfte auf diese Weise deutlich steigen!

Der Bandbreiten-Profiler

Auch wenn die Übersetzer von Flash ins Deutsche hier ein furchtbares Wort gewählt haben: Der Bandbreiten-Profiler stellt ein hervorragendes Tool für die Simulation von Flash-Seiten unter „Internetbedingungen" dar:

1. Öffnen Sie die Datei „F08_01.FLA".

2. Testen Sie Ihren Film (*Steuerung > Film testen*). Wählen Sie während des Abspielens im Menü *Ansicht > Bandbreiten-Profiler*. Sie sehen nun die Datenmengen, die während des Abspielens bei jedem Bild geladen werden

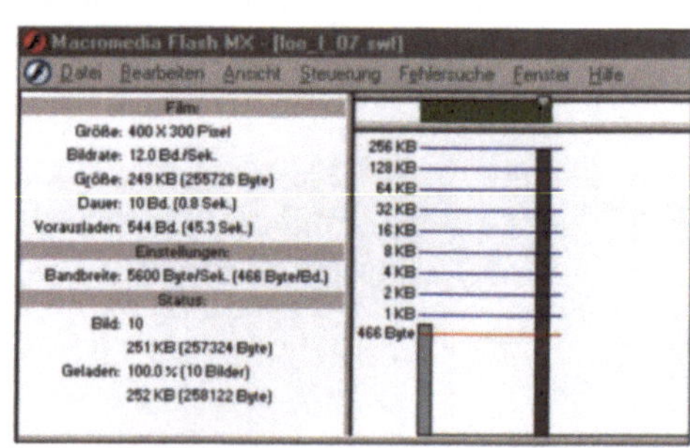

müssen. Im Beispiel müssen zum Abspielen des Sounds in Bild 10 etwa 250 KB geladen werden, was unter realen Bedingungen zwangsläufig eine längere Wartezeit zur Folge hat.

3. Um die Wartezeit sichtbar zu machen, wählen Sie im Menü *Ansicht > Streaming zeigen*. Das Abspielen wird jetzt in der Geschwindigkeit simuliert, die im Menü *Fehlersuche* eingestellt ist. Der Film bleibt nun auf Bild 9 stehen, bis der Sound vollständig geladen ist.

Mit Hilfe eines ActionScripts soll die Wartezeit zum Laden des Sounds in Form einer Prozentanzeige und mit Hilfe eines „Ladebalkens" angezeigt werden:

1. Klicken Sie auf Bild 1 der Ebene „Texte" und legen Sie auf dieses Bild ein ActionScript zum Stoppen des Films:

```
stop();
```

2. Damit das Textfeld und der Ladebalken durch ein Skript gesteuert werden können, müssen diesen Namen zugewiesen werden:

- Geben Sie dem Ladebalken im Eigenschaftenfenster den Instanznamen „balken".
- Geben Sie dem dynamischen Textfeld zur Prozentanzeige den Variablennamen „anzeige". Achtung: Nicht bei Instanznamen eingeben!

3. Klicken Sie nun auf den Ladebalken und geben Sie dort das ActionScript zur Steuerung der Anzeige ein:

```
onClipEvent (load) {
  gesamt = _root.getBytesTotal();
  breite = _root.balken._width;
}

onClipEvent (enterFrame) {
  aktuell = _root.getBytesLoaded();
  quotient = aktuell / gesamt;
  _root.anzeige = math.round(quotient
    *100)+" %";
  _root.balken._width = quotient *
    breite;

  if (aktuell == gesamt) {
    _root.gotoAndStop(10);
  }
}
```

Erklärungen zum Skript:

- Beim Laden (load) des ersten Bilds werden zwei Variable definiert: In `gesamt` wird die Datenmenge des Films in Byte gespeichert.
- In der Variablen `breite` wird die maximale Breite des Ladebalkens festgehalten. Der Zugriff erfolgt über den Instanznamen `balken`. Die Angabe `_root.` weist darauf hin, dass sich die Objekte in der Hauptzeitleiste befinden.
- Der zweite Teil des Skripts wird ständig wiederholt, weil das Ereignis `enterframe` fortlaufend eintritt. Stellen Sie sich einen Video-Abspielkopf vor, der auf einem Bild „pausiert", aber dennoch fortlaufend rotiert.
- Die Variable `aktuell` speichert die Anzahl an bereits geladenen Bytes und mit Hilfe der Variablen `quotient` wird dieser Wert durch die Gesamtzahl an Bytes geteilt. Beispiel:

```
gesamt = 200 (Bytes)
aktuell = 50 (Bytes)
quotient = 50/200 = 0.25
anzeige = 0.25 * 100 = 25 (%)
```

Das Ergebnis wird gerundet (`math.round`) und in das Textfeld mit dem Variablennamen `anzeige` eingetragen.

- Die aktuelle Breite des Ladebalkens errechnet sich durch Multiplikation von Quotient und Breite. Beispiel:

```
breite = 100 (Pixel)
quotient = 0.25
balken._width = 100 * 0.25 = 25
```

- Mit Hilfe der if-Bedingung wird geprüft, ob die Variablen `aktuell` und `gesamt` übereinstimmen. Ist dies der Fall, wird zu Bild 10 gesprungen – der Ladevorgang ist nun beendet.

4. Speichern Sie Ihren Film unter dem neuen Namen „preload.fla" im Ordner „Flash-Tutorial" ab.

5. Testen Sie den Film.

Projekte
Nonprint
  N 04 @ S. 156

Lernziel
- Sie konfigurieren Ihre Flash-
  Filme für den Einsatz im Internet
  bzw. für einen browserunabhän-
  gigen „Projektor".

Aufgabe
- Nehmen Sie alle Voreinstellun-
  gen vor und „veröffentlichen"
  Sie Ihren Flash-Film als
    - Internetseite und
    - Offline-Präsentation.

Übungsdateien
Beliebige Flash-Datei

On- oder Offline?

Obwohl der Erfolg von Flash vor allem auf dessen Einsatz im Internet zurückzuführen ist, kann Flash auch – browserunabhängig – für Präsentationen oder auf multimedialen CDs eingesetzt werden. Wie beim großen Bruder „Director" lässt sich auch ein Flash-Film in ein ausführbares Programm umrechnen, das den zum Abspielen benötigten Player integriert.

Flash bietet im Menü *Datei > Einstellungen für Veröffentlichungen* zahlreiche Möglichkeiten der Konvertierung einer Flash-Datei in andere Dateiformate, von denen die wichtigsten kurz beschrieben werden:

Flash (.SWF)

Flash-Film, der mit Hilfe des Flash-Players oder im Webbrowser geöffnet und abgespielt werden kann.

HTML (.HTML)

Flash-Film (.swf), der mit einer HTML-Datei verknüpft wird. Ein Öffnen des Films ist nur im Webbrowser möglich.

Windows-Projektor (.EXE) bzw. Macintosh-Projektor

Ausführbare Datei, die durch Doppelklick gestartet wird und den Flash-Film unabhängig von einem Webbrowser abspielt.

QuickTime (.MOV)

Flash-Film, der in das Videoformat QuickTime umgerechnet wird. Vorteil ist, dass dieses Format in vielen anderen Programmen importiert werden kann.

Flash-Filme im Internet

Flash-Filme werden hauptsächlich auf Internetseiten eingesetzt. Für diesen Zweck ist die Einbindung des Films in eine HTML-Datei unerlässlich. Die hierfür benötigten <object>- und <embed>-Tags brauchen im Detail nicht verstanden zu werden, weil die Erzeugung des HTML-Codes durch Flash übernommen wird. Wenn Sie den HTML-Code betrachten, stellen Sie fest, dass automatisch eine Download-Adresse für den Flash-Player eingebunden wird. Im Fall, dass der Flash-Player im Browser des Anwenders nicht installiert ist, kann dieser über einen entsprechenden Link zu Macromedia kostenlos heruntergeladen werden.

Beachten Sie, dass eine HTML-Datei lediglich eine *Verknüpfung* zu Ihrem Flash-Film realisiert. Bei der Übertragung der Dateien auf einen Webserver müssen also sowohl die HTML- als auch die SWF-Datei übertragen werden.

1. Öffnen Sie einen Flash-Film Ihrer Wahl – greifen Sie eventuell auf einen Flash-Film im Lösungsordner auf der DVD zurück.

2. Wählen Sie im Menü *Datei > Einstellungen für Veröffentlichungen > Format* „HTML". Klicken Sie auf die nun sichtbare Registerkarte „HTML" und stellen Sie dort die gewünschten Optionen ein:

- Als *Vorlage* wird bei „Nur Flash" die Standardvorlage „default.html" verwendet. Alternativ könnten hier auch eigene Vorlagen eingesetzt werden.
- Mit *Größe* bestimmen Sie die Breite und Höhe des Flash-Films in Pixel oder Prozent.
- Unter *Abspielen* können Sie vorgeben, dass der Film
  - nach dem Laden anhalten und nach Mausklick starten,
  - sich (endlos) wiederholen,
  - bei rechtem Mausklick ein Kontextmenü zeigen,
  - (ungeglättete) Geräteschriftarten verwenden soll.
- Unter *Qualität* muss ein Kompromiss zwischen Abspielgeschwindigkeit und Bildqualität (Antialiasing) gefunden werden. Dies ist von Film zu Film unterschiedlich und muss durch Testen ermittelt werden.
- Der *Fenstermodus* „Durchsichtig ohne Fenster" ermöglicht „freigestellte" Flash-Filme. So könnte zum Beispiel ein kreisförmiger Film realisiert werden. Die Transparenz geht – laut Handbuch – unter Umständen auf Kosten der Abspielgeschwindigkeit.
- Mit *HTML-Ausrichtung* bestimmen Sie die Position des Flash-Films im Browserfenster.
- Das *Skalieren* des Films ist nur von Bedeutung, wenn Sie unter Größe die Filmmaße verändert haben.

- Die *Flash-Ausrichtung* bestimmt schließlich die Position des Flash-Films im Fenster.

3. Klicken Sie auf „Veröffentlichen", um die Dateien berechnen zu lassen. Öffnen Sie anschließend die HTML-Datei in Ihrem Webbrowser.

Browserunabhängige Flash-Filme

1. Öffnen Sie einen beliebigen Flash-Film.

2. Wählen Sie im Menü *Datei > Einstellungen für Veröffentlichungen > Format* „Flash" und „Windows-Projektor" (PC-Nutzer) bzw. „Macintosh-Projektor" (Mac-Nutzer). Klicken Sie dann auf die Registerkarte „Flash" und stellen Sie dort die gewünschten Optionen ein:

- Mit *Version* bestimmen Sie den zum Abspielen des SWF-Films zu integrierenden Player.
- Die *Ladereihenfolge* bestimmt die Reihenfolge, in der die Ebenen des Flash-Films geladen werden.
- Unter *Optionen* können Sie unter anderem Ihren Film durch ein Kennwort schützen. Die Option „Film komprimieren" sollte stets aktiviert bleiben.
- Je höher die *JPEG-Qualität* gewählt wird, umso besser wird die Bildqualität, aber umso länger werden jedoch die Ladezeiten Ihres Films.
- Neben der Bildqualität lässt sich auch die *Soundqualität* an dieser Stelle zentral einstellen. Wenn Sie „Soundeinstellungen übergehen" anklicken, dann werden alle bisherigen Einstellungen Ihrer Sounds ignoriert.

3. Klicken Sie auf „Veröffentlichen", um die Dateien berechnen zu lassen. Beenden Sie Flash und starten Sie Ihren Projektor durch Doppelklick auf die Datei.

Y

Voraussetzungen für dieses Tutorial

Mit dem Kapitel „Dynamische Webseiten" wagen Sie sich an ein komplexes Thema heran. Dies liegt vor allem daran, dass zur Realisation dynamischer Seiten die Kenntnis mehrerer Technologien notwendig ist:

HTML
HTML-Kenntnisse werden für dieses Tutorial vorausgesetzt. Bearbeiten Sie gegebenenfalls zuerst das HTML-Tutorial.

H @ S.475

PHP
PHP ist die in diesem Tutorial eingeführte Skriptsprache. Mit ihrer Hilfe können Sie beispielsweise auf externe Dateien oder auf eine Datenbank zugreifen. Weiterhin lassen sich mittels PHP HTML-Seiten erzeugen, die dann als Abfrageergebnis an den Kunden übertragen werden.

SQL/MySQL
SQL ist die Abfragesprache für die Erstellung von bzw. den Zugriff auf Datenbanken. Sie wird in diesem Tutorial nur insoweit besprochen, als sie für den PHP-Zugriff auf eine Datenbank benötigt wird.

Bei MySQL handelt es sich um ein Datenbankmanagementsystem, das zur Verwaltung von Datenbanken auf einem Webserver dient. Die Software ist kostenlos und sowohl im Internet als auch auf der DVD zum Buch vorhanden.

Webserver
Für die Durchführung dieses Tutorials benötigen Sie Zugriff auf einen Webserver, der PHP sowie das Datenbankmanagementsystem MySQL zur Verfügung stellt. Der weit verbreitete Apache-Webserver steht im Internet kostenlos zum Download bereit und befindet sich auch auf der DVD zum Buch. Wer keinen eigenen Webserver installieren will, kann – beispielsweise bei Lycos Tripod – einen Webhost im Internet nutzen. Achten Sie jedoch darauf, dass PHP und MySQL angeboten werden.

H 11 @ S.506

Betriebssystem
Webserver werden unter Windows oder Unix (Linux) betrieben. Die in der grafischen Industrie oft bevorzugten „Macs" von Apple spielen im Serverbereich bislang (noch) keine Rolle. Dies wird sich mit Mac OS X vielleicht ändern, weil hier ein Webserver integriert ist. Wenn Sie den auf DVD mitgelieferten Webserver installieren wollen, benötigen Sie einen Windows- oder Linux-PC. Wer dennoch bei „seinem" Mac bleiben will, muss auf ein Angebot im Internet zurückgreifen oder den Webserver unter Mac OS X nutzen.

Web-Technologien

Reine HTML-Seiten sind „statisch": Sie besitzen eine durch die verwendeten Tags festgelegte Form und einen unveränderlichen Inhalt. Änderungen müssen „von Hand" in der HTML-Datei vorgenommen werden.

„Dynamische" Webseiten ermöglichen im Gegensatz zu statischen Seiten eine Veränderung von Form oder Inhalt der Seite, *ohne* dass ein Benutzereingriff notwendig ist. Damit dies gelingt, muss die HTML-Datei auf ein als „Skript" bezeichnetes Programm zugreifen. Die Ausführung des Skripts führt „dynamisch" zu den gewünschten Ergebnissen auf der Webseite. Beispiele sind:

- Suchanfragen
- Formulare
- Datum und Uhrzeit
- Zugriffszähler
- Gästebücher/Foren

Die Beispiele zeigen, dass mit Hilfe dynamischer Seiten ein Dialog zwischen Benutzer der Seite und Webserver möglich wird. Im Falle einer Suchanfrage ist dies beispielsweise der Zugriff auf eine Datenbank zur Auffindung der gesuchten Information. Das hierfür benötigte Skript realisiert diesen Datenbankzugriff und generiert im Anschluss daran eine Webseite mit den Ergebnissen der Anfrage. Umgekehrt lassen sich mit Hilfe eines Formulars auch Benutzerdaten – z.B. eine Anschrift – in eine Datenbank auf den Server übertragen.

Zur Realisation dynamischer Webseiten stehen unterschiedliche Technologien zur Verfügung, die im Folgenden kurz angesprochen werden sollen.

ASP (Active Server Pages)

Die kommerziell von Microsoft vertriebene ASP-Technologie erfordert entsprechende Microsoft-Webserver (Internet Information Server, Personal Webserver). Zur Skripterstellung können verschiedene Sprachen wie VBScript oder JScript verwendet werden. Der Skriptcode lässt sich hierbei – wie bei PHP – direkt in die HTML-Datei einbetten. Die Ausführung der Skripte erfolgt serverseitig.

CGI (Common Gateway Interface)

Wer die Bindung an Microsoft scheut, muss sich nach firmenunabhängigen Alternativen umsehen. Ein Beispiel hierfür ist die CGI-Technologie, die kostenlos für Webserver unter Linux/Unix bzw. Windows angeboten wird. Wie bei ASP werden die Skripte auch bei CGI serverseitig abgearbeitet. Im Unterschied zu PHP oder ASP lassen sich CGI-Skripte allerdings nicht in HTML-Dateien einbinden, sondern müssen als separate Dateien in einem speziellen Verzeichnis (cgi-bin) auf dem Server vorliegen. CGI-Skripte lassen sich prinzipiell in einer beliebigen Sprache erstellen. Aufgrund ihrer Leistungsfähigkeit ist jedoch *Perl* sehr beliebt. Zur Ausführung eines Perl-Skripts muss auf dem Webserver ein Perl-Interpreter installiert sein.

PHP (Hypertext Preprocessor)

Die erst 1994 entwickelte Skriptsprache PHP erfreut sich zunehmender Beliebtheit und steht wie CGI ebenfalls kostenlos zur Verfügung. Der benötigte Webserver kann unter Linux/Unix oder Windows betrieben werden. Ein großer Vorteil von PHP ist, dass sich ein PHP-Skript direkt in HTML-Dateien einbetten lässt. Der Server erkennt anhand der Dateiendung .php (bzw. .php3, .php4), dass es sich um keine reine HTML-Datei handelt, und übergibt das Skript an den zur Ausführung verantwortlichen PHP-Interpreter. Der Einstieg in die PHP-Programmierung ist relativ einfach – Sie können sich auf Ihre ersten dynamisch generierten Seiteninhalte freuen!

JavaScript

Im Unterschied zu den bisher genannten Technologien wird ein JavaScript nicht serverseitig, sondern durch den Webbrowser des Anwenders ausgeführt. Hierdurch lassen sich Funktionen realisieren, die mit HTML nicht möglich sind. Ein Beispiel hierfür ist eine Fehlermeldung bei einem fehlenden Eintrag in ein Formular. Obwohl hierdurch eine gewisse „Dynamik" auf der Webseite realisierbar ist, kann diese Technologie nicht mit den bisher genannten Möglichkeiten verglichen werden.

Lernziel
- Sie kennen die Grundbegriffe der Datenbanktheorie und verstehen die Bedeutung von SQL.

Grundbegriffe zu Datenbanken

Mit einer Datenbank hat jeder von Ihnen bereits gearbeitet: Ein Adressbuch, in dem die Anschriften und Telefonnummern der Verwandten und Freunde „gespeichert" sind, stellt nichts anderes als eine analoge Datenbank dar. Zwei wichtige Kriterien einer Datenbank werden Sie beim Ausfüllen Ihres Adressbuches vermutlich automatisch beachtet haben:

- Jede Adresse muss eindeutig identifizierbar sein. Beispiel: Kennen Sie zufällig zwei Personen mit dem Namen „Dirk Schmidt", dann müssen sich diese durch ein weiteres Kriterium wie z.B. der Telefonnummer unterscheiden, damit Sie nicht verwechselt werden.
- Die Eintragung Ihrer Adressen erfolgt „redundanzfrei", d.h., jede Adresse wird genau einmal eingetragen. Hierfür werden Sie sich ein Ordnungsschema überlegt haben, z.B. nach Nachnamen sortiert.

Die Datenbanktheorie ordnet den einzelnen Komponenten einer Datenbank Fachbegriffe zu:

Eine vollständige Adresse der Kartei wird als *Datensatz* bezeichnet. Jeder Datensatz besteht seinerseits aus den *Datenfeldern (Attributen)* Nachname, Vorname, Straße, Postleitzahl, Ort, Telefon, E-Mail. Die Summe aller Adressen bzw. Datensätze heißt *Tabelle (Relation)*, denn Datensätze lassen sich in Tabellen darstellen. Eine *relationale Datenbank* besteht also aus mindestens einer Tabelle.

Tabelle „privatadressen"

id	nachname	vorname	strasse	plz	ort	telefon	email
1	Adam	Fritz	Hauptstraße 23	88214	Ravensburg	(0751)12345	f.adam@web.de
2	Bauer	Edgar	Gartenstraße 5	81476	München	(089)987654	eddi@gmx.de
3	Schmitt	Gabi	Rheinstraße 10	79106	Freiburg	(0761)223344	gabi.s@aol.de
...	...	...	...	...	...	...	...

Die *Datensätze* befinden sich in den waagrechten Tabellenzeilen – die *Datenfelder* in den senkrechten Tabellenspalten.

In der Tabelle wurde eine zusätzliche Spalte „id" eingefügt. Man spricht von einem *Index oder Key (Schlüssel)*. Ein Index erleichtert und beschleunigt den Zugriff auf Datensätze. Um die Forderung nach Eindeutigkeit zu erfüllen, darf eine Nummer nur einmal vergeben werden. Ein Index, der einen Datensatz eindeutig identifiziert, wird als *Primary Index (Primärschlüssel)* bezeichnet. Auch beim Löschen eines Datensatzes wird die frei gewordene Nummer nicht neu vergeben.

Im Unterschied zum Adressbuch oder Karteikasten spielt in der Tabelle die Reihenfolge der Datensätze überhaupt keine Rolle. Ein Sortieren der Datensätze nach gewünschten Kriterien erfolgt erst bei einer Abfrage.

SQL (Structured Query Language)

Zur Erstellung und Verwaltung relationaler Datenbanken ist eine *Abfragesprache* notwendig. Weit verbreitet ist die Mitte der siebziger Jahre durch die Firma IBM entwickelte Sprache SQL. Mit Hilfe von SQL-Befehlen ist der Zugriff auf einen SQL-Datenbankserver möglich. In diesem Tutorial wird der viel genutzte und kostenlose MySQL-Server verwendet.

Die folgenden Beispiele zeigen SQL-Befehle zur Erstellung einer Datenbank sowie für den Zugriff auf deren Datensätze:

Erzeugen einer Datenbank

```
CREATE DATABASE adressen
```

Erzeugen einer Tabelle

```
CREATE TABLE privatadressen (
id int(4) NOT NULL auto_increment,
nachname varchar(30) NOT NULL,
...
PRIMARY KEY (id)
)
```

Eingabe von Daten(sätzen)

```
INSERT INTO privatadressen (nachname,
vorname) VALUES ('Adam', 'Fritz')
```

Abfragen von Datensätzen

```
SELECT * FROM privatadressen ORDER BY
nachname
```

Im Beispiel werden alle (•) Datensätze der Tabelle „privatadressen" abgefragt und nach „nachname" sortiert:

Löschen von Datensätzen

```
DELETE FROM privatadressen WHERE nach-
name = 'Adam'
```

Im Beispiel werden alle Datensätze mit Nachnamen „Adam" gelöscht.

Ändern von Datensätzen

```
UPDATE privatadressen SET nachname=
'Edam' WHERE nachname='Adam'
```

Im Beispiel werden alle Datensätze mit Nachnamen „Adam" in „Edam" geändert.

Hinweis: Die Großschreibung dient nur zur Verdeutlichung der SQL-Befehle.

Projekte
Nonprint
  N 05 @ S. 166

Lernziel
- Sie installieren einen Apache-Webserver mit PHP und MySQL.

Aufgabe
- Installieren Sie den auf der Buch-DVD vorhandenen Webserver (nur Windows) oder suchen Sie sich im Internet einen geeigneten Webhost mit PHP und MySQL.

Apache, PHP und MySQL

Wie in den „Basics" bereits erwähnt, benötigen Sie für dieses Tutorial einen eigenen Webserver oder einen Internet Service Provider, der diesen Server anbietet.

Apache

Auch wenn der Name diese Assoziation weckt – Apache hat nichts mit Indianern zu tun. Der eigenartige Name steht für „a patchy server", weil es sich um den mit Hilfe von Patches weiterentwickelten NCSA-Server (National Center for Supercomputing) handelt. Dieser Server bietet eine Reihe von Vorteilen:

- Er ist firmenunabhängig und damit kostenlos im Internet und auf der Buch-DVD verfügbar.
- Apache-Server sind sehr weit verbreitet und stehen für viele Betriebssysteme (Windows, OS/2, Linux) zur Verfügung.
- Apache besitzt ein modulares Konzept mit einer hohen Performance bei geringen Hardwareanforderungen.

Links: www.apachefriends.org, www.apache.org

PHP

Auf die Vorteile der Skriptsprache PHP wurde bereits im vorherigen Abschnitt „Web-Technologien" hingewiesen. Ein PHP-Modul gehört zum Apache-Sever auf der Buch-DVD. Zur Erstellung der PHP-Skripte genügt ein einfacher Text- oder HTML-Editor.

Link: www.php.net

MySQL

Auch das Datenbankmanagementsystem MySQL gehört zu den Non-Profit-Anwendungen und wird daher im Internet kostenlos angeboten. Es handelt sich um ein leistungsfähiges DBMS, das auch große Datenbanken bis 50 Millionen Datensätze verwalten kann. MySQL lehnt sich weitgehend an den SQL-Standard an und besitzt APIs (Application Program Interface) für zahlreiche Sprachen wie Java, Perl, PHP und C++. MySQL befindet sich im Paket des oben beschriebenen Apache-Servers.

Link: www.mysql.com

WAMPP und LAMPP

WAMPP: *Windows + Apache + MySQL + PHP + Perl*
LAMPP: *Linux + Apache + MySQL + PHP + Perl*

Installation Ihres WAMPP

Der in diesem Tutorial zur Verfügung gestellte Apache-Server stammt von www.apachefriends.org. Er ist vor-konfiguriert und aus diesem Grund denkbar einfach zu installieren. Ein herzliches Dankeschön an *Kai Seidler* und *Kay Vogelsang* für ihre gelungene Arbeit und dafür, dass sie die Weitergabe „ihres" Servers auf beiliegender DVD gestatten.

Gehen Sie zur Installation unter Windows folgender-maßen vor:

1. Kopieren Sie den Server „wampp-0.13.5cs.zip" von DVD auf Festplatte und entpacken Sie ihn, so dass er sich im Haupzverzeichnis c:\ auf ihrer Festplatte be-findet. Beim Entpacken wird automatisch ein Ordner „c:\wampp13cs" erstellt.

2. Doppelklicken Sie zum Start des Servers auf die Datei „apache_start.bat". Wichtig ist, dass Sie das sich öff-nende Konsolenfenster nicht schließen, sondern wäh-rend der gesamten Sitzung geöffnet in der Taskleiste belassen ❶.

3. Doppelklicken Sie zum Start von MySQL auf die Datei „mysql_start.bat". Auch hier gilt, dass das Konsolen-fenster nicht geschlossen werden darf ❶.

4. Starten Sie einen Webbrowser (Internet Explorer oder Netscape Communicator) und geben Sie in das Adressfenster „http://localhost" ein. Bei erfolgreicher Installation sehen Sie die „Willkommen"-Seite des Servers.

5. Beenden Sie den Apache- und MySQL-Server nur durch Herunterfahren. Klicken Sie hierzu auf die dafür vorgesehenen Dateien „apache_stop" bzw. „mysql_shutdown.bat" ❸ im Verzeichnis „c:\wampp13cs".

Einrichten eines Arbeitsverzeichnis

Alle PHP-Dateien müssen sich im Arbeitsverzeichnis „htdocs" des Apache-Servers befinden.

1. Löschen Sie alle (Demo-)Dateien im Verzeichnis „c:\wampp13cs\htdocs" und erstellen Sie einen neuen Unterordner „php-tutorial".

2. Starten Sie Ihren Server durch Doppelklick auf die Datei „apache_start.bat".

3. Starten Sie einen Webbrowser (Internet Explorer oder Netscape Communicator) und geben Sie in das Adressfenster „http://localhost" ein. Sie sehen nun das leere Inhaltsverzeichnis Ihres Ordners „php-tuto-rial" ❷.

❶

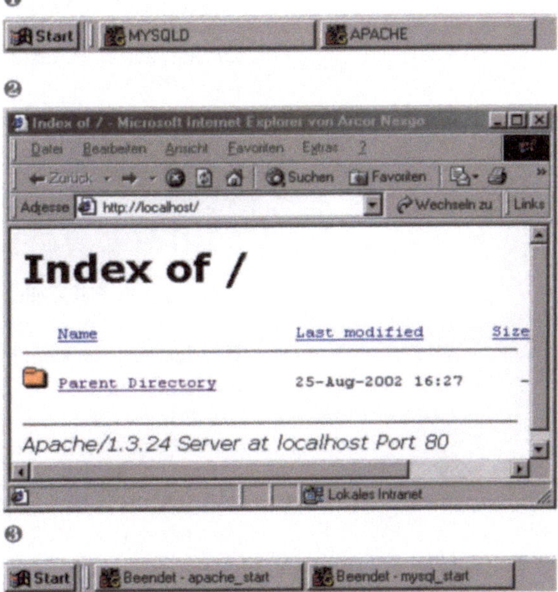

❷

❸

Y

PHP-Skript in HTML einbinden

Ein großer Vorteil von PHP ist, dass sich ein PHP-Skript innerhalb einer HTML-Datei befinden darf. Zur Unterscheidung von HTML-Tags muss das Skript folgendermaßen gekennzeichnet werden:

```
<body>
<?php                          Beginn des PHP-Skriptes
...
?>                             Ende des PHP-Skriptes
</body>
```

Hinweis: Die Buchstaben „php" nach dem Fragezeichen können auch weggelassen werden.

Textausgabe

Zur Ausgabe eines Textes im Webbrowser dient der echo-Befehl:

```
<?php
echo "Hallo Welt - dies ist mein PHP-Skript";
?>
```

Hinweis: Jede PHP-Zeile *muss* mit einem Semikolon (;) abgeschlossen werden!

Eine Textausgabe kann mit Hilfe von HTML-Tags oder CSS-Anweisungen formatiert werden:

```
<?php
echo "<h2>Hallo Welt!</h2> <p>Dies ist mein PHP-Skript.</p>";
?>
```

Kommentare

Kommentare enthalten keine PHP-Befehle, verbessern aber die Lesbarkeit von Skripten. Versehen Sie Ihre Skripte deshalb von Anfang an mit ausreichenden Kommentaren. Ein Vierteljahr später werden Sie dankbar dafür sein!

```
<?php
/* Ein Kommentar kann sich ruhig über
mehrere Zeilen erstrecken*/

echo "Hallo!"; //Kurzkommentar
?>
```

Dateiendung

Um dem Webserver mitzuteilen, dass eine Datei mit PHP-Skript vorliegt, muss die Datei die Endung *.php* erhalten. Je nach Server ist auch die Angabe der PHP-Version möglich: *.php3* oder *.php4*.

Sobald der Server ein PHP-Skript durch <?php erkennt, kann das Skript mit Hilfe des PHP-Interpreters übersetzt und ausgeführt werden.

Innerhalb einer HTML-Datei können sich beliebig viele PHP-Skripte befinden.

❶

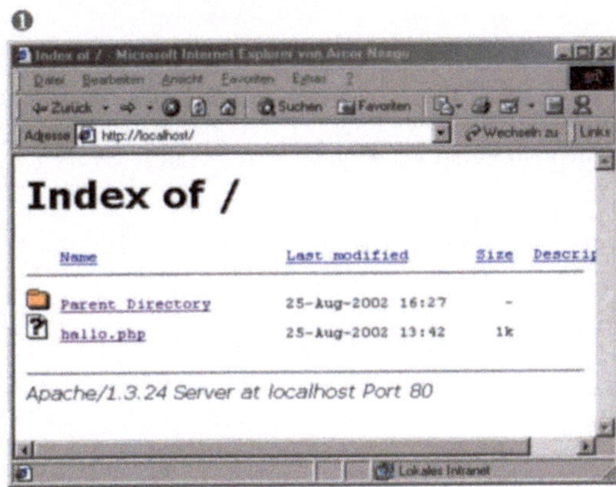

PHP-Datei erstellen

1. Starten Sie einen Text- oder HTML-Editor und geben Sie das Grundgerüst einer HTML-Datei ein. **H 01 @ S. 482**

2. Geben Sie im <body>-Bereich ein PHP-Skript mit einer Textausgabe ein.

3. Speichern Sie die Datei im Ordner „php-tutorial" Ihres Apache-Webservers unter dem Namen „hallo.php" ab.

4. Starten Sie Ihren Apache-Webserver durch Doppelklick auf die Datei „apache_start.bat". **Y 01 @ S. 582**

5. Starten Sie Ihren Webbrowser und geben Sie im Adressfenster „http://localhost/" ❶ ein. Klicken Sie auf die Datei „hallo.php". Obwohl das Ergebnis noch nicht sonderlich spektakulär ist: Es handelt sich um eine dynamisch generierte Seite. Betrachten Sie als Beweis den Quellcode der Seite:
Internet Explorer:
Ansicht > Quelltext anzeigen …
Netscape:
Ansicht > Seitenquelltext
Wie zu sehen ist, enthält der Quellcode der Datei ausschließlich HTML-Tags. Das PHP-Skript wurde durch den PHP-Interpreter des Webservers ausgeführt und durch den gezeigten HTML-Code ersetzt. Sie sehen bereits an diesem einfachen Beispiel das Funktionsprinzip einer dynamischen Webseite!

6. Formatieren Sie den Text Ihrer PHP-Datei mit Hilfe von Tags und ergänzen Sie einen Kommentar. Speichern Sie die Änderungen ab. Aktualisieren Sie die Darstellung im Browser.

Die große Bedeutung von Variablen

Variable sind ein elementares Instrument einer jeden Programmiersprache. Es handelt sich dabei um Speicherplätze für Daten. Erst mit Hilfe von Variablen wird es möglich, Daten mittels Formular auf einen Webserver zu übertragen. Umgekehrt kann mit Hilfe von Variablen auf die Datensätze einer Datenbank zugegriffen und diese Informationen an den Kunden übermittelt werden. Die Verwendung von Variablen in PHP ist denkbar einfach, weil diese nicht – wie in anderen Sprachen üblich – in einem separaten Definitionsteil vereinbart werden müssen.

Definition und Wertzuweisung

In Abhängigkeit vom gespeicherten Datentyp wird zwischen Variablen für Text (string), ganzen Zahlen (integer) und Kommazahlen (double) unterschieden. PHP ermöglicht auch die Definition komplexer Variablen (array), mit deren Hilfe z.B. eine Adresse abgespeichert werden kann.

Allen Variablen gemeinsam ist, dass ihr Name mit einem *$-Zeichen* beginnen muss. Weiterhin wird zwischen Groß- und Kleinschreibung unterschieden. Die Zuweisung eines Wertes für eine Variable erfolgt mit Hilfe einer einfachen Gleichung:

```
$name = "Schmitt";          String-Variable
$groesse = 175;             Integer-Variable
$gewicht = 80.5;            Double-Variable
```

Regeln:

• Alle Variablennamen beginnen mit dem $-Zeichen.
• Texte müssen immer in Anführungszeichen stehen!
• Statt Komma wird bei Dezimalzahlen ein Punkt verwendet.

Operationen mit Variablen

Die Ausgabe von Variablen kann ebenfalls mit Hilfe des echo-Befehls erfolgen. Eine Kombination von Texten und Variablen ist möglich. Weiterhin können Variable und Texte mit Hilfe von Punkten miteinander verbunden werden.

```
$nachname = "Schmitt";
$vorname = "Dirk";
$name = $vorname." ".$nachname;
echo "Hallo $vorname!<br>";
echo "Sehr geehrter Herr $name!";
```

Mit Zahlenvariablen lassen sich mathematische Operationen durchführen:

```
$a = 100;
$b = 50;
echo "a + b = ", $a+$b, "<br>";
echo "a - b = ", $a-$b, "<br>";
echo "a * b = ", $a*$b, "<br>";
echo "a / b = ", $a/$b, "<br>";
echo "a + 1 = ", ++$a, "<br>";
echo "a - 1 = ", --$a, "<br>";
```

Variable zur Textausgabe nutzen

1. Öffnen Sie die Datei „Y03_01.PHP" in einem Text- oder HTML-Editor.

2. Ergänzen Sie das begonnene PHP-Skript, so dass bei Ausführung des Skriptes der rechts dargestellte Text ausgegeben wird. Verwenden Sie zur Ausgabe alle bereits definierten Variablen. Beispiel: Der Gesamtbetrag ergibt sich durch Addition der drei angegebenen Summen.

3. Speichern Sie die geänderte Datei im Ordner „php-tutorial" unter dem neuen Namen „variable.php" ab.

4. Starten Sie Ihren Apache-Webserver und testen Sie die Datei im Browser.

5. Nehmen Sie die dargestellten Formatierungen des Textes mit Hilfe einer Tabelle vor. Der HTML-Code der Tabelle lässt sich komplett in das PHP-Skript einbinden. Beachten Sie dabei, dass alle Anführungszeichen, die sich innerhalb von HTML-Tags befinden, durch Hochkommas ersetzt werden müssen, da ein Anführungszeichen als Ende der echo-Ausgabe interpretiert würde.

```
<?php
echo "<table>
<tr><td width='150'> … </td></tr>
</table>
"?>
```

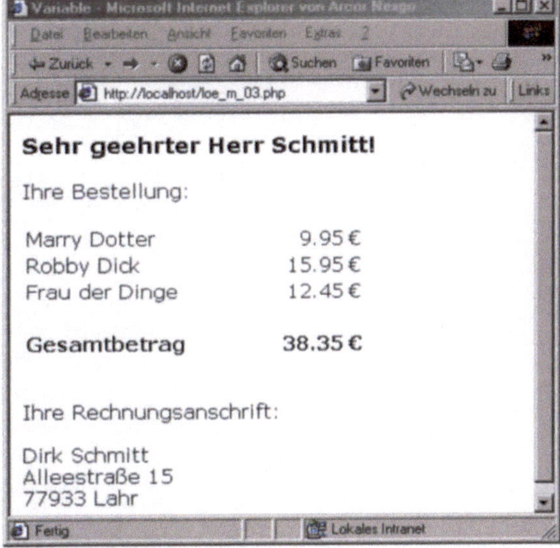

Entscheidungen

In einem Skript muss häufig eine Bedingung geprüft und abhängig vom Ergebnis eine bestimmte Reaktion ausgelöst werden. Beispiel: Bei einem Online-Formular wird als Anrede „Herr" oder „Frau" angegeben. In Abhängigkeit vom gewählten Button lautet die Anrede auf der automatisch erzeugten Rechnung „Sehr geehrter Herr" bzw. „Sehr geehrte Frau".

Eine Programmstruktur, die dieses Problem löst, ist in sämtlichen Programmier- und Skriptsprachen vorhanden. Wie auch bei PHP handelt es sich meistens um IF-ELSE-Anweisungen.

Definition einer IF-Anweisung

Eine IF-Anweisung besitzt folgende Struktur: Wenn (if) eine Bedingung erfüllt ist, dann wird die eine Anweisung ausgeführt, sonst (else) wird die andere Anweisung ausgeführt:

```
$a = 100;
$b = 50;
if ($a > $b)           Die Bedingung $a > $b ist
echo $a." größer ".$b;  erfüllt,
else                    sonst ist sie
echo $a." kleiner ".$b; nicht erfüllt.
```

Wenn nach `if` bzw. `else` mehrere Anweisungen folgen, dann müssen diese in geschweifte Klammern {} gesetzt werden:

```
$edmund = 38.5;
$gerhard = 38.6;
if ($edmund > $gerhard)    {
echo "Edmund hat ",$edmund," Prozent. <br>";
echo "Edmund ist Wahlsieger!";
} else {
echo "Gerhard hat ",$gerhard," Prozent.<br>";
echo "Gerhard ist Wahlsieger!";
}
```

Vergleichsoperatoren

Zusammenstellung einiger wichtiger Vergleichsoperatoren für die IF-Bedingung.

```
($a == $b)        $a gleich $b
($a != $b)        $a nicht gleich $b
($a >  $b)        $a größer als $b
($a >= $b)        $a größer gleich $b
($a <  $b)        $a kleiner als $b
($a <= $b)        $a kleiner gleich $b
($a &  $b)        $a UND $b
($a |  $b)        $a ODER $b
```

Hinweis: ($a = $b) darf nicht verwendet werden, da dies kein Vergleich, sondern eine Wertzuweisung ist!

Dynamische Textausgabe

1. Öffnen Sie die Datei „Y04_01.PHP" in einem Text- oder HTML-Editor.

2. Ergänzen Sie das begonnene Skript, so dass in Abhängigkeit von den Variablen *$geschlecht* und *$jahreszeit* der Werbetext an vier Stellen automatisch generiert wird:

- $anrede = "Sehr geehrter Herr" bzw. "Sehr geehrte Frau"
- $kollektion = "Winterkollektion" bzw. "Sommerkollektion"

- $modern = "den modernen Mann" bzw. "die moderne Frau"
- $temperatur = "kalte" bzw. "warme" (Jahreszeit)

Hinweis: Zur Realisierung der geforderten Entscheidungen genügen zwei IF-ELSE-Bedingungen!

3. Speichern Sie die geänderte Datei im Ordner „php-tutorial" unter dem neuen Namen „entscheidung.php" ab.

4. Starten Sie Ihren Apache-Webserver und testen Sie die Datei im Browser. Verändern Sie die Variablen $geschlecht und $jahreszeit und überprüfen Sie die Textausgabe erneut.

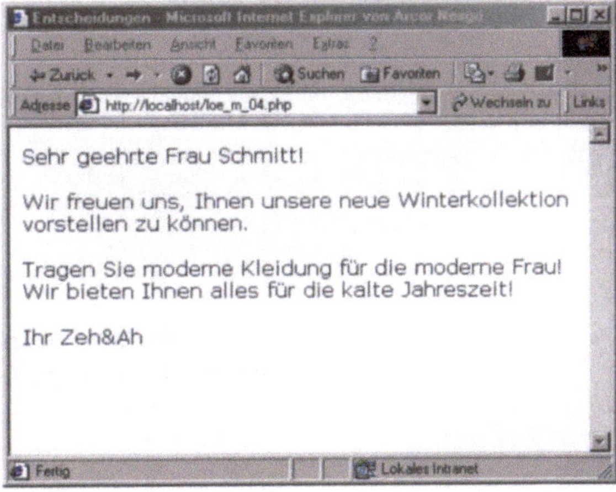

Schleifen durchlaufen

Mit Hilfe einer (Wiederholungs-)Schleife wird es möglich, ein bestimmtes Programmstück mehrfach zu durchlaufen. Diese Vorgehensweise spart nicht nur Programmierarbeit, sondern ermöglicht es zum Beispiel, alle Datensätze aus der Tabelle einer Datenbank auszulesen. In diesem Fall wird die Schleife so oft durchlaufen, bis der letzte Datensatz ausgelesen ist.

PHP bietet zu diesem Zweck – wie viele andere Programmiersprachen auch – WHILE- und FOR-Schleifen.

Definition einer WHILE-Schleife

Eine WHILE-Anweisung besitzt folgende Struktur: Solange (while) die Bedingung erfüllt ist, werden die Anweisungen in geschweifter Klammer ausgeführt. Da die Zählvariable im Beispiel bei jedem Schleifendurchlauf um eins erniedrigt wird, zählt sie abwärts von 10 (Startwert) bis 0:

```php
$counter = 10;
while ($counter >= 0) {
echo "Countdown: $counter";
--$counter;                //$counter minus 1
}
```

In manchen Fällen ist es erwünscht, eine Schleife in Abhängigkeit von einem Abbruchkriterium verlassen zu können. Dies geschieht in PHP mit Hilfe des `break`- Befehls:

```php
$counter = 10;
$fehler = 1;
while ($counter >= 0) {
if ($fehler == 1) break;
echo "Countdown: $counter";
--$counter;
}
echo "Countdown abgebrochen";
```

Definition einer FOR-Schleife

Die FOR-Schleife ermöglicht eine kompaktere Darstellung der Schleife: In der runden Klammer befinden sich drei Angaben: Startwert; Bedingung; Zählschritt. Im Beispiel bedeutet dies: Die Schleife startet bei 10 und wird durchlaufen, solange die Variable größer/gleich 0 ist. Bei jedem Durchlauf wird sie um den Wert 1 erniedrigt. Das Ergebnis ist ein Abwärtszähler von 10 bis 0:

```
for ($counter=10; $counter>=0;
--$counter){
echo "Countdown: $counter <br>";
}
```

Dynamische Tabellen

1. Öffnen Sie die Datei „Y05_01.PHP" in einem Text- oder HTML-Editor.

2. Ergänzen Sie ein PHP-Skript, das die rechts dargestellte Tabelle mit Hilfe einer Schleife erzeugt. Verwenden Sie hierzu eine Zählvariable $counter von 1 bis 10. Beachten Sie, dass die Variable für den Text in der Tabelle verwendet werden muss. Darüber hinaus dient die Variable für die (fiktiven) Dateinamen der Links:
   ```
   <a href='datei$counter.htm'>…
   </a>
   ```
   Es ergeben sich die Dateinamen „datei1.htm" bis „datei10.htm".
   Hinweis: Beachten Sie, dass Sie im HTML-Code Hochkommas statt Anführungszeichen verwenden müssen!

3. Speichern Sie die geänderte Datei im Ordner „php-tutorial" unter dem neuen Namen „schleifen.php" ab.

4. Starten Sie den Apache-Webserver und testen Sie Ihr Skript sowohl mit WHILE- als auch mit FOR-Schleife.

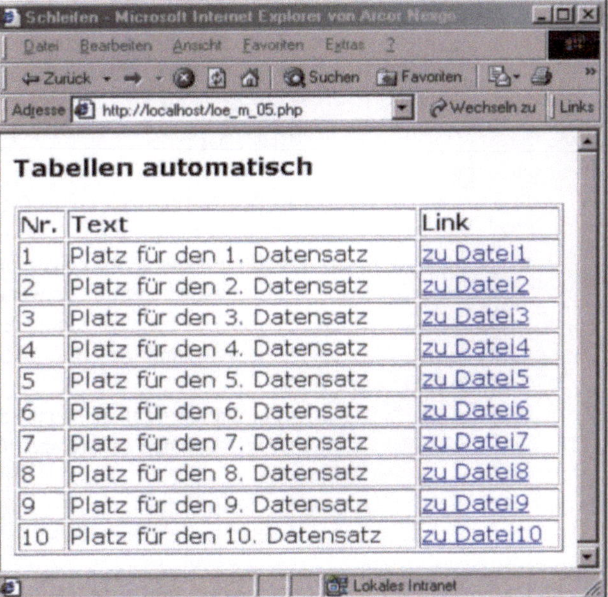

Nr.	Text	Link
1	Platz für den 1. Datensatz	zu Datei1
2	Platz für den 2. Datensatz	zu Datei2
3	Platz für den 3. Datensatz	zu Datei3
4	Platz für den 4. Datensatz	zu Datei4
5	Platz für den 5. Datensatz	zu Datei5
6	Platz für den 6. Datensatz	zu Datei6
7	Platz für den 7. Datensatz	zu Datei7
8	Platz für den 8. Datensatz	zu Datei8
9	Platz für den 9. Datensatz	zu Datei9
10	Platz für den 10. Datensatz	zu Datei10

Die Unix-Epoche

Zur Auswertung von Datum und Uhrzeit bezieht sich PHP auf die Anzahl der Sekunden seit Beginn der so genannten Unix-Epoche am 1. Januar 1970, 00:00 Uhr nach Greenwich Mean Time (GMT). Dieser Bezug ist wichtig, weil das globale Internet sämtliche Zeitzonen der Erde umfasst.

Datums- und Zeitfunktionen

Der Zeitstempel, also die Anzahl der Sekunden seit Beginn der Unix-Epoche, kann abgefragt werden:

```
time();
```

Zur formatierten Ausgabe von Datum und/oder Uhrzeit eignen sich folgende Befehle:

```
setlocale("lc_time", "…");
strftime("%… %… %…", $tstamp);
```

Hinweise:

• Alle %-Optionen dieses Befehls sind in der Tabelle auf der nächsten Seite zusammengefasst.
• Die Angabe eines Zeitstempels `$tstamp` ist optional. Ohne Angabe wird das aktuelle Datum verwendet.
• Mit `setlocale` kann die gewünschte Sprache bestimmt werden, z.B. Deutschland "ge", USA "us", Frankreich "fr", Italien "it", …

In bestimmten Fällen – zum Beispiel um Zeitdifferenzen zu berechnen – ist es erforderlich, den Zeitstempel für ein bestimmtes Datum zu ermitteln:

```
mktime ($h, $min, $sec, $mon, $day, $year);
```

Datum/Uhrzeit mehrsprachig

1. Öffnen Sie die Datei „YO6_01.PHP" in einem Text- oder HTML-Editor.

2. Ergänzen Sie ein PHP-Skript, so dass das aktuelle Datum in einer Tabelle viersprachig dargestellt wird (vgl. Abbildung unten).
   Schreiben Sie das Skript zunächst nur für die *erste* Tabellenzeile. Beachten Sie, dass vor jeder Ausgabe die jeweilige Sprache mit Hilfe des Befehls `setlocate` eingestellt werden muss. Entnehmen Sie die Formatierung von Datum bzw. Uhrzeit aus der Tabelle rechts. Beispiele:
   Wochentag: `strftime("%A")`
   Jahr: `strftime("%Y")`

3. Speichern Sie die geänderte Datei im Ordner „php-tutorial" unter dem neuen Namen „datum.php" ab.

4. Starten Sie den Apache-Webserver und testen Sie die Datei im Webbrowser.

5. Vervollständigen Sie die Tabelle durch Ergänzung der weiteren Zeilen. Kopieren Sie hierfür die erste Zeile und verändern Sie lediglich die Formatierung.

Formatangaben für `strftime`-Befehl:

`%a`	Abkürzung Wochentag
`%A`	Vollständiger Wochentag
`%b`	Abkürzung Monat
`%B`	Vollständiger Monat
`%c`	Standardausgabe Datum/Zeit
`%d`	Monat ohne führende Null
`%H`	Stunde in 24-h-Formatierung
`%I`	Stunde in 12-h-Formatierung
`%j`	Tag seit Jahresbeginn
`%m`	Nummerische Monatsangabe
`%M`	Minute
`%p`	„am" oder „pm"
`%S`	Sekunden
`%W`	Wochennummer
`%x`	Standardausgabe Datum
`%X`	Standardausgabe Zeit
`%y`	2-stellige Jahreszahl
`%Y`	4-stellige Jahreszahl
`%Z`	Zeitzonen-Bezeichnung

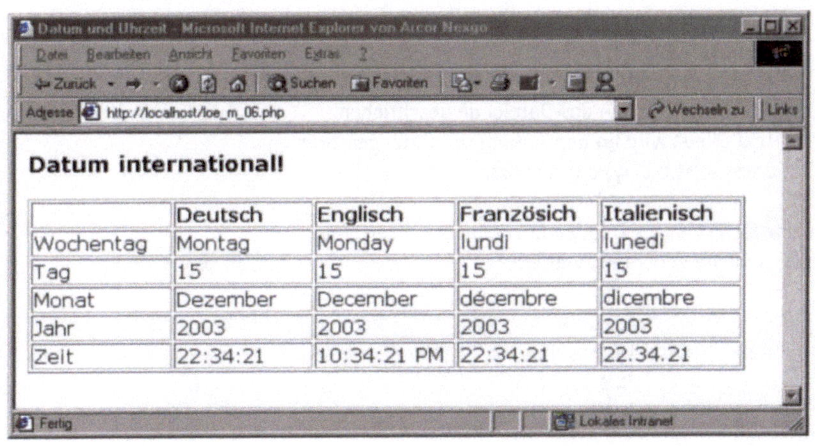

Datum international!

	Deutsch	Englisch	Französich	Italienisch
Wochentag	Montag	Monday	lundi	lunedi
Tag	15	15	15	15
Monat	Dezember	December	décembre	dicembre
Jahr	2003	2003	2003	2003
Zeit	22:34:21	10:34:21 PM	22:34:21	22.34.21

Dynamische Seiten mit Dateien

Um die Inhalte einer Webseite dynamisch verwalten zu können, ist nicht unbedingt eine Datenbank notwendig. In vielen Fällen genügt die Möglichkeit
des Zugriffs auf eine oder mehrere Textdateien. Mit ihrer Hilfe wird der Austausch oder die Aktualisierung der Inhalte einer Webseite auf einfache Weise
realisierbar. Umgekehrt lassen sich Informationen der Anwender in Dateien
abspeichern und verwalten. Ein einfaches Beispiel ist die wichtige Zahl der Benutzerzugriffe auf eine Seite.

PHP stellt zahlreiche Dateioperationen zur Verfügung, von denen hier nur
einige wichtige zur Sprache kommen können.

Dateioperationen

Betrachten Sie zunächst folgendes Beispiel:

```
1    $datei = fopen("test.txt", "r+");
2    echo fgets($datei, 1024);
3    rewind($datei);
4    fwrite($datei, "Neu");
5    fclose($datei);
```

Erklärungen zu den einzelnen Zeilen:
1 Die Datei „test.txt" wird zum Lesen und Schreiben mit "r+" geöffnet. Vergleichen Sie hierzu die anderen Attribute auf der nächsten Seite.
2 Eine Zeile mit max. 1024 Byte wird ausgelesen und angezeigt.
3 Der Dateizeiger wird auf den Anfang der Datei gesetzt. Ohne diese Zeile
  werden neue Daten an das Dateiende geschrieben.
4 Der Text „Neu" wird an den Anfang der Datei geschrieben.
5 Die Datei „test.txt" wird geschlossen.

Um eine Datei bis zum Dateiende auszulesen, kann eine
WHILE-Schleife verwendet werden: **Y05 @ S.590**

```
while (!feof($datei)) {
echo fgets($datei, 1024),"<br>";
}
```

Hinweis: Die Schleife wird durchlaufen, bis das Dateiende (end of file) erreicht ist. Das !-Zeichen negiert den Ausdruck: Solange das Dateiende *nicht* erreicht ist, erfolgt die Ausgabe.

Attribute für `fopen`-Befehl:

`"r"`   nur Lesen
`"r+"`   Lesen und Schreiben
`"w"`   nur Schreiben
`"w+"`   Lesen und Schreiben, Inhalt wird gelöscht
`"a"`   nur Schreiben, Dateizeiger wird auf das Dateiende gesetzt
`"a+"`   Lesen und Schreiben, Dateizeiger wird auf das Dateiende gesetzt

Auf Textdateien zugreifen

1. Kopieren Sie die Textdatei „Y07_02.TXT" in den Ordner „php-tutorial" auf Ihre Festplatte.

2. Öffnen Sie die Datei „Y07_01.PHP" in einem Text- oder HTML-Editor.

3. Schreiben Sie zunächst ein PHP-Skript, das den Inhalt der Datei „Y07_02.TXT" auf der Webseite ausgibt. Öffnen Sie die Datei mit „nur Lesen" und geben Sie zunächst die erste Zeile aus. Diese soll als Überschrift „bold" gesetzt werden. Geben Sie den restlichen Text mit Hilfe einer Schleife aus.

4. Speichern Sie die geänderte Datei im Ordner „php-tutorial" unter dem Namen „dateien.php" ab.

5. Starten Sie den Apache-Webserver und testen Sie die Datei im Webbrowser.

6. Erzeugen Sie im Texteditor eine Datei, die lediglich eine Zahl als Startwert des Zählers enthält. Speichern Sie die Datei unter „counter.txt" im Ordner „php-tutorial" ab.

7. Ergänzen Sie in Ihrer Datei „dateien.php" ein Skript, das den Zähler realisiert. Gehen Sie folgendermaßen vor:
   - Öffnen Sie die Datei „counter.txt" zum Lesen und Schreiben.
   - Lesen Sie die erste Zeile in eine Variable ein.
   - Erhöhen Sie die Variable um eins.
   - Setzen Sie den Zeiger auf den Dateianfang.
   - Schreiben Sie den Zählerstand in die Datei.
   - Schließen Sie die Datei.

8. Testen Sie die Datei im Webbrowser. Klicken Sie mehrmals auf „Aktualisieren" (Internet Explorer) bzw. „Neu laden" (Netscape). Der Zählerstand erhöht sich jedes Mal.

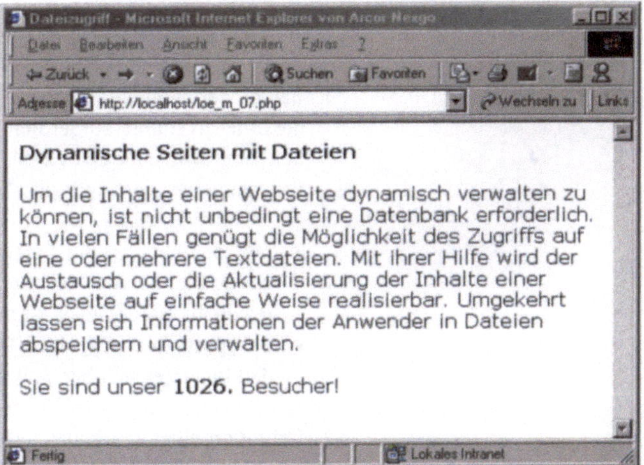

Projekte
Nonprint
  N 05 @ S.166

Lernziel
- Sie setzen Formulare zur Realisation interaktiver Webseiten ein.

Aufgaben
- Erstellen Sie ein HTML-Formular, das Ihre Anschrift an den Webserver übermittelt.
- Schreiben Sie ein PHP-Skript, das die Formulardaten auswertet und ein Antwortschreiben in Form einer HTML-Datei generiert und an den Kunden zurückschickt.

Übungsdateien auf DVD
> TUTORIAL > Y_PHPSQL > Y08

Interaktivität mit Formularen

Mit Hilfe von Formularen können Informationen des Benutzers an den Webserver übertragen und dort ausgewertet werden. Dieses zentrale Element interaktiver und dynamischer Seiten ermöglicht beispielsweise

- Anfragen in Suchmaschinen,
- Übertragen von Benutzerdaten z.B. Anschrift, Bankverbindung,
- Benutzerführung über interaktive Menüs.

Während die Elemente eines Formulars in HTML geschrieben werden, ist zur *Auswertung* des Formulars PHP oder eine andere Skriptsprache erforderlich.

HTML-Tags für einfache Formulare

Betrachten Sie zunächst folgendes Beispiel:

```
1   <form action="test.php" method="get">
2   <input type="text" name="vor" size="50">
3   <input type="text" name="nach" size="50">
4   <input type="submit" value="Senden">
5   <input type="reset" value="Löschen">
6   </form>
```

Erklärungen zu den einzelnen Zeilen:

1. Beginn der Formulardefinition: Nach Betätigung des Senden-Buttons wird die Datei „test.php" aufgerufen. Alternativ können sich hier auch die Angaben einer URL oder eines E-Mail-Links befinden. Als Übertragungsmethoden fungieren „get" und „post":

   - Bei „get" werden die Daten mit ?- und &-Zeichen an die URL angehängt. Dies können Sie im Adressfenster Ihres Browsers beobachten. Die maximale Datenmenge ist auf etwa ein Kilobyte begrenzt.
   - Bei „post" überträgt das HTTP-Protokoll die Daten, ohne dass diese für den Benutzer sichtbar sind. Die Datenmenge ist hierbei unbegrenzt.

2. Definition eines Textfeldes mit maximal 50 Zeichen. Wichtig ist der unter `name="vor"` definierte Eintrag, weil dieser Name als Variable `$vor` im PHP-Skript verwendet wird und die eingegebenen Daten enthält.

3. siehe Punkt 2

4. Definition eines Senden-Buttons: Das Anklicken dieses Buttons führt die unter `action="..."` angegebene Datei aus.

5. Definition eines Löschen-Buttons: Das Anklicken dieses Buttons löscht sämtliche Formulareingaben.

6. Ende der Formulardefinition.

Weitere Elemente für die Erstellung von Formularen sind in der Tabelle unten zusammengestellt.

Runder Radiobutton:
```
<input type="radio" name="..." value="...">
```
Quadratisches Optionsfeld:
```
<input type="ckeckbox" name="..." value="...">
```
Textfeld mit vordefinierbarer Größe:
```
<textarea name="..." cols="..." rows="...">
...
</textarea>
```
Auswahlliste:
```
<select name="...">
<option> ... </option>
<option> ... </option>
</select>
```

Formular mit HTML erstellen

1. Öffnen Sie die Datei „Y08_01.PHP" in einem Text- oder HTML-Editor.

2. Ergänzen Sie das rechts dargestellte HTML-Formular unter Beachtung folgender Vorgaben:

- Verweisen Sie durch `action="bestel-lung.php"` auf die Datei „bestellung.php" und verwenden Sie die Übertragungsmethode „get".
- Vergeben Sie für jedes Textfeld einen eindeutigen Namen (`name="..."`). Die Namen dienen bei der späteren Auswertung als Variablennamen. Geben Sie den Textfeldern eine vordefinierte Breite, z.B. Vorname: 30 Zeichen; Postleitzahl: 5 Zeichen; Ort: 22 Zeichen.

3. Speichern Sie die geänderte Datei im Ordner „php-tutorial" unter dem Namen „formular.php" ab.

4. Starten Sie den Apache-Webserver und testen Sie die Datei im Webbrowser.

Lesen Sie auf den nächsten Seiten, wie das Formular mit Hilfe von PHP ausgewertet wird.

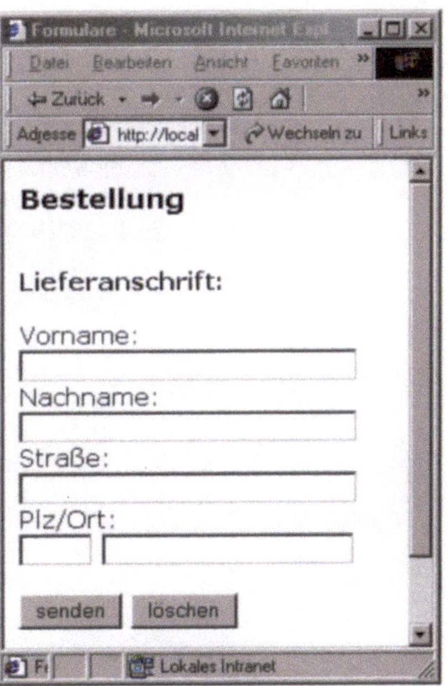

Projekte
Nonprint
N 05 @ S. 166

Lernziel
• Sie setzen Formulare zur Realisation interaktiver Webseiten ein.

Aufgaben
• Erstellen Sie ein HTML-Formular, das Ihre Anschrift an den Webserver übermittelt.
• Schreiben Sie ein PHP-Skript, das die Formulardaten auswertet und ein Antwortschreiben in Form einer HTML-Datei generiert und an den Kunden zurückschickt.

Übungsdateien auf DVD
> TUTORIAL > Y_PHPSQL > Y08

Formular mit PHP auswerten

1. Öffnen Sie die Datei „Y08_02.PHP" in einem Text- oder HTML-Editor.

2. Ergänzen Sie ein PHP-Skript, so dass nach Betätigung des Senden-Buttons im Formular ❶ das unten abgebildete Schreiben generiert wird ❷. Zur Wiedergabe des Formularinhalts werden die Namen der Formularfelder als Variable verwendet. Beispiel:
Feldname im Formular:

```
<input type="text"
name="vname" size="30">
```

PHP-Ausgabe:

```
echo "$vname";
```

Ergänzen Sie unter dem PHP-Skript einen Link, um zum Formular zurückkehren zu können.

3. Speichern Sie die geänderte Datei unter dem Namen „bestellung.php" im Ordner „php-tutorial" ab. Der Dateiname entspricht dem unter `action="bestellung.php"` angegebenen Namen.

4. Testen Sie Ihr Formular im Webbrowser. Beachten Sie, dass die Formulardaten bei der Methode „get" an die URL angehängt werden und somit für den Benutzer sichtbar sind ❸.

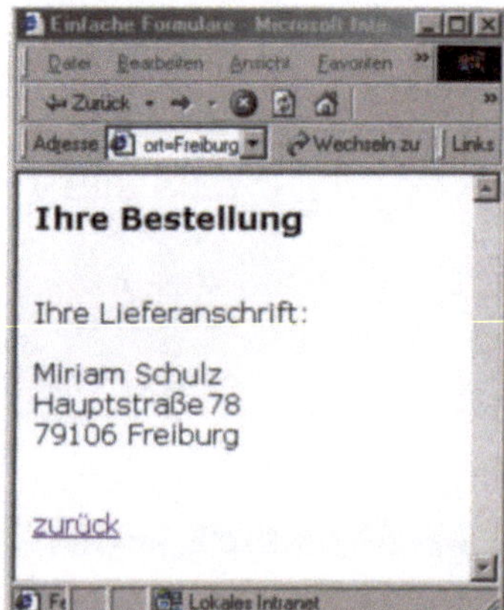

Formular mit Radiobutton und Menü

1. Öffnen Sie erneut Ihre Formulardatei „formular.php" im Text- oder HTML-Editor.

2. Wie Abbildung ❹ zeigt, ist das Formular um zwei Radiobuttons zur Auswahl der Anrede erweitert worden:

   - Geben Sie beiden Buttons den gleichen Namen `name="..."`, aber einen unterschiedlichen Wert `value="..."`.
   - Wenn Sie einen Button vorselektieren wollen, ergänzen Sie das Attribut `checked="checked"`.

3. Ergänzen Sie in Ihrem Formular eine Auswahlliste zur Angabe der gewünschten Zahlungsart Kreditkarte, Nachnahme oder Rechnung. Wie bei Textfeldern dient auch hier der Name der Liste als Variablenname.

   Y04 @ S.588

4. Speichern Sie die Änderungen ab.

5. Öffnen Sie die Datei „bestellung.php" im Text- oder HTML-Editor. Ergänzen Sie in Ihrem PHP-Skript die Zeilen zur Ausgabe der korrekten Anrede sowie der ausgewählten Zahlungsart wie in Abbildung ❺ dargestellt.

6. Speichern Sie die Änderungen ab.

7. Testen Sie Ihr Formular im Webbrowser.

Hinweise:

- Beachten Sie, dass fehlende Eingaben nicht erkannt und per Meldung angezeigt werden. Um dies zu vermeiden, müsste in der Datei „formular.php" ein JavaScript ergänzt werden, das die Eingaben vor dem Abschicken nach vorgegebenen Kriterien überprüft.
- Ungünstig ist weiterhin, dass bei Rückkehr zum Formular sämtliche Daten gelöscht werden. Der Benutzer kann seine Eingaben also nicht verändern, sondern muss sie neu eingeben.

❹

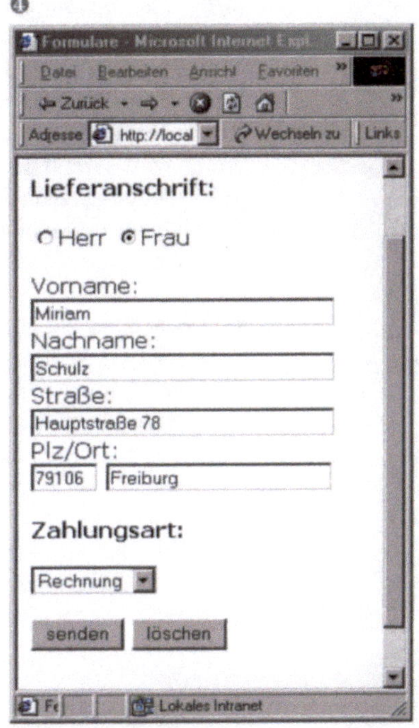

❺

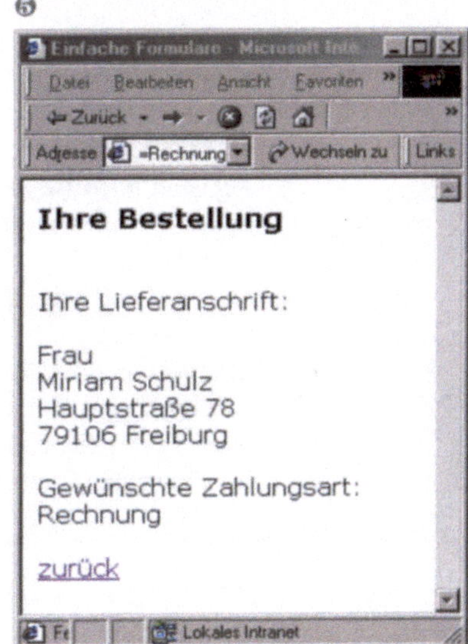

Y

Projekte
Nonprint
  N 05 @ S. 166

Lernziel
* Sie erlernen den Umgang mit MySQL-Datenbanken unter Zuhilfenahme von phpMyAdmin.

Aufgaben
* Erstellen Sie mit phpMyAdmin eine neue Datenbank auf einem MySQL-Server und legen Sie eine Tabelle an.
* Geben Sie Datensätze ein, ändern oder löschen Sie diese.
* Sortieren und filtern Sie Ihre Datensätze nach vorgegebenen Kriterien.

Übungsdateien auf DVD
> TUTORIAL > Y_PHPSQL > Y09

phpMyAdmin

In diesem Tutorial werden Sie die Erstellung einer Datenbank auf einem MySQL-Server kennen lernen, auf die dann im nächsten Tutorial mittels PHP-Skript zugegriffen wird. Y 10 @ S.604 Wie in den „Basics" beschrieben, dient hierzu die Abfrage- und Manipulationssprache SQL. Nun wäre es eine mühsame Angelegenheit und wenig sinnvoll, eine größere Datenmenge mittels SQL-Befehle in eine Datenbank „einzupflegen". Bessere Alternativen sind:

* Verwendung einer Datenbank-Software wie zum Beispiel *Microsoft Access*. Mit Access ist die Erstellung von Tabellen sowie die Eingabe von Daten mittels grafischer Benutzeroberfläche relativ einfach. Die Anbindung von Access an einen MySQL-Server ist über die Schnittstelle ODBC (Open Database Connectivity) möglich. Auf die Installation des ODBC-Treibers wird im Rahmen dieses Tutorials *nicht* eingegangen.
* Eine in PHP geschriebene Benutzeroberfläche zur Erstellung und Pflege von MySQL-Datenbanken heißt *phpMyAdmin* und ist im Internet bzw. auf der Buch-DVD kostenlos verfügbar. Sie werden in diesem Tutorial dieses Hilfsmittel zur Erstellung einer Datenbank nutzen.

Installation von phpMyAdmin

Die Installation von phpMyAdmin ist denkbar einfach – Sie haben es nämlich mit Installation Ihres Apache-Servers bereits in das Verzeichnis „c:\wampp13cs" kopiert!

1. Kopieren (nicht: verschieben!) Sie den kompletten Ordner „phpMyAdmin" in das Arbeitsverzeichnis „htdocs".

2. Starten Sie den Apache-Webserver und MySQL. Y 01 @ S.582

3. Starten Sie einen Webbrowser und geben Sie im Adressfenster „http://localhost/" ein. Der Ordner „phpMyAdmin" müsste im Inhaltsverzeichnis Ihres Servers sichtbar sein. Starten Sie phpMyAdmin durch Anklicken des gleichnamigen Ordners.

Erstellen einer Datenbank

Aufgabe ist die Erstellung einer Datenbank zur Archivierung Ihrer Audio-CD-Sammlung:

Tabelle „Rock-Pop"

ID	Band	Titel	Jahr	Songs	Art
1	Anastacia	Not that kind	2000	12	Pop
2	Queen	Classic Queen	1992	17	Rock
3	Eric Clapton	Unplugged	1992	14	Blues
…	…	…	…	…	…

Hinweis: Zur Verwendung der Datenbank von DVD muss der Ordner „CD-Archiv" in das Verzeichnis „c:\wampp13 cs\mysql\data" kopiert werden.

Starten Sie phpMyAdmin wie im vorherigen Abschnitt unter Punkt 3 beschrieben und erzeugen Sie eine Datenbank mit dem Namen „CD-Archiv".

Erstellen einer Tabelle

Erstellen Sie eine Tabelle mit dem Namen „Rock-Pop" und geben Sie unter Felder die Anzahl „6" ein. PhpMyAdmin legt eine zunächst leere Tabelle mit sechs Spalten an. Den Spalten (Datenfeldern) müssen Sie im nächsten Schritt die rechts erklärten Attribute zuteilen:

Feld	Typ	Länge	Null	Extra	PK
ID	INT	—	not null	auto_increment	ja
Band	VARCHAR	50	not null	—	—
Titel	VARCHAR	80	not null	—	—
Jahr	YEAR	—	null	—	—
Songs	TINYINT	—	null	—	—
Art	VARCHAR	10	null	—	—

- Der „Primary Key" (PK) wird dem Feld „ID" zugeordnet. Das Feld wird automatisch hochgezählt (auto_increment).
- ID, Band und Titel müssen eingegeben werden (not null), die anderen Angaben sind optional.

SQL-Attribute für Datenfelder

Feld
Namen des Datenfeldes

Typ
SQL-Datentyp des jeweiligen Feldes. Die wichtigsten Datentypen sind:

TINYINT	Ganzzahl von 0 bis 255
MEDIUMINT	Ganzzahl von 0 bis 16,7 Mio.
INT	Ganzzahl von 0 bis 4,3 Mrd.
FLOAT	Kommazahl mit Vorzeichen
DOUBLE	Kommazahl mit Vorzeichen (doppelte Genauigkeit)
DATE	Datum im Format YYYY-MM-DD
TIME	Uhrzeit im Format HH:MM:SS
YEAR	Jahr im Format YYYY
CHAR(M)	Zeichenkette (feste Länge M)
VARCHAR(M)	Zeichenkette (var. Länge M)
TEXT	Text (max. 65535 Zeichen)
BLOB	Binärobjekt (65535 Zeichen)
LONGTEXT	Text (max. 4,3 Mrd. Zeichen)
MEDIUMBLOB	Binärobjekt (4,3 Mrd. Zeichen)

Länge/Set
Länge des Datenfeldes in Zeichen

Attribute

BINARY	Binärobjekt
UNSIGNED	Zahlen ohne Vorzeichen

Null
„Null" bedeutet nicht „0", sondern ein leeres Feld. Die Angabe „not null" bewirkt, dass das Datenfeld nicht leer sein darf!

Extra
Die Angabe „auto_increment" bewirkt ein automatisches Hochzählen. Dies empfiehlt sich insbesondere beim Primärschlüssel!

Projekte
Nonprint
  N 05 @ S. 166

Lernziel
- Sie erlernen den Umgang mit MySQL-Datenbanken unter Zuhilfenahme von phpMyAdmin.

Aufgaben
- Erstellen Sie mit phpMyAdmin eine neue Datenbank auf einem MySQL-Server und legen Sie eine Tabelle an.
- Geben Sie Datensätze ein, ändern oder löschen Sie diese.
- Sortieren und filtern Sie Ihre Datensätze nach vorgegebenen Kriterien.

Datenfeld löschen/ändern

Nach der Erstellung der Tabelle „Rock-Pop" sehen Sie diese wie in der Abbildung auf der rechten Seite.

1. Ändern Sie im Feld „Art" die Länge des Feldes auf 5 und im Feld „ID" den Datentyp auf „SMALLINT" (Ganze Zahlen bis 65535).

2. Löschen Sie das Datenfeld „Songs".

Datensätze einfügen

Nun soll die noch leere Datenbank gefüllt werden – man spricht auch vom „Einpflegen" der Daten:

1. Klicken Sie auf „Einfügen" und geben Sie in das Formular in der Spalte „Wert" einen ersten Datensatz aus Ihrer CD-Sammlung ein.

   - Lassen Sie das erste Feld „ID" frei, weil die ID-Nummer automatisch vergeben wird.
   - Lassen Sie die Spalte „Funktion" ebenfalls leer, weil für diese Tabelle keine Funktionen benötigt werden.
   - Beenden Sie die Eingabe durch Betätigung der OK-Taste. Der Datensatz wird nun gespeichert.

2. Geben Sie etwa 10 weitere Datensätze ein, so dass Ihnen für das nächste Tutorial eine brauchbare Datenbank zur Verfügung steht.

Hinweis: Vermutlich haben Sie bemerkt, dass phpMyAdmin bei jeder Operation den zugehörigen SQL-Befehl anzeigt und darüber hinaus ein Eingabefenster zur direkten Eingabe der SQL-Befehle anbietet. Wenn Sie den Umgang mit SQL-Befehlen erlernen möchten, dann nutzen Sie dieses Eingabefenster zur direkten Eingabe Ihrer Befehle. Bei fehlerhafter Eingabe gibt phpMyAdmin eine Fehlermeldung aus und Sie müssen die Eingabe korrigieren.

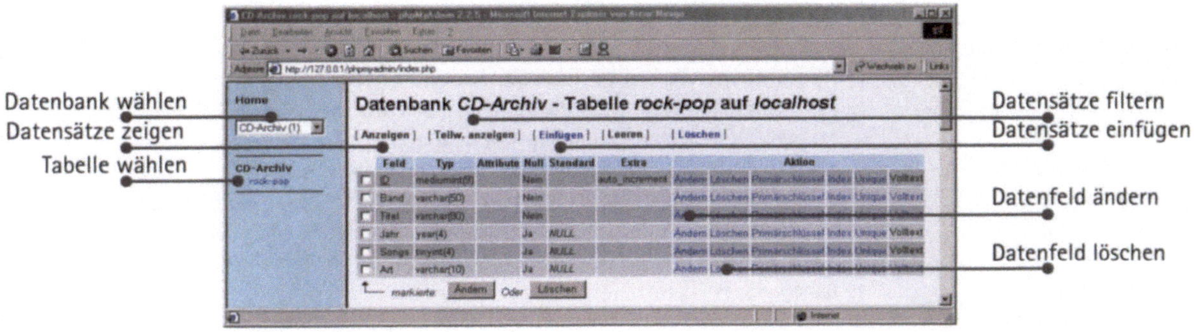

Datensätze ändern/löschen

Wie die Datenfelder können auch die Datensätze nachträglich geändert oder gelöscht werden.

1. Klicken Sie auf „Anzeigen", um den gesamten Inhalt Ihrer Tabelle „Rock-Pop" anzeigen zu lassen.

2. Für jeden Datensatz steht ein Button „Ändern" und ein Button „Löschen" zur Verfügung. Testen Sie die Änderung bzw. das Löschen von Datensätzen.

Datensätze sortieren

Klicken Sie auf den Namen des Datenfeldes, um die Datensätze Ihrer Tabelle nach diesem Kriterium sortiert anzuzeigen. Beispiel: Anklicken von „Jahr" sortiert die Datensätze nach Jahren beginnend mit der ältesten CD. Ein nochmaliges Anklicken von „Jahr" sortiert die Datensätze nach Jahren beginnend mit der aktuellsten CD.

Datensätze filtern

Mit Hilfe von Filtern kann eine Datenbank gezielt durchsucht werden.

1. Klicken Sie auf „Teilw. anzeigen".

2. Im Feld „Suchkonditionen" lässt sich die Suchbedingung eingeben. Testen Sie mögliche Eingaben, z.B.:

```
Jahr > 1980
Band = "Queen"
Art = "Rock"
```

3. Zulässig ist auch eine Kombination von Eingaben mittels logischen Operators:

```
Jahr > 1980 AND Art = "Rock"
Art = "Blues" OR Art = "Rock"
```

4. In der „Suche über Beispielswerte" können Sie die Suche mittels %-Platzhalter auf Teile eines Wortes beschränken. Geben Sie bei „Band" e% ein, dann werden Ihnen alle Bands angezeigt, die mit „E" beginnen. Die Eingabe von %an% zeigt Bands mit „an" in ihrem Namen z.B. Anastacia.

Hinweis: Groß- und Kleinschreibung wird nicht unterschieden.

Datenbankzugriff via PHP-Skript

Als Höhepunkt dieses PHP-Tutorials werden Sie nun mit
Hilfe eines PHP-Skripts auf die von Ihnen erstellte Datenbank „CD-Archiv" zugreifen. (Arbeiten Sie bitte
zuerst Tutorial Y09 durch, falls noch nicht geschehen.)

Y 09 @ S.600

  Zur Ansteuerung von Datenbanken stellt PHP eine Reihe von Befehlen zur
Verfügung, die ihrerseits SQL-Anfragen enthalten. PHP ersetzt damit die manuelle Eingabe von SQL-Befehlen, wie Sie es mit phpMyAdmin kennen gelernt
haben.

1. Öffnen Sie die Datei „Y10_01.PHP" in einem Text- oder HTML-Editor.

2. Aufgabe ist die Erstellung eines PHP-Skripts zur Ausgabe aller Datensätze
   Ihrer Datenbank „CD-Archiv" in einer HTML-Tabelle. Aufgrund der Komplexität ist das PHP-Skript hier in voller Länge abgedruckt und wird ausführ-
   lich erläutert:

```
1   <?php
2   /* Verbindung zum Datenbankserver aufbauen */
3   $datenbank = mysql_connect("localhost","root","")
4   or die ("Keine Verbindung zum MYSQL-Server …");
6   /* Datenbank auswählen */
7   mysql_select_db("CD-Archiv", $datenbank)
8   or die ("Konnte Datenbank nicht finden …");
9   /* Datensätze auslesen */
10  $tabelle = "Rock_Pop";
11  $result = mysql_query("SELECT * FROM $tabelle ORDER
12  BY band") or die("Fehler: ".mysql_error());
13  /* Datensätze in Tabelle ausgeben */
14  while($reihe = mysql_fetch_array($result)){
15  echo "<tr>";
16  echo "<td>",$reihe["Band"],"</td>";
17  echo "<td>",$reihe["Titel"],"</td>";
18  echo "<td>",$reihe["Jahr"],"</td>";
19  echo "<td>",$reihe["Art"],"</td>";
20  echo "</tr>;}
21  /* Verbindung zur Datenbank beenden*/
22  mysql_close($datenbank);
23  ?>
```

Erklärungen zum Skript

Zeile 3
Der PHP-Befehl `mysql_connect(...)` stellt eine Verbindung zu einem Datenbankserver her. In der Klammer werden der Servername (`"localhost"`), der Benutzername (`"root"` – Standardbenutzer des Apache-Servers) sowie das Passwort (`""` – kein Passwort) eingegeben.

Zeile 4
Der Befehl `die(...)` gibt einen Text aus, falls der vorhergehende Befehl nicht funktioniert. Sehr hilfreich!

Zeile 7
Mit `mysql_select_db(...)` wird eine Datenbank ausgewählt. In Klammer müssen der Name der Datenbank sowie die in der Variablen `$datenbank` gespeicherten Verbindungsdaten angegeben werden.

Zeilen 11/12
Mit Hilfe des Befehls `mysql_query(...)` wird die Startadresse der Datensätze in die Variable `$result` eingelesen. In der Klammer steht der SQL-Abfragebefehl. Im Beispiel werden alle (*) Datensätze gelesen und alphabe-

tisch nach „Band" sortiert. Im Fehlerfall wird mit `mysql_error()` die Fehlermeldung des letzten SQL-Befehls zurückgegeben.

Zeilen 14–20
Der Befehl `mysql_fetch_array(...)` liest einen Datensatz in die Array-Variable `$reihe` ein. Array-Variable können mehrere Werte speichern. Die Ausgabe der einzelnen Werte erfolgt durch Angabe des Datenfeldes in Klammer, z.B. `$reihe["Band"]`. Die WHILE-Schleife wird dabei so oft durchlaufen, bis kein Datensatz mehr geliefert wird. Jeder Durchlauf erzeugt eine neue Tabellenzeile.

Y 05 @ S. 590

Zeile 22
Der Befehl `mysql_close(...)` beendet die Verbindung zu der in der Variablen `$datenbank` gespeicherten Datenbank.

Hinweise:

- Die Zeilennummern dienen nur zur Orientierung und dürfen nicht eingegeben werden.
- Schreiben Sie das Skript ab und kopieren Sie es nicht aus der Lösungsdatei. Aus (leidiger) Erfahrung kann gesagt werden, dass auch beim Abschreiben viele Fehler gemacht werden. Die Fehlersuche ist aber eine gute Übung und schärft den Blick für PHP-Skripte.

3. Speichern Sie die geänderte Datei im Ordner „php-tutorial" unter dem neuen Namen „datenbank.php" ab.

4. Starten Sie den Apache- und den MySQL-Server und testen Sie Ihre Datei. Wenn Sie das Skript korrekt eingegeben haben, dann müssten Sie – selbstverständlich mit den CDs *Ihres* Musikarchivs – die links dargestellte Ausgabe erhalten.

Gratulation – Sie haben eine harte Nuss geknackt!

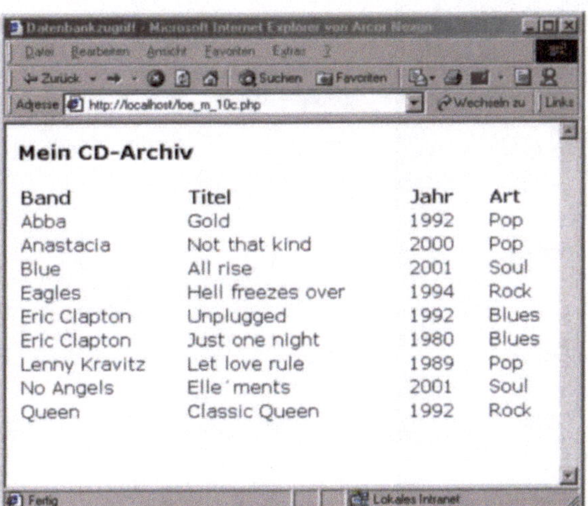

Suchanfragen via PHP-Skript

Wenn Sie den Zugriff auf die Datenbank im Tutorial Y 10 durchgeführt und verstanden haben, dann werden Sie mit einem Zugriff auf bestimmte Datensätze mittels Filter wenig Schwierigkeiten haben.

Y 10 @ S.604

1. Öffnen Sie die Datei „Y11_01.PHP" in einem Text- oder HTML-Editor.

2. Ergänzen Sie das abgebildete Formular zur gezielten Suche nach Datensätzen. Lesen Sie gegebenenfalls noch einmal im Tutorial Y 08 nach!

Y 08 @ S.596

* Geben Sie im <form>-Tag als Zieldatei `action="suche.php"` und `method="get"` ein.
* Erstellen Sie ein Textfeld mit Namen "interpret".
* Erstellen Sie eine erste Auswahlliste mit Namen „kategorie". Verwenden Sie die Kategorien gemäß Spalte „Art" Ihrer Datenbank „CD-Archiv": Blues, Pop, Rock, Soul, ...
* Geben Sie eine zweite Auswahlliste mit Namen „bereich" für folgende Zeitbereiche an: 80er, 90er, ab 2000.

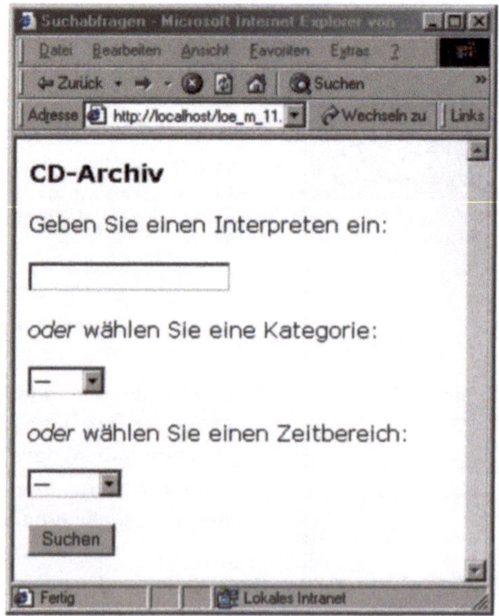

3. Speichern Sie die geänderte Datei im Ordner „php-tutorial" unter dem neuen Namen „abfrage.php" ab.

4. Starten Sie den Apache- und den MySQL-Server.

5. Starten Sie einen Webbrowser und prüfen Sie, ob Ihr Formular mit der Abbildung übereinstimmt. (Der Suchen-Button hat noch keine Funktion, da die Zieldatei „suche.php" noch nicht existiert.)

6. Öffnen Sie die Datei „Y11_02.PHP" in einem Text- oder HTML-Editor. Die Datei ermöglicht ein Auslesen aller Datensätze der Datenbank „CD-Archiv" (= Ergebnis des Tutorials Y 10).
Verwenden Sie den Namen des Textfeldes im Formular „abfrage.php" als Variable, um eine gefilterte Ausgabe von Datensätzen zu ermöglichen:

```
$result = mysql_query("SELECT * FROM
$tabelle WHERE band LIKE '$interpret%'
ORDER BY band");
```

Erklärung:
Durch die Einschränkung der Abfrage mit WHERE werden nur die Datensätze ausgelesen, die den in der Variablen $interpret gespeicherten Namen besitzen. Das %-Zeichen nach der Variablen bewirkt, dass hier weiterer Text folgen darf. Bei der Eingabe eines „e" werden also alle Bands ausgegeben, die mit „e" beginnen. Groß- und Kleinschreibung wird hierbei nicht unterschieden.
Mit Hilfe einer IF-Entscheidung können Sie prüfen, ob überhaupt eine Eingabe gemacht wurde:

```
if ($interpret != "")
$result = mysql_query("SELECT * FROM
$tabelle WHERE band LIKE '$interpret%'
ORDER BY band");
ELSE
$result = mysql_query("SELECT * FROM
$tabelle ORDER BY band");
```

Erklärung:
Wenn der Benutzer keine Eingabe macht, dann werden alle Datensätze ausgegeben. Der Operator != steht für „nicht".

7. Ergänzen Sie einen Link „zurück", um zur Datei „abfrage.php" zurückkehren zu können.

8. Speichern Sie die geänderte Datei im Ordner „php-tutorial" unter dem neuen Namen „suche.php" ab.

9. Testen Sie Ihr Formular mit verschiedenen Eingaben.

10. Ergänzen Sie weitere IF-Abfragen zur Berücksichtigung der beiden Auswahllisten. Eine Besonderheit ergibt sich bei der Liste zur Auswahl des Zeitbereichs, da sich die Auswahlpunkte (80er, 90er, ab 2000) nicht in der Spalte „Jahr" der Datenbank „CD-Archiv" befinden. Eine Zuordnung zu den Jahreszahlen ist jedoch mittels IF-Abfrage möglich:

Y 04 @ S. 588

```
if ($bereich == "80er")
$result = mysql_query("SELECT * FROM
$tabelle WHERE jahr > 1979 AND jahr <
1990
ORDER BY jahr");
```

Erklärung:
Durch die AND-Verknüpfung müssen beide Bedingungen erfüllt sein, d.h., jahr muss sich zwischen 1980 und 1989 befinden – die guten alten 80er eben!

Y

K Kreativitätstechniken

Hendrik Backerra u.a.
Kreativitätstechniken
Hanser Verlag 2002

Bruno Augustini
Professionell präsentieren
Hanser Verlag 2002

Wilhelm H. Peterßen
Kleines Methoden-Lexikon
Oldenbourg Verlag 2001

Heinz Klippert
Kommunikationstraining
Beltz Verlag 2002

Claudia Kostka
Coaching-Techniken
Hanser Verlag 2002

Josef W. Seifert
Visualisieren Präsentieren Moderieren
Gabal Verlag 1998

Werner Gaede
Abweichen von der Norm
Wirtschaftsverlag Langen Müller/Herbig 2002

Mario Pricken
Kribbeln im Kopf
Verlag Hermann Schmidt 2002

Christian Doelker
Ein Bild ist mehr als ein Bild
Klett-Cotta Verlag 1999

J Projektmanagement

Ashley Friedlein
Web-Projektmanagement
dpunkt.verlag 2001

Hans-Dieter Litke
Projektmanagement
Gräfe und Unzer Verlag 2002

Uwe Greunke
**Erfolgreiches Projektmanagement
für Neue Medien**
Deutscher Fachverlag 2000

Dagmar Herzog, Helmut Reinke
Jedes Projekt gelingt!
Hanser Verlag 2002

Trevor Young
Projektmanagement
Gabal Verlag 2001

Robert Heller, Tim Hindle
**Erfolgreiches Projektmanagement –
Das Praxishandbuch**
Dorling Kindersley Verlag 2000

E Pädagogische Projekte

Karl Frey
Die Projektmethode
Beltz Verlag 1998

Wilhelm H. Peterßen
Kleines Methoden–Lexikon
Oldenbourg Verlag 2001

Hilbert Meyer
Unterrichtsmethoden, 2 Bände
Cornelsen Verlag 2000

Heinz Klippert
Kommunikationstraining
Beltz Verlag 2002

M Medientechnische Grundlagen

Joachim Böhringer u.a.
Kompendium der Mediengestaltung
Springer-Verlag 2002

Dario Zuffo
Die Grundlagen der visuellen Gestaltung
Niggli-Verlag 1998

B. Schellmann u.a.
Medien verstehen, gestalten, produzieren
Europa-Verlag 2001

Ulli Neutzling
Typo und Layout im Web
rororo 2002

Jörg Trösch u.a.
Communicating in Print
Werd Verlag 2001

Helmut Kipphan
Handbuch der Printmedien
Springer-Verlag 2000

Cyrus Dominik Khazaeli
Crashkurs Typo und Layout
rororo 2000

Peter Henning
Taschenbuch Multimedia
Fachbuchverlag 2001

Manfred Siemoneit
Typografisches Gestalten
Polygraph Verlag 1989

Werner Pepels
Kommunikationsmanagement
Schäfer-Poeschel Verlag 2001

Ralf Turtschi
Mediendesign
Niggli-Verlag 1998

Mario Pricken
Kribbeln im Kopf
Verlag Hermann Schmidt 2001

B Bildbearbeitung

Luanne Seymour Cohen
Design Essentials
Markt & Technik Verlag 2000

Michael Gradieas
Das große Buch Photoshop 7
Data Becker 2002

Bert Monroy
Fotorealismus
Markt & Technik Verlag 2000

Adobe Photoshop

Tobias Hauser, Christian Wenz
Photoshop 7.0
Markt & Technik Verlag 2002

Tobias Hauser, Armin Kappler
Photoshop 7 für das Web
Addison-Wesley 2002

Joachim Böhringer u.a.
Workshop zur Mediengestaltung
Springer-Verlag 2001

G Grafikerstellung

Luanne Seymour Cohen
Design Essentials
Markt & Technik Verlag 2000

Adobe Creative Team
Classroom in a Book – Illustrator 10
Markt & Technik Verlag 2000

Günter Schuler
Illustrator 10: Das Kreativ-Kochbuch
Smart Books Publishing AG 2002

Adobe Illustrator

Bert Monroy
Fotorealismus
Markt & Technik Verlag 2000

Joachim Böhringer u.a.
Workshop zur Mediengestaltung
Springer-Verlag 2001

L Layout und Satz

Günther Schuler
Das Profibuch zu QuarkXPress 5
Planung, Design und Umsetzung
Smart Books Publishing AG 2002

QuarkXPress

Michael Baumgart
QuarkXPress 5
Kreatives Layout für Print und Web
Addison-Wesley 2002

L Layout und Satz

QuarkXPress

Samuel Hügli
QuarkXPress 5
Tips, Tricks und Techniken
Galileo Press 2002

Thomas Armbrüster
QuarkXPress 5 • Grundlagen + Praxiswissen
Galileo Design 2002

Richard Frick u.a.
Satztechnik und Typografie
Band 1 | Typografische Grundlagen
Band 2 | Satztechnik
Band 3 | Arbeitsvorbereitung im Textbereich
Band 4 | Formenlehre
Band 5 | Typografie am Bildschirm
Comedia Verlag 2001

A PDF-Erstellung

Adobe Acrobat

Ted Padova
Die Acrobat 5 Bibel
Markt & Technik Verlag 2000

Adobe Creative Team
Classroom in a Book - Acrobat 5.0
MITP Verlag 2001

Frank Pursch
Das große Buch Acrobat 5 und PDF
Data Becker 2002

Thomas Merz, Olaf Drümmer
Die PostScript- & PDF-Bibel
dpunkt verlag 2002

V Digitaler Videoschnitt

Adobe Premiere

Martin Doucette
Digital Video für Dummies
MITP Verlag 2000

Ulrich Schmidt
Digitale Film- und Videotechnik
Fv Fachbuchverlag 2002

Björn Walter
Digitale Videobearbeitung
Bhv verlag moderne industrie 2002

Helmut Hofmüller, Martin Seiwert
Digital Audio/Video
Addison-Wesley 1999

Detlef Randerath, Christian Neumann
Streaming Media
Galileo Press 2001

Roland Rimpp, Arno Schlotterbeck
Digitales Video in interaktiven Medien
Springer-Verlag 1995

Q Virtuelle Räume

Cool Mac QuickTime Multimedia
Wolframs Fachverlag 1998

Susan A. Kitchens
The QuickTime VR-Book
PeachPit-Press 1998

Steven Gulie
QuickTime for the web
QuickTime Pro 5 for Windows and Macintosh
Morgan Kaufmann Publishers 2001

QTVR Authoring Studio

Frank Kastenholz, Michael Vogt
QuickTime 6, QuickTime Player,
QT-Pro und QT-VR
Galileo Design/Press 2003

Terry Breheny
QuickTime VR
Morgan Kaufmann Publishers 2003

H. Wacker
Das Profibuch zu QuickTime-VR
Smart Books Publishing 2003

S Soundbearbeitung

Joachim Böhringer u.a.
Kompendium der Mediengestaltung
Springer-Verlag 2002

Joachim Böhringer u.a.
Workshop zur Mediengestaltung
Springer-Verlag 2001

Sonic Foundry Sound Forge XP Studio

Bernhard Krieg
PA für Musiker
Pflaum Verlag 1996

Dieter Stotz
Computergestützte Audio- und Videotechnik
Springer-Verlag 1995

D Autorensystem

Peter Henning
Taschenbuch Multimedia
Fachbuchverlag Leipzig im Carl Hanser Verlag 2001

Frank Biet
Multimedia Programmierung
Addison-Wesley 2001

Gerd Gillmaier, Joachim Gola
Director 8 Workshop
Addison-Wesley 2000

Macromedia Director

Thomas Biedorf u.a.
3D-Programmierung mit Director
Galileo Press 2002

R. Köhler, D. Mersin
Grundlagen Multimedia Director
Herdt Verlag für Bildungsmedien 2002
Springer-Verlag 2001

D Autorensystem

3

Frank Kastenholz, Michael Vogt
QuickTime 6
Galileo Press 2003

Mario Pricken
Kribbeln im Kopf
Verlag Hermann Schmidt 2001

Macromedia Director

Cyrus Dominik Khazaeli
Multimedia mit Director
rororo-Computer 2002

N. Welsch, F. von Kuhlberg
Macromedia Director
Springer-Verlag 2001

T Präsentation

M. Hartmann, R. Funk, H. Niemann
Präsentieren
Beltz Verlag 1995

Microsoft PowerPoint

Josef Seifert
Visualisieren, Präsentieren, Moderieren
Gabal Verlag 1995

H HTML-Programmierung

Joachim Böhringer u.a.
Kompendium der Mediengestaltung
Springer-Verlag 2002

Texteditor

Stefan Münz
SelfHTML
www.selfhtml.teamone.de

W Web-Editor

Joerg Kolian
Dreamweaver 4
Addison-Wesley 2001

Al Sparber
Dreamweaver 4 Magic
Markt & Technik Verlag 2001

René Gäbler
Dreamweaver 4
Markt & Technik Verlag 2001

Macromedia Dreamweaver

Stefanie Guim Marcé
Dreamweaver MX
Markt & Technik Verlag 2003

Andy Schmidt
Dreamweaver MX
Franzis' Verlag 2002

F Web-Animation   Macromedia Flash

J. Cibula, S. Kägi, S. Michel   Elisabeth Hronek
Flash MX   **Flash MX**
Professionelles WebDesign und ActionScripting   rororo 2002
Smart Books Publishing AG 2002

Y Dynamische Webseiten   Apache, PHP, MySQL

R. Stoll, G. Leierer   Stefan Münz
PHP 4 + MySQL   **SelfHTML**
Data Becker 2001   www.selfhtml.teamone.de

Zahlreiche gute Skripte und Tutorials sind im Internet zu finden!

Gesamtindex

Gesamtindex

Gesamtindex

Gesamtindex

Gesamtindex

Gesamtindex

Gesamtindex

Gesamtindex

Medientechnik

G Grafikerstellung

Adobe Illustrator

A PDF-Erstellung

Adobe Acrobat

V Digitaler Videoschnitt

Adobe Premiere

Q Virtuelle Räume

QTVR Authoring Studio

S Soundbearbeitung

Sonic Foundry Sound Forge XP Studio

Y Dynamische Webseiten · Apache, PHP, MySGL